기출이 답이다

# 코레일
# 한국철도공사

**NCS & 전공 7개년 기출복원문제 + 무료코레일특강**

**SD에듀**
㈜시대고시기획

# PREFACE

**머리말**

국민 모두를 위한 보편적 대중교통 서비스를 제공하며 안전하고 편리하게 열차를 이용할 수 있도록 노력하는 코레일 한국철도공사는 2023년 하반기에 신입사원을 채용할 예정이다. 코레일 한국철도공사의 채용절차는 「입사지원서 접수 ➜ 서류검증 ➜ 필기시험 ➜ 실기시험 ➜ 면접시험·인성검사 ➜ 철도적성검사 ➜ 최종 합격자 발표」 순서로 이루어진다. 필기시험은 일반 공채의 경우 직업기초능력평가와 직무수행능력평가로, 보훈·장애인의 경우 직업기초능력평가로만 진행한다. 그중 직업기초능력평가는 의사소통능력, 수리능력, 문제해결능력 총 3개의 영역을 평가하며, 2023년 상반기에는 PSAT형으로 진행되었다. 또한, 직무수행능력평가는 사무영업직(일반·수송)의 경우 경영학을 평가하므로 반드시 확정된 채용공고를 확인하는 것이 필요하다. 따라서 필기시험에서 고득점을 받기 위해 다양한 유형에 대한 폭넓은 학습과 문제풀이능력을 높이는 등 철저한 준비가 필요하다.

코레일 한국철도공사 합격을 위해 SD에듀에서는 NCS 시리즈 누적 판매량 1위의 출간 경험을 토대로 다음과 같은 특징을 가진 도서를 출간하였다.

### 도서의 특징

**❶ 코레일 한국철도공사 출제 영역 분석을 통한 실력 상승!**
- 직업기초능력평가 출제유형을 분석하여 NCS 유형에 대한 이해를 돕고자 하였다.
- 코레일 5개년(2023년 상반기~2019년) 샘플문제를 수록하여 필기시험에 대비할 수 있도록 하였다.

**❷ 기출복원문제를 통한 출제 유형 확인!**
- 코레일 7개년(2023년 상반기~2017년) NCS&전공 기출문제를 복원하여 코레일 필기시험의 전반적인 유형을 파악할 수 있도록 하였다.
- 2023년 상반기 주요 공기업 NCS&전공 기출문제를 복원하여 공기업별 필기 유형을 파악할 수 있도록 하였다.

**❸ 다양한 콘텐츠로 최종 합격까지!**
- 기출특강과 온라인 모의고사를 무료로 제공하여 채용 전반을 대비할 수 있도록 하였다.

끝으로 본 도서를 통해 코레일 한국철도공사 채용을 준비하는 모든 수험생 여러분이 합격의 기쁨을 누리기를 진심으로 기원한다.

**SDC**(Sidae Data Center) 씀

# 코레일 한국철도공사 이야기

○ 미션

> 사람 · 세상 · 미래를 잇는 대한민국 철도

○ 비전

> 새로 여는 **미래교통** 함께하는 한국철도

○ 핵심가치

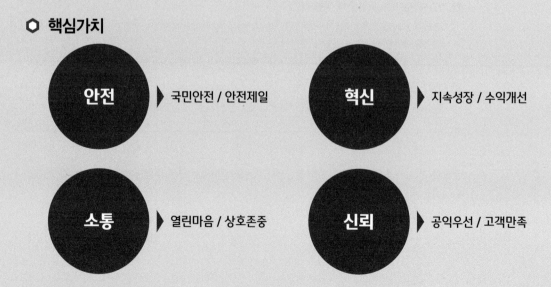

**안전** ▶ 국민안전 / 안전제일

**혁신** ▶ 지속성장 / 수익개선

**소통** ▶ 열린마음 / 상호존중

**신뢰** ▶ 공익우선 / 고객만족

## ◐ 전략목표 & 전략과제

| 전략목표 | 전략과제 | | |
|---|---|---|---|
| **최고 수준의 철도안전 실현** | 1. 철도안전 관리체계 강화 | 2. 중대재해 예방 및 안전문화 확산 | 3. 철도 유지보수 고도화 |
| **지속가능 기반의 공공가치 향상** | 1. 친환경 경영 확대 | 2. 상생협력 및 국민편익 강화 | 3. 내부통제 강화 및 윤리경영 확립 |
| **효율성 제고로 재무건정성 확보** | 1. 재무리스크 관리 강화 | 2. 운송수익 극대화 | 3. 자원운용 최적화 |
| **혁신을 통한 미래성장 견인** | 1. 신성장 동력 강화 및 대륙철도 협력 | 2. 미래 융합교통 시스템 선도 | 3. 핵심·전문인재 양성 |
| **국민이 체감하는 신뢰경영 구축** | 1. 이용자 중심 디지털서비스 확대 | 2. 대국민 소통·홍보 강화 | 3. 신뢰·존중·공정 조직문화 |

## ◐ 인재상

| 1 | **사람지향 소통인** | ▶ | 사람 중심의 사고와 행동을 하는 인성, 열린 마인드로 주변과 소통하고 협력하는 인재 |
|---|---|---|---|
| 2 | **고객지향 전문인** | ▶ | 고객만족을 위해 지속적으로 학습하고 노력하는 인재 |
| 3 | **미래지향 혁신인** | ▶ | 한국철도의 글로벌 경쟁력을 높이고 미래의 발전을 끊임없이 추구하는 인재 |

# 신입 채용 안내

## ⬡ 지원자격(공통)

❶ 학력, 전공 : 제한 없음

❷ 연령 : 제한 없음[단, 만 18세 미만자 및 정년(만 60세) 초과자는 지원 불가]

❸ 병역 : 남성의 경우 군필 또는 면제자

❹ 기타 : 철도 현장 업무수행이 가능한 자, 코레일 한국철도공사 채용 결격사유에 해당되지 않는 자, 면접 합격자 발표일 이후부터 근무가 가능한 자, 외국인의 경우 거주(F-2), 재외동포(F-4), 영주권자(F-5)에 해당하는 자

## ⬡ 필기시험

| 분야 | | 과목 | 직렬 | 내용 |
|---|---|---|---|---|
| 일반공채 | 사무영업 | 직업기초능력평가 | 전 직렬 | 의사소통능력, 수리능력, 문제해결능력 |
| | | 직무수행능력평가 | 일반 · 수송 | 경영학 |
| | 기술직 | 직업기초능력평가 | 전 직렬 | 의사소통능력, 수리능력, 문제해결능력 |
| | | 직무수행능력평가 | 운전 · 차량 | 기계일반 |
| | | | 토목 | 토목일반 |
| | | | 건축 | 건축일반 |
| | | | | 건축설비 |
| | | | 전기통신 | 전기이론 |
| 보훈 · 장애인 | | 직업기초능력평가 | 직렬 | 의사소통능력, 수리능력, 문제해결능력 |

## ⬡ 면접시험 및 인성검사

| 구분 | 내용 |
|---|---|
| 면접시험 | 신입사원의 자세, 열정 및 마인드, 직무능력 등을 종합평가 |
| 인성검사 | 인성, 성격적 특성에 대한 검사로 적격 · 부적격 판정(면접당일 시행) |

❖ 위 채용공고는 2023년 상반기 채용공고를 기준으로 작성하였으므로 세부내용은 반드시 채용공고를 확인하기 바랍니다.

# 2023년 상반기 기출분석

**총평**

2023년도 상반기 코레일 한국철도공사 필기시험의 경우, PSAT형으로 진행되었고 난이도는 평이하였다. 따라서 NCS 보다는 전공에서의 점수가 당락을 결정지었다고 볼 수 있다. 의사소통능력의 경우 비문학 없이 코레일에 대한 글을 바탕으로 문제가 출제되었으며 제목 찾기, 접속사 고르기 등의 문제가 다수 포진되었다. 추가적으로 수리능력의 경우 간단한 응용수리 문제는 없었으며 자료 해석이나 도표 해석 문제가 출제되었기 때문에 문제를 푸는 데 시간이 오래 소요되었다는 평이 많았다. 마지막으로 문제해결능력의 경우 사고력에 대한 문제들이 다수 출제되었다.

## 의사소통능력

| 출제 특징 | • 코레일 관련 지문 문제가 출제됨<br>• 내용 일치와 제목 찾기 문제가 출제됨<br>• 접속사 삽입에 대한 내용이 출제됨 |
| --- | --- |
| 출제 키워드 | • 스마트글라스, 에어컨, 드론, AI 등 |

## 수리능력

| 출제 특징 | • 자료 해석 문제가 출제됨<br>• 증감율 관련 절댓값 계산 문제가 출제됨 |
| --- | --- |
| 출제 키워드 | • 직원의 수 등 |

## 문제해결능력

| 출제 특징 | • 할인율 계산 문제가 출제됨<br>• 계약 순서에 따른 기간 문제가 출제됨 |
| --- | --- |
| 출제 키워드 | • 멤버십 마일리지, 기념주화, 공기 질 수치, 미세먼지, 열차표 등 |

# NCS 문제 유형 소개

## PSAT형

※ 다음은 K공단의 국내 출장비 지급 기준에 대한 자료이다. 이어지는 질문에 답하시오. **[15~16]**

### 〈국내 출장비 지급 기준〉

① 근무지로부터 편도 100km 미만의 출장은 공단 차량 이용을 원칙으로 하며, 다음 각호에 따라 "별표 1"에 해당하는 여비를 지급한다.
 ㉠ 일비
  ⓐ 근무시간 4시간 이상 : 전액
  ⓑ 근무시간 4시간 미만 : 1일분의 2분의 1
 ㉡ 식비 : 명령권자가 근무시간이 모두 소요되는 1일 출장으로 인정한 경우에는 1일분의 3분의 1 범위 내에서 지급
 ㉢ 숙박비 : 편도 50km 이상의 출장 중 출장일수가 2일 이상으로 숙박이 필요할 경우, 증빙자료 제출 시 숙박비 지급
② 제1항에도 불구하고 공단 차량을 이용할 수 없어 개인 소유 차량으로 업무를 수행한 경우에는 일비를 지급하지 않고 이사장이 따로 정하는 바에 따라 교통비를 지급한다.
③ 근무지로부터 100km 이상의 출장은 "별표 1"에 따라 교통비 및 일비는 전액을, 식비는 1일분의 3분의 2 해당액을 지급한다. 다만, 업무 형편상 숙박이 필요하다고 인정할 경우에는 출장기간에 대하여 숙박비, 일비, 식비 전액을 지급할 수 있다.

### 〈별표 1〉

| 구분 | 교통비 | | | | 일비<br>(1일) | 숙박비<br>(1박) | 식비<br>(1일) |
|---|---|---|---|---|---|---|---|
| | 철도임 | 선임 | 항공임 | 자동차임 | | | |
| 임원 및 본부장 | 1등급 | 1등급 | 실비 | 실비 | 30,000원 | 실비 | 45,000원 |
| 1, 2급 부서장 | 1등급 | 2등급 | 실비 | 실비 | 25,000원 | 실비 | 35,000원 |
| 2, 3, 4급 부장 | 1등급 | 2등급 | 실비 | 실비 | 20,000원 | 실비 | 30,000원 |
| 4급 이하 팀원 | 2등급 | 2등급 | 실비 | 실비 | 20,000원 | 실비 | 30,000원 |

1. 교통비는 실비를 기준으로 하되, 실비 정산은 국토해양부장관 또는 특별시장·광역시장·도지사·특별자치도지사 등이 인허한 요금을 기준으로 한다.
2. 선임 구분표 중 1등급 해당자는 특등, 2등급 해당자는 1등을 적용한다.
3. 철도임 구분표 중 1등급은 고속철도 특실, 2등급은 고속철도 일반실을 적용한다.
4. 임원 및 본부장의 식비가 위 정액을 초과하였을 경우 실비를 지급할 수 있다.
5. 운임 및 숙박비의 할인이 가능한 경우에는 할인 요금으로 지급한다.
6. 자동차임 실비 지급은 연료비와 실제 통행료를 지급한다.
 (연료비)=[여행거리(km)]×(유가)÷(연비)
7. 임원 및 본부장을 제외한 직원의 숙박비는 70,000원을 한도로 실비를 정산할 수 있다.

**특징**
▶ 대부분 의사소통능력, 수리능력, 문제해결능력을 중심으로 출제(일부 기업의 경우 자원관리능력, 조직이해능력을 출제)
▶ 자료에 대한 추론 및 해석 능력을 요구

**대행사**
▶ 엑스퍼트컨설팅, 커리어넷, 태드솔루션, 한국행동과학연구소(행과연), 휴노 등

## 모듈형

| 대인관계능력

**60** 다음 자료는 갈등해결을 위한 6단계 프로세스이다. 3단계에 해당하는 대화의 예로 가장 적절한 것은?

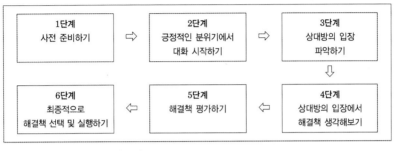

① 그럼 A씨의 생각대로 진행해 보시죠.

**특징**
- 이론 및 개념을 활용하여 푸는 유형
- 채용 기업 및 직무에 따라 NCS 직업기초능력평가 10개 영역 중 선발하여 출제
- 기업의 특성을 고려한 직무 관련 문제를 출제
- 주어진 상황에 대한 판단 및 이론 적용을 요구

**대행사**
- 인트로맨, 휴스테이션, ORP연구소 등

## 피듈형(PSAT형 + 모듈형)

| 문제해결능력

**60** P회사는 직원 20명에게 나눠 줄 추석 선물 품목을 조사하였다. 다음은 유통업체별 품목 가격과 직원들의 품목 선호도를 나타낸 자료이다. 이를 참고하여 P회사에서 구매하는 물품과 업체를 바르게 연결한 것은?

〈업체별 품목 금액〉

| 구분 | | 1세트당 가격 | 혜택 |
|---|---|---|---|
| A업체 | 돼지고기 | 37,000원 | 10세트 이상 주문 시 배송 무료 |
| | 건어물 | 25,000원 | |
| B업체 | 소고기 | 62,000원 | 20세트 주문 시 10% 할인 |
| | 참치 | 31,000원 | |
| C업체 | 스팸 | 47,000원 | 50만 원 이상 주문 시 배송 무료 |
| | 김 | 15,000원 | |

〈구성원 품목 선호도〉

**특징**
- 기초 및 응용 모듈을 구분하여 푸는 유형
- 기초인지모듈과 응용업무모듈로 구분하여 출제
- PSAT형보다 난도가 낮은 편
- 유형이 정형화되어 있고, 유사한 유형의 문제를 세트로 출제

**대행사**
- 사람인, 스카우트, 인크루트, 커리어케어, 트리피, 한국사회능력개발원 등

# 주요 공기업 적중 문제

## 코레일 한국철도공사 사무직

**이산화탄소 ▶ 키워드**

**13** 다음은 온실가스 총 배출량에 대한 자료이다. 이에 대한 설명으로 옳지 않은 것은?

### 〈온실가스 총 배출량〉

(단위 : CO$_2$ eq.)

| 구분 | 2016년 | 2017년 | 2018년 | 2019년 | 2020년 | 2021년 | 2022년 |
|---|---|---|---|---|---|---|---|
| 총 배출량 | 592.1 | 596.5 | 681.8 | 685.9 | 695.2 | 689.1 | 690.2 |
| 에너지 | 505.3 | 512.2 | 593.4 | 596.1 | 605.1 | 597.7 | 601.0 |
| 산업공정 | 50.1 | 47.2 | 51.7 | 52.6 | 52.8 | 55.2 | 52.2 |
| 농업 | 21.2 | 21.7 | 21.2 | 21.5 | 21.4 | 20.8 | 20.6 |
| 폐기물 | 15.5 | 15.4 | 15.5 | 15.7 | 15.9 | 15.4 | 16.4 |
| LULUCF | −57.3 | −54.5 | −48.5 | −44.7 | −42.7 | −42.4 | −44.4 |
| 순 배출량 | 534.8 | 542.0 | 633.3 | 641.2 | 652.5 | 646.7 | 645.8 |
| 총 배출량 증감률(%) | 2.3 | 0.7 | 14.3 | 0.6 | 1.4 | −0.9 | 0.2 |

※ CO$_2$ eq. : 이산화탄소 등가를 뜻하는 단위로, 온실가스 종류별 지구온난화 기여도를 수치로 표현한 지구온난화지수(GWP; Global Warming Potential)를 곱한 이산화탄소 환산량

※ LULUCF(Land Use, Land Use Change, Forestry) : 인간이 토지 이용에 따라 변화하게 되는 온실가스의 증감

※ (순 배출량)=(총 배출량)+(LULUCF)

① 온실가스 순 배출량은 2020년까지 지속해서 증가하다가 2021년부터 감소한다.

② 2022년 농업 온실가스 배출량은 2016년 대비 3%p 이상 감소하였다.

**글의 제목 ▶ 유형**

**24** 다음 글의 제목으로 가장 적절한 것은?

'5060세대'. 몇 년 전까지만 해도 그들은 사회로부터 '지는 해' 취급을 받았다. '오륙도'라는 꼬리표를 달아 일터에서 밀어내고, 기업은 젊은 고객만 왕처럼 대우했다. 젊은 층의 지갑을 노려야 돈을 벌 수 있다는 것이 기업의 마케팅 전략이었기 때문이다.

그러나 최근 들어 상황이 달라졌다. 5060세대가 새로운 소비 군단으로 주목되기 시작한 가장 큰 이유는 고령화 사회로 접어들면서 시니어(Senior) 마켓 시장이 급속도로 커지고 있는 데다 이들이 돈과 시간을 가장 넉넉하게 가진 세대이기 때문이다. 한 경제연구원에 따르면 50대 이상 인구 비중이 30%에 이르면서 50대 이상을 겨냥한 시장 규모가 100조 원대까지 성장할 예정이다.

통계청이 집계한 가구주 나이별 가계수지 자료를 보면, 한국 사회에서는 50대 가구주의 소득이 가장 높다. 월평균 361만 500원으로 40대의 소득보다도 높은 것으로 집계됐다. 가구주 나이가 40대인 가구의 가계수지를 보면, 소득은 50대보다 적으면서도 교육 관련 지출(45만 6,400원)이 압도적으로 높아 소비 여력이 낮은 편이다. 그러나 50대 가구주의 경우 소득이 높으면서 소비 여력 또한 충분하다. 50대 가구주의 처분가능소득은 288만 7,500원으로 전 연령층에서 가장 높다.

이들이 신흥 소비군단으로 떠오르면서 '애플(APPLE)족'이라는 마케팅 용어까지 등장했다. 활동적이고 (Active) 자부심이 강하며(Pride) 안정적으로(Peace) 고급문화(Luxury)를 즐기는 경제력(Economy) 있는 50대 이후 세대를 뜻하는 말이다. 통계청은 여행과 레저를 즐기는 5060세대를 '주목해야 할 블루슈머*7' 가운데 하나로 선정했다. 과거 5060세대는 자식을 보험으로 여기며 자식에게 의존하면서 살아가는 전통적인 노인이었다. 그러나 애플족은 자녀로부터 독립해 자기만의 새로운 인생을 추구한다. '통크족(TONK; Two Only, No Kids)'이라는 별칭이 붙는 이유이다. 통크족이나 애플족은 젊은 층의 전유물로 여겨졌던 자기중심적이고 감각 지향적인 소비도 주저하지 않는다. 후반전 인생만은 자기가 원하는 일을 하며 멋지게 살아야

# 코레일 한국철도공사 기술직

2023년 적중

**02** K일보에 근무 중인 A기자는 나들이가 많은 요즘 자동차 사고를 예방하고자 다음과 같은 기사를 작성하였다. **기사의 제목**으로 가장 적절한 것은?

> 예전에 비해 많은 사람이 안전띠를 착용하지만, 우리나라의 안전띠 착용률은 여전히 매우 낮다. 2013년 일본과 독일에서 조사한 승용차 앞좌석 안전띠 착용률은 각각 98%와 97%를 기록했다. 하지만 같은 해 우리나라는 84.4%에 머물렀다. 특히 뒷좌석 안전띠 착용률은 19.4%로 OECD 국가 중 최하위에 머물렀다.
>
> 지난 4월 13일, 자동차안전연구원에서 '부적절한 안전띠 착용 위험성 실차 충돌시험'을 실시했다. 국내에서 처음 시행한 이번 시험은 안전띠 착용 상태에서 안전띠를 느슨하게 풀어주는 장치 사용(성인, 운전석), 안전띠 미착용 상태에서 안전띠를 느슨하게 풀어주는 장치 사용(성인, 운전석), 뒷좌석에 놀이방 매트 설치 및 안전띠와 카시트 모두 미착용(어린이, 뒷좌석) 총 세 가지 상황으로 실시했다.
>
> 성인 인체모형 2조와 3세 어린이 인체모형 1조를 활용해 승용 자동차가 시속 56km로 고정 벽에 정면충돌하도록 했다. 충돌시험 결과 놀랍게도 안전띠의 부적절한 사용은 중상 가능성이 최대 99.9%로 안전띠를 제대로 착용했을 때보다 최대 9배 높게 나타났다.
>
> 세 가지 상황별로 살펴 보자. 먼저 안전띠를 느슨하게 풀어주는 장치를 사용할 경우이다. 중상 가능성은 49.7%로, 올바른 안전띠 착용보다 약 5배 높게 나타났다. 느슨해진 안전띠로 인해 차량 충돌 시 탑승객을 효과적으로 구속하지 못하기 때문이다. 그리고 안전띠 경고음 차단 클립을 사용한 경우에는 중상 가능성이 80.3%로 더욱 높아졌다. 에어백이 충격 일부를 흡수하기는 하지만 머리는 앞면 창유리에, 가슴은 크래시 패드에 심하게 부딪친 결과이다. 마지막으로 뒷좌석 놀이방 매트 위에 있던 3세 어린이 인체 모형은 중상 가능성이 99.9%로, 생명에 치명적 위험을 초래하는 것으로 나타났다. 어린이 인체모형은 자동차 충격 때문에 튕겨 나가 앞좌석 등받이와 심하게 부딪쳤고, 안전띠와 카시트를 착용한 경우보다 머리 중상 가능성이 99.9%, 가슴 중상 가능성이 93.9% 이상 높았다.

2023년 적중

**01** K공사는 부대시설 건축을 위해 A건축회사와 계약을 맺었다. 다음의 계약서를 보고 건축시설처의 L대리가 파악할 수 있는 내용으로 가장 적절한 것은?

> 〈공사**도급**계약서〉
>
> **상세시공도면 작성(제10조)**
> ① '을'은 건축법 제19조 제4항에 따라 공사감리자로부터 상세시공도면의 작성을 요청받은 경우에는 상세시공도면을 작성하여 공사감리자의 확인을 받아야 하며, 이에 따라 공사를 하여야 한다.
> ② '갑'은 상세시공도면의 작성범위에 관한 사항을 설계자 및 공사감리자의 의견과 공사의 특성을 감안하여 계약서상의 시방에 명시하고, 상세시공도면의 작성비용을 공사비에 반영한다.
>
> **안전관리 및 재해보상(제11조)**
> ① '을'은 산업재해를 예방하기 위하여 안전시설의 설치 및 보험의 가입 등 적절한 조치를 하여야 한다. 이때 '갑'은 계약금액의 안전관리비 및 보험료 상당액을 계상하여야 한다.
> ② 공사현장에서 발생한 산업재해에 대한 책임은 '을'에게 있다. 다만, 설계상의 하자 또는 '갑'의 요구에 의한 작업으로 인한 재해에 대하여는 그러하지 아니하다.
>
> **응급조치(제12조)**
> ① '을'은 재해방지를 위하여 특히 필요하다고 인정될 때에는 미리 긴급조치를 취하고 즉시 이를 '갑'에게 통지하여야 한다.
> ② '갑'은 재해방지 및 기타 공사의 시공상 긴급·부득이하다고 인정할 때에는 '을'에게 긴급조치를 요구할 수 있다.
> ③ 제1항 및 제2항의 응급조치에 소요된 경비에 대하여는 제16조 제2항의 규정을 준용한다.

# TEST CHECK

## 코레일 한국철도공사 고졸

**25** 제시문이 근거가 될 수 있는 가장 적절한 주장은?

> 중세 유럽은 철저히 기독교적인 사회였다. 성경을 부정하거나 신을 부정하는 일은 상상조차 할 수 없는 시대였다. 그러나 코페르니쿠스, 갈릴레오 등이 '지구는 우주의 중심이 아니다.'라는 과학적 명제를 밝혀냄으로써 사람들의 가치관은 흔들리기 시작했다. 이후 다윈의 '종의 기원' 등을 통하여 사람들의 마음속에 더는 성경이 진리가 아닐 수도 있다는 생각을 심어주게 되었고 이는 '신이 존재하지 않을 수도 있다.'라는 결론을 도출하게 되었다. 몇 세기 전만 해도 유럽 사회에서 신에 대한 부정은 매우 불경스러운 행위였다. 사형에 처하게 될 수도 있을 만큼 도덕적으로 옳지 않은 행위로 간주되었던 것이다. 그러나 현대 유럽 사회에서 자신을 무신론자라고 드러내는 것은 어떠한 문제도 되지 않는다.

① 새롭게 밝혀지는 과학 지식으로 인해 사람들의 가치관이 변할 수 있다.
② 종교는 무지의 산물이며 현대인이 극복해내야 할 과거의 산물이다.
③ 기독교는 과학과 양립할 수 없다.
④ 유럽 문명의 근간에는 기독교적 가치관이 깔려 있다.
⑤ 현대 사회는 과거의 가치를 부정하는 과정을 통해 성립되었다.

## 도로교통공단

**54** D회사의 영업지원팀 문팀장은 새로 출시한 제품 홍보를 지원하기 위해 월요일부터 목요일까지 매일 남녀 한 명씩을 홍보팀으로 보내야 한다. 영업지원팀에는 현재 남자 사원 4명(기태, 남호, 동수, 지원)과 여자 사원 4명(고은, 나영, 다래, 리화)이 근무하고 있다. 〈조건〉을 만족할 때, 다음 중 옳지 않은 것은?

> **조건**
> (가) 매일 다른 사람을 보내야 한다.
> (나) 기태는 화요일과 수요일에 휴가를 간다.
> (다) 동수는 다래의 바로 이전 요일에 보내야 한다.
> (라) 고은은 월요일에는 근무할 수 없다.
> (마) 남호와 나영은 함께 근무할 수 없다.
> (바) 지원은 기태 이전에 근무하지만 화요일은 갈 수 없다.
> (사) 리화는 고은과 나영 이후에 보낸다.

① 고은이 수요일에 근무한다면 기태는 리화와 함께 근무한다.
② 다래가 수요일에 근무한다면 화요일에는 동수와 고은이 근무한다.
③ 리화가 수요일에 근무한다면 남호는 화요일에 근무한다.
④ 고은이 화요일에 근무한다면 지원은 월요일에 근무할 수 없다.

# 인천국제공항공사

## 이동수단 계산 ▶ 유형

**08** I공사의 총무팀 4명은 해외출장을 계획하고 있다. 총무팀은 출장지에서의 이동수단 한 가지를 결정하려고 한다. 〈조건〉을 통해 이동수단을 선택할 때, 총무팀이 최종적으로 선택하게 될 이동수단의 종류와 그 비용으로 옳게 짝지은 것은?

**조건**

- 이동수단은 경제성, 용이성, 안전성의 총 3가지 요소를 고려하여 최종점수가 가장 높은 이동수단을 선택한다.
- 각 고려요소의 평가결과 '상' 등급을 받으면 3점을, '중' 등급을 받으면 2점을, '하' 등급을 받으면 1점을 부여한다. 단, 안전성을 중시하여 안전성 점수는 2배로 계산한다.
- 경제성은 이동수단별 최소비용이 적은 것부터 상, 중, 하로 평가한다.
- 각 고려요소의 평가점수를 합하여 최종점수를 구한다.

〈이동수단별 평가표〉

| 이동수단 | 경제성 | 용이성 | 안전성 |
| --- | --- | --- | --- |
| 렌터카 | ? | 상 | 하 |
| 택시 | ? | 중 | 중 |
| 대중교통 | ? | 하 | 중 |

〈이동수단별 비용계산식〉

| 이동수단 | 비용계산식 |
| --- | --- |

## 부서배치 ▶ 유형

**15** 다음은 부서별로 핵심역량가치 중요도를 정리한 표와 신입사원들의 핵심역량평가 결과표이다. 결과표를 바탕으로 한 C사원과 E사원의 부서배치로 가장 적절한 것은?(단, '-'는 중요도가 상관없다는 표시이다)

〈핵심역량가치 중요도〉

| 구분 | 창의성 | 혁신성 | 친화력 | 책임감 | 윤리성 |
| --- | --- | --- | --- | --- | --- |
| 영업팀 | - | 중 | 상 | 중 | - |
| 개발팀 | 상 | 상 | 하 | 중 | 상 |
| 지원팀 | - | 중 | - | 상 | 하 |

〈핵심역량평가 결과표〉

| 구분 | 창의성 | 혁신성 | 친화력 | 책임감 | 윤리성 |
| --- | --- | --- | --- | --- | --- |
| A사원 | 상 | 하 | 중 | 상 | 상 |
| B사원 | 중 | 중 | 하 | 중 | 상 |
| C사원 | 하 | 상 | 상 | 중 | 하 |
| D사원 | 하 | 하 | 상 | 하 | 중 |
| E사원 | 상 | 중 | 중 | 상 | 하 |

|  | C사원 | E사원 |  |  | C사원 | E사원 |
| --- | --- | --- | --- | --- | --- | --- |
| ① | 개발팀 | 지원팀 |  | ② | 영업팀 | 지원팀 |
| ③ | 개발팀 | 영업팀 |  | ④ | 지원팀 | 개발팀 |
| ⑤ | 지원팀 | 영업팀 |  |  |  |  |

# 도서 200% 활용하기

STRUCTURES

## 코레일 출제유형으로 영역별 학습

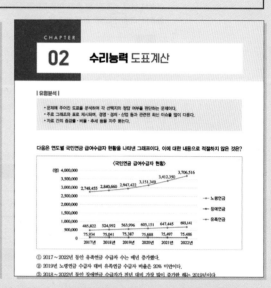

▶ NCS 출제 영역에 대한 출제유형을 수록하여 NCS 문제에 대한 접근 전략을 익히고 점검할 수 있도록 하였다.

## 코레일 샘플문제로 필기시험 대비

▶ 코레일 2023년 상반기~2019년 샘플문제를 수록하여 NCS 출제 영역을 효과적으로 학습할 수 있도록 하였다.

# 코레일 기출복원문제로 출제 경향 파악

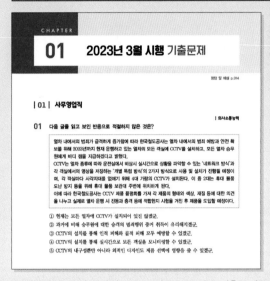

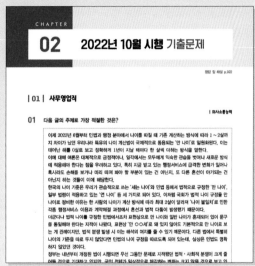

▶ 코레일 2023년 상반기~2017년 NCS&전공 기출문제를 복원하여 코레일 출제 경향을 파악할 수 있도록 하였다.

# 주요 공기업 기출복원문제로 빈틈없는 학습

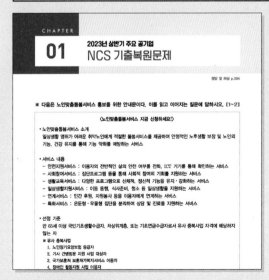

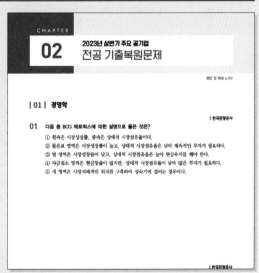

▶ 주요 공기업 2023년 상반기 NCS&전공 기출문제를 복원하여 공기업별 필기 유형을 파악할 수 있도록 하였다.

# 코레일, '철도 공공데이터' 선호도 조사 시행

한국철도공사가 국민이 원하는 철도 데이터를 제공하기 위해 대국민 선호도 조사를 시행한다고 23일 밝혔다.

이번 조사는 지난 5월 대국민 철도 공공데이터 수요조사로 선정된 데이터 중 선호도가 높은 자료를 우선 개방하기 위함이다. 대상 데이터는 열차 운행계획, 역사 내 시설물 설치 현황, 역사 주차장 현황, 역 광장 현황 등 10가지이다.

조사는 오는 26일부터 다음달 14일까지 3주간 코레일 홈페이지(info.korail.com)에서 참여할 수 있다. 코레일은 참여자 중 20명을 추첨해 소정의 기프티콘을 지급한다.

코레일은 공공데이터포털(data.go.kr)을 통해 열차운행 및 여객수송 통계 등 181종의 데이터를 제공하고 있다. 지난해에는 '승차권 진위확인 조회 서비스'와 '국내 5대 도시 관광정보 분석' 등 활용도 높은 데이터를 개방했다.

코레일 관계자는 "적극적으로 개방한 철도 공공데이터가 새로운 부가가치와 혁신적인 서비스 창출하는 데 활용되길 바란다."라고 밝혔다.

---

### Keyword

▶ 공공데이터 : 공공데이터법에 근거하여 누구나 이용가능하고, 영리 목적의 이용을 포함한 자유로운 활동이 보장되는 데이터이다.
▶ 관광정보 분석 : 관광객의 열차 이용, 카드 실적, 통신 이용 등을 바탕으로 여행 패턴을 분석한 자료로, 관광수요에 대한 정보가 필요한 여행사의 신규 상품 개발에 활용되고 있다.

### 예상 면접 질문

▶ 한국철도공사가 공공데이터를 분석함으로써 얻을 수 있는 효과에 대해 말해 보시오.
▶ 새로운 부가가치를 키우고자 할 때, 한국철도공사가 다른 어떤 프로그램을 진행해야 좋은지 말해 보시오.

# 코레일, 2023 '부산국제철도기술산업전'에서 첨단 IT기술 기반 철도시스템 선보여

한국철도공사가 '2023 부산국제철도기술산업전'에서 첨단 IT기술을 접목한 철도시스템을 선보인다고 14일 밝혔다.

전시 공간은 경영정보시스템(MIS), 원격무선입환 제어시스템, 철도안전시스템 디오라마 등과 국토부가 추진하는 '통합교통서비스(MaaS)'에서 철도와 대중교통의 예약·환승 연계시스템도 엿볼 수 있다. '경영정보시스템'은 실시간 열차운송, 경영과 안전 관련 데이터를 한 화면에 표출하는 시스템으로, 실제 코레일에서 활용하고 있다. '철도안전시스템 디오라마'는 열차 운행 상황과 연계한 작업자 안전관리 체계를 철도모형으로 한눈에 보여준다.

체험 공간은 KTX 운전시뮬레이터, 철도사고 가상현실(VR) 안전체험, 메타버스 기차역 등을 마련했다. 홍보 공간에서는 쉽게 이해하는 철도 이용 안전수칙, 숨겨진 고속철도 안전시스템, 4대 관광벨트 및 장대화물열차 소개 영상, '완판 코레일 굿즈' 등을 소개한다. 또한, 일자리 창출과 상생 협력을 위해 채용 및 동반성장 기업을 위한 상담부스도 운영한다.

고준영 코레일 사장직무대행은 "이번 산업전에서 접한 세계 철도 산업의 최신 트렌드를 한국철도 시스템에 반영하겠다."라며 "우수한 기술력을 바탕으로 더욱 안전한 철도를 만드는 데 앞장서겠다."라고 밝혔다.

## Keyword

▶ 경영정보시스템(MIS; Management Information System) : 경영 내외의 관련 정보를 즉각적으로 대량으로 수집·전달·처리·저장·이용할 수 있도록 편성한 시스템이다.

## 예상 면접 질문

▶ 첨단 IT기술의 발전으로 인해 한국철도공사가 가져올 발전에 대해 말해 보시오.
▶ 새로운 기술을 받아들일 때, 한국철도공사가 주의해야 할 점을 말해 보시오.

# 코레일, 라오스 교통공무원 철도역량 강화 온라인 연수 진행

한국철도공사는 라오스 교통공무원을 대상으로 '철도시스템 개발 및 관리역량 강화' 온라인 연수를 진행했다고 5일 밝혔다. 이번 프로그램은 한국국제협력단(KOICA)의 글로벌 연수사업의 일환으로, 한국철도의 우수한 운영기술을 공유하며 새로운 시장 개척의 교두보를 마련하기 위해 진행됐다.

연수생들은 철도운영 노하우, 물류시스템, 여객운송 전략, 안전체계 등 분야별 전문가를 초청한 강의와 실시간 토론을 통해 한국철도의 운영 노하우와 기술 수준에 대한 이해의 폭을 넓혔다. 또한, 국내 철도기업 관계자가 참여하는 '비즈니스 미팅'을 마련해 향후 라오스 철도 사업에 국내 기업이 진출할 수 있는 기반을 마련하였다.

코레일은 이번 중간관리자 연수를 시작으로 내년 고위급 관리자 초청연수와 2025년 철도실무자 현지연수 등 3년에 걸쳐 대상자 맞춤형 교육을 실시할 계획이다.

고준영 코레일 사장직무대행은 "이번 연수가 라오스 철도 분야와의 교류와 협력을 더욱 공고해지는 계기가 되길 기대한다."라며 "우호적 관계를 맺고 공동 발전의 기틀을 마련할 수 있도록 노력하겠다."라고 밝혔다.

## Keyword

▶ 한국국제협력단(KOICA) : 정부 차원의 대외무상 협력 사업을 전달하고 실시하는 기관이다. 우리나라와 개발도상국가 사이의 우호 협력관계 및 상호교류를 증진하고 이들 국가들의 경제 사회 발전 지원을 통해 국제협력을 증진하자는 목표를 지니고 있다.

## 예상 면접 질문

▶ 한국철도공사가 개발도상국과의 우호적인 관계를 통해 얻을 수 있는 효과에 대해 말해 보시오.
▶ 한국철도공사의 우수한 운영기술을 어떤 형태로 전달해야 좋은 효과를 낼 수 있을지 말해 보시오.

# 코레일, 여름철 폭염 · 풍수해 대비 재해예방 총력

한국철도공사는 본격적인 무더위에 앞서 열차 안전운행을 위한 폭염 · 풍수해 대비 선제적 종합대책을 추진하고 있다고 31일 밝혔다.

코레일은 지난 5월 중순부터 여름철 재해대책본부를 가동해 안전한 열차운행을 위한 냉방 설비, 배수 시설 등 취약 개소를 일제 점검하며 고객 불편 최소화를 위해 총력을 기울이고 있다. 특히, 올여름 기온이 평년보다 높고 집중 호우가 예상된다는 기상청 전망에 따라 24시간 대응체계를 갖춘 재해대책본부를 중심으로 예방대책을 추진하고 있다.

아울러, 코레일은 지난해 말부터 250여 개의 살수장치를 선로에 설치하고, 집중호우에 유실이 우려되는 비탈면을 보강하는 등 이상기후에 대비한 재해 예방시설을 확충했다.

현장 직원의 업무 안전 강화를 통한 중대재해예방 대책도 빈틈없이 진행하고 있다. 실외 근무자의 온열질환 예방을 위한 보호구를 지급하는 등 폭염에 의한 직원 안전사고 예방에도 집중하고 있다.

고준영 코레일 사장직무대행은 "재해대책본부를 컨트롤타워로 빈틈없는 폭염 · 풍수해 예방대책을 수립하겠다."라며 "이례 상황에도 안전한 열차 운행과 국민 불편 최소화를 위해 철저한 비상대응 태세를 유지하겠다."라고 밝혔다.

## Keyword

▶ 중대재해 : 사망자가 1인 이상 발생하거나 3개월 이상의 요양을 요하는 부상자가 동시에 2인 이상 발생한 재해를 말한다. 추가로 부상자 또는 직업성 질병자가 동시에 10인 이상 발생한 재해를 말하며 이는 산업안전보건법 제2조를 통해 명시되어 있다.

## 예상 면접 질문

▶ 중대재해를 예방하기 위해 추가적으로 한국철도공사에서 유의해야 할 점이 있다면 말해 보시오.
▶ 중대재해가 일어났을 경우 한국철도공사에서 할 수 있는 관리 방법에 대해 말해 보시오.

# 이 책의 차례

CONTENTS

# Add+

## 코레일 출제유형 파헤치기

# CHAPTER 01
# 의사소통능력

## 합격 CHEAT KEY

의사소통능력을 평가하지 않는 금융권이 없을 만큼 필기시험에서 중요도가 높은 영역이다. 또한, 의사소통 능력의 문제 출제 비중은 가장 높은 편이다. 이러한 점을 볼 때, 의사소통능력은 NCS를 준비하는 수험생이 라면 반드시 정복해야 하는 과목이다.

국가직무능력표준에 따르면 의사소통능력의 세부 유형은 문서이해, 문서작성, 의사표현, 경청, 기초외국 어로 나눌 수 있다. 문서이해 · 문서작성과 같은 제시문에 대한 주제찾기, 내용일치 문제의 출제 비중이 높으며, 공문서 · 기획서 · 보고서 · 설명서 등 문서의 특성을 파악하는 문제도 출제되고 있다. 따라서 이러 한 분석을 바탕으로 전략을 세우는 것이 매우 중요하다.

### 01  문제에서 요구하는 바를 먼저 파악하라!

의사소통능력에서 가장 중요한 것은 제한된 시간 안에 빠르고 정확하게 답을 찾아내는 것이다. 그러기 위해서는 우리가 의사소통능력을 공부하는 이유를 잊지 말아야 한다. 우리는 지식을 쌓기 위해 의사소통능력 지문을 보는 것이 아니다. 의사소통능력에서는 지문이 아니라 문제가 주인공 이다! 지문을 보기 전에 문제를 먼저 파악해야 한다. 주제찾기 문제라면 첫 문장과 마지막 문장 또는 접속어를 주목하자! 내용일치 문제라면 지문과 문항의 일치 / 불일치 여부만 파악한 뒤 빠져 나오자! 지문에 빠져드는 순간 소중한 시험 시간은 속절없이 흘러 버린다!

### 02  잠재되어 있는 언어능력을 발휘하라!

의사소통능력에는 끝이 없다! 의사소통의 방대함에 포기한 적이 있는가? 세상에 글은 많고 우리 가 학습할 수 있는 시간은 한정적이다. 이를 극복할 수 있는 방법은 다양한 글을 접하는 것이다. 실제 시험장에서 어떤 내용의 지문이 나올지 아무도 예측할 수 없다. 따라서 평소에 신문, 소설, 보고서 등 여러 글을 접하는 것이 필요하다. 잠재되어 있는 글에 대한 안목이 시험장에서 빛을 발할 것이다.

### 03 상황을 가정하라!

업무 수행에 있어 상황에 따른 언어 표현은 중요하다. 같은 말이라도 상황에 따라 다르게 해석될 수 있기 때문이다. 그런 의미에서 자신의 의견을 효과적으로 전달할 수 있는 능력을 평가하는 것은 당연하다. 따라서 다양한 상황에서의 언어표현능력을 함양하기 위한 연습의 과정이 요구된다. 업무를 수행하면서 발생할 수 있는 여러 상황을 가정하고 그에 따른 올바른 언어표현을 정리하는 것이 필요하다. 의사표현 영역의 경우 출제 빈도가 높지는 않지만 상황에 따른 판단력을 평가하는 문항인 만큼 대비하는 것이 필요하다.

### 04 말하는 이의 입장에서 생각하라!

잘 듣는 것 또한 하나의 능력이다. 상대방의 이야기에 귀 기울이고 공감하는 태도는 업무를 수행하는 관계 속에서 필요한 요소이다. 그런 의미에서 다양한 상황에서의 듣는 능력을 평가하는 것이다. 말하는 이가 요구하는 듣는 이의 태도를 파악하고, 이에 따른 판단을 할 수 있도록 언제나 말하는 사람의 입장이 되는 연습이 필요하다.

### 05 반복만이 살길이다!

학창 시절 외국어를 공부하던 때를 떠올려 보자! 셀 수 없이 많은 표현들을 익히기 위해 얼마나 많은 반복의 과정을 거쳤는가? 의사소통능력 역시 그러하다. 하나의 문제 유형을 마스터하기 위해 가장 중요한 것은 바로 여러 번, 많이 풀어 보는 것이다.

# 01 의사소통능력 문서 내용 이해

## | 유형분석 |

- 주어진 지문을 읽고 선택지를 고르는 전형적인 독해 문제이다.
- 지문은 주로 신문기사(보도자료 등)나 업무 보고서, 시사 등이 제시된다.
- 공사공단에 따라 자사와 관련된 내용의 기사나 법조문, 보고서 등이 출제되기도 한다.

G씨는 성장기인 아들의 수면습관을 바로 잡기 위해 수면습관에 관련된 글을 찾아보았다. 다음 글을 읽고 이해한 내용으로 적절하지 않은 것은?

> 수면은 비렘(non – REM)수면과 렘수면으로 이뤄진 사이클이 반복되면서 이뤄지는 복잡한 신경계의 상호작용이며, 좋은 수면이란 이 사이클이 끊어지지 않고 충분한 시간 동안 유지되도록 하는 것이다. 수면 패턴은 일정한 것이 좋으며, 깨는 시간을 지키는 것이 중요하다. 그리고 수면 패턴은 휴일과 평일 모두 일정하게 지키는 것이 성장하는 아이들의 수면 리듬을 유지하는 데 좋다. 수면 상태에서 깨어날 때 영향을 주는 자극들은 '빛, 식사 시간, 운동, 사회 활동' 등이 있으며, 이 중 가장 강한 자극은 '빛'이다. 침실을 밝게 하는 것은 적절한 수면 자극을 방해하는 것이다. 반대로 깨어날 때 강한 빛 자극을 주면 수면 상태에서 빠르게 벗어날 수 있다. 이는 뇌의 신경 전달 물질인 멜라토닌의 농도와 연관되어 나타나는 현상이다. 수면 중 최대치로 올라간 멜라토닌은 시신경이 강한 빛에 노출되면 빠르게 줄어들게 되는데, 이때 수면 상태에서 벗어나게 된다. 아침 일찍 일어나 커튼을 젖히고 밝은 빛이 침실 안으로 들어오게 하는 것은 매우 효과적인 각성 방법인 것이다.

① 잠에서 깨는 데 가장 강력한 자극을 주는 것은 빛이었구나.
② 멜라토닌의 농도에 따라 수면과 각성이 영향을 받는군.
③ 평일에 잠이 모자란 우리 아들은 잠을 보충해줘야 하니까 휴일에 늦게까지 자도록 둬야겠다.
④ 좋은 수면은 비렘수면과 렘수면의 사이클이 충분한 시간 동안 유지되도록 하는 것이구나.
⑤ 우리 아들 침실이 좀 밝은 편이니 충분한 수면을 위해 암막커튼을 달아줘야겠어.

**정답** ③

수면 패턴은 휴일과 평일 모두 일정하게 지키는 것이 성장하는 아이들의 수면 리듬을 유지하는 데 좋다. 따라서 휴일에 늦잠을 자는 것은 적절하지 않다.

### 풀이 전략!

주어진 선택지에서 키워드를 체크한 후, 지문의 내용과 비교해가면서 내용의 일치 여부를 빠르게 판단한다.

# 01 의사소통능력 주제 찾기

## | 유형분석 |

- 주어진 지문을 파악하여 전달하고자 하는 핵심 주제를 고르는 문제이다.
- 정보를 종합하고 중요한 내용을 구별하는 능력이 필요하다.
- 설명문부터 주장, 반박문까지 다양한 성격의 지문이 제시되므로 글의 성격별 특징을 알아두는 것이 좋다.

### 다음 글의 주제로 가장 적절한 것은?

표준화된 언어는 의사소통을 효과적으로 하기 위하여 의도적으로 선택해야 할 공용어로서의 가치가 있다. 반면에 방언은 지역이나 계층의 언어와 문화를 보존하고 드러냄으로써 국가 전체의 언어와 문화를 다양하게 발전시키는 토대로서의 가치가 있다. 이러한 의미에서 표준화된 언어와 방언은 상호 보완적인 관계에 있다. 표준화된 언어가 있기에 정확한 의사소통이 가능하며, 방언이 있기에 개인의 언어생활에서나 언어 예술 활동에서 자유롭고 창의적인 표현이 가능하다. 결국 우리는 표준화된 언어와 방언 둘 다의 가치를 인정해야 하며, 발화(發話) 상황(狀況)을 잘 고려해서 표준화된 언어와 방언을 잘 가려서 사용할 줄 아는 능력을 길러야 한다.

① 창의적인 예술 활동에서는 방언의 기능이 중요하다.
② 표준화된 언어와 방언에는 각각 독자적인 가치와 역할이 있다.
③ 정확한 의사소통을 위해서는 표준화된 언어가 꼭 필요하다.
④ 표준화된 언어와 방언을 구분할 줄 아는 능력을 길러야 한다.
⑤ 표준화된 언어는 방언보다 효용가치가 있다.

**정답** ②

마지막 문장의 '표준화된 언어와 방언 둘 다의 가치를 인정'하고, '잘 가려서 사용할 줄 아는 능력을 길러야 한다.'는 내용을 바탕으로 ②와 같은 주제를 이끌어낼 수 있다.

**풀이 전략!**

'결국', '즉', '그런데', '그러나', '그러므로' 등의 접속어 뒤에 주제가 드러나는 경우가 많다는 것에 주의하면서 지문을 읽는다.

# 01 의사소통능력 문장 배열

## │유형분석│

- 각 문단의 내용을 파악하고 논리적 순서에 맞게 배열하는 복합적인 문제이다.
- 전체적인 글의 흐름을 이해하는 것이 중요하며, 각 문장의 지시어나 접속어에 주의한다.

**다음 문장을 논리적 순서대로 바르게 나열한 것은?**

(가) 그중에서도 우리나라의 나전칠기는 중국이나 일본보다 단조한 편이지만, 옻칠의 질이 좋고 자개 솜씨가 뛰어나 우리나라 칠공예만의 두드러진 개성을 가진다. 전래 초기에는 주로 백색의 야광패를 사용하였으나, 후대에는 청록 빛깔을 띤 복잡한 색상의 전복껍데기를 많이 사용하였다. 우리나라의 나전칠기는 일반적으로 목제품의 표면에 옻칠을 하고 그것에다 한층 치레 삼아 첨가한다.

(나) 이러한 나전칠기는 특히 통영의 것이 유명하다. 이는 예로부터 통영에서는 나전의 원료가 되는 전복이 많이 생산되었으며, 인근 내륙 및 함안지역의 질 좋은 옻이 나전칠기가 발달하는 데 주요 원인이 되었기 때문이다. 이에 통영시는 지역 명물 나전칠기를 널리 알리기 위해 매년 10월 통영 나전칠기축제를 개최하여 400년을 이어온 통영지방의 우수하고 독창적인 공예법을 소개하고 작품도 전시하고 있다.

(다) 제작방식은 우선 전복껍데기를 얇게 하여 무늬를 만들고 백골에 모시 천을 바른 뒤, 칠과 호분을 섞어 표면을 고른다. 그 후 칠죽 바르기, 삼베 붙이기, 탄회 칠하기, 토회 칠하기를 통해 제조과정을 끝마친다. 문양을 내기 위해 나전을 잘라내는 방법에는 주름질(자개를 문양 형태로 오려낸 것), 이음질(문양구도에 따라 주름대로 문양을 이어가는 것), 끊음질(자개를 실같이 가늘게 썰어서 문양 부분에 모자이크 방법으로 붙이는 것)이 있다.

(라) 나전칠기는 기물에다 무늬를 나타내는 대표적인 칠공예의 장식기법 중 하나로, 얇게 깐 조개껍데기를 여러 가지 형태로 오려내어 기물의 표면에 감입하여 꾸미는 것을 통칭한다. 우리나라는 목기와 더불어 칠기가 발달했는데, 이러한 나전기법은 중국 주대(周代)부터 이미 유행했고 당대(唐代)에 성행하여 한국과 일본에 전해진 것으로 보인다. 나전기법은 여러 나라를 포함한 아시아 일원에 널리 보급되어 있고 지역에 따라 독특한 성격을 가진다.

① (나) - (다) - (가) - (라)  
② (나) - (가) - (다) - (라)  
③ (다) - (나) - (라) - (가)  
④ (라) - (가) - (다) - (나)

**정답** ④

제시문은 나전칠기의 개념을 제시하고 우리나라 나전칠기의 특징, 제작방법 그리고 더 나아가 국내의 나전칠기 특산지에 대해 설명하고 있다. 따라서 (라) 나전칠기의 개념 → (가) 우리나라 나전칠기의 특징 → (다) 나전칠기의 제작방법 → (나) 나전칠기 특산지 소개의 순서대로 연결하는 것이 적절하다.

**풀이 전략!**

상대적으로 시간이 부족하다고 느낄 때는 선택지를 참고하여 문장의 순서를 생각해 본다.

# 01 의사소통능력 빈칸 추론

## | 유형분석 |

- 주어진 지문을 바탕으로 빈칸에 들어갈 내용을 찾는 문제이다.
- 선택지의 내용을 정확하게 확인하고 빈칸 앞뒤 문맥을 파악하는 능력이 필요하다.

**다음 글을 통해 추론할 수 있는 내용으로 적절하지 않은 것은?**

힐링(Healing)은 사회적 압박과 스트레스 등으로 손상된 몸과 마음을 치유하는 방법을 포괄적으로 일컫는 말이다. 우리보다 먼저 힐링이 정착된 서구에서는 질병 치유의 대체 요법 또는 영적·심리적 치료 요법 등을 지칭하고 있다. 국내에서도 최근 힐링과 관련된 갖가지 상품이 유행하고 있다. 간단한 인터넷 검색을 통해 수천 가지의 상품을 확인할 수 있을 정도이다. 종교적 명상, 자연 요법, 운동 요법 등 다양한 형태의 힐링 상품이 존재한다. 심지어 고가의 힐링 여행이나 힐링 주택 등의 상품도 나오고 있다. 그러나 _____ 우선 명상이나 기도 등을 통해 내면에 눈뜨고, 필라테스나 요가를 통해 육체적 건강을 회복하여 자신감을 얻는 것부터 출발할 수 있다.

① 힐링이 먼저 정착된 서구의 힐링 상품들을 참고해야 할 것이다.
② 많은 돈을 들이지 않고서도 쉽게 할 수 있는 일부터 찾는 것이 좋을 것이다.
③ 이러한 상품들의 값이 터무니없이 비싸다고 느껴지지는 않을 것이다.
④ 자신을 진정으로 사랑하는 법을 알아야 할 것이다.
⑤ 혼자만 할 수 있는 힐링 상품을 찾는 것보다는 다른 사람과 함께 하는 힐링 상품을 찾는 것이 좋을 것이다.

> **정답** ②
>
> 빈칸의 전후 문장을 통해 내용을 파악해야 한다. 우선 '그러나'를 통해 빈칸에는 앞의 내용에 상반되는 내용이 오는 것임을 알 수 있다. 따라서 수천 가지의 힐링 상품이나, 고가의 상품들을 참고하는 것과는 상반된 내용을 찾으면 된다. 또한, 빈칸 뒤의 내용이 주위에서 쉽게 할 수 있는 힐링 방법을 통해 자신감을 얻는 것부터 출발해야 한다는 내용이므로, 빈칸에는 많은 돈을 들이지 않고도 쉽게 할 수 있는 일부터 찾아야 한다는 내용이 담긴 문장이 오는 것이 적절하다.

**■ 풀이 전략!**

빈칸 앞뒤의 문맥을 파악한 후 선택지에서 가장 어울리는 내용을 찾는다. 빈칸 앞에 접속사가 있다면 이를 활용한다.

# 01 의사소통능력 문서작성 및 수정

## | 유형분석 |

- 기본적인 어휘력과 어법에 대한 지식을 필요로 하는 문제이다.
- 글의 내용을 파악하고 문맥을 읽을 줄 알아야 한다.

**다음 글에서 밑줄 친 ㉠~㉤의 수정 방안으로 적절하지 않은 것은?**

학부모들을 상대로 설문조사를 한 결과, 사교육비 절감에 가장 큰 도움을 준 제도는 바로 교과교실제(영어, 수학 교실 등 과목전용교실 운영)였다. 사교육비 중에서도 가장 ㉠ <u>많은 비용이 차지하는</u> 과목이 영어와 수학이라는 점을 고려해보면 공교육에서 영어, 수학을 집중적으로 가르쳐주는 것이 사교육비 절감에 큰 도움이 되었다는 점을 이해할 수 있다. 한때 사교육비 절감을 기대하며 도입했던 '방과 후 학교'는 사교육비를 절감하지 못했는데, 이는 학생들을 학교에 묶어놓는 것만으로는 사교육을 막을 수 없다는 점을 시사한다. 학생과 학부모가 적지 않은 비용을 지불하면서도 사교육을 찾게 되는 이유는 ㉡ <u>입시에 도움이 된다.</u> 공교육에서는 정해진 교과 과정에 맞추어 수업을 해야 하고 실력 차이가 나는 학생들을 ㉢ <u>개별적으로</u> 가르쳐야 하기 때문에 입시에 초점을 맞추기가 쉽지 않다. 따라서 공교육만으로는 입시에 뒤처진다고 생각하는 사람들이 많은 것이다. ㉣ <u>그래서</u> 교과교실제에 이어 사교육비 절감에 도움이 되었다고 생각하는 요인이 '다양하고 좋은 학교의 확산'이라는 점을 보면 공교육에도 희망이 있다고 할 수 있다. 인문계, 예체능계, 실업계, 특목고 정도로만 학교가 나눠졌던 과거에 비해 지금은 학생의 특기와 적성에 맞는 다양하고 좋은 학교가 많이 생겨났다. 좋은 대학에 입학하려는 이유가 대학의 서열화와 그에 따른 취업경쟁 때문이라는 것을 생각해보면 고등학교 때부터 ㉤ <u>미래를 위해 공부할 수 있는 학교는</u> 사교육비 절감과 더불어 공교육의 강화, 과도한 입시 경쟁 완화에 도움이 될 것이다.

① ㉠ : 조사가 잘못 쓰였으므로 '많은 비용을 차지하는'으로 수정한다.
② ㉡ : 호응 관계를 고려하여 '입시에 도움이 되기 때문이다.'로 수정한다.
③ ㉢ : 문맥을 고려하여 '집중적으로'로 수정한다.
④ ㉣ : 앞 내용과 상반된 내용이 이어지므로 '하지만'으로 수정한다.
⑤ ㉤ : 앞 내용을 고려하여 '미래를 위해 공부할 수 있는 학교의 확산은'으로 수정한다.

> **정답** ③
> 제시문의 내용에 따르면 공교육에서는 학생들의 실력 차이를 모두 고려할 수가 없다. 따라서 '한꺼번에'로 수정하는 것이 적절하다.

> **풀이 전략!**
> 문장에서 주어와 서술어의 호응 관계가 적절한지 주어와 서술어를 찾아 확인해 보는 연습을 하며, 문서작성의 원칙과 주의사항은 미리 알아두는 것이 좋다.

# 의사소통능력 의사표현 방법

## | 유형분석 |

• 제시된 상황이나 보기에서 적절하거나 적절하지 않은 의사표현 방식을 고르는 문제가 주로 출제된다.

다음 〈보기〉에서 의사표현에 사용되는 언어로 적절하지 않은 것을 모두 고르면?

**보기**

ㄱ. 이해하기 쉬운 언어                  ㄴ. 상세하고 구체적인 언어
ㄷ. 간결하면서 정확한 언어              ㄹ. 전문적 언어
ㅁ. 단조로운 언어                      ㅂ. 문법적 언어

① ㄱ, ㄴ                            ② ㄴ, ㄷ
③ ㄷ, ㄹ                            ④ ㄹ, ㅁ
⑤ ㅁ, ㅂ

**정답** ④

상대방이 이해하기 어려운 전문적 언어(ㄹ)나 단조로운 언어(ㅁ)는 의사표현에 사용되는 언어로 적절하지 않다.

**오답분석**

의사표현에 사용되는 적절한 언어로는 이해하기 쉬운 언어(ㄱ), 상세하고 구체적인 언어(ㄴ), 간결하면서 정확한 언어(ㄷ), 문법적 언어(ㅂ), 감각적 언어 등이 있다.

**풀이 전략!**

상황에 따른 의사표현법과 원활한 의사표현을 위한 유의사항을 항상 유념한다.

# CHAPTER 02
# 수리능력

## 합격 CHEAT KEY

수리능력은 사칙연산·통계·확률의 의미를 정확하게 이해하고 이를 업무에 적용하는 능력으로, 기초연산과 기초통계, 도표분석 및 작성의 문제 유형으로 출제된다. 수리능력 역시 채택하지 않는 공사공단이 거의 없을 만큼 필기시험에서 중요도가 높은 영역이다.

수리능력은 NCS 기반 채용을 진행한 거의 모든 기업에서 다루었으며, 문항 수는 전체의 평균 16% 정도로 많이 출제되었다. 특히, 난이도가 높은 공사공단의 시험에서는 도표분석, 즉 자료해석 유형의 문제가 많이 출제되고 있고, 응용수리 역시 꾸준히 출제하는 기업이 많기 때문에 기초연산과 기초통계에 대한 공식의 암기와 자료해석능력을 기를 수 있는 꾸준한 연습이 필요하다.

### 01 응용수리능력의 공식은 반드시 암기하라!

응용수리능력은 지문이 짧지만, 풀이 과정은 긴 문제도 자주 볼 수 있다. 그렇기 때문에 응용수리능력의 공식을 반드시 암기하여 문제의 상황에 맞는 공식을 적절하게 적용하여 답을 도출해야 한다. 따라서 문제에서 묻는 것을 정확하게 파악하여 그에 맞는 공식을 적절하게 적용하는 꾸준한 노력과 공식을 암기하는 연습이 필요하다.

### 02 통계에서의 사건이 동시에 발생하는지 개별적으로 발생하는지 구분하라!

통계에서는 사건이 개별적으로 발생했을 때, 경우의 수는 합의 법칙, 확률은 덧셈정리를 활용하여 계산하며, 사건이 동시에 발생했을 때, 경우의 수는 곱의 법칙, 확률은 곱셈정리를 활용하여 계산한다. 특히, 기초통계능력에서 출제되는 문제 중 순열과 조합의 계산 방법이 필요한 문제도 다수이므로 순열(순서대로 나열)과 조합(순서에 상관없이 나열)의 차이점을 숙지하는 것 또한 중요하다. 통계 문제에서의 사건 발생 여부만 잘 판단하여도 계산과 공식을 적용하기가 수월하므로 문제의 의도를 잘 파악하는 것이 중요하다.

## 03 자료의 해석은 자료에서 즉시 확인할 수 있는 지문부터 확인하라!

대부분의 취업준비생들이 어려워 하는 영역이 수리영역 중 도표분석, 즉 자료해석능력이다. 자료는 표 또는 그래프로 제시되고, 쉬운 지문은 증가 혹은 감소 추이, 간단한 사칙연산으로 풀이가 가능한 문제 등이 있고, 자료의 조사기간 동안 전년 대비 증가율 혹은 감소율이 가장 높은 기간을 찾는 문제들도 있다. 따라서 일단 증가・감소 추이와 같이 눈으로 확인이 가능한 지문을 먼저 확인한 후 복잡한 계산이 필요한 지문을 확인하는 방법으로 문제를 풀이한다면, 시간을 조금이라도 아낄 수 있다. 특히, 그래프와 같은 경우에는 그래프에 대한 특징을 알고 있다면, 그래프의 길이 혹은 높낮이 등으로 대강의 수치를 빠르게 확인이 가능하므로 이에 대한 숙지도 필요하다. 또한, 여러 가지 보기가 주어진 문제 역시 지문을 잘 확인하고 문제를 풀이한다면 불필요한 계산을 생략할 수 있으므로 항상 지문부터 확인하는 습관을 들이기를 바란다.

## 04 도표작성능력에서 지문에 작성된 도표의 제목을 반드시 확인하라!

도표작성은 하나의 자료 혹은 보고서와 같은 수치가 표현된 자료를 도표로 작성하는 형식으로 출제되는데, 대체로 표보다는 그래프를 작성하는 형태로 많이 출제된다. 지문을 살펴보면 각 지문에서 주어진 도표에도 소제목이 있는 경우가 대부분이다. 이때, 자료의 수치와 도표의 제목이 일치하지 않는 경우 함정이 존재하는 문제일 가능성이 높으므로 도표의 제목을 반드시 확인하는 것이 중요하다. 도표작성의 경우 대부분 비율 계산이 많이 출제되는데, 도표의 제목과는 다른 수치로 작성된 도표가 존재하는 경우가 있다. 그렇기 때문에 지문에서 작성된 도표의 소제목을 먼저 확인하는 연습을 하여 간단하지 않은 비율 계산을 두 번 하는 일이 없도록 해야 한다.

| 유형분석 |

- 문제에 주어진 도표를 분석하여 각 선택지의 정답 여부를 판단하는 문제이다.
- 주로 그래프와 표로 제시되며, 경영·경제·산업 등과 관련된 최신 이슈를 많이 다룬다.
- 자료 간의 증감률·비율·추세 등을 자주 묻는다.

다음은 연도별 국민연금 급여수급자 현황을 나타낸 그래프이다. 이에 대한 내용으로 적절하지 않은 것은?

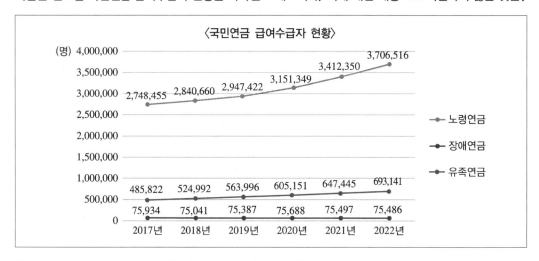

〈국민연금 급여수급자 현황〉

① 2017 ~ 2022년 동안 유족연금 수급자 수는 매년 증가했다.
② 2019년 노령연금 수급자 대비 유족연금 수급자 비율은 20% 미만이다.
③ 2018 ~ 2022년 동안 장애연금 수급자가 전년 대비 가장 많이 증가한 해는 2019년이다.
④ 노령연금 수급자 대비 유족연금 수급자 비율은 2017년이 2019년보다 높다.

정답 ④

2017년 노령연금 수급자 대비 유족연금 수급자 비율은 $\frac{485,822}{2,748,455} \times 100 = 17.7\%$이며, 2019년 노령연금 수급자 대비 유족연금

수급자 비율은 $\frac{563,996}{2,947,422} \times 100 = 19.1\%$이므로 2019년이 더 높다.

풀이 전략!

선택지를 먼저 읽고 필요한 정보를 도표에서 확인하도록 하며, 계산이 필요한 경우에는 실제 수치를 사용하여 복잡한 계산을 하는 대신, 대소 관계의 비교나 선택지의 옳고 그름만을 판단할 수 있을 정도로 간소화하여 계산해 풀이시간을 단축할 수 있도록 한다.

# 02 수리능력 자료이해

## | 유형분석 |

- 제시된 표를 분석하여 선택지의 정답 여부를 판단하는 문제이다.
- 표의 수치 등을 통해 변화량이나 증감률, 비중 등을 비교하여 판단하는 문제가 자주 출제된다.
- 지원하고자 하는 기업이나 산업과 관련된 자료 등이 문제의 자료로 많이 다뤄진다.

다음은 A∼E 5개국의 경제 및 사회 지표 자료이다. 이에 대한 설명으로 옳지 않은 것은?

### 〈주요 5개국의 경제 및 사회 지표〉

| 구분 | 1인당 GDP(달러) | 경제성장률(%) | 수출(백만 달러) | 수입(백만 달러) | 총 인구(백만 명) |
|------|------|------|------|------|------|
| A | 27,214 | 2.6 | 526,757 | 436,499 | 50.6 |
| B | 32,477 | 0.5 | 624,787 | 648,315 | 126.6 |
| C | 55,837 | 2.4 | 1,504,580 | 2,315,300 | 321.8 |
| D | 25,832 | 3.2 | 277,423 | 304,315 | 46.1 |
| E | 56,328 | 2.3 | 188,445 | 208,414 | 24.0 |

※ (총 GDP)=(1인당 GDP)×(총 인구)

① 경제성장률이 가장 큰 나라가 총 GDP는 가장 작다.
② 총 GDP가 가장 큰 나라의 GDP는 가장 작은 나라의 GDP보다 10배 이상 더 크다.
③ 5개국 중 수출과 수입에 있어서 규모에 따라 나열한 순위는 서로 일치한다.
④ A국이 E국보다 총 GDP가 더 크다.
⑤ 1인당 GDP에 따른 순위와 총 GDP에 따른 순위는 서로 일치한다.

**정답** ⑤

1인당 GDP 순위는 E>C>B>A>D이다. 그런데 1인당 GDP가 가장 큰 E국은 1인당 GDP가 2위인 C국보다 1% 정도밖에 높지 않은 반면, 인구는 C국의 $\frac{1}{10}$ 이하이므로 총 GDP 역시 C국보다 작다. 따라서 1인당 GDP 순위와 총 GDP 순위는 일치하지 않는다.

### 풀이 전략!

평소 변화량이나 증감률, 비중 등을 구하는 공식을 알아두고 있어야 하며, 지원하는 기업이나 산업에 대한 자료 등을 확인하여 비교하는 연습을 한다.

| 유형분석 |

- 문제에 주어진 자료를 도표로 변환하는 문제이다.
- 주로 자료에 있는 수치와 그래프 또는 표에 있는 수치가 서로 일치하는지 여부를 판단한다.

다음은 연도별 제주도 감귤 생산량 및 면적을 나타낸 자료이다. 〈보기〉에서 이를 바르게 나타낸 그래프를 모두 고르면?(단, 그래프의 면적 단위가 만 ha일 때는 백의 자리에서 반올림한다)

〈연도별 제주도 감귤 생산량 및 면적〉

(단위 : 톤, ha)

| 구분 | 생산량 | 면적 | 구분 | 생산량 | 면적 |
| --- | --- | --- | --- | --- | --- |
| 2011년 | 19,725 | 536,668 | 2017년 | 17,921 | 480,556 |
| 2012년 | 19,806 | 600,511 | 2018년 | 17,626 | 500,106 |
| 2013년 | 19,035 | 568,920 | 2019년 | 17,389 | 558,942 |
| 2014년 | 18,535 | 677,770 | 2020년 | 17,165 | 554,007 |
| 2015년 | 18,457 | 520,350 | 2021년 | 16,941 | 573,442 |
| 2016년 | 18,279 | 655,046 | - | - | - |

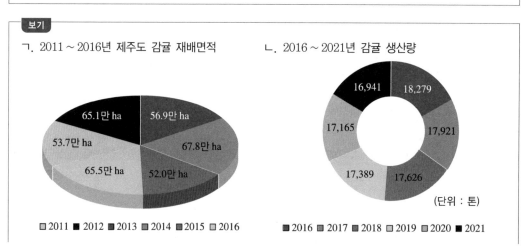

보기

ㄱ. 2011 ~ 2016년 제주도 감귤 재배면적

65.1만 ha  56.9만 ha  53.7만 ha  67.8만 ha  65.5만 ha  52.0만 ha

■2011 ■2012 ■2013 ■2014 ■2015 ■2016

ㄴ. 2016 ~ 2021년 감귤 생산량

16,941  18,279  17,165  17,921  17,389  17,626

(단위 : 톤)

■2016 ■2017 ■2018 ■2019 ■2020 ■2021

ㄷ. 2011 ~ 2021년 감귤 생산량과 면적 변화

ㄹ. 2013 ~ 2021년 감귤 생산량 전년 대비 감소량

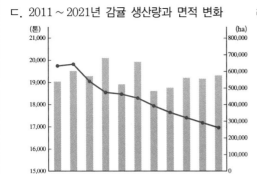

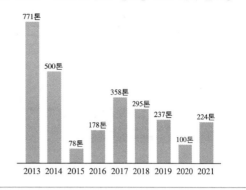

① ㄱ, ㄴ

② ㄱ, ㄷ

③ ㄴ, ㄷ

④ ㄴ, ㄹ

⑤ ㄷ, ㄹ

[정답] ③

[오답분석]

ㄱ. 재배면적 수치가 제시된 표와 다르다.

ㄹ. 2020년 전년 대비 감소량은 2021년 전년 대비 감소량인 224톤과 같다.

**풀이 전략!**

각 선택지에 있는 도표의 제목을 먼저 확인한다. 그다음 제목에서 어떠한 정보가 필요한지 확인한 후, 문제에서 주어진 자료를 빠르게 확인하여 일치 여부를 판단한다.

# CHAPTER 03
# 문제해결능력

**합격 CHEAT KEY**

문제해결능력은 업무를 수행하면서 여러 가지 문제 상황이 발생하였을 때, 창의적이고 논리적인 사고를 통하여 이를 올바르게 인식하고 적절히 해결하는 능력을 말한다. 하위능력으로는 사고력과 문제처리능력이 있다.

문제해결능력은 NCS 기반 채용을 진행하는 대다수의 공사공단에서 채택하고 있으며, 문항 수는 평균 24% 정도로 상당히 많이 출제되고 있다. 하지만 많은 수험생들은 더 많이 출제되는 다른 영역에 몰입하고 문제해결능력은 집중하지 않는 실수를 하고 있다. 다른 영역보다 더 많은 노력이 필요할 수는 있지만 그렇기에 차별화를 할 수 있는 득점 영역이므로 포기하지 말고 꾸준하게 노력해야 한다.

**01  질문의 의도를 정확하게 파악하라!**

문제해결능력은 문제에서 무엇을 묻고 있는지 정확하게 파악하여 먼저 풀이 방향을 설정하는 것이 가장 효율적인 방법이다. 특히, 조건이 주어지고 답을 찾는 창의적·분석적인 문제가 주로 출제되고 있기 때문에 처음에 정확한 풀이 방향이 설정되지 않는다면 시간만 허비하고 결국 문제도 풀지 못하게 되므로 첫 번째로 출제의도 파악에 집중해야 한다.

**02  중요한 정보는 반드시 표시하라!**

위에서 말한 출제의도를 정확히 파악하기 위해서는 문제의 중요한 정보는 반드시 표시나 메모를 하여 하나의 조건, 단서도 잊고 넘어가는 일이 없도록 해야 한다. 실제 시험에서는 시간의 압박과 긴장감으로 정보를 잘못 적용하거나 잊어버리는 실수가 많이 발생하므로 사전에 충분한 연습이 필요하다. 가령 명제 문제의 경우 주어진 명제와 그 명제의 대우를 본인이 한눈에 파악할 수 있도록 기호화, 도식화하여 메모하면 흐름을 이해하기가 더 수월하다. 이를 통해 자신만의 풀이 순서와 방향, 기준 또한 생길 것이다.

## 03  반복 풀이를 통해 취약 유형을 파악하라!

길지 않은 한정된 시간 동안 모든 문제를 다 푸는 것은 조금은 어려울 수도 있다. 따라서 고득점을 할 수 있는 효율적인 문제 풀이 방법을 찾아야 한다. 이때, 반복적인 문제 풀이를 통해 자신이 취약한 유형을 파악하는 것이 중요하다. 취약 유형 파악은 종료 시간이 임박했을 때 빛을 발할 것이다. 풀 수 있는 문제부터 빠르게 풀고 취약한 유형은 나중에 푸는 효율적인 문제 풀이를 통해 최대한의 고득점을 하는 것이 중요하다. 그러므로 본인의 취약 유형을 파악하기 위해서는 많은 문제를 풀어 봐야 한다.

## 04  타고나는 것이 아니므로 열심히 노력하라!

대부분의 수험생들이 문제해결능력은 공부해도 실력이 늘지 않는 영역이라고 생각한다. 하지만 그렇지 않다. 문제해결능력이야말로 노력을 통해 충분히 고득점이 가능한 영역이다. 정확한 질문 의도 파악, 취약한 유형의 반복적인 풀이, 빈출유형 파악 등의 방법으로 충분히 실력을 향상시킬 수 있다. 자신감을 갖고 공부하기 바란다.

# 03 문제해결능력 명제

## | 유형분석 |

- 주어진 문장을 토대로 논리적으로 추론하여 참 또는 거짓을 구분하는 문제이다.
- 대체로 연역추론을 활용한 명제 문제가 출제된다.
- 자료를 제시하고 새로운 결과나 자료에 주어지지 않은 내용을 추론해 가는 형식의 문제가 출제된다.

어느 도시에 있는 병원의 공휴일 진료 현황은 다음과 같다. 공휴일에 진료하는 병원의 수는?

- B병원이 진료를 하지 않으면, A병원은 진료를 한다.
- B병원이 진료를 하면, D병원은 진료를 하지 않는다.
- A병원이 진료를 하면, C병원은 진료를 하지 않는다.
- C병원이 진료를 하지 않으면, E병원이 진료를 한다.
- E병원은 공휴일에 진료를 하지 않는다.

① 1곳
② 2곳
③ 3곳
④ 4곳
⑤ 5곳

**정답** ②

제시된 진료 현황을 각각의 명제로 보고 이들을 수식으로 설명하면 다음과 같다(단, 명제가 참일 경우 그 대우도 참이다).
- B병원이 진료를 하지 않으면 A병원이 진료한다(~B → A / ~A → B).
- B병원이 진료를 하면 D병원은 진료를 하지 않는다(B → ~D / D → ~B).
- A병원이 진료를 하면 C병원은 진료를 하지 않는다(A → ~C / C → ~A).
- C병원이 진료를 하지 않으면 E병원이 진료한다(~C → E / ~E → C).

이를 하나로 연결하면, D병원이 진료를 하면 B병원이 진료를 하지 않고, B병원이 진료를 하지 않으면 A병원은 진료를 한다. A병원이 진료를 하면 C병원은 진료를 하지 않고, C병원이 진료를 하지 않으면 E병원은 진료를 한다(D → ~B → A → ~C → E). 명제가 참일 경우 그 대우도 참이므로 ~E → C → ~A → B → ~D가 된다. E병원은 공휴일에 진료를 하지 않으므로 위의 명제를 참고하면 C와 B병원만이 진료를 하는 경우가 된다. 따라서 공휴일에 진료를 하는 병원은 2곳이다.

**풀이 전략!**

명제와 관련한 기본적인 논법에 대해서는 미리 학습해 두며, 이를 바탕으로 각 문장에 있는 핵심단어 또는 문구를 기호화하여 정리한 후, 선택지와 비교하여 참 또는 거짓을 판단한다.

# 03 문제해결능력 규칙 적용

## | 유형분석 |

- 주어진 상황과 규칙을 종합적으로 활용하여 풀어가는 문제이다.
- 일정, 비용, 순서 등 다양한 내용을 다루고 있어 유형을 한 가지로 단일화하기 어렵다.

갑은 다음 규칙을 참고하여 알파벳 단어를 숫자로 변환하고자 한다. 규칙을 적용한 〈보기〉의 ㉠~㉣ 단어에서 알파벳 Z에 해당하는 자연수들을 모두 더한 값은?

〈규칙〉

① 알파벳 'A'부터 'Z'까지 순서대로 자연수를 부여한다.
　예 A=2라고 하면 B=3, C=4, D=5이다.
② 단어의 음절에 같은 알파벳이 연속되는 경우 ①에서 부여한 숫자를 알파벳이 연속되는 횟수만큼 거듭제곱한다.
　예 A=2이고 단어가 'AABB'이면 AA는 '$2^2$'이고, BB는 '$3^2$'이므로 '49'로 적는다.

보기

㉠ AAABBCC는 100000010020110404로 변환된다.
㉡ CDFE는 3465로 변환된다.
㉢ PJJYZZ는 1712126729로 변환된다.
㉣ QQTSR은 625282726으로 변환된다.

① 154
② 176
③ 199
④ 212
⑤ 234

정답 ④
㉠ A=100, B=101, C=102이다. 따라서 Z=125이다.
㉡ C=3, D=4, E=5, F=6이다. 따라서 Z=26이다.
㉢ P가 17임을 볼 때, J=11, Y=26, Z=27이다.
㉣ Q=25, R=26, S=27, T=28이다. 따라서 Z=34이다.
따라서 해당하는 Z값을 모두 더하면 125+26+27+34=212이다.

### 풀이 전략!

문제에 제시된 조건이나 규칙을 정확히 파악한 후, 선택지나 상황에 적용하여 문제를 풀어나간다.

# 03 문제해결능력 SWOT 분석

## | 유형분석 |

- 상황에 대한 환경 분석 결과를 통해 주요 과제를 도출하는 문제이다.
- 주로 3C 분석 또는 SWOT 분석을 활용한 문제들이 출제되고 있으므로 해당 분석도구에 대한 사전 학습이 요구된다.

**다음 설명을 참고하여 기사를 읽고 B자동차가 취할 수 있는 전략으로 옳은 것은?**

'SWOT'는 Strength(강점), Weakness(약점), Opportunity(기회), Threat(위협)의 머리글자를 따서 만든 단어로, 경영 전략을 세우는 방법론이다. SWOT로 도출된 조직의 내·외부 환경을 분석하고, 이 결과를 통해 대응전략을 구상할 수 있다. 'SO전략'은 기회를 활용하기 위해 강점을 사용하는 전략이고, 'WO전략'은 약점을 보완 또는 극복하여 시장의 기회를 활용하는 전략이다. 'ST전략'은 위협을 피하기 위해 강점을 활용하는 방법이며, 'WT전략'은 위협요인을 피하기 위해 약점을 보완하는 전략이다.

- 새로운 정권의 탄생으로 자동차 업계 내 새로운 바람이 불 것으로 예상된다. A당선인이 이번 선거에서 친환경차 보급 확대를 주요 공약으로 내세웠고, 공약에 따라 공공기관용 친환경차 비율을 70%로 상향시키기로 하고, 친환경차 보조금 확대 등을 통해 친환경차 보급률을 높이겠다는 계획을 세웠다. 또한 최근 환경을 생각하는 국민 의식의 향상과 친환경차의 연비 절감 부분이 친환경차 구매 욕구 상승에 기여하고 있다.
- B자동차는 기존에 전기자동차 모델들을 꾸준히 출시하여 성장세가 두드러지고 있는데다 고객들의 다양한 구매 욕구를 충족시킬 만한 전기자동차 상품의 다양성을 확보하였다. 또한, B자동차의 전기자동차 미국 수출이 증가하고 있는 만큼 앞으로의 전망도 밝을 것으로 예상된다.

① SO전략      ② WO전략

③ ST전략      ④ WT전략

**정답** ①

- Strength(강점) : B자동차는 전기자동차 모델들을 꾸준히 출시하여 성장세가 두드러지고 있는데다 고객들의 다양한 구매 욕구를 충족시킬 만한 전기자동차 상품의 다양성을 확보하였다.
- Opportunity(기회) : 새로운 정권에서 친환경차 보급 확대에 적극 나설 것으로 보인다는 점과 환경을 생각하는 국민 의식의 향상과 친환경차의 연비 절감 부분이 친환경차 구매 욕구 상승에 기여하고 있으며 B자동차의 미국 수출이 증가하고 있다.
따라서 해당 기사를 분석하면 SO전략이 적절하다.

**풀이 전략!**

문제에 제시된 분석도구를 확인한 후, 분석 결과를 종합적으로 판단하여 각 선택지의 전략 과제와 일치 여부를 판단한다.

## | 유형분석 |

- 주어진 자료를 해석하고 활용하여 풀어가는 문제이다.
- 꼼꼼하고 분석적인 접근이 필요한 다양한 자료들이 출제된다.

L공장에서 제조하는 볼트의 일련번호는 다음과 같이 구성된다. 일련번호는 형태 – 허용압력 – 직경 – 재질 – 용도 순으로 표시할 때, 다음 중 직경이 14mm이고, 자동차에 쓰이는 스테인리스 볼트의 일련번호로 가장 적절한 것은?

| 형태 | 나사형 | 육각 | 팔각 | 별 |
|---|---|---|---|---|
| | SC | HX | OT | ST |
| 허용압력(kg/cm$^2$) | 10 ~ 20 | 21 ~ 40 | 41 ~ 60 | 61 이상 |
| | L | M | H | P |
| 직경(mm) | 8 | 10 | 12 | 14 |
| | 008 | 010 | 012 | 014 |
| 재질 | 플라스틱 | 크롬 도금 | 스테인리스 | 티타늄 |
| | P | CP | SS | Ti |
| 용도 | 항공기 | 선박 | 자동차 | 일반 |
| | A001 | S010 | M110 | E100 |

① SCP014TiE100
② OTH014SSS010
③ STM012CPM110
④ HXL014SSM110
⑤ SCM012TiM110

정답 ④

오답분석
① 재질이 티타늄, 용도가 일반이므로 옳지 않다.
② 용도가 선박이므로 옳지 않다.
③ 재질이 크롬 도금, 직경이 12mm이므로 옳지 않다.
⑤ 재질이 티타늄, 직경이 12mm이므로 옳지 않다.

풀이 전략!

문제 해결을 위해 필요한 정보가 무엇인지 먼저 파악한 후, 제시된 자료를 분석적으로 읽고 해석한다.

정답 및 해설 p.002

## | 01 |  2023년 상반기

※ 한국철도공사 K직원은 윤리실천주간에 대한 기사를 살펴보고 있다. 이어지는 질문에 답하시오. [1~2]

한국철도공사는 '기업윤리의 날'을 맞아 5월 30일부터 6월 5일까지 전 직원이 참여하는 '윤리실천주간'을 운영한다고 밝혔다. ⊙ 한국철도공사의 윤리실천주간은 윤리경영에 대한 임직원의 이해와 공감을 끌어내 조직 내에 윤리문화를 정착시키기 위해 마련되었다. 이 기간 동안 한국철도공사는 직원 윤리의식 진단, 윤리 골든벨, CEO의 윤리편지, 윤리실천다짐, 윤리특강, 인권존중 대국민 캠페인, 윤리ㆍ인권경영 사내 워크숍으로 총 7가지 프로그램을 해당 기간 동안 차례대로 진행할 예정이다.

한국철도공사는 먼저 임직원 설문조사를 통해 윤리의식을 진단하고, 윤리상식을 확인하는 골든벨 행사를 갖는다. 또한, 윤리경영 추진 의지와 당부 사항을 담은 CEO 편지도 직원 개개인에게 발송할 예정이다. ⓛ 윤리 골든벨은 임직원의 행동강령 및 기타 청렴업무 관련 문항으로 구성되어 있고, 사내 포털에서 문항을 확인한 후에 정답을 담당자 사내메일로 회신하면 참여가 가능하다. 우수 정답자에게는 포상금 지급 및 청렴 마일리지를 부과할 계획이다. 그 이후에는 이해충돌방지법 시행 등의 변화에 맞춰 개정한 윤리헌장으로 '윤리실천다짐' 결의를 갖고, 기업윤리 실천 방안을 주제로 전문 강사의 특강을 진행한다. ⓒ 덧붙여 한국철도공사는 국민을 대상으로 하는 인권 존중 캠페인을 진행한다. 또한, 공사 내 준법ㆍ윤리경영 체계를 세우고 인권경영 지원을 위한 정책 공유와 토론의 시간을 갖는 사내 워크숍도 진행한다. ⓔ 마지막으로 반부패 청렴문화 확산을 위해 대국민 슬로건 공모전을 추진하며 '윤리실천주간'을 마무리할 예정이다.

한국철도공사 윤리경영처장은 "윤리에 대해 쉽고 재미있게 풀어내기 위해 전 직원이 참여하는 '윤리실천주간'을 운영한다."라며 "임직원 모두가 윤리문화를 체득할 수 있도록 노력하겠다."라고 말했다. 한국철도공사 사장은 "이해충돌방지법 시행으로 공공기관의 사회적 책임과 공직자 윤리가 더욱 중요해졌다."라며 "윤리경영을 통해 도덕적이고 신뢰받는 공공기관으로 거듭날 수 있도록 힘쓰겠다."라고 밝혔다. ⓜ 한편, 한국철도공사는 20년 9월부터 윤리경영 전담조직인 윤리경영처를 신설해 윤리경영체계 확립, 마스터플랜 수립, 3無(부패행위, 갑질ㆍ괴롭힘, 성비위) 근절 운동 추진 등 윤리적인 조직문화 개선을 위해 노력해왔다. 지난해 12월에는 ○○부 산하 공공기관 최초로 준법경영시스템 국제인증을 획득하기도 하였다.

**01** 다음 중 K직원이 윗글을 이해한 내용으로 적절하지 않은 것은?

① '윤리실천주간'은 1주일 동안 진행된다.

② 전문 강사 특강은 개정된 윤리헌장을 주제로 기업윤리 실천 방안에 대해 다룬다.

③ 공공기관의 사회적 책임과 공직자 윤리는 이해충돌방지법 시행으로 더욱 중요해졌다.

④ 윤리・인권경영 워크숍에는 인권경영 지원을 위한 정책 공유와 토론 시간을 갖는다.

⑤ 한국철도공사는 ○○부 산하 공공기관 최초로 준법경영시스템 국제인증을 획득하였다.

**02** 윗글의 맥락을 고려했을 때, 밑줄 친 ㉠～㉤ 중 적절하지 않은 것은?

① ㉠                    ② ㉡

③ ㉢                    ④ ㉣

⑤ ㉤

※ 한국철도공사 K직원은 환경지표에 대한 통계자료를 열람하고 있다. 이어지는 질문에 답하시오. **[3~4]**

### 〈녹색제품 구매 현황〉

(단위 : 백만 원)

| 구분 | 총구매액(A) | 녹색제품 구매액(B) | 비율 |
|------|-----------|-----------------|------|
| 2020년 | 1,800 | 1,700 | 94% |
| 2021년 | 3,100 | 2,900 | ㉠% |
| 2022년 | 3,000 | 2,400 | 80% |

※ 지속가능한 소비를 촉진하고 친환경경영 실천을 강화하기 위해 환경표지인증 제품 등의 녹색제품 구매를 적극 실천한다.
※ 비율은 (B/A)×100으로 계산하며, 소수점 첫째 자리에서 반올림한다.

### 〈온실가스 감축〉

| 구분 | 2020년 | 2021년 | 2022년 |
|------|--------|--------|--------|
| 온실가스 배출량(tCO$_2$eq) | 1,604,000 | 1,546,000 | 1,542,000 |
| 에너지 사용량(TJ) | 30,000 | 29,000 | 30,000 |

※ 온실가스 및 에너지 감축을 위한 전사 온실가스 및 에너지 관리 체계를 구축하여 운영하고 있다.

### 〈수질관리〉

(단위 : m$^3$)

| 구분 | 2020년 | 2021년 | 2022년 |
|------|--------|--------|--------|
| 오수처리량(객차) | 70,000 | 61,000 | 27,000 |
| 폐수처리량 | 208,000 | 204,000 | 207,000 |

※ 철도차량 등의 수선, 세차, 세척과정에서 발생되는 폐수와 열차 화장실에서 발생되는 오수, 차량검수시설과 역 운영시설 등에서 발생되는 생활하수로 구분되며, 모든 오염원은 처리시설을 통해 기준 이내로 관리한다.

**03** 다음 중 K직원이 자료를 이해한 내용으로 적절하지 않은 것은?

① ㉠에 들어갈 수치는 94이다.

② 온실가스 배출량은 2020년부터 매년 줄어들었다.

③ 폐수처리량이 가장 적었던 연도에 오수처리량도 가장 적었다.

④ 2020 ~ 2022년 동안 녹색제품 구매액의 평균은 약 23억 3,300만 원이다.

⑤ 에너지 사용량의 전년 대비 증감률의 절댓값은 2021년보다 2022년이 더 크다.

**04** 다음 〈조건〉은 환경지표점수 산출 기준이다. 가장 점수가 높은 년도와 그 점수를 바르게 짝지은 것은?

> **조건**
>
> • 녹색제품 구매액 : 20억 원 미만이면 5점, 20억 원 이상이면 10점
> • 에너지 사용량 : 30,000TJ 이상이면 5점, 30,000TJ 미만이면 10점
> • 폐수처리량 : 205,000m³ 초과이면 5점, 205,000m³ 이하이면 10점

① 2020년 – 25점　　　　　　　② 2021년 – 20점

③ 2021년 – 30점　　　　　　　④ 2022년 – 25점

⑤ 2022년 – 30점

※ 한국철도공사 K직원은 철도차량 중정비에 대한 자료를 살펴보고 있다. 이어지는 질문에 답하시오.
　[5~6]

〈철도차량 중정비〉

▶ 중정비 정의 및 개요
• 철도차량 전반의 주요 시스템과 부품을 차량으로부터 분리하여 점검하고 교체·검사하는 것으로, 철도차량 정비장에 입장하여 시행하는 검수이다.
• 철도차량 분리와 장치 탈거, 부품 분해, 부품 교체, 시험 검사 및 측정, 시험 운전 등 전 과정을 시행한다.
• 3 ~ 4년 주기로 실시하며, 약 한 달간의 기간이 소요된다.
• 이 기간 중 차량 운행은 불가능하다.

▶ 필요성
• 철도차량의 사용기간이 경화됨에 따라 차량을 구성하고 있는 각 부품의 상태와 성능이 점차 저하되고 있다. 따라서 일정 사용기간이 경과하면 이에 대한 검수가 반드시 필요하다.

| 분해 및 부품 교체 | 시험 검사 및 측정 |
| --- | --- |
| • 부품 취거<br>• 배유 및 분해<br>• 각 부품 정비<br>• 검사<br>• 부품 조립 | • 절연저항 시험<br>• 논리회로 분석기<br>• 고저온 시험기<br>• 열화상 카메라<br>• 제동거리 측정기 |

※ 고저온 시험기와 열화상 카메라는 온도를 사용하는 기기이다.

▶ 절차

| 구분 | 내용 |
| --- | --- |
| 1단계 | 기능 및 상태 확인 |
| 2단계 | 정비개소 유지보수 시행 및 보고 |
| 3단계 | 기능시험 및 출장검사 |
| 4단계 | 본선 시운전 |
| 5단계 | 보완사항 점검 조치 |
| 6단계 | 최종 확인 및 결제 |
| 7단계 | 운용 소속 인계 |

▶ 최근 유지보수 시스템
• RAMS 기술을 활용한 RAM 기반 철도차량 유지보수 모니터링 시스템을 활용한다.
• 디지털 트윈 기술을 활용해 철도차량 운행상태를 수집하여 3차원 디지털 정보로 시각화한다.
• 데이터에 기반한 사전 혹은 실시간 유지보수가 가능하다.

▶ 중정비 정기 점검 기준

| 운행 연차 | 정기 점검 산정 방식 |
| --- | --- |
| 5년 초과 | (열차 등급별 정기 점검 산정 횟수)×5 |
| 3년 이상 5년 이하 | (열차 등급별 정기 점검 산정 횟수)×3 |
| 3년 미만 | (열차 등급별 정기 점검 산정 횟수)×2 |

※ 열차 등급별 정기 점검 산정 횟수 : A등급의 경우 1회/년, B등급의 경우 2회/년, C등급의 경우 3회/년

**05** 다음 중 K직원이 자료를 이해한 내용으로 적절하지 않은 것은?

① 중정비 중인 열차는 운행할 수 없다.

② 온도와 관련된 기기를 사용하여 시험 검사 및 측정을 실시한다.

③ 중정비 절차는 총 7단계로, 기능시험 및 출장검사는 3단계이다.

④ 중정비는 철도차량 전체의 주요 시스템과 부품을 점검하는 작업이다.

⑤ 철도차량 운행상태를 3차원 디지털 정보로 시각화하는 기술은 RAMS 기술이다.

**06** C등급의 열차가 4년째 운행 중일 때, 다음 중 해당 열차가 1년 동안 받아야 할 정기 점검 산정 횟수로 옳은 것은?

① 1회      ② 3회

③ 5회      ④ 9회

⑤ 12회

**01** 다음은 주요 대도시 환경소음도를 나타낸 자료이다. 이에 대한 설명으로 옳지 않은 것은?

〈주요 대도시 주거지역(도로) 소음도〉

(단위 : dB)

| 구분 | 2017년 | | 2018년 | | 2019년 | | 2020년 | | 2021년 | |
|---|---|---|---|---|---|---|---|---|---|---|
| | 낮 | 밤 | 낮 | 밤 | 낮 | 밤 | 낮 | 밤 | 낮 | 밤 |
| 서울 | 68 | 65 | 68 | 66 | 69 | 66 | 68 | 66 | 68 | 66 |
| 부산 | 67 | 62 | 67 | 62 | 67 | 62 | 67 | 62 | 68 | 62 |
| 대구 | 68 | 63 | 67 | 63 | 67 | 62 | 65 | 61 | 67 | 61 |
| 인천 | 66 | 62 | 66 | 62 | 66 | 62 | 66 | 62 | 66 | 61 |
| 광주 | 64 | 59 | 63 | 58 | 63 | 57 | 63 | 57 | 62 | 57 |
| 대전 | 60 | 54 | 60 | 55 | 60 | 56 | 60 | 54 | 61 | 55 |

※ 소음환경기준 : 사람의 건강을 보호하고 쾌적한 환경을 조성하기 위한 환경정책의 목표치로, 생활소음 줄이기 종합대책을 수립 및 추진하는 데 활용하고 있다. 소음도가 낮을수록 쾌적한 환경임을 의미한다.
※ 주거지역(도로) 소음환경기준 : 낮(06:00 ~ 22:00) 65dB 이하, 밤(22:00 ~ 06:00) 55dB 이하

① 광주와 대전만이 조사기간 중 매해 낮 시간대 소음환경기준을 만족했다.
② 2020년도에 밤 시간대 소음도가 소음환경기준을 만족한 도시는 대전뿐이다.
③ 2019 ~ 2021년 동안 모든 주요 대도시의 낮 시간대 소음도의 증감 폭은 1dB 이하이다.
④ 조사기간 중 밤 시간대 평균 소음도가 가장 높았던 해는 2018년이며, 이때 소음환경기준보다 6dB 더 높았다.
⑤ 조사기간 중 낮 시간대 주거지역 소음의 평균이 가장 높은 대도시는 서울이며, 밤에도 낮 시간대 소음환경기준 이상의 소음이 발생했다.

**02** K는 주기적으로 그림의 종류와 위치를 바꾸고, 유리창의 커튼을 바꿔 응접실 인테리어를 교체하고 있다. 응접실의 구조와 현재 보유한 그림과 커튼의 수가 다음 〈조건〉과 같을 때, 가능한 인테리어는 모두 몇 가지인가?

> **조건**
> • 보유하고 있는 커튼은 총 3종, 그림은 총 7종이다.
> • 응접실 네 면 중 한 면은 전체가 유리창으로 되어 있고 커튼만 달 수 있으며, 나머지 세 면은 콘크리트 벽으로 되어 있고 그림을 1개만 걸 수 있다.
> • 콘크리트 벽 세 면에는 서로 다른 그림을 걸어야 한다.
> • 같은 그림이라도 그림을 거는 콘크리트 면이 바뀌면 인테리어가 교체된 것으로 간주한다.

① 10가지        ② 36가지
③ 105가지       ④ 210가지
⑤ 630가지

**03** 다음 글의 문맥상 빈칸에 들어갈 단어로 가장 적절한 것은?

> 서울은 물길이 많은 도시이다. 도심 한가운데 청계천이 흐른다. 도성의 북쪽 백악산, 인왕산과 남쪽 목멱산에서 흘러내린 냇물이 청계천과 합류한다. 냇물은 자연스럽게 동네와 동네의 경계를 이뤘다. 물길을 따라 만들어진 길은 도시와 어울리며 서울의 옛길이 됐다. 서울의 옛길은 20세기 초반까지 _____됐다. 하지만 일제강점기를 거치며 큰 변화가 일어났다. 일제가 도심 내 냇물 복개를 진행하면서 옛길도 사라졌다. 최근 100년 동안의 산업화와 도시화로 서울은 많은 변화를 겪었다.

① 유래(由來)      ② 전파(傳播)
③ 유지(維持)      ④ 전래(傳來)
⑤ 답지(遝至)

**04** 다음 글에서 알 수 있는 내용으로 적절하지 않은 것은?

인공 지능이 일자리에 미칠 영향에 대한 논의는 2013년 영국 옥스퍼드 대학의 경제학자 프레이 교수와 인공 지능 전문가 오스본 교수의 연구 이후 본격화되었다. 이들의 연구는 데이비드 오토 등이 선구적으로 연구한 정형화·비정형화 업무의 분석들을 이용하되, 여기에서 한걸음 더 나아갔다. 인공 지능의 발전으로 대부분의 비정형화된 업무도 컴퓨터로 대체될 수 있다고 본 것이 핵심적인 관점의 변화이다. 이들은 10 ~ 20년 후에도 인공 지능이 대체하기 힘든 업무를 '창의적 지능', '사회적 지능', '감지 및 조작' 등 3가지 병목 업무로 국한하고, 이를 미국 직업 정보시스템에서 조사하는 9개 직능 변수를 이용해 정량화했다. 직업별로 3가지 병목 업무의 비율에 따라 인공 지능에 의한 대체 정도가 달라진다고 본 것이다. 프레이와 오스본의 분석에 따르면, 미국 일자리의 47%가 향후 10 ~ 20년 후에 인공 지능에 의해 자동화될 가능성이 높은 고위험군으로 나타났다.

프레이와 오스본의 연구는 전 세계 연구자들 사이에서 반론과 재반론을 불러일으키며 논쟁의 중심에 섰다. OECD는 인공 지능이 직업 자체를 대체하기보다는 직업을 구성하는 과업의 일부를 대체할 것이라며, 프레이와 오스본의 연구가 자동화 위험을 과대 추정하고 있다고 비판했다. OECD의 분석에 따르면, 미국의 경우 9%의 일자리만이 고위험군에 해당한다. 데이비드 오토는 각 직업에 포함된 개별적인 직업을 기술적으로 분리하여 자동화할 수 있더라도 대면 서비스를 더 선호하는 소비자로 인해 완전히 자동화되는 일자리 수는 제한적일 것이라고 주장했다.

컨설팅 회사 PwC는 OECD의 방법론이 오히려 자동화 위험을 과소평가하고 있다고 주장하고, OECD의 연구 방법을 수정하여 다시 분석하였다. 그 결과 미국의 고위험 일자리 비율이 OECD에서 분석한 9% 수준에서 38%로 다시 높아졌다. 같은 방법으로 영국, 독일, 일본의 고위험군 비율을 계산한 결과도 OECD의 연구에 비해서 최소 14%p 이상 높은 것으로 나타났다.

매킨지는 직업별로 필요한 업무 활동에 투입되는 시간을 기준으로 자동화 위험을 분석하였다. 그 결과 모든 업무 활동이 완전히 자동화될 수 있는 일자리의 비율은 미국의 경우 5% 이하에 불과하지만, 근로자들이 업무에 쓰는 시간의 평균 46%가 자동화될 가능성이 있는 것으로 나타났다. 우리나라의 경우 52%의 업무 활동 시간이 자동화 위험에 노출될 것으로 나타났는데, 이는 독일(59%)과 일본(56%)보다는 낮고, 미국(46%)과 영국(43%)보다는 높은 수준이다.

① 인공 지능이 일자리에 미칠 영향에 대한 논의가 본격화된 것은 2010년대에 들어와서였다.

② 프레이와 오스본의 연구가 선구적인 연구와 다른 점은 인공 지능의 발전으로 정형화된 업무뿐만 아니라 비정형화된 업무도 모두 컴퓨터로 대체될 수 있다고 본 것이다.

③ OECD에서는 인공 지능이 직업 자체보다는 직업을 구성하는 과업의 일부를 대체할 것이라고 하며, 미국의 경우 10% 미만의 일자리가 고위험군에 속한다고 주장하였다.

④ PwC가 OECD의 주장을 반박하며 연구 방법을 수정하여 재분석한 결과, 미국의 고위험 일자리 비율은 OECD의 결과보다 4배 이상 높았고 다른 나라도 최소 14%p 이상 높게 나타났다.

⑤ 매킨지는 접근 방법을 달리 하여 자동화에 의해 직업별로 필요한 업무 활동에 투입되는 시간이 어떻게 달라지는지 분석하였고, 그 결과 분석 대상인 국가들의 업무 활동 시간이 약 40 ~ 60% 정도 자동화 위험에 노출될 것으로 나타났다.

**05**  K씨는 병원 진료를 위해 메디컬빌딩을 찾았다. 다음 〈조건〉을 토대로 바르게 추론한 것은?

> **조건**
> • 메디컬빌딩은 5층 건물이고, 1층에는 약국과 편의점만 있다.
> • K씨는 이비인후과와 치과를 가야 한다.
> • 메디컬빌딩에는 내과, 산부인과, 소아과, 안과, 이비인후과, 정형외과, 치과, 피부과가 있다.
> • 소아과와 피부과 바로 위층에는 정형외과가 있다.
> • 이비인후과가 있는 층에는 진료 과가 2개 더 있다.
> • 산부인과는 약국 바로 위층에 있으며, 내과 바로 아래층에 있다.
> • 산부인과와 정형외과는 각각 1개 층을 모두 사용하고 있다.
> • 안과와 치과는 같은 층에 있으며, 피부과보다 높은 층에 있다.

① 산부인과는 3층에 있다.
② 안과와 이비인후과는 같은 층에 있다.
③ 피부과가 있는 층은 진료 과가 2개이다.
④ 이비인후과는 산부인과 바로 위층에 있다.
⑤ K씨가 진료를 위해 찾아야 하는 곳은 4층이다.

**06**  A~D 4명은 동일 제품을 수리받기 위해 같은 날 수리전문점 3군데를 방문했다. 4명의 사례가 〈조건〉과 같을 때, 다음 중 반드시 참인 것은?

> **조건**
> ㄱ. A는 신도림점을 방문하였으며 수리를 받지 못했다.
> ㄴ. B는 세 지점을 모두 방문하였으며 수리를 받았다.
> ㄷ. C는 영등포점과 여의도점을 방문하였으며 수리를 받지 못했다.
> ㄹ. D는 신도림점과 여의도점을 방문하였으며 수리를 받았다.

① ㄱ, ㄴ의 경우만 고려한다면, 이날 수리할 수 있었던 지점은 여의도점뿐이다.
② ㄱ, ㄹ의 경우만 고려한다면, 이날 영등포점과 여의도점은 해당 제품을 수리할 수 있었다.
③ ㄴ, ㄷ의 경우만 고려한다면, 이날 수리할 수 있었던 지점은 신도림점뿐이다.
④ ㄴ, ㄹ의 경우만 고려한다면, 이날 세 지점 모두 수리가 가능한 지점이었다.
⑤ ㄷ, ㄹ의 경우만 고려한다면, 이날 신도림점의 수리 가능 여부는 알 수 없다.

**07** 다음 글에서 궁극적으로 전달하고자 하는 바로 가장 적절한 것은?

> 과학이 무신론이고 윤리와는 거리가 멀다는 견해는 스페인의 철학자 오르테가 이 가세트가 말하는 '문화인'들 사이에서 과학에 대한 반감을 더욱 부채질하곤 했다. 사실 과학자도 신의 존재를 믿을 수 있고, 더 나아가 신의 존재에 대한 과학적 증거를 찾으려 할 수도 있다. 무신론자들에게는 이것이 지루한 과학과 극단적 기독교의 만남 정도로 보일지도 모른다. 그러나 어느 누구도 제임스 클러스 멕스웰 같이 저명한 과학자가 분자 구조를 이용해서 신의 존재를 증명하려고 했던 것을 비웃을 수는 없다. 물론 과학자들 중에는 무신론자도 많이 있다. 동물학자인 리처드 도킨스는 모든 종교가 무한히 복제되는 정신적 바이러스일지도 모른다는 의심을 품고 있었다. 그러나 확고한 유신론자들의 관점에서는 이 모든 과학적 발견 역시 신에 의해 계획된 것을 발견한 것이므로 종교적 지식이라고 할 수도 있다. 따라서 과학의 본질을 무조건 비종교적이라고 간주할 수는 없을 것이다.
>
> 오히려 과학자나 종교학자가 모두 진리를 찾으려고 한다는 점에서 과학과 신학은 동일한 목적을 추구한다고도 할 수 있다. 과학이 물리적 우주에 대한 진리를 찾는 것이라면, 신학은 신에 대한 진리를 찾는 것이다. 그러나 신학자들이나 어느 정도 신학적인 관점을 가진 사람들은 신이 우주를 창조했다고 믿고 우주를 통해 신과 만날 수 있다고 믿기 때문에 신과 우주가 근본적으로는 뚜렷이 구분되는 대상이 절대 아니라고 생각한다.
>
> 사실 많은 과학자들이 과학과 종교는 서로 대립하는 개념이라고 주장하기도 한다. 신경 심리학자인 리처드 그레고리는 '과학이 전통적인 믿음을 받아들이기보다는 모든 것에 질문을 던지기 때문에 과학과 종교는 근본적으로 다른 반대의 자세를 가지고 있다.'고 주장한 바가 있다. 그러나 이것은 종교가 가지고 있는 변화의 능력을 과소평가한 것이다. 유럽에서 일어난 모든 종교 개혁 운동은 전통적 믿음을 받아들이지 않으려는 시도였다.
>
> 과학은 증거에 의존하는 반면, 종교는 계시된 사실에 의존한다는 점에서 이들 간 극복할 수 없는 차이점이 존재한다는 반론을 제기할 수도 있다. 그러나 종교인들에게는 계시된 사실이 바로 증거이다. 지속적으로 신에 대한 증거들에 대해 회의하고 재해석하려고 한다는 점에서 신학을 과학이라고 간주하더라도 결코 모순은 아니다. 사실 그것을 신학이라고 부르기 때문에 신의 존재를 전제하는 것처럼 보인다. 그러나 우리가 본 바와 같이 과학적 연구가 몇몇 과학자를 신에게 인도했던 것처럼, 신학 연구가 그 신학자를 무신론자로 만들지 않을 이유는 없다.

① 과학이 종교와 양립할 수 없다는 의견은 타당하지 않다.
② 과학자와 종교학자는 진리 탐구라는 공통 목적을 추구한다.
③ 과학은 존재하는 모든 것에 대해 회의적 질문을 던지는 학문이다.
④ 신학은 신에 대한 증거들을 의심하고 재해석하고자 하는 학문이다.
⑤ 신학은 신의 존재를 입증하기 위해 과학과는 다른 방법론을 적용한다.

**08** 다음 밑줄 친 ⑤ ~ ⑩ 중 맥락상 쓰임이 적절하지 않은 것은?

> 코레일은 위치정보 기반 IT 기술을 활용해 부정 승차의 ⑤ 소지를 없애고 승차권 반환 위약금을 줄여 고객의 이익을 보호할 수 있는 '열차 출발 후 코레일톡 승차권 직접 변환' 서비스를 시범 ⓒ 운영한다. 그동안 코레일은 열차 안에서 승무원의 검표를 받고 나서 승차권을 반환하는 얌체족들의 부정 승차를 막기 위해 열차가 출발하고 나면 역 창구에서만 반환 접수를 하였다. 그러나 반환 기간이 경과함에 따라 고객의 위약금이 늘어나 ⓒ 부수적인 피해가 발생하기도 했다. 이를 개선하기 위해 코레일은 열차에 설치된 내비게이션의 실시간 위치정보와 이용자의 스마트폰 GPS 정보를 비교하는 기술을 ⓔ 개발했다. 이용자의 위치가 열차 안이 아닐 경우에만 '출발 후 반환' 서비스를 제공하는 방법으로 문제를 해결한 것이다. 열차 출발 후 '코레일톡'으로 승차권을 반환하려면 먼저 스마트폰의 GPS 기능을 켜고 코레일톡 앱의 위치정보 접근을 ⓜ 준용해야 한다.

① ㉠

② ㉡

③ ㉢

④ ㉣

⑤ ㉤

**09** A는 집에서 회사로 가던 도중 중요한 서류를 두고 온 것을 깨닫고 집으로 돌아가게 되었다. 다음 〈조건〉에 따라 A가 회사에 제시간에 도착하려면 승용차를 최소 몇 km/h로 운전해야 하는가?(단, 모든 운송수단은 각각 일정한 속도로 이동하고, 동일한 경로로 이동한다)

> **조건**
> • 집에서 버스를 타고 60km/h의 속도로 15분 동안 이동하였다. 버스를 타고 이동한 거리는 집에서 회사까지 거리의 절반이었다.
> • 버스에서 내리자마자 서류를 가져오기 위해 집에 택시를 타고 75km/h의 속도로 이동하였다. 택시를 탔을 때의 시각은 8시 20분이었다.
> • 집에서 서류를 챙겨서 자신의 승용차를 타기까지 3분의 시간이 걸렸다. 승용차를 타자마자 회사를 향해 운전하였으며, 회사에 도착해야 하는 시각은 9시이다.

① 68km/h                 ② 69km/h

③ 70km/h                 ④ 71km/h

⑤ 72km/h

**10** K기업에 새로 채용된 직원 9명은 각각 기획조정부, 홍보부, 인사부로 발령받는다. 이들은 자신이 발령받고 싶은 부서를 각각 1지망, 2지망, 3지망으로 지원해야 한다. 각 부서에 대한 직원 9명의 지원 현황이 다음 〈조건〉과 같을 때, 옳지 않은 것은?

> **조건**
> • 인사부를 3지망으로 지원한 직원은 없다.
> • 인사부보다 홍보부로 발령받고 싶어하는 직원은 2명이다.
> • 2지망으로 기획조정부를 지원한 직원이 2지망으로 홍보부를 지원한 직원보다 2명 더 많다.
> • 인사부보다 기획조정부로 발령받고 싶어하는 직원은 3명이다.

① 인사부를 1지망으로 지원한 직원은 4명이다.

② 홍보부를 1지망으로 지원한 직원이 가장 적다.

③ 홍보부를 3지망으로 지원한 직원이 가장 많다.

④ 기획조정부를 3지망으로 지원한 직원은 6명이다.

⑤ 홍보부를 2지망으로 지원한 직원과 3지망으로 지원한 직원의 수는 다르다.

# | 03 | 2021년

| 의사소통능력(하반기)

**01** 다음 글에서 밑줄 친 ⊙을 설명하기 위해 사용한 방식으로 가장 적절한 것은?

> 134년 전인 1884년 10월 13일, 국제 자오선 회의에서 영국의 그리니치 자오선을 본초 자오선으로 채택하면서 지구상의 모든 지역은 하나의 시간을 공유하게 됐다. 본초 자오선을 정하기 전, 인류 대부분은 태양의 위치로 시간을 파악했다. 그림자가 생기지 않는 정오를 시간의 기준점으로 삼았는 데, 관측 지점마다 시간이 다를 수밖에 없었다. 지역 간 이동이 활발하지 않던 그 시절에는 지구상에 수많은 시간이 공존했던 것이다. 그러나 세계가 확장하고 지역과 지역을 넘나들면서 문제가 발생 했다.
>
> 기차의 발명이 변화의 시초였다. 기차는 공간을 빠르고 편리하게 이동할 수 있어 산업혁명의 바탕이 됐지만, 지역마다 다른 시간의 충돌을 야기했다. 역마다 시계를 다시 맞춰야 했고, 시간이 엉킬 경 우 충돌 등 대형 사고가 일어날 가능성도 높았다. 이런 문제점을 공식 제기하고 세계 표준시 도입을 주창한 인물이 '세계 표준시의 아버지' 샌퍼드 플레밍이다. 그는 1876년 아일랜드의 시골 역에서 그 지역의 시각과 자기 손목시계의 시각이 달라 기차를 놓치고 다음 날 런던에서 출발하는 배까지 타지 못했다. 당시의 경험을 바탕으로 기준시의 필요성을 주장하고 경도를 기준으로 시간을 정하는 구체적 방안까지 제안했다. 그의 주장이 받아들여진 결과가 1884년 미국 워싱턴에서 열린 국제 자 오선 회의다.
>
> 시간을 하나로 통일하는 회의 과정에서는 영국이 주장하는 그리니치 표준시와 프랑스가 밀어붙인 파리 표준시가 충돌했다. 자존심을 건 시간 전쟁이었다. 결과는 그리니치 표준시의 일방적인 승리로 끝났다. 이미 30년 이상 영국의 그리니치 표준시를 기준 삼아 기차 시간표를 사용해 왔고, 미국의 철도 회사도 이를 따르고 있다는 게 이유였다. 당시 결정한 그리니치 표준시(GMT)는 1972년 원자 시계를 도입하면서 협정세계시(UTC)로 대체했지만, 여전히 GMT 표기를 사용하는 경우도 많다. 둘 의 차이는 1초보다 작다.
>
> ⊙ 표준시를 도입했다는 건 완전히 새로운 세상이 열렸음을 의미한다. 세계의 모든 인구가 하나의 표준시에 맞춰 일상을 살고, 국가마다 다른 철도와 선박, 항공 시간을 체계적으로 정리할 수 있게 됐다. 지구 곳곳에 파편처럼 흩어져 살아가던 인류가 하나의 세계로 통합된 것이다.
>
> 협정세계시에 따르면 한국의 표준시는 UTC+ 09:00이다. 그리니치보다 9시간 빠르다는 의미다. 우리나라가 표준시를 처음으로 도입한 것은 고종의 대한제국 시절이며 동경 127.5도를 기준으로 UTC+ 08:30, 그러니까 지금보다 30분 빠른 표준시를 썼다. 현재 한국은 동경 135도를 기준으로 한 표준시를 쓰고 있다.

① ⊙을 일정한 기준에 따라 나누고, 각각의 장점과 단점을 열거하고 있다.

② ⊙에 적용된 과학적 원리를 검토하고, 역사적 변천 과정을 되짚어보고 있다.

③ ⊙의 본격적인 도입에 따라 야기된 문제점을 지적하고, 대안을 모색하고 있다.

④ ⊙이 한국에 적용되게 된 시기를 살펴보고, 다른 나라들의 사례와 비교하고 있다.

⑤ ⊙의 필요성이 대두되게 된 배경과 도입과정을 밝히고, 그에 따른 의의를 설명하고 있다.

**02** 다음 중 빈칸 ㉠ ~ ㉢에 들어갈 단어를 순서대로 바르게 나열한 것은?

---

- 희소금속은 매장량이 적지만 산업적 수요가 큰 금속원소로, 극소수 국가에 _____㉠_____ 된 금속을 말한다.
- 어느 폐자원재활용업체의 대표는 2100년이 되면 지하자원이 거의 사라질 것이므로 나머지 부분을 도시 곳곳에 _____㉡_____ 한 지상자원(스마트폰 같은 '도시광산')이 채울 것이라고 예견했다.
- 많은 전문가들이 투자에는 투기적 성격이 _____㉢_____ 되어 있고, 투기 역시 투자적 기능을 가지고 있어서 상호 교집합적 성격의 투자와 투기를 구별하는 것은 별 의미가 없다고 말한다.

---

|  | ㉠ | ㉡ | ㉢ |
|---|---|---|---|
| ① | 혼재(混在) | 편재(偏在) | 산재(散在) |
| ② | 편재(偏在) | 산재(散在) | 혼재(混在) |
| ③ | 혼재(混在) | 산재(散在) | 편재(偏在) |
| ④ | 편재(偏在) | 혼재(混在) | 잔재(殘在) |
| ⑤ | 잔재(殘在) | 산재(散在) | 혼재(混在) |

**03** K직원은 철도연계 여행프로그램에 대한 만족도 조사를 실시했다. 만족도 조사 내용이 다음과 같을 때, 응답자 전체의 만족도의 평균 점수는 몇 점인가?(단, 소수점 둘째 자리에서 반올림한다)

---

- 주요 수요층인 20 ~ 40대를 대상으로 만족도 조사를 실시했다.
- 20대 조사 대상자는 총 20명이었고, 평균 점수는 10점 만점에 8.2점이었다.
- 30대 조사 대상자는 총 32명이었고, 평균 점수는 10점 만점에 7.6점이었다.
- 40대 조사 대상자는 총 30명이었고, 평균 점수는 10점 만점에 7.0점이었다.

---

① 7.5점        ② 7.6점

③ 7.7점        ④ 8.0점

⑤ 8.2점

**04** 다음은 2020년 공항철도 여객수송실적을 나타낸 자료이다. 이에 대한 설명으로 옳은 것은?

### 〈2020년 월별 여객수송실적〉

(단위 : 천 명)

| 월 | 수송인원 | 승차인원 | 유입인원 |
|---|---|---|---|
| 1월 | 5,822 | 2,843 | 2,979 |
| 2월 | 5,520 | 2,703 | ( ) |
| 3월 | 6,331 | 3,029 | 3,302 |
| 4월 | 6,237 | 3,009 | 3,228 |
| 5월 | 6,533 | 3,150 | 3,383 |
| 6월 | 6,361 | 3,102 | 3,259 |
| 7월 | 6,431 | 3,164 | 3,267 |
| 8월 | ( ) | 3,103 | 3,617 |
| 9월 | 6,333 | 2,853 | 3,480 |
| 10월 | 6,875 | 3,048 | 3,827 |
| 11월 | 6,717 | ( ) | 3,794 |
| 12월 | 6,910 | 3,010 | 3,900 |

※ 유입인원 : 다른 철도를 이용하다가 공항철도로 환승하여 최종 종착지에 내린 승객의 수

※ (수송인원)=(승차인원)+(유입인원)

① 2020년 공항철도의 수송인원은 매월 증가하고 있다.

② 2020년 3분기 공항철도 총 수송인원은 1,950만 명 이상이다.

③ 2월 공항철도 유입인원은 1월에 비해 16만 2천 명 감소하였다.

④ 11월은 승차인원이 가장 적은 달로, 6월보다 18만 1천 명 더 적었다.

⑤ 8월은 수송인원이 가장 많은 달로, 12월보다 19만 명 더 많았다.

**05** A ~ E 다섯 개의 약국은 공휴일마다 2곳씩만 영업을 한다. 〈조건〉이 다음과 같을 때 반드시 참인 것은?(단, 한 달간 각 약국의 공휴일 영업일수는 같다)

> **조건**
> • 이번 달 공휴일은 총 5일이다.
> • 오늘은 세 번째 공휴일이며 A약국, C약국이 영업을 한다.
> • D약국은 오늘을 포함하여 이번 달에는 더 이상 공휴일에 영업을 하지 않는다.
> • E약국은 마지막 공휴일에 영업을 한다.
> • A약국과 E약국은 이번 달에 한번씩 D약국과 영업을 했다.

① A약국은 이번 달에 두 번의 공휴일을 연달아 영업한다.

② 이번 달에 B약국, E약국이 함께 영업하는 공휴일은 없다.

③ B약국은 두 번째, 네 번째 공휴일에 영업을 한다.

④ 네 번째 공휴일에 영업하는 약국은 B와 C이다.

⑤ E약국은 첫 번째, 다섯 번째 공휴일에 영업을 한다.

**06** 다음 글에서 사용한 설명 방법으로 적절한 것을 〈보기〉에서 모두 고르면?

사물인터넷(Internet of Things)은 단어의 뜻 그대로 '사물들(Things)'이 '서로 연결된(Internet)' 것 혹은 '사물들로 구성된 인터넷'을 말한다. 기존의 인터넷이 컴퓨터나 무선 인터넷이 가능했던 휴대전화들이 서로 연결되어 구성되었던 것과는 달리, 사물인터넷은 책상, 자동차, 나무, 애완견 등 세상에 존재하는 모든 사물들이 연결되어 구성된 인터넷이라 할 수 있다. 사물인터넷은 연결되는 대상에 있어서 책상이나 자동차처럼 단순히 유형의 사물에만 국한되지 않으며, 교실, 커피숍, 버스 정류장 등 공간은 물론 상점의 결제 프로세스 등 무형의 사물까지도 그 대상에 포함한다. 사물인터넷의 표면적인 정의는 사물, 사람, 장소, 프로세스 등 유ㆍ무형의 사물들이 연결된 것을 의미하지만, 본질에서는 이러한 사물들이 연결되어 진일보한 새로운 서비스를 제공하는 것을 의미한다. 즉, 두 가지 이상의 사물들이 연결됨으로써 개별적인 사물들이 제공하지 못했던 새로운 기능을 제공하는 것이다.

가령 침대와 실내등이 연결되었다고 가정해보자. 지금까지는 침대에서 일어나서 실내등을 켜거나 꺼야 했지만, 사물인터넷 시대에는 침대가 사람이 자고 있는지를 스스로 인지한 후 자동으로 실내등이 켜지거나 꺼지도록 할 수 있게 된다. 마치 사물들끼리 서로 대화를 함으로써 사람들을 위한 편리한 기능을 수행하게 되는 것이다.

이처럼 편리한 기능들을 수행하기 위해서는 침대나 실내등과 같은 현실 세계에 존재하는 유형의 사물들을 인터넷이라는 가상의 공간에 존재하는 것으로 만들어줘야 한다. 그리고 스마트폰이나 인터넷상의 어딘가에 '사람이 잠들면 실내등을 끈다.'거나 혹은 '사람이 깨어나면 실내등을 켠다.'와 같은 설정을 미리 해 놓으면 새로운 사물인터넷 서비스를 이용할 수 있게 된다.

**보기**

| ㉠ 인용 | ㉡ 구분 | ㉢ 예시 | ㉣ 역설 | ㉤ 대조 |

① ㉠, ㉣
② ㉡, ㉢
③ ㉢, ㉤
④ ㉠, ㉣, ㉤
⑤ ㉡, ㉢, ㉤

**07** 다음 글에 대한 설명으로 적절하지 않은 것은?

수용미학은 1960년 말 서독 문예학계에서 시작된 문학 연구의 한 방법론이다. 이 새로운 문학 연구 방법론은 문학 작품의 역사성과 예술성이 독자, 즉 수용자의 작품 체험 속에 내재해 있다고 전제한다. 따라서 이 이론은 문학 텍스트 이해의 기준을 수용자의 '심미적 경험'에 두고, 문학 작품의 역사적, 심미적 연관성을 성찰하여 작품의 예술성을 해명하려는 새로운 이론이다. 이 이론의 주창자인 야우스는 기존의 문학 연구의 여러 방법들이 문학 작품 자체만을 관찰하는 '작품 내재적인 형식 – 심미적 관찰방법'과 작품과 관련된 주변 세계도 함께 관찰하는 '작품 외재적인 역사 – 사회적 관찰방법'으로 크게 구별된다고 보았다. 그는 이 양 극단의 연구 방법론에 대한 시각이 무엇보다도 역사적 인식뿐만 아니라, 심미적 인식과 역사적 인식의 간격을 해결하기 위해서, 문학 작품의 이해는 작가와 독자 사이에 텍스트와 독자 간의 대화를 통한 '작가 – 작품 – 독자'의 삼각관계 사이에서 이루어진다고 보았다. 따라서 그는 작가 – 작품 중심적인 이론의 접근 방식에서 텍스트 – 독자 중심적인 작품의 이해로 전환할 것을 강조한다.

따라서 수용미학은 '작품이란 그 생성과 수용방식과는 무관하게 영향을 미치고 작용한다.'는 전제하에, 문학 텍스트의 자율성만을 중시한 고전미학의 작품 해석 태도를 비판한다. 이것은 수용미학이 문학 텍스트를 '작가 – 작품 – 독자 간의 의사소통 과정'을 담고 있는 '소통 담당자'로 정의하고 있기 때문이다. 여기서 예술 작품이란 하나의 고정된 의미를 전달하는 '진리의 현현 양식'이 아니라 수용자의 작품 경험에서 그 내용의 의미가 비로소 활성화되고 구체화되는 '경험을 전달하는 매개체'로 해석된다. 이러한 견해에 따르면, 수용자를 통해 탄생된 '작품'은 작가의 생산물인 '텍스트' 이상의 것으로, 곧 텍스트가 '독자의 의식 속에서 재정비되어 다시 구성된 것'을 의미한다. 이처럼 작가에 의해 생산된 '텍스트'와 독자에 의해 다시 탄생하게 되는 '작품'을 구분하는 것은, 문학작품에 작가에 의해 생산된 '예술적인 것'과 독자에 의해서 이루어지는 '심미적인 것'이라는 양극이 내포되어 있음을 시사한다.

그러므로 수용미학은 텍스트의 구조와 독서 구조가 수용자의 심미적 경험에서 얽혀 짜이는 가운데 심미적으로 구체화되는 과정에 해석의 초점을 둔다. 따라서 수용미학적 해석은 "텍스트의 의미가 무엇인가?"하는 문제보다 오히려 "그것이 어떻게 파악되는가?"에 주목한다. 그러므로 수용미학은 문학작품에 대한 우리의 인식을 생산에서 수용으로 전환할 것을 촉구한다.

① 수용미학은 1960년대 말 시작된 새로운 문예학적 연구 방법론을 의미한다.
② 수용미학의 주창자들은 기존의 문학 연구가 사회적 관찰방법을 도외시한다고 본다.
③ 수용미학은 문학 텍스트의 자율성에 근거했던 과거의 문학 연구 방법론을 비판한다.
④ 수용미학에 따르면 작가에 의해 생산된 텍스트는 독자에 의해 작품으로 재탄생한다.
⑤ 수용미학은 실제 독자의 이해 과정에 초점을 맞추어 파악하려는 이론이다.

**08** 다음은 한국의 금융소득 상위 1%에 대한 자료이다. 이에 대해 바르게 설명을 한 사람을 〈보기〉에서 모두 고르면?(단, 모든 계산은 소수점 둘째 자리에서 반올림한다)

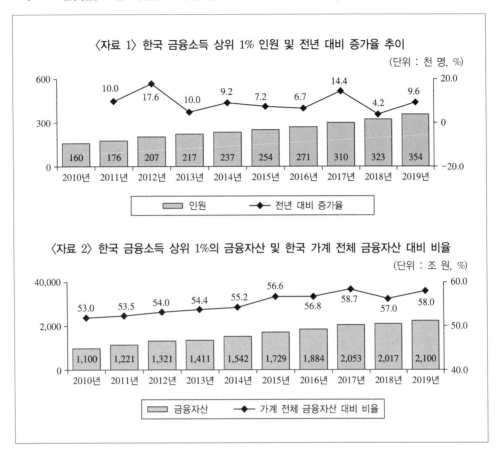

〈자료 1〉 한국 금융소득 상위 1% 인원 및 전년 대비 증가율 추이

(단위 : 천 명, %)

〈자료 2〉 한국 금융소득 상위 1%의 금융자산 및 한국 가계 전체 금융자산 대비 비율

(단위 : 조 원, %)

> **보기**
>
> A : 2019년의 한국 금융소득 상위 1% 인원은 2010년 대비 2.2배 증가했어.
> B : 2019년의 한국 가계 전체 금융자산은 2010년 대비 1.7배 증가했어.
> C : 2019년의 한국 금융소득 상위 1% 금융자산은 2010년 대비 1.9배 증가한 걸 보니, 2010년 대비 2019년에 상위 1%의 금융자산이 가계 전체 금융자산에 비해 더 많은 비율로 증가했네.

① A
② B
③ A, C
④ B, C
⑤ A, B, C

**09** A수험자가 K기업 신입채용 필기시험에 응시한 결과가 다음과 같을 때, A가 맞힌 2점짜리 문항의 개수는?

> • 시험은 2점, 3점, 5점짜리가 각각 10문항씩 총 30문항이 출제되었다.
> • A는 전체 30문항 중에서 22개를 맞혔고, 8개는 틀렸다.
> • A는 5점짜리 문제를 1개 이상 틀렸다.
> • A의 총점은 81점이었다.

① 1개
② 3개
③ 5개
④ 7개
⑤ 9개

**10** K공사 사원 A~D 네 명은 올해 중국, 일본, 프랑스, 독일 지역 중 각기 다른 지역 한 곳에 해외 파견을 떠나게 되었다. 이들은 영어, 중국어, 일본어, 프랑스어, 독일어 중 1개 이상의 외국어를 능통하게 할 줄 안다. 다음 〈조건〉을 바탕으로 바르게 추론한 것은?

> **조건**
> • 일본, 독일, 프랑스 지역에 해외 파견을 떠나는 사원은 해당 국가의 언어를 능통하게 한다.
> • 중국, 프랑스 지역에 해외 파견을 떠나는 사원은 영어도 능통하게 한다.
> • 일본어, 프랑스어, 독일어를 능통하게 하는 사원은 각각 1명이다.
> • 사원 4명 중 영어가 능통한 사원은 3명이며, 중국어가 능통한 사원은 2명이다.
> • A는 영어와 독일어를 능통하게 한다.
> • C가 능통하게 할 수 있는 외국어는 중국어와 일본어뿐이다.
> • B가 능통하게 할 수 있는 외국어 중 한 개는 C와 겹친다.

① A는 세 개의 외국어를 능통하게 할 수 있다.
② B는 두 개의 외국어를 능통하게 할 수 있다.
③ C는 중국에 파견 근무를 떠난다.
④ D가 어느 국가로 파견 근무를 떠나는지는 알 수 없다.
⑤ A와 C가 능통하게 할 수 있는 외국어 중 한 개는 동일하다.

**11** K마트의 배송 담당자는 아래 공문과 배송 주문 목록에 따라 물품을 배송해야 한다. 다음 중 옳지 않은 것은?

<배송 관리 개선 방안>

1. 배송물품 수거 시간

    매일 오전 10시, 오후 4시(단, 수요일과 금요일은 오후 2시 배송 있음)

    ※ 각 수거시간 이후에 집하장에 배출된 물품은 다음 수거시간에 수거

2. 수거 시간별 배송 예정 시간

    오전 수거 물품은 당일 오후 배송 완료 예정입니다.

    오후 수거 물품은 당일 오후에서 익일 오전 사이에 배송 완료 예정입니다.

    ※ 당일 배송이 불가한 신선 식품과 냉동 식품은 반드시 냉동 창고에 따로 보관하므로 확인 요망

3. 배송 거리 분할

    점포별 관할 구역인 K동 내부일 경우 근거리, 관할 구역 외일 경우(행정구역이 다른 경우) 장거리로 취급합니다.

    장거리 배송의 경우 배송 완료 예정 시간에 1일이 추가됩니다.

4. 배송 물품 집하장 : 지하 1층 고객만족센터 우측 보관소

    ※ 냉동 창고 보관용 물품은 지하 2층 중앙 창고 내부의 냉동고에 보관

5. 아울러 배송 물품을 차량에 적재하는 데 소요되는 시간이 1시간 이내가 될 수 있도록 배송지원사원을 배치하였으니 배송지원팀에 문의하여 적극 활용바랍니다.

    ※ 배송지원팀 P대리(내선 1234)에게 연락바람

2021년 9월 2일 월요일

<고객 배송 요청 내역 목록(9월 2일 오전 9시 현재 기준)>

| 고객명 | A | B | C | D | E |
|---|---|---|---|---|---|
| 희망 배송시기 | 월요일 오후 | 최대한 빨리 | 수요일 오전 | 목요일 오후 | 목요일 오후 |
| 배송 지역 | K동 | K동 | K동 | K동 | I동 |
| 특이 사항 | 신선식품 | – | – | 냉동식품 | 신선식품 |

① A고객의 배송을 하기 위해서는 금일 오전 10시 배송을 준비해야 한다.

② 오늘 배송을 준비하기 위해서는 지하 1층 고객만족센터의 보관소를 방문해야 한다.

③ 내일 오후에 준비하는 배송 상품은 C고객을 위한 것이다.

④ D고객과 E고객의 상품 배송을 위해서는 9월 4일 오후 2시 배송을 이용하면 된다.

⑤ 9월 3일 오전에는 배송을 준비할 필요가 없다.

**01** 다음 빈칸 (가), (나)에 들어갈 문서의 종류를 바르게 나열한 것은?

> ___(가)___ 란 어떠한 물품의 구매를 진행해도 좋을지 승낙 받는 문서이고, ___(나)___ 는 ___(가)___ 에 의하여 승낙 받은 물품대금을 지급하겠다는 문서이다. 즉, ___(가)___ 는 ___(나)___ 를 작성하기 전 물품구매의 가능 여부를 승인받는 문서라 할 수 있다. 각각의 서식은 회사마다 규정이 다르기 때문에 다소 차이가 있으나, 엄격히 따져본다면 ___(가)___ 는 사전 승인을 받는 것이고, ___(나)___ 는 자금 집행의 결과 및 회계 처리를 나타내는 것이다.

|   | (가) | (나) |   | (가) | (나) |
|---|------|------|---|------|------|
| ① | 지출품의서 | 결산보고서 | ② | 구매견적서 | 정산보고서 |
| ③ | 지출결의서 | 구매견적서 | ④ | 구매품의서 | 지출결의서 |
| ⑤ | 결산보고서 | 구매품의서 |   |      |      |

**02** 다음은 미래교통전략연구소의 교통정책 연구방향과 과제에 대한 글이다. 이에 대한 내용으로 적절하지 않은 것은?

> 지금 인류문명에 새로운 시대가 다가오고 있다. 인공지능, 사물인터넷(IoT), 증강현실(AR) 등 그간 경험하지 않은 신기술이 출현하고 있다. 이는 인간의 역할과 삶의 방식, 사회경제시스템, 산업구조 등을 근본적으로 바꿀 기술이며 4차 산업혁명은 먼 미래가 아니라 이미 현실화되고 있다. 2016년 겪었던 '알파고 쇼크' 또한 4차 산업혁명이 가져올 변화의 위력을 보여준 사례라고 볼 수 있다. 교통부문도 4차 산업혁명과 무관하지 않다. 교통수단·서비스·운영 등을 혁신할 신 교통기술이 출현하고 있다. 자율주행자동차와 같이 상상이 현실이 되고 있고, 하이퍼루프(Hyperloop)처럼 항공기보다 월등히 빠른 초고속교통수단이 개발 중이다. 신 교통기술의 등장으로 교통체계, 이동행태, 운수산업, 교통안전 등은 급속한 변화가 예상된다.
>
> 따라서 미래교통전략연구소는 4차 산업혁명과 신 교통기술이 가진 산업적 의미와 국가 발전에 미치는 영향에 대해 연구할 것이다. 1차 산업혁명의 진행 과정에서는 교통부문이 중요한 변화를 이끌었다. 증기·가솔린자동차, 증기기관차, 동력비행기 등 이전 시기에 없던 신 교통기술이 등장했기 때문이다. 그런 신 교통기술은 산업 측면에서 중요한 의미가 있다. 자동차·철도·항공기 산업 등 이전 시기에 없던 신산업이 등장하는 계기가 됐다는 점이다. 그 후 신산업은 20세기를 대표하는 주류산업으로 발전했다. 신 교통기술이 교통부문의 혁신에 한정되지 않고 산업구조 변화와 신산업 발전에 중요한 역할을 하게 되었기 때문이다.
>
> 현재 4차 산업혁명의 진행 상황은 1차 산업혁명과 유사하다. 4차 산업혁명을 대표하는 주요 신기술인 자율주행자동차, 드론, 하이퍼루프 등은 교통부문과 관련이 있다. 과거 1차 산업혁명 때 증기·가솔린 자동차, 증기기관차, 동력비행기 등 교통부문에서 신기술이 개발된 것과 같다. 더욱이 신 교통기술이 도로·철도·항공부문을 중심으로 등장하는 점도 1차 산업혁명과 마찬가지다.
>
> 1차 산업혁명의 진행 과정에 비추어 볼 때, 4차 산업혁명에서도 신산업이 출현할 것으로 예상된다. 드론, 자율주행자동차, 하이퍼루프 등은 기존에 없던 신 교통기술이기 때문이다. 이들은 신산업으로 발전할 수 있고 21세기 주류산업으로 성장할 가능성이 크다. 그래서 자동차·철도 등과 전혀 관련이 없던 업체들 또한 신 교통기술 사업에 진출하고 개발을 주도하고자 시도한다. 그만큼 신 교통기술이 가진 산업적 가치와 파급력을 주목하고 있다는 것이다. 그리하여 신 교통기술의 산업적 의미와 국가 발전에 미치는 영향에 대한 연구가 필요하고 중요하다.
>
> 이처럼 파급력이 크고 폭넓기 때문에 신 교통기술이 가져올 변화에 대한 검토가 필요하기 때문에 미래교통전략연구소는 4차 산업혁명의 진행과 신 교통기술의 출현에 대비하는 전략을 마련해야 한다. 그중 하나가 '국가 미래교통 전략 2050' 보고서이다. 국가 차원의 미래전략을 수립하는 목적은 4차 산업혁명의 진행과 신 교통기술의 출현을 도전의 기회로 삼고, 4차 교통혁명시대를 선도하기 위함이다. 이를 위해, 한국뿐 아니라 글로벌 차원에서 사회경제·교통물류부문의 메가트렌드를 분석해야 한다. 또한 미래의 교통물류 미래상을 구상하고 그 영향에 대해 제시해야 한다. 그 안에는 미래변화에 대비한 정책방향, 추진과제, 관련 법·제도 정비 그리고 추진계획도 포함한다.

① 국가 차원의 미래전략 수립의 목적
② 신 교통기술에 대비하기 위한 세부전략
③ 1차 산업혁명과 4차 산업혁명의 유사점
④ 4차 산업혁명으로 인한 위력적인 변화 사례
⑤ '국가 미래교통 전략 2050' 보고서 작성 방향

**03** 아래의 지문 B는 지문 A의 점선 박스 내의 '부분 자율주행시스템 안전기준'과 관련된 내용이다. 다음 중 지문 B는 각각 어떤 안전기준에 해당하는가?

---

**[지문 A - 국토교통부 보도자료(2020. 1. 3)]**

2020년 7월부터는 자동차로유지기능이 탑재된 레벨3 자율차의 출시·판매가 가능해진다. '자동차로유지기능'은 운전자가 운전대를 잡지 않더라도 자율주행시스템이 스스로 안전하게 차선을 유지하면서 주행하고 긴급상황 등에 대응하는 기능이다. 국토교통부는 자율주행차가 안전하게 제작되고 상용화될 수 있도록 부분 자율주행차(레벨3) 안전기준을 세계 최초로 도입했다고 밝혔다.

기존 안전기준상의 첨단조향장치(레벨2)는 운전자를 "지원"하는 기능으로, 차로유지기능을 작동시키더라도 운전자의 책임 아래 운전을 수행하므로 운전대를 잡은 채로 운행해야 하며, 운전대에서 손을 떼면 잠시 후 경고 알람이 울리게 되어 있었다. 이번 부분 자율주행(레벨3) 안전기준 도입을 통해, 지정된 작동영역 안에서는 자율차의 책임 아래 손을 떼고도 지속적인 차로유지 자율주행이 가능해진다.

이번에 제정된 레벨3 안전기준은 국토교통부가 추진한 연구의 성과를 바탕으로 UN 산하 자동차 안전기준국제조화포럼(UN / ECE / WP.29)에서 논의되고 있는 국제 동향과 국내 업계·학계 등 의견수렴을 거쳐 마련되었다.

> 안전기준 1.
> 부분 자율주행시스템으로 운행 중 운전자가 운전전환을 받아야 하는 고속도로 출구, 예기치 못한 전방의 도로 공사 등 시스템 작동영역을 벗어난 상황에 대비하여 운전자 착석 여부 등을 감지하여 운전 가능 여부가 확인되었을 경우에만 작동한다.

> 안전기준 2.
> 부분 자율주행시스템이 안전하게 자동차로유지기능을 구현할 수 있도록 감지 성능에 따른 최대속도 및 속도에 따른 앞 차량과의 최소안전거리를 제시한다.

> 안전기준 3.
> 자율주행 중 고속도로 출구와 같이 작동영역을 벗어날 것이 예정된 경우 운전자가 운전하도록 15초 전 경고(운전전환 요구)를 발생시키고, 예상되지 않은 상황(갑작스러운 도로 공사 등)이 발생한 경우에는 즉시 경고(운전전환 요구)한다.

> 안전기준 4.
> 충돌이 임박한 상황 등 운전자가 운전전환 요구에 대응할 수 있는 시간이 충분하지 않은 경우에는 시스템이 비상운행 기준에 따라 최대한 감속 및 비상조향 등으로 대응한다.

> 안전기준 5.
> 운전전환 요구에도 불구하고 10초 이내에 운전자의 대응이 없으면 안전을 위해 감속, 비상경고신호 작동 등 위험 최소화 운행을 시행한다.

> 안전기준 6.
> 자율주행시스템에 고장이 발생하더라도 안전에 중대한 위험을 끼치지 않도록 시스템 이중화 등을 고려하여 설계한다.

---

[지문 B]
가. 긴급한 비상 상황의 경우
나. 운전전환 요구 시 경고방법
다. 운전전환 작동 전 준수사항
라. 시스템 고장에 대비하기 위한 방안
마. 자율주행 시 안전 확보가 필요한 경우
바. 운전자 대응이 필요한 상황에서 반응이 없는 경우

| | 안전기준 1 | 안전기준 2 | 안전기준 3 | 안전기준 4 | 안전기준 5 | 안전기준 6 |
|---|---|---|---|---|---|---|
| ① | 가 | 나 | 라 | 바 | 다 | 마 |
| ② | 나 | 마 | 다 | 라 | 가 | 바 |
| ③ | 다 | 마 | 나 | 가 | 바 | 라 |
| ④ | 마 | 라 | 나 | 바 | 다 | 가 |
| ⑤ | 바 | 라 | 다 | 가 | 마 | 나 |

| 문제해결능력

**04** 1 ~ 5번 다섯 명의 학생들이 규칙에 맞추어 아래와 같이 배열되어 있는 번호의 의자에 앉아 있다. 다음 중 규칙을 토대로 옳은 것은?

(가) 세 명의 학생이 자기의 번호와 일치하지 않는 번호의 의자에 앉아 있다.
(나) 2명의 학생은 자기의 번호보다 작은 번호의 의자에 앉아 있다.
(다) 홀수 번호의 학생들은 모두 홀수 번호의 의자에 앉아 있다.

| 1 | 2 | 3 | 4 | 5 |

① 1번 학생은 5번 의자에 앉아 있다.
② 2번 학생은 4번 의자에 앉아 있다.
③ 3번 학생은 3번 의자에 앉아 있다.
④ 4번 학생은 2번 의자에 앉아 있다.
⑤ 5번 학생은 1번 의자에 앉아 있다.

**05** 경찰관 또는 소방관을 직업으로 갖는 A ~ D 네 사람에 대하여 〈조건〉이 모두 참일 때, 항상 옳은 것은?

> **조건**
> • A, B, C, D는 모두 같은 직장의 동료가 있다.
> • A가 소방관이면 B가 소방관이거나 C가 경찰관이다.
> • C가 경찰관이면 D는 소방관이다.
> • D는 A의 상관이다.

① A, B의 직업은 다르다.　　　　　② A, C의 직업은 다르다.
③ B, C의 직업은 같다.　　　　　　④ C, D의 직업은 같다.
⑤ B, D의 직업은 다르다.

**06** 길이가 6km인 터널의 양쪽에서 150m 길이의 A열차와 200m 길이의 B열차가 동시에 진입하였다. B열차가 터널을 완전히 빠져나오는 시간이 A열차가 터널을 완전히 빠져나오는 시간보다 10초 더 짧았다. B열차가 A열차보다 분당 3km가 더 빠를 때, 터널 안에서 A열차가 B열차를 마주친 순간부터 B열차를 완전히 지나가는 데 필요한 시간은?

① 1초　　　　　　　　　　　　　② 1.5초
③ 2초　　　　　　　　　　　　　④ 2.5초
⑤ 3초

**07** 서로 질량이 다른 A ~ F 여섯 개의 추를 양팔 저울에 올려서 비교한 결과는 다음과 같다. 양팔 저울의 오른쪽에 E와 F를 같이 올려 놓았을 때, 양팔 저울의 균형을 맞추기 위해서 왼쪽에 올려 놓아야 할 저울추를 모두 고르면?

> (가) A와 C를 같은 쪽에 올렸을 때는 E를 다른 쪽에 올렸을 때 균형을 이룬다.
> (나) B와 F를 왼쪽에 올렸을 때, C와 E를 오른쪽에 올리면 균형을 이룬다.
> (다) C와 D를 왼쪽에 올렸을 때, A와 F를 오른쪽에 올리면 균형을 이룬다.
> (라) B, C, E를 같은 쪽에 올렸을 때, D, F를 다른 쪽에 올리면 균형을 이룬다.
> (마) A와 D를 왼쪽에 올렸을 때, B와 C를 오른쪽에 올리면 균형을 이룬다.

① A, B, C　　　　　　　　　　　② A, C, D
③ A, B, D　　　　　　　　　　　④ B, C, D
⑤ A, B, C, D

**08** 다음 투자안은 1년 투자만 가능하고 부분적으로는 투자가 불가능하다. 2,000원을 투자하는 경우 수익이 극대화되는 투자방법은?(단, 투자하고 남는 금액의 수익률은 0%이다)

<투자별 금액 및 수익률>

| 투자안 | 투자금액 | 연수익률 |
|---|---|---|
| A | 1,600원 | 11% |
| B | 1,400원 | 10% |
| C | 1,200원 | 9% |
| D | 800원 | 7% |
| E | 600원 | 5% |

① A

② B+E

③ C+D

④ C+E

⑤ D+E

**09** 다음은 지난 10년간 우리나라 일부 품목의 소비자 물가지수 그래프이다. 이에 대한 설명으로 옳지 않은 것은?

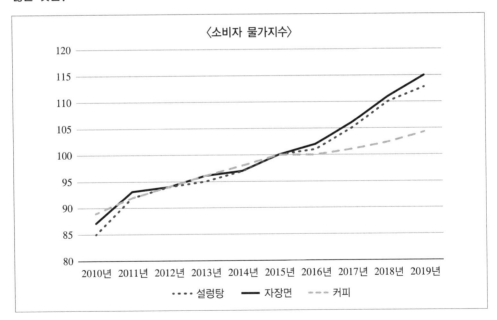

① 제시한 모든 품목의 소비자 물가지수는 2015년 물가를 100으로 하여 등락률을 산정했다.

② 자장면 가격은 2015년 대비 최근까지 가장 많이 오른 음식이다.

③ 설렁탕은 2010년부터 2015년까지 가장 많이 오른 음식이다.

④ 2019년 현재 가장 비싼 품목은 자장면이다.

⑤ 2015년 대비 2019년은 '자장면, 설렁탕, 커피' 순서로 가격이 올랐다.

**01** K프랜차이즈 카페에서는 디저트로 빵, 케이크, 마카롱, 쿠키를 판매하고 있다. 최근 각 지점에서 디저트를 섭취하고 땅콩 알레르기가 발생했다는 민원이 제기되었다. 해당 디저트에는 모두 땅콩이 들어가지 않으며, 땅콩을 사용한 제품과 인접 시설에서 제조하고 있다. 아래의 사례를 참고할 때, 다음 중 반드시 거짓인 것은?

---

- 땅콩 알레르기 유발 원인이 된 디저트는 빵, 케이크, 마카롱, 쿠키 중 하나이다.
- 각 지점에서 땅콩 알레르기가 있는 손님이 섭취한 디저트와 알레르기 유무는 아래와 같다.

| A지점 | 빵과 케이크를 먹고, 마카롱과 쿠키를 먹지 않은 경우, 알레르기가 발생했다. |
|-------|---------------------------------------------------------|
| B지점 | 빵과 마카롱을 먹고, 케이크와 쿠키를 먹지 않은 경우, 알레르기가 발생하지 않았다. |
| C지점 | 빵과 쿠키를 먹고, 케이크와 마카롱을 먹지 않은 경우, 알레르기가 발생했다. |
| D지점 | 케이크와 마카롱을 먹고, 빵과 쿠키를 먹지 않은 경우, 알레르기가 발생했다. |
| E지점 | 케이크와 쿠키를 먹고, 빵과 마카롱을 먹지 않은 경우, 알레르기가 발생하지 않았다. |
| F지점 | 마카롱과 쿠키를 먹고, 빵과 케이크를 먹지 않은 경우, 알레르기가 발생하지 않았다. |

---

① A, B, D지점의 사례만을 고려하면, 케이크가 알레르기의 원인이다.

② A, C, E지점의 사례만을 고려하면, 빵이 알레르기의 원인이다.

③ B, D, F지점의 사례만을 고려하면, 케이크가 알레르기의 원인이다.

④ C, D, F지점의 사례만을 고려하면, 마카롱이 알레르기의 원인이다.

⑤ D, E, F지점의 사례만을 고려하면, 쿠키는 알레르기의 원인이 아니다.

**02** K회사에서는 신입사원이 입사하면 서울 지역 내 5개 지점을 선정하여 순환근무를 하며 업무환경과 분위기를 익히도록 하고 있다. 입사동기인 A ~ E 다섯 명의 순환근무 상황에 대해 알려진 〈조건〉이 다음과 같을 때, 반드시 참인 것은?

---

**조건**

- 각 지점에는 한 번에 한 명의 신입사원만 근무할 수 있다.
- 5개의 지점은 강남, 구로, 마포, 잠실, 종로이며, 모든 지점에 한 번씩 배치된다.
- 지금은 세 번째 순환근무 기간이고 현재 근무하는 지점은 다음과 같다.
  [A – 잠실, B – 종로, C – 강남, D – 구로, E – 마포]
- C와 B는 구로에서 근무한 적이 있다.
- D의 다음 근무지는 강남이고, 종로에서 가장 마지막에 근무한다.
- E와 D는 잠실에서 근무한 적이 있다.
- 마포에서 아직 근무하지 않은 사람은 A와 B이다.
- B가 현재 근무하는 지점은 E의 첫 순환근무지이고, E가 현재 근무하는 지점은 A의 다음 순환근무지이다.

---

① E는 아직 구로에서 근무하지 않았다.

② C는 아직 마포에서 근무하지 않았다.

③ 다음 순환근무 기간에 잠실에서 근무하는 사람은 C이다.

④ 지금까지 강남에서 근무한 사람은 A, E, B이다.

⑤ 강남에서 가장 먼저 근무한 사람은 D이다.

**03** 다음 글에 제시된 '사회적 경제'의 개념으로 적절하지 않은 것은?

> 자연과 공존을 중시하며 환경오염, 기후변화, 자원부족 등을 극복하기 위한 노력이 증대되고 있다. 또한, 자본주의 시장경제의 전개 과정에서 발생한 다양한 사회문제에 대응하여 대안적 삶을 모색하고 공생사회를 지향하는 가치관이 확산되고 있다. 이러한 흐름 속에서 부상한 사회적 경제는 이윤의 극대화를 최고 가치로 삼는 시장경제와 달리, 사람의 가치에 우위를 두는 사람 중심의 경제활동이자, 여러 경제주체를 존중하는 다양성의 경제이다. 사회적 경제는 국가, 시장, 공동체의 중간 영역으로 정의되기도 한다. 이러한 정의는 사회적 경제가 공식 경제와 비공식 경제, 영리와 비영리, 공과 사의 경계에 존재함을 의미하고, 궁극적으로 국가 공동체가 새로운 거버넌스의 원리에 따라 재구성되어야 한다는 것을 의미한다.
> 최근에 들어 우리 사회뿐만 아니라 세계적 흐름으로 발전하고 있는 사회적 경제는 시장경제에 위기가 도래하면 부상하고, 그 위기가 진정되면 가라앉는 특징을 보인다. 복지국가 담론에 대한 회의 혹은 자본주의 시장 실패에 대한 대안이나 보완책으로 자주 거론되고 있다. 또한, 양극화 해소나 일자리 창출 등의 공동이익과 사회적 가치의 실현을 위한 상호협력과 사회연대라는 요구와 관련된다.

① 기존의 복지국가 담론
② 자본주의 시장 실패의 대안 모델
③ 공식 경제와 비공식 경제의 경계
④ 사람의 가치를 존중하는 사람 중심의 경제
⑤ 상호협력과 사회연대를 바탕으로 한 경제적 활동

**04** 다음 중 밑줄 친 ㉠의 의미와 가장 유사한 것은?

> 흔히 말하는 결단이란 용기라든가 과단성을 전제로 한다. 거센 세상을 살아가노라면 때로는 중대한 고비가 나타난다. 그럴 때 과감하게 발 벗고 나서서 자신을 ㉠ <u>던질</u> 수 있는 용기를 통해 결단이 이루어질 수 있을 것이다. 그럼에도 내 자신은 사람됨이 전혀 그렇지 못하다.

① 승리의 여신이 우리 선수들에게 미소를 <u>던졌다</u>.
② 그는 유능한 기사였지만 결국 돌을 <u>던지고</u> 말았다.
③ 최동원은 직구 위주의 강속구를 <u>던지는</u> 정통파 투수였다.
④ 그 사건이 승승장구하던 김대리의 앞날에 어두운 그림자를 <u>던졌다</u>.
⑤ 물론 인간은 이따금 어떤 추상적인 사상이나 이념에 일생을 <u>던져</u> 몰입하는 수가 있지.

**05** 다음 글의 내용으로 적절하지 않은 것은?

시간 예술이라고 지칭되는 음악에서 템포의 완급은 대단히 중요하다. 동일곡이지만 템포의 기준을 어떻게 잡아서 재현해 내느냐에 따라서 그 음악의 악상은 달라진다. 그런데 이처럼 중요한 템포의 인지 감각도 문화권에 따라, 혹은 민족에 따라서 상이할 수 있으니, 동일한 속도의 음악을 듣고도 누구는 빠르게 느끼는 데 비해서 누구는 느린 것으로 인지하는 것이다. 결국 문화권에 따라서 템포의 인지 감각이 다를 수도 있다는 사실은 바꿔 말해서 서로 문화적 배경이 다르면 사람에 따라 적절하다고 생각하는 모데라토의 템포도 큰 차이가 있을 수 있다는 말과 같다.

한국의 전통 음악은 서양 고전 음악에 비해서 비교적 속도가 느린 것이 분명하다. 대표적 정악곡(正樂曲)인 '수제천(壽齊天)'이나 '상령산(上靈山)' 등의 음악을 들어보면 수긍할 것이다. 또한, 이 같은 구체적인 음악의 예가 아니더라도 국악의 첫인상을 일단 '느리다'고 간주해 버리는 일반의 통념을 보더라도 전래의 한국 음악이 보편적인 서구 음악에 비해서 느린 것은 틀림없다고 하겠다.

그런데 한국의 전통 음악이 서구 음악에 비해서 상대적으로 속도가 느린 이유는 무엇일까? 이에 대한 해답도 여러 가지 문화적 혹은 민족적인 특질과 연결해서 생각할 때 결코 간단한 문제가 아니겠지만, 여기서는 일단 템포의 계량적 단위인 박(Beat)의 준거를 어디에 두느냐에 따라서 템포 관념의 차등이 생겼다는 가설 하에 설명을 하기로 한다.

한국의 전통 문화를 보면 그 저변의 잠재의식 속에는 호흡을 중시하는 징후가 역력함을 알 수 있는데, 이 점은 심장의 고동을 중시하는 서양과는 상당히 다른 특성이다. 우리의 문화 속에는 호흡에 얽힌 생활 용어가 한두 가지가 아니다. 숨을 한 번 내쉬고 들이마시는 동안을 하나의 시간 단위로 설정하여 일식간(一息間) 혹은 이식간(二息間)이니 하는 양식척(量息尺)을 써 왔다. 그리고 감정이 격양되었을 때는 긴 호흡을 해서 감정을 누그러뜨리거나 건강을 위해 단전 호흡법을 수련한다. 이것은 모두 호흡을 중시하고 호흡에 뿌리를 둔 문화 양식의 예들이다. 더욱이 심장의 정지를 사망으로 단정하는 서양과는 달리 우리의 경우에는 '숨이 끊어졌다.'는 말로 유명을 달리했음을 표현한다. 이와 같이 확실히 호흡의 문제는 모든 생리 현상에서부터 문화 현상에 이르기까지 우리의 의식 저변에 두루 퍼져있는 민족의 공통적 문화소가 아닐 수 없다.

이와 같은 동서양 간의 상호 이질적인 의식 성향을 염두에 두고 각자의 음악을 관찰해 보면, 서양의 템포 개념은 맥박, 곧 심장의 고동에 기준을 두고 있으며, 우리의 그것은 호흡의 주기, 즉 폐부의 운동에 뿌리를 두고 있음을 알 수 있다. 서양의 경우 박자의 단위인 박을 비트(Beat), 혹은 펄스(Pulse)라고 한다. 펄스라는 말이 곧 인체의 맥박을 의미하듯이 서양 음악은 원초적으로 심장을 기준으로 출발한 것이다. 이에 비해 한국의 전통 음악은 모음 변화를 일으켜 가면서까지 길게 끌며 호흡의 리듬을 타고 있음을 볼 때, 근원적으로 호흡에 뿌리를 둔 음악임을 알 수 있다. 결국 한국 음악에서 안온한 마음을 느낄 수 있는 모데라토의 기준 속도는, 1분간 심장의 박동 수와 호흡의 주기와의 차이처럼, 서양 음악의 그것에 비하면 무려 3배쯤 느린 것임을 알 수 있다.

① 각 민족의 문화에는 민족의식이 반영되어 있다.
② 서양 음악은 심장 박동 수를 박자의 준거로 삼았다.
③ 템포의 완급을 바꾸어도 악상은 변하지 않는다.
④ 우리 음악은 서양 음악에 비해 상대적으로 느리다.
⑤ 우리 음악의 박자는 호흡 주기에 뿌리를 두고 있다.

**06** 해외로 출장을 가는 김대리는 〈조건〉에 따라 이동하려고 계획하고 있다. 연착 없이 계획대로 출장지에 도착했을 때, 현지 시각은?

> **조건**
> - 서울 시각으로 5일 오후 1시 35분에 출발하는 비행기를 타고, 경유지 한 곳을 거쳐 출장지에 도착한다.
> - 경유지는 서울보다 1시간 빠르고, 출장지는 경유지보다 2시간 느리다.
> - 첫 번째 비행은 3시간 45분이 소요된다.
> - 경유지에서 3시간 50분을 대기하고 출발한다.
> - 두 번째 비행은 9시간 25분이 소요된다.

① 오전 5시 35분      ② 오전 6시
③ 오후 5시 35분      ④ 오후 6시
⑤ 오전 7시

**07** K기업 영업부는 야유회에서 4개의 팀으로 나누어서 철봉 오래 매달리기 시합을 하였다. 팀별 기록에 대한 정보가 다음과 같을 때, A팀 4번 선수와 B팀 2번 선수 기록의 평균은?

**〈팀별 철봉 오래 매달리기 기록〉**

(단위 : 초)

| 구분 | 1번 선수 | 2번 선수 | 3번 선수 | 4번 선수 | 5번 선수 |
|------|---------|---------|---------|---------|---------|
| A팀 | 32 | 46 | 42 | ( ) | 42 |
| B팀 | 48 | ( ) | 36 | 53 | 55 |
| C팀 | 51 | 30 | 46 | 45 | 53 |
| D팀 | 36 | 50 | 40 | 52 | 42 |

- C팀의 평균은 A팀보다 3초 길다.
- D팀의 평균은 B팀보다 2초 짧다.

① 39초      ② 40초
③ 41초      ④ 42초
⑤ 43초

**08** 다음은 우리나라 19세 이상 성인의 흡연율과 고위험 음주율을 조사한 자료이다. 이에 대한 설명으로 옳지 않은 것은?

〈연도별 19세 이상 성인의 흡연율과 고위험 음주율〉

(단위 : %)

| 구분 | 흡연율 | | | 고위험 음주율 | | |
|---|---|---|---|---|---|---|
| | 전체 | 남자 | 여자 | 전체 | 남자 | 여자 |
| 2011년 | 26.3 | 46.8 | 6.5 | 13.6 | 23.1 | 4.4 |
| 2012년 | 25.0 | 43.3 | 7.4 | 13.4 | 21.9 | 5.3 |
| 2013년 | 23.2 | 41.4 | 5.7 | 11.9 | 19.4 | 4.8 |
| 2014년 | 23.3 | 42.3 | 5.1 | 13.1 | 20.6 | 5.9 |
| 2015년 | 21.6 | 38.3 | 5.3 | 12.7 | 20.5 | 5.1 |
| 2016년 | 22.6 | 39.4 | 6.1 | 13.2 | 21.2 | 5.4 |

※ 고위험 음주율 : 1회 평균 음주량이 남자 7잔 이상, 여자 5잔 이상이며, 주 2회 이상 음주

〈2016년 연령대별 흡연율과 고위험 음주율〉

(단위 : %)

| 구분 | 흡연율 | | | 고위험 음주율 | | |
|---|---|---|---|---|---|---|
| | 전체 | 남자 | 여자 | 전체 | 남자 | 여자 |
| 19 ~ 29세 | 25.4 | 41.7 | 7.2 | 13.8 | 17.7 | 9.6 |
| 30 ~ 39세 | 30.4 | 51.5 | 7.6 | 16.4 | 23.5 | 8.6 |
| 40 ~ 49세 | 25.0 | 43.9 | 5.6 | 15.8 | 25.7 | 5.7 |
| 50 ~ 59세 | 22.7 | 38.2 | 7.1 | 15.4 | 26.0 | 4.9 |
| 60 ~ 69세 | 14.6 | 25.7 | 4.0 | 9.0 | 17.5 | 0.9 |
| 70세 이상 | 9.1 | 18.0 | 3.4 | 2.7 | 6.3 | 0.3 |

① 2016년 50대 이상 연령대의 전체 흡연율 합은 연도별 19세 이상 성인의 전체 흡연율보다 낮다.
② 2016년 여자의 경우, 연령대가 높아질수록 고위험 음주율은 감소한다.
③ 2016년 고위험 음주율은 남자는 50대, 여자는 19 ~ 29세 연령대에서 가장 높다.
④ 2016년 19세 이상 성인의 전체 흡연율 및 고위험 음주율은 2011년 대비 감소하였다.
⑤ 조사기간 중 19세 이상 성인의 흡연율은 남자는 2011년도, 여자는 2012년도에 가장 높다.

**09** 신입사원 K는 부서별 소모품 구매업무를 맡게 되었다. 다음 자료를 참고할 때, 가장 저렴한 가격에 소모품을 구입할 수 있는 업체는 어디인가?

〈소모품별 1회 구매수량 및 구매 제한가격〉

| 구분 | A물품 | B물품 | C물품 | D물품 | E물품 |
|---|---|---|---|---|---|
| 1회 구매수량 | 2묶음 | 3묶음 | 2묶음 | 2묶음 | 2묶음 |
| 구매 제한가격 | 25,000원 | 5,000원 | 5,000원 | 3,000원 | 23,000원 |

※ 물품 신청 시 1회 구매수량은 부서에 상관없이 매달 일정하다(예 A물품은 2묶음, B물품은 3묶음 단위이다).
※ 물품은 제한된 가격 내에서 구매해야 하며, 구매 제한 가격을 넘는 경우에는 구매할 수 없다(단, 총 구매가격에는 제한이 없다).

〈소모품 구매 신청서〉

| 구분 | A물품 | B물품 | C물품 | D물품 | E물품 |
|---|---|---|---|---|---|
| 부서 1 | ○ | | ○ | | ○ |
| 부서 2 | | ○ | ○ | ○ | |
| 부서 3 | ○ | | ○ | | ○ |
| 부서 4 | | ○ | ○ | | ○ |
| 부서 5 | ○ | | ○ | ○ | ○ |

〈소모품 구매 신청서〉

(단위 : 원)

| 구분 | A물품 | B물품 | C물품 | D물품 | E물품 |
|---|---|---|---|---|---|
| 가 업체 | 12,400 | 1,600 | 2,400 | 1,400 | 11,000 |
| 나 업체 | 12,200 | 1,600 | 2,450 | 1,400 | 11,200 |
| 다 업체 | 12,400 | 1,500 | 2,550 | 1,500 | 11,500 |
| 라 업체 | 12,500 | 1,500 | 2,400 | 1,300 | 11,300 |
| 마 업체 | 12,300 | 1,700 | 2,500 | 1,500 | 11,100 |

※ 물품 단가는 한 묶음당 가격이다.

① 가 업체
② 나 업체
③ 다 업체
④ 라 업체
⑤ 마 업체

# PART

# I

## 코레일 7개년 기출복원문제

## | 01 | 사무영업직

| 의사소통능력

**01** 다음 글을 읽고 보인 반응으로 적절하지 않은 것은?

> 열차 내에서의 범죄가 급격하게 증가함에 따라 한국철도공사는 열차 내에서의 범죄 예방과 안전 확
> 보를 위해 2023년까지 현재 운행하고 있는 열차의 모든 객실에 CCTV를 설치하고, 모든 열차 승무
> 원에게 바디 캠을 지급하겠다고 밝혔다.
> CCTV는 열차 종류에 따라 운전실에서 비상시 실시간으로 상황을 파악할 수 있는 '네트워크 방식'과
> 각 객실에서의 영상을 저장하는 '개별 독립 방식'의 2가지 방식으로 사용 및 설치가 진행될 예정이
> 며, 각 객실마다 사각지대를 없애기 위해 4대 가량의 CCTV가 설치된다. 이 중 2대는 휴대 물품
> 도난 방지 등을 위해 휴대 물품 보관대 주변에 위치하게 된다.
> 이에 따라 한국철도공사는 CCTV 제품 품평회를 가져 각 제품의 형태와 색상, 재질 등에 대한 의견
> 을 나누고 실제로 열차 운행 시 진동과 충격 등에 적합한지 시험을 거친 후 제품을 도입할 예정이다.

① 현재는 모든 열차에 CCTV가 설치되어 있진 않겠군.
② 과거에 비해 승무원에 대한 승객의 범죄행위 증거 취득이 유리해지겠군.
③ CCTV의 설치를 통해 인적 피해와 물적 피해 모두 예방할 수 있겠군.
④ CCTV의 설치를 통해 실시간으로 모든 객실을 모니터링할 수 있겠군.
⑤ CCTV의 내구성뿐만 아니라 외적인 디자인도 제품 선택에 영향을 줄 수 있겠군.

## 02 다음 글의 빈칸 (가) ~ (다)에 들어갈 접속사를 순서대로 바르게 나열한 것은?

무더운 여름 기차나 지하철을 타면 "실내가 춥다는 민원이 있어 냉방을 줄인다."라는 안내방송을 손쉽게 들을 수 있을 정도로 우리는 쾌적한 기차와 지하철을 이용할 수 있는 시대에 살고 있다. _____(가)_____ 이러한 쾌적한 환경을 누리기 시작하게 된 것은 그리 오래되지 않은 일이다. 1825년 세계 최초로 영국의 증기기관차가 시속 16km로 첫 주행을 시작하였고, 이 당시까지만 해도 열차 내의 유일한 냉방 수단은 창문뿐이었다. 열차에 에어컨이 설치되기 시작된 것은 100년이 더 지난 1930년대 초반 미국에서였고, 우리나라는 이보다 훨씬 후인 1969년 지금의 새마을호라 불리는 '관광호'에서였다. 이는 국내에 최초로 철도가 개통된 1899년 이후 70년 만으로, '관광호' 이후 국내에 도입된 특급열차들은 대부분 전기 냉난방시설을 갖추게 되었다.

_____(나)_____ 지하철의 에어컨 도입은 열차보다 훨씬 늦었는데, 이는 우리나라뿐만 아니라 해외도 마찬가지였으며, 실제로 영국의 경우 아직도 지하철에 에어컨이 없다.

우리나라는 1974년 서울 지하철이 개통되었는데, 이 당시 객실에는 천장의 달린 선풍기가 전부였기 때문에 한여름에는 땀 냄새가 가득한 찜통 지하철이 되었다. _____(다)_____ 1983년이 되어서야 에어컨이 설치된 지하철이 등장하기 시작하였고, 기존에 에어컨이 설치되지 않았던 지하철들은 1989년이 되어서야 선풍기를 떼어내고 에어컨으로 교체하기 시작하였다.

| | (가) | (나) | (다) |
|---|---|---|---|
| ① | 따라서 | 그래서 | 마침내 |
| ② | 하지만 | 반면 | 마침내 |
| ③ | 하지만 | 왜냐하면 | 그래서 |
| ④ | 왜냐하면 | 반면 | 마침내 |
| ⑤ | 반면 | 왜냐하면 | 그래서 |

**03** 다음 글의 내용으로 가장 적절한 것은?

> 한국철도공사는 철도시설물 점검 자동화에 '스마트글라스'를 활용하겠다고 밝혔다. 스마트글라스란 안경처럼 착용하는 스마트 기기로 검사와 판독, 데이터 송수신과 보고서 작성까지 모든 동작이 음성인식을 바탕으로 작동한다. 이를 활용하여 작업자는 스마트글라스 액정에 표시된 내용에 따라 철도시설물을 점검하고, 이를 음성 명령을 통해 사진 촬영 후 해당 정보와 검사 결과를 전송해 보고서로 작성한다.
>
> 작업자들은 직접 자료를 조사하고 측정한 내용을 바탕으로 시스템 속 여러 단계에 거쳐 수기 입력하던 기존 방식에서 벗어나 스마트글라스를 사용하여 이 일련의 과정들을 중앙 서버를 통해 한 번에 처리할 수 있게 되었다.
>
> 이와 같이 스마트 기기의 도입은 중앙 서버의 효율적 종합 관리를 가능케 할 뿐만 아니라 작업자의 안전도 향상에도 크게 기여하였다. 이는 작업자들이 음성인식이 가능한 스마트글라스를 사용함으로써 두 손이 자유로워져 추락 사고를 방지할 수 있게 되었고, 스마트글라스 내부 센서가 충격과 기울기를 감지할 수 있어 작업자에게 위험한 상황이 발생하면 지정된 컴퓨터로 바로 통보되는 시스템을 갖추었기 때문이다.
>
> 한국철도공사는 주요 거점 현장을 시작으로 스마트글라스를 보급하여 성과 분석을 거치고 내년부터는 보급 현장을 확대하겠다고 밝혔으며, 국내 철도 환경에 맞춰 스마트글라스 시스템을 개선하기 위해 현장 검증을 진행하고 스마트글라스를 통해 측정된 데이터를 총괄 제어할 수 있도록 안전점검 플랫폼 망도 마련할 예정이다.
>
> 더불어 스마트글라스를 통해 기존의 인력 중심 시설 점검을 간소화시켜 효율성과 안전성을 향상시키고 나아가 철도에 맞춤형 스마트 기술을 도입시켜 시설물 점검뿐만 아니라 유지보수 작업도 가능하도록 철도기술 고도화에 힘쓰겠다고 전했다.

① 작업자의 음성인식을 통해 철도시설물의 점검 및 보수 작업이 가능해졌다.
② 스마트글라스의 도입으로 철도시설물 점검의 무인작업이 가능해졌다.
③ 스마트글라스의 도입으로 철도시설물 점검 작업 안전사고 발생 횟수가 감소하였다.
④ 스마트글라스의 도입으로 철도시설물 작업 시간 및 인력이 감소하고 있다.
⑤ 스마트글라스의 도입으로 작업자의 안전사고 발생을 바로 파악할 수 있게 되었다.

**04** 다음 글에 대한 설명으로 적절하지 않은 것은?

> 2016년 4월 27일 오전 7시 20분경 임실역에서 익산으로 향하던 열차가 전기 공급 중단으로 멈추는 사고가 발생해 약 50여 분간 열차 운행이 중단되었다. 원인은 바로 전차선에 지은 까치집 때문이었는데, 까치가 집을 지을 때 사용하는 젖은 나뭇가지나 철사 등이 전선과 닿거나 차로에 떨어져 합선과 단전을 일으키게 된 것이다.
>
> 비록 이번 사고는 단전에서 끝났지만, 고압 전류가 흐르는 전차선인 만큼 철사와 젖은 나뭇가지만으로도 자칫하면 폭발사고로 이어질 우려가 있다. 지난 5년간 까치집으로 인한 단전사고는 한 해 평균 3 ~ 4건이 발생하고 있으며, 한국철도공사는 사고 방지를 위해 까치집 방지 설비를 설치하고 설비가 없는 구간은 작업자가 육안으로 까치집 생성 여부를 확인해 제거하고 있는데, 이렇게 제거해 온 까치집 수가 연평균 8,000개에 달하고 있다. 하지만 까치집은 빠르면 불과 4시간 만에 완성되어 작업자들에게 큰 곤욕을 주고 있다.
>
> 이에 한국철도공사는 전차선로 주변 까치집 제거의 효율성과 신속성을 높이기 위해 인공지능(AI)과 사물인터넷(IoT) 등 첨단 기술을 활용하기에 이르렀다. 열차 운전실에 영상 장비를 설치해 달리는 열차에서 전차선을 촬영한 화상 정보를 인공지능으로 분석해 까치집 등의 위험 요인을 찾아 해당 위치와 현장 이미지를 작업자에게 실시간으로 전송하는 '실시간 까치집 자동 검출 시스템'을 개발한 것이다. 하지만 시속 150km로 빠르게 달리는 열차에서 까치집 등의 위험 요인을 실시간으로 판단해 전송하기 때문에 그 정확도는 65%에 불과했다.
>
> 이에 한국철도공사는 전차선과 까치집을 정확하게 식별하기 위해 인공지능이 스스로 학습하는 '딥러닝' 방식을 도입했고, 전차선을 구성하는 복잡한 구조 및 까치집과 유사한 형태를 빅데이터로 분석해 이미지를 구분하는 학습을 실시한 결과 까치집 검출 정확도는 95%까지 상승했다. 또한 해당 이미지를 실시간 문자메시지로 작업자에게 전송해 위험 요소와 위치를 인지시켜 현장에 적용할 수 있다는 사실도 확인했다. 현재는 이와 더불어 정기열차가 운행하지 않거나 작업자가 접근하기 쉽지 않은 차량 정비 시설 등에 드론을 띄워 전차선의 까치집을 발견 및 제거하는 기술도 시범 운영하고 있다.

① 인공지능도 학습을 통해 그 정확도를 향상시킬 수 있다.
② 빠른 속도에서 인공지능의 사물 식별 정확도는 낮아진다.
③ 사람의 접근이 불가능한 곳에 위치한 까치집의 제거도 가능해졌다.
④ 까치집 자동 검출 시스템을 통해 실시간으로 까치집 제거가 가능해졌다.
⑤ 인공지능 등의 스마트 기술 도입으로 까치집 생성의 감소를 기대할 수 있다.

※ 다음 자료를 읽고 이어지는 질문에 답하시오. [5~7]

**⟨2023 한국의 국립공원 기념주화 예약 접수⟩**

- 우리나라 자연환경의 아름다움과 생태 보전의 중요성을 널리 알리기 위해 K은행은 한국의 국립공원 기념주화 3종(설악산, 치악산, 월출산)을 발행할 예정임
- 예약 접수일 : 3월 2일(목) ~ 3월 17일(금)
- 배부 시기 : 2023년 4월 28일(금)부터 예약자가 신청한 방법으로 배부
- 기념주화 상세

| 화종 | 앞면 | 뒷면 |
| --- | --- | --- |
| 은화Ⅰ – 설악산 | | |
| 은화Ⅱ – 치악산 | | |
| 은화Ⅲ – 월출산 | | |

- 발행량 : 화종별 10,000장씩 총 30,000장
- 신청 수량 : 단품 및 3종 세트로 구분되며 단품과 세트에 중복 신청 가능
  - 단품 : 1인당 화종별 최대 3장
  - 3종 세트 : 1인당 최대 3세트
- 판매 가격 : 액면금액에 판매 부대비용(케이스, 포장비, 위탁판매수수료 등)을 부가한 가격
  - 단품 : 각 63,000원(액면가 50,000원＋케이스 등 부대비용 13,000원)
  - 3종 세트 : 186,000원(액면가 150,000원＋케이스 등 부대비용 36,000원)
- 접수 기관 : 우리은행, 농협은행, 한국조폐공사
- 예약 방법 : 창구 및 인터넷 접수
  - 창구 접수
    신분증[주민등록증, 운전면허증, 여권(내국인), 외국인등록증(외국인)]을 지참하고 우리·농협은행 영업점을 방문하여 신청
  - 인터넷 접수
    ① 우리·농협은행의 계좌를 보유한 고객은 개시일 9시부터 마감일 23시까지 홈페이지에서 신청
    ② 한국조폐공사 온라인 쇼핑몰에서는 가상계좌 방식으로 개시일 9시부터 마감일 23시까지 신청
- 구입 시 유의사항
  - 수령자 및 수령지 등 접수 정보가 중복될 경우 단품별 10장, 3종 세트 10세트만 추첨 명단에 등록
  - 비정상적인 경로나 방법으로 접수할 경우 당첨을 취소하거나 배송을 제한

**05** 다음 중 한국의 국립공원 기념주화 발행 사업의 내용으로 옳은 것은?

① 국민들을 대상으로 예약 판매를 실시하며, 외국인에게는 판매하지 않는다.
② 1인당 구매 가능한 최대 주화 수는 10장이다.
③ 기념주화를 구입하기 위해서는 우리·농협은행 계좌를 사전에 개설해 두어야 한다.
④ 사전예약을 받은 뒤, 예약 주문량에 맞추어 제한된 수량만 생산한다.
⑤ 한국조폐공사를 통한 예약 접수는 온라인에서만 가능하다.

**06** 외국인 A씨는 이번에 발행되는 기념주화를 예약 주문하려고 한다. 다음 상황을 참고하여 A씨가 기념주화 구매 예약을 할 수 있는 방법으로 옳은 것은?

〈상황〉

• A씨는 국내에 거주 중으로 거주 외국인으로 등록된 사람이다.
• A씨의 명의로 국내은행에 개설된 계좌는 총 2개로, 신한은행과 한국씨티은행에 각 1개씩이다.
• A씨는 우리은행이나 농협은행과는 거래이력이 없다.

① 여권을 지참하고 우리은행이나 농협은행 지점을 방문한다.
② 한국조폐공사 온라인 쇼핑몰에서 신용카드를 사용한다.
③ 계좌를 보유한 신한은행이나 한국씨티은행의 홈페이지를 통해 신청한다.
④ 외국인등록증을 지참하고 우리은행이나 농협은행 지점을 방문한다.
⑤ 우리은행이나 농협은행의 홈페이지에서 신청한다.

**07** 다음은 기념주화를 예약한 5명의 신청내역이다. 가장 많은 금액을 지불한 사람의 구매 금액은?

(단위 : 세트, 장)

| 구매자 | 3종 세트 | 단품 | | |
| --- | --- | --- | --- | --- |
| | | 은화Ⅰ - 설악산 | 은화Ⅱ - 치악산 | 은화Ⅲ - 월출산 |
| A | 2 | 1 | - | - |
| B | - | 2 | 3 | 3 |
| C | 2 | 1 | 1 | - |
| D | 3 | - | - | - |
| E | 1 | - | 2 | 2 |

① 558,000원  ② 561,000원
③ 563,000원  ④ 564,000원
⑤ 567,000원

**08** 다음 자료에 대한 설명으로 가장 적절한 것은?

- **KTX 마일리지 적립**
  - KTX 이용 시 결제금액의 5%가 기본 마일리지로 적립됩니다.
  - 더블적립(×2) 열차로 지정한 열차는 추가로 5%가 적립(결제금액의 총 10%)됩니다.
    ※ 더블적립 열차는 홈페이지 및 코레일톡 애플리케이션에서만 승차권 구매 가능
  - 선불형 교통카드 Rail+(레일플러스)로 승차권을 결제하는 경우 1% 보너스 적립도 제공되어 최대 11% 적립이 가능합니다.
  - 마일리지를 적립받고자 하는 회원은 승차권을 발급받기 전에 코레일 멤버십 카드 제시 또는 회원번호 및 비밀번호 등을 입력해야 합니다.
  - 해당열차 출발 후에는 마일리지를 적립받을 수 없습니다.
- **회원 등급 구분**

| 구분 | 등급 조건 | 제공 혜택 |
|---|---|---|
| VVIP | • 반기별 승차권 구입 시 적립하는 마일리지가 8만 점 이상 고객 또는 기준일부터 1년간 16만 점 이상 고객 중 매년 반기 익월 선정 | • 비즈니스 회원 혜택 기본 제공<br>• KTX 특실 무료 업그레이드 쿠폰 6매 제공<br>• 승차권 나중에 결제하기 서비스 (열차 출발 3시간 전까지) |
| VIP | • 반기별 승차권 구입 시 적립하는 마일리지가 4만 점 이상 고객 또는 기준일부터 1년간 8만 점 이상 고객 중 매년 반기 익월 선정 | • 비즈니스 회원 혜택 기본 제공<br>• KTX 특실 무료 업그레이드 쿠폰 2매 제공 |
| 비즈니스 | • 철도 회원으로 가입한 고객 중 최근 1년간 온라인에서 로그인한 기록이 있거나, 회원으로 구매실적이 있는 고객 | • 마일리지 적립 및 사용 가능<br>• 회원 전용 프로모션 참가 가능<br>• 열차 할인상품 이용 등 기본서비스와 멤버십 제휴서비스 등 부가서비스 이용 |
| 패밀리 | • 철도 회원으로 가입한 고객 중 최근 1년간 온라인에서 로그인한 기록이 없거나, 회원으로 구매실적이 없는 고객 | • 멤버십 제휴서비스 및 코레일 멤버십 라운지 이용 등의 부가서비스 이용 제한<br>• 휴면 회원으로 분류 시 별도 관리하며, 본인 인증 절차로 비즈니스 회원으로 전환 가능 |

  - 마일리지는 열차 승차 다음 날 적립되며, 지연료를 마일리지로 적립하신 실적은 등급 산정에 포함되지 않습니다.
  - KTX 특실 무료 업그레이드 쿠폰 유효기간은 6개월이며, 반기별 익월 10일 이내에 지급됩니다.
  - 실적의 연간 적립 기준일은 7월 지급의 경우 전년도 7월 1일부터 당해 연도 6월 30일까지 실적이며, 1월 지급은 전년도 1월 1일부터 전년도 12월 31일까지의 실적입니다.
  - 코레일에서 지정한 추석 및 설 명절 특별수송 기간의 승차권은 실적 적립 대상에서 제외됩니다.
  - 회원 등급 기준 및 혜택은 사전 공지 없이 변경될 수 있습니다.
  - 승차권 나중에 결제하기 서비스는 총 편도 2건 이내에서 제공되며, 3회 자동 취소 발생(열차 출발 전 3시간 내 미결재) 시 서비스가 중지됩니다. 리무진+승차권 결합 발권은 2건으로 간주되며, 정기권, 특가상품 등은 나중에 결제하기 서비스 대상에서 제외됩니다.

① 코레일에서 운행하는 모든 열차는 이용할 때마다 결제금액의 최소 5%가 KTX 마일리지로 적립된다.
② 회원 등급이 높아져도 열차 탑승 시 적립되는 마일리지는 동일하다.
③ 비즈니스 등급은 기업회원을 구분하는 명칭이다.
④ 6개월간 마일리지 4만 점을 적립하더라도 VIP 등급을 부여받지 못할 수 있다.
⑤ 회원 등급이 높아도 승차권을 정가보다 저렴하게 구매할 수 있는 방법은 없다.

**09** K인터넷카페의 4월 회원 수는 260명 미만이었고, 남녀의 비는 2 : 3이었다. 5월에는 남자보다 여자가 2배 더 가입하여 남녀의 비는 5 : 8이 되었고, 전체 회원 수는 320명을 넘었다. 5월 전체 회원의 수는?

① 322명

② 323명

③ 324명

④ 325명

⑤ 326명

**10** 다음은 철도운임의 공공할인 제도에 대한 자료이다. 장애의 정도가 심하지 않은 A씨가 보호자 1명과 함께 열차를 이용하여 주말여행을 다녀왔다. 두 사람은 왕복 운임의 몇 %를 할인받았는가?(단, 열차의 종류와 노선 길이가 동일한 경우 요일에 따른 요금 차이는 없다고 가정한다)

- A씨와 보호자의 여행 일정
  - 2023년 3월 11일(토) 서울 → 부산 : KTX
  - 2023년 3월 13일(월) 부산 → 서울 : KTX
- 장애인 공공할인 제도(장애의 정도가 심한 장애인은 보호자 포함)

| 구분 | KTX | 새마을호 | 무궁화호 이하 |
| --- | --- | --- | --- |
| 장애의 정도가 심한 장애인 | 50% | 50% | 50% |
| 장애의 정도가 심하지 않은 장애인 | 30% (토·일·공휴일 제외) | 30% (토·일·공휴일 제외) | |

① 7.5%

② 12.5%

③ 15%

④ 25%

⑤ 30%

**11** 다음 중 EOQ의 가정에 대한 설명으로 옳은 것을 〈보기〉에서 모두 고르면?

> **보기**
> ㉠ 해당 품목에 대한 단위 기간 중 수요는 정확하게 예측할 수 있다.
> ㉡ 주문량은 주문 순서대로 입고된다.
> ㉢ 재고 부족 현상이 발생하지 않는다.
> ㉣ 대량구매 시 일정 부분 할인을 적용한다.

① ㉠, ㉡                    ② ㉠, ㉢
③ ㉡, ㉢                    ④ ㉡, ㉣
⑤ ㉢, ㉣

**12** 다음 중 광고와 PR의 차이점을 비교한 내용으로 옳지 않은 것은?

| 구분 | 광고 | PR |
| --- | --- | --- |
| ① 기능적 측면 | 마케팅 | 경영 |
| ② 커뮤니케이션 | 단방향 | 양방향 |
| ③ 전달 목적 | 이익 창출 | 이해 창출 |
| ④ 주요 수단 | TV, 라디오, 잡지 등 | 이벤트, 뉴스 간담회 등 |
| ⑤ 목표 기간 | 장기적 | 단기적 |

**13** 다음 중 고전적 경영이론에 대한 설명으로 옳지 않은 것은?

① 고전적 경영이론은 인간의 행동이 합리적이고 경제적인 동기에 의해 이루어진다고 가정한다.

② 차별 성과급제, 기능식 직장제도는 테일러의 과학적 관리법을 기본이론으로 한다.

③ 포드의 컨베이어 벨트 시스템은 표준화를 통한 대량생산방식을 설명한다.

④ 베버는 조직을 합리적이고 법적인 권한으로 운영하는 관료제 조직을 가장 합리적이라고 주장한다.

⑤ 페이욜은 기업활동을 기술활동, 영업활동, 재무활동, 회계활동 4가지 분야로 구분하였다.

**14** 다음 중 JIT 시스템의 장점에 해당하지 않는 것을 〈보기〉에서 모두 고르면?

> **보기**
>
> ㉠ 현장 낭비 제거를 통한 생산성 향상
> ㉡ 다기능공 활용을 통한 작업자 노동부담 경감
> ㉢ 소 LOT 생산을 통한 재고율 감소
> ㉣ 단일 생산을 통한 설비 이용률 향상

① ㉠, ㉡                    ② ㉠, ㉢

③ ㉡, ㉢                    ④ ㉡, ㉣

⑤ ㉢, ㉣

**15** 다음 중 광고의 소구 방법에 대한 설명으로 옳지 않은 것은?

① 감성적 소구는 브랜드에 대한 긍정적 느낌 등 이미지 향상을 목표로 하는 방법이다.

② 감성적 소구는 논리적인 자료 제시를 통해 높은 제품 이해도를 이끌어 낼 수 있다.

③ 유머소구, 공포소구 등이 감성적 소구 방법에 해당한다.

④ 이성적 소구는 정보제공형 광고에 사용하는 방법이다.

⑤ 이성적 소구는 구매 시 위험이 따르는 내구재나 신제품 등에 많이 활용된다.

**16** 다음 중 마이클 포터의 가치사슬에 대한 설명으로 옳지 않은 것은?

① 가치사슬은 거시경제학을 기반으로 하는 분석 도구이다.

② 기업의 수행활동을 제품설계, 생산, 마케팅, 유통 등 개별적 활동으로 나눈다.

③ 구매, 제조, 물류, 판매 등을 기업의 본원적 활동으로 정의한다.

④ 기술개발, 조달활동 등을 기업의 지원적 활동으로 정의한다.

⑤ 가치사슬에서 말하는 이윤은 수입에서 가치창출을 위해 발생한 모든 비용을 제외한 값이다.

**17** 다음 중 주식회사의 특징으로 옳지 않은 것은?

① 구성원인 주주와 별개의 법인격이 부여된다.

② 주주는 회사에 대한 주식의 인수가액을 한도로 출자의무를 부담한다.

③ 주주는 자신이 보유한 지분을 자유롭게 양도할 수 있다.

④ 설립 시 발기인은 최소 2인 이상을 필요로 한다.

⑤ 소유와 경영을 분리하여 이사회로 경영권을 위임한다.

**18** 다음 중 직무급에 대한 설명으로 옳지 않은 것은?

① 직무에 따라 급여율을 결정하는 임금제도로 동일노동에 대한 동일임금의 관점을 가진다.

② 직무내용이 정형화되어 직무수행에 유연성이 떨어질 수 있다.

③ 직무급은 임금수준의 설정에 주관적인 의사가 개입될 수 있다.

④ 인력의 적정배치 등이 어려워 노조의 반발 등에 직면할 수 있다.

⑤ 학별, 성별, 근속연수, 연령에 따라 대우를 해주는 연공서열제와 반대되는 개념이다.

**19** 다음 중 기능식 조직과 사업부 조직을 비교한 내용으로 옳지 않은 것은?

① 기능식 조직은 공통기능을 중심으로 기능별로 부서화된 조직을 말하며, 사업부 조직은 산출물을 기준으로 부서화된 조직을 말한다.

② 기능식 조직은 규모의 경제 효과를 얻을 수 있으나, 사업부 조직은 규모의 경제 효과를 상실할 수 있다.

③ 기능식 조직은 기능별 기술개발을 통한 전문화가 유리하나, 사업부 조직은 기능이 분산되어 전문화가 어렵다.

④ 기능식 조직은 환경변화에 신속하게 적응할 수 있으나, 사업부 조직은 환경변화에 신속하게 적응하기 어렵다.

⑤ 기능식 조직은 최고경영자 양성에 불리하나, 사업부 조직은 최고경영자 양성에 유리하다.

**20** 정가가 10,000원인 제품을 9,900원으로 판매하는 가격전략은 무엇인가?

① 명성가격  ② 준거가격

③ 단수가격  ④ 관습가격

⑤ 유인가격

**21** 다음 중 식스 시그마(6 – Sigma)에 대한 설명으로 옳지 않은 것은?

① 프로세스에서 불량과 변동성을 최소화하면서 기업의 성과를 최대화하려는 종합적이고 유연한 시스템이다.

② 프로그램의 최고 단계 훈련을 마치고, 프로젝트 팀 지도를 전담하는 직원은 마스터블랙벨트이다.

③ 통계적 프로세스 관리에 크게 의존하며, '정의 – 측정 – 분석 – 개선 – 통제(DMAIC)'의 단계를 걸쳐 추진된다.

④ 제조 프로세스에서 기원하여 판매, 인적자원, 고객서비스, 재무서비스 부문까지 확대되고 있다.

⑤ 사무부분을 포함한 모든 프로세스의 질을 높이고 업무 비용을 획기적으로 절감하여 경쟁력 향상을 목표로 한다.

**22** 다음 중 소비자에게 제품의 가격이 낮게 책정되었다는 인식을 심어주기 위해 이용하는 가격 설정 방법은?

① 단수가격(Odd Pricing)

② 준거가격(Reference Pricing)

③ 명성가격(Prestige Pricing)

④ 관습가격(Customary Pricing)

⑤ 기점가격(Basing – Point Pricing)

**23** 다음 중 마케팅에 대한 설명으로 옳지 않은 것은?

① 마케팅이란 소비자의 필요와 욕구를 충족시키기 위해 시장에서 교환이 일어날 수 있도록 계획하고 실행하는 과정이다.

② 미시적 마케팅이란 개별 기업이 기업의 목표를 달성하기 위한 수단으로 수행하는 마케팅 활동을 의미한다.

③ 선행적 마케팅이란 생산이 이루어지기 이전의 마케팅 활동을 의미하는 것으로, 대표적인 활동으로는 경로, 가격, 판촉 등이 해당한다.

④ 거시적 마케팅이란 사회적 입장에서 유통기구와 기능을 분석하는 마케팅 활동을 의미한다.

⑤ 고압적 마케팅이란 소비자의 욕구에 관계없이 기업의 입장에서 생산 가능한 제품을 강압적으로 판매하는 형태를 의미한다.

**24** 다음 수요예측기법 중 성격이 다른 하나를 고르면?

① 델파이 기법  ② 역사적 유추법
③ 시계열 분석 방법  ④ 시장조사법
⑤ 라이프 사이클 유추법

**25** 다음 중 경제적 주문량(EOQ) 모형이 성립하기 위한 가정으로 옳지 않은 것은?

① 구입단가는 주문량과 관계없이 일정하다.
② 주문량은 한 번에 모두 도착한다.
③ 연간 재고 수요량을 정확히 파악하고 있다.
④ 단위당 재고유지비용과 1회당 재고주문비용은 주문량과 관계없이 일정하다.
⑤ 재고 부족현상이 발생할 수 있으며, 주문 시 정확한 리드타임이 적용된다.

**26** 다음 중 JIT(Just In Time) 시스템의 특징으로 옳지 않은 것은?

① 푸시(Push) 방식이다.
② 필요한 만큼의 자재만을 생산한다.
③ 공급자와 긴밀한 관계를 유지한다.
④ 가능한 소량 로트(Lot) 크기를 사용하여 재고를 관리한다.
⑤ 생산지시와 자재이동을 가시적으로 통제하기 위한 방법으로 칸반(Kanban)을 사용한다.

**27** 다음 〈보기〉의 설명에 해당하는 지각 오류는?

> **보기**
>
> 사람들은 자신의 성공에 대해서는 자신의 능력 때문이라고 생각하는 반면에, 실패에 대해서는 상황이나 운 때문이라고 생각한다.

① 자존적 편견  ② 후광 효과
③ 투사  ④ 통제의 환상
⑤ 대비 효과

**28** 다음 중 비슷한 성향을 지닌 소비자들과 다른 성향을 가진 소비자들을 분리해 하나의 그룹으로 묶는 과정은?

① 프로모션
② 타깃팅
③ 포지셔닝
④ 시장세분화
⑤ 이벤트

**29** 다음 중 전문경영자와 소유경영자의 장점을 설명한 내용으로 옳지 않은 것은?

① 전문경영자는 다양한 의견을 수렴하여 유연한 의사결정을 할 수 있다.
② 전문경영자는 주주중시 및 기업 투명성 강화 정책을 추진하는 데 유리하다.
③ 전문경영자는 주인의식을 통한 리더십을 발휘하여 기업을 이끌어 갈 수 있다.
④ 소유경영자는 장기적인 관점에서 사업을 추진하는 데 유리하다.
⑤ 소유경영자는 신속하고 빠른 의사결정이 가능하다.

**30** 다음 글에서 설명하는 공식적 의사소통 유형은 무엇인가?

> • 구성원들 사이에 중심인물이 존재한다.
> • 주로 중심인물 또는 리더에게 정보를 전달한다.
> • 중심인물 또는 리더는 정보를 취합하여 구성원들에게 다시 전달한다.

① 사슬형
② 수레바퀴형
③ Y형
④ 원형
⑤ 완전연결형

**01** 저탄소 저유황 강제품에 규소를 확산침투하는 방법으로 내마멸성, 내열성이 우수하여 펌프축, 실린더 내벽, 밸브 등에 이용하는 표면처리 방법은?

① 세라다이징                    ② 실리코나이징
③ 칼로라이징                    ④ 브로나이징
⑤ 크로나이징

**02** 다음 중 기계재료의 정적시험 방법이 아닌 것을 〈보기〉에서 모두 고르면?

> **보기**
> ㄱ. 인장시험                    ㄴ. 피로시험
> ㄷ. 비틀림시험                 ㄹ. 충격시험
> ㅁ. 마멸시험

① ㄱ, ㄷ, ㄹ                    ② ㄱ, ㄷ, ㅁ
③ ㄴ, ㄷ, ㄹ                    ④ ㄴ, ㄹ, ㅁ
⑤ ㄷ, ㄹ, ㅁ

**03** 다음 중 Tr 20×4 나사에 대한 설명으로 옳지 않은 것은?

① 미터계가 30도인 사다리꼴 나사이다.
② 피치는 4mm이다.
③ 바깥지름은 20mm이다.
④ 안지름은 12mm이다.
⑤ 접촉 높이는 2mm이다.

**04** 다음과 같은 외팔보에 2개의 집중하중이 작용하며 평형 상태에 있다. 이 외팔보에서 굽힘 모멘트의 값이 가장 큰 지점은 A로부터 몇 m 떨어진 곳이며 그 크기는?(단, 보의 무게는 고려하지 않는다)

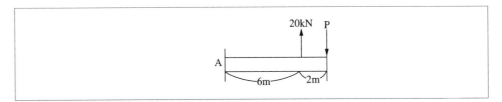

| | A로부터 떨어진 거리 | 최대 굽힘 모멘트 |
|---|---|---|
| ① | 6m | 30N·m |
| ② | 6m | 45N·m |
| ③ | 6m | 60N·m |
| ④ | 8m | 30N·m |
| ⑤ | 8m | 60N·m |

**05** 다음 중 구름 베어링과 미끄럼 베어링에 대한 비교로 옳지 않은 것은?

① 구름 베어링은 미끄럼 베어링과는 달리 호환성이 높다.
② 구름 베어링은 미끄럼 베어링에 비해 가격이 비싸다.
③ 구름 베어링은 미끄럼 베어링과 마찬가지로 윤활 장치가 필요하다.
④ 구름 베어링은 미끄럼 베어링과는 달리 소음이 발생할 수 있다.
⑤ 구름 베어링은 미끄럼 베어링에 비해 마찰이 적다.

**06** 어떤 탱크에 물이 3,000kg 저장되어 있다. 탱크 안 물의 온도를 10℃ 올리기 위해 필요한 열량은 몇 kJ인가?(단, 탱크 내부 기압은 대기압과 같다)

① 126,000kJ        ② 136,000kJ
③ 146,000kJ        ④ 156,000kJ
⑤ 166,000kJ

**07** 다음 중 동력을 직접 전달하는 기계요소를 〈보기〉에서 모두 고르면?

> **보기**
>
> ㄱ. 체인                ㄴ. 레크와 피니언
> ㄷ. V홈 마찰차       ㄹ. 벨트와 풀리

① ㄱ, ㄴ                     ② ㄱ, ㄷ
③ ㄴ, ㄷ                     ④ ㄴ, ㄹ
⑤ ㄷ, ㄹ

**08** 다음 중 열량의 단위로 옳지 않은 것은?

① kcal                       ② BTU
③ CHU                      ④ kJ
⑤ slug

**09** 안지름이 5cm인 어떤 관에 동점성계수가 $0.804 \times 10^{-4} \text{cm}^2/\text{s}$인 유체가 0.03L/s의 유량으로 흐르고 있다. 이 유체의 레이놀즈 수는?

① 약 17,600                ② 약 18,400
③ 약 19,000                ④ 약 19,600
⑤ 약 21,500

**10** 반지름이 3mm이고 길이가 5m인 강봉에 하중이 30kN이 작용할 때, 이 강봉의 변형률은?(단, 강봉의 탄성계수는 350GPa이다)

① 약 0.009                 ② 약 0.012
③ 약 0.015                 ④ 약 0.018
⑤ 약 0.021

**11** 다음 중 단상 유도 전동기에서 기동토크가 가장 큰 것과 가장 작은 것을 순서대로 바르게 나열한 것은?

① 반발 유도형, 콘덴서 기동형

② 반발 기동형, 셰이딩 코일형

③ 셰이딩 코일형, 콘덴서 기동형

④ 분상 기동형, 반발 기동형

⑤ 콘덴서 기동형, 셰이딩 코일형

**12** 역률이 0.8, 출력이 300kW인 3상 평형유도부하가 3상 배전선로에 접속되어 있다. 부하단의 수전전압이 6,000V이고 배전선 1조의 저항 및 리엑턴스가 각각 $5\Omega$, $4\Omega$일 때, 송전단 전압은 몇 V인가?

① 6,100V  ② 6,200V

③ 6,300V  ④ 6,400V

⑤ 6,500V

**13** 1,000회의 코일을 감은 환상 철심 솔레노이드의 단면적이 $4\text{cm}^2$에 평균 길이가 $4\pi\,\text{cm}$이고 철심의 비투자율이 600일 때, 자기 인덕턴스의 크기는?

① 12H  ② 1.2H

③ 0.24H  ④ 2.4H

⑤ 24H

**14** 길이가 30cm, 단면적의 반지름이 10cm인 원통이 길이 방향으로 균일하게 자화되어 자화의 세기가 $300\text{Wb/m}^2$일 때, 원통 양단에서의 전자극의 세기는 몇 Wb인가?

① $\pi\,\text{Wb}$  ② $2\pi\,\text{Wb}$

③ $3\pi\,\text{Wb}$  ④ $4\pi\,\text{Wb}$

⑤ $5\pi\,\text{Wb}$

**15** $3\Omega$ 저항과 $4\Omega$ 유도 리액턴스가 직렬로 연결된 회로에 50V인 전압을 가했을 때, 전류의 세기는?

① 8A

② 10A

③ 11A

④ 13A

⑤ 15A

**16** $3\Omega$ 저항과 $4\Omega$ 유도 리액턴스가 직렬로 연결된 회로에 $v=10\sqrt{2}\sin wt$V인 전압을 가했을 때, 무효전력은?

① 13Var

② 14Var

③ 15Var

④ 16Var

⑤ 17Var

**17** 다음은 연가에 대한 설명이다. 빈칸 ㉠, ㉡에 들어갈 말을 순서대로 바르게 나열한 것은?

연가란 전선로 각 상의 ___㉠___ 이/가 되도록 선로 전체의 길이를 ___㉡___ 등분하여 각 상의 위치를 개폐소나 연가철탑을 통하여 바꾸어주는 것이다. 3상 3선식 송전선을 연가할 경우 일반적으로 ___㉡___ 배수의 구간으로 등분하여 연가한다.

| | ㉠ | ㉡ | | ㉠ | ㉡ |
|---|---|---|---|---|---|
| ① | 선로정수를 평형 | 3 | ② | 선로정수를 평형 | 4 |
| ③ | 선로정수를 평형 | 6 | ④ | 대지정전용량이 감소 | 3 |
| ⑤ | 대지정전용량이 감소 | 6 | | | |

**18** 어떤 변압기의 단락시험에서 %저항강하 3.8%와 %리액턴스강하 4.9%를 얻었다. 부하역률이 80%일 때, 뒤진 경우의 전압변동률은?

① 5.98%

② 6.12%

③ 7.09%

④ −5.98%

⑤ −6.12%

**19** 다음 중 같은 함수를 〈보기〉에서 모두 고르면?

보기

ㄱ. 임펄스 함수

ㄴ. 단위계단 함수

ㄷ. 단위포물선응답

ㄹ. 하중 함수

① ㄱ, ㄴ

② ㄴ, ㄷ

③ ㄱ, ㄹ

④ ㄴ, ㄹ

⑤ ㄷ, ㄹ

**20** 다음 중 비정현파의 구성으로 옳은 것은?

① 기본파, 왜형파, 고조파

② 직류분, 기본파, 고조파

③ 직류분, 기본파, 왜형파

④ 기본파, 왜형파

⑤ 직류분, 고조파

**21** 가공전선로의 경간이 200m, 전선의 자체무게가 20N/m, 인장하중이 50,000N, 안전율이 2.5인 경우, 전선의 이도는 얼마인가?

① 5m

② 6m

③ 7m

④ 8m

⑤ 9m

**22** 자기회로의 자기저항이 일정할 때 코일의 권수를 4배 하면 자기인덕턴스는 원래의 몇 배가 되는가?

① 4배            ② 8배

③ 16배          ④ $\frac{1}{4}$ 배

⑤ $\frac{1}{16}$ 배

**23** 다음 중 가공지선의 설치 목적으로 옳은 것을 〈보기〉에서 모두 고르면?

> **보기**
>
> ㄱ. 직격뢰로부터의 차폐          ㄴ. 선로정수의 평형
> ㄷ. 유도뢰로부터의 차폐          ㄹ. 통신선유도장애 경감

① ㄴ, ㄹ          ② ㄱ, ㄴ, ㄹ
③ ㄱ, ㄷ, ㄹ       ④ ㄴ, ㄷ, ㄹ
⑤ ㄱ, ㄴ, ㄷ, ㄹ

**24** 설비용량이 500kW, 부등률이 1.2, 수용율이 60%일 때, 변전시설 용량은 최소 몇 kVA 이상이어야 하는가?(단, 역률은 80% 이상 유지되어야 한다)

① 약 254kVA       ② 약 278kVA
③ 약 289kVA       ④ 약 312kVA
⑤ 약 324kVA

**25** 다음 중 직류 직권 전동기에 대한 설명으로 옳은 것을 〈보기〉에서 모두 고르면?

> **보기**
>
> ㄱ. 부하에 따라 속도가 심하게 변한다.
> ㄴ. 전동차, 기중기 크레인 등 기동토크가 큰 곳에 사용된다.
> ㄷ. 무여자로 운전할 시 위험속도에 달한다.
> ㄹ. 공급전원 방향을 반대로 해도 회전방향이 바뀌지 않는다.

① ㄱ, ㄴ, ㄷ       ② ㄱ, ㄴ, ㄹ
③ ㄴ, ㄷ, ㄹ       ④ ㄷ, ㄹ
⑤ ㄱ, ㄴ, ㄷ, ㄹ

## | 03 | 토목직

▎토목일반

**01** 토립자의 비중이 2.60인 흙의 전체 단위중량이 $2.0t/m^3$이고, 함수비가 20%라고 할 때, 이 흙의 포화도는?

① 약 66.79%

② 약 72.41%

③ 약 73.44%

④ 약 81.23%

⑤ 약 92.85%

▎토목일반

**02** 반지름이 25cm인 원형 단면을 가지는 단주에서 핵의 면적은 얼마인가?

① 약 $122.7cm^2$

② 약 $168.7cm^2$

③ 약 $245.4cm^2$

④ 약 $335.4cm^2$

⑤ 약 $421.7cm^2$

▎토목일반

**03** 다음 중 삼변측량에 대한 설명으로 옳지 않은 것은?

① 전자파거리측량기(E.D.M)의 출현으로 그 이용이 활성화되었다.

② 관측값의 수에 비해 조건식이 많은 것이 장점이다.

③ 변 길이를 관측하여 삼각점의 위치를 구하는 측량이다.

④ 조정 방법에는 조건방정식에 의한 조정과 관측방정식에 의한 조정 방법이 있다.

⑤ 코사인 제2법칙과 반각공식을 이용하여 각을 구한다.

▎토목일반

**04** 다음 중 블레이드를 좌우로 20 ~ 30도 기울일 수 있어 블레이드 한쪽 끝 부분에 힘을 집중시킬 수 있는 도저는?

① 레이크 도저

② 스트레이트 도저

③ 앵글 도저

④ 틸트 도저

⑤ 습지 도저

PART 1 코레일 7개년 기출복원문제

**05** 다음 중 콘크리트의 건조수축에 대한 설명으로 옳은 것은?

① 콘크리트 부재 표면에는 압축 응력이 발생한다.

② 건조수축의 진행속도는 외부 상대습도와 무관하다.

③ 물과 시멘트의 비율이 높을수록 크리프는 작게 발생한다.

④ 잔골재의 사용량을 줄이고 굵은골재의 사용량을 늘려 건조수축을 억제한다.

⑤ 흡수율이 높은 골재를 사용하여 건조수축을 억제할 수 있다.

**06** 다음과 같이 포물선형 아치에 집중하중이 작용하고 있다. C지점에서의 수평반력의 크기는?

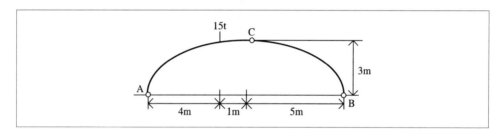

① 5t

② 7.5t

③ 10t

④ 12.5t

⑤ 15t

**07** 한 변의 길이가 $a$인 정삼각형 모양의 보에서 축을 기준으로 $T$의 크기만큼 토크가 발생하였다. 이때 단면의 중심으로부터 발생한 전단응력의 크기는?

① $\dfrac{288\,T}{21b^3}$

② $\dfrac{144\,T}{21b^3}$

③ $\dfrac{288\,T}{7b^3}$

④ $\dfrac{144\,T}{7b^3}$

⑤ $\dfrac{288\,T}{3b^3}$

**08** 어떤 직선 도로를 최대 10m까지 측정 가능한 줄자로 360m를 측정하였다. 1번 측정할 때마다 1cm의 오차가 발생하고 ±7.5mm의 우연오차가 발생할 때, 이 도로의 정확한 길이의 범위는?

① $360 \pm 0.45$m

② $360.36 \pm 0.45$m

③ $360 \pm 0.075$m

④ $360.36 \pm 0.075$m

⑤ $360 \pm 1.62$m

**09** 다음 종 GIS와 GPS에 대한 설명으로 옳은 것을 〈보기〉에서 모두 고르면 몇 개인가?

> **보기**
>
> ㄱ. GIS는 지리적으로 참조 가능한 모든 형태의 정보를 컴퓨터 데이터로 변환한 정보 시스템이다.
> ㄴ. GIS는 아직 기술적으로 3차원 이상의 지리정보를 알 수 없다.
> ㄷ. GPS에서 1개의 GPS위성만 있어도 사용자의 현재 위치를 정확하게 파악할 수 있다.
> ㄹ. 각 GPS위성의 신호 간 간섭이 발생할 수 있으므로 GPS위성은 적을수록 정확하다.

① 0개

② 1개

③ 2개

④ 3개

⑤ 4개

**10** 다음 중 한중콘크리트 공법에 대한 설명으로 옳지 않은 것은?

① 일평균 기온 4℃ 이하인 기상조건에서 이루어지는 콘크리트 공법이다.

② 시멘트를 직접 가열하면 안 된다.

③ 경화촉진제로 칼슘, 나트륨 등을 배합한다.

④ 물과 시멘트의 비율을 60% 이하로 설정한다.

⑤ 시멘트와 배합하는 물은 필요시 5℃ 이상 가열하여 사용한다.

**11** 다음 중 흙의 다짐에 대한 설명으로 옳은 것은?

① 사질토에서 함수비가 증가할수록 건조단위중량이 증가한다.

② 점토에서는 다짐 에너지가 클수록 건조단위중량이 증가한다.

③ 점토에서 함수비가 클수록 건조단위중량이 감소한다.

④ 강도증가를 목적으로 다짐을 할 경우 최적함수비보다 큰 습윤측에서 다짐을 한다.

⑤ 차수를 목적으로 다짐을 할 경우 최적함수비보다 작은 건조측에서 다짐을 한다.

**12** 폭이 400mm이고 유효깊이가 600mm인 철근콘크리트 단철근 직사각형 보의 균형철근비는?(단, $f_{ck} = 23$MPa, $f_y = 350$MPa, $E_c = 200,000$MPa이다)

① 약 0.019 　　　　　　② 약 0.023

③ 약 0.027 　　　　　　④ 약 0.031

⑤ 약 0.035

## | 01 | 사무영업직

| 의사소통능력

**01** 다음 글의 주제로 가장 적절한 것은?

> 이제 2023년 6월부터 민법과 행정 분야에서 나이를 따질 때 기존 계산하는 방식에 따라 1 ~ 2살까지 차이가 났던 우리나라 특유의 나이 계산법이 국제적으로 통용되는 '만 나이'로 일원화된다. 이는 태어난 해를 0살로 보고 정확하게 1년이 지날 때마다 한 살씩 더하는 방식을 말한다.
> 이에 대해 여론은 대체적으로 긍정적이나, 일각에서는 모두에게 익숙한 관습을 벗어나 새로운 방식에 적응해야 한다는 점을 우려하고 있다. 특히 지금 받고 있는 행정서비스에 급격한 변화가 일어나 혹시라도 손해를 보거나 미리 따져 봐야 할 부분이 있는 건 아닌지, 또 다른 혼선이 야기되는 건 아닌지 하는 것들이 이에 해당한다.
> 한국의 나이 기준은 우리가 관습적으로 쓰는 '세는 나이'와 민법 등에서 법적으로 규정한 '만 나이', 일부 법령이 적용하고 있는 '연 나이' 등 세 가지로 되어 있다. 이처럼 국회가 법적 나이 규정을 만 나이로 정비한 이유는 한 사람의 나이가 계산 방식에 따라 최대 2살이 달라져 '나이 불일치'로 인한 각종 행정서비스 이용과 계약체결 과정에서 혼선과 법적 다툼이 발생했기 때문이다.
> 더군다나 법적 나이를 규정한 민법에서조차 표현상으로 만 나이와 일반 나이가 혼재되어 있어 문구를 통일해야 한다는 지적이 나왔다. 표현상 '만 ○○세'로 돼 있지 않아도 기본적으로 만 나이로 보는 게 관례이지만, 법적 분쟁 발생 시 이는 해석의 여지를 줄 수 있기 때문이다. 다른 법에서 특별히 나이의 기준을 따로 두지 않았다면 민법의 나이 규정을 따르도록 되어 있는데, 실상은 민법도 명확하지 않았던 것이다.
> 정부는 내년부터 개정된 법이 시행되면 우선 그동안 문제로 지적됐던 법적·사회적 분쟁이 크게 줄어들 것으로 기대하고 있지만, 국민 전체가 일상적으로 체감하는 변화는 크지 않을 것으로 보고 있다. 이번 법 개정의 취지 자체가 나이 계산법 혼용에 따른 분쟁을 해소하는 데 맞춰져 있고, 오랜 세월 확립된 나이에 대한 사회적 인식이 법 개정으로 단번에 바뀔 수 있는 건 아니기 때문이다. 또한 여야와 정부는 연 나이를 채택해 또래 집단과 동일한 기준을 적용하는 것이 오히려 혼선을 막을 수 있고 법 집행의 효율성이 담보된다고 합의한 병역법, 청소년보호법, 민방위기본법 등 52개 법령에 대해서는 연 나이 규정의 필요성이 크다면 굳이 만 나이 적용을 하지 않겠다고 밝혔다.

① 연 나이 계산법 유지의 필요성
② 우리나라 나이 계산법의 문제점
③ 기존 나이 계산법 개정의 필요성
④ 나이 계산법 혼용에 따른 분쟁 해소 방안
⑤ 나이 계산법의 변화로 달라지는 행정서비스

**02** 다음 글의 내용으로 가장 적절한 것은?

> 미디어 플랫폼의 다변화로 콘텐츠 이용에 대한 선택권이 다양해졌지만, 장애인은 OTT로 콘텐츠 하나 보기가 어려운 현실이다.
>
> 지난 장애인 미디어 접근 콘퍼런스에서 한국시각장애인연합회 정책팀장은 "올해 한 기사를 보니 한 시각장애인 분이 OTT는 넷플릭스나 유튜브로 보고 있다고 돼 있었는데, 두 가지가 다 외국 플랫폼이었다는 것이 마음이 아팠다. 외국과 우리나라에서 장애인을 바라보는 시각의 차이가 바로 이런 것이구나 생각했다."며 "장애인을 소비자로 보느냐 시혜대상으로 보느냐, 사업자가 어떤 생각을 갖고 있느냐에 따라 콘텐츠를 어떻게 제작할 것인가의 차이가 있다고 본다."고 말했다.
>
> 실제 시각장애인은 OTT의 기본 기능도 이용하기 어렵다. 국내 OTT에서는 동영상 재생 버튼을 설명하는 대체 텍스트(문구)가 제공되지 않아 시각장애인들이 재생 버튼을 선택할 수 없었으며 동영상 시청 중에는 일시 정지할 수 있는 버튼, 음량 조정 버튼, 설정 버튼 등이 화면에서 사라졌다. 재생 버튼에 대한 설명이 제공되는 넷플릭스도 영상 재생 시점을 10초 앞으로 또는 뒤로 이동하는 버튼은 이용하기 어렵다.
>
> 이에 국내 OTT 업계의 경우 장애인 이용을 위한 기술을 개발 및 확대한다는 계획을 밝히며 정부 지원이 필요하다고 덧붙였다. 정부도 규제와 의무보다는 사업자의 자율적인 부분을 인정해주고 사업자 노력을 드라이브 걸 수 있는 지원책을 마련하여야 한다. 이는 OTT 시장이 철저한 자본에 의한 경쟁시장이며, 자본이 있는 만큼 서비스가 고도화되고 그 고도화를 통해 이용자 편의성을 높일 수 있기 때문이다.

① 외국 OTT 플랫폼은 장애인을 위한 서비스를 활발히 제공하고 있다.
② 국내 OTT 플랫폼은 장애인을 위한 서비스를 제공하고 있지 않다.
③ 외국 OTT 플랫폼은 국내 플랫폼보다 장애인을 시혜대상으로 바라보고 있다.
④ 우리나라 장애인의 경우 외국 장애인보다 상대적으로 OTT 플랫폼의 이용이 어렵다.
⑤ 정부는 OTT 플랫폼에 장애인 편의 기능을 마련할 것을 촉구했지만 지원책은 미비했다.

**03** 다음 글의 빈칸 ㉠~㉤에 들어갈 내용으로 가장 적절한 것은?

> 추석 연휴 첫날이던 지난 9일은 장기기증의 날이었다. 한 명의 장기 기증으로 9명의 생명을 살릴 수 있다는 의미로, 사랑의장기기증운동본부가 매년 9월 9일을 기념하고 있다. 하지만 장기기증의 필요성에 비해 제도적 지원은 여전히 미흡한 실정이다. 특히 국내 장기기증의 상당수를 차지하는 ____㉠____ 공여자에 대한 지원이 절실하다는 지적이 나온다.
>
> 2020년 질병관리청이 공개한 연구 결과에 따르면 신장이나 간을 기증한 공여자에게서 만성 신·간 부전의 위험이 확인됐다. 그러나 관련 지원은 여전히 부족한 실정이다. 기증 후 1년간 정기 검진 진료비를 지원하는 제도가 있긴 하지만, ____㉡____이 있는데다 가족 등에 의한 기증은 여기에서도 제외된다. 아무 조건 없이 ____㉢____에게 기증하는 '순수 기증'만 해당되는데, 정작 국내 순수 기증은 2019년 1건을 마지막으로 맥이 끊긴 상태이다.
>
> 장기를 이식받은 환자와 공여자를 아우르는 통합적 정신건강 관리가 필요하다는 목소리도 꾸준히 나온다. 기증 전 단계의 고민은 물론이고 막상 기증한 뒤에 ____㉣____와 관계가 소원해지거나 우울감에 빠질 수 있기 때문이다.
>
> 공여자들은 해마다 늘어가는 장기 이식 대기 문제를 해결하기 위해선 제도적 개선이 필요하다고 입을 모은다. 뇌사·사후 기증만으로는 당장 ____㉤____을 감당할 수 없다는 것이다. 한국장기조직기증원이 뇌사 기증을 전담 관리하듯 생체 공여도 별도 기관을 통해 심도 있게 관리 및 지원해야 한다는 목소리도 나온다.

① ㉠ : 사체
② ㉡ : 하한액
③ ㉢ : 특정인
④ ㉣ : 수혜자
⑤ ㉤ : 공급

**04** 세현이의 몸무게는 체지방량과 근육량을 합하여 65kg이었다. 세현이는 운동을 하여 체지방량을 20% 줄이고, 근육량은 25% 늘려서 전체적으로 몸무게를 4kg 줄였다. 이때 체지방량과 근육량을 각각 구하면?

① 36kg, 25kg
② 34kg, 25kg
③ 36kg, 23kg
④ 32kg, 25kg
⑤ 36kg, 22kg

**05** 가로의 길이가 140m, 세로의 길이가 100m인 직사각형 모양의 공터 둘레에 일정한 간격으로 꽃을 심기로 했다. 네 모퉁이에 반드시 꽃을 심고 심는 꽃의 수를 최소로 하고자 할 때, 꽃은 몇 송이를 심어야 하는가?

① 21송이
② 22송이
③ 23송이
④ 24송이
⑤ 25송이

**01** 다음 글을 읽고 밑줄 친 부분에 해당하는 내용으로 적절하지 않은 것은?

우리나라가 양성평등의 사회로 접어든 후 과거에 비해 여성의 지위가 많이 향상되고 여성이 경제활동에 참여하는 비율은 꾸준히 높아졌지만, 여전히 노동 현장에서 여성은 사회적으로 불평등의 대상이 되고 있다.

여성 노동자가 노동 시장에서 남성에 비해 차별받는 원인은 갈등론적 측면에서 볼 때, 남성 노동자들이 자신이 누리고 있던 자원의 독점과 기득권을 빼앗기지 않기 위해 여성에게 경제적 자원을 나누어 주지 않으려는 기존 기득권층의 횡포에 의한 것이라고 할 수 있다.

또한 여성 노동자에 대한 편견으로 인해서도 차별의 원인이 나타난다. 여성 노동자가 제대로 일하지 못한다거나 결혼과 출산, 임신을 한 여성 노동자는 조직 전체에 부정적인 영향을 준다고 인식하는 경향이 강한데, 이러한 편견들이 여성 노동자에 대한 차별로 이어지게 된 것이다.

여성 노동자를 차별한 결과 여성들은 남성 노동자들보다 저임금을 받아야 하고 비교적 질이 좋지 않은 일자리에서 일해야 하며 고위직으로 올라가는 것 역시 힘들고 임금 차별이 나타나게 된다. 여성 노동자가 많이 근무하는 서비스업 등의 직업군의 경우 임금 자체가 상당히 낮게 책정되어 있어 남성에 비하여 많은 임금을 받지 못하는 구조로 되어 있는 것이다.

또한 여성 노동자들을 노동자 그 자체로 보기보다는 여성으로 바라보는 남성들의 잘못된 시선으로 인해 여성 노동자는 신성한 노동의 현장에서 성희롱을 당하고 있으며, 취업과 승진 등 모든 인적자원관리 측면에서 불이익을 경험하는 경우가 많다. 특히 여성들이 임신과 출산을 경험하는 경우, 같은 직장의 노동자들에게 따가운 시선을 받는 것을 감수해야 한다.

이와 같은 여성 노동자가 경험하는 차별 문제를 해결하기 위해서는 여성 노동자 역시 남성 노동자와 마찬가지의 권리를 가지고 있다는 점을 사회 전반에 인식할 수 있도록 해야 하고, 여성이라는 이유만으로 취업과 승진 등에 불이익을 받지 않도록 <u>인식과 정책을 개선</u>해야 한다.

① 결혼과 출산, 임신과 같은 가족 계획을 지지하는 환경을 만들어야 한다.

② 여성 노동자가 주로 종사하는 직종의 임금체계를 합리적으로 변화시켜야 한다.

③ 여성들이 종사하는 다양한 직업군에서 양질의 정규직 일자리를 만들어야 한다.

④ 임신으로 인한 공백 문제 등이 발생하지 않도록 공백 기간에 대한 법을 개정 및 규제하여야 한다.

⑤ 여성 노동자들을 여성이 아닌 정당하게 노동력을 제공하고 그에 맞는 임금을 받을 권리를 가진 노동자로 바라보아야 한다.

**02** K공장에서 생산되는 제품은 50개 중 1개의 불량품이 발생한다고 한다. 이 공장에서 생산되는 제품 중 2개를 고른다고 할 때, 2개 모두 불량품일 확률은?

① $\dfrac{1}{25}$

② $\dfrac{1}{50}$

③ $\dfrac{1}{250}$

④ $\dfrac{1}{1,250}$

⑤ $\dfrac{1}{2,500}$

**03** 두 비커 A, B에는 각각 6%, 8%의 소금물 300g씩이 들어 있다. A비커에서 소금물 100g을 퍼서 B비커에 옮겨 담고, 다시 B비커에서 소금물 80g을 퍼서 A비커에 옮겨 담았다. 이때 A비커에 들어 있는 소금물의 농도는?(단, 소수점 둘째 자리에서 반올림한다)

① 5.2%

② 5.6%

③ 6.1%

④ 6.4%

⑤ 7.2%

## | 03 | 전기통신직

**01** 1 ~ 5의 숫자가 각각 적힌 5장의 카드에서 3장을 뽑아 세 자리 정수를 만들 때, 216보다 큰 정수는 모두 몇 가지인가?

① 40가지

② 41가지

③ 42가지

④ 43가지

⑤ 44가지

**02** 손난로 생산 공장에서 생산한 20개의 제품 중 2개의 제품이 불량품이라고 한다. 20개의 제품 중 3개를 꺼낼 때, 적어도 1개가 불량품일 확률은?

① $\dfrac{24}{95}$

② $\dfrac{27}{95}$

③ $\dfrac{11}{111}$

④ $\dfrac{113}{141}$

⑤ $\dfrac{49}{121}$

**01** 다음 문단을 논리적 순서대로 바르게 나열한 것은?

> (가) 물론 이전과 달리 노동 시장에서 여성이라서 채용하지 않는 식의 직접적 차별은 많이 감소했지만, 실질적으로 고학력 여성들이 면접 과정에서 많이 탈락하거나 회사에 들어간 후에도 승진을 잘 하지 못하고 있다. 이는 여성이 육아 휴직 등을 사용하는 경우가 많아 회사가 여성을 육아와 가사를 신경 써야 하는 존재로 간주해 여성의 생산성을 낮다고 판단하고 있기 때문이다.
>
> (나) 한국은 직종(Occupation), 직무(Job)와 사업장(Establishment)이 같은 남녀 사이의 임금 격차 또한 다른 국가들에 비해 큰 것으로 나타났는데, 영국의 한 보고서의 따르면 한국은 조사국 14개국 중 직종, 직무, 사업장별 남녀 임금 격차에서 상위권에 속했다. 즉, 한국의 경우 같은 직종에 종사하며 같은 직장에 다니면서 같은 업무를 수행하더라도 성별에 따른 임금 격차가 다른 국가들에 비해 상대적으로 높다는 이야기다.
>
> (다) OECD가 공개한 '성별 간 임금 격차(Gender Wage Gap)'에 따르면 지난해 기준 OECD 38개 회원국들의 평균 성별 임금 격차는 12%였다. 이 중 한국의 성별 임금 격차는 31.1%로 조사국들 중 가장 컸으며, 이는 남녀 근로자를 각각 연봉 순으로 줄 세울 때 정중앙인 중위 임금을 받는 남성이 여성보다 31.1%를 더 받았다는 뜻에 해당한다. 한국은 1996년 OECD 가입 이래 26년 동안 줄곧 회원국들 중 성별 임금 격차 1위를 차지해 왔다.
>
> (라) 이처럼 한국의 남녀 간 성별 임금 격차가 크게 유지되는 이유로 노동계와 여성계는 연공서열제와 여성 경력 단절을 꼽고 있다. 이에 대해 A교수는 노동 시장 문화에는 여성 경력 단절이 일어나도록 하는 여성 차별이 있어 여성이 중간에 떨어져 나가거나 승진을 못하는 것이 너무나 자연스러운 일처럼 보인다고 말했다.
>
> 이에 정부는 여성 차별적 노동 문화의 체질을 바꾸기 위해서는 정책적으로 여성에게만 혜택을 더 주는 것으로 보이는 시혜적 정책은 지양하되, 여성 정책이 여성한테 무언가를 해주기보다는 남녀 간 평등을 촉진하는 방향으로 나아갈 수 있도록 해야 할 것이다.

① (나) – (다) – (가) – (라)
② (나) – (다) – (라) – (가)
③ (나) – (가) – (다) – (라)
④ (다) – (나) – (가) – (라)
⑤ (다) – (나) – (라) – (가)

**02**  다음 글의 빈칸에 들어갈 내용으로 가장 적절한 것은?

> 제주 한라산 천연보호구역에 있는 한 조립식 건물에서 불이 나 3명의 사상자가 발생했다. 이 건물은
> 무속 신을 모시는 신당으로 수십 년 동안 운영된 곳이었으나, 실상은 허가 없이 지은 불법 건축물에
> 해당되었다. 특히 해당 건물은 조립식 샌드위치 패널로 지어져 있어 이번 화재는 자칫 대형 산불로
> 이어져 한라산까지 타버릴 아찔한 사고였으나 행정당국은 불이 난 뒤에야 이 건축물의 존재를 파악했
> 다. 해당 건물에서의 화재는 30여 분 만에 빠르게 진화되었지만, 건물 안에 있던 40대 남성이 숨지고,
> 60대 여성 2명이 화상을 입어 병원으로 이송되었다. 이는 해당 건물이 _____ 불이 삽시간에
> 번져 나갔기 때문이었다.
> 행정당국은 서귀포시는 산림이 울창하고 인적이 드문 곳이어서 관련 신고가 접수되지 않는 등 단속
> 에 한계가 있다고 밝히며 행정의 손이 미치지 않는 취약한 지역, 산지나 으슥한 지역은 관련 부서와
> 협의를 거쳐 점검할 필요가 있다고 말했다.

① 화재에 취약한 구조로 지어져 있어
② 산지에 위치해 기후가 건조했기 때문에
③ 안정성을 검증받지 못한 가건물에 해당되어
④ 소방시설과 거리가 있는 곳에 위치하고 있어
⑤ 인적이 드문 지역에 위치하여 발견이 쉽지 않아

**03**  다음 중 모듈 시스템의 적용으로 옳지 않은 것은?

① 극장                    ② 학교
③ 도서관                  ④ 사무소
⑤ 백화점

**04**  아스팔트 방수층, 개량아스팔트 시트 방수층, 합성고분자계 시트 방수층 및 도막 방수층 등 불투수
성 피막을 형성하여 방수하는 공사를 총칭하는 용어는?

① 실링방수                ② 멤브레인방수
③ 구체침투방수            ④ 벤토나이트방수
⑤ 시멘트액체방수

**05** 인장을 받는 이형철근의 직경이 D16(직경 15.9mm)이고, 콘크리트 강도가 30MPa인 표준갈고리의 기본 정착 길이는?(단, $f_y = 400\text{MPa}$, $\beta = 1.0$, $m_c = 2,300\text{kg/m}^3$ 이다)

① 약 238mm

② 약 258mm

③ 약 279mm

④ 약 312mm

⑤ 약 328mm

**06** 다음 중 피난안전구역의 구조 및 설비에 대한 기준 내용으로 옳지 않은 것은?

① 피난안전구역의 높이는 2.1m 이상일 것

② 비상용 승강기는 피난안전구역에서 승하차할 수 있는 구조로 설치할 것

③ 건축물의 내부에서 피난안전구역으로 통하는 계단은 피난계단의 구조로 설치할 것

④ 피난안전구역에는 식수공급을 위한 급수전을 1개소 이상 설치하고 예비전원에 의한 조명설비를 설치할 것

⑤ 내부 마감재료는 불연재료로 설치할 것

정답 및 해설 p.027

## | 01 | 사무영업직

| 의사소통능력

**01** 다음 〈보기〉를 참고할 때, 문법적 형태소가 가장 많이 포함된 문장은?

> 보기
>
> 문법형태소(文法形態素) 또는 형식형태소(形式形態素)는 문법적 의미가 있는 형태소로 어휘형태소와 함께 쓰여 그들 사이의 관계를 나타내는 기능을 하는 형태소를 말한다. 한국어에서는 조사와 어미가 이에 해당한다. 의미가 없고 문장의 형식 구성을 보조한다는 의미에서 형식형태소(形式形態素)라고도 한다.

① 동생이 나 몰래 사탕을 먹었다.
② 우리 오빠는 키가 작았다.
③ 봄이 오니 산과 들에 꽃이 피었다.
④ 나는 가게에서 김밥과 돼지고기를 샀다.
⑤ 지천에 감자꽃이 가득 피었다.

| 의사소통능력

**02** 다음 중 밑줄 친 단어가 문맥상 적절하지 않은 것은?

① 효율적인 회사 운영을 위해 회의를 정례화(定例化)해야 한다는 주장이 나왔다.
② 그 계획은 아무래도 중장기적(中長期的)으로 봐야 할 필요가 있다.
③ 그 문제를 해결하기 위해서는 표면적이 아닌 피상적(皮相的)인 이해가 필요하다.
④ 환경을 고려한 신제품을 출시하는 기업들의 친환경(親環境) 마케팅이 유행이다.
⑤ 인생의 중대사를 정할 때는 충분한 숙려(熟慮)가 필요하다.

| 의사소통능력

**03** 다음 문장 중 어법상 가장 적절한 것은?

① 오늘은 날씨가 추우니 옷의 지퍼를 잘 잠거라.
② 우리 집은 매년 김치를 직접 담궈 먹는다.
③ 그는 다른 사람의 만류에도 서슴지 않고 악행을 저질렀다.
④ 염치 불구하고 이렇게 부탁드리겠습니다.
⑤ 우리집 뒷뜰에 개나리가 예쁘게 피었다.

**04** 다음 제시된 문단을 논리적 순서대로 바르게 나열한 것은?

> (가) 천일염 안전성 증대 방안 5가지가 '2022 K - 농산어촌 한마당'에서 소개됐다. 첫째, 함수(농축한 바닷물)의 청결도를 높이기 위해 필터링(여과)을 철저히 하고, 둘째, 천일염전에 생긴 이끼 제거를 위해 염전의 증발지를 목제 도구로 완전히 뒤집는 것이다. 그리고 셋째, 염전의 밀대·운반 도구 등을 식품 용기에 사용할 수 있는 소재로 만들고, 넷째, 염전 수로 재료로 녹 방지 기능이 있는 천연 목재를 사용하는 것이다. 마지막으로 다섯째, 염전 결정지의 바닥재로 장판 대신 타일(타일염)이나 친환경 바닥재를 쓰는 것이다.
>
> (나) 한편, 천일염과 찰떡궁합인 김치도 주목을 받았다. 김치를 담글 때 천일염을 사용하면 김치의 싱싱한 맛이 오래 가고 식감이 아삭아삭해지는 등 음식궁합이 좋다. 세계김치연구소는 '발효과학의 중심, 김치'를 주제로 관람객을 맞았다. 세계김치연구소 이창현 박사는 "김치는 중국·일본 등 다른 나라의 채소 절임 식품과 채소를 절이는 단계 외엔 유사성이 전혀 없는 매우 독특한 식품이자 음식 문화"라고 설명했다.
>
> (다) K - 농산어촌 한마당은 헬스경향·한국농수산식품유통공사에서 공동 주최한 박람회이다. 해양수산부 소속 국립수산물품질관리원은 천일염 부스를 운영했다. 대회장을 맡은 국회 농림축산식품해양수산위원회 소속 서삼석 의원은 "갯벌 명품 천일염 생산지인 전남 신안을 비롯해 우리나라의 천일염 경쟁력은 세계 최고 수준"이라며 "이번 한마당을 통해 국산 천일염의 우수성이 더 많이 알려지기를 기대한다."라고 말했다.

① (가) - (나) - (다)　　　　② (가) - (다) - (나)
③ (나) - (다) - (가)　　　　④ (다) - (가) - (나)
⑤ (다) - (나) - (가)

**05** 다음 기사의 내용으로 미루어 볼 때, 청년 고용시장에 대한 〈보기〉의 정부 관계자들의 태도로 가장 적절한 것은?

> 정부가 향후 3 ~ 4년을 청년실업 위기로 판단한 것은 에코세대(1991 ~ 1996년생·베이비부머의 자녀세대)의 노동시장 진입 때문이었다. 에코세대가 본격적으로 취업전선에 뛰어들면서 일시적으로 청년실업 상황이 더 악화될 것이라고 생각했다.
> 2021년을 기점으로 청년인구가 감소하기 시작하면 청년실업 문제가 일부 해소될 것이라는 정부의 전망도 이런 맥락에서 나왔다. 고용노동부 임서정 고용정책실장은 "2021년 이후 인구문제와 맞물리면 청년 고용시장 여건은 좀 더 나아질 것이라 생각한다."라고 말했다.
> 그러나 청년인구 감소가 청년실업 문제 완화로 이어질 것이란 생각은 지나치게 낙관적이라는 지적도 나오고 있다. 한국노동연구원 김유빈 부연구위원은 "지금의 대기업과 중소기업, 정규직과 비정규직 간 일자리 질의 격차를 해소하지 않는 한 청년실업 문제는 더 심각해질 수 있다."라고 우려했다. 일자리 격차가 메워지지 않는 한 질 좋은 직장을 구하기 위해 자발적 실업상황조차 감내하는 현 청년들의 상황이 개선되지 않을 것이기 때문이다.
> 한국보다 먼저 청년실업 사태를 경험한 일본을 비교 대상으로 거론하는 것도 적절하지 않다는 지적이 나온다. 일본의 경우 청년인구가 줄면서 청년실업 문제는 상당 부분 해결됐다. 하지만 이는 '단카이 세대(1947 ~ 1949년에 태어난 일본의 베이비부머)'가 노동시장에서 빠져나오는 시점과 맞물렸기 때문에 가능했다. 베이비부머가 1 ~ 2차에 걸쳐 넓게 포진된 한국과는 상황이 다르다는 것이다. 김 부연구위원은 "일본에서도 (일자리) 질적 문제는 나타나고 있다."며 "일자리 격차가 큰 한국에선 문제가 더 심각하게 나타날 수 있어 중장기적 대책이 필요하다."고 말했다.

**보기**

- 기재부 1차관 : '구구팔팔(국내 사업체 중 중소기업 숫자가 99%, 중기 종사자가 88%란 뜻)'이란 말이 있다. 중소기업을 새로운 성장 동력으로 만들어야 한다. 취업에서 중소기업 선호도는 높지 않다. 여러 가지 이유 중 임금 격차도 있다. 청년에게 중소기업에 취업하고자 하는 유인을 줄 수 있는 수단이 없다. 그 격차를 메워 의사 결정의 패턴을 바꾸자는 것이다. 앞으로 에코세대의 노동시장 진입하는 4년 정도가 중요한 시기이다.
- 고용노동부 고용정책실장 : 올해부터 3 ~ 4년은 인구 문제가 크고, 그로 인한 수요·공급 문제가 있다. 개선되는 방향으로 가더라도 '에코세대' 대응까지 맞추기 쉽지 않다. 때문에 집중투자를 해야 한다. 3 ~ 4년 후에는 격차를 줄여가기 위한 대책도 병행하겠다. 이후부터는 청년의 공급이 줄어들기 때문에 인구 측면에서 노동시장에 유리한 조건이 된다.

① 올해를 가장 좋지 않은 시기로 평가하고 있다.
② 현재 회복국면에 있다고 판단하고 있다.
③ 실제 전망은 어둡지만, 밝은 면을 강조하여 말하고 있다.
④ 에코세대의 노동시장 진입을 통해 청년실업 위기가 해소될 것으로 기대하고 있다.
⑤ 한국의 상황이 일본보다 낫다고 평가하고 있다.

**06** 다음 중 제시된 보도자료의 내용으로 가장 적절한 것은?

---

### 이용자도 보행자도 안전하게, 전동킥보드 관련 규정 강화

개인형 이동장치 관련 강화된 도로교통법 시행
무면허 운전 10만 원, 안전모 미착용 2만 원, 2인 이상 탑승 4만 원 범칙금 부과
안전한 이용 문화 정착 위해 캠페인·교육 등 집중홍보 및 단속 실시

국무조정실, 국토부, 행안부, 교육부, 경찰청은 전동킥보드 등 개인형 이동장치 운전자의 안전을 강화한 도로교통법개정안이 시행됨에 따라, 개인형 이동장치의 안전한 이용문화 정착을 위해 범정부적으로 안전단속 및 홍보활동 등을 강화해 나간다고 밝혔습니다.

정부는 개인형 이동장치(PM; Personal Mobility)가 최근 새로운 교통수단으로 이용자가 증가함에 따라 안전한 운행을 유도하기 위해 지난해부터 안전기준을 충족한 개인형 이동장치에 한해 자전거 도로통행을 허용했고, 그에 맞춰 자전거와 동일한 통행방법과 운전자 주의의무 등을 적용해 왔습니다. 다만, 청소년들의 개인형 이동장치 이용 증가에 대한 우려와 운전자 주의의무 위반에 대한 제재가 없어 실효성이 없다는 문제 제기가 있었고, 지난해 강화된 도로교통법이 국회를 통과하였습니다. 이번에 시행되는 개인형 이동장치와 관련된 법률의 세부 내용은 다음과 같습니다.

• (운전 자격 강화) 원동기 면허 이상 소지한 운전자에 대해서만 개인형 이동장치를 운전할 수 있도록 하고, 무면허 운전 시 10만 원의 범칙금을 부과합니다.

• (처벌 규정 신설) 인명 보호 장구 미착용(범칙금 2만 원), 승차정원 초과 탑승(범칙금 4만 원) 및 어린이(13세 미만) 운전 시 보호자(과태료 10만 원)에게 범칙금·과태료를 부과함으로써 개인형 이동장치 운전자 주의의무에 대한 이행력을 강화하였습니다.

정부는 강화된 법률의 시행을 계기로 안전한 개인형 이동장치 이용문화가 정착될 수 있도록 단속 및 캠페인 등 대국민 홍보를 강화해 나갈 계획입니다. 관계부처 – 지자체 – 유관기관 등과 함께 개인형 이동장치 이용이 많은 지하철 주변, 대학교, 공원 등을 중심으로 안전 캠페인을 실시하고, 경찰청을 중심으로 보도 통행 금지, 인명 보호 장구 미착용, 승차정원 초과 등 주요 법규 위반 행위에 대해 단속과 계도를 병행함과 동시에 홍보 활동을 진행할 예정입니다. 그리고 초·중·고 학생을 대상으로 '찾아가는 맞춤형 교육'을 실시하고, 학부모 대상 안내문을 발송하는 등 학생들이 강화된 도로교통법을 준수할 수 있도록 학교·가정에서 교육을 강화해 나갈 계획입니다. 또한, 공유 개인형 이동장치 어플 내에 안전수칙 팝업 공지, 주·정차 안내 등 개인형 이동장치 민·관 협의체와의 협력을 강화해 나갈 예정입니다. 아울러, 개인형 이동장치 안전 공익광고 영상을 TV·라디오 등에 송출하고, 카드뉴스·웹툰 등 온라인 홍보물을 제작하여 유튜브·SNS 등을 통해 확산해 나가는 한편, KTX·SRT역, 전광판, 아파트 승강기 모니터 등 국민 생활 접점 매체를 활용한 홍보도 추진해 나갈 예정입니다.

정부 관계자는 새로운 교통수단으로 개인형 이동장치의 이용객이 증가함에 따라 관련 사고*도 지속적으로 증가하는 만큼 반드시 안전수칙을 준수할 것을 당부하였습니다. 특히, 개인형 이동장치는 친환경적이고 편리한 교통수단으로 앞으로도 지속해서 이용자가 증가할 것으로 전망되는 만큼 개인형 이동장치의 안전한 이용문화 확립이 무엇보다 중요하며, 올바른 문화가 정착할 수 있도록 국민들의 많은 관심과 참여를 강조하였습니다.

* 최근 3년 PM 관련 사고(사망) 건수 : 2018년 : 225건(4명) → 2019년 : 447건(8명) → 2020년 : 897건(10명)

---

① 산업부는 지난해부터 안전기준을 충족한 개인형 이동장치의 자전거도로 주행을 허용하였다.

② 개인형 이동장치 중 전동킥보드는 제약 없이 자전거도로를 자유롭게 이용할 수 있다.

③ 개인형 이동장치로 인한 사망사고는 점차 감소하고 있다.

④ 13세 이상인 사람은 모두 개인형 이동장치를 운전할 수 있다.

⑤ 일반인을 대상으로 한 전동킥보드 운행 규정 관련 홍보를 진행할 예정이다.

▎수리능력

**07** K교수는 실험 수업을 진행하기 위해 화학과 학생들을 실험실에 배정하려고 한다. 실험실 한 곳에 20명씩 입실시키면 30명이 들어가지 못하고, 25명씩 입실시키면 실험실 2개가 남는다. 이를 만족하기 위한 최소한의 실험실은 몇 개인가?(단, 실험실의 개수는 홀수이다)

① 11개                 ② 13개

③ 15개                 ④ 17개

⑤ 19개

▎수리능력

**08** 2022년 새해를 맞아 K공사에서는 직사각형의 사원증을 새롭게 제작하려고 한다. 기존의 사원증은 개당 제작비가 2,800원이고 가로와 세로의 비율이 1 : 2이다. 기존의 디자인에서 크기를 변경할 경우, 가로의 길이가 0.1cm 증감할 때마다 제작비용은 12원이 증감하고, 세로의 길이가 0.1cm 증감할 때마다 제작비용은 22원이 증감한다. 새로운 사원증의 길이가 가로 6cm, 세로 9cm이고, 제작비용은 2,420원일 때, 디자인을 변경하기 전인 기존 사원증의 둘레는 얼마인가?

① 30cm               ② 31cm

③ 32cm               ④ 33cm

⑤ 34cm

▎수리능력

**09** K사는 동일한 제품을 A공장과 B공장에서 생산한다. A공장에서는 시간당 1,000개의 제품을 생산하고, B공장에서는 시간당 1,500개의 제품을 생산하며, 이 중 불량품은 A공장과 B공장에서 매시간 45개씩 발생한다. 지난 한 주간 A공장에서는 45시간, B공장에서는 20시간 동안 이 제품을 생산하였을 때, 생산된 제품 중 불량품의 비율은 얼마인가?

① 3.7%              ② 3.8%

③ 3.9%              ④ 4.0%

⑤ 4.1%

**10** K강사는 월요일부터 금요일까지 매일 4시간 동안 수업을 진행한다. 다음 〈조건〉에 따라 주간 NCS 강의 시간표를 짤 때, 가능한 경우의 수는 모두 몇 가지인가?(단, 4교시 수업과 다음날 1교시 수업은 연속된 수업으로 보지 않는다)

> **조건**
> • 문제해결능력 수업은 4시간 연속교육으로 진행해야 하며, 주간 총 교육시간은 4시간이다.
> • 수리능력 수업은 3시간 연속교육으로 진행해야 하며, 주간 총 교육시간은 9시간이다.
> • 자원관리능력 수업은 2시간 연속교육으로 진행해야 하며, 주간 총 교육시간은 4시간이다.
> • 의사소통능력 수업은 1시간 교육으로 진행해야 하며, 주간 총 교육시간은 3시간이다.

① 40가지
② 80가지
③ 120가지
④ 160가지
⑤ 200가지

# | 02 | 토목직

**01** 어느 공연장은 1층 200석, 2층 100석으로 이루어져 있으며, 이 공연장의 주말 매표 가격은 평일 매표 가격의 1.5배로 판매되고 있다. 지난 일주일간 진행된 공연에서 1층 주말 매표 가격은 6만 원으로 책정되었으며, 모든 좌석이 매진되어 총 매표 수익만 8,800만 원에 달하였다고 할 때, 지난 주 2층 평일 매표 가격은 얼마인가?

① 2만 원
② 3만 원
③ 4만 원
④ 4만 5천 원
⑤ 6만 원

**02** 다음 〈조건〉에 따를 때, K사 채용공고 지원자 120명 중 회계부서 지원자는 몇 명인가?

> **조건**
> • K사는 기획, 영업, 회계부서에서 채용모집을 공고하였으며, 전체 지원자 중 신입직은 경력직의 2배였다.
> • 신입직 중 기획부서에 지원한 사람은 30%이다.
> • 신입직 중 영업부서와 회계부서에 지원한 사람의 비율은 3:1이다.
> • 기획부서에 지원한 경력직은 전체의 5%이다.
> • 전체 지원자 중 50%는 영업부서에 지원하였다.

① 14명
② 16명
③ 28명
④ 30명
⑤ 34명

**03** K사는 본사 A팀의 직원 9명 중 동일한 성별의 2명을 뽑아 지사로 출장을 보내기로 하였다. A팀의 남자 직원이 여자 직원의 두 배라고 할 때, 가능한 경우의 수는 모두 몇 가지인가?

① 18가지                  ② 36가지

③ 45가지                  ④ 72가지

⑤ 180가지

**04** 강원도에서 시작된 장마전선이 시속 32km의 속도로 304km 떨어진 인천을 향해 이동하고 있다. 이때, 인천에 장마전선이 도달한 시간이 오후 9시 5분이라면 강원도에서 장마전선이 시작된 시간은 언제인가?(단, 장마전선은 강원도에서 시작과 동시에 이동하였다)

① 오전 10시 35분            ② 오전 11시

③ 오전 11시 35분            ④ 오후 12시

⑤ 오후 12시 35분

**05** 어느 물놀이 용품 제조공장에서 기계 A와 기계 B를 가동하여 튜브를 생산하고 있는데, 기계 A는 하루 최대 200개를 생산할 수 있고 불량률은 3%이며, 기계 B는 하루 최대 300개를 생산할 수 있고 불량률은 $x$%이다. 기계 A와 B를 동시에 가동하여 총 1,000개의 튜브를 만들었을 때 발생한 불량품이 39개라면, 기계 B의 불량률은 얼마인가?(단, 기계 A와 기계 B는 계속하여 가동하였다)

① 0.9%                  ② 4.5%

③ 4.8%                  ④ 5.25%

⑤ 11%

**06** 어느 강의실에서 벤치형 의자를 배치하려고 하는데, 7인용 의자를 배치할 경우 4명이 착석하지 못하고, 10인용 의자를 배치할 경우 의자 2개가 남는다. 이때, 가능한 최대 인원과 최소 인원의 차이는 얼마인가?(단, 7인용 의자에는 각 의자 모두 7인이 앉아있으며, 10인용 의자 중 한 개의 의자에는 10인 미만의 인원이 앉아있고, 2개의 의자는 비어있다)

① 7명
② 14명
③ 21명
④ 28명
⑤ 70명

**07** 갑은 월요일부터 목요일 동안 1시부터 6시까지 학생들의 과외를 다음 〈조건〉에 따라 진행하려고 한다. 가능한 경우의 수는 모두 몇 가지인가?

> **조건**
> • 매 수업은 정각에 시작하며, 첫 수업은 1시에 시작하고, 모든 수업은 6시 이전에 종료한다.
> • 모든 학생은 주 1회 수업을 한다.
> • 초등학생은 1시간, 중학생은 2시간, 고등학생은 3시간을 연속하여 수업을 진행한다.
> • 갑이 담당하는 학생은 초등학생 3명, 중학생 3명, 고등학생 2명이다.
> • 각 학년의 수업과 수업 사이에는 1시간의 휴게시간을 가지며, 휴게시간은 연속하여 가질 수 없다.

① 48가지
② 864가지
③ 1,728가지
④ 3,456가지
⑤ 10,368가지

## | 03 | 차량 · 운전직

**01** 다음 중 송전선에 복도체 또는 다도체를 사용하는 경우 같은 단면적의 단도체를 사용하는 것에 비하여 장점으로 옳지 않은 것은?

① 코로나 방지에 가장 효과적인 방법이다.

② 전선표면의 전위경도가 감소한다.

③ 선로의 허용전류 및 송전용량이 감소한다.

④ 코로나 임계전압이 증가한다.

⑤ 인덕턴스는 감소하고 정전용량은 증가한다.

**02** 다음 중 가공전선로의 지지물에 시설하는 지선의 시설기준에 대한 설명으로 옳은 것은?

① 지선에 연선을 사용할 경우에는 소선 3가닥 이상의 연선일 것

② 지선의 안전율은 2.0 이상일 것

③ 지중 부분 및 지표상 50cm까지의 부분은 내식성 또는 아연도금 철봉을 사용할 것

④ 지선의 허용 인장하중의 최저는 5.31kN일 것

⑤ 도로를 횡단하여 시설하는 지선의 높이는 지표상 5.5m 이상으로 할 것

**03** 다음 중 영구자석의 재료에 대한 설명으로 옳은 것은?

① 잔류 자속 밀도가 작고 보자력이 커야 한다.

② 잔류 자속 밀도와 보자력이 모두 커야 한다.

③ 잔류 자속 밀도가 작고 보자력이 커야 한다.

④ 잔류 자속 밀도와 보자력이 모두 작아야 한다.

⑤ 잔류 자속 밀도와 보자력과 상관이 없다.

**04** 무한장 직선 전류에 의한 자계는 전류에서의 거리에 대하여 무엇의 형태로 감소하는가?

① 쌍곡선                     ② 원

③ 직선                       ④ 포물선

⑤ 타원

**05** 가공전선로의 경간 200m, 전선의 자체무게 2kg/m, 인장하중 5,000kg, 안전율 2인 경우, 전선의 이도는 몇 m인가?

① 4m                    ② 5m

③ 6m                    ④ 7m

⑤ 8m

**06** 다음 중 직류 발전기의 전기자 반작용에 의하여 나타나는 현상으로 옳지 않은 것은?

① 코일이 자극의 중심축에 있을 때도 브러시 사이에 전압을 유기시켜 불꽃을 발생시킨다.

② 직류 전압이 감소한다.

③ 자기저항을 크게 한다.

④ 주자속을 감속시켜 유도 전압을 감소시킨다.

⑤ 주자속 분포를 찌그러뜨려 중성 축을 고정시킨다.

**07** 3000kw, 역률 75%(늦음)부하에 전력을 공급하고 있는 변전소에 콘덴서를 설치하여 역률을 93%로 향상시키고자 한다. 필요한 전력용 콘덴서의 용량은 약 몇 kVA인가?

① 1,340kVA            ② 1,460kVA

③ 1,570kVA            ④ 1,680kVA

⑤ 1,790kVA

**08** 무한장 직선 도체가 있다. 이 도체로부터 수직으로 0.1m 떨어진 점의 자계의 세기가 150AT/m이다. 이 도체로부터 수직으로 0.3m 떨어진 점의 자계의 세기는 몇 AT/m인가?

① 20AT/m             ② 30AT/m

③ 40AT/m             ④ 50AT/m

⑤ 60AT/m

**01** 다음 중 이상적인 연산증폭기의 특징으로 옳지 않은 것은?

① 전압이득은 무한대이다.
② 개방상태에서 입력 임피던스가 무한대이다.
③ 출력 임피던스가 0이다.
④ 두 입력 전압이 같을 때, 출력 전압이 무한대이다.
⑤ 대역폭이 무한대이다.

**02** 다음 중 $f(s) = \dfrac{2s+3}{s^2+3s+2}$ 의 시간 함수로 옳은 것은?

① $e^t - e^{-2t}$
② $e^t + e^{-2t}$
③ $e^{-2t} - e^{-2t}$
④ $e^{-t} - e^{-2t}$
⑤ $e^{-t} + e^{-2t}$

**03** 어떤 전기설비로 역률 0.8, 용량 200kVA인 3상 평형유도부하가 사용되고 있다. 이 부하에 병렬로 전력용 콘덴서를 설치하여 합성역률을 0.95로 개선하고자 할 때, 필요한 전력용 콘덴서의 용량은 몇 kVA인가?

① 약 57kVA
② 약 62kVA
③ 약 67kVA
④ 약 72kVA
⑤ 약 77kVA

**04** 구 내부의 전하량이 Q[C]일 때, 전속수는 몇 개인가?

① $Q$
② $\dfrac{Q}{\varepsilon_0}$
③ $\dfrac{Q}{\varepsilon}$
④ $0$
⑤ $4\pi$

**05** 다음 중 역률 개선으로 얻을 수 있는 효과로 옳지 않은 것은?

① 전압변동률이 감소한다.

② 변압기 및 배전선의 부하 부담이 증가한다.

③ 설비 투자비가 경감된다.

④ 전압이 안정되므로 생산성이 증가한다.

⑤ 전기요금이 인하된다.

**06** 다음 중 AWGN(Additive White Gaussian Noise)의 특징으로 옳지 않은 것은?

① 평균값이 무한대인 비주기 신호이다.

② 전 주파수 대역에 걸쳐 전력 스펙트럼 밀도가 일정하다.

③ 통계적 성질이 시간에 따라 변하지 않는다.

④ 가우시안 분포를 형성한다.

⑤ 백색잡음에 가장 근접한 잡음으로 열잡음이 있다.

**07** 이상적인 변압기의 조건을 만족하는 상호 유도 회로에서 결합계수 k의 값은?(단, M은 상호인덕턴스, $L_1$, $L_2$는 자기 인덕턴스이다)

① $k = \sqrt{ML_1L_2}$

② $k = L_1L_2 + M$

③ $k = M\sqrt{L_1L_2}$

④ $k = \dfrac{M}{\sqrt{L_1L_2}}$

⑤ $k = \dfrac{\sqrt{L_1L_2}}{M}$

**08** 각변조된 신호 $s(t)=20\cos(800\pi t+10\pi\cos 7t)$가 있다. 이 신호 $s(t)$의 순시 주파수(Hz)로 옳은 것은?[단, 신호 $s(t)$는 전압이고 단위는 V이며, $t$의 단위는 초이다]

① $800\pi t-35\sin 7t$

② $400+35\sin 7t$

③ $400-35\sin 7t$

④ $800\pi t-20\cos 7t$

⑤ $800\pi t+20\cos 7t$

**09** 다음 중 위상의 불연속이 발생하지 않는 변조 방식으로 옳은 것은?

① MSK

② PSK

③ FSKCF

④ QAM

⑤ ASK

**10** 다음 중 기저대역 전송(Baseband Transmission)의 조건으로 옳지 않은 것은?

① 전송에 필요로 하는 전송 대역폭이 적어야 한다.

② 타이밍 정보가 충분히 포함되어야 한다.

③ 저주파 및 고주파 성분이 제한되어야 한다.

④ 전송로 상에서 발생한 에러 검출 및 정정이 가능해야 한다.

⑤ 전송 부호는 직류 성분이 포함되어야 한다.

**11** 전기 회로에서 전류를 25% 증가시키면 저항값은 어떻게 변하는가?

① 0.5R

② 0.8R

③ 1.2R

④ 1.25R

⑤ 1.5R

**12** 다음 중 자유공간에서 전하의 속도로 옳은 것은?

① $3 \times 10^5 \mathrm{m/s}$  ② $3 \times 10^6 \mathrm{m/s}$

③ $3 \times 10^7 \mathrm{m/s}$  ④ $3 \times 10^8 \mathrm{m/s}$

⑤ $3 \times 10^9 \mathrm{m/s}$

**13** 어떤 부하에 $e = 10\sin\left(100\pi t + \dfrac{\pi}{6}\right)\mathrm{V}$의 기전력을 인가하니 $i = 10\cos\left(100\pi t - \dfrac{\pi}{3}\right)$인 전류가 흘렀다. 이 부하의 유효전력은 몇 W인가?

① 35W  ② 40W

③ 45W  ④ 50W

⑤ 55W

**14** 뒤진 역률 51%, 1,000kW의 3상 부하가 있다. 여기에 콘덴서를 설치하여 역률을 72% 이상으로 개선하려면 콘덴서의 용량은 몇 kVA인가?(단, $\sqrt{1 - 0.51^2} = 0.86$, $\sqrt{1 - 0.72^2} = 0.69$로 대입한다)

① 약 728kVA  ② 약 738kVA

③ 약 748kVA  ④ 약 758kVA

⑤ 약 768kVA

**15** 8종류의 위상과 2종류의 진폭을 이용하는 8위상 2진폭 직교 진폭변조(QAM) 모뎀이 오보율(baud rate) 1,200으로 동작하고 있다면 데이터율은 몇 bps인가?

① 2,400bps  ② 3,600bps

③ 4,800bps  ④ 7,200bps

⑤ 9,600bps

정답 및 해설 p.033

## | 01 |  사무영업직

**| 의사소통능력**

**01**  다음 글의 핵심 내용으로 가장 적절한 것은?

BMO 금속 및 광업 관련 리서치 보고서에 따르면 최근 가격 강세를 지속해 온 알루미늄, 구리, 니켈 등 산업금속들이 4분기 중 공급부족 심화와 가격 상승세가 전망된다. 산업금속이란 산업에 필수적으로 사용되는 금속들을 말하는데, 앞서 제시한 알루미늄, 구리, 니켈뿐만 아니라 비교적 단단한 금속에 속하는 은이나 금 등도 모두 산업에 많이 사용될 수 있는 금속이므로 산업금속의 카테고리에 속한다고 할 수 있다. 이러한 산업금속은 물품을 생산하는 기계의 부품으로서 필요하기도 하고, 전자제품 등의 소재로 쓰이기도 하기 때문에 특정 분야의 산업이 활성화되면 특정 금속의 가격이 뛰거나 심각한 공급난을 겪기도 한다.

지난 4일 금융투자업계에 따르면 최근 전세계적인 경제 회복 조짐과 함께 탈 탄소 트렌드, 즉 '그린 열풍'에 따른 수요 증가로 산업금속 가격이 초강세이다. 런던금속거래소에서 발표한 자료에 따르면 올해 들어 지난달까지 알루미늄은 20.7%, 구리는 47.8%, 니켈은 15.9% 정도로 가격이 상승했다. 자료에서도 알 수 있듯이 구리 수요를 필두로 알루미늄, 니켈 등 전반적인 산업금속 섹터의 수요량이 증가하였다. 이는 전기자동차 산업의 확충과 관련이 있다. 전기자동차의 핵심적인 부품인 배터리를 만드는 데 구리와 니켈이 사용되기 때문이다. 이때, 배터리 소재 중 니켈의 비중을 높이면 배터리의 용량을 키울 수 있으나 배터리의 안정성이 저하된다. 기존의 전기자동차 배터리는 니켈의 사용량이 높았기 때문에 더욱 안정성 문제가 제기되어 왔다. 그래서 연구 끝에 적정량의 구리를 배합하는 것이 배터리 성능과 안정성을 모두 향상시키기 위해서 중요하다는 것을 밝혀냈다. 구리가 전기자동차 산업의 핵심 금속인 셈이다.

이처럼 전기자동차와 배터리 등 친환경 산업에 필수적인 금속들의 수요가 증가하는 반면, 세계 각국의 환경 규제 강화로 인해 금속의 생산은 오히려 감소하고 있기 때문에 산업금속에 대한 공급난과 가격 인상이 우려되고 있다.

① 전기자동차의 배터리 성능을 향상하는 기술
② 세계적인 '그린 열풍' 현상 발생의 원인
③ 필수적인 산업금속 공급난으로 인한 문제
④ 전기자동차 확충에 따른 구리 수요의 증가 상황
⑤ 탈 탄소 산업의 대표 주자인 전기자동차 산업

**02** 다음 글의 논지를 강화하기 위한 내용으로 적절하지 않은 것은?

> 뉴턴은 이렇게 말했다. "플라톤은 내 친구이다. 아리스토텔레스는 내 친구이다. 하지만 진리야말로 누구보다 소중한 내 친구이다." 케임브리지에서 뉴턴에게 새로운 전환점을 준 사람이 있다. 수학자 이며 당대 최고의 교수였던 아이작 바로우(Isaac Barrow)였다. 바로우는 뉴턴에게 수학과 기하학을 가르치고 그의 탁월함을 발견하여 후원자가 됐다. 이처럼 뉴턴은 타고난 천재가 아니라, 자신의 피나는 노력과 위대한 스승들의 도움을 통해 후천적으로 키워진 것이다.
>
> 뉴턴이 시대를 관통하는 천재로 여겨진 것은 "사과는 왜 땅에 수직으로 떨어질까?"라는 질문에서 시작했다. 이 질문을 던진 지 20여 년이 지나고 마침내 모든 물체가 땅으로 떨어지는 것은 지구 중력에 의한 만유인력이라는 개념을 발견한 것이 계기가 되었다. 사과가 떨어지는 것을 관찰하여 온갖 질문을 던지고, 새로운 가설을 만든 후에 그것을 증명하기 위해 오랜 시간 연구하고 실험을 한 결과가 위대한 발견으로 이어진 것이다. 위대한 발명이나 발견은 어느 한 순간 섬광처럼 오는 것이 아니다. 시작 단계의 작은 아이디어가 질문과 논쟁을 통해 점차 다른 아이디어들과 충돌하고 합쳐지면서 숙성의 시간을 갖고, 그런 후에야 세상에 유익한 발명이나 발견이 나오는 것이다.
>
> 이전부터 천재가 선천적인 것인지, 후천적인 것인지에 대한 논란은 계속되어 왔다. 과거에는 천재가 신적인 영감을 받아 선천적으로 탄생한다는 주장이 힘을 얻었다. 플라톤의 저서 『이온』에도 음유시인이 기술이나 지식이 아닌 신적인 힘과 영감을 받는 존재임이 언급된다. 그러나 아리스토텔레스의 『시학』은 『이온』과 조금 다른 관점을 취하고 있다. 기본적으로 시가 모방미학이라는 입장은 같지만, 아리스토텔레스는 이것이 신적인 힘을 모방한 것이 아닌 인간의 모방이라고 믿었다.
>
> 최근 연구에 의하면 천재라 불리는 모든 사람들이 선천적으로 타고난 것이 아니고 후천적인 학습을 통해 수준을 점차 더 높은 단계로 발전시켰다고 한다. 선천적 재능과 후천적 학습을 모두 거친 절충적 천재가 각광받는 것이다. 이것이 우리에게 주는 시사점은 비록 지금은 창의적이지 않더라도 꾸준히 포기하지 말고 창의성을 개발하고 실현하는 방법을 배워서 실천한다면 모두가 창의적인 사람이될 수 있다는 교훈이다. 타고난 천재가 아니고 훈련과 노력으로 새롭게 태어나는 창재(창의적인 인재)로 거듭나야 한다.

① 칸트는 천재가 선천적인 것이라고 하였다.

② 세계적인 발레리나 강수진은 고된 연습으로 발이 기형적으로 변해버렸다.

③ 1만 시간의 법칙은 한 분야에서 전문가가 되기 위해서는 최소 1만 시간의 훈련이 필요하다는 것이다.

④ 뉴턴뿐만 아니라 아인슈타인 역시 끊임없는 연구와 노력을 통해 천재로 인정받았다.

⑤ 신적인 것보다 연습이 영감을 가져다주는 경우가 있다.

**03** 다음 글의 빈칸 (가) ~ (마)에 들어갈 내용으로 적절하지 않은 것은?

> "언론의 잘못된 보도나 마음에 들지 않는 논조조차도 그것이 토론되는 과정에서 옳은 방향으로 흘러가게끔 하는 것이 옳은 방향이다." 문재인 대통령이 야당 정치인이었던 2014년, 서울외신기자클럽(SFCC) 토론회에 나와 마이크에 대고 밝힌 공개 입장이다. 언론은 ___(가)___ 해야 한다. 이것이 지역 신문이라 할지라도 언론이 표준어를 사용하는 이유이다.
>
> 2021년 8월 25일, 언론중재법 개정안이 국회 본회의를 통과할 것이 확실시된다. 정부 침묵으로 일관해 왔다. 청와대 핵심 관계자들은 이 개정안에 대한 입장을 묻는 국내 일부 매체에 영어 표현인 "None of My Business"라는 답을 내놨다고 한다.
>
> 그사이 이 개정안에 대한 국제 사회의 ___(나)___ 은/는 높아지고 있다. 이 개정안이 시대착오적이며 대권의 오남용이고 더 나아가 아이들에게 좋지 않은 영향을 줄 수 있다는 것이 논란의 요지이다. SFCC는 지난 20일 이사회 전체 명의로 성명을 냈다. 그 내용을 그대로 옮기자면 다음과 같다. " ___(다)___ 내용을 담은 언론중재법 개정안을 국회에서 강행 처리하려는 움직임에 깊은 우려를 표한다."며 "이 법안이 국회에서 전광석화로 처리되기보다 '돌다리도 두들겨 보고 건너라.'는 한국 속담처럼 심사숙고하며 ___(라)___ 을/를 기대한다."고 밝혔다.
>
> 다만, 언론이 우리 사회에서 발생하는 다양한 전투만을 중계하는 것으로 기능하는 건 ___(마)___ 우리나라뿐만 아니라 일본 헌법, 독일 헌법 등에서 공통적으로 말하는 것처럼 언론이 자유를 가지고 대중에게 생각할 거리를 끊임없이 던져주어야 한다. 이러한 언론의 기능을 잘 수행하기 위해서는 언론의 힘과 언론에 가해지는 규제의 정도가 항상 적절하도록 절제하는 법칙이 필요하다.

① (가) : 모두가 읽기 쉽고 편향된 어조를 사용하는 것을 지양

② (나) : 규탄의 목소리

③ (다) : 언론의 자유를 심각하게 위축시킬 수 있는

④ (라) : 보편화된 언어 사용

⑤ (마) : 바람직하지 않다.

**04** 다음 글에서 공공재·공공자원의 실패에 대한 해결책으로 적절하지 않은 것은?

재화와 서비스는 소비를 막을 수 있는지에 따라 배제성이 있는 재화와 배제성이 없는 재화로 분류한다. 또 어떤 사람이 소비하면 다른 사람이 소비할 기회가 줄어드는지에 따라 경합성이 있는 재화와 경합성이 없는 재화로 구분한다. 공공재는 배제성과 경합성이 없는 재화이며, 공공자원은 배제성이 없으면서 경합성이 있는 재화이다.

공공재는 수많은 사람에게 일정한 혜택을 주는 것으로 사회적으로 반드시 생산돼야 하는 재화이다. 하지만 공공재는 '무임 승차자' 문제를 낳는다. 무임 승차자 문제란 사람들이 어떤 재화와 서비스의 소비로 일정한 혜택을 보지만, 어떤 비용도 지불하지 않는 것을 말한다. 이런 공공재가 가진 무임 승차자 문제 때문에 공공재는 사회 전체가 필요로 하는 수준보다 부족하게 생산되거나 아예 생산되지 않을 수 있다. 어떤 사람이 막대한 비용을 들여 누구나 공짜로 소비할 수 있는 국방 서비스, 치안 서비스 같은 공공재를 제공하려고 하겠는가.

공공재와 마찬가지로 공공자원 역시 원하는 사람이면 누구나 공짜로 사용할 수 있다. 그러나 어떤 사람이 공공자원을 사용하면 다른 사람은 사용에 제한을 받는다. 배제성은 없으나 재화의 경합성만이 존재하는 이러한 특성 때문에 공공자원은 '공공자원의 비극'이라는 새로운 형태의 문제를 낳는다. 공공자원의 비극이란 모두가 함께 사용할 수 있는 공공자원을 아무도 아껴 쓰려고 노력하지 않기 때문에 머지않아 황폐해지고 마는 현상이다.

바닷속의 물고기는 어느 특정한 사람의 소유가 아니기 때문에 누구나 잡을 수 있다. 먼저 잡는 사람이 임자인 셈이다. 하지만 물고기의 수량이 한정돼 있다면 나중에 잡는 사람은 잡을 물고기가 없을 수도 있다. 이런 생각에 너도 나도 앞다투어 물고기를 잡게 되면 얼마 가지 않아 물고기는 사라지고 말 것이다. 이른바 공공자원의 비극이 발생하는 것이다. 공공자원은 사회 전체가 필요로 하는 수준보다 지나치게 많이 자원을 낭비하는 결과를 초래한다.

이와 같은 공공재와 공공자원이 가지는 문제를 해결하는 방안은 무엇일까? 공공재는 사회적으로 매우 필요한 재화와 서비스인데도 시장에서 생산되지 않는다. 정부는 공공재의 특성을 가지는 재화와 서비스를 직접 생산해 공급한다. 예를 들어 정부는 국방, 치안 서비스 등을 비롯해 철도, 도로, 항만, 댐 등 원활한 경제 활동을 간접적으로 뒷받침해 주는 사회간접자본을 생산한다. 이때 사회간접자본의 생산량은 일반적인 상품의 생산량보다 예측이 까다로울 수 있는데, 이용하는 사람이 국민 전체이기 때문에 그 수가 절대적으로 많을 뿐만 아니라 배제성과 경합성이 없는 공공재로서의 성격을 띄기 때문에 그러한 면도 있다. 이러한 문제를 해결하기 위해서 국가는 공공투자사업 전 사회적 편익과 비용을 분석하여 적절한 사업의 투자 규모 및 진행 여부를 결정한다.

공공자원은 어느 누구의 소유도 아니다. 너도 나도 공공자원을 사용하면 금세 고갈되고 말 것이다. 정부는 각종 규제로 공공자원을 보호한다. 공공자원을 보호하기 위한 규제는 크게 사용 제한과 사용 할당으로 구분할 수 있다. 사용 제한은 공공자원을 민간이 이용할 수 없도록 막아두는 것이다. 예를 들면 주인이 없는 산을 개발 제한 구역으로 설정하여 벌목을 하거나 개발하여 수익을 창출하는 행위를 할 수 없도록 하는 것이다. 사용 할당은 모두가 사용하는 것이 아닌, 일정 기간에 일정한 사람만 사용할 수 있도록 이용 설정을 해두는 것을 말한다. 예를 들어 어부가 포획할 수 있는 수산물의 수량과 시기를 정해 놓는 법이 있다. 이렇게 되면 무분별하게 공공자원이 사용되는 것을 피하고 사회적으로 필요한 수준에서 공공자원을 사용할 수 있다.

① 항상 붐비는 공용 주차장을 요일별로 이용 가능한 자동차를 정하여 사용한다.
② 주인 없는 목초지에서 풀을 먹일 수 있는 소의 마리 수를 제한한다.
③ 치안 불안 해소를 위해 지역마다 CCTV를 설치한다.
④ 가로수의 은행을 따는 사람들에게 벌금을 부과한다.
⑤ 국립공원에 사는 야생동물을 사냥하지 못하도록 하는 법을 제정한다.

**|** 의사소통능력

**05** 다음 (가) ~ (마) 문단에 대한 설명으로 가장 적절한 것은?

> (가) 현재 각종 SNS 및 동영상 게재 사이트에서 흔하게 접할 수 있는 콘텐츠 중 하나가 ASMR이다.
> 그러다 보니 자주 접하는 ASMR의 이름의 뜻에 대해 다수의 네티즌들이 궁금해 하고 있다.
> ASMR은 자율감각 쾌락반응으로, 뇌를 자극해 심리적인 안정을 유도하는 것을 말한다.
>
> (나) 힐링을 얻고자 하는 청취자들이 ASMR의 특정 소리를 들으면 이 소리가 일종의 트리거
> (Trigger)로 작용해 팅글(Tingle : 기분 좋게 소름 돋는 느낌)을 느끼게 한다. 트리거로 작용하
> 는 소리는 사람에 따라 다를 수 있다. 이는 청취자마다 삶의 경험이나 취향 등에서 뚜렷한 차이
> 를 보이기 때문이다.
>
> (다) ASMR 현상은 시각적, 청각적 혹은 인지적 자극에 반응한 뇌가 신체 뒷부분에 분포하는 자율
> 신경계에 신경 전달 물질을 촉진하며 심리적 안정감을 느끼게 한다. 일상생활에서 편안하게
> 느꼈던 소리를 들으면, 그때 느낀 긍정적인 감정을 다시 느끼면서 스트레스 정도를 낮출 수
> 있고 불면증과 흥분 상태 개선에 도움이 되며 안정감을 받을 수 있다. 소곤소곤 귓속말하는
> 소리, 자연의 소리, 특정 사물을 반복적으로 두드리는 소리 등이 담긴 영상 속 소리 등을 예로
> 들 수 있다.
>
> (라) 최근 유튜버를 비롯한 연예인들이 ASMR 코너를 만들어 대중과 소통 중이다. 요즘은 청포도
> 젤리나 쿄효 젤리 등 식감이나 씹는 소리가 좋은 음식으로 먹방 ASMR을 하기도 한다. 많은
> 사람들이 ASMR을 진행하기 때문에 인기 있는 ASMR 콘텐츠가 되기 위해서는 세분화된 분야
> 를 공략하거나 다른 사람들과 차별화하는 전략이 필요하게 되었다.
>
> (마) 독특한 ASMR 채널로 대중의 사랑을 받고 있는 것은 공감각적인 ASMR이다. 공감각은 시각,
> 청각, 촉각 등 우리의 오감 중에서 하나의 감각만을 자극하는 것이 아니라, 2개 이상의 감각이
> 결합하여 자극받을 수 있도록 하는 것이다. 공감각적인 ASMR이 많은 인기를 끌고 있는 만큼
> 앞으로의 ASMR 콘텐츠들은 공감각적인 콘텐츠로 대체될 것이라는 이야기가 대두되었다.

① (가) : ASMR을 자주 접하는 사람들의 특징은 일상에 지친 현대인이다.
② (나) : 많은 사람들이 선호하는 트리거는 소곤거리는 소리이다.
③ (다) : 신체의 자율 신경계가 뇌에 특정 신경 전달 물질을 전달한다.
④ (라) : 연예인들은 일반인보다 ASMR에 많이 도전하는 경향이 있다.
⑤ (마) : 공감각적인 경험을 바탕으로 한 ASMR로 대체될 전망이다.

**06** 다음 중 그리스 수학에 대한 내용으로 가장 적절한 것은?

'20세기 최고의 수학자'로 불리는 프랑스의 장피에르 세르 명예교수는 경북 포항시 효자동에 위치한 포스텍 수리과학관 3층 교수 휴게실에서 '수학이 우리에게 왜 필요한가.'를 묻는 첫 질문에 이같이 대답했다.

"교수님은 평생 수학의 즐거움, 학문(공부)하는 기쁨에 빠져 있었죠. 후회는 없나요? 수학자가 안 됐으면 어떤 인생을 살았을까요?"

"내가 굉장히 좋아했던 선배 수학자가 있었어요. 지금은 돌아가셨죠. 그분은 라틴어와 그리스어 등 언어에 굉장히 뛰어났습니다. 그만큼 재능이 풍부했지만 본인은 수학 외엔 다른 일을 안 하셨어요. 나보다 스무 살 위의 앙드레 베유 같은 이는 뛰어난 수학적 재능을 타고 태어났습니다. 하지만 나는 수학적 재능은 없는 대신 호기심이 많았습니다. 누가 써놓은 걸 이해하려 하기보다 새로운 걸 발견하는 데 관심이 있었죠. 남이 이미 해놓은 것에는 별로 흥미가 없었어요. 수학 논문들도 재미있어 보이는 것만 골라서 읽었으니까요."

"학문이란 과거의 거인들로부터 받은 선물을 미래의 아이들에게 전달하는 일이라고 누군가 이야기했습니다. 그 비유에 대해 어떻게 생각하세요?"

"학자의 첫 번째 임무는 새로운 것을 발견하려는 진리의 추구입니다. 전달(교육)은 그다음이죠. 우리는 발견한 진리를 혼자만 알고 있을 게 아니라, 출판(Publish : 넓은 의미의 '보급'에 해당하는 원로학자의 비유)해서 퍼트릴 의무는 갖고 있습니다."

장피에르 교수는 고대부터 이어져 온 고대 그리스 수학자의 정신을 잘 나타내고 있다고 볼 수 있다. 그가 생각하는 학자에 대한 입장처럼 고대 그리스 수학자들에게 수학과 과학은 사람들에게 새로운 진리를 알려주고 놀라움을 주는 것이었다. 이때의 수학자들에게 수학이라는 학문은 순수한 앎의 기쁨을 깨닫게 해 주는 것이었다. 그래서 고대 그리스에서는 수학을 연구하는 다양한 학파가 등장했을 뿐만 아니라 많은 사람의 연구를 통해 짧은 시간에 폭발적인 혁신을 이룩할 수 있었다.

① 그리스 수학을 연구하는 학파는 그리 많지 않았다.
② 그리스의 수학자들은 학문적 성취보다는 교육을 통해 후대를 양성하는 것에 집중했다.
③ 그리스 수학은 장기간에 걸쳐 점진적으로 발전하였다.
④ 고대 수학자들에게 수학은 새로운 사실을 발견하는 순수한 학문적 기쁨이었다.
⑤ 그리스 수학은 도형 위주로 특히 폭발인 발전을 했다.

**07** 다음 글의 내용으로 가장 적절한 것은?

> 미국 로체스터대 교수 겸 노화연구센터 공동책임자인 베라 고부노바는 KAIST 글로벌전략연구소가
> '포스트 코로나, 포스트 휴먼 – 의료 · 바이오 혁명'을 주제로 개최한 제3차 온라인 국제포럼에서
> "대다수 포유동물보다 긴 수명을 가진 박쥐는 바이러스를 체내에 보유하고 있으면서도 염증 반응이
> 일어나지 않는다."며 "박쥐의 염증 억제 전략을 생물학적으로 이해하면 코로나19는 물론 자가면역
> 질환 등 다양한 염증 질환 치료제에 활용할 수 있을 것"이라고 말했다.
> 박쥐는 밀도가 높은 군집 생활을 한다. 또한, 포유류 중 유일하게 날개를 지닌 생물로서 뛰어난 비행
> 능력과 비행 중에도 고온의 체온을 유지하는 것 등의 능력으로 먼 거리까지 무리를 지어 날아다니기
> 때문에 쉽게 질병에 노출되기도 한다. 그럼에도 오랜 기간 지구상에 존재하며 바이러스에 대항하는
> 면역 기능이 발달된 것으로 추정된다. 박쥐는 에볼라나 코로나바이러스에 감염돼도 염증 반응이 일
> 어나지 않기 때문에 대표적인 바이러스 숙주로 지목되고 있다.
> 고부노바 교수는 "인간이 도시에 모여 산 것도, 비행기를 타고 돌아다닌 것도 사실상 약 100년 정도
> 로 오래되지 않아 박쥐만큼 바이러스 대항 능력이 강하지 않다."며 "박쥐처럼 약 6,000 ∼ 7,000만
> 년에 걸쳐 진화할 수도 없다."고 설명했다. 그러면서 "박쥐 연구를 통해 박쥐의 면역체계를 이해하
> 고 바이러스에 따른 다양한 염증 반응 치료제를 개발하는 전략이 필요하다."고 강조했다.
> 고부노바 교수는 "이 같은 비교생물학을 통해 노화를 억제하고 퇴행성 질환에 대응하기 위한 방법을
> 찾을 수 있다."며 "안전성이 확인된 연구 결과물들을 임상에 적용해 더욱 발전해 나가는 것이 필요
> 하다."고 밝혔다.

① 박쥐의 수명은 긴 편이지만 평균적인 포유류 생물의 수명보다는 짧다.

② 박쥐는 날개가 있는 유일한 포유류지만 짧은 거리만 날아서 이동이 가능하다.

③ 박쥐는 현재까지도 바이러스에 취약한 생물이지만 긴 기간 지구상에 존재할 수 있었다.

④ 박쥐가 많은 바이러스를 보유하고 있는 것은 무리생활과 더불어 수명과도 관련이 있다.

⑤ 박쥐의 면역은 인간에 직접 적용할 수 없기에 연구가 무의미하다.

**08** 다음 글의 서술 방식상 특징으로 가장 적절한 것은?

현대의 도시에서는 정말 다양한 형태를 가진 건축물들을 볼 수 있다. 형태뿐만 아니라 건물 외벽에 주로 사용된 소재 또한 유리나 콘크리트 등 다양하다. 이렇듯 현대에는 몇 가지로 규정하는 것이 아예 불가능할 만큼 다양한 건축양식이 존재한다. 그러나 다양하고 복잡한 현대의 건축양식에 비해 고대의 건축양식은 매우 제한적이었다.

그리스 시기에는 주주식, 주열식, 원형식 신전을 중심으로 몇 가지의 공통된 건축양식을 보인다. 이러한 신전 중심의 그리스 건축양식은 시기가 지나면서 다른 건축물에 영향을 주었다. 신전에만 쓰이던 건축양식이 점차 다른 건물들의 건축에도 사용이 되며 확대되었던 것이다. 대표적으로 그리스 연못으로 신전에 쓰이던 기둥의 양식들을 바탕으로 회랑을 구성하기도 하였다.

헬레니즘 시기를 맞이하면서 건축양식을 포함하여 예술 분야가 더욱 발전하며 고대 그리스 시기에 비해 다양한 건축양식이 생겨났다. 뿐만 아니라 건축 기술이 발달하면서 조금 더 다양한 형태의 건축이 가능해졌다. 다층구조나 창문이 있는 벽을 포함한 건축양식 등 필요에 따라서 실용적이고 실측적인 건축양식이 나오기 시작한 것이다. 또한 연극의 유행으로 극장이나 무대 등의 건축양식도 등장하기 시작하였다.

로마 시대에 이르러서는 원형 경기장이나 온천, 목욕탕 등 특수한 목적을 가진 건축물들에도 아름다운 건축양식이 적용되었다. 현재에도 많은 사람들이 관광지로서 찾을 만큼, 로마시민들의 위락시설들에는 다양하고 아름다운 건축양식들이 적용되었다.

① 역사적 순서대로 주제의 변천에 대해서 서술하고 있다.

② 전문가의 말을 인용하여 신뢰도를 높이고 있다.

③ 비유적인 표현 방법을 사용하여 문학적인 느낌을 주고 있다.

④ 현대에서 찾을 수 있는 건축물의 예시를 들어 독자의 이해를 돕고 있다.

⑤ 각 시대별 건축양식을 비교하여 서술하고 있다.

**09** 오늘 철도씨는 종합병원에 방문하여 A ~ C과 진료를 모두 받아야 한다. 〈조건〉이 다음과 같을 때, 가장 빠르게 진료를 받을 수 있는 경로는?(단, 주어진 조건 외에는 고려하지 않는다)

PART 1

코레일 7개년 기출복원문제

조건

- 모든 과의 진료와 예약은 오전 9시 시작이다.
- 모든 과의 점심시간은 오후 12시 30분부터 1시 30분이다.
- A과와 C과는 본관에 있고 B과는 별관동에 있다. 본관과 별관동 이동에는 셔틀로 약 30분이 소요되며, 점심시간에는 셔틀이 운행하지 않는다.
- A과는 오전 10시부터 오후 3시까지만 진료를 한다.
- B과는 점심시간 후에 사람이 몰려 약 1시간의 대기시간이 필요하다.
- A과 진료는 단순 진료로 30분 정도 소요될 예정이다.
- B과 진료는 치료가 필요하여 1시간 정도 소요될 예정이다.
- C과 진료는 정밀 검사가 필요하여 2시간 정도 소요될 예정이다.

① A - B - C
② A - C - B
③ B - C - A
④ C - B - A
⑤ C - A - B

※ 다음은 N스크린(스마트폰, VOD, PC)의 영향력을 파악하기 위한 방송사별 통합시청점유율과 기존시청
점유율에 대한 자료이다. 이어지는 질문에 답하시오. [10~11]

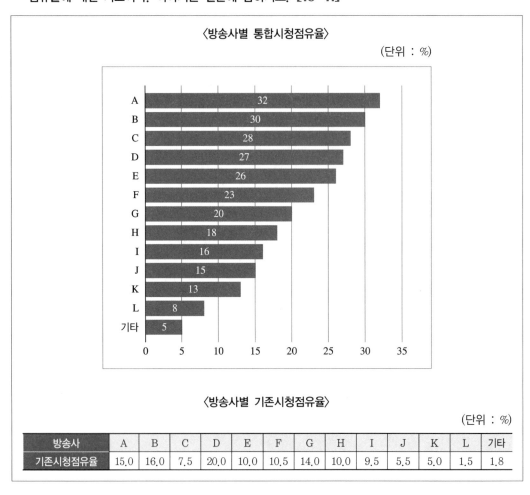

〈방송사별 통합시청점유율〉

(단위 : %)

〈방송사별 기존시청점유율〉

(단위 : %)

| 방송사 | A | B | C | D | E | F | G | H | I | J | K | L | 기타 |
|---|---|---|---|---|---|---|---|---|---|---|---|---|---|
| 기존시청점유율 | 15.0 | 16.0 | 7.5 | 20.0 | 10.0 | 10.5 | 14.0 | 10.0 | 9.5 | 5.5 | 5.0 | 1.5 | 1.8 |

| 수리능력

**10** 다음 중 방송사별 시청점유율에 대한 설명으로 옳지 않은 것은?

① 통합시청점유율 순위와 기존시청점유율 순위가 같은 방송사는 B, J, K이다.

② 기존시청점유율이 가장 높은 방송사는 D이다.

③ 기존시청점유율이 다섯 번째로 높은 방송사는 F이다.

④ 기타를 제외한 통합시청점유율과 기존시청점유율의 차이가 가장 작은 방송사는 G이다.

⑤ 기타를 제외한 통합시청점유율과 기존시청점유율의 차이가 가장 큰 방송사는 A이다.

**11** 다음은 N스크린 영향력의 범위를 표시한 그래프이다. (가) ~ (마)의 범위에 포함될 방송국을 바르게 짝지은 것은?

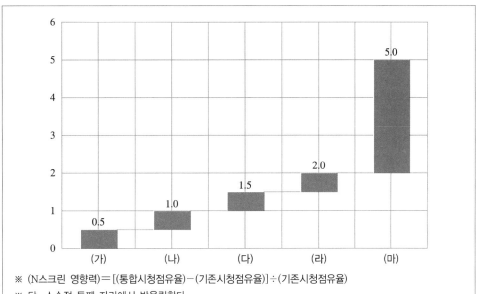

※ (N스크린 영향력)＝[(통합시청점유율)－(기존시청점유율)]÷(기존시청점유율)

※ 단, 소수점 둘째 자리에서 반올림한다.

① (가)＝A

② (나)＝C

③ (다)＝F

④ (라)＝H

⑤ (마)＝K

**12** 다음 중 시스템이론(System Theory)에 대한 설명으로 옳지 않은 것은?

① 시스템이론의 가장 핵심적인 원리는 전체나 부분을 볼 때 서로의 상호 연관성을 관련지어 생각하지 않고는 둘 다 제대로 이해할 수 없다는 것이다.

② 시스템이론은 1차 대전 이후 독일의 생물학자인 베르탈란피(L. von Bertalanffy)가 여러 학문분야의 통합을 위한 공통적인 사고와 연구의 틀을 찾으려는 노력으로 발표된 이론이다.

③ 시스템(System)이란 전체를 구성하는 상호 관련된 부분들의 집합을 말하며 전체와 이를 구성하고 있는 부분, 부분들 사이 및 부분들과 개체와의 상호 연관성들로 구성된다.

④ 시스템이론을 개관해 보면 근본적으로 시스템이란 서로 연관된 부분이 집합되어 만들어진 개체를 뜻하는데 하위 시스템으로서 개체, 이를 구성하는 요소, 요소간, 개체와 요소간의 상호관련성 등이 강조되고 있다.

⑤ 시스템이론은 경영활동을 기술활동, 상업활동, 재무활동, 회계활동, 관리활동, 보호활동으로 구분한다.

**13** 다음 중 이슈 트리(Issue Tree)의 장점에 대한 설명으로 옳지 않은 것은?

① 문제해결을 위해 세분화가 이루어지면 업무에서 감당 가능한 단위가 된다.

② 누락과 중복을 미연에 확인하여 대처가 가능하다.

③ 원인이나 해결책을 구체적으로 찾아 낼 수 있다.

④ 개인과 이해관계자의 서로 다른 차별화된 개념 정리를 가능하게 하여 조직 전체의 업무처리 효율이 증가한다.

⑤ 이슈 간의 논리적 구조를 통해 문제해결의 완성도를 높인다.

**14** 다음 중 맥킨지사의 MECE법에 대한 설명으로 옳지 않은 것은?

① MECE는 다양한 항목들이 서로 겹치지 않으면서 그 항목들의 모음이 전체가 되는 것을 의미한다.

② 수학적으로 풀면 전체집합(U)은 각 A, B, C집합을 포함하고 여집합이 없는 상태이며, A, B, C 각 집합은 교집합이 없어야 하는 상태이다.

③ MECE가 기획을 하는 데 있어서 많은 도움이 되는 이유는 명확성과 간결성을 가지는 사고방식이기 때문이다.

④ 사고 자체를 단계적으로 구축하여 그것을 정리하고 보다 효과적으로 사용할 수 있게끔 하는 데 도움을 준다.

⑤ 창의적인 문제해결이 필요한 경우에도 MECE를 활용하여 문제를 간략하게 해결할 수 있다.

**15** 다음 〈조건〉을 참고할 때, K국가의 부가가치 노동생산성을 바르게 구한 것은?(단, 단위는 시간당이며 USD를 기준으로 한다)

> **조건**
> • K국가의 2021년도 1분기 GDP는 USD 기준 약 3,200억이다(분기 공시이며 연산 환산값은 4이다).
> • K국가의 2021년도 1분기 노동인구수는 5천만 명이다.
> • K국가의 2021년도 1분기 평균노동시간은 40시간이다.

① 100달러      ② 120달러

③ 130달러      ④ 140달러

⑤ 160달러

**16** 다음 중 테일러의 과학적 관리법(Scientific Management)에 대한 설명으로 옳지 않은 것은?

① 테일러리즘(Taylorism)이라고도 불리며, 20세기 초부터 주목받은 과업수행의 분석과 혼합에 대한 관리 이론이다.

② 이론의 핵심 목표는 경제적 효율성, 특히 노동생산성 증진에 있다.

③ 이론의 목적은 모든 관계자에게 과학적인 경영 활동의 조직적 협력에 의한 생산성을 높여 높은 임금을 실현할 수 있다는 인식을 갖게 하는 데 있다.

④ 과학적 관리와 공평한 이익 배분을 통해 생산성과 효율성을 향상하는 것이 기업과 노동자 모두가 성장할 수 있는 길이라는 테일러의 사상은 현대 경영학의 기초가 되었다.

⑤ 테일러의 과학적 관리법은 전문적인 지식과 역량이 요구되는 일에 적합하며, 노동자들의 자율성과 창의성을 고려하여 생산성을 높인다는 점이 장점이다.

**17** 다음 중 포드 시스템에 대한 설명으로 옳지 않은 것은?

① 동일한 제품을 대량 생산함으로써 고객들의 요구에 부응하고 생산원가는 낮추고 임금은 올려줄 수 있는 생산방법이다.

② 대량생산방식으로 자동차의 이동조립법을 확립한 시스템이다.

③ 포드시스템의 주요한 수단은 이동식조립법과 생산 표준화 3S[단순화(Simplification), 표준화(Standardization), 전문화(Specialization)]라 할 수 있다.

④ 작업시스템 유동화로 인한 작업속도 강제화로 작업자의 인간성이 무시된다는 결점이 존재한다.

⑤ 설비투자비가 낮아져 제품 생산단가를 낮출 수 있었으며, 조업도는 숙련된 노동자 중심으로 생산 표준화 3S를 실현하였다.

**18** 다음 중 리더 – 구성원 교환 이론에 대한 설명으로 옳지 않은 것은?

① 구성원들의 업무와 관련된 태도와 행동들은 리더가 그들을 다루는 방식에 달려있다.

② 리더가 여러 구성원들을 동일하게 다루지 않는다고 주장한다.

③ 리더 – 구성원 교환 이론의 목표는 구성원, 팀, 조직에 리더십이 미치는 영향을 설명하는 것이다.

④ 조직의 모든 구성원들의 동일한 차원으로 리더십에 반응한다.

⑤ 이론에 따르면 리더는 팀의 구성원들과 강한 신뢰감, 감정, 존중이 전제된 관계를 형성한다.

**19** 5가지 주문 작업을 1대의 기계에서 처리하고자 한다. 납기일과 남은 시간 그리고 잔여처리시간이 다음과 같을 때 최소납기일우선법(EDD; Earlist Due Date)을 기준으로 작업순서를 결정하여 최우선적으로 시작할 작업은 무엇인가?

| 주문작업 | 납기일 | 남은 시간 | 잔여처리시간 |
|---|---|---|---|
| A | 20일 | 19일 | 10일 |
| B | 31일 | 30일 | 5일 |
| C | 18일 | 17일 | 3일 |
| D | 15일 | 14일 | 6일 |
| E | 12일 | 11일 | 9일 |

① A

② B

③ C

④ D

⑤ E

**20** 다음 중 인적평가센터법에 대한 설명으로 옳지 않은 것은?

① 한 번에 1명의 피평가자가 다수의 평가자들을 평가한다.

② 참가자들에게 주어지는 조건들은 가급적 동등한 보통 참가자들의 행동을 주로 평가한다.

③ 평가의 기준이 사전에 정해져 있어 평가자의 주관적 판단을 감소시킨다.

④ 실용성을 최대화하기 위해 평가자와 피평가자가 모두 사전에 철저한 훈련을 받는다.

⑤ 실제로 담당할 직무와 관련성이 높은 행동들을 위주로 평가하기 때문에 예측타당성이 큰 편이다.

**21** 다음 중 비구조화 면접(Unstructured Interview)에 대한 설명으로 옳지 않은 것은?

① 비표준화 면접 또는 비통제적 면접, 비지시적 면접이라고도 한다.

② 조사해야 할 주제만 사전에 주어지고 준비된 구체적인 질문이 없이 진행되는 면접이다.

③ 질문 문항이나 순서가 미리 정해져 있지 않고 면접 상황에 따라 자유롭게 결정된다.

④ 면접 진행 후 자료의 수량적 표준화와 통계처리가 용이한 장점이 있다.

⑤ 비구조화 면접은 시간과 비용이 소요된다는 단점이 있다.

**22** 다음 〈보기〉에서 설명하는 재고관리기법은 무엇인가?

> **보기**
>
> • 원자재, 부품, 구성품, 중간조립품 등과 같은 종속수요품목의 주문량과 주문시기를 결정하는 컴퓨터시스템으로, 원자재 등의 재고관리가 주목적이다.
> • 상위 품목의 생산계획이 변경되면, 부품의 수요량과 재고 보충 시기를 자동적으로 갱신하여 효과적으로 대응할 수 있다.
> • 종속수요품 각각에 대하여 수요예측을 별도로 할 필요가 없다.

① DRP(Distribution Resource Planning)
② MRP(Material Requirements Planning)
③ Postponement
④ JIT(Just In Time)
⑤ SCM(Supply Chain Management)

**23** 푸시 앤 풀(Push and Pull) 기법 중 푸시 전략(Push Strategy)에 대한 설명으로 옳은 것을 〈보기〉에서 모두 고르면?

> **보기**
>
> ㉠ 제조업자가 중간상을 대상으로 적극적인 촉진 전략을 사용하여 도매상, 소매상들이 자사의 제품을 소비자에게 적극적으로 판매하도록 유도하는 방법이다.
> ㉡ 인적판매와 중간상 판촉의 중요성이 증가하게 되고, 최종소비자를 대상으로 하는 광고의 중요성은 상대적으로 감소하게 된다.
> ㉢ 제조업자가 최종소비자를 대상으로 적극적인 촉진을 사용하여 소비자가 자사의 제품을 적극적으로 찾게 함으로써 중간상들이 자발적으로 자사 제품을 취급하게 만드는 전략이다.
> ㉣ 최종소비자를 대상으로 하는 광고와 소비자 판촉의 중요성이 증가하게 된다.

① ㉠, ㉡                     ② ㉠, ㉣
③ ㉡, ㉢                     ④ ㉡, ㉣
⑤ ㉢, ㉣

**24** K공장의 A생산설비는 목표제품생산주기가 96초이고, 순작업시간이 300초일 때, 이론적인 최소 작업장 수는 몇 개가 되어야 하는가?

① 3개                        ② 4개
③ 5개                        ④ 6개
⑤ 7개

**25** 다음 중 경영자에 대한 설명으로 옳지 않은 것은?

① 최고경영자란 기업의 최상부에 있는 경영자로서 기업의 전반적인 운영에 대한 책임을 지고 있으며 기업의 전략목표를 설정한다.

② 중간경영자란 일선경영자와 최고경영자의 중간에 위치하여 이들을 연결하는 역할을 담당한다.

③ 하위경영영자는 일선경영자라고도 불리우며, 근로자들의 작업과 활동을 감독하고 조정한다.

④ 소유경영자는 소유와 경영이 분리되지 않은 상태에서 자본가가 직접 경영하는 경영자이다.

⑤ 카츠(L. Katz)는 경영자에게 필요한 능력으로 개념능력(Conceptual Skill), 인간능력(Human Skill), 의사소통능력(Commuication Skill)을 제시하였다.

**26** 다음 중 우리나라의 공기업에 대한 설명으로 옳지 않은 것은?

① 자산규모가 2조 원 이상이고, 총수입액 중 자체수입액이 85% 이상인 공기업은 준시장형 공기업에 해당한다.

② 공공기관운영법 제4조에 따라 지정된 공공기관은 동법 제5조에 따른 정원, 총수입액, 자산규모, 자체수입비율 기준에 따라 공기업 · 준정부기관 · 기타공공기관으로 구분한다.

③ 공기업이란 직원 정원이 50명, 총수입액이 30억 원, 자산규모가 10억 원 이상이면서 총수입액 중 자체수입액이 차지하는 비중이 50% 이상인 공공기관을 말한다.

④ 공기업은 손익 계산에 근거하여 사업성 여부를 고려하는 민간 부문에 맡겨서는 적정한 수준의 서비스가 이루어지지 않는 공공 서비스를 제공하기 위해 필요하다.

⑤ 공기업의 상임임원과 직원은 그 직무 외의 영리를 목적으로 하는 업무에 종사하지 못한다.

**27** 민츠버그(H. Mintzberg)는 여러 형태의 경영자를 조사하여 공통적으로 수행하는 경영자의 역할을 10가지로 정리하였다. 다음 글에서 설명하는 역할은 무엇인가?

> 경영자는 기업의 존속과 발전을 위해 조직과 환경을 탐색하고 발전과 성장을 위한 의사결정을 담당하는 역할을 맡는다.

① 대표자적 역할  ② 연락자적 역할

③ 정보수집자적 역할  ④ 대변자적 역할

⑤ 기업가적 역할

**28** 다음 글에서 설명하는 형태의 전략을 지칭하는 용어는 무엇인가?

> 경쟁자나 남들보다 먼저 새로운 제품을 새로이 시장에 진입하기보다는 선도전략을 취하는 기업들을 뒤따라가면서 이를 분석하고 일정 정도의 불확실성이 해소되기를 기다렸다가 새로이 시장에 진입하거나 새로운 제품이나 서비스의 시장에 진입하고자 한다. 이는 혁신성에서 선도전략보다는 낮고 보수전략보다는 높은 전략적 위치에 있는 것이라고 볼 수 있다.

① 공격형 전략  ② 분석형 전략
③ 방어형 전략  ④ 반응형 전략
⑤ 다각형 전략

**29** 다음 중 슈하트 관리도에 대한 설명을 바르게 한 사람은 총 몇 명인가?

> 진영 : 슈하트 관리도의 정규성에서 가정으로 관리한계는 확률분포를 기초로 생성돼.
> 준호 : 슈하트 관리도의 정규성에서 가정으로 $\pm 3\sigma$ 관리한계 안에서 벗어날 확률은 $0.27\%$(1종 오류의 확률)야.
> 민영 : 관리도 정규성 내의 구역별로 데이터가 출현할 확률을 계산하여 구역 법칙을 적용해.
> 아현 : 관리도의 독립성에서 데이터들 사이는 서로 부분 집단적이어야 해.

① 1명  ② 2명
③ 3명  ④ 4명
⑤ 없음

**30** 다음 중 거래비용 이론에 대한 설명으로 옳지 않은 것은?

① 거래비용 이론은 기업과 시장 사이의 효율적인 경계를 설명하는 이론이다.
② 기업의 생산 활동은 경제적인 거래의 연속으로 정의될 수 있다.
③ 거래 당사자들은 자기중심적인 이기적 성향을 가지므로 거래의 당사자들이 거래를 성실하게 수행할 수 있도록 하는 감독비용이 발생하게 된다.
④ 자산의 고정성이 높을 경우, 거래에 소요되는 비용은 상대적으로 감소한다.
⑤ 거래비용 이론이 설명하는 조직 내부적 거래란 곧 조직의 관료적 체계를 통해 이루어지는 거래의 조정과 관리를 의미한다.

**31** 다음 〈보기〉 중 적대적 인수합병(M&A) 시도에 대한 방어 수단을 모두 고르면?

> **보기**
>
> ㄱ. 그린메일 　　　　　　　　　　　ㄴ. 황금낙하산
> ㄷ. 곰의 포옹 　　　　　　　　　　　ㄹ. 팩맨
> ㅁ. 독약조항

① ㄱ, ㄴ, ㄷ 　　　　　　　　　　② ㄱ, ㄷ, ㅁ
③ ㄴ, ㄹ, ㅁ 　　　　　　　　　　④ ㄴ, ㄷ, ㄹ, ㅁ
⑤ ㄱ, ㄴ, ㄷ, ㅁ

**32** 다음 중 피시바인의 다속성 태도 모형에 대한 설명으로 옳지 않은 것은?

① 속성에 대한 신념이란 소비자가 제품 속성에 대하여 가지고 있는 정보와 의견 등을 의미한다.
② 속성에 대한 평가란 각 속성이 소비자들의 욕구 충족에 얼마나 기여하는가를 나타내는 것으로 전체 태도 형성에 있어서 속성의 중요도(가중치)의 역할을 한다.
③ 다속성 태도 모형은 신념의 강도와 제품속성에 대한 평가로 표현된다.
④ 다속성 태도 모형은 구매대안 평가방식 중 비보완적 방식에 해당한다.
⑤ 다속성 태도 모형은 소비자의 태도와 행동을 동일시한다.

**33** 다음 중 빈칸 (가) ~ (다)에 들어갈 단어를 순서대로 바르게 나열한 것은?

> • 카이제곱 검정(Chi – squared Test)은 카이제곱 분포에 기초한 통계적 방법으로 관찰된 빈도가 기대되는 빈도와 의미있게 다른지의 여부를 검정하기 위해 사용되는 검정방법이다.
> • 카이제곱 검정은 크게 동질성 검정과 ___(가)___ 검정 두 가지 유형으로 구분할 수 있다.
> • 동질성 검정은 변인의 분포가 이항분포나 정규분포와 ___(나)___ 는 가정을 전제로 하며, ___(가)___ 검정은 변인이 두 개 이상일 때 사용되고 기대빈도와 ___(다)___ 와의 차이를 통해 기대빈도의 진위여부를 밝힌다.

|   | (가) | (나) | (다) |
|---|------|------|------|
| ① | 유사성 | 상이하다 | 고차빈도 |
| ② | 성장성 | 상이하다 | 고차빈도 |
| ③ | 성장성 | 동일하다 | 정밀빈도분포 |
| ④ | 독립성 | 동일하다 | 관찰빈도 |
| ⑤ | 독립성 | 유사하다 | 관찰빈도 |

**34** 다음 중 학습조직에 대한 설명으로 옳지 않은 것은?

① 학습조직이란 일상적으로 학습을 계속 진행해 나가며 스스로 발전하여 환경 변화에 빠르게 적응할 수 있는 조직이다.

② 학습을 통해 스스로 진화하는 특성을 가진 집단이며, 기업에서는 이를 업무에 적용함으로써 집단의 역량 제고를 유도할 수 있다.

③ 조직학습 행위의 일상화·습관화로 인해 언제라도 새로운 환경에 적합한 자기변신을 할 수 있는 조직을 말한다.

④ 학습조직을 조직 내에 도입하기 위해서는 순환의 개념이 학습조직 구축의 핵심 개념으로 정착되어야 한다.

⑤ 학습조직을 정착시키기 위한 구체적인 실행방안으로는 일과 학습의 명확한 구분점이 존재하여야 한다는 것이며, 이는 지속적인 학습을 촉진시키는 역할을 한다.

**35** 다음 중 매슬로의 욕구체계이론과 앨더퍼의 ERG이론의 차이점으로 옳지 않은 것은?

① 욕구체계이론은 추구하는 욕구가 얼마나 절실하며 기초적인가에 따라 구분하였지만, ERG이론은 욕구충족을 위한 행동의 추상성에 따라 분류하였다.

② 욕구체계이론은 가장 우세한 하나의 욕구에 의해 하나의 행동이 유발된다고 보았지만, ERG이론은 두 가지 이상의 욕구가 복합적으로 작용하여 행동을 유발한다고 보았다.

③ 욕구체계이론은 만족진행법에 입각하고 있고, ERG이론은 만족진행법을 인정하지만 상위 욕구 불충족 시 하위 욕구로 되돌아온다는 좌절퇴행접근법 또한 인정하고 있다.

④ 욕구체계이론은 인간이 처한 상태에 따라 단 하나의 욕구를 추구하는 것으로 보는 것과 달리, ERG이론은 어떤 시점에 있어서나 한 가지 이상의 욕구가 작동한다는 사실을 주장하고 있다.

⑤ 욕구체계이론은 인간의 욕구를 동기부여 요인으로 보고 대상으로 삼아왔지만, ERG이론은 인간의 욕구를 동기부여 대상으로 생각하지 않고 다양한 요인을 동시에 고려한다.

**36** 다음 중 단속 생산방식이 적합한 경우는 무엇인가?

① 제품의 납품일이 가까워 신속하고 빠르게 생산하여야 하는 경우

② 단위당 생산원가를 낮게 책정하여야 하는 경우

③ 공장에 구비된 기계설비가 특수목적인 전용설비인 경우

④ 분기별로 거래처에서 동일한 품목을 일정량 주문하는 암묵적 패턴이 존재하는 경우

⑤ 다양한 품종을 주문이 들어오는 시점부터 소량만 생산하는 경우

**37** 다음 중 페스팅거(L. Festinger)의 인지부조화 이론에 대한 설명으로 옳지 않은 것은?

① 구매 후 부조화란 제품을 구매, 소비, 처분한 후에 그러한 의사결정이 올바른 것이었는가에 대하여서 확신하지 못하는 경험을 의미한다.

② 제품을 반품할 수 없을 경우 구매 후 부조화는 더욱 커지게 된다.

③ 가격이 높은 제품일수록 구매 후 부조화는 더욱 작아지게 된다.

④ 구매 후 부조화를 줄이기 위해서는 긍정적인 정보는 더욱 검색하고, 부정적인 정보는 차단한다.

⑤ 안내 책자를 제공하거나 피드백을 통한 구매자의 선택이 훌륭하였음을 확인시키는 활동은 구매 후 부조화를 감소시키기 위한 것이다.

**38** 다음 중 시장세분화에 대한 설명으로 옳지 않은 것은?

① 제품사용상황, 사용량은 행동적 세분화 기준변수에 속한다.

② 효과적인 시장세분화를 위해서는 시장의 규모가 측정 가능해야 한다.

③ 시장세분화를 통해 소비자들의 다양한 욕구를 보다 잘 만족시킬 수 있다.

④ 하나의 특정한 시장세분화 기준변수가 모든 상황에서 가장 효과적인 것은 아니다.

⑤ 시장세분화에서는 동일한 세분시장 내에 있는 소비자들의 이질성이 극대화되도록 해야 한다.

**39** 다음 중 경제적 주문량 모형(EOQ)이 성립하기 위한 가정으로 옳지 않은 것은?

① 단위당 재고유지비용과 1회당 재고주문비용은 주문량과 관계없이 일정하다.

② 주문량은 한 번에 모두 도착한다.

③ 연간 재고 수요량을 정확히 파악하고 있다.

④ 구입단가는 주문량과 관계없이 일정하다.

⑤ 재고 부족현상이 발생할 수 있으며, 주문 시 정확한 리드타임이 적용된다.

**40** 다음 중 제품수명주기(PLC)에서 성숙기에 해당하는 설명으로 옳은 것은?

① 제품의 인지도가 낮고 잠재 구매고객이 정확하게 파악되지 않는 경우가 많기 때문에 이익이 많이 창출되지 않는다.

② 좋은 품질의 제품을 내놓는 것과 동시에 제품 인지도를 높이기 위한 마케팅, 세일즈 프로모션에 많은 투자가 필요한 시기이다.

③ 경쟁 심화로 인한 과도한 가격 인하나 판매촉진 비용의 증대로 이윤이 감소하기도 하며, 경쟁에서 밀린 업체들은 시장을 떠나기도 한다.

④ 제품이 어느 정도 인지도를 얻게 됨에 따라 판매가 급속도로 증가하는 시기이다.

⑤ 제품은 시간이 지남에 따라 과도한 경쟁, 트렌드의 변화, 기술혁신에 따른 기존 제품의 불필요, 열악한 시장환경과 같은 여러 가지 요소들이 작용한다.

**01** K병원은 다음과 같은 내용으로 저소득층 지원 사업을 시행하려고 한다. 〈보기〉 중 이 사업의 지원을 받을 수 있는 사람을 모두 고르면?

---

〈저소득층 지원사업〉

• 사업개요
  저소득층을 대상으로 K병원에서 자체적으로 시행하는 의료 지원사업
• 지원내역
  – 진료비 전액 지원(입원비 제외)
  – 출장 진료 가능
  – 약, 수술 등의 비용은 제외
• 지원대상
  – A지역 거주민만 해당
  – 차상위계층
  – 장애인
  – 기초생활 수급자
  – 한부모 가정
  – 청소년 가장
• 유의점
  – 한 가구에 한 명만 지원받을 수 있습니다.
  – 지원대상의 부양가족도 지원받을 수 있습니다.

---

**보기**

ㄱ. 저는 A지역에서 살다가 B지역으로 이사한 고등학생입니다. 이번에 몸이 아파서 진찰을 받으려고 합니다.

ㄴ. A지역에 홀로 할아버지를 모시고 사는 청년입니다. 차상위계층에 속하는데 할아버지께서 거동이 불편하셔서 출장 진료를 부탁하려 합니다.

ㄷ. 혼자 애를 기르고 있는 사람으로 A지역에 거주합니다. 아기가 열이 많이 나서 K병원에 입원시키려고 합니다.

ㄹ. 기초생활 수급을 받고 있는 A지역의 4인 가족입니다. 단체로 진료를 받고 가장 진료비가 많이 나온 가족의 비용을 지원받고 싶습니다.

① ㄱ, ㄴ       ② ㄱ, ㄷ

③ ㄴ, ㄷ       ④ ㄴ, ㄹ

⑤ ㄷ, ㄹ

※ 어떤 의사는 다음 규칙으로 회진을 한다. 자료를 보고 이어지는 질문에 답하시오. [2~3]

〈병실 위치〉

| 101호 | 102호 | 103호 | 104호 |
| 105호 | 106호 | 107호 | 108호 |

〈환자 정보〉

| 환자 | 호실 | 일정 |
| --- | --- | --- |
| A | 101호 | 09:00 ~ 09:40 정기 검사 |
| B | 107호 | 11:00 ~ 12:00 오전 진료 |
| C | 102호 | 10:20 ~ 11:00 오전 진료 |
| D | 106호 | 10:20 ~ 11:00 재활 치료 |
| E | 103호 | 10:00 ~ 10:30 친구 문병 |
| F | 101호 | 08:30 ~ 09:45 가족 문병 |

〈회진 규칙〉

• 회진은 한 번에 모든 환자를 순서대로 순회한다.
• 101호부터 회진을 시작한다.
• 같은 방에 있는 환자는 연속으로 회진한다.
• 회진은 9시 30분부터 12시까지 완료한다.
• 환자의 일정이 있는 시간은 기다린다.
• 회진은 환자 한 명마다 10분이 소요된다.
• 각 방을 이동하는데 옆방(예 105호 옆방은 106호)은 행동 수치 1이, 마주보는 방(예 104호 마주보는 방 108호)은 행동 수치 2가 소요된다(시간에 적용하지는 않는다).
• 방을 이동하는 데 소요되는 행동 수치가 가장 적게 되도록 회진한다.

┃ 문제해결능력

**02** 다음 중 의사가 세 번째로 회진하는 환자는?(단, 주어진 규칙 외의 다른 조건은 고려하지 않는다)

① B환자
② C환자
③ D환자
④ E환자
⑤ F환자

┃ 문제해결능력

**03** 다음 중 의사의 회진에 대한 설명으로 옳은 것은?

① 의사가 마지막으로 회진하는 환자는 E환자이다.
② 의사가 네 번째로 회진하는 환자는 B환자이다.
③ 회진은 11시 전에 모두 마칠 수 있다.
④ E환자의 회진 순서는 B환자보다 먼저이다.
⑤ 10시부터 회진을 시작하면 마지막에 회진받는 환자가 바뀐다.

**04** 다음은 직원 A의 퇴직금에 대한 자료이다. 직원 A가 받을 퇴직금은 얼마인가?(단, 직원 A는 퇴직금 조건을 모두 만족하고, 주어진 조건 외에는 고려하지 않으며, 1,000원 미만은 절사한다)

PART 1

코레일 7개년 기출복원문제

〈퇴직금 산정기준〉

- 근무한 개월에 따라 1년 미만이라도 정해진 기준에 따라 지급한다.
- 평균임금에는 기본급과 상여금, 기타수당 등이 포함된다.
- 실비에는 교통비, 식비, 출장비 등이 포함된다.
- 1일 평균임금은 퇴직일 이전 3개월간에 지급받은 임금총액을 퇴직일 이전 3개월간의 근무일수의 합으로 나눠서 구한다.
- 1일 평균임금 산정기간과 총근무일수 중 육아휴직 기간이 있는 경우에는 그 기간과 그 기간 중에 지급된 임금은 평균임금 산정기준이 되는 기간과 임금의 총액에서 각각 뺀다.
- 실비는 평균임금에 포함되지 않는다.
- (퇴직금)=(1일 평균임금)×30일×$\dfrac{(총\ 근무일수)}{360일}$

〈직원 A의 월급 명세서〉

(단위 : 만 원)

| 월 | 월 기본급 | 상여금 | 교통비 | 식비 | 기타수당 | 근무일수 | 기타 |
|---|---|---|---|---|---|---|---|
| 1월 | 160 | – | 20 | 20 | 25 | 31일 | – |
| 2월 | 160 | – | 20 | 20 | 25 | 28일 | – |
| 3월 | 160 | – | 20 | 20 | 25 | 31일 | – |
| 4월 | 160 | – | 20 | 20 | 25 | 22일 | – |
| 5월 | 160 | – | 20 | 20 | – | 16일 | 육아휴직 (10일) |
| 6월 | 160 | 160 | 20 | 20 | 25 | 22일 | 7월 1일 퇴직 |

① 1,145,000원
② 1,289,000원
③ 1,376,000원
④ 1,596,000원
⑤ 1,675,000원

**05** K씨는 TV를 구매하였다. TV의 가로와 세로 비율은 4 : 3이고 대각선은 40인치이다. 이 TV의 가로와 세로 길이의 차이는 몇 cm인가?(단, 1인치는 2.5cm이다)

① 10cm
② 20cm
③ 30cm
④ 40cm
⑤ 50cm

**06** 회사 전체 사원을 대상으로 한 명을 뽑았을 때, 신입사원이면서 남자일 확률은?

- 전체 사원 중 한 명을 뽑았을 때, 신입사원일 확률은 0.8이다.
- 기존 사원 중 한 명을 뽑았을 때, 여자일 확률은 0.6이다.
- 전체 사원 중 한 명을 뽑았을 때, 남자일 확률은 0.4이다.

① 20%                    ② 30%
③ 40%                    ④ 50%
⑤ 60%

**07** M씨는 뒷산에 등산을 갔다. 오르막길 A는 1.5km/h로 이동하였고, 내리막길 B는 4km/h로 이동하였다. A로 올라가 정상에서 쉬고, B로 내려오는 데 총 6시간 30분이 걸렸으며, 정상에서는 30분 동안 휴식을 하였다. 오르막길과 내리막길이 총 14km일 때, A의 거리는?

① 2km                    ② 4km
③ 6km                    ④ 8km
⑤ 10km

**08** 다음 〈조건〉을 토대로 K가 하루에 섭취할 수 있는 카페인으로 마실 수 있는 커피의 경우의 수는? (단, 최소한 한 가지 종류의 커피만을 마시는 경우까지 포함한다)

조건
- K는 하루에 400mg의 카페인을 섭취할 수 있다.
- K는 오늘 이미 200mg의 카페인을 섭취하였다.
- 인스턴트 커피의 카페인 함유량은 50mg이다.
- 핸드드립 커피의 카페인 함유량은 75mg이다.

① 2가지                    ② 4가지
③ 6가지                    ④ 8가지
⑤ 10가지

**09** 경사가 일정한 두 점 A, B 사이에 표고 150m의 등고선은 점 B로부터 수평거리로 얼마만큼 떨어져 있는가?(단, A, B 사이의 수평거리는 340m이며, A점의 표고는 178m이고, B점의 표고는 116m 이다)

① 약 178.45m

② 약 180.24m

③ 약 182.55m

④ 약 184.34m

⑤ 약 186.45m

**10** 확폭량이 $S$인 노선에서의 반지름($R$)을 4배로 한다고 할 때, 확폭량($S'$)은?

① $1S'$

② $2S'$

③ $4S'$

④ $\dfrac{1}{4}S'$

⑤ $\dfrac{1}{8}S'$

**11** 길이가 4m인 철근콘크리트 캔틸레버보의 처짐을 계산하지 않는 경우, 보의 최소 두께는?(단, $f_{ck}$ = 30MPa이고 $f_y$ = 300MPa이다)

① 약 328.29mm

② 약 429.29mm

③ 약 513.29mm

④ 약 662.29mm

⑤ 약 721.29mm

**12** 다음 중 콘크리트 다짐 특성에 대한 설명으로 옳지 않은 것은?

① 콘크리트 타설 직후 바로 충분히 다져서 콘크리트가 철근 및 매설물 등의 주위와 거푸집까지 잘 채워져 밀실한 콘크리트가 되도록 한다.

② 거푸집 진동기는 거푸집의 적절한 위치에 단단히 설치하여야 한다.

③ 재진동을 할 경우에는 콘크리트에 나쁜 영향이 생기지 않도록 초결이 발생하기 전에 실시하여야 한다.

④ 거푸집널에 접하는 콘크리트는 가능하면 평탄한 표면이 얻어지도록 타설하고 다져야 한다.

⑤ 슬럼프 150mm 이하의 된비빔콘크리트에 거푸집 진동기를 사용하지만, 얇은 벽 거푸집 진동기의 사용이 곤란한 장소에는 내부 진동기를 사용한다.

**13** 다음 중 옹벽의 설계 및 해석에 대한 설명으로 옳지 않은 것은?

① 저판은 뒷부벽 또는 앞부벽 간의 거리를 경간으로 두고 고정보 또는 연속보로 설계한다.

② 앞부벽은 직사각형보로 설계하고, 뒷부벽은 T형보로 설계한다.

③ 저판의 뒷굽판은 정확한 방법이 사용되지 않는 한, 뒷굽판 상부에 재하되는 모든 하중을 지지하도록 설계한다.

④ 옹벽의 전면벽은 2변 지지된 3방향 슬래브로 설계한다.

⑤ 활동에 대한 효과적인 저항을 위해 활동 방지벽과 저판을 일체로 만들어야 한다.

**14** 단철근 직사각형 보에서 부재축에 직각인 전단보강철근이 부담해야 할 전단력 $V_s = 250$kN일 때, 전단보강철근의 간격 $s$는 최대 얼마 이하인가?(단, $A_v = 158$mm$^2$, $f_{yt} = 400$MPa, $f_{ck} = 28$MPa, $b_w = 300$mm, $d = 450$mm이다)

① 200mm

② 205mm

③ 225mm

④ 240mm

⑤ 255mm

**15** 250mm×400mm 직사각형 단면을 가진 길이가 8m인 양단힌지 기둥이 있다. 이 기둥의 세장비 ($\lambda$)는 얼마인가?

① 약 54.98

② 약 69.28

③ 약 75.18

④ 약 92.78

⑤ 약 115.58

**16** 길이가 10m인 철근을 300MPa의 인장응력으로 인장하였더니 그 길이가 15mm만큼 늘어났다. 이 철근의 탄성계수는 어떻게 되는가?

① $2.0 \times 10^5$ MPa

② $2.1 \times 10^5$ MPa

③ $2.2 \times 10^5$ MPa

④ $2.3 \times 10^5$ MPa

⑤ $2.4 \times 10^5$ MPa

**17** 단면이 150mm×350mm인 장주의 길이가 5m일 때, 좌굴하중은?(단, 기둥의 지지 상태는 일단고정 일단힌지, $E=20,000$MPa이다)

① 약 759.376kN

② 약 820.335kN

③ 약 842.155kN

④ 약 863.590kN

⑤ 약 885.905kN

**18** 어떠한 지반의 포화단위중량이 $1.88$t/m$^3$인 흙에서의 한계동수경사 $i_c$는?

① 0.80

② 0.81

③ 0.86

④ 0.88

⑤ 1.00

**19** 다음 중 테르자기(Terzaghi)의 1차원 압밀 이론의 가정조건으로 옳지 않은 것은?

① 흙은 균질하고 완전하게 포화되어 있다.

② 토립자와 물은 비압축성이다.

③ Darcy의 법칙이 타당하게 사용된다.

④ 압밀 진행 중인 흙의 성질은 변할 수 있다.

⑤ 압력과 간극비 사이에는 직선적인 관계가 성립된다.

**20** 옹벽의 뒷면과 흙의 마찰각이 0인 연직옹벽에서 지표면이 수평인 경우, Rankine 토압과 Coulomb 토압은 어떻게 되는가?

① Rankine의 토압은 Coulomb의 토압보다 크다.

② Rankine의 토압은 Coulomb의 토압보다 작다.

③ Rankine의 토압은 Coulomb의 토압보다 1만큼 크다.

④ Rankine의 토압은 Coulomb의 토압보다 1만큼 작다.

⑤ Rankine의 토압은 Coulomb의 토압과 같다.

**01**  다음 중 밑줄 친 부분이 의미하는 내용으로 가장 적절한 것은?

사진이 아주 강력한 힘을 발휘할 때가 있다. 사람의 눈으로 도저히 볼 수 없는 세계를 펼쳐 보일 때이다. 영월에서 열리는 동강국제사진제(7월 5일 ~ 9월 29일)에서도 이런 사진을 보았다. 독일 예술대학에 처음으로 사진학과를 창설한 쿤스트아카데미 뒤셀도르프(베어학파) 출신 작가들의 사진이 전시된 국제주제전에 걸린 클라우디아 페렌켐퍼의 사진에 나는 압도당했다. 소형 곤충 사진인데, 눈으로는 관측 불가능한 영역이 거대하게 확대되어 포착되었다. 이런 사진을 '포토 매크로그래피'라 부르는데 요즘 유행하는 예술적인 과학 사진의 가장 흔한 형태 중 하나이다. 쉽게 현미경 사진이라 생각하면 된다. 요즘은 수백만 배를 확대해 원자도 관측이 가능하다.

인류는 수많은 사진을 찍었지만 세상을 바꾼 사진의 목록에는 과학 사진이 다수를 차지한다. 1915년 알베르트 아인슈타인은 '일반 상대성 이론'을 발표해 중력이 공간을 휘게 한다고 주장했다. 아인슈타인은 수성의 근일점에 매우 미세한 차이가 있고 이것은 바로 중력이 빛을 휘어지게 하기 때문이라고 했다. 아직은 가설이었다. 영국 왕립천문학회 소속 천문학자 아서 스탠리 에딩턴이 검증에 나섰다. 그는 1919년 대형 카메라와 탐사대를 이끌고 아프리카의 오지 섬 프린시페로 배를 타고 가 한 달간 촬영 준비를 한 끝에 6분간 일식 사진을 찍었다. 이 사진을 통해 별빛이 태양에 의해 휜다는 것을 포착했다. '과학 사진이 바로 이런 것이다.'라고 증명한 쾌거였다. 이 사진으로 아인슈타인의 주장은 가설에서 이론이 되었다.

그 후로도 인류에 큰 영향을 끼친 과학 사진은 많았다. 그중에서도 우주배경복사의 불균일성을 발견한 사진이 압권이었다. 우주 생성은 늘 과학자들의 연구 대상이었다. '빅뱅 이론'은 우주가 대폭발로 생겼다고 본다. 어떻게 증명할 것인가? 먼저 러시아 출신의 미국 물리학자 조지 가모는 대폭발 이후 광자의 형태로 방출된 복사(우주배경복사)의 일부가 우주에 남아 있다는 가설을 제시했다. 1964년 미국 벨연구소의 아노 펜지어스와 로버트 윌슨은 4,080MHz 대역에서 들려오는 초단파 잡음이 우주에서 온다는 것을 알면서 우주배경복사를 발견했다. 그런데 우리 우주에 항성과 행성이 있기에 우주배경복사는 균일하지 않아야 한다. 과학자들의 다음 목표는 우주배경복사의 미세한 온도 차이 확인이었다. 이를 위해 1989년 미국 물리학자 조지 스무트가 주도한 '코비 프로젝트'가 시작되었다. 미국 항공우주국(나사)이 쏘아 올린 우주망원경 코비가 사진을 전송했고, 그 사진에서 10만 분의 1 정도 온도 차를 발견했다. 이 사진은 우리가 보는 가시광선이 아니라 '태초의 빛'의 흔적인 마이크로파를 찍은 것이었다. 이런 과학 사진을 비가시광선 사진이라 부른다.

과학 사진은 생경하다. 인간이 전에 본 일이 없기 때문이다. 그래서 아름답다. 이 또한 전에 느껴보지 못한 아름다움이다. 이런 미학은 재빠르게 기존 예술의 틈으로 파고들어갈 것이다. 사진이 회화에 비해 압도적으로 유리한 자리를 차지할 수 있는 분야이기도 하다.

① 과학의 힘으로 세상이 변화하는 모습
② 한 장의 사진에서 느껴지는 사진사의 의도
③ 가시광선에 의한 색감의 조화
④ 인간의 눈으로 확인할 수 없는 세계가 지닌 아름다움
⑤ 인간의 눈에서 보이는 자연 그대로의 모습

## 02 다음 글의 중심 내용으로 가장 적절한 것은?

> 그리스 철학의 집대성자라고도 불리는 철학자 아리스토텔레스는 자연의 모든 물체는 '자연의 사다리'에 의해 계급화되어 있다고 생각했다. 자연의 사다리는 아래서부터 무생물, 식물, 동물, 인간, 그리고 신인데, 이러한 계급에 맞춰 각각 일정한 기준을 부여했다. 18세기 유럽 철학계와 과학계에서는 이러한 자연의 사다리 사상이 크게 유행했으며, 사다리의 상층인 신과 인간에게는 높은 이성과 가치가 있고, 그 아래인 동물과 식물에게는 인간보다 낮은 가치가 있다고 보기 시작했다.
>
> 이처럼 서양의 자연관은 인간과 자연을 동일시하던 고대에서 벗어나 인간만이 영혼이 있으며, 이에 따라 인간만이 자연을 지배할 수 있다고 믿는 기독교 중심의 중세시대를 지나, 여러 철학자들을 거쳐 점차 인간이 자연보다 우월한 자연지배관으로 모습이 바뀌기 시작했다. 이러한 자연관을 토대로 서양에서는 자연스럽게 산업혁명 등을 통한 대량소비와 대량생산의 경제 성장구조와 가치체계가 발전되어 왔다.
>
> 동양의 자연관 역시 동양철학과 불교 등의 이념과 함께 고대에서 중세시대를 지나게 되었다. 하지만 서양의 인간중심 철학과 달리 동양철학과 불교에서는 자연과 인간을 동일선상에 놓거나 둘의 조화를 중요시하여 합일론을 주장했다. 이들의 사상은 노자와 장자의 무위자연의 도, 불교의 윤회사상 등에서 살펴볼 수 있다. 대량소비와 대량생산으로 대표되는 자본주의의 한계와 함께 지구온난화, 자원고갈, 생태계 파괴가 대두되는 요즘 동양의 자연관이 주목받고 있다.

① 서양철학에서 나타나는 부작용

② 자연의 사다리와 산업혁명

③ 철학과 지구온난화의 상관관계

④ 서양의 자연관과 동양의 자연관의 차이

⑤ 서양철학의 문제점과 동양철학을 통한 해결법

**03** 다음 중 경량전철에 대비되는 PRT의 장점으로 적절하지 않은 것은?

> PRT(Personal Rapid Transit : 소형궤도차량)는 무인 경량전철처럼 제어시스템을 활용하여 무인으로 운행되는 전기차량으로, 소위 개인형 고속 전철이나 무인 고속 택시로 불린다. 전체적인 형태는 놀이동산 등에서 볼 수 있는 모노레일과 비슷하다. PRT의 특징은 저소음인 동시에 배기가스 배출이 없다는 점이며, 설치비 또한 경량전철에 비하여 2분의 1에서 4분의 1가량으로 크게 낮은 수준이다.
>
> 크기도 지하철 및 무인 경량전철보다 작으므로 복잡한 도심 속에서도 공간을 확보하기 쉬우며, 자연스럽게 지상에서의 접근성 또한 용이하다. 대개 경량전철의 경우 3층 이상 높이에서 운행되기 때문에 이들을 이용하기 위해서는 계단으로 걸어 올라갈 필요가 있으나, PRT의 경우 2층 높이로 엘리베이터를 통해 승강장까지 오르내리기 쉽다.
>
> PRT의 장점은 운행방식에서도 나타난다. 정해진 시간에 역과 정류소에 정차하는 일반적인 경량전철과 달리 PRT는 승차자가 나타날 경우 차량이 2~30초 내 도착하는 등 택시와 같이 탑승과정이 신속하고 개인적이다. 운행시간에서도 일정시간 동안만 무인 혹은 유인운전으로 운행되는 경량전철과 달리 PRT는 24시간 무인운전을 통해 운행된다는 장점을 내세우고 있다.
>
> 이러한 PRT의 강점이 최초로 주목받기 시작했던 것은 1970년대 미국이었다. 당시 미국에서는 꿈의 교통수단으로 많은 기대를 모았으나, 정작 당시의 철도기술로는 수백 대가 넘는 PRT 차량이 원하는 장소까지 논스톱으로 주행 가능한 무인제어 환경을 구축하는 것이 불가능했고, 수송인원 또한 버스나 지하철에 비해 한정되었기에 상업화가 지연된 상황이었다. 하지만 최근에는 IT기술의 눈부신 발전과 함께 친환경 문제가 대두되며 PRT가 다시금 주목을 받고 있다.

① 탑승자를 원하는 지점에 신속하고 정확하게 데려다 줄 수 있다.

② 경량전철에 비하여 최대 4분의 1가량 설치비가 저렴하다.

③ 무인운전을 통해 운행되기 때문에 무인 경량전철에 비해 많은 인건비를 절감할 수 있다.

④ 소음이 적고 경량전철보다 작기 때문에 복잡한 도심 속에서도 운행이 가능하다.

⑤ 탑승자의 접근성이 경량전철에 비해 용이하다.

**04** 다음 중 민속문화와 대중문화의 차이로 적절하지 않은 것은?

> 문화는 하나의 집단을 이루는 사람들의 독특한 전통을 구성하는 관습적 믿음, 사회적 형태, 물질적 특성으로 나타나는 일종의 실체이다. 문화는 모든 사람들의 일상생활에서의 생존활동, 즉 의식주와 관련된 활동들로부터 형성된다. 지리학자들은 특정 사회관습의 기원과 확산, 그리고 특정 사회관습과 다른 사회적 특성들의 통합을 연구한다. 이는 크게 고립된 촌락 지역에 거주하는 규모가 작고 동질적인 집단에 의해 전통적으로 공유되는 민속문화(Folk Culture), 특정 관습을 공유하는 규모가 크고 이질적인 사회에서 나타나는 대중문화(Popular Culture)로 구분된다.
>
> 다수의 민속문화에 의해 지배되는 경관은 시간의 흐름에 따라 거의 변화하지 않는다. 이에 비해 현대의 통신매체는 대중적 관습이 자주 변화하도록 촉진시킨다. 결과적으로 민속문화는 특정 시기에 장소마다 다양하게 나타나는 경향이 있지만, 대중문화는 특정 장소에서 시기에 따라 달라지는 경향이 크다.
>
> 사회적 관습은 문화의 중심지역, 즉 혁신의 발상지에서 유래한다. 민속문화는 흔히 확인되지 않은 기원자를 통해서, 잘 알려지지 않은 시기에, 출처가 밝혀지지 않은 미상의 발상지로부터 발생한다. 민속문화는 고립된 장소로부터 독립적으로 기원하여 여러 개의 발상지를 가질 수 있다. 예를 들어, 민속 노래는 보통 익명으로 작곡되며 구두로 전파된다. 노래는 환경 조건의 변화에 따라 다음 세대로 전달되며 변형되지만, 그 소재는 대다수 사람들에게 익숙한 일상생활의 사건들로부터 빈번하게 얻어진다.
>
> 민속문화와 달리 대중문화는 대부분이 선진국, 특히 북아메리카, 서부 유럽, 일본의 산물이다. 대중음악과 패스트푸드가 대중문화의 좋은 예이다. 대중문화는 산업기술의 진보와 증가된 여가시간이 결합하면서 발생한 것이다. 오늘날 우리가 알고 있는 대중음악은 1900년경에 시작되었다. 그 당시 미국과 서부 유럽에서 대중음악에 의한 엔터테인먼트는 영국에서 뮤직 홀(Music Hall)로 불리고, 미국에서 보드빌(Vaudeville)이라고 불린 버라이어티쇼였다. 음악 산업은 뮤직홀과 보드빌에 노래를 제공하기 위해 뉴욕의 틴 팬 앨리(Tin Pan Alley)라고 알려진 구역에서 발달하였다. 틴 팬 앨리라는 명칭은 송 플러거(Song Plugger : 뉴욕의 파퓰러 송 악보 출판사가 고용한 선전 담당의 피아니스트)라고 불린 사람들이 악보 출판인들에게 음악의 곡조를 들려주기 위해 격렬하게 연타한 피아노 사운드로부터 유래하였다.
>
> 많은 스포츠가 고립된 민속문화로 시작되었으며, 다른 민속문화처럼 개인의 이동을 통해 확산되었다. 그러나 현대의 조직된 스포츠의 확산은 대중문화의 특징을 보여준다. 축구는 11세기 잉글랜드에서 민속문화로 시작되었으며, 19세기 전 세계 대중문화의 일부가 되었다. 축구의 기원은 명확하지 않다. 1863년 다수의 브리티시 축구 클럽들이 경기 규칙을 표준화하고, 프로 리그를 조직하기 위해 풋볼협회(Football Association)를 결성하였다. 풋볼 협회의 'Association' 단어가 축약되어 'Assoc'으로, 그리고 조금 변형되어 마침내 'Soccer'라는 용어가 만들어졌다. 여가시간 동안 조직된 위락 활동을 공장 노동자들에게 제공하기 위해 클럽들이 교회에 의해 조직되었다. 영국에서 스포츠가 공식적인 조직으로 만들어진 것은 축구가 민속문화에서 대중문화로 전환된 것을 나타낸다.

① 민속문화는 규모가 작고, 동질적인 집단에 의해 전통적으로 공유된다.

② 대중문화는 서부 유럽이나 북아메리카 등 선진국에서 발생하였다.

③ 민속문화는 출처가 밝혀지지 않은 미상의 발상지로부터 발생한다.

④ 민속문화는 대중문화로 변하기도 한다.

⑤ 민속문화는 특정 장소에서 시기마다 달라지는 경향이 있지만, 대중문화는 특정 시기에서 장소에 따라 다양해지는 경향이 크다.

**05** 두께 4.5mm, 폭 30mm 강재에 13.5kN의 인장력이 작용한다. 폭의 수축량은 몇 mm인가?(단, 푸아송 비는 0.4이고, 탄성계수 $E = 230$GPa이다)

① $0.783 \times 10^{-3}$mm          ② $1.543 \times 10^{-3}$mm

③ $2.256 \times 10^{-3}$mm          ④ $3.217 \times 10^{-3}$mm

⑤ $4.825 \times 10^{-3}$mm

**06** 다음 그림과 같이 길이 2m의 사각 단면인 외팔보에서 집중 하중 $P$가 작용할 때, 자유단의 처짐량은 약 얼마인가?(단, 재료의 탄성계수 $E = 300$GPa이며, 소수점 둘째 자리에서 반올림한다)

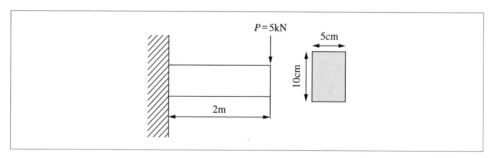

① 10.7mm          ② 21.5mm

③ 38.9mm          ④ 42.7mm

⑤ 52.1mm

**07** 다음 그림과 같이 볼트에 축하중 $Q$가 작용할 때 볼트 머리부에 생기는 전단응력 $\tau$를 볼트에 생기는 인장응력 $\sigma$의 0.8배까지 허용할 때, 볼트의 지름 $d$는 머리의 높이 $H$의 몇 배인가?

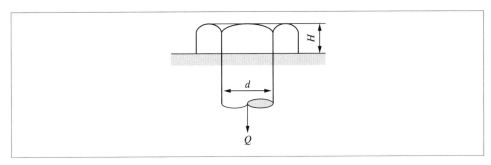

① $\dfrac{8}{5}$ 배

② $\dfrac{16}{5}$ 배

③ $\dfrac{5}{8}$ 배

④ $\dfrac{5}{16}$ 배

⑤ $\dfrac{5}{32}$ 배

**08** 다음 그림과 같은 외팔보에서 자유단으로부터 3m 떨어진 C점에 집중 하중 $P=9\text{kN}$이 작용할 때, 자유단의 처짐각 $\theta_A$와 처짐량 $\delta_A$는 얼마인가?(단, $E=200\text{GPa}$, $I=250\text{cm}^4$ 이다)

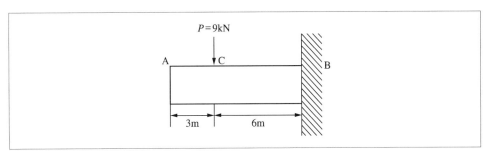

|  | $\theta_A$ | $\delta_A$ |
|---|---|---|
| ① | 0.024rad | 약 125.8cm |
| ② | 0.124rad | 약 152.2cm |
| ③ | 0.224rad | 약 187.5cm |
| ④ | 0.324rad | 약 226.8cm |
| ⑤ | 0.424rad | 약 235.4cm |

**09** 지름 3m, 두께 3cm의 얇은 원통에 860kPa의 내압이 작용할 때, 이 원통에 발생하는 최대 전단응력은 몇 MPa인가?

① $-8.2$MPa

② $-10.75$MPa

③ $10.75$MPa

④ $-15.85$MPa

⑤ $15.85$MPa

**10** 디젤 사이클 엔진이 초온 500K, 초압 200KPa, 최고 온도 7,000K, 최고 압력 5MPa로 작동할 때 열효율은 몇 %인가?(단, $k=1.50$이다)

① 약 34%

② 약 43%

③ 약 55%

④ 약 58%

⑤ 약 61%

**11** 가역 사이클로 작동되는 이상적인 기관(냉동기 및 열펌프 겸용)이 $-15℃$의 저열원에서 열을 흡수하여 50℃의 고열원으로 열을 방출한다. 이때 냉동기의 성능(성적)계수와 열펌프의 성능계수를 순서대로 바르게 나열한 것은?(단, 소수점 둘째 자리에서 반올림한다)

① 3.97, 4.97

② 4.97, 5.97

③ 5.97, 6.97

④ 6.97, 7.97

⑤ 7.97, 8.97

**12** 다음 그림과 같은 계단 단면의 중실 원형축의 양단을 고정하고 계단 단면부에 비틀림 모멘트 $T$가 작용할 경우, 지름 $D_1$과 $D_2$의 축에 작용하는 비틀림 모멘트의 비 $\dfrac{T_1}{T_2}$은?(단, $D_1=9\text{cm}$, $D_2=3\text{cm}$, $l_1=50\text{cm}$, $l_2=20\text{cm}$이다)

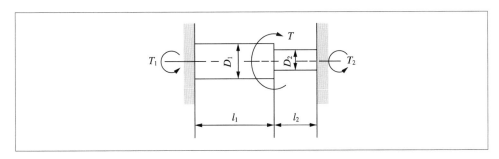

① 10.4

② 25.2

③ 32.4

④ 53.8

⑤ 62.6

**13** 다음 중 표준대기압을 나타낸 수치가 아닌 것은?

① 14.7psi

② 101,325Pa

③ 760Torr

④ 10.33kg/cm²

⑤ 760mmHg

**14** 체적이 $10\text{m}^3$인 유체의 무게가 $50,000N$일 때, 이 유체의 비중량($\gamma$), 밀도($\rho$), 비중($S$)은 각각 얼마인가?(단, 소수점 둘째 자리에서 반올림한다)

① $\gamma=3,000\text{N/m}^3$, $\rho=509.7\text{N}\cdot\text{s}^2/\text{m}^4$, $S=0.5$

② $\gamma=3,000\text{N/m}^3$, $\rho=312.5\text{N}\cdot\text{s}^2/\text{m}^4$, $S=0.5$

③ $\gamma=5,000\text{N/m}^3$, $\rho=509.7\text{N}\cdot\text{s}^2/\text{m}^4$, $S=0.5$

④ $\gamma=3,000\text{N/m}^3$, $\rho=312.5\text{N}\cdot\text{s}^2/\text{m}^4$, $S=0.6$

⑤ $\gamma=5,000\text{N/m}^3$, $\rho=509.7\text{N}\cdot\text{s}^2/\text{m}^4$, $S=0.6$

**15** 다음 중 800kPa, 110℃의 $CO_2$(이산화탄소)의 비중량은?(단, 소수점 셋째 자리에서 반올림한다)

① $11.05kg/m^3$

② $11.05N/m^3$

③ $110kg/m^3$

④ $110N/m^3$

⑤ $115N/m^3$

**16** 다음 중 압축률의 차원을 절대단위계로 바르게 표시한 것은?

① $M^{-2}LT^2$

② $M^{-1}LT^2$

③ $MLT^2$

④ $M^{-2}LT$

⑤ $M^{-2}L^2T$

**17** 다음 중 비중이 0.7인 어떤 유체의 비체적은 얼마인가?

① $143m^3/N$

② $700N/m^3$

③ $7.85m^3/kg$

④ $1.43 \times 10^{-3}m^3/kg$

⑤ $1.43 \times 10^{-3}m^3/N$

**18** 다음 중 레이놀즈수에 대한 설명으로 옳지 않은 것은?

① 층류와 난류를 구별하여 주는 척도가 된다.

② 레이놀즈수가 작은 경우에는 점성력이 크게 영향을 미친다.

③ 층류에서 난류로 변하는 레이놀즈수를 하임계 레이놀즈수라고 한다.

④ 관성력과 점성력의 비를 나타낸다.

⑤ 유동단면의 형상이 변하면 임계 레이놀즈수도 변한다.

**19** 투영면적이 $4.8m^2$이고, 속도가 100km/h인 자동차의 저항력이 300kg이다. 이 중 30%는 마찰저항이고, 나머지는 바람에 의한 항력이다. 항력계수는 얼마인가?(단, $\gamma = 1.25kg/m^3$이다)

① 약 2.45 　　　　　　　　② 약 6.78

③ 약 0.89 　　　　　　　　④ 약 5.75

⑤ 약 9.64

**20** 다음 〈보기〉 중 금속의 비중이 무거운 순서대로 바르게 나열한 것을 모두 고르면?

| 보기 | |
|---|---|
| ㄱ. Ir>Pb>Cu | ㄴ. Ti>Fe>Al |
| ㄷ. Ir>Fe>Mg | ㄹ. Pt>Fe>Ag |

① ㄱ, ㄴ 　　　　　　　　② ㄱ, ㄷ

③ ㄴ, ㄷ 　　　　　　　　④ ㄴ, ㄹ

⑤ ㄷ, ㄹ

**21** 다음 중 금속과 그 비중의 연결이 옳지 않은 것은?

① Fe(7.87) 　　　　　　　　② Mo(1.22)

③ Al(2.74) 　　　　　　　　④ Pb(11.36)

⑤ Zn(10.49)

**22** 다음 중 동력 전달용 기계요소가 아닌 것은?

① 축
② 스프링
③ 커플링
④ 베어링
⑤ 벨트

**23** 다음 중 불변강의 종류가 아닌 것은?

① 초인바
② 플래티나이트
③ 코엘린바
④ 퍼멀로이
⑤ 인코넬

**24** 접종 백선화를 억제시키고 흑연의 형상을 균일하게 하기 위하여 Ca – Si 분말을 접종 첨가하여 흑연의 핵 형성을 촉진시키는 주철은?

① 가단주철
② 합금주철
③ 미하나이트주철
④ 구상흑연주철
⑤ 칠드주철

**25** 니켈 – 크롬강에서 강인성을 증가시키고 질량효과를 감소시키며, 뜨임메짐을 방지하기 위해 첨가하는 원소로 옳은 것은?

① Mn
② V
③ W
④ Mo
⑤ P

**26** 다음 (가) ~ (다)는 항온 열처리 방법의 종류이다. 〈보기〉에서 바르게 짝지은 것은?

> (가) Ms점과 Mf점 사이에서 항온처리하며, 마텐자이트와 베이나이트의 혼합 조직을 얻는다.
> (나) 특정 온도로 유지 후 공기 중에서 냉각, 베이나이트 조직을 얻는다.
> (다) 과랭 오스테나이트에서 소성 가공을 한 후 마텐자이트화한다.

> **보기**
> ㉠ 오스템퍼링
> ㉡ 오스포밍
> ㉢ 마템퍼링

|     | (가) | (나) | (다) |
| --- | --- | --- | --- |
| ① | ㉠ | ㉡ | ㉢ |
| ② | ㉡ | ㉠ | ㉢ |
| ③ | ㉡ | ㉢ | ㉠ |
| ④ | ㉢ | ㉠ | ㉡ |
| ⑤ | ㉢ | ㉡ | ㉠ |

**27** 다음 내용과 관련된 시험 방법은 무엇인가?

> • 해머의 낙하 높이와 반발 높이
> • 끝에 다이아몬드가 부착된 해머를 시편 표면에 낙하
> • 반발 높이가 높을수록 시편의 경도가 높음

① 피로 시험　　　　　　　　　② 브리넬 경도 시험
③ 샤르피식 시험　　　　　　　④ 로크웰 경도 시험
⑤ 쇼어 경도 시험

**28** 다음 중 조밀육방격자들로만 이루어진 금속은 무엇인가?

① W, Ni, Mo, Cr　　　　　　② Mg, Ce, Ti, Y
③ V, Li, Ce, Zn　　　　　　　④ Mg, Ti, Zn, Cr
⑤ Zn, Ag, Ni, Y

**29** 다음 중 핀(Pin)의 종류에 대한 설명으로 옳지 않은 것은?

① 테이퍼 핀은 보통 $\dfrac{1}{50}$ 정도의 테이퍼를 가진다.

② 평행 핀은 분해·조립하는 부품 맞춤면의 관계 위치를 일정하게 할 때 주로 사용한다.

③ 분할 핀은 축에 끼워진 부품이 빠지는 것을 막는 데 사용된다.

④ 스프링 핀은 2개의 봉을 연결하여 2개의 봉이 상대각운동을 할 수 있도록 하는 데 사용한다.

⑤ 조인트 핀은 2개 부품을 연결할 때 사용된다.

**30** 다음 중 아크용접의 종류로 옳은 것을 〈보기〉에서 모두 고르면?

> **보기**
>
> 가. 산소 – 아세틸렌　　　　　　나. 불활성가스
> 다. 원자수소　　　　　　　　　　라. 프로젝션
> 마. 서브머지드

① 가, 다　　　　　　　　　　② 나, 라
③ 나, 다, 라　　　　　　　　④ 나, 다, 마
⑤ 다, 라, 마

**31** 정상 2차원 속도장 $\vec{V}=4x\vec{i}-4y\vec{j}$ 내의 한 점 (3, 5)에서 유선의 기울기 $\dfrac{dy}{dx}$ 는?

① $\dfrac{3}{5}$　　　　　　　　　② $-\dfrac{3}{5}$

③ $\dfrac{5}{3}$　　　　　　　　　④ $-\dfrac{5}{3}$

⑤ $-1$

**32** 다음 중 원통커플링의 종류로 옳은 것을 〈보기〉에서 모두 고르면?

> **보기**
>
> ㄱ. 슬리브 커플링　　　　　　　　ㄴ. 플랜지 커플링
> ㄷ. 셀러 커플링　　　　　　　　　ㄹ. 반중첩 커플링
> ㅁ. 올덤 커플링

① ㄱ, ㄷ　　　　　　　　　　② ㄴ, ㄹ
③ ㄱ, ㄷ, ㄹ　　　　　　　　④ ㄴ, ㄷ, ㅁ
⑤ ㄷ, ㄹ, ㅁ

**33** 다음 중 자기저항이 2배가 되게 하기 위한 방법은 무엇인가?

① 자로의 길이를 $\frac{1}{2}$ 배로, 철심의 단면적을 2배가 되게 한다.

② 자로의 길이를 2배로, 철심의 단면적을 2배가 되게 한다.

③ 자로의 길이를 4배로, 철심의 단면적을 2배가 되게 한다.

④ 자로의 길이를 4배로, 철심의 단면적을 $\frac{1}{2}$ 배가 되게 한다.

⑤ 자로의 길이를 2배로, 철심의 단면적을 4배가 되게 한다.

**34** 다음 〈보기〉 중 비유전율에 대한 설명으로 옳은 것은 몇 개인가?

> **보기**
>
> ㄱ. 모든 유전체의 비유전율은 1보다 크다.
> ㄴ. 비유전율의 단위는 [C/m]이다.
> ㄷ. 어떤 물질의 비유전율은 진공 중의 유전율에 대한 물질의 유전율의 비이다.
> ㄹ. 비유전율은 절연물의 종류에 따라 다르다.
> ㅁ. 산화티탄 자기의 비유전율이 유리의 비유전율보다 크다.
> ㅂ. 진공 중의 비유전율은 0이다.
> ㅅ. 진공 중의 유전율은 $\frac{1}{36\pi} \times 10^9$[F/m]로 나타낼 수 있다.

① 0개　　　　　　　　　　② 1개
③ 2개　　　　　　　　　　④ 3개
⑤ 4개

**35** 송전선로에서 전선의 도약으로 인한 상간의 혼촉이 발생될 것을 방지하기 위해서 사용하는 방법은?

① 아킹혼
② 오프셋
③ 댐퍼
④ 가공지선
⑤ 매설지선

**36** 다음 중 송전선로의 이상전압 방지대책에 대한 설명으로 옳지 않은 것은?

① 개폐서지의 이상전압을 감쇄할 목적으로 쓰이는 것은 개폐저항기이다.
② 가공지선을 설치하는 가장 큰 이유는 전압강하를 방지하기 위함이다.
③ 가공지선의 차폐각이 작을수록 차폐효과가 크다.
④ 철탑의 탑각 접지저항이 커지면 역섬락이 발생하게 된다.
⑤ 개폐 이상 전압은 무부하일 때가 전부하일 때보다 더 크다.

**37** 다음 직류 전동기의 속도제어 방식 중 부하변동이 심한 곳에 적용하는 것은?

① 계자 제어 방식
② 직렬 방식
③ 일그너 방식
④ 저항 방식
⑤ 워드 레오너드 방식

**38** 다음 중 동기발전기의 기전력의 파형을 개선하는 데 옳지 않은 것은?

① 공극의 길이를 크게 한다.
② 전기자 권선을 성형결선으로 한다.
③ 매극 매상의 슬롯수를 크게 한다.
④ 단절권, 집중권을 채용한다.
⑤ 전기자 슬롯을 스큐슬롯으로 한다.

**39** 다음 중 단상 직권 정류자 전동기에 대한 설명으로 옳은 것은?

① 아트킨손형 전동기에 해당된다.

② 부하에 관계없이 회전수가 일정한 전동기이다.

③ 보상권선의 역할은 역률개선 및 정류작용 개선이다.

④ 교류 전압을 가하면 회전 방향이 변한다.

⑤ 계자 권선과 전기자 권선이 병렬로 되어 있다.

**40** 다음 글의 빈칸 ㉠ ~ ㉤에 들어갈 말을 순서대로 바르게 나열한 것은?

- 이상적인 전압원은 내부 저항이 ____㉠____이고, 이상적인 전류원은 내부 저항이 ____㉡____이다.
- 전압원과 전류원이 혼합된 회로망에서, 회로 내 어느 한 지로에 흐르는 전류는 각 전원이 단독으로 존재할 때의 전류를 각각 합하여 구하는 정리는 ____㉢____의 정리라고 한다.
- ____㉢____의 정리에서 먼저, 한 개의 전원을 취하고 나머지 전원은 모두 없앤다. 이때 나머지 전압원은 ____㉣____, 전류원은 ____㉤____시킨다.

|   | ㉠ | ㉡ | ㉢ | ㉣ | ㉤ |
|---|---|---|---|---|---|
| ① | 0 | 0 | 노튼 | 개방 | 단락 |
| ② | 0 | ∞ | 중첩 | 개방 | 단락 |
| ③ | 0 | ∞ | 중첩 | 단락 | 개방 |
| ④ | ∞ | 0 | 테브난 | 단락 | 개방 |
| ⑤ | ∞ | 0 | 밀만 | 단락 | 개방 |

**41** FM 변조에서 신호주파수가 10KHz이고 주파수 변조파의 대역폭은 120KHz일 때, 최대 주파수 편이는 몇 KHz인가?

① 10KHz  ② 30KHz

③ 50KHz  ④ 70KHz

⑤ 90KHz

**42** 다음은 PLL회로의 구성요소를 나타낸 자료이다. 빈칸 ㉠ ~ ㉢에 들어갈 용어를 순서대로 바르게 나열한 것은?

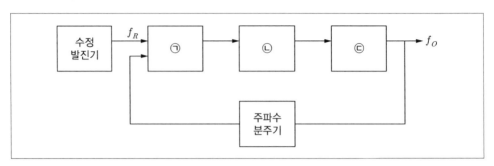

|  | ㉠ | ㉡ | ㉢ |
|---|---|---|---|
| ① | 위상 검출기 | 루프필터 | VCO |
| ② | 위상 검출기 | VCO | HPF |
| ③ | 위상 검출기 | HPF | VCO |
| ④ | 위상 비교기 | 루프필터 | VCO |
| ⑤ | 위상 비교기 | VCO | 루프필터 |

**43** 다음 중 OFDM에 대한 설명으로 옳지 않은 것은?

① 변조신호는 PAPR(Peak to Average Power Ratio)이 낮다.
② FFT를 이용한 고속의 신호처리가 가능하다.
③ 다중 경로 페이딩에 강하다.
④ 위상잡음 및 송수신단 간의 반송파 주파수 Offset에 민감하다.
⑤ 주파수 효율성이 높은 편이다.

**44** 서로 다른 두 자극 $\pm m$이 미소거리 $l$만큼 떨어져 있다. 다른 요소는 변화시키지 않고 미소거리만 2배로 변화시켰을 때의 자기모멘트는?

① $\dfrac{1}{2}ml[\text{Wb}\cdot\text{m}]$  ② $ml[\text{Wb}\cdot\text{m}]$

③ $2ml[\text{Wb}\cdot\text{m}]$  ④ $4ml[\text{Wb}\cdot\text{m}]$

⑤ $6ml[\text{Wb}\cdot\text{m}]$

**45** 다음 중 키르히호프의 법칙에 대한 설명으로 옳지 않은 것은?

① 키르히호프 제1법칙은 전류에 대한 법칙이고, 제2법칙은 전압에 대한 법칙이다.
② 키르히호프 제1법칙에 의하면 전하는 접합점에서 생기기도 하고 없어지기도 한다.
③ 키르히호프 제1법칙은 전하 보존법칙을 따른다.
④ 키르히호프 제2법칙에서 임의의 폐회로에서 회로 내의 모든 전위차의 합은 0이다.
⑤ 키르히호프 제2법칙은 직류와 교류에 모두 적용할 수 있다.

**46** 다음 동기발전기 냉각 방식 중 수소 냉각 방식의 특징으로 옳지 않은 것은?

① 냉각효과가 커서 발전기 용량을 증가시킬 수 있다.
② 수소가스 누설감지 장치가 없어도 사용할 수 있다.
③ 공기 냉각 방식에 비해 소음이 적다.
④ 코로나 현상이 발생하기 어렵다.
⑤ 발전기의 점검과 보수가 어렵다.

**47** 다음 중 변압기의 철심이 갖추어야 할 성질로 옳지 않은 것은?

① 성층 철심을 사용해야 한다.
② 전기저항이 커야 한다.
③ 히스테리시스 손실이 작아야 한다.
④ 히스테리시스 계수가 작아야 한다.
⑤ 비투자율이 커야 하고, 저항률이 작아야 한다.

**48** 다음 중 안정도 향상 대책으로 옳지 않은 것은?

① 중간 조상 방식을 채용한다.
② 발전기와 변압기의 임피던스를 작게 한다.
③ 복도체 또는 다도체 방식을 사용한다.
④ 계통연계를 한다.
⑤ 단락비가 작은 기기를 채용한다.

## | 04 |  전기통신직

| 전기이론

**01**   다음 중 송전선의 안정도를 증진시키는 방법으로 옳지 않은 것은?

① 발전기의 단락비를 크게 한다.

② 고속도 재폐로 방식을 채용한다.

③ 조속기의 동작을 빠르게 한다.

④ 선로의 병렬 회선수를 줄이거나 복도체 또는 다도체 방식을 사용한다.

⑤ 계통연계를 한다.

| 전기이론

**02**   다음 그림과 같은 회로의 공진 주파수 $f\,[\text{Hz}]$는?

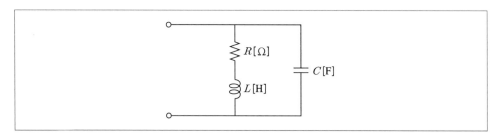

① $\dfrac{1}{2\pi}\sqrt{\dfrac{1}{LC}-\dfrac{R^2}{L^2}}$

② $\dfrac{1}{2\pi}\sqrt{\dfrac{1}{LC}-\dfrac{R^2}{C}}$

③ $\dfrac{1}{2\pi\sqrt{LC}}$

④ $\dfrac{1}{2\pi}\sqrt{\dfrac{C}{L}}$

⑤ $\dfrac{1}{2\pi}\sqrt{\dfrac{L}{C}}$

| 전기이론

**03**   다음 중 정전계에 대한 설명으로 옳지 않은 것은?

① 단위 전하에서 나오는 전기력선의 수는 $\dfrac{1}{\epsilon_0}$개이다.

② 전기력선과 등전위면은 서로 직교한다.

③ 정전계는 정전 에너지가 최소인 분포이다.

④ 도체 표면의 전하 밀도는 표면의 곡률이 큰 부분일수록 작다.

⑤ 도체 내부의 전계는 0이다.

**04** 무한 평면 도체와 $d[\mathrm{m}]$ 떨어져 평행한 무한장 직선 도체에 $\rho[\mathrm{C/m}]$의 전하 분포가 주어졌을 때, 직선 도체가 단위 길이당 받는 힘은?(단, 공간의 유전율은 $\epsilon$ 이다)

① $-\dfrac{\rho}{\pi\epsilon d}$

② $-\dfrac{\rho}{2\pi\epsilon d}$

③ $\dfrac{\rho}{4\pi\epsilon d}$

④ $\dfrac{\rho^2}{2\pi\epsilon d}$

⑤ $\dfrac{\rho^2}{4\pi\epsilon d}$

**05** 비유전율 $\epsilon_s = 51$인 유전체 내의 한 점에서 전계의 세기가 $E = 10^2 [\mathrm{V/m}]$일 때, 이 점의 분극의 세기 $P[\mathrm{C/m}^2]$는?

① $4.43 \times 10^{-6}$

② $4.43 \times 10^{-7}$

③ $4.43 \times 10^{-8}$

④ $\dfrac{10^{-6}}{36\pi}$

⑤ $\dfrac{10^{-6}}{72\pi}$

**06** 다음과 같은 그림에서 부하저항 $R_L$에 최대 전력을 공급하려고 할 때, $R_L$의 값은 몇 $\Omega$ 인가?

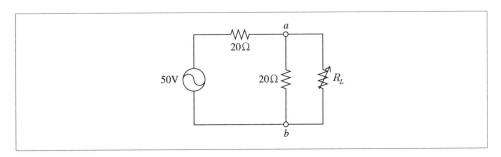

① $15.625\,\Omega$

② $31.25\,\Omega$

③ $62.5\,\Omega$

④ $125\,\Omega$

⑤ $250\,\Omega$

**07** $s^2+9s+81=0$의 특성 방정식을 갖는 시스템에서 단위 계단 함수를 입력할 때, 오버슈트 (Maximum Overshoot)가 발생하는 시간은 몇 sec인가?

① 약 0.403sec

② 약 0.604sec

③ 약 0.806sec

④ 약 1.206sec

⑤ 약 2.412sec

**08** 다음 중 지락 사고 시 일정 전압 이상이 되면 동작하는 계전기는?

① 영상 변류기

② 비율차동 계전기

③ 지락 과전압 계전기

④ 선택 지락 계전기

⑤ 과전류 계전기

**09** 다음 중 거리 계전기의 특징으로 옳은 것은?

① 계전기 설치점에서 고장점까지의 임피던스로 고장여부를 판별한다.

② 발전기의 내부 단락사고를 검출하는 데 사용되지 않는다.

③ 다회선에서 접지 고장 회선을 선택한다.

④ 중성점 저항 접지 방식의 병행 2회선 송전 선로의 지락사고 차단에 사용된다.

⑤ 방향성을 가지고 있다.

**10** 120Hz 24극 회전자 외경 2m의 동기 발전기에 있어서 자극면의 주변 속도는?

① 약 59.8m/s

② 약 60.8m/s

③ 약 61.8m/s

④ 약 62.8m/s

⑤ 약 63.8m/s

**11** 다음 중 정상특성과 응답 속응성을 동시에 개선하는 제어 동작은 무엇인가?

① 비례 동작(P동작)

② 적분 동작(I동작)

③ 비례 미분 동작(PD동작)

④ 비례 적분 동작(PI동작)

⑤ 비례 적분 미분동작(PID동작)

**12** 2차 제어계에서 최대 오버슈트가 발생하는 시간 $t_P$와 고유주파수 $w_n$, 감쇠계수 $\delta$ 사이의 관계식은?

① $t_P = \dfrac{2\pi}{w_n \sqrt{1 - \delta^2}}$

② $t_P = \dfrac{\pi}{w_n \sqrt{1 - \delta^2}}$

③ $t_P = \dfrac{2\pi}{w_n \sqrt{1 - 2\delta^2}}$

④ $t_P = \dfrac{\pi}{w_n \sqrt{1 - 2\delta^2}}$

⑤ $t_P = \dfrac{\pi}{2w_n \sqrt{1 - \delta^2}}$

**13** 다음 중 전기력선의 성질로 옳지 않은 것은?

① 전하가 없는 곳에서는 전기력선의 발생과 소멸이 없고 연속적이다.

② 전기력선은 자신만의 폐곡선을 만든다.

③ 전기력선은 등전위면과 직교한다.

④ 전기력선은 도체 표면에서 수직으로 출입한다.

⑤ 전기력선 밀도는 전계의 세기와 같다.

정답 및 해설 p.049

## | 01 | 사무영업직

**| 의사소통능력**

**01** 다음 자료를 보고 추론한 내용으로 적절하지 않은 것은?

| 구분 | 올더스 헉슬리 | 조지 오웰 |
| --- | --- | --- |
| 경고 | 스스로 압제를 환영하며, 사고력을 무력화하는 테크놀로지를 떠받들 것이다. | 외부의 압제에 지배당할 것이다. |
| 두려움 | 굳이 서적을 금지할 이유가 없어지는 것에 대한 두려움 | 서적 금지에 대한 두려움 |
| | 지나친 정보 과잉으로 수동적이고 이기적인 존재가 될 것 같은 두려움 | 정보 통제에 대한 두려움 |
| | 비현실적 상황에 진실이 압도당할 것에 대한 두려움 | 진실 은폐에 대한 두려움 |
| | 가장현실, 약물중독 따위에 몰두함으로 인해 하찮은 문화로 전락할 것에 대한 두려움 | 통제에 의한 문화가 감옥이 될 것에 대한 두려움 |
| | 우리가 좋아서 집착하는 것이 오히려 우리를 파괴할 것에 대한 두려움 | 우리가 증오하는 것이 우리를 파괴할 것 같은 두려움 |
| 통제 | 즐길 것을 통해서 | 고통을 가해서 |

– 닐 포스트먼, 『죽도록 즐기기』

① 조지 오웰은 개인의 자유가 침해되는 상황을 경계하고 있다.

② 올더스 헉슬리는 개인들이 통제를 기꺼이 받아들일 것이라고 전망했다.

③ 조지 오웰은 사람들이 너무 많은 정보를 접하는 상황에 대해 두려워했다.

④ 올더스 헉슬리는 쾌락을 통해 사람들을 움직일 수 있다고 본다.

⑤ 두 사람 모두 사람들은 자기 파멸에 대해 두려움을 느낀다.

**02** 다음 글의 제목으로 가장 적절한 것은?

> 요즘은 대체의학의 홍수시대라고 하여도 지나친 표현이 아니다. 우리가 먹거나 마시는 대부분의 비타민제나 건강음료 및 건강보조식품이 대체의학에서 나오지 않은 것이 없을 정도이니 말이다. 이러한 대체요법의 만연으로 한의계를 비롯한 제도권 의료계에서는 많은 경제적 위협을 받고 있다. 대체의학에 대한 정의는 일반적으로 현대의학의 표준화된 치료 이외에 환자들이 이용하는 치료법으로써 아직 증명되지는 않았으나, 혹은 일반 의료의 보조요법으로 과학자나 임상의사의 평가에 의해 증명되지는 않았으나 현재 예방, 진단, 치료에 사용되는 어떤 검사나 치료법 등을 통틀어 지칭하는 용어로 알려져 있다.
>
> 그러나 요즈음 우리나라에서 말하는 대체의학은 한마디로 정의하여 전통적인 한의학과 서양의학이 아닌 그 외의 의학을 통틀어 대체의학이라 부르고 있다. 원래는 1970년대 초반 동양의학의 침술이 미국의학계와 일반인들에게 유입되고 특별한 관심을 불러일으키면서 서양의학자들은 이들의 혼잡을 정리하기 위해 서양의학 이외의 다양한 전통의학과 민간요법을 통틀어 '대체의학'이라 부르기 시작했다. 그런 이유로 구미 각국에서는 한의학도 대체의학에 포함시키고 있으나 의료 이원화된 우리나라에서만은 한의학도 제도권 내의 공식 의학에 속하기 때문에 대체의학에서는 제외되고 있다. 서양에서 시작된 대체의학은 서양의 정통의학에서 부족한 부분을 보완하거나 대체할 새로운 치료의학에 대한 관심으로 시작하였으나 지금의 대체의학은 질병을 관찰함에 있어 부분적이기 보다는 전일(全一)적이며 질병 중심적이기 보다는 환자 중심적이고 인위적이기 보다는 자연적인 치료를 주장하는 인간중심의 한의학에 관심을 갖게 되면서 전반적인 상태나 영양 등은 물론 환자의 정신적, 사회적, 환경적인 부분까지 관찰하여 조화와 균형을 이루게 하는 치료법으로 거듭 진화하고 있으며 현재는 보완대체의학에서 보완통합의학으로, 다시 통합의학이라는 용어로 변모되어가고 있다.
>
> 대체의학을 분류하는 방법이 다양하지만 서양에서 분류한 세 가지 유형으로 구분하여 대표적인 것들을 소개하자면 다음과 같다. 첫째, 동양의학적 보완대체요법으로 침술, 기공치료, 명상요법, 요가, 아유르베다 의학, 자연요법, 생약요법, 아로마요법, 반사요법, 봉침요법, 접촉요법, 심령치료법, 기도요법 등이며 둘째, 서양의학적 보완대체요법으로는 최면요법, 신경 – 언어 프로그램 요법, 심상유도 요법, 바이오피드백 요법(생체되먹이 요법), 분자정형치료, 응용운동학, 중금속제거 요법, 해독요법, 영양보충 요법, 효소요법, 산소요법, 생물학적 치과치료법, 정골의학, 족부의학, 근자극요법, 두개천골자극 요법, 에너지의학, 롤핑요법, 세포치료법, 테이핑요법, 홍채진단학 등이 있고 셋째, 동서의학 접목형 보완대체요법으로는 동종요법, 양자의학, 식이요법, 절식요법, 주스요법, 장요법, 수치료, 광선요법, 뇨요법 등의 치료법이 있고, 요즘은 여기에다 미술치료, 음악치료 등의 새로운 치료법이 대두되고 있으며 이미 일부의 양·한방 의료계에서는 이들 중의 일부를 임상에 접목시키고 있다.
>
> 그러나 한의학으로 모든 질병을 정복하려는 우를 범해서는 아니 된다. 한의학으로 모든 질병이 정복되어진다면 서양의학이 존재할 수 없으며 대체의학이 새롭게 21세기를 지배할 이유가 없다. 한의학은 대체의학이 아니다. 마찬가지로 대체의학 역시 한의학이 아니며 서양의학도 아니다. 대체의학은 새로운 의학이다. 우리가 개척하고 정복해야 할 미지의 의학이다.

① 대체의학의 의미와 종류　　　　　　② 대체의학이 지니는 문제점

③ 대체의학에 따른 부작용 사례　　　　④ 대체의학의 한계와 개선방향

⑤ 대체의학의 연구 현황과 미래

## 03 다음 글의 내용으로 가장 적절한 것은?

4차 산업혁명에서 '혁명'은 말 그대로 큰 변화를 가져오는 것을 의미한다. 좀 더 풀어 설명하면 산업혁명은 '기술의 등장으로 인한 사회의 큰 변화'를 의미하는 것으로 이해할 수 있다. 사회적인 변화가 있었기 때문에 도시 모습도 당연히 변화됐다. 좀 더 엄밀히 말하면 특정 기술이 사회와 도시 모습을 바꾼 것이다.

1차 산업혁명은 열에너지 기술 등장으로 인한 교통수단과 생산이 자동화되는 시기다. 이때 철도를 움직이게 하기 위한 교통기반 시설이 갖춰지게 됐다. 2차 산업혁명은 전기 에너지 기반의 컨베이어 벨트 체계가 들어서기 시작할 때다. 이 시기에는 도시에 공장이 들어섬으로 인해 대량생산이 일어나게 된다. 3차 산업혁명은 '인터넷'이 등장한 시기다. 전 세계가 연결되고 정보 공유가 활발히 일어났다. 도시 모델 역시 '정보 공유형'의 특성을 가졌다. 이러한 도시를 유 시티(U-City)라고 한다. 유 시티는 '유비쿼터스 시티(Ubiquitous City)'의 줄임말로, 유비쿼터스는 '어디에나 존재하는'이라는 뜻을 가지고 있다. 정리하면 유 시티는 '장소와 시간에 구애받지 않고 시민들에게 정보를 제공하는 도시'로 정의할 수 있는데 인터넷 기술이 도시 모습에 영향을 미쳤음을 알 수 있다.

그렇다면 4차 산업혁명은 무엇이고, 스마트 시티는 기존 유 시티와 어떻게 다를까? 4차 산업혁명은 한마디로 산업 전 분야와 정보통신기술(ICT) 융합으로 생겨난 혁명으로, 핵심기술은 ICBM(IoT·Cloud·BigData·Mobile)이다. ICBM은 사물인터넷, 클라우드, 빅데이터 그리고 모바일이 결합한 기술로 정의하는데, 센서 역할을 하는 사물인터넷이 정보를 모아서 클라우드에 보낸다. 그러면 빅데이터는 이를 분석하고 사용자에게 서비스 형태로 모바일로 제공한다. 얼핏 들으면 기존 인터넷 시대와 다른 점이 없어 보인다. 그러나 두 가지 관점에서 명확히 다르다. 우선 연결 범위가 넓어졌다. 사물인터넷 등장으로 연결되는 기기 수가 증가하고 있다. 과거 인터넷 시대에는 컴퓨터, 휴대전화만 연결 대상이었다. 그러나 지금은 자동차, 세탁기 등이 연결 대상이 되어가고 있다. 참고로 시장 조사 전문 기관 '스태티스타(Statista)'에 따르면 사물인터넷 수는 2020년에 300억 기기가 인터넷으로 연결될 전망이다. 또 하나 인터넷 시대와 다른 점은 정보의 가공 수준이다. 빅데이터는 3V로 정의할 수 있는데, Velocity(속도), Volume(규모) 그리고 Variety(다양성)이다. 실제로는 속도와 규모로 빅데이터 여부를 나누는 것은 애매하다. 중요 부분은 '다양성'이라고 할 수 있는데, 빅데이터는 기계학습을 기반으로 비정형 데이터도 분석할 수 있다는 장점이 있다. 기존 분석 방식은 사람이 입력한 공식에 따라 처리하게 하는 '지식공학'이었다면, 현재 주목받는 기계학습 방식은 데이터를 주면 시스템이 알아서 공식을 만들고 문제를 푸는 방식이다. 이러한 방식은 적용 범위를 넓게 할 뿐만 아니라 분석 수준도 깊게 했다. 예를 들어 고양이를 비교하는 시스템을 개발한다고 해 보자. 사람이 고양이를 정의하는 공식을 만들어내는 것은 매우 복잡하고 오차 범위가 넓어서 적용이 어렵다. 반면에 시스템에 수많은 고양이 사진을 주고 스스로 고양이 정의를 내리게 한다면 어떨까? 바둑 천재 이세돌을 이긴 알파고를 예로 더 들어보자. 사람이 바둑으로 이세돌을 이길 수 있게 공식을 짤 수 있을까? 개발자가 이세돌보다 바둑을 더 잘 두지 않는 이상 어려울 것이다. 정리하면 4차 산업혁명은 '초연결'과 '지능화'라는 특성을 가진다. 그리고 이러한 특성은 스마트 시티에 그대로 적용되는 것이다.

스마트 시티 추진을 위해 반드시 염두에 둬야 할 점은 반드시 '시민'을 중심으로 이뤄져야 한다는 것이다. 두바이는 스마트 시티의 평가지표로 '행복계량기'를 설치해 시민이 행복 정도를 입력할 수 있도록 했다. 한 발 더 나아가 미국 뉴욕시는 뉴욕시민이 'NYC BIG' 앱을 통해 뉴욕의 문제점을 지적하고 서로 논의할 수 있게 했으며, 싱가포르는 '버추얼 싱가포르(3차원 가상도시 플랫폼)'를 통해 국민들에게 정보를 공유하고 제안할 수 있게 한다.

스마트 시티의 성공은 '인공지능'과의 접목을 통한 기술 향상이 아니다. 스마트 시티 추진의 목적은 바로 시민의 '행복'이다.

① 1차 산업혁명 때는 컨베이어 벨트를 이용한 자동화 기술이 들어섰다.
② 과거 인터넷 시대에는 자동차, 세탁기에만 인터넷 연결이 가능했다.
③ 4차 산업혁명 시대의 도시는 '정보 공유형' 특성을 가진다.
④ 빅데이터는 속도, 규모, 연결성으로 정의할 수 있다.
⑤ 스마트 시티는 인공지능 기술 향상만으로 성공할 수 없다.

**04** 다음 글을 읽고 추론할 수 없는 것은?

> 삼국통일을 이룩한 신라는 경덕왕(742 ~ 765) 대에 이르러 안정된 왕권과 정치제도를 바탕으로 문화적 황금기를 맞이하게 되었다. 불교문화 역시 융성기를 맞이하여 석굴암, 불국사를 비롯한 많은 건축물과 조형물을 건립함으로써 당시의 문화적 수준과 역량을 지금까지 전하고 있다.
> 석탑에 있어서도 시원 양식과 전형기를 거치면서 성립된 양식이 이때에 이르러 통일된 수법으로 정착되어, 이후 건립되는 모든 석탑의 근원적인 양식이 되고 있다. 건립된 석탑으로는 나원리 오층석탑, 구황동 삼층석탑, 장항리 오층석탑, 불국사 삼층석탑, 갈항사지 삼층석탑, 원원사지 삼층석탑 그리고 경주 외에 청도 봉기동 삼층석탑과 창녕 술정리 동삼층석탑 등이 있다. 이들은 대부분 불국사 삼층석탑의 양식을 모형으로 건립되었다. 이러한 석탑이 경주에 밀집되어 있는 이유는 통일된 석탑양식이 지방으로까지 파급되지 못하였음을 보여주고 있다.
> 이 통일된 수법을 가장 대표하는 석탑이 불국사 삼층석탑이다. 부재의 단일화를 통해 규모는 축소되었으나, 목조건축의 양식을 완벽하게 재현하고 있고, 양식적인 면에서도 초기적인 양식을 벗어나 높은 완성도를 보이고 있다. 그 특징을 살펴보면 첫 번째로 이층기단으로 상·하층기단부가 모두 2개의 탱주와 1개의 우주로 이루어져 있다. 하층기단갑석의 상면에는 호각형 2단의 상층기단면석 받침이, 상층기단갑석의 상면에는 각형 2단의 1층 탑신석 받침이 마련되었고, 하면에는 각형 1단의 부연이 마련되었다. 두 번째로 탑신석과 옥개석은 각각 1석으로 구성되어 있으며, 1층 탑신에 비해 2·3층 탑신이 낮게 만들어져 체감율에 있어 안정감을 주고 있다. 옥개석은 5단의 옥개받침과 각형 2단의 탑신받침을 가지고 있으며, 낙수면의 경사는 완만하고, 처마는 수평을 이루다가 전각에 이르러 날렵한 반전을 보이고 있다. 세 번째로 상륜부는 대부분 결실되어 노반석만 남아 있다.

① 경덕왕 때 불교문화가 번창할 수 있었던 것은 안정된 정치 체제가 바탕이 되었기 때문이다.
② 장항리 오층석탑은 불국사 삼층석탑과 동일한 양식으로 지어졌다.
③ 경덕왕 때 통일된 석탑 양식은 경주뿐만 아니라 전 지역으로 유행했다.
④ 이전에는 시원 양식을 사용해 석탑을 만들었다.
⑤ 탑신부에서 안정감이 느껴지는 것은 아래층보다 위층을 낮게 만들었기 때문이다.

## 05 다음 글의 내용으로 가장 적절한 것은?

### 먹거리의 안전에 대한 고민

원산지 표시제, 더 나아가 먹거리에 대한 표시제의 이점은 무엇일까? 원산지나 지리적 표시제품의 경우, 소비자 입장에서는 더 친근하게 여길 뿐만 아니라 품질에 대한 믿음 역시 강해져 구매로 이어질 가능성이 높다. 표시제는 단순한 제도 차원이 아닌 표시제의 실체에 대한 공감이 전제되어야 하며, 그 실체가 해당 품목의 부류를 대표할 수 있는 전형성을 갖추고 있어야 한다. 이러한 제품이 반복적·지속적으로 소비자들에게 노출될 경우 자연스럽게 뇌에 각인될 수 있다. 바로 단순노출효과가 나타나기 때문이다.

그런데 특히 먹거리가 그 대상이라면 좀 더 복잡해진다. 먹거리는 생명과 직결될 정도로 품질에 대한 관여가 높고, 사람들마다 그 평가기준이 상이하며, 똑같은 개인일지라도 처해있는 상황에 따라 그 기준이 달라진다.

### 원산지 효과는 선택의 스트레스를 줄여준다

소비자는 불확실한 상황에서 제품이나 서비스 구매에 따른 의사결정을 하는 과정에서 선택의 스트레스를 많이 받게 된다. 흔히 겪게 되는 이와 같은 선택에 따른 스트레스를 야기시키는 주된 이유 중 하나는 선택의 폭이 넓을 때 발생한다. 즉, 제품의 종류가 대여섯 가지일 때보다 20여 가지인 경우, 대안 선택을 결정하기 어려울 뿐 아니라 선택에 따른 후회감 역시 커지게 된다. 비록 최선의 선택 혹은 적어도 차선의 선택일지라도, 선택에서 제외된 나머지 대안들에 대한 미련이 강하게 남아 있기에 후회감으로 나타나게 마련이다.

특히 구입하는 제품이 공산품이 아닌 먹거리인 경우 이러한 스트레스는 더욱 커지게 마련이다. 이때 상당수의 주부들은 마트에서 식료품을 구입하면서 원산지와 생산자 등이 명시된 제품을 주로 선택하게 된다. 그만큼 가시적으로 구분하기 어려운 상황에서 원산지는 하나의 믿음에 대한 징표로 작용된다고 여기기 때문이다.

### 원산지 효과는 유명 브랜드에 버금가

일반적으로 원산지나 생산자 정보와 같은 생산여건이 소비자의 선택에 미치는 영향은 어느 정도일까? 일반적으로 명품이나 브랜드를 보고 구입하는 것과 유사한 양상을 띨까? 과연 원산지 효과는 어느 정도일까? 이에 대한 대답은 원산지나 생산자 정보가 선택에 따른 스트레스를 얼마나 줄여줄 수 있으며, 이로 인해 의사결정을 얼마나 신속하게 진행시킬 수 있느냐에 달려 있다. 선택에 따른 스트레스는 우리들로 하여금 선택을 망설이게 하거나 잘못된 대안을 선택하게 만들기 때문이다.

### 더 비싸더라도 원산지 표시제품을 사는 이유

원산지나 지리적 표시제 혹은 환경인증제를 포함한 각종 인증 마크가 있는 경우, 일반 제품에 비해 가격이 10% 정도 비싸지만 판매량은 더 높다고 한다. 이처럼 소비자가 그 비용을 흔쾌히 감수하려는 이유는 뭘까? 또 소비자들이 비싸게 주면서 얻고자 하는 것은 뭘까? 이 역시 선택의 스트레스를 줄이려는 노력과 무관치 않다. 제품으로부터 얻게 될 이득보다 혹시나 발생할지 모르는 손실이나 손해를 더 두려워하는 소비자의 심리 때문이다.

소비자들은 원산지나 지리적 표시제를 시행하는 농수산물이 10% 정도 더 비싸더라도 손쉽게 손이 간다. 특히 먹거리인 경우에는 가시적 품질지표가 부족하기 때문에 손실회피성향이 더 강하게 나타날 수 있기 때문이다. 더욱이 먹거리는 사람의 생명이나 가족의 건강과도 직결되는 제품 특성으로 인해 품질이나 신뢰에 대한 관여가 높다. 따라서 비록 10% 더 비싼 가격을 치르더라도 혹여나 있을지 모를 손실을 회피할 수 있는 안전장치로 가시적 표시인 원산지나 지리적 표시제를 선호하게 된다. 뿐만 아니라 소비자는 가격 – 품질의 연상 인식이 강하게 작용하기 때문에 비싼 만큼 품질 역시 더 좋을 것이라고 쉽게 믿게 된다.

**원산지와 지리적 표시제에는 더 큰 책임감이 따른다**

만약 원산지 효과가 소비자에게 부정적으로 비춰질 경우, 특히 이러한 제품이 먹거리일 경우 소비자들이 겪게 되는 심리적 고통은 이만저만이 아니다. 일반 제품에 대한 소비자들의 불만이나 불신은 제품 불매운동처럼 극단적인 상황으로 이어질 가능성은 상대적으로 낮다. 하지만 먹거리처럼 원산지 표시가 매우 중요한 판단 지표로 작용되는 제품인 경우 소비자들의 불신은 매우 커진다. 단순히 불평불만에 그치지 않고 이보다 더 강력한 불평 행동을 하게 된다. 물론 재구매는 꿈도 꾸기 어려운 상황일 것이다. 품질이나 디자인이 조금 맘에 들지 않는다면 험담이나 회사에 불평을 제기하거나 환불 / 교환 등을 하겠지만, 원산지를 속인 먹거리는 두 번 다시 구매목록에 오르지 못할 것이다. 따라서 원산지나 지리적 표시제를 시행하는 생산자 입장에서는 소비자들의 믿음과 신뢰를 얻기 위해서 더욱 막강한 책임감이 필수적이다.

원산지 표시제는 이와 같이 익명성을 탈피시켜 궁극적으로 사회적 태만을 줄일 수 있는 방안이다. 결국 원산지나 지리적 표시제는 생산자에게 유리한 브랜드자산 구축의 계기를 줄 수 있는 동시에, 생산자로 하여금 대소비자 책임감 부여라는 '양날의 칼'로 다가올 것이다.

① 먹거리는 불특정 다수를 상대로 단순노출효과를 이끌어 내기에 효과적이다.
② 소비자는 최선의 선택을 하게 될 경우 후회감이 0이 된다.
③ 소비자의 선택에 따른 스트레스를 줄여 주는 제품은 다른 제품보다 매출량이 높을 것이다.
④ 일반 제품보다 비싼 원산지 표시 제품을 구매할 때, 보통 소비자들은 선택의 스트레스를 더 많이 받는다.
⑤ 생산자는 원산지 표시제를 통해 사회적 태만을 소비자에게 전가한다.

**06** 다음 글의 내용으로 적절하지 않은 것은?

흰 눈이 센 바람에 휘몰아치며, 영하 20 ~ 40℃를 넘나드는 히말라야 산을 등반하는 산악인들의 인내심과 위험을 무릅쓰면서도 한발씩 내딛는 용기에는 저절로 고개를 숙여 경의를 표하게 된다. 이런 얘기를 들으면서도, 필자는 조금은 다른 면을 생각하면서 고개를 갸웃거린 적이 있었다. 그런 힘든 등반을 하면서 입고 간 옷이 너무 무거웠다거나 보온이 덜 되어 추위를 견디기 힘들었다고, 또 통기성이 충분하지 못해 옷이 땀에 흠뻑 젖었다는 불평을 하는 것을 들어본 적이 없다. 이런 문제가 비교적 잘 해결되고 있는 것을 보면, 등반가들이 입은 옷은 무언가 특수한 처리가 되어 있는 것이 아닐까? 특히 방수와 통기성이라는 서로 모순인 조건을 만족시키는 것을 보면, 등산복에 사용하는 특수한 천의 정체가 궁금해진다.

특수한 기능을 가진 옷감은 주로 고분자의 화학적, 물리적 특성을 이용해 만든다. 이런 옷감들의 제조에는 섬유를 만드는 고분자 재료의 화학 구조는 물론 물리적 구조 또한 매우 중요하다. 방수 – 통기성 의복에 사용된 천의 과학적 디자인은 바람, 비, 체열 손실로부터 우리 신체를 보호해 준다. 이런 기능뿐만 아니라 입은 특수복이 편하게 느껴져야 함도 필수적이다. 방수와 수분 투과성을 동시에 지니는 직물은 크게 세 가지 종류가 있다. 첫 번째가 고밀도 천, 두 번째가 수지 코팅 천, 마지막이 필름 적층 천이다.

고밀도 천으로 방수와 통기성을 지닌 천을 만들 때는 흔히 면이나 합성섬유의 가는 장섬유를 사용하며, 능직법(綾織法)을 사용한다. 면은 물에 젖으므로 방수력이 폴리에스테르(폴리에스터)보다는 뒤지지만, 가는 면사를 사용해 능직법으로 짠 천은 물에 젖더라도 면섬유들이 횡축 방향으로 팽윤해 천의 세공 크기를 줄여 물이 쉽게 투과하지 못해 방수력이 늘어난다. 고밀도 천으로는 2차 세계대전 중 영국 맨체스터에서 개발된 벤타일(Ventail)이 유명하다. 면과 다른 소수성 합성섬유의 경우에는 실의 굵기와 직조법으로 세공 크기를 조절하여 방수력을 늘린다.

고밀도 천과는 다르게, 수지 코팅 천은 고분자 물질을 기본 천 표면에 코팅하여 만든다. 코팅하는 막은 미세 동공막 모양을 가지고 있는 소수성 수지나 동공막을 지니지 않는 친수성 막을 사용하는데, 미세 동공의 크기는 수증기 분자는 통과할 수 있으나 아주 작은 물방울은 통과할 수 없을 정도로 조절한다. 주로 사용되는 코팅 재질은 폴리우레탄이다.

마지막으로 적층 방수 – 통기성 천은 얇은 막층[최대 두께 : $10\mu m (1\mu m = 10^{-6}m)$]이 천 가운데에 있으며, 이 적층이 방수 – 통기성을 컨트롤한다. 적층으로 사용하는 막에는 마이크로 세공막과 친수성 막이 널리 사용되고 있다. 마이크로 세공막의 세공 크기는 작은 물방울 크기의 20,000분의 1 정도로 작아 물방울은 통과하지 못하지만, 수증기 분자는 쉽게 통과한다. 마이크로 세공막으로는 폴리테트라플루오로에틸렌과 폴리플루오르화비닐리덴이라는 플루오린(불소, 플루오르)계 합성수지 박막이 주로 사용되며, 대표적 천으로는 널리 알려진 고어 – 텍스(Gore – Tex)가 있다. 친수성 막으로는 흔히 폴리에스테르나 폴리우레탄 고분자 내부에 친수성이 큰 폴리산화에틸렌을 포함할 수 있도록, 화학적으로 변형을 가해 사용한다.

방수 – 통기성 직물재료 이야기는 일단 여기서 잠깐 중단하고 이제는 직물 내에서 수증기가 어떻게 움직이는지 알아보자. 수분이 직물을 통해 이동하는 메커니즘은 모세관을 타고 액체기둥이 올라가는 모세관 현상과 같은 원리이다. 모세관의 지름과 내면의 표면에너지에 따라 올라가는 액체기둥의 높이가 결정된다. 지름이 작을수록 액체가 모세관을 따라 잘 올라가는데, 직물에서 섬유가닥 사이의 작은 공간이 모세관 노릇을 하기 때문에 미세 섬유일수록 모세관의 크기가 작아 모세관 현상이 잘 일어난다. 모세관 내부 벽의 표면에너지는 화학구조가 결정하며, 친수성 섬유의 표면은 소수성 섬유 표면보다 표면에너지가 커 수분을 더 쉽게 흡수하지만, 소수성 섬유는 반대로 수분을 흡수하지 않는다.

등산복과 같은 기능성 특수복에서 수분의 제거는 체온을 조절하며 근육의 운동을 돕고, 피로를 지연시키기 때문에 매우 중요하다. 면 같은 천연섬유는 운동량이 약할 때에는 적합하지만, 운동량이 클 때는 폴리에스테르나 나일론 같은 합성섬유가 더 좋다. 합성섬유가 면보다 흡습성이 낮지만 오히려 모세관 현상으로 운동할 때 생기는 땀이 쉽게 제거되기 때문이다.

나일론을 기초 직물로 한 섬유는 폴리에스테르보다 수분에 더 빨리 젖지만, 극세사로 천을 짜면 공기투과성이 낮아 체온보호 성능이 우수하다. 이런 이유 때문에 등산복보다는 수영복, 사이클링복에 많이 쓰인다. 운동 시 생기는 땀을 피부에서 빨리 제거하려면 흡습성이 좋은 면이나 비스코스 레이온 등이 유리해 보이지만, 이들은 수분을 붙들고 있으려는 특성이 강해 잘 마르지 않는다는 단점도 있다. 이런 이유 때문에 모양이 잘 변하지 않고, 속히 마르는 합성섬유가 기초 직물로 더 넓게 쓰인다.

① 벤타일과 같이 능직법으로 짠 천은 물에 젖게 되면 방수력이 늘어난다.

② 수지 코팅천은 미세 동공의 크기는 수증기 분자는 통과할 수 있으나 아주 작은 물방울은 통과할 수 없을 정도로 조절한다.

③ 고어 – 텍스와 같은 천은 세공막의 세공 크기가 작은 물방울 크기의 20,000분의 1 정도로 작아 물방울은 통과하지 못하지만, 수증기 분자는 쉽게 통과한다.

④ 폴리에스테르나 나일론 같은 합성섬유는 운동량이 약할 때에는 적합하지만, 운동량이 클 때는 수분에 더 빨리 젖기 때문에 땀이 쉽게 제거되지 않는다.

⑤ 나일론을 기초 직물로 한 섬유는 폴리에스테르보다 수분에 더 빨리 젖으며 수영복이나 사이클링복에 많이 쓰인다.

※ 다음은 코레일의 맞춤형 우대예약 서비스에 대한 자료이다. 이어지는 질문에 답하시오. **[7~8]**

### 〈맞춤형 우대예약 서비스(원콜 서비스)〉

- 경로고객 및 장애인 등 인터넷 예약이 어려운 고객을 위한 우대예약 서비스입니다.
- 대상고객
  만 65세 이상의 경로고객, 장애인, 상이등급이 있는 국가유공자
- 가입 방법
  역에 대상자 자격을 확인할 수 있는 신분증, 복지카드, 유공자증 등을 제시하고 서비스를 신청하시기 바랍니다.
- 신청 방법
  역 방문 → 대상자 확인(주민등록증, 복지카드, 국가유공자 등) → 신청서 작성 및 제출 → 개인정보 입력 및 활용 동의 → 결제 신용카드 정보 등록
  ※ 기존 우대서비스 대상자는 추가등록 없이 서비스 이용이 가능합니다.
- 제공서비스
  1. 철도고객센터로 전화 시 상담원 우선 연결
  2. 승차권 대금 결제기한을 열차출발 20분 전까지 유보
  3. 원콜(One – Call) : 전화상으로 결제·발권(전화 예약 후 역에서 발권하는 불편 개선)

### 원콜(One – Call) 서비스란?

- 맞춤형 우대서비스 대상자가 철도고객센터에서 전화 예약 후 역에서 대기 후 승차권을 구매해야 하는 불편함을 개선하고, 보다 쉽고 편리하게 열차 이용이 가능하도록 전화상으로 결제·발권이 가능한 원스톱 예약·발권 서비스를 개발
- 대상 고객이 결제·발권까지 원하는 경우
  일반휴대폰 / 코레일톡 미설치자 : '승차권 대용문자' 발권
  코레일톡 설치자(스마트폰) : 승차권 대용문자+스마트폰 티켓 혼용 발권
  ※ 승차권 대용문자 : 승차권 대신 사용이 가능하도록 휴대폰으로 전송하는 문자메시지(열차 내에서는 승차권에 표시된 대상자 이름과 승무원 단말기에 표시된 이름과 신분증을 같이 확인하여 유효한 승차권 여부 및 대상자임을 확인)
  ※ 1회 예약 및 발권 가능 매수는 2매입니다.
  ※ 공공할인(경로, 장애인, 어린이 등)과 중복할인이 되지 않습니다.
- 주의사항
  승차권 전화 예약 후 결제기한 3회 초과로 자동 취소 시 6개월 간 서비스 제한
  ☞ 1월 1일과 7월 1일 기준으로 반기별 예약 부도 실적이 3회 이상인 경우 다음 산정일까지 우대서비스 제한
  ※ 원콜(One – Call) 서비스를 이용한 전화 발권 방법
- 원콜(One – Call) 서비스를 이용한 전화 결제·발권 방법
  ① 철도고객센터 전화 → ② 상담원 자동·우선연결 → ③ 대상자 유형에 따라 예약 안내 → ④ 승차권 예약(상담원) → ⑤ 사전등록된 신용카드 정보로 결제(ARS) → ⑥ 고객의 선택에 따라 상담원 안내에 맞춰 승차권 대용문자 단독 발권 또는 승차권 대용문자+스마트폰 티켓 혼용발권 선택 → ⑦ 발권완료 (☞ 고객의 휴대폰으로 승차권과 동일하게 대용으로 사용이 가능한 문자 전송)
  - 코레일톡 사용가능 여부에 따라 '승차권 대용문자' or '승차권 대용문자'+'스마트폰 티켓' 선택
  - 휴대폰을 이용한 승차권 발권을 원하지 않는 경우 전화 예약 후 역창구 발권 가능
  - 열차 내에서는 승차권 대용 문자의 운송정보와 승객의 신분증, 승무원 이동단말기 정보를 동시에 확인하여 정당한 이용 대상자임을 확인(대상자 외 타인 이용 적발 시, 무임승차 적용)

**07** 다음 중 맞춤형 우대예약 서비스에 대한 설명으로 가장 적절한 것은?

① 모든 국가유공가는 해당 서비스를 이용할 수 있다.

② 전화를 통해서는 맞춤형 우대예약 서비스를 이용할 수 없다.

③ 신청을 위해서는 반드시 신분증을 지참하여야 한다.

④ 원콜 서비스를 이용하기 위해서는 반드시 신용카드를 사전등록하여야 한다.

⑤ 해당 서비스 이용에 따른 발권 방식은 이용자가 선택할 수 없다.

**08** A씨는 맞춤형 우대예약 서비스를 이용하여 서울에서 대전으로 가는 KTX를 예매하고자 한다. A씨가 전화를 통한 발권 및 결제를 희망한다고 할 때, 다음 〈보기〉에서 적절하지 않은 것을 모두 고르면?

> **보기**
>
> ㄱ. A씨는 철도고객센터에 전화한 후, ARS를 통해서만 승차권을 예약이 가능하다.
> ㄴ. 예약한 승차권은 복수의 방식으로 발급받을 수 있다.
> ㄷ. 예약한 승차권은 별도 신청을 통해 타인에게 양도할 수 있다.
> ㄹ. 예약 부도가 반복되는 경우, 서비스 이용이 제한될 수 있다.

① ㄱ, ㄴ      ② ㄱ, ㄷ

③ ㄴ, ㄷ      ④ ㄴ, ㄹ

⑤ ㄷ, ㄹ

**09**  다음 글을 읽은 반응으로 가장 적절한 것은?

플라톤의 '파이드로스'에는 소크라테스가 파이드로스에게 문자의 발명에 대한 옛 이야기를 하는 대목이 있다. 이 옛 이야기에 따르면 문자뿐 아니라 숫자와 여러 문명의 이기를 고안해낸 발명의 신(토이트)이 이집트의 왕(타무스)에게 자신이 발명한 문자를 온 백성에게 사용하게 하면 이집트 백성이 더욱더 현명하게 될 것이라는 이야기를 한다. 그러나 타무스왕은 문자는 인간을 더욱 이성적이게 하고 인간의 기억을 확장시킬 도구라는 토이트신의 주장에 대해 강한 거부감을 표현한다. '죽은' 문자는 백성들을 현명하게 만들기는커녕 도리어 생동감 있고 살아있는 기억력을 퇴보시킬 것이고, 문자로 적혀진 많은 글들을 다른 여타의 상황해석 없이 그저 글로 적혀진 대로만 읽게 되어 원뜻과는 동떨어지게 된다는 오해의 소지가 다분하다는 것이다.

우리 시대의 주요한 화두이기도 한 구어문화(Orality)에 대립되는 문자문화(Literacy)의 비역동성과 수동성에 대한 비판은 이제 막 알파벳이 보급되고 문자문화가 전래의 구술적 신화문화를 대체한 플라톤 시기에 이미 논의되어진 것이다. 실제의 말과 사고는 본질적으로 언제나 실제 인간끼리 주고받는 콘텍스트하에 존재하는데, 문자와 글쓰기는 이러한 콘텍스트를 떠나 비현실적이고 비자연적인 세계 속에서 수동적으로 이뤄진다. 글쓰기와 마찬가지로 인쇄술과 컴퓨터는 끊임없이 동적인 소리를 정지된 공간으로 환원하고, 말을 그 살아있는 현재로부터 분리시키고 있다.

물론 인류의 문자화가 결코 '폐해'만을 낳았던 것이 아니라는 주장도 만만치 않다. 지난 20년간 컴퓨터공학과 인터넷의 발전이 얼마나 우리의 주변을 변화시켰던가. 고대의 신화적이고 구어문화 중심적인 사회에서 문자사회로의 이행기에 있어서 문자의 사용은 신이나 지배자의 명령하는 목소리에 점령되지 않는 자유공간을 만들어 내기도 했다는 주장에 주목할 필요가 있을 것이다.

이러한 주장의 근저에는 마치 소크라테스의 입을 통해서 플라톤이 주장하는 바와 맥이 닿는 것이 아닐까? 언어 행위의 근간이 되는 변증법적 작용을 무시하는 언술행위의 문자적 고착화에 대한 비판은 궁극적으로 우리가 살아가는 세상은 결코 어떠한 규정적인 개념화와 그 기계적인 강제로도 담아낼 수 없다는 것이다. 역으로 현실적인 층위에서의 물리적인 강제의 억압에 의해 말살되어질 위기에 처한 진리의 소리는 기념비적인 언술 행위의 문자화를 통해서 저장되어야 한다는 것이 아닐까? 이러한 문화적 기억력의 여과과정은 결국 삶의 의미에 대한 성찰에 기반한 문화적 구성원들의 가치판단에 의해서 이뤄질 몫이다. 문화적 기억력에 대한 성찰과 가치 판단이 부재한 시대의 새로운 매체는 단지 댓글 파노라마에 불과할 것이기 때문이다.

① 타무스 왕은 문자를 살아있고 생동감 있는 것으로 기억력을 죽은 것으로 생각했어.
② 플라톤 시기에는 문자문화가 구술적 신화문화를 대체하기 시작한 시기였어.
③ 문자와 글쓰기는 항상 콘텍스트하에서 이뤄지는 행위야.
④ 문자 문화로 인해 진리의 소리는 물리적인 강제의 억압에 의해 말살되었어.
⑤ 문화적 기억력이 바탕에 있다면 새로운 매체는 댓글 파노라마로 자리잡을 거야.

**10** 다음 글의 내용으로 가장 적절한 것은?

> 개인의 소득을 결정하는 데에는 다양한 요인들이 작용한다. 가장 중요한 변수가 어떤 직업일 것이다. 일반적으로 전문직의 경우 고소득이 보장되며 단순노무직의 경우 저소득층의 분포가 많다. 직업의 선택에 영향을 미치는 요인 가운데 가장 중요한 것이 개인의 학력과 능력일 것이다. 그러나 개인의 학력과 능력을 결정하는 배경변수로 무수히 많은 요인들이 작용한다. 그 가운데에서는 개인의 노력이나 선택과 관련된 요인들이 있고 그것과 무관한 환경적 요인들이 있다. 상급학교에 진학하기 위해 얼마나 공부를 열심히 했는가, 어떤 전공을 선택했는가, 직장에서 요구하는 숙련과 지식을 습득하기 위해 얼마나 노력을 했는가 하는 것들이 전자에 해당된다. 반면 부모가 얼마나 자식의 교육을 위해 투자했는가, 어떤 환경에서 성장했는가, 개인의 성이나 연령은 무엇인가 등은 개인의 선택과 무관한 대표적인 환경적 요인일 것이다. 심지어 운(불운)도 개인의 직업과 소득을 결정하는 데 직·간접적으로 작용한다.
>
> 환경적 요인에 대한 국가의 개입이 정당화될 수 있는 근거는 그러한 요인들이 개인의 통제를 벗어난 (Beyond One's Control) 요인이라는 것이다. 따라서 개인이 어찌할 수 없는 이유로 발생한 불리함 (저소득)에 대해 전적으로 개인에게 책임을 묻는 것은 분배정의론의 관점에서 정당하다고 보기 힘들다. 부모의 학력은 전적으로 개인(자녀)이 선택할 수 없는 변수이다. 그런데 부모의 학력은 부모의 소득과 직결되기 쉽고 따라서 자녀에 대한 교육비지출 등 교육투자의 격차를 발생시키기 쉽다. 동일한 능력을 가졌다고 가정했을 때, 가난한 부모에게서 태어나고 성장한 자녀들은 부유한 부모에게서 태어나서 성장한 사람에 비해 본인의 학력과 직업적 능력을 취득할 기회를 상대적으로 박탈당했다고 볼 수 있다. 그 결과 저소득층 자녀들은 고소득층 자녀에 비해 상대적으로 낮은 소득을 얻을 확률이 높다. 이러한 현상이 극단적으로 심화된다면 이른바 빈부격차의 대물림 현상이 나타날 것이다. 이와 같이 부모의 학력이 자녀 세대의 소득에 영향을 미친다면, 자녀 세대의 입장에서는 본인의 노력과 무관한 요인에 의해 경제적 불이익을 당하는 것이다. 기회의 균등 원칙은 이러한 분배적 부정의를 해소하기 위한 정책적 개입을 정당화한다.
>
> 외국의 경우와 비교하여 볼 때, 사회민주주의 국가의 경우에는 이미 현재의 조세 정책으로도 충분히 기회균등화 효과를 거두고 있음을 확인하였다. 반면 미국, 이탈리아, 스페인 등 영미권이나 남유럽 국가의 경우 우리나라의 경우와 유사하거나 더 심한 기회의 불평등 양상을 보여주었다.
>
> 따라서 부모의 학력이 자녀의 소득에 영향을 미치는 효과를 차단하기 위해서는 더욱 적극적인 재정 정책이 필요하다. 세율을 보다 높이고 대신 이전지출의 크기를 늘리는 것이 세율을 낮추고 이전지출을 줄이는 것에 비해 재분배 효과가 더욱 있으리라는 것은 자명한 사실이다. 기회균등화의 관점에서 볼 때 우리나라의 재분배 정책은 훨씬 강화되어야 한다는 시사점을 얻을 수 있다.

① 개인의 학력과 능력은 개인의 노력이나 선택에 의해서 결정된다.

② 분배정의론의 관점에서 개인의 선택에 의한 불리함에 대해 개인에게 책임을 묻는 것은 정당하지 않다.

③ 부모의 학력이 자녀의 소득에 영향을 미치는 현상이 심화된다면 빈부격차의 대물림 현상이 나타날 것이다.

④ 사회민주주의 국가의 경우 더 심한 기회의 불평등 양상이 나타나는 것으로 확인된다.

⑤ 이전 지출을 줄이는 것은 세율을 낮추는 것보다 재분배 효과가 더욱 클 것으로 전망된다.

**11** 다음은 2019년 철도종합시험선로에 대한 글이다. 이를 추론한 내용으로 적절하지 않은 것은?

국토교통부는 3월 15일 오송 철도시설기지에서 철도종합시험선로의 준공식을 개최했다. 준공식에는 국토교통부 철도국장을 비롯해 한국철도시설공단, 한국철도기술연구원 등 국내 유관기관뿐만 아니라 Attila Kiss 국제철도협력기구(OSJD) 사무총장, 미국 · 중국 · 러시아 철도연구원 등 국내 · 외 관계자 300여 명이 참석했다.

준공식에 하루 앞선 14일에는 서울 코엑스 아셈볼룸에서 한국철도기술연구원이 철도종합시험선로의 준공 등을 기념하는 국제 심포지엄을 개최하기도 했다. 그동안, 프랑스 · 독일 · 미국 등 해외 철도선진국에서는 시험용 철도선로를 구축 · 운영하여 개발품에 대한 성능시험을 안전하고 신속하게 실시할 수 있도록 지원해 온 반면, 우리나라는 개발품에 대한 성능시험을 시험용 철도선로가 아닌 KTX · 전동차 등이 운행하고 있는 영업선로에서 실시함으로써 시험 중 사고의 위험에 노출되어 있고, 충분한 시험시간 확보도 곤란한 문제가 있었다.

이에 따라 국토교통부는 2014년부터 철도종합시험선로 구축사업에 착수하였으며, 2018년까지 총 2,399억 원을 투입해 충북 청원군 ~ 세종시 전동면 일대에 13km 연장의 시험용 선로를 구축했다. 철도종합시험선로에는 급곡선(회전반경 250m) · 급구배(경사 35‰) 및 교량(9개) · 터널(6개) 등을 설치하여 국내 · 외에서 요구하는 다양한 종류의 성능시험이 모두 가능하도록 하였으며, 특히, 1개 교량은 새로운 교량형식 · 공법에 대한 시험이 가능하도록 교량의 교각 · 상부가 자유롭게 변경될 수 있는 구조로 구축했다.

또한 세계 최초로 고속 · 일반철도 차량용 교류전력(AC)과 도시철도 전동차용 직류전력(DC)을 모두 공급할 수 있도록 하고, 각종 철도신호 · 통신장치를 설치함으로써 KTX · 전동차 등 다양한 철도차량이 주행할 수 있다. 철도종합시험선로를 구축하고 본격적으로 운영함에 따라 우리나라 철도기술 개발을 촉진하고 기술경쟁력을 제고하는 데 기여할 것으로 기대된다. 개발자는 철도종합시험선로에서 원하는 시간에 신속히 기술을 검증할 수 있고, 철도운영기관은 충분히 검증된 기술을 도입함으로써 기술 결함으로 인한 철도사고 · 장애 등 위험을 최소화할 수 있다. 또한 기존에는 개발자가 해외 수출을 위해 현지에서 실시하던 성능시험을 앞으로는 철도종합시험선로에서 실시함으로써 성능시험에 소요되는 비용과 시간을 절감할 수 있다.

2019년에는 종합시험선로에서 우리나라 기업이 호주에 수출할 전동차량에 대한 주행시험을 실시할 예정으로, 당초 호주 현지에서 실시하기로 했던 시험을 국내에서 실시함으로써 제품의 완성도를 더욱 높이고, 시험 시간도 단축할 수 있을 것으로 예상된다. 국토교통부 관계자는 "철도종합시험선로가 15일 준공식을 시작으로 운영이 본격화되면 철도의 안전 확보와 철도산업 발전에 핵심적인 역할을 할 것으로 기대된다."고 밝혔다.

① 준공식 하루 전에는 코엑스에서 기념행사가 열렸다.
② 이전에는 실제 승객이 타고 있는 열차와의 사고 위험성이 존재했다.
③ 다른 나라의 시험선로에서는 교류전력과 직류전력이 모두 공급되지 않는다.
④ 시험선로 설치 이전에는 해외에서 시험을 실시해야 하는 경우도 있었다.
⑤ 15일부터 종합시험선로가 운행될 예정이다.

**12** 다음 자료에 대한 〈보기〉의 설명 중 옳은 것을 모두 고르면?

### 〈결혼할 의향이 없는 1인 가구의 비중〉

(단위 : %)

| 구분 | 2019년 | | 2020년 | |
|---|---|---|---|---|
| | 남성 | 여성 | 남성 | 여성 |
| 20대 | 8.2 | 4.2 | 15.1 | 15.5 |
| 30대 | 6.3 | 13.9 | 18.8 | 19.4 |
| 40대 | 18.6 | 29.5 | 22.1 | 35.5 |
| 50대 | 24.3 | 45.1 | 20.8 | 44.9 |

### 〈1인 생활 지속기간 예상〉

(단위 : %)

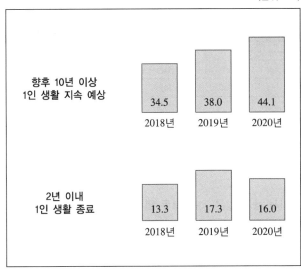

보기

ㄱ. 20대 남성은 30대 남성보다 1인 가구의 비중이 더 높다.

ㄴ. 30대 이상에서 결혼할 의향이 없는 1인 가구의 비중은 여성이 더 높다.

ㄷ. 2020년에서는 40대 남성이 남성 중 제일 높은 1인 가구 비중을 차지한다.

ㄹ. 2년 이내 1인 생활을 종료하는 1인 가구의 비중은 2018년부터 꾸준히 증가하였다.

① ㄱ

② ㄴ

③ ㄱ, ㄴ

④ ㄴ, ㄷ

⑤ ㄷ, ㄹ

※ 다음 자동차 수출 자료를 보고 이어지는 질문에 답하시오. [13~14]

### 〈자동차 수출액〉

(단위 : 백만 달러)

| 구분 | 2019년 | | 2020년 | | |
| --- | --- | --- | --- | --- | --- |
| | 3분기 | 4분기 | 1분기 | 2분기 | 3분기 |
| A사 | 342 | 452 | 163 | 263 | 234 |
| B사 | 213 | 312 | 153 | 121 | 153 |
| C사 | 202 | 153 | 322 | 261 | 312 |
| D사 | 351 | 264 | 253 | 273 | 312 |
| E사 | 92 | 134 | 262 | 317 | 324 |

### 〈자동차 수출 대수〉

(단위 : 백 대)

| 구분 | 2019년 | | 2020년 | | |
| --- | --- | --- | --- | --- | --- |
| | 3분기 | 4분기 | 1분기 | 2분기 | 3분기 |
| A사 | 551 | 954 | 532 | 754 | 642 |
| B사 | 935 | 845 | 904 | 912 | 845 |
| C사 | 253 | 242 | 153 | 125 | 164 |
| D사 | 921 | 955 | 963 | 964 | 954 |
| E사 | 2,462 | 1,816 | 2,201 | 2,365 | 2,707 |

┃ 수리능력

**13** 다음 〈보기〉에서 옳지 않은 것은 모두 몇 개인가?(단, 회사별 한 종류의 차만 판매하였다)

> 보기
>
> ㄱ. 2019년 3분기 전체 자동차 수출액은 2020년 3분기 전체 자동차 수출액보다 적다.
> ㄴ. 2020년 1분기에 가장 고가의 차를 수출한 회사는 A사이다.
> ㄷ. C사의 자동차 수출 대수는 2019년 3분기 이후 계속 감소하였다.
> ㄹ. E사의 자동차 수출액은 2019년 3분기 이후 계속 증가하였다.

① 0개      ② 1개
③ 2개      ④ 3개
⑤ 4개

**14** 다음은 자동차 수출 자료를 토대로 만든 표일 때, ㉠+㉡+㉢의 값을 구하면?(단, 2020년 4분기 자동차 수출 대수는 2분기 자동차 수출 대수와 같으며, 2019년 1분기와 2분기의 자동차 수출액 합은 2019년 3분기와 4분기의 합과 같다)

<자료>

(전체 수출액 단위 : 백만 달러, 전체 수출 대수 : 백 대)

| 구분 | | 2019년 | | 2020년 | | |
|---|---|---|---|---|---|---|
| | | 3분기 | 4분기 | 1분기 | 2분기 | 3분기 |
| 전체 수출액 | | | | | | |
| 전체 수출 대수 | | | | ㉠ | | |

| 구분 | | A사 | B사 | C사 | D사 | E사 |
|---|---|---|---|---|---|---|
| 2019년 | 전체 수출액 | ㉡ | | | | |
| | 전체 수출 대수 | | | | | |
| 2020년 | 전체 수출액 | | | | | |
| | 전체 수출 대수 | | | | | ㉢ |

① 13,312

② 15,979

③ 16,197

④ 17,253

⑤ 20,541

**15** K씨의 부서는 총 7명이며 회사 차를 타고 미팅 장소로 이동하려고 한다. 운전석에는 운전면허증을 가진 사람이 앉고, 한 대의 차량으로 모두 이동한다. 다음 〈조건〉에 따라 회사 차에 앉을 때 K씨가 부장님의 옆자리에 앉지 않을 확률은?

> **조건**
> • 운전면허증을 가지고 있는 사람은 K씨를 포함하여 3명이다.
> • K씨 부서의 부장님은 1명이다.
> • 부장님은 운전면허증을 가지고 있지 않으며 조수석인 ★ 자리에 앉지 않는다.

〈회사 차 좌석〉

① 0.3            ② 0.45

③ 0.5            ④ 0.7

⑤ 0.84

**16** K씨는 마스크 5부제에 따라 3월 9일이 월요일인 주의 평일에 공적마스크를 구매했다. K씨가 다음에 구입할 수 있는 날짜와 출생 연도 끝자리가 바르게 연결된 것은?

> • 공적마스크를 구매하는 인원을 제한하기 위해 마스크 5부제를 실시하고 있다.
> • 마스크를 1차로 구매하고, 36일 이후에 마스크를 2차로 구매했다.
> • 주중에 구매하지 못한 사람은 주말에 구매할 수 있다.
> • 주말은 토요일, 일요일이다.

〈마스크 구매 가능 요일〉

| 태어난 연도의 끝자리 | 구매가능 요일 | 태어난 연도의 끝자리 | 구매가능 요일 |
|---|---|---|---|
| 1, 6 | 월요일 | 2, 7 | 화요일 |
| 3, 8 | 수요일 | 4, 9 | 목요일 |
| 5, 0 | 금요일 | – | – |

① 4월 7일 – 2            ② 4월 23일 – 4

③ 5월 7일 – 9            ④ 5월 13일 – 3

⑤ 5월 15일 – 0

※ 다음은 원탁 테이블 3개가 있는 어느 카페의 하루 방문자 현황이다. 이어지는 질문에 답하시오.
[17~18]

- 카페에서 보유한 원탁에 대한 정보는 다음과 같으며, 카페는 각 원탁을 1개씩 보유하고 있다.
  - 2인용 원탁 : 1 ~ 2인만 앉을 수 있음
  - 4인용 원탁 : 1 ~ 4인만 앉을 수 있음
  - 6인용 원탁 : 3 ~ 6인만 앉을 수 있음
- 방문한 인원수에 맞추어 원탁을 배정하며 가능한 작은 원탁을 우선 배정한다.
- 함께 온 일행은 같이 앉을 수 있는 자리가 없다면 입장할 수 없다.
- 함께 온 일행들은 함께 앉을 수 있으면 같은 원탁에 앉고, 항상 함께 온 일행과 함께 나간다.
- 한 번 들어온 손님은 반드시 1시간 동안 머문 후 나간다.
- 카페 영업시간은 오전 9시부터 오후 10시까지이다.
- 각 시각별로 새로운 고객 입장 및 새로운 고객 입장 전 기존 고객에 대한 정보는 다음과 같다. 이 외에 새로운 고객은 없다.

| 시간 | 새로운 고객 | 기존 고객 | 시간 | 새로운 고객 | 기존 고객 |
|---|---|---|---|---|---|
| 09:20 | 2 | 0 | 15:10 | 5 | |
| 10:10 | 1 | | 16:45 | 2 | |
| 12:40 | 3 | | 17:50 | 5 | |
| 13:30 | 5 | | 18:40 | 6 | |
| 14:20 | 4 | | 19:50 | 1 | |

※ 새로운 고객은 같이 온 일행이다.

| 문제해결능력

**17** 다음 중 오후 3시 15분에 카페에 앉아 있는 손님은 총 몇 명인가?

① 1명
② 4명
③ 5명
④ 7명
⑤ 9명

| 문제해결능력

**18** 다음 〈보기〉의 설명 중 옳지 않은 것을 모두 고르면?

보기

ㄱ. 오후 6시 정각에 카페에 있는 손님은 5명이다.
ㄴ. 카페를 방문한 손님 중 돌아간 일행은 없다.
ㄷ. 오전에는 총 3명의 손님이 방문하였다.
ㄹ. 오후 2시 정각에는 2인용 원탁에 손님이 앉아 있었다.

① ㄱ, ㄴ
② ㄱ, ㄷ
③ ㄴ, ㄷ
④ ㄴ, ㄹ
⑤ ㄷ, ㄹ

※ 다음은 A ~ E약물에 대한 자료이다. 〈조건〉을 바탕으로 이어지는 질문에 답하시오. [19~20]

| 약 종류 | 1주 복용 횟수 | 복용 시기 | 혼용하면 안 되는 약 | 복용 우선순위 |
|---|---|---|---|---|
| A | 4회 | 식후 | B, C, E | 3 |
| B | 4회 | 식후 | A, C | 1 |
| C | 3회 | 식전 | A, B | 2 |
| D | 5회 | 식전 | - | 5 |
| E | 4회 | 식후 | A | 4 |

**조건**

- S씨는 모든 약을 복용해야 한다.
- 혼용하면 안 되는 약은 한 끼니를 전후하여 혼용해서는 안 된다.
  - 아침 전후 or 점심 전후 or 저녁 전후는 혼용 불가
- 약은 우선순위대로 최대한 빨리 복용하여야 한다.
- 식사는 아침, 점심, 저녁만 해당한다.
- 하루 최대 6회까지 복용할 수 있다.
- 약은 한번 복용하기 시작하면 해당 약을 모두 먹을 때까지 중단 없이 복용하여야 한다.
- 모든 약은 하루 최대 1회 복용할 수 있다.

▌문제해결능력

**19** 다음 중 〈조건〉을 고려할 때, 모든 약의 복용이 완료되는 시점으로 옳은 것은?

① 4일 차 점심
② 4일 차 저녁
③ 5일 차 아침
④ 5일 차 저녁
⑤ 6일 차 아침

▌문제해결능력

**20** 다음 〈보기〉의 설명 중 S씨의 A ~ E약물 복용에 대하여 옳은 것을 모두 고르면?

**보기**

ㄱ. 하루에 A ~ E를 모두 복용할 수 있다.
ㄴ. D는 점심에만 복용한다.
ㄷ. 최단 시일 내에 모든 약을 복용하기 위해서는 A는 저녁에만 복용하여야 한다.
ㄹ. A와 C를 동시에 복용하는 날은 총 2일이다.

① ㄱ, ㄴ
② ㄱ, ㄷ
③ ㄴ, ㄷ
④ ㄴ, ㄹ
⑤ ㄷ, ㄹ

※ 택배기사 A씨는 다음 〈조건〉에 근거하여 근무를 한다. 자료를 보고 이어지는 질문에 답하시오. [21~22]

**조건**

- 한 번 배송을 다녀오면 10분간 휴식한다.
- 한 번 배송으로 소요되는 총 시간은 50분을 초과할 수 없다.
- 같은 물류창고에 있는 물건은 3개까지 가져갈 수 있다.
- 특수택배 물품의 배송이 모두 완료되어야 보통택배 물품을 배송할 수 있다.
- 특수택배의 배송번호는 '특'으로 시작하며, 보통택배의 배송번호는 '보'로 시작한다.
- 2개를 동시에 가져가서 배송하면, 상품별 왕복 배송시간의 총합에서 5분이 감소하고, 3개를 동시에 가져가서 배송하면 10분이 감소한다.

〈배송표〉

| 배송 번호 | 물류창고 | 왕복 배송시간 |
| --- | --- | --- |
| 특01 | 가 | 10분 |
| 특02 | 나 | 15분 |
| 특03 | 나 | 10분 |
| 보01 | 가 | 10분 |
| 보02 | 나 | 15분 |
| 보03 | 다 | 20분 |
| 보04 | 다 | 10분 |
| 보05 | 다 | 25분 |
| 보06 | 가 | 10분 |

❙ 문제해결능력

**21** 다음 〈보기〉의 설명 중 옳지 않은 것을 모두 고르면?

**보기**

ㄱ. 나 창고에 있는 택배 물품은 한 번에 전부 가지고 나가서 배송할 수 있다.
ㄴ. 특수택배 상품을 모두 배송하는 데에 최소 30분이 소요된다.
ㄷ. 다 창고에 있는 보통택배를 한 번에 배송할 수 있다.

① ㄱ
② ㄱ, ㄴ
③ ㄱ, ㄷ
④ ㄴ, ㄷ
⑤ ㄱ, ㄴ, ㄷ

❙ 문제해결능력

**22** A씨가 근무를 오전 9시에 시작한다고 할 때, 가장 빨리 모든 택배의 배송을 완료한 시간은?

① 10시
② 10시 5분
③ 10시 25분
④ 10시 45분
⑤ 11시 15분

※ B씨는 여름휴가철을 맞아 휴가를 다녀오려고 한다. 이어지는 질문에 답하시오. [23~24]

### 〈여행경로 선정조건〉

- 항공편 왕복 예산은 80만 원이다.
- 휴가지 후보는 태국, 싱가포르, 베트남이다.
- 중국을 경유하면 총 비행금액의 20%가 할인된다.
- 다음 표에 제시된 항공편만 이용 가능하다.

### 〈항공편 정보〉

| | 비행편 | 출발시간 | 도착시간 | 금액 |
|---|---|---|---|---|
| 갈 때 | 인천 – 베트남 | 09:10 | 14:30 | 341,000원 |
| | 인천 – 싱가포르 | 10:20 | 15:10 | 580,000원 |
| | 인천 – 중국 | 10:30 | 14:10 | 210,000원 |
| | 중국 – 베트남 | 13:40 | 16:40 | 310,000원 |
| | 인천 – 태국 | 10:20 | 15:20 | 298,000원 |
| | 중국 – 싱가포르 | 14:10 | 17:50 | 405,000원 |
| 올 때 | 태국 – 인천 | 18:10 | 21:20 | 203,000원 |
| | 중국 – 인천 | 18:50 | 22:10 | 222,000원 |
| | 베트남 – 인천 | 19:00 | 21:50 | 195,000원 |
| | 싱가포르 – 인천 | 19:30 | 22:30 | 304,000원 |
| | 베트남 – 중국 | 19:10 | 21:40 | 211,000원 |
| | 싱가포르 – 중국 | 20:10 | 23:20 | 174,000원 |

※ 항공편은 한국 시간 기준이다.

**23** 다음 〈보기〉에서 옳은 것을 모두 고르면?

> 보기
>
> ㄱ. 인천에서 중국을 경유해서 베트남으로 갈 경우 싱가포르로 직항해서 가는 것보다 편도 비용이 15만 원 이상 저렴하다.
> ㄴ. 직항 항공편만을 선택할 때, 왕복 항공편 비용이 가장 적게 드는 여행지로 여행을 간다면 베트남으로 여행을 갈 것이다.
> ㄷ. 베트남으로 여행을 다녀오는 경우, 왕복 항공편 최소비용은 60만 원 미만이다.

① ㄱ
② ㄱ, ㄴ
③ ㄱ, ㄷ
④ ㄴ, ㄷ
⑤ ㄱ, ㄴ, ㄷ

**24** B씨는 여행지 선정 기준을 바꾸어, 태국, 싱가포르, 베트남 중 최소 왕복 소요시간이 가장 짧은 곳을 여행지로 선정하기로 하였다. 다음 중 B씨가 여행지로 선정할 국가와 그 국가에 대한 최소 왕복 소요시간이 바르게 연결된 것은?

|  | 여행지 | 최소 왕복 소요시간 |
|---|---|---|
| ① | 태국 | 8시간 20분 |
| ② | 싱가포르 | 7시간 50분 |
| ③ | 싱가포르 | 8시간 10분 |
| ④ | 베트남 | 7시간 50분 |
| ⑤ | 베트남 | 9시간 40분 |

※ 다음 글에 대한 설명으로 가장 적절한 것을 고르시오. [1~2]

| 의사소통능력

**01**

> 국토교통부는 도로로 운송하던 화물을 철도로 전환하여 운송하는 사업자 또는 화주들에게 보조금을 지급하기 위한 지원 사업 대상자 선정 공모를 3월 18일(목) ~ 28일(일) 11일간 실시한다. 그리고 공모에 신청한 사업자들의 도로 → 철도 전환물량 등 운송계획 등을 검토한 후 4월 중 지원 대상자를 선정할 계획이라고 밝혔다.
>
> 2021년 보조금 지원 총액은 28.8억 원이며, 지원 대상자는 전환화물의 규모 등에 따라 선정하되, 우수물류기업과 중소기업은 각각 예산의 50%와 20% 범위 내에서 우선 선정할 계획이다. 올해에는 최근 철도화물 운송량 지속 감소 등을 감안하여 보조금 지급 기준을 낮추어 지원할 계획이다.
>
> 이에 따라 예년보다 철도전환 물량이 늘어난 경우에는 공제율 없이 증가 물량의 100%를 지원 대상으로 산정토록 제도도 개선하였다. 철도 전환교통 지원 사업은 지구온난화, 에너지위기 등에 대응하여, 탄소 배출량이 적고 에너지 효율이 높은 철도물류의 활성화를 위해 철도와 도로의 물류비 차액을 보조, 지급하는 제도이다. 2010년부터 시행하고 있는 본 사업은 작년까지 총 325억 원의 보조금 지원을 통해 76억 톤·km의 화물을 도로에서 철도로 전환하여 약 194만 톤의 탄소 배출을 줄인 바 있다. 이는 약 1백만 대의 화물자동차 운행을 대체한 수치로서, 약 3억 그루의 나무심기 효과라고 할 수 있다.
>
> 국토교통부 철도운영과는 "온실가스 배출 저감을 실천할 수 있는 전환교통사업에 물류사업자 분들의 적극적인 참여를 기대한다."면서, "2050 탄소중립을 위해 철도물류의 역할이 어느 때보다 중요한 만큼 재정당국과 협의하여 관련 예산 규모와 지원대상 기업 등을 지속적으로 확대해 나갈 계획이다."라고 밝혔다.
>
> ※ 76억 톤·km=총 운송량 2,583만 톤×평균 운송거리 295km
> ※ 화물자동차 1백만 대=총 운송량 2,583만 톤÷화물자동차 운송량 24톤/대

① 대상자는 공모가 끝나는 3월 28일에 발표된다.

② 우수물류기업의 경우 예산 20% 내에서 우선 선정할 계획이다.

③ 작년에는 올해보다 대상자에 선정되기가 까다로웠다.

④ 전년보다 철도전환 물량이 늘어난 기업의 경우 전체 물량의 100%를 지원 대상으로 산정한다.

⑤ 이 사업을 통해 작년에만 약 194만 톤의 탄소 배출량이 감소했다.

**02**

마스크 5부제는 대한민국 정부가 2020년 3월 5일 내놓은 '마스크 수급 안정화 대책'에 포함된 내용이다. 코로나바이러스감염증19 확진자 증가로 마스크 수요가 급증함에도 수급이 불안정한 상황에 따른 대책으로, 2020년 3월 9일부터 5월 31일까지 시행되었다. 원활하지 않은 마스크의 공급으로 인해 구매가 어려워지자, 지정된 날에 공적 마스크를 1인당 최대 2개까지만 구입할 수 있도록 제한하였고(2020년 4월 27일부터는 총 3장까지 구매가 가능해졌다), 구매 이력은 전산에 별도 등록되어 같은 주에는 중복 구매가 불가능하며, 다음 주에 구매가 가능했다.

마스크를 구매하기 위해서는 주민등록증이나 운전면허증, 여권 등 법정신분증을 제시해야 했으며, 외국인이라면 건강보험증과 외국인등록증을 함께 보여줘야 했다. 미성년자의 경우 부모의 신분증과 주민등록등본을 지참하여 부모가 동행해서 구매하거나 여권, 청소년증, 혹은 학생증과 주민등록등본을 제시해야 했으며, 본인 확인이 불가능하다면 마스크를 혼자 구매할 수 없었다.

다만, 만 10세 이하의 아이, 80세 이상의 어르신, 장기요양 수급자, 임신부의 경우에는 대리 구매가 가능했다. 함께 사는 만 10살 이하의 아이, 80세 이상의 어르신의 몫을 대신 구매하려면 대리 구매자의 신분증과 주민등록등본 혹은 가족관계증명서를 함께 제시해야 했다. 장기요양 수급자의 경우 대리 구매 시 장기요양인증서, 장애인은 장애인등록증을 지참하면 되었다. 임신부의 경우 대리 구매자의 신분증과 주민등록등본, 임신확인서를 제시해 대리 구매를 할 수 있었다.

① 4월 27일부터는 날짜에 관계없이 인당 3개의 마스크를 구매할 수 있다.

② 7살인 자녀의 마스크를 구매하기 위해선 가족관계증명서만 지참하면 된다.

③ 마스크를 이미 구매했더라도 대리 구매를 통해 추가로 마스크 구매가 가능하다.

④ 외국인이 마스크를 구매하기 위해선 외국인등록증과 건강보험증을 제시해야 한다.

⑤ 임신부가 사용할 마스크를 대리 구매하기 위해선 총 2개의 증명서를 지참해야 한다.

**03** 다음 글을 읽고 추론한 내용으로 가장 적절한 것은?

> 지난해 12만 마리 이상의 강아지가 버려졌다는 조사 결과가 나왔다. 동물보호 관련 단체는 강아지 번식장 등에 대한 적절한 규제가 필요하다고 주장했다.
>
> 27일 동물권 단체 동물구조119가 동물보호관리시스템 데이터를 분석해 발표한 자료에 따르면 유기견은 2016년 8만 8,531마리, 2017년 10만 840마리, 2018년 11만 8,710마리, 2019년 13만 3,504마리로 꾸준히 증가하다가 지난해 12만 8,719마리로 감소했다. 단체는 "유기견 발생 수가 작년 대비 소폭 하락했으나 큰 의미를 부여하긴 힘들다."고 지적했다.
>
> 지난해 유기견 발생 지역은 경기도가 2만 6,931마리로 가장 많았다. 경기 지역의 유기견은 2018년부터 매해 2만 5,000마리 ~ 2만 8,000마리 수준을 유지하고 있다. 단체는 "시골개, 떠돌이개 등이 지속적으로 유입됐기 때문"이라며 "중성화가 절실히 필요하다."고 강조했다.

① 경기 지역에서의 유기견 수는 항상 2만 5,000마리 이상을 유지했다.

② 경기 지역은 항상 버려지는 강아지가 가장 많이 발견되는 지역이다.

③ 매년 전체 유기견 수는 증가하는 추세이다.

④ 경기 지역 유기견 수가 감소하지 않는 것은 타 지역에서 지속적인 유입이 있었기 때문이다.

⑤ 적절한 유기견 관련 규제를 마련했음에도 지속적인 문제가 발생하고 있다.

**04** 다음은 자동차 등록 대수에 대한 자료이다. 이에 대한 설명으로 옳지 않은 것은?(단, 자동차 1대당 인구 수는 소수점 둘째 자리에서 반올림한다)

〈자동차 등록 대수〉

| 국가 | 자동차 등록 대수(만 대) | 인구 수(만 명) | 자동차 1대당 인구 수(명) |
|---|---|---|---|
| 미국 | 25,034 | 30,041 | 1.2 |
| 일본 | 7,625 | 12,963 | 1.7 |
| 중국 | 4,735 | 134,001 | ( ) |
| 독일 | 4,412 | 8,383 | 1.9 |
| 이탈리아 | 4,162 | 5,827 | 1.4 |
| 러시아 | 3,835 | 14,190 | 3.7 |
| 프랑스 | 3,726 | 6,334 | 1.7 |
| 영국 | 3,612 | 6,140 | ( ) |
| 스페인 | 2,864 | 4,582 | 1.6 |
| 브라질 | 2,778 | 19,446 | 7 |
| 멕시코 | 2,557 | 10,739 | 4.2 |
| 캐나다 | 2,134 | 3,414 | 1.6 |
| 폴란드 | 1,926 | 3,852 | ( ) |
| 한국 | 1,687 | 4,892 | ( ) |

① 중국의 자동차 1대당 인구 수는 멕시코의 자동차 1대당 인구 수의 6배 이상이다.

② 폴란드의 자동차 1대당 인구 수는 2이다.

③ 폴란드의 자동차 1대당 인구 수는 러시아와 스페인 전체 인구에서의 자동차 1대당 인구 수보다 적다.

④ 한국의 자동차 1대당 인구 수는 미국과 일본의 자동차 1대당 인구 수의 합과 같다.

⑤ 한국의 자동차 1대당 인구 수는 러시아와 스페인 전체 인구에서의 자동차 1대당 인구 수보다 적다.

※ 다음은 방송 서비스 시장 매출액에 대한 자료이다. 이어지는 질문에 답하시오. [5~6]

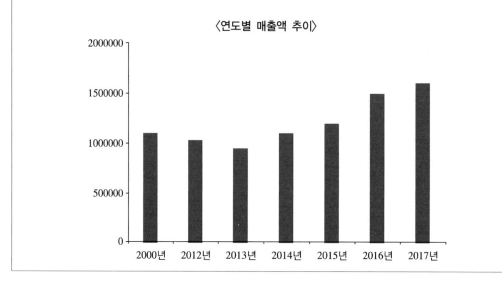

〈방송 서비스 시장 매출액〉

(단위 : 십억 원)

| 매출 구분 | 통계분류 | | 2017년 |
|---|---|---|---|
| 매출액 | 방송사 매출액 | 소계 | 942,790 |
| | | 판매수입 | 913,480 |
| | | 라이선스 수입 | 7,577 |
| | | 간접광고 수입 | 5,439 |
| | | 협찬 | 5,726 |
| | | 기타 | 10,568 |
| | 방송사 이외 매출액 | 소계 | 588,632 |
| | | 판매수입 | 430,177 |
| | | 기타 | 158,455 |
| | 합계 | | 1,531,422 |

〈연도별 매출액 추이〉

**05** 다음 자료를 보고 판단한 내용으로 옳지 않은 것은?(단, 소수점 둘째 자리에서 반올림한다)

① 방송사 매출액은 전체 매출액의 60% 이상이다.

② 라이선스 수입은 전체 매출액의 약 0.5%이다.

③ 방송사 이외 매출액은 전체 매출액의 25% 이상이다.

④ 방송사의 기타수입은 방송사 매출액의 약 0.7%이다.

⑤ 매출액은 2013년이 가장 낮다.

**06** 2015 ~ 2016년 방송 서비스 시장 매출액 정보이다. 이에 대한 설명으로 옳지 않은 것은?

〈2015 ~ 2016년 방송 서비스 시장 매출액〉

(단위 : 십억 원)

| 매출 구분 | 통계분류 | | 2015년 | 2016년 |
|---|---|---|---|---|
| 매출액 | 합계 | | (가) | (나) |
| | 방송사 매출액 | 소계 | 748,208 | (다) |
| | | 판매수입 | ( ) | 819,351 |
| | | 라이선스 수입 | 6,356 | 4,881 |
| | | 간접광고 수입 | 3,413 | 22,793 |
| | | 협찬 | (라) | 5,601 |
| | | 기타 | 4,818 | 3,248 |
| | 방송사 이외 매출액 | 소계 | 395,290 | 572,939 |
| | | 판매수입 | 182,949 | 404,403 |
| | | 기타 | (마) | 168,536 |

① (가)는 (나)보다 작다.

② (다)와 2015년 방송사 매출액의 차이는 100,000십억 원 이상이다.

③ (라)는 2017년 협찬 매출액보다 작다.

④ (마)는 2017년 방송사 이외 판매수입보다 작다.

⑤ 2016년 방송사 매출액 판매수입은 (마)의 3배 이상이다.

**07** A ~ C 세 팀에 대한 근무 만족도 조사를 한 결과 근무 만족도 평균이 〈보기〉와 같을 때 이에 대한 설명으로 옳은 것은?

> **보기**
> • A팀은 근무 만족도 평균이 80이다.
> • B팀은 근무 만족도 평균이 90이다.
> • C팀은 근무 만족도 평균이 40이다.
> • A팀과 B팀의 근무 만족도 평균은 88이다.
> • B팀과 C팀의 근무 만족도 평균은 70이다.

① C팀의 사원 수는 짝수이다.

② A팀의 사원의 근무 만족도 평균이 가장 낮다.

③ B팀의 사원 수는 A팀 사원 수의 2배이다.

④ C팀의 사원 수는 A팀 사원 수의 3배이다.

⑤ A ~ C팀의 근무 만족도 평균은 70이 넘지 않는다.

**08** K사진사는 다음과 〈조건〉과 같이 사진을 인화하여 고객에게 배송하려고 한다. 5×7 사이즈 사진은 최대 몇 장을 인화할 수 있는가?

> **조건**
> • 1장 인화하는 가격은 4×6 사이즈는 150원, 5×7 사이즈는 300원, 8×10 사이즈는 1,000원이다.
> • 사진을 인화하는 데 든 총비용은 21,000원이며, 배송비는 무료이다.
> • 각 사진 사이즈는 적어도 1개 이상 인화하였다.

① 36장
② 42장
③ 48장
④ 59장
⑤ 61장

**09** 다음은 사거리 신호등에 대한 정보이다. 오전 8시 정각에 좌회전 신호가 켜졌다면, 오전 9시 정각의 신호로 옳은 것은?

> • 정지 신호는 1분 10초 동안 켜진다.
> • 좌회전 신호는 20초 동안 켜진다.
> • 직진 신호는 1분 40초 동안 켜진다.
> • 정지 신호 다음에 좌회전 신호, 좌회전 신호 다음에 직진 신호, 직진 신호 다음에 정지 신호가 켜진다.
> • 세 가지 신호는 계속 반복된다.

① 정지 신호가 켜진다.
② 좌회전 신호가 켜진다.
③ 직진 신호가 켜진다.
④ 정지 신호가 켜져 있다.
⑤ 직진 신호가 켜져 있다.

**10** 어느 기업에서는 보안을 위해서 8자리의 비밀번호 입력을 요구하고 있다. 비밀번호는 알파벳과, 숫자, 특수문자가 각각 1개 이상 구성이 되어있어야 하며 연속된 숫자들은 소수로 구성이 되어야 한다. 다음 중 비밀번호가 될 수 없는 수는?

① Acelot3@
② 17@@ab31
③ 59a41b@@
④ 2a3b5c7!
⑤ 73a@91b@

**11** 횡탄성계수와 종탄성계수의 관계식으로 옳은 것은?[단, 전단탄성계수($G$), 종탄성계수($E$), 체적탄성계수($K$), 푸아송 수($m$)이다]

① $G = \dfrac{E}{2(m+1)}$

② $G = \dfrac{mE}{2(m+2)}$

③ $G = \dfrac{mE}{2(m+1)}$

④ $G = \dfrac{mE}{(m+1)}$

⑤ $G = \dfrac{mE}{(2m+1)}$

**12** 온도가 1,000K와 200K인 두 열에너지 저장소 사이에서 작동하는 카르노 열기관의 열효율은?

① 50%

② 60%

③ 70%

④ 80%

⑤ 90%

**13** 다음 중 냉매 종류 중에서 암모니아의 장점이 아닌 것은?

① 우수한 열수송능력

② 높은 성능계수

③ 누선 탐지 용이성

④ 오존층 무영향

⑤ 무독성

**14** 가스 동력 사이클 중 2개의 등온과정과 2개의 정압과정으로 구성된 사이클은?

① 스털링 사이클

② 디젤 사이클

③ 앳킨스 사이클

④ 사바테 사이클

⑤ 에릭슨 사이클

**15** 비눗방울 직경이 5cm이고, 내부 초과압력 40N/m²일 때 표면장력은?

① 0.25
② 0.5
③ 0.75
④ 1
⑤ 1.25

**16** 다음 〈보기〉는 증기 압축 냉동 사이클 구성요소이다. 냉매의 순환경로를 순서대로 바르게 나열한 것은?

> **보기**
>
> ㄱ. 증발기　　　　　　　　　ㄴ. 압축기
> ㄷ. 팽창밸브　　　　　　　　ㄹ. 응축기

① ㄹ - ㄴ - ㄷ - ㄱ
② ㄴ - ㄷ - ㄹ - ㄱ
③ ㄴ - ㄹ - ㄷ - ㄱ
④ ㄴ - ㄹ - ㄱ - ㄷ
⑤ ㄱ - ㄹ - ㄷ - ㄴ

**17** 다음 중 무선 통신시스템 변조 목적으로 옳지 않은 것은?

① 전송 중에 손상된 파형을 원래 정보신호 파형으로 복원하기 위해
② 주파수 분할 등을 통해 한 개의 전송매체에 여러 정보를 동시에 전송이 가능하게 하기 위해
③ 안테나 크기를 작게 하기 위해
④ 잡음 등 불필요한 신호를 제거하기 위해
⑤ 높은 주파수에서 대역폭을 효율적으로 사용하기 위해

**01** K기업의 1 ~ 3년 차 근무를 마친 사원들은 인사이동 시기를 맞아 근무지를 이동해야 한다. 근무지 이동 규정과 각 사원들이 근무지 이동을 신청한 내용이 다음과 같을 때, 이에 대한 설명으로 옳지 않은 것은?

〈근무지 이동 규정〉

- 수도권 지역은 여의도, 종로, 영등포이고, 지방의 지역은 광주, 제주, 대구이다.
- 2번 이상 같은 지역을 신청할 수 없다. 예 여의도 → 여의도(×)
- 3년 연속 같은 수도권 지역이나 지방 지역을 신청할 수 없다.
- 2, 3년 차보다 1년 차 신입 및 1년 차 근무를 마친 직원이 신청한 내용을 우선적으로 반영한다.
- 1년 차 신입은 전년도 평가 점수를 100점으로 한다.
- A ~ E직원은 서로 다른 곳에 배치된다.
- 같은 지역으로의 이동을 신청한 경우 전년도 평가 점수가 더 높은 사람을 배정한다.
- 규정에 부합하지 않게 이동 신청을 한 경우, 신청한 곳에 배정받을 수 없다.

〈근무지 이동 신청〉

| 직원 | 1년 차 근무지 | 2년 차 근무지 | 3년 차 근무지 | 신청지 | 전년도 평가 |
|------|------|------|------|------|------|
| A | 대구 | – | – | 종로 | – |
| B | 여의도 | 광주 | – | 영등포 | 92 |
| C | 종로 | 대구 | 여의도 | 미정 | 88 |
| D | 영등포 | 종로 | – | 여의도 | 91 |
| E | 광주 | 영등포 | 제주 | 여의도 | 89 |

① B는 영등포로 이동하게 될 것이다.
② C는 지방 지역으로 이동하고, E는 여의도로 이동하게 될 것이다.
③ A는 대구를 1년 차 근무지로 신청하였을 것이다.
④ D는 자신의 신청지로 이동하게 될 것이다.
⑤ C가 제주로 이동한다면, D는 광주나 대구로 이동하게 된다.

**02** 다음 중 동기기에 대한 설명으로 옳지 않은 것은?

① 고정자코일은 전기자권선으로 유기 기전력을 발생시키는 부분이다.
② 일반적으로 동기기의 기전력은 유도 기전력, 변압기의 기전력은 유기 기전력이라고 한다.
③ 동기기의 회전자는 회전계자형과 회전전기자형으로 구분된다.
④ 동기기의 안전도를 증진하는 방법으로는 단락비를 크게 하고, 동기화 리액턴스를 작게 하는 것이 있다.
⑤ 여자장치는 전기를 공급하여 전자석을 만드는 부분이다.

## | 01 | 사무영업직

| 의사소통능력

**01** 다음 글의 구성 방식으로 적절하지 않은 것은?

> 나는 집이 가난해서 말이 없기 때문에 간혹 남의 말을 빌려서 탔다. 그런데 노둔하고 야윈 말을 얻었을 경우에는 일이 아무리 급해도 감히 채찍을 대지 못한 채 금방이라도 쓰러지고 넘어질 것처럼 전전긍긍하기 일쑤요, 개천이나 도랑이라도 만나면 또 말에서 내리곤 한다. 그래서 후회하는 일이 거의 없다. 반면에 발굽이 높고 귀가 쫑긋하며 잘 달리는 준마를 얻었을 경우에는 의기양양하여 방자하게 채찍을 갈기기도 하고 고삐를 놓기도 하면서 언덕과 골짜기를 모두 평지로 간주한 채 매우 유쾌하게 질주하곤 한다. 그러나 간혹 위험하게 말에서 떨어지는 환란을 면하지 못한다.
>
> 아, 사람의 감정이라는 것이 어쩌면 이렇게까지 달라지고 뒤바뀔 수가 있단 말인가. 남의 물건을 빌려서 잠깐 동안 쓸 때에도 오히려 이와 같은데, 하물며 진짜로 자기가 가지고 있는 경우야 더 말해 무엇 하겠는가.
>
> 그렇긴 하지만 사람이 가지고 있는 것 가운데 남에게 빌리지 않은 것이 또 뭐가 있다고 하겠는가. 임금은 백성으로부터 힘을 빌려서 존귀하고 부유하게 되는 것이요, 신하는 임금으로부터 권세를 빌려서 총애를 받고 귀한 신분이 되는 것이다. 그리고 자식은 어버이에게서, 지어미는 지아비에게서, 비복(婢僕)은 주인에게서 각각 빌리는 것이 또한 심하고도 많은데, 대부분 자기가 본래 가지고 있는 것처럼 여기기만 할 뿐 끝내 돌이켜 보려고 하지 않는다. 이 어찌 미혹된 일이 아니겠는가.
>
> 그러다가 혹 잠깐 사이에 그동안 빌렸던 것을 돌려주는 일이 생기게 되면, 만방(萬邦)의 임금도 독부(獨夫)가 되고 백승(百乘)의 대부(大夫)도 고신(孤臣)이 되는 법인데, 더군다나 미천한 자의 경우야 더 말해 무엇 하겠는가.
>
> 맹자(孟子)가 말하기를 "오래도록 차용하고서 반환하지 않았으니, 그들이 자기의 소유가 아니라는 것을 어떻게 알았겠는가."라고 하였다. 내가 이 말을 접하고서 느껴지는 바가 있기에, 차마설을 지어서 그 뜻을 부연해 보노라.
>
> – 이곡, 차마설

① 유추의 방법을 통해 개인의 경험을 보편적 깨달음으로 일반화한다.
② 예화와 교훈의 2단으로 구성하였다.
③ 주관적인 사실에 대한 보편적인 의견을 제시한다.
④ 성인의 말을 인용하여 자신의 주장을 뒷받침한다.
⑤ 자신의 견해를 먼저 제시하고, 그에 맞는 사례를 제시한다.

**02** 다음 글의 표현상 특징에 대한 설명으로 적절하지 않은 것은?

> 오늘은 당신이 가르쳐준 태백산맥 속의 소광리 소나무 숲에서 이 엽서를 띄웁니다.
>
> 아침 햇살에 빛나는 소나무 숲에 들어서니 당신이 사람보다 나무를 더 사랑하는 까닭을 알 것 같습니다. 200년, 300년, 더러는 500년의 풍상을 겪은 소나무들이 골짜기에 가득합니다. 그 긴 세월을 온전히 바위 위에서 버티어 온 것에 이르러서는 차라리 경이였습니다. 바쁘게 뛰어 다니는 우리들과는 달리 오직 '신발 한 켤레의 토지'에 서서 이처럼 우람할 수 있다는 것이 충격이고 경이였습니다. 생각하면 소나무보다 훨씬 더 많은 것을 소비하면서도 무엇 하나 변변히 이루어내지 못하고 있는 나에게 소광리의 솔숲은 마치 회초리를 들고 기다리는 엄한 스승 같았습니다.
>
> 어젯밤 별 한 개 쳐다볼 때마다 100원씩 내라던 당신의 말이 생각납니다. 오늘은 소나무 한 그루 만져볼 때마다 돈을 내야겠지요. 사실 서울에서는 그보다 못한 것을 그보다 비싼 값을 치르며 살아가고 있다는 생각이 듭니다. 언젠가 경복궁 복원 공사 현장에 가 본 적이 있습니다. 일제가 파괴하고 변형시킨 조선 정궁의 기본 궁제를 되찾는 일이 당연하다고 생각하였습니다. 그러나 막상 오늘 이곳 소광리 소나무 숲에 와서는 그러한 생각을 반성하게 됩니다.
>
> … (중략) …
>
> 나는 문득 당신이 진정 사랑하는 것이 소나무가 아니라 소나무 같은 '사람'이라는 생각이 들었습니다. 메마른 땅을 지키고 있는 수많은 사람들이란 생각이 들었습니다. 문득 지금쯤 서울 거리의 자동차 속에 앉아 있을 당신을 생각했습니다. 그리고 외딴섬에 갇혀 목말라하는 남산의 소나무들을 생각했습니다. 남산의 소나무가 이제는 더 이상 살아남기를 포기하고 자손들이나 기르겠다는 체념으로 무수한 솔방울을 달고 있다는 당신의 이야기는 우리를 슬프게 합니다. 더구나 그 솔방울들이 싹을 키울 땅마저 황폐해 버렸다는 사실이 우리를 더욱 암담하게 합니다. 그러나 그보다 더 무서운 것이 아카시아와 활엽수의 침습이라니 놀라지 않을 수 없습니다. 척박한 땅을 겨우겨우 가꾸어 놓으면 이내 다른 경쟁수들이 쳐들어와 소나무를 몰아내고 만다는 것입니다. 무한 경쟁의 비정한 논리가 뻗어 오지 않는 것이 없습니다.
>
> 나는 마치 꾸중 듣고 집나오는 아이처럼 산을 나왔습니다. 솔방울 한 개를 주워 들고 내려오면서 거인에게 잡아먹힌 소년이 솔방울을 손에 쥐고 있었기 때문에 다시 소생했다는 신화를 생각하였습니다. 당신이 나무를 사랑한다면 솔방울도 사랑해야 합니다. 무수한 솔방울들의 끈질긴 저력을 신뢰해야 합니다.
>
> 언젠가 붓글씨로 써드렸던 글귀를 엽서 끝에 적습니다.
>
> "처음으로 쇠가 만들어졌을 때 세상의 모든 나무들이 두려움에 떨었다. 그러나 어느 생각 깊은 나무가 말했다. 두려워할 것 없다. 우리들이 자루가 되어주지 않는 한 쇠는 결코 우리를 해칠 수 없는 법이다."
>
> – 신영복, 당신이 나무를 더 사랑하는 까닭

① 소나무를 통해 인간을 이해한다.

② 소나무와 인간을 대조하여 교훈을 이끌어낸다.

③ 소나무에 대한 독자의 의견을 비판한다.

④ 소나무를 통해 바람직한 삶의 모습을 제시한다.

⑤ 구체적 체험을 통해 현대인의 삶을 비판한다.

**03**  다음 글을 통해 알 수 있는 내용으로 적절하지 않은 것은?

올해는 전자공학 100주년이다. 영국의 과학자 존 앰브로즈 플레밍이 2극 진공관을 발명한 것이 1904년인데, 이것은 곧 정류·증폭·발진이 가능한 3극 진공관으로, 3극 진공관은 반도체 트랜지스터로 이어졌기 때문이다. 반도체 트랜지스터가 전기·전자·컴퓨터의 혁명을 가져오고, 우리의 삶을 완전히 바꾸었다는 사실은 새삼 재론할 필요가 없다.

플레밍의 2극 진공관 발명은 우리에게 시사하는 점이 많다. 1880년대에 널리 보급된 전구는 그 내부가 검게 탄화돼 효율이 떨어졌다. '에디슨 효과'라고 불린 이 현상 때문에 에디슨은 골머리를 앓았고, 당시 영국 에디슨사의 과학 고문이던 플레밍이 이 문제의 원인을 규명하고 해결책을 찾기 위해 연구에 착수했다. 전구 내부에 또 다른 전극을 삽입하고 실험을 하던 중 플레밍은 이 전극과 전구의 필라멘트 사이에 전류가 항상 일정한 방향으로만 흐른다는 흥미로운 사실을 발견했다. 이 발견은 과학적으로 새로운 것이었지만, 당시엔 아무런 실용적 가치도 없었다. 그렇지만 나중에 플레밍은 이 원리를 마르코니의 무선 전신 수신기에 응용할 수 있다는 아이디어를 떠올렸고, 이는 곧바로 2극 진공관의 발명으로 이어졌다.

기초과학이 왜 중요한가? 플레밍의 사례가 보여주는 답은 기초과학의 발전이 기술의 발전을 낳고, 기술의 발전이 경제의 동력으로 국가 경쟁력의 고양을 가져오기 때문이라는 것이다. 우리가 잘 알고 있는 모범답안이다. 그런데 이렇게 경제 논리로만 과학을 생각할 때 빠지기 쉬운 함정이 있다. 우선 과학 연구가 기술과 산업으로 이어지는 데 시간의 차이는 물론 불확실성이 존재한다. 플레밍의 기초 연구는 1889년에 이뤄졌는데, 2극 진공관은 1904년에 발명됐다. 15년이라는 시간의 차이가 존재했다. 이는 지금의 기초과학 연구에도 그대로 적용된다. 줄기세포 연구, 양자 컴퓨터 연구도 모든 문제가 술술 풀리면 몇 년이면 응용 가능할 수 있지만, 운이 없으면 영영 상용화되지 않을 수도 있다. '과학은 기술을 낳는다.'는 측면만 강조하다 보면, 정부와 기업은 당장 기술로 이어지지 않는 과학을 선뜻 지원하지 않는다.

국가가 경제 논리에서 벗어나 당장 기술 개발과 상대적으로 무관해 보이는 기초과학 연구까지도 지원해야 하는 데에는 다음과 같은 두 가지 이유가 있다. 우선 과학은 과학문화로서의 가치가 있다. 과학문화는 과학적 세계관을 고양하고 합리적 비판 정신을 높게 사며, 현대 사회가 만들어내는 여러 문제에 대해 균형 잡힌 전문가를 키우는 데 결정적으로 중요하다. 우주론, 진화론, 입자물리학과 이론과학의 연구는 우리의 세계관을 형성하며, 권위에 맹목적으로 의존하지 않고 새로움을 높게 사는 과학의 정신은 합리성의 원천이 된다. 토론을 통해 합의에 이르는 과학의 의사소통 과정은 바람직한 전문성의 모델을 제공한다.

둘째로 기초연구는 교육을 위해서도 중요하다. 대학에서 즉각적으로 기술과 산업에 필요한 내용만 교육한다면 이런 지식은 당장은 쓸모가 있겠지만, 기술의 발전과 변화에 무력하다. 결국 과학기술이 빠르게 발전하면 할수록 학생들에게 근본에 대해 깊게 생각하게 하고, 이를 바탕으로 창의적인 연구 결과를 내는 경험을 하도록 만드는 것이 중요하다. 남이 해놓은 것을 조금 개량하는 데 머무르지 않고 정말 새롭고 혁신적인 것을 만들기 위해서는, 결국 펀더멘털의 수준에서 창의적일 수 있는 교육이 이뤄져야 하며, 이러한 교육은 기초과학 연구가 제공할 수 있다.

기초과학과 기초연구가 왜 중요한가? 창의적 기술, 문화, 교육이 그 위에 굳건한 집을 지을 수 있는 토대이기 때문이다.

① 2극 진공관의 발명 시기

② 2극 진공관 발명 과정의 문제점

③ 2극 진공관의 발명 원리

④ 기초과학 연구에 대한 지원의 필요성

⑤ 기초과학과 기초연구의 중요성

| 의사소통능력

**04** 다음 글을 읽은 독자의 반응으로 적절하지 않은 것은?

> 인간이 말하고 듣는 의사소통의 과정을 통하여 자신이 전달하고자 하는 바를 표현하고 상대방의 말을 잘 이해하며, 서로 좋은 관계를 형성하고 지속해 나가기 위해서 지켜야 할 기본적인 규칙을 음성언어 의사소통의 원리라고 한다. 원활한 음성언어 의사소통을 위해 필요한 기본 원리로는 공손성, 적절성, 순환성, 관련성이 있다.
>
> 공손성의 원리는 음성언어 의사소통에서 상대방에게 부담을 적게 주고, 상대방을 존중해 주는 표현과 태도를 지키는 것을 말한다. 공손성의 원리는 언어가 정보를 전달하는 기능 이외에 의사소통 참여자 사이의 사회적 관계 형성에도 기여한다는 것에 근거하여 설정된 것이다. 공손성의 원리가 효과적인 인간관계를 형성하고 유지할 수 있는 것은 이것이 바로 인간의 내적 욕구를 충족시켜 주는 행위이기 때문이다. 공손성의 원리는 좋은 인간관계 형성이라는 사회적 기능뿐만 아니라 언어 표현의 효과성도 만족시킨다. 그러나 의사소통 참여자 사이의 인간관계에 맞지 않는 지나친 공손함은 오히려 상대를 향한 빈정거림의 표현이 되므로 의사소통의 걸림돌이 될 수 있다.
>
> 적절성의 원리는 음성언어 의사소통의 상황, 목적, 유형에 맞는 담화 텍스트의 형식과 내용으로 표현되어야 한다는 것이다. 음성언어 의사소통에서 발화되는 담화 텍스트가 적절성의 원리를 만족한다는 것은 발화된 담화 텍스트가 상황과 표현 의도에 맞게 상대에게 받아들여질 수 있는, 텍스트적 요인을 만족하는 형태로 표현된 것을 의미한다.
>
> 순환성의 원리는 음성언어 의사소통의 상황에 맞게 참여자의 역할이 원활하게 교대되고 정보가 순환되어 의사소통의 목적이 달성되는 것을 말한다. 말하기와 듣기의 연속적 과정인 음성언어 의사소통에서 참여자의 역할이 적절히 분배되고 교환되지 않으면 일방적인 의사 표현과 수용이 되므로 효과적인 의사소통을 기대하기 어렵다.
>
> 음성언어 의사소통에서 듣기는 상대방이 전달하려는 의미를 재구성하는 적극적인 과정이다. 관련성의 원리는 의사소통 참여자가 상대방이 발화한 담화 텍스트의 의미를 상대방의 의도에 따라 재구성하여 이해하는 것을 말한다. 발화문의 의미와 의도된 의미가 일치하지 않는 경우 참여자는 담화 맥락을 이해하고, 추론을 통해 대화의 함축을 찾으려는 적극적인 자세를 지녀야 한다.

① 상대방이 부담을 느끼지 않도록 요청하면서 정중한 표현을 사용해야겠어.

② 무언가를 지시할 때는 추상적인 표현보다 실행 가능한 구체적인 행동을 이야기해야겠어.

③ 상대방이 말을 하던 중이더라도 대화 주제에 대한 생각이 떠오른다면 까먹기 전에 바로 이야기해야겠어.

④ 앞으로는 내 이야기만 주장하지 않고 상대방의 이야기도 귀 기울여 듣도록 노력해야겠어.

⑤ 상대방의 이야기를 들을 때는 상대방의 의도를 파악하면서 의미를 이해하는 것이 좋겠어.

## 05  다음 글의 내용으로 적절하지 않은 것은?

정치 철학자로 알려진 아렌트 여사는 우리가 보통 '일'이라 부르는 활동을 '작업(作業, Work)'과 '고역(苦役, Labor)'으로 구분한다. 이 두 가지 모두 인간의 노력, 땀과 인내를 수반하는 활동이며, 어떤 결과를 목적으로 하는 활동이다. 그러나 전자가 자의적인 활동인 데 반해서 후자는 타의에 의해 강요된 활동이다. 전자의 활동을 창조적이라 한다면 후자의 활동은 기계적이다. 창조적 활동의 목적이 작품 창작에 있다면, 후자의 활동 목적은 상품 생산에만 있다.

전자, 즉 '작업'이 인간적으로 수용될 수 있는 물리적 혹은 정신적 조건하에서 이루어지는 '일'이라면 '고역'은 그 정반대의 조건에서 행해진 '일'이라는 것이다.

인간은 언제 어느 곳에서든지 '일'이라고 불리는 활동에 땀을 흘리며 노력해 왔고, 현재도 그렇고, 아마도 앞으로도 영원히 그럴 것이다. 구체적으로 어떤 종류의 일이 '작업'으로 불릴 수 있고 어떤 일이 '고역'으로 분류될 수 있느냐는 그리 쉬운 문제가 아니다. 그러나 일을 작업과 고역으로 구별하고 그것들을 위와 같이 정의할 때 노동으로서 일의 가치는 부정되어야 하지만 작업으로서 일은 전통적으로 종교 혹은 철학을 통해서 모든 사회가 늘 강조해 온 대로 오히려 찬미되고, 격려되며 인간으로부터 빼앗아 가서는 안 될 귀중한 가치라고 봐야 한다.

… (중략) …

'작업'으로서의 일의 내재적 가치와 존엄성은 이런 뜻으로서 일과 인간의 인간됨과 뗄 수 없는 필연적 관계를 갖고 있다는 사실에서 생긴다. 분명히 일은 노력과 아픔을 필요로 하고, 생존을 위해 물질적으로는 물론 정신적으로도 풍요한 생활을 위한 도구적 기능을 담당한다.

땀을 흘리고 적지 않은 고통을 치러야만 하는 정말 일로서의 일, 즉 작업은 그것이 어떤 것이든 간에 언제나 엄숙하고 거룩하고 귀해 보인다. 땀을 흘리며 대리석을 깎는 조각가에게서, 밤늦게까지 책상 앞에 앉아 창작에 열중하는 작가에게서, 무더운 공장에서 쇠를 깎는 선반공에게서, 땡볕에 지게질을 하고 밭을 가는 농부에게서 다 똑같이 흐뭇함과 거룩함을 발견하며 그래서 머리가 숙여진다.

그러나 앞서 봤듯이 모든 일이 '작업'으로서의 일은 아니다. 어떤 일은 부정적인 뜻으로서의 '고역'이기도 하다. 회초리를 맞으며 노예선을 젓는 노예들의 피땀 묻은 활동은 인간의 존엄성을 높이기는 커녕 그들을 짓밟은 '고역'이다. 위생적으로나 육체적으로 견디기 어려운 조건하에 타당치 않게 박한 보수를 받고 무리한 노동을 팔아야만 하는 일은 마땅히 없어져야 할 고역이다.

작업으로서의 일과 고역으로서의 일의 구별은 단순히 지적 노고와 육체적 노고의 차이에 의해서 결정되지 않는다. 한 학자가 하는 지적인 일도 경우에 따라 고역의 가장 나쁜 예가 될 수 있다. 반대로 육체적으로 극히 어려운 일도 경우에 따라 작업의 가장 좋은 예가 될 수 있다. 작업으로서의 일과 고역으로서의 일을 구별하는 근본적 기준은 그것이 인간의 존엄성을 높이는 것이냐, 아니면 타락시키는 것이냐에 있다.

– 박이문, 일

① 작업과 고역은 생산 활동이라는 목적을 지닌 노동이다.

② 작업은 자의적 노동이고, 고역은 타의적 노동이다.

③ 작업은 창조적 노동이고, 고역은 기계적 노동이다.

④ 작업은 인간의 존엄성을 높이고, 고역은 인간의 존엄성을 타락시킨다.

⑤ 작업은 지적 노동이고, 고역은 육체적 노동이다.

**06** 조선시대에는 12시진(정시법)과 '초(初)', '정(正)', '한시진(2시간)' 등의 표현을 통해 시간을 나타내었다. 다음 중 조선시대의 시간과 현대의 시간에 대한 비교로 옳지 않은 것은?

| 〈12시진〉 | | | | | |
|---|---|---|---|---|---|
| 조선시대 시간 | | 현대 시간 | 조선시대 시간 | | 현대 시간 |
| 자(子)시 | 초(初) | 23시 1~60분 | 오(午)시 | 초(初) | 11시 1~60분 |
| | 정(正) | 24시 1~60분 | | 정(正) | 12시 1~60분 |
| 축(丑)시 | 초(初) | 1시 1~60분 | 미(未)시 | 초(初) | 13시 1~60분 |
| | 정(正) | 2시 1~60분 | | 정(正) | 14시 1~60분 |
| 인(寅)시 | 초(初) | 3시 1~60분 | 신(申)시 | 초(初) | 15시 1~60분 |
| | 정(正) | 4시 1~60분 | | 정(正) | 16시 1~60분 |
| 묘(卯)시 | 초(初) | 5시 1~60분 | 유(酉)시 | 초(初) | 17시 1~60분 |
| | 정(正) | 6시 1~60분 | | 정(正) | 18시 1~60분 |
| 진(辰)시 | 초(初) | 7시 1~60분 | 술(戌)시 | 초(初) | 19시 1~60분 |
| | 정(正) | 8시 1~60분 | | 정(正) | 20시 1~60분 |
| 사(巳)시 | 초(初) | 9시 1~60분 | 해(亥)시 | 초(初) | 21시 1~60분 |
| | 정(正) | 10시 1~60분 | | 정(正) | 22시 1~60분 |

① 한 초등학교의 점심 시간이 오후 1시부터 2시까지라면, 조선시대 시간으로 미(未)시에 해당한다.

② 조선시대에 어떤 사건이 인(寅)시에 발생하였다면, 현대 시간으로는 오전 3시와 5시 사이에 발생한 것이다.

③ 현대인이 오후 2시부터 4시 30분까지 운동을 하였다면, 조선시대 시간으로 미(未)시부터 유(酉)시까지 운동을 한 것이다.

④ 축구 경기가 연장 없이 각각 45분의 전반전과 후반전으로 진행되었다면, 조선시대 시간으로 한시진이 채 되지 않은 것이다.

⑤ 현대인이 오후 8시 30분에 저녁을 먹었다면, 조선시대 시간으로 술(戌)시 정(正)에 저녁을 먹은 것이다.

**07** 다음 중 빈칸에 들어갈 전제로 가장 적절한 것은?

전제1 : 어떤 경위는 파출소장이다.
전제2 : _____
결론 : 30대 중 파출소장인 사람이 있다.

① 어떤 경위는 30대이다.

② 어떤 경위는 30대가 아니다.

③ 30대는 모두 경위이다.

④ 모든 경위는 파출소장이 아니다.

⑤ 모든 경위는 30대이다.

**08** K대학은 광수, 소민, 지은, 진구 중에서 국비 장학생을 선발할 예정이다. 이때, 적어도 광수는 장학생으로 선정될 것이다. 진구가 선정되지 않으면 광수가 선정되기 때문이다. 이와 같은 가정이 성립하기 위해 추가되어야 하는 전제로 옳은 것을 〈보기〉에서 모두 고르면?

> **보기**
> ㄱ. 소민이가 선정된다.
> ㄴ. 지은이가 선정되면 진구는 선정되지 않는다.
> ㄷ. 지은이가 선정된다.
> ㄹ. 지은이가 선정되면 소민이가 선정된다.

① ㄱ, ㄴ             ② ㄱ, ㄹ
③ ㄴ, ㄷ             ④ ㄴ, ㄹ
⑤ ㄷ, ㄹ

**09** 다음 경영학의 지도원리 중 수익성의 원리로 옳은 것은?

① (이익)÷(투자자본)        ② (수익)÷(비용)
③ (성과)÷(비용)            ④ 경제상의 효율성
⑤ (산출량)÷(투입량)

**10** 다음 중 포드시스템에 대한 설명으로 옳지 않은 것은?

① 동시관리             ② 차별적 성과급제
③ 이동조립시스템        ④ 저가격 고임금
⑤ 연속생산공정

**11** 다음 중 공기업에 대한 설명으로 옳지 않은 것은?

① 영리성을 목적으로 하지 않는다.
② 창의성 운영에 유리하다
③ 공공성을 추구한다.
④ 공공서비스를 증대한다.
⑤ 독립채산제 경영 방식이다.

**12** 다음 중 카르텔(Kartell)의 특성으로 옳지 않은 것은?

① 같은 종류의 상품을 생산하는 기업끼리 협정한다.
② 경쟁에 있어 배타적이다
③ 경제적·법률적 기능의 독립성을 상실한다.
④ 기업 안정화에 영향을 미친다.
⑤ 기업 간 수평적으로 결합한다.

**13** 다음 중 최고경영자, 중간경영자, 하위경영자 모두가 공통적으로 가져야 할 능력은 무엇인가?

① 타인에 대한 이해력과 동기 부여 능력
② 지식과 경험 등을 해당 분야에 적용시키는 능력
③ 복잡한 상황 등 여러 상황을 분석하여 조직 전체에 적용하는 능력
④ 담당 업무를 수행하기 위한 육체적·지능적 능력
⑤ 한 부서의 변화가 다른 부서에 미치는 영향을 파악하는 능력

**14** 다음 중 목표관리(MBO)에 대한 설명으로 옳지 않은 것은?

① 유연성이 높고 환경변화에 적응이 쉽다.
② 효과적으로 목표를 관리한다.
③ 목표를 명확하게 한다.
④ 상급자와 하급자가 참여하여 목표를 세운다.
⑤ 계획적 수행을 위해 피드백 역할을 한다.

**15** 다음 중 기업의 미래상인 비전을 구체화하는 기업 혁신 방안으로 옳은 것은?

① 벤치마킹(Benchmarking)

② 학습조직(Learning Organization)

③ 비전 만들기

④ 리스트럭처링(Restructuring)

⑤ 기업 아이덴티티(企業 Identity)

**16** 다음 중 직무분석 방법에 해당하지 않는 것은?

① 관찰법                 ② 면접법

③ 질문지법             ④ 요소비교법

⑤ 워크샘플링법

**17** 다음 중 현대적 인사고과 시스템의 기본 원칙이 아닌 것은?

① 계량화                 ② 고객중시

③ 평면평가             ④ 경쟁과 협동

⑤ 과업 특성 고려

**18** 다음 중 유기적 조직구조의 특징으로 옳지 않은 것은?

① 높은 전문화          ② 많은 권한위양

③ 넓은 통솔 범위       ④ 수평적 의사소통

⑤ 팀 위주의 운영

**19** 다음 중 종업원의 최저생계비에 대한 설명으로 옳지 않은 것은?

① 생계비는 하한선을 정하는 기준이다.

② 생계비를 정하는 방법에는 이론생계비와 실태생계비가 있다.

③ 종업원의 라이프 사이클을 고려해야 한다.

④ 종업원 개인만이 아니라 가족의 생계까지 고려해야 한다.

⑤ 실태생계비는 이론상으로는 합리적이지만, 실질적이지 않다는 한계가 있다.

**20** 다음 중 총괄생산계획에 대한 설명으로 옳지 않은 것은?

① 총괄생산계획에 대일정계획이 포함된다.

② 수요 예측에 의해 총괄생산계획을 수립한다.

③ 총괄생산계획 기반으로 주생산계획을 수립한다.

④ 수요 변동이 생길 때마다 즉시 생산수준에 반영해야 한다.

⑤ 생산과 투입이 불일치하기 때문에 계획을 수립한다.

**21** 다음 중 수요변동이 급격하거나 저가인 제품의 재고를 통제하는 관리시스템은?

① ABC 관리

② ERP

③ MRP

④ 고정주문기간 모형

⑤ 고정주문량 모형

**22** SWOT 분석을 통해 파악한 요인 중 관점이 다른 하나는?

① 시장에서의 기술 우위

② 기업 상표 명성 증가

③ 해외시장 성장

④ 기업이 보유한 자원의 증가

⑤ 고품질 제품 보유

**23** 소비자의 인지 부조화 감소 행동이 가장 크게 일어나는 상황으로 옳은 것은?

① 고관여이고 상품 차이가 작을 때

② 고관여이고 상품 차이가 클 때

③ 저관여이고 상품 차이가 작을 때

④ 저관여이고 상품 차이가 클 때

⑤ 고관여와 저관여에 차이는 상관이 없다.

**24** 다음 중 패널조사와 같이 다시점 조사방법으로 옳은 것은?

① FGI 설문법         ② 탐색조사

③ 서베이법          ④ 종단조사

⑤ 횡단조사

**25** 다음 중 비누, 샴푸와 같이 물리적 특성이나 용도가 비슷한 것을 지칭하는 용어는?

① 소비재          ② 제품 계열

③ 제품 믹스        ④ 제품 집단

⑤ 브랜드 집단

**26** 다음 중 침투가격전략을 사용하는 경우로 옳지 않은 것은?

① 수요탄력성이 낮을 때

② 규모의 경제가 가능할 때

③ 원가 경쟁력이 있을 때

④ 가격 민감도가 높을 때

⑤ 낮은 가격으로 잠재 경쟁자들의 진입을 막을 때

## | 02 | 차량 · 운전직

※ 다음은 K전자의 유·무상 수리 기준을 나타낸 자료이다. 이어지는 질문에 답하시오. **[1~3]**

〈K전자의 유·무상 수리 기준〉

1. 유·무상 수리 기준

| 구분 | | 적용 항목 |
|---|---|---|
| 무상 | | • 보증기간(1년) 이내에 정상적인 사용 상태에서 발생한 성능·기능상의 고장인 경우<br>• K전자 엔지니어의 수리 이후 12개월 이내 동일한 고장이 발생한 경우<br>• 품질보증기간 동안 정상적인 사용 상태에서 발생한 성능·기능상의 고장인 경우<br>※ 보증기간은 구입 일자를 기준으로 산정함 |
| 유상 | 보증기간 | • 보증기간이 경과된 제품 |
| | 설치/철거 | • 이사나 가정 내 제품 이동으로 재설치를 요청하는 경우<br>• 제품의 초기 설치 이후 추가로 제품 연결을 요청하는 경우<br>• 홈쇼핑, 인터넷 등에서 제품 구입 후 설치를 요청하는 경우 |
| | 소모성 | • 소모성 부품의 보증기간 경과 및 수명이 다한 경우(배터리, 필터류, 램프류, 헤드, 토너, 드럼, 잉크 등)<br>• 당사에서 지정하지 않은 부품이나 옵션품으로 인해 고장이 발생한 경우 |
| | 천재지변 | • 천재지변(지진, 풍수해, 낙뢰, 해일 등) 외 화재, 염해, 동파, 가스 피해 등으로 인해 고장이 발생한 경우 |
| | 고객 부주의 | • 사용자 과실로 인해 고장이 발생한 경우<br>• 사용설명서 내의 주의사항을 지키지 않아 고장이 발생한 경우<br>• K전자 서비스센터 외 임의 수리·개조로 인해 고장이 발생한 경우<br>• 인터넷, 안테나 등 외부 환경으로 인해 고장이 발생한 경우 |
| | 기타 | • 제품 고장이 아닌 고객 요청에 의한 제품 점검(보증기간 이내라도 유상 수리) |

2. 서비스 요금 안내
  서비스 요금은 부품비, 수리비, 출장비의 합계액으로 구성되며, 각 요금의 결정은 다음과 같다.
  • 부품비 : 수리 시 부품 교체를 할 경우 소요되는 부품 가격

| 제품 | | 가격 |
|---|---|---|
| 전자레인지 | 마그네트론 | 20,000원 |
| 에어컨 | 컴프레서 | 400,000원 |
| TV | LCD | 150,000원 |
| | PDP | 300,000원 |

  • 수리비 : 유상 수리 시 부품비를 제외한 기술료로 소요시간, 난이도 등을 감안하여 산정된다.
  • 출장비 : 출장 수리를 요구하는 경우 적용되며, 18,000원을 청구한다(단, 평일 18시 이후, 휴일 방문 시 22,000원).

3. 안내 사항
- 분쟁 발생 시 품목별 해결 기준

| 분쟁 유형 | | 해결 기준 |
|---|---|---|
| 구입 후 10일 이내에 정상적인 사용 상태에서 발생한 성능·기능상의 하자로 수리를 요할 때 | | 제품 교환 또는 구입가 환급 |
| 구입 후 1개월 이내에 정상적인 사용 상태에서 발생한 성능·기능상의 하자로 중요한 수리를 요할 때 | | 제품 교환 또는 무상수리 |
| 보증기간 이내에 정상적인 사용상태에서 발생한 성능·기능상의 하자 | 수리 불가능 시 | 제품 교환 또는 구입가 환급 |
| | 교환 불가능 시 | 구입가 환급 |
| | 교환된 제품이 1개월 이내에 중요한 수리를 요할 때 | 구입가 환급 |

- 다음의 경우는 보증기간이 $\frac{1}{2}$로 단축 적용된다.
  - 영업용도나 영업장에서 사용할 경우 예 비디오(비디오 SHOP), 세탁기(세탁소) 등
  - 차량, 선박 등에 탑재하는 등 정상적인 사용 환경이 아닌 곳에서 사용할 경우
  - 제품사용 빈도가 극히 많은 공공장소에 설치 사용할 경우 예 공장, 기숙사 등
- 휴대폰 소모성 액세서리(이어폰, 유선충전기, USB 케이블)는 유상 수리 후 2개월 품질 보증

**| 문제해결능력**

**01** 다음은 LCD 모니터 수리에 대한 고객의 문의 사항이다. 고객에게 안내할 내용으로 옳은 것은?

안녕하세요. 3개월 전에 K전자에서 LCD 모니터를 구입한 사람입니다. 얼마 전에 모니터 액정이 고장 나서 동네 전파상에서 급하게 수리를 하였는데 1개월도 안 돼서 다시 액정이 망가져 버렸습니다.

① 구입하신 지 아직 1년이 넘지 않으셨네요. 보증기간에 따라 무상 수리가 가능합니다.
② 무상 수리를 받으시려면 자사가 취급하는 액정인지 확인이 필요합니다. 교체하신 액정의 정보를 알려주실 수 있을까요?
③ 수리 이후에 1개월 이내에 동일한 고장이 발생하셨군요. 보증기간과 관계없이 제품의 구입가를 환불해드리겠습니다.
④ 구입하시고 1년 이내에 수리를 받으셨군요. 더 이상 수리가 불가능하므로 새 제품으로 교환해 드리겠습니다.
⑤ 저희 서비스센터가 아닌 사설 업체에서 수리를 받았기 때문에 무상 수리는 어렵습니다. 유상 수리로 접수해 드릴까요?

**02** B씨는 사용하던 전자레인지가 고장이 나자 서비스센터에 전화하였고, 이틀 후인 수요일 오후 4시 경에 엔지니어가 방문하기로 하였다. 방문한 엔지니어가 전자레인지의 부품 중 하나인 마그네트론을 교체하였고, B씨는 유상 수리 서비스 요금으로 총 53,000원의 금액을 납부하였다. 다음 중 전자레인지의 수리비로 옳은 것은?

① 10,000원                          ② 11,000원

③ 12,000원                          ④ 13,000원

⑤ 15,000원

**03** 다음 중 정상적인 사용 상태에서 제품의 성능·기능상 고장이 발생했을 때, 무상 수리 서비스를 받을 수 없는 것은?

① 3개월 전 구매하여 설치한 세탁소의 세탁기

② 열흘 전 구매하한 개인 휴대폰

③ 8개월 전 구매하여 설치한 기숙사 내 정수기

④ 2개월 전 구매하여 차량에 설치한 휴대용 냉장고

⑤ 1년 전 구매하였으나 1개월 전 K전자에서 유상 수리를 받은 휴대폰 이어폰

**04** 다음 명제를 통해 추론할 수 있는 결론으로 옳은 것은?

> • 음악을 좋아하는 사람은 상상력이 풍부하다.
> • 음악을 좋아하지 않는 사람은 노란색을 좋아하지 않는다.
> • _____

① 노란색을 좋아하지 않는 사람은 음악을 좋아한다.
② 음악을 좋아하지 않는 사람은 상상력이 풍부하지 않다.
③ 상상력이 풍부한 사람은 노란색을 좋아하지 않는다.
④ 노란색을 좋아하는 사람은 상상력이 풍부하다.
⑤ 상상력이 풍부하지 않은 사람은 음악을 좋아한다.

**05** 다음 〈조건〉에 따라 감염병관리위원회를 구성할 때, 항상 참인 것은?

> 코로나19 감염 확산에 따라 감염병의 예방 및 관리에 관한 법률 시행령을 일부 개정하여 감염병관리위원회를 신설하고자 한다. 감염병관리위원회는 관련 위원장 총 4명으로 구성할 예정이며, 위원회 후보는 감염대책위원장 1명, 백신수급위원장 1명, 생활방역위원장 4명, 위생관리위원장 2명이다.

> **조건**
> • 감염대책위원장이 뽑히면 백신수급위원장은 뽑히지 않는다.
> • 감염대책위원장이 뽑히면 위생관리위원장은 2명이 모두 뽑힌다.
> • 백신수급위원장과 생활방역위원장은 합쳐서 4명 이상이 뽑히지 않는다.

① 백신수급위원장이 뽑히면 위생관리위원장은 1명이 뽑힌다.
② 백신수급위원장이 뽑히면 생활방역위원장은 1명이 뽑힌다.
③ 감염대책위원장이 뽑히면 백신수급위원장도 뽑힌다.
④ 감염대책위원장이 뽑히면 생활방역위원장은 2명이 뽑힌다.
⑤ 생활방역위원장이 뽑히면 위생관리위원장도 뽑힌다.

※ 다음은 '고속철도(KTX)의 발전과 철도의 미래' 중 일부 내용을 발췌한 글이다. 이어지는 질문에 답하시오. [6~8]

현재와 미래의 철도를 조명하기 위해서는 과거의 철도 모습과 상황을 잘 정리하고, 이를 해석해야 한다. 철도의 역사를 거슬러 올라가면, 1829년 영국 리버풀의 레인 힐에서는 리버풀과 맨체스터 사이를 어떤 기관차가 달릴 것인가를 결정하기 위한 시합이 벌어졌다. 로버트 스티븐슨이 제작한 로켓호가 시합에서 우승하였고, 이후 1803년 시속 48km로 13t의 화물을 싣고 운행한 로켓호가 리버풀 ~ 맨체스터 상업용 철도의 출발점이 되었다.

1899년 9월 18일에 운행을 시작한 우리나라 철도는 1910년 일제강점기하에 타율적으로 운영되었고, 1917년부터 1925년까지 남만주철도주식회사에 의해 위탁 경영되었다. 1945년 해방 이후 1963년부터는 철도청이 운영하였고, 2004년에 철도공사가 출범하게 되었다.

고속철도의 역사를 보면 1964년 일본에서 신칸센이 개통되었고, 유럽에서는 프랑스와 독일에서 TGV와 ICE가 개통되었다. 고속철도가 개통되면서 철도는 다시 한번 부흥기를 맞이하였으며, 이제 친환경 수단으로서 교통혁명의 주역으로 자리 잡고 있다. 우리나라도 2004년에 고속철도가 개통되어 우리나라의 국토와 교통에 큰 변화를 주고 있다.

철도는 다양한 기능을 가진 교통수단으로 여러 가지 측면에서 사회 · 경제적으로 영향을 미쳤다. 철도를 통한 사회변화는 마치 로마의 도로가 유럽에 영향을 미친 것과 비교할 수 있으며, 당시의 변화는 고속철도가 개통되면서 사회에 영향을 미친 것과 유사한 면이 있다. 기원전 312년부터 시작하여 유럽 전역에 건설된 약 85,000km의 로마 시대 도로는 군사적인 목적뿐만 아니라 국제무역, 경제교류 활성화, 문화교류 확대 등에 큰 영향을 미쳤다. 고속철도의 경우에도 신속한 사람과 물자의 이동을 통한 경제교류 활성화 등 거의 동일한 현상을 보이고 있다. 기술적인 측면에서도 신속한 이동을 목적으로 직선으로 설계된 점, 유지보수 비용을 최소화하는 기술이 적용된 점, 6m 이상의 노선 폭으로 설계된 점 등 많은 공통점을 가지고 있다. 우리나라는 경부선의 개통으로 지역 간 이동이 빨라졌고, 국토 공간 구조가 크게 변화하였다. 영국의 한 지리학자 견문기에 따르면 1894년 당시 서울 ~ 부산 간의 이동에는 약 14일이 소요되었다고 한다. 그러나 경부선이 개통되면서 서울 ~ 부산 간의 이동 시간은 약 11시간으로 감소하였다.

1905년에는 경부선, 1906년에는 경의선, 1914년에는 호남선, 1914년에는 경원선이 개통됨에 따라 X자형의 종단철도망이 완성되었고, 이러한 철도망의 영향으로 우리나라는 종축의 철도망을 중심으로 발전하기 시작하였다. 또한 당시 서울 ~ 용인 ~ 충주 ~ 조령 ~ 문경 ~ 대구 ~ 밀양 ~ 부산의 도로노선과 철도노선을 비교해 볼 때, 철도노선이 충청북도를 지나지 않고 대전 방향으로 통과함에 따라 그간 교통의 요충지였던 충주와 청주보다 대전을 중심으로 발전하기 시작하였다. 따라서 철도망이 지나는 서울 ~ 대전 ~ 김천 ~ 대구 ~ 부산 축이 우리나라 국토발전의 중심축으로 자리 잡기 시작하였다.

이러한 경부 축 중심의 발전은 인구와 철도 수송양 / 수송량, 도시 발전에서 확연하게 드러나고 있다. 상주는 철도망으로부터 소외되어 발전이 멈춘 대표적인 도시의 하나이다. 상주는 조선 시대 경상도의 도청이 있던 곳으로, 1928년 통계를 보면 상주의 인구는 24,000명, 김천 13,000명, 안동 10,000명, 문경 2,000명, 예천 5,000명으로 상주는 그 지역의 중심이었다. 그러나 경부선이 김천을 경유함에 따라 김천이 발전하기 시작하였고, 2013년 상주의 인구는 10.3만 명, 김천 13.5만 명이 되었다.

철도와 고속철도의 개통을 통해 철도에 대한 다양한 학문적인 연구가 진행되었다. 철도와 관련된 학문에 대해서는 교통학뿐만 아니라 역사학, 과학사, 건축학, 경영사, 기술사 등에 큰 영향을 미치고 있으며, 이와 관련해서 좋은 책들이 출판되고 있다.

**06** 다음 중 철도의 발전이 우리나라에 미친 영향으로 적절하지 않은 것은?

① 사회·경제적 영향      ② 도시 인구의 변화

③ 해외 수출의 증가      ④ 관련 도서 출판

⑤ 관련 학문 분야의 확대

**07** 밑줄 친 단어 중 맞춤법이 옳은 것을 고르고, 이와 동일한 규칙이 적용된 단어들로 바르게 연결된 것은?

① 수송량 – 강수량, 생산량, 구름량      ② 수송량 – 독서량, 생산량, 구름량

③ 수송량 – 독서량, 강수량      ④ 수송양 – 독서양, 강수양

⑤ 수송양 – 생산양, 구름양

**08** 다음 중 윗글의 내용을 보충할 수 있는 자료로 적절하지 않은 것은?

① 〈로마제국의 도로와 고속철도의 비교〉

| 구분 | 로마 시대 도로 | 고속철도 |
|---|---|---|
| 전체거리 | 85,000km(AD 200년) | 17,502km(2000년) |
| 영향력 | 군사, 정치, 문화, 경제, 기술면에서 큰 영향력, 특히 무역에 큰 공헌 | 정치, 문화, 경제, 기술면에서 큰 영향력 |
| 특징 | 직선, 훌륭한 배수시설로 유지보수 비용 최소화, 폭은 20 ~ 23피트(약 6미터) | 직선, 슬라브 궤도 등으로 유지보수 비용 최소화, 여유 공간 합한 폭 6미터 이상 |

② 〈교통망과 통행시간의 변화〉

| 구분 | 철도 개통 이전 교통망(도로) | 철도 개통 이후 교통망(철도) |
|---|---|---|
| 노선 | 서울 ~ 용인 ~ 충주 ~ 조령 ~ 문경 ~ 대구 ~ 밀양 ~ 부산 | 서울 ~ 수원 ~ 천안 ~ 대전 ~ 김천 ~ 대구 ~ 부산 |
| 소요시간 | 14일 | 11시간 |

③ 〈철도개통과 인구 변화〉

| 구분 | 상주 | 김천 |
|---|---|---|
| 초기인구(A) | 24,000명(1928년) | 13,000명(1928년) |
| 최근인구(B) | 10.3만 명(2013년) | 13.5만 명(2013년) |
| B/A | 4.3 | 10.0 |
| 철도개통 | 1924년(경북선) | 1905년(경부선) |

④ 〈각국의 철도박물관 현황〉

| 박물관명 | 운영주체와 영업개시일 | 건설비 및 규모 | 특징 |
|---|---|---|---|
| 한국 의왕 철도박물관 | - 철도공사 소유 1988년 | - 부지면적 8,495평<br>- 건물면적 1,451평 | - 연간 29만 명 방문<br>- 10,387점의 유물 소장 |
| 영국 요크 국립 철도박물관 | - 국립철도박물관 1925년 | - 부지면적 24,500평 | - 연간 70만 명 방문<br>- 300만 점의 유물 보관 |
| 중국 베이징 철도박물관 | - 국립철도박물관 2002년 | - 부지면적 47,575평<br>- 건물면적 6,212평 | - 교외 위치로 증기기관차 등의 차량 위주 보존 |

⑤ 〈철도와 관련된 저서들〉

| 분야 | 저서명 | 저자 | 특징 |
|---|---|---|---|
| 철도 정책 | - 철도의 르네상스를 꿈꾸며(2004)<br>- 철도정책론(2009) | - 서선덕 외<br>- 김동건 외 | - 철도부흥과 각국철도<br>- 철도 정책의 제시 |
| 역사 | - 일제침략과 한국철도(2004)<br>- 조선교통사(2012) | - 정재정<br>- 철도문화재단 | - 일제강점기 철도 특징<br>- 일제강점기 철도 소개 |
| 고속철도 | - 고속철도시스템의 이해(1999) | - 김선호 | - 고속철도의 기술적 이해 |

※ 다음은 보행사고 예방을 위한 가이드북의 일부 내용이다. 이어지는 질문에 답하시오. [9~10]

### 〈보행안전을 위한 안전시설 설계 가이드라인〉

본 가이드라인은 보행사고 예방을 위해 현장에 적용할 수 있는 안전시설 설치 기준을 제시하여 효과적으로 사업을 시행할 수 있도록 돕는다. 기존 차량 소통 위주의 도로 운영 전략에서 보행 안전 우선의 시설물 설치 전략과 보행사고 우려 지점에 대한 개선 사업 시 보행 안전 및 편의를 증진할 수 있는 기법들을 제시한다. 네덜란드의 본엘프(Woonerf), 영국의 홈존(Home Zone), 일본의 커뮤니티존(Community Zone) 등 국외에서도 시설 개선 및 속도 규제를 통한 보행 안전성 확보 전략이 추진되고 있으며, 보행자에 대한 시인성 증진과 자동차 속도 저감 등을 통해 지속적인 보행 안전 확보가 필요하다.

보행자와 자동차의 상충을 감소시키고 보행자의 안전 및 이동성을 증진시키는 전략은 크게 4가지로 나누어 볼 수 있다. 먼저 자동차에 노출되는 보행자를 감소시켜야 한다. 도로에서의 사람과 재화의 이동은 사회적·경제적·정치적으로 필수 불가결하지만, 이러한 이동은 교통사고로 이어질 수 있다. 자동차의 주행 경로 등에 보행자가 노출되면 보행자 사고가 발생할 가능성이 커지므로 직접적인 노출을 감소시켜야 한다.

다음으로 자동차와 보행자와의 시인성을 증진시켜야 한다. 보행자가 지장물, 불법주정차 차량 등에 가려져 운전자가 보행자를 인식하지 못하는 등의 문제가 종종 발생한다. 이를 해결하기 위하여 보행자의 시인성을 확보하는 방향으로 시설 개선이 필요하다. 또한 보행 활성화는 보행사고를 감소시키는 방법의 하나이다. 보행자가 많으면 운전자의 눈에 계속 띄게 되므로 운전자는 조심하여 서행 운전하게 되며, 서행 운전을 할 경우 주변을 볼 수 있는 시야가 넓어지고 돌발 상황에 쉽게 대처할 수 있다.

세 번째 전략은 자동차의 속도 감소이다. 충돌 속도가 45km/h 이상일 경우 보행자의 생존 가능성은 50% 이하이지만, 30km/h 이하일 경우 생존 가능성은 90% 이상이 된다. 이처럼 속도는 보행자 사고의 심각도에 결정적인 역할을 하므로 보행사고의 심각도를 감소시키기 위해서는 차량 속도 저감 기법을 적극적으로 고려해야 한다. 또한 주택가, 이면도로 등 일상생활과 밀접한 생활도로의 속도를 낮추는 방법도 고려해야 한다.

마지막으로 보행자 및 운전자의 안전의식 개선이 필요하다. 자동차 운전자들의 보행자에 대한 배려나 보호 의지 등 교육과 홍보를 통해 안전의식을 개선해 나가야 한다. 보행사고 위험요인을 고려한 <u>타깃/타겟형</u> 집중단속 등으로 보행자 보호의 중요성에 대한 사회적 경각심을 제고해야 한다. 한편 보행자는 도로 위에서 자신 위주로 상황을 판단하는 경향이 높아 멀리서 자동차가 다가오면, "자동차가 오기 전에 길을 건널 수 있다." 또는 "자동차가 알아서 속도를 줄이겠지." 등의 오판을 하기도 한다. 따라서 어린이부터 어른까지 모든 보행자가 안전한 보행 습관을 몸에 익힐 수 있도록 범국민 문화 캠페인을 전개하여 보행자의 안전의식을 개선해야 한다. 안전한 도로는 운전자와 보행자 모두 법규를 지켰을 때 만들어지는 것이다.

| 의사소통능력

## 09 윗글의 내용으로 적절하지 않은 것은?

① 보행자의 이동을 막을 순 없지만, 자동차에 대한 보행자의 직접 노출은 줄여야 한다.

② 보행자가 운전자의 눈에 띌 수 있도록 자동차 주행 경로에서의 보행을 활성화해야 한다.

③ 기존의 도로 운영 전략에서는 보행자의 안전보다 원활한 차량의 소통을 강조하였다.

④ 차량 속도 저감 기법을 적극적으로 활용한다면 보행사고의 심각도를 감소시킬 수 있다.

⑤ 운전자의 보행자에 대한 배려와 보행자의 안전한 보행 습관을 통해 안전한 도로가 만들어질 수 있다.

**10** 밑줄 친 단어 중 외래어 표기법이 옳은 것을 고르고, 외래어 표기법이 바르게 적용된 단어들로 바르게 연결된 것은?

① 타깃 – 콜라보레이션, 심볼, 마니아
② 타깃 – 컬라보레이션, 심벌, 마니아
③ 타깃 – 컬래버레이션, 심벌, 마니아
④ 타겟 – 콜라보레이션, 심벌, 매니아
⑤ 타겟 – 컬래버레이션, 심벌, 매니아

**11** 다음 중 전기 쌍극자 능률에 대한 설명으로 옳지 않은 것은?

① 일정한 거리만큼 떨어진 두 지점에 크기가 같고 부호가 다른 전하가 놓여 있는 상태이다.
② 크기는 전하량과 거리의 곱이다.
③ 방향은 양전하에서 음전하로 향한다.
④ 전하로 이루어진 계의 극성을 재는 척도이다.
⑤ 원자에 외부 전계가 작용하면 전자의 분포가 치우쳐 전기 쌍극자 모멘트가 유발된다.

**12** 다음 중 전기 전도율(Electric Conductivity)이 가장 높은 금속은?

① 납(Pb)                    ② 주석(Sn)
③ 니켈(Ni)                  ④ 은(Ag)
⑤ 철(Fe)

**13** 다음 중 체결용 나사에 해당하는 것은?

① 삼각나사                  ② 사각나사
③ 사다리꼴나사              ④ 톱니나사
⑤ 볼나사

**01** 다음 중 밑줄 친 ㉠ ~ ㉢이 적용된 사례 중 방법이 다른 하나는?

> 대부분의 사람들은 자연 현상이나 사회 현상에 인과 관계가 존재한다고 생각한다. 인과적 사고는
> 이와 같이 어떤 일이 발생하면 거기에는 원인이 있을 것이라는 생각에서 비롯되었다. 이러한 맥락에
> 서 원인을 찾아내는 방법을 밝혀내고자 한 사람으로 19세기 중엽 영국의 철학자 존 스튜어트 밀이
> 있다. 그는 원인을 찾아내는 몇 가지 방법을 제안하였다.
> ㉠ 일치법은 어떤 결과가 발생한 여러 경우들에 공통적으로 선행하는 요소를 찾아 그것을 원인으로
> 간주하는 방법이다. 가령 수학여행을 갔던 K고등학교의 학생 다섯 명이 장염을 호소하였다고 하자.
> 보건 선생님이 이 학생들을 불러서 먹은 음식이 무엇인지 조사해보았다. 다섯 명의 학생들이 제출한
> 자료를 본 선생님은 이 학생들이 공통적으로 먹은 유일한 음식이 돼지고기라는 사실을 알게 되었다.
> 이때 선생님이 돼지고기가 장염의 원인이라고 결론을 내리는 것이 바로 일치법을 적용한 예이다.
> ㉡ 차이법은 결과가 나타난 사례와 나타나지 않은 사례를 비교하여 선행하는 요소들 사이의 유일한
> 차이를 찾아 그것을 원인으로 추론하는 방법이다. 인도네시아의 연구소에 근무하던 에이크만은 사
> 람의 각기병과 유사한 증상을 보이는 닭의 질병을 연구하고 있었다. 어느 날 그는 병에 걸린 닭들
> 중에서 병이 호전된 한 마리의 닭을 발견하고는 호전의 원인이 무엇인지를 찾아보고자 하였다. 그
> 결과 병이 호전된 닭과 호전되지 않은 닭들의 모이에서 나머지는 모두 같았으나 유일한 차이가 현미
> 에 있음을 알게 되었다. 즉, 병이 호전되지 않은 닭들은 채소, 고기, 백미를 먹었으나 병이 호전된
> 닭은 추가로 현미를 먹었던 것이다. 이렇게 모이의 차이를 통해 닭의 병이 호전된 원인을 현미에서
> 찾은 에이크만의 사례는 바로 차이법을 적용한 예이다.
> ㉢ 일치차이병용법은 일치법과 차이법을 결합한 것으로 어떤 결과가 나타나는 둘 또는 그 이상의
> 사례에서 한 가지 공통된 요소가 존재하고, 그 결과가 나타나지 않는 둘 또는 그 이상의 사례에서는
> 그러한 요소가 존재하지 않을 때, 그것을 원인으로 간주하는 방법이다.

① 시력이 1.5 이상인 사람들을 조사한 결과 모두 토마토를 자주 먹는다는 것이 밝혀졌다. 그러자
시력이 좋지 않은 사람들이 토마토를 먹기 시작했다.

② A시에서는 전염병이 발생하였고, 전염병에 감염된 사람들은 모두 돼지 농장에서 일한 사람들이
었다. 방역 당국은 전염병이 돼지로부터 발병되었다는 결론을 내렸다.

③ 사고 다발 구간을 시속 40km/h 이하로 지나간 500대의 차량을 조사한 결과, 단 한 차례의 사고도
일어나지 않았다. 결국 사고 다발 구간에서는 차량의 속도가 40km/h 이하일 때 교통사고 발생률
이 0이 된다는 것을 알아냈다.

④ 1반 학생들과 2반 학생들의 지구력을 측정한 결과 1반 학생들의 지구력이 월등히 높았다. 알고
보니 1반 학생들은 매일 아침 운동장을 달렸지만, 2반 학생들은 아무것도 하지 않았다. 결국 달리
기가 지구력 향상에 탁월한 효과를 보인다는 결론을 내렸다.

⑤ 유치원에서는 외출 후 반드시 손을 씻어야 한다는 규칙을 만들어 아이들에게 알려주었다. 아이들
이 손 씻기를 생활화하자 유치원에서는 단 한 명의 감기 환자도 발생하지 않았다. 아이들은 손
씻기가 감기를 예방한다는 것을 깨닫게 되었다.

**02** 다음 중 빈칸 ㉠ ~ ㉤에 들어갈 문장으로 적절하지 않은 것은?

> 단어의 의미 관계 중 상하 관계는 의미상 한 단어가 다른 단어를 포함하거나 다른 단어에 포함되는 관계를 말한다. 이때 다른 단어의 의미를 포함하는 단어를 상의어라 하며, 상의어일수록 일반적이고 포괄적인 의미를 지닌다. _____㉠_____
> 상하 관계에 있는 단어들은 상의어와 하의어가 상대적으로 정해진다. 이를테면 '길짐승'은 '동물'과의 관계 속에서 하의어가 되지만, '개'와의 관계 속에서는 상의어가 된다. 그런데 '동물'의 하의어에는 '개' 외에 '고양이' 등이 더 있다. _____㉡_____
> 상하 관계에서는 하의어들이 상의어의 의미를 이어받아 상의어를 의미적으로 함의한다. 일례로 어떤 새가 '장끼'이면 그 '장끼'는 상의어 '꿩'의 의미를 이어받으므로 '꿩'을 의미적으로 함의하는 것이다. 그러나 어떤 새가 '꿩'이라 해서 그것이 꼭 '장끼'여야 하는 것은 아니므로, 상의어는 하의어를 의미적으로 함의하지 못한다. 이를 '[  ]'로 표현하는 의미자질로 설명하면, 하의어 '장끼'는 상의어 '꿩'의 의미 자질들을 가지면서 [수컷]이라는 의미 자질을 더 가져, 결국 하의어 '장끼'는 상의어 '꿩'보다 의미 자질 개수가 많다. _____㉢_____ 결국 적용 대상의 범위인 외연의 관점에서 상의어 '꿩'이 지시하는 부류는 하의어 '장끼'가 지시하는 부류를 포함하지만, 내포의 관점에서 하의어 '장끼'는 상의어 '꿩'을 포함한다. 따라서 _____㉣_____
> 그런데 앞에서 살폈듯이 '동물'의 하의어가 여러 개인 것과 달리, '꿩'의 하의어는 성별로 구분했을 때 '장끼'와 '까투리' 둘 뿐이다. '동물'의 하의어인 '개', '고양이' 등과 마찬가지로 '장끼', '까투리'는 '꿩'의 하의어로서 비양립 관계에 있다. 그러나 '장끼'와 '까투리'의 경우, '장끼'가 아닌 것은 곧 '까투리'이고 그 역도 성립한다는 점에서 상보적 반의관계에 있다. _____㉤_____

① ㉠ : 하의어는 다른 단어의 의미에 포함되는 단어로, 구체적이고 한정적인 의미를 지닌다.
② ㉡ : 같은 계층에 있는 '개'와 '고양이'는 '동물'의 공하의어라 하며, 이들은 동위어의 관계에 있다.
③ ㉢ : 상의어보다 의미 자질이 많은 하의어는 상의어를 의미적으로 함의하는 것이다.
④ ㉣ : 상의어는 의미의 외연이 좁고 내포가 넓은 반면, 하의어는 의미의 외연이 넓고 내포가 좁다.
⑤ ㉤ : 한 상의어가 같은 계층의 두 단어만을 공하의어로 포함하면, 그 공하의어들은 상보적 반의관계에 있다고 할 수 있다.

**03** 다음 (가) ~ (라) 문단의 주제 또는 중심 내용으로 적절하지 않은 것은?

(가) 매일 아침에 하던, 등산이라기보다는 산길 걷기 정도의 가벼운 산행을 첫눈이 온 후부터는 그만두었다. 산에 온 눈은 오래 간다. 내가 다시 산에 갈 수 있기까지는 두 달도 더 기다려야 할 것 같다. 걷기는 내가 잘 할 수 있는 유일한 운동이지만 눈길에선 엉금엉금 긴다. 어머니가 눈길에서 미끄러져 크게 다치신 후 7, 8년간이나 바깥출입을 못하시다 돌아가신 뒤 생긴 눈 공포증이다. 부족한 다리 운동은 볼일 보러 다닐 때 웬만한 거리는 걷거나 지하철 타느라 오르락내리락하면서도 벌충할 수 있지만 흙을 밟는 쾌감을 느낄 수 있는 맨땅은 이 산골마을에도 남아 있지 않다. 대문 밖 골목길까지 포장되어 있다. 그래서 아침마다 안마당을 몇 바퀴 돌면서 해뜨기를 기다린다. 아차산에는 서울사람들이 새해맞이 일출을 보러오는 명당자리가 정해져 있을 정도니까 그 품에 안긴 아치울도 동쪽을 향해 부챗살 모양으로 열려 있다. 겨울 마당은 황량하고 땅은 딱딱하게 얼어붙었다. 그러나 걸어보면 그 안에서 꼼지락거리는 씨와 뿌리들의 소요가 분명하게 느껴질 정도의 탄력을 지녔다. 오늘 아침에는 우리 마당에서 느긋하게 겨울 휴식을 취하고 있는 나무들과 화초가 몇 가지나 되나 세어보면서 걸어 다녔다. 놀랍게도 백 가지가 넘었다. 백 평도 안 되는 마당의 한가운데를 차지하고 있는 잔디밭을 빼면 나무나 화초가 차지할 수 있는 땅은 넉넉잡아도 40평 미만일 것이다. 그 안에서 백 가지 이상의 식물이 자라고 있다니. 물론 헤아려보는 사이에 부풀리고 싶은 욕심까지 생겨 제비꽃이나 할미꽃, 구절초처럼 심은 바 없이 절로 번식하는 들꽃까지도 계산에 넣긴 했지만 그 다양한 종류가 생각할수록 신기했다. 그것들은 하나같이 내 가슴을 울렁거리게 한 것들이다. 이 나이에도 가슴이 울렁거릴 만한 놀랍고 아름다운 것들이 내 앞에 줄서 있다는 건 얼마나 큰 복인가.

(나) 마당이 있는 집에 산다고 하면 다들 채소를 심어 먹을 수 있어서 좋겠다고 부러워한다. 나도 첫해에는 열무하고 고추를 심었다. 그러나 매일 하루 두 번씩 오는 채소 장수 아저씨가 단골이 되면서 채소 농사가 시들해졌고 작년부터는 아예 안 하게 되었다. 트럭에다 각종 야채와 과일을 싣고 다니는 순박하고 건강한 아저씨는 싱싱한 야채를 아주 싸게 판다. 멀리서 그 아저씨가 트럭에 싣고 온 온갖 채소 이름을 외치는 소리가 들리면 뭐라도 좀 팔아줘야 할 것 같아서 마음보다 먼저 엉덩이가 들썩들썩한다. 그를 기다렸다가 뭐라도 팔아주고 싶어 하는 내 마음을 아는지 아저씨도 손이 크다. 너무 많이 줘서, "왜 이렇게 싸요?" 소리가 절로 나올 때도 있다. 그러면 아저씨는 물건을 사면서 싸다고 하는 사람은 처음 봤다고 웃는다. 내가 싸다는 건 딴 물가에 비해 그렇다는 소리지 얼마가 적당한 값인지 알고 하는 소리는 물론 아니다. 트럭 아저씨는 다듬지 않은 채소를 넉넉하게 주기 때문에 그걸 손질하는 것도 일이다. 많이 주는 것 같아도 다듬어 놓고 나면 그게 그걸 거라고, 우리 식구들은 내 수고를 별로 달가워하지 않는 것 같다. 내가 뒤란으로 난 툇마루에 퍼더버리고 앉아 흙 묻은 야채를 다듬거나 콩이나 마늘을 까는 건 내가 좋아서 하는 일이지 누가 시켜서 하는 건 아니다. 뿌리째 뽑혀 흙까지 싱싱한 야채를 보면 야채가 아니라 푸성귀라고 불러 주고 싶어진다. 손에 흙을 묻혀가며 푸성귀를 손질하노라면 같은 흙을 묻혔다는 걸로 그걸 씨 뿌리고 가꾼 사람들과 연대감을 느끼게 될 뿐 아니라 흙에서 나서 자란 그 옛날의 시골 계집애와 현재의 나와의 지속성까지를 확인하게 된다. 그건 아주 기분 좋고 으쓱한 느낌이다. 어쩌다 슈퍼에서 깨끗이 손질해서 스티로폼 용기에 담긴 야채를 보면 자동 운반 장치를 타고 나온 공산품 같지, 푸성귀 같지는 않다.

(다) 다들 조금씩은 마당이 딸린 땅집 동네라 화초와 채소를 같이 가꾸는 집이 많다. 경제적인 이점은 미미하지만 농약을 안 친 청정 야채를 먹는 재미가 쏠쏠하다고 한다. 그것도 약간은 부럽지만 모든 야채를 자급자족할 수 있는 것도 아니고 외식을 아주 안하고 살 수도 없는 세상이니 안전해야 얼마나 안전하겠는가. 하긴 주식에서부터 야채, 과일 일체를 유기농법으로만 짓기로 계약재배해서 먹는 집도 있다는 소리를 들었지만 아직은 특별한 계층 사람들 이야기고, 나에게는 대다수 보통 사람들이 먹고 사는 대로 먹고 사는 게 제일 속 편하고 합당한 삶일 듯싶다. 무엇보다도 내 단골 트럭 아저씨에게는 불경기가 없었으면 좋겠다. 일요일은 꼬박꼬박 쉬지만 평일에는 하루도 장사를 거른 적이 없는 아저씨가 지난여름엔 일주일 넘어 안 나타난 적이 있는데 소문에 의하면 해외여행을 갔다는 것이었다. 그것도 여비가 많이 드는 남미 어디라나. 그런 말을 퍼뜨린 이는 조금은 아니꼽다는 투로 말했지만 어중이떠중이가 다 해외여행을 떠나는 이 풍요로운 나라의 휴가철, 그 아저씨야말로 마땅히 휴가를 즐길 자격이 있는 어중이떠중이 아닌 적격자가 아니었을까.

(라) 트럭 아저씨는 나를 쭉 할머니라 불렀는데 어느 날 새삼스럽게 존경스러운 눈으로 바라보면서 선생님이라고 부르기 시작했다. 내가 작가라는 걸 알아보는 사람을 만나면 무조건 피하고 싶은 못난 버릇이 있는데 그에게 직업이 탄로 난 건 싫지가 않았다. 순박한 표정에 곧이곧대로 나타난 존경과 애정을 뉘라서 거부할 수 있겠는가. 내 책을 읽은 게 아니라 TV에 나온 걸 보았다고 했다. 책을 읽을 새가 있느냐고 했더니, "웬걸요, 신문 읽을 새도 없어요."라고 하면서 수줍은 듯 미안한 듯, 어려서 '저 하늘에도 슬픔이'를 읽고 외로움을 달래고 살아가면서 많은 힘을 얻은 얘기를 했다. 그러니까 그의 글 쓰는 사람에 대한 존경은 '저 하늘에도 슬픔이'에서 비롯된 것이었다. 나는 그 책을 읽지는 못했지만 아주 오래전에 영화화된 걸 비디오로 본 적이 있어서 그럭저럭 맞장구를 칠 수가 있었다. 아저씨는 마지막으로 선생님도 '저 하늘에도 슬픔이' 같은 걸작을 쓰시길 바란다는 당부 겸 덕담까지 했다. 어렸을 적에 읽은 그 한 권의 책으로 험하고 고단한 일로 일관해 온 중년 사내의 얼굴이 그렇게 부드럽고 늠름하게 빛날 수 있는 거라면 그 책은 걸작임에 틀림이 없으리라. 그의 덕담을 고맙게 간직하기로 했다.

– 박완서, 「트럭 아저씨」

① (가) : 자연과 더불어 사는 삶의 즐거움
② (나) : 트럭 아저씨와 시골 계집애의 사랑
③ (다) : 트럭 아저씨의 성실한 삶
④ (라) : 힘이 되어 주는 책을 소개하는 트럭 아저씨의 덕담
⑤ (가) ~ (라) : 고단한 삶을 성실하게 살아가는 사람들에 대한 사랑

**04** 다음 글에 대한 설명으로 적절하지 않은 것은?

빈 도시락마저 들지 않은 손이 홀가분해 좋긴 하였지만, 해방촌 고개를 추어 오르기에는 뱃속이 너무 허전했다.

산비탈을 도려내고 무질서하게 주워 붙인 판잣집들이었다. 철호는 골목으로 접어 들었다. 레이션 갑을 뜯어 덮은 처마가 어깨를 스칠 만치 비좁은 골목이었다. 부엌에서들 아무데나 마구 버린 뜨물이, 미끄러운 길에는 구공탄 재가 군데군데 헌데 더뎅이 모양 깔렸다.

저만치 골목 막다른 곳에, 누런 시멘트 부대 종이를 흰 실로 얼기설기 문살에 얽어맨 철호네 집 방문이 보였다. 철호는 때에 절어서 마치 가죽 끈처럼 된 헝겊이 달린 문걸쇠를 잡아당겼다. 손가락이라도 드나들 만치 엉성한 문이면서 찌걱찌걱 집혀서 잘 열리지 않았다. 아래가 잔뜩 잡힌 채 비틀어진 문틈으로 그의 어머니의 소리가 새어 나왔다.

"가자! 가자!"

미치면 목소리마저 변하는 모양이었다. 그것은 이미 그의 어머니의 조용하고 부드럽던 그 목소리가 아니고, 쨍쨍하고 간사한 게 어떤 딴 사람의 목소리였다.

… (중략) …

삼팔선, 그것은 아무리 자세히 설명을 해 주어도 철호의 늙은 어머니에게만은 아무 소용없는 일이었다.

"난 모르겠다. 암만 해도 난 모르겠다. 삼팔선. 그래 거기에다 하늘에 꾹 닿도록 담을 쌓았단 말이냐 어쨌단 말이냐. 제 고장으로 제가 간다는데 그래 막는 놈이 도대체 누구란 말이야."

죽어도 고향에 돌아가서 죽고 싶다는 철호의 어머니였다. 그리고는,

"이게 어디 사람 사는 게냐. 하루 이틀도 아니고."

하며 한숨과 함께 무릎을 치며 꺼지듯이 풀썩 주저앉곤 하는 것이었다.

그럴 때마다 철호는

"어머니 그래도 남한은 이렇게 자유스럽지 않아요?"

하고, 남한이니까 이렇게 생명을 부지하고 살 수 있지, 만일 북한 고향으로 간다면 당장에 죽는 것이라고, 자유라는 것이 얼마나 소중한 것인가를, 갖은 이야기를 다 예로 들어가며 어머니에게 타일러 보는 것이었다. 그러나 자유라는 것을 늙은 어머니에게 이해시키기란 삼팔선을 인식시키기보다도 몇백 갑절 더 힘드는 일이었다. 아니 그것은 거의 불가능한 일이라 했다. 그래 끝내 철호는 어머니에게 자유라는 것을 설명하는 일을 단념하고 말았다. 그렇게 되고 보니 철호의 어머니에게는 아들 – 지지리 고생을 하면서도 고향으로 돌아갈 생각만은 죽어도 하지 않는 철호가 무슨 까닭인지는 몰라도 늙은 어미를 잡으려고 공연한 고집을 피우고 있는 천하에 고약한 놈으로만 여겨지는 것이었다. 그야 철호에게도 어머니의 심정이 이해되지 않는 것은 아니었다.

무슨 하늘이 알 만치 큰 부자는 아니었지만 그래도 꽤 큰 지주로서 한 마을의 주인 격으로 제법 풍족하게 평생을 살아오던 철호의 어머니 눈에는 아무리 그네가 세상을 모른다고 해도, 산등성이를 악착스레 깎아내고 거기에다 게딱지 같은 판잣집을 다닥다닥 붙여 놓은 이 해방촌이 이름 그대로 해방촌일 수는 없는 노릇이었다.

"나두 내 나라를 찾았다게 기뻐서 울었다. 엉엉 울었다. 시집올 때 입었던 홍치마를 꺼내 입구 춤을 추었다. 그런데 이 꼴 좋다. 난 싫다. 아무래도 난 모르겠다. 뭐가 잘못됐건 잘못된 너머 세상이디 그래."

철호의 어머니 생각에는 아무리 해도 모를 일이었던 것이었다. 나라를 찾았다면서 집을 잃어버려야 한다는 것은, 그것은 정말 알 수 없는 일이었던 것이다.

철호의 어머니는 남한으로 넘어온 후로 단 하루도 이 '가자'는 말을 하지 않은 날이 없었다.

그렇게 지내오던 그날, 6·25 사변으로 바로 발밑에 빤히 내려다보이는 용산 일대가 폭격으로 지옥처럼 무너져 나가던 날, 끝내 철호는 어머니를 잃어버리고 말았던 것이었다.

"큰애야 이젠 정말 가자. 데것 봐라. 담이 홈싹 무너뎄는데 삼팔선의 담이 데렇게 무너뎄는데. 야."

그때부터 철호의 어머니는 완전히 정신 이상이었다.

- 이범선, 「오발탄」

① 인물의 행동을 자세하게 묘사하고 있다.

② 일제 강점기 해방촌을 배경으로 하고 있다.

③ 전지적 작가 시점으로 글이 전개되고 있다.

④ 사실적 묘사를 통해 궁핍한 생활상을 드러내고 있다.

⑤ 전쟁 직후 인간 내면의 허무 의식을 표출하고 있다.

**05** 다음 중 밑줄 친 ㉠~㉤에 대한 퇴고 방법으로 적절하지 않은 것은?

퇴고의 중요성은 백 번 천 번 강조해도 지나치지 않는다. 습작이란 퇴고의 기술을 익히는 행위인지도 모른다. 그렇다고 ㉠ 퇴고가 외면을 화려하게 만들기 위한 덧칠이 되어서는 안 된다. 진실을 은폐하기 위한 위장술이 되어서도 안 된다. 퇴고를 글쓰기의 마지막 마무리 단계라고 생각하면 오산이다. 퇴고는 ㉡ 글쓰기의 처음이면서 중간이면서 마지막이면서 그 모든 것이다.

시라고 해서 우연에 기댄 착상과 표현을 시의 전부라고 여기면 바보다. 처음에 번갯불처럼 떠오른 생각만이 시적 진실이라고 오해하지 마라. 퇴고가 시적 진실을 훼손하거나 은폐한다고 제발 바보 같은 생각 좀 하지 마라. 처음에 떠오른 '시상' 혹은 '영감'이라는 것은 식물로 치면 씨앗에 불과하다. 그 씨앗을 땅에 심고 물을 주면서 싹이 트기를 기다리는 일, 햇볕이 잘 들게 하고 거름을 주는 일, 가지가 쑥쑥 자라게 하고 푸른 잎사귀를 무성하게 매달게 하는 일, 그 다음에 열매를 맺게 하는 일… 그 모두를 퇴고라고 생각하라.

내가 쓴 시에 내가 취하고 감동해서 가까스로 펜을 내려놓고 잠자리에 들 때가 있다. 습작기에 자주 경험했던 일이다. 한 편의 시를 멋지게 완성하고 뿌듯한 마음으로 잠든 것까지는 좋았는데 그 이튿날 일어나서 밤늦게까지 쓴 그 시를 다시 읽어보았을 때의 낭패감! 시가 적힌 노트를 찢어버리고 싶고, 혹여 누가 볼세라 태워버리고 싶은 마음이 불같이 일어날 때의 그 화끈거림! 나 자신의 재주 없음과 무지에 대한 자책!

당신도 아마 그런 시간을 경험한 적 있을 것이다. 지금 생각해보면 습작기에 있는 사람에게는 그런 시간이 참으로 소중하다는 것을 느낀다. 한 편의 시를 퇴고하면서 그 시에 눈멀고 귀먹어 버린 자가 겪게 되는 참담한 기쁨이 바로 그것이다. 퇴고를 하는 과정에 시에 너무 깊숙하게 침윤되어 잠시 넋을 시에게 맡겨버린 결과다(사랑에 빠진 사람을 콩깍지 씌웠다고 하는 것처럼). 그러나 그렇게 시에 감염되어 있는 동안 당신의 눈은 밝아졌고, 실력이 진일보했다고 생각하라. 하룻밤 만에 객관적인 시각으로 자신의 시를 볼 수 있는 눈으로 변화를 한 것이다.

시를 고치는 일을 두려워하지 마라. 밥 먹듯이 고치고, 그렇게 고치는 일을 즐겨라. 다만 서둘지는 마라. 설익은 시를 무작정 고치려고 대들지 말고 ㉢ 가능하면 시가 뜸이 들 때까지 기다려라. 석 달이고 삼 년이고 기다려라.

그리고 시를 어느 정도 완성했다고 생각하는 그 순간, ㉣ 주변에 있는 사람에게 시를 보여줘라. 시에 대해서 잘 아는 전문가가 아니어도 좋다. 농부도 좋고 축구선수도 좋다. 그들을 스승이라고 생각하고 잠재적 독자인 그들의 말씀에 귀를 기울여라. 이규보도 "다른 사람의 시에 드러난 결점을 말해주는 일은 부모가 자식의 흠을 지적해 주는 일과 같다."고 했다. 누군가 결점을 말해 주면 다 들어라. 그러고 나서 또 고쳐라.

"글은 다듬을수록 빛이 난다. 절망하여 글을 쓴 뒤, 희망을 가지고 고친다."고 한 이는 소설가 한승원이다. 니체는 "피로써 쓴 글"을 좋아한다고 했고, 〈혼불〉의 작가 최명희는 "원고를 쓸 때면 손가락으로 바위를 뚫어 글씨를 새기는 것만 같다."고 말했다. 시를 고치는 일은 옷감에 바느질을 하는 일이다. ㉤ 끊임없이 고치되, 그 바느질 자국이 도드라지지 않게 하라. 꿰맨 자국이 보이지 않는 천의무봉의 시는 퇴고에서 나온다는 것을 명심하라.

① ㉠ : 번지르르한 표현을 사용하지 않는다.

② ㉡ : 퇴고는 글쓰기의 전 과정에서 일어난다.

③ ㉢ : 글을 객관적으로 바라볼 수 있는 시간을 두고 퇴고한다.

④ ㉣ : 예상 독자를 고려하여 퇴고한다.

⑤ ㉤ : 새로운 단어나 문장을 추가하지 않는다.

**06** 다음 글에 밑줄 친 ⑦ ~ ⓒ의 입장에 대한 설명으로 적절하지 않은 것은?

언어학자들에 의하면 인간 고유의 언어 능력은 독특한 양상으로 발달한다. 아이의 언어 발달을 관찰해 보면 주변에서 듣는 말을 모방하는 듯 따라하기도 하고, 때로는 올바른 표현을 외면한 채 자신의 말을 계속 반복하는 행동을 보이기도 한다.

아이의 언어 습득 이론에 영향을 준 사상으로는 크게 경험론과 선험론을 들 수 있다. 경험론은 1960년대 현대 언어학이 출범하기 이전 특히 ⑦ 레너드 블룸필드와 스키너를 중심으로 발달한 이론으로, 인간의 행동은 환경에 주어진 경험적 자료에 접하여 연상 작용을 일으켜 지식을 획득한다는 이론이다. 블룸필드는 인간의 선험적 능력을 겨우 몇 가지만 인정할 뿐 지식은 거의 모두 경험 자료에서 비롯된다고 가정한다. 아동은 단어나 표현을 익히는 과정에서 어느 정도는 어른의 말을 모방하거나 반복하곤 한다. 또한 어른은 아동에게 의도적으로 꾸준히 가르치는 장면을 할 때가 있다. 가령 많은 부모들은 '빠이빠이(Bye-bye)'나 '감사합니다', '안녕하세요' 등의 일상 표현이나 새로운 단어들을 아동에게 열심히 가르치려 노력한다.

경험론을 반박하는 학자들은 경험보다는 선험적인 지식의 역할을 강조한다. ⓒ 노엄 촘스키는 합리주의 사상에 영향을 받아 보다 구체적이고 주로 언어 지식에 한정된 '선험론'을 발전시켜 왔다. 선험론자들은 인간 고유의 탁월한 창조성을 강조하면서 경험론에서 중요시하는 학습 효과는 인정하지 않는다. 선험론에 의하면 인간은 체계적인 가르침을 받지 않고도 언어 규칙을 무의식적으로 내면화할 수 있는 능력을 갖고 있을 뿐만 아니라 언어의 토대를 이루는 어휘 범주와 기능 범주 및 기본 원리원칙 등을 선험적으로 갖고 있다고 한다. 즉, 언어 습득은 환경의 영향이 아니라 선험적으로 주어진 언어 구조적 지식에 의거한 것이라고 주장한다.

민족의 언어와 성격 사이의 관계를 강조한 ⓒ 빌헬름 폰 훔볼트는 언어가 민족의 정신세계를 드러내고 세계관을 반영한다고 주장한다. 훔볼트에 따르면 한 민족의 사고방식이나 세계를 보는 눈이 다른 민족과 다른 이유는 사용하는 언어 구조가 서로 다르기 때문이다. 언어는 민족과 상황에 따라서 다르게 만들어진다. 언어를 통해서만 사고가 가능하므로, 개인의 사고방식과 세계관은 언어 구조에 의해 결정된다. 사고 과정이나 경험 양식은 언어에 의존하므로 언어가 다르면 사고와 경험의 양식도 달라지기 때문이다.

① ⑦ : 아이의 언어 습득은 부모의 가르침과 같은 경험에 의해 결정된다.
② ⑦ : 아이는 부모의 언어를 모방함으로써 언어를 습득한다.
③ ⓒ : 아이는 문법을 학습하지 않아도 자연스럽게 언어를 습득한다.
④ ⓒ : 태어난 아이는 백지와 같으므로 일련의 과정을 통해 언어를 습득할 수 있다.
⑤ ⓒ : 아이는 언어를 습득할 때 언어를 통해 중재된 세계관을 함께 습득한다.

**07** 다음 글에 대한 설명으로 적절하지 않은 것은?

운전자 10명 중 3명은 내년 4월부터 전면 시행되는 '안전속도 5030' 정책을 모르는 것으로 나타났다. 한국교통안전공단은 지난 7월 전국 운전자 3,922명을 대상으로 '안전속도 5030 정책 인지도'를 조사한 결과 이를 인지하고 있는 운전자는 68.1%에 그쳤다고 밝혔다. 안전속도 5030 정책은 전국 도시 지역 일반도로의 제한속도를 시속 50km로, 주택가 등 이면도로는 시속 30km 이하로 하향 조정하는 정책이다. 지난해 4월 도로교통법 시행규칙 개정에 따라 내년 4월 17일부터 본격적으로 시행된다. 교통안전공단에 따르면 예기치 못한 사고가 발생하더라도 차량의 속도를 30km로 낮추면 중상 가능성은 15.4%로 크게 낮아진다. 이번 조사에서 특히 20대 이하 운전자의 정책 인지도는 59.7%, 30대 운전자는 66.6%로 전체 평균보다 낮은 것으로 나타났다. 반면 40대(70.2%), 50대 (72.1%), 60대 이상(77.3%) 등 연령대가 높아질수록 안전속도 도입을 알고 있다고 응답한 비율이 높았다.

한국교통안전공단은 내년 4월부터 전면 시행되는 안전속도 5030의 성공적 정착을 위해 정책 인지도가 가장 낮은 2030 운전자를 대상으로 온라인 중심의 언택트(Untact) 홍보를 시행할 예정이다. 2030세대가 운전 시 주로 이용하는 모바일 내비게이션사와 협업하여 5030 속도 관리구역 음성안내 및 이미지 표출 등을 통해 제한속도 인식률 향상 및 속도 준수를 유도하고, 유튜브와 SNS 등을 활용한 대국민 참여 이벤트와 공모전 등을 통해 제한속도 하향에 대한 공감대 확산 및 자발적인 속도 하향을 유도한다.

① 운전자 10명 중 6명 이상은 안전속도 5030 정책을 알고 있다.
② 안전속도 5030 정책에 대한 인지도가 가장 낮은 연령대는 20대 이하이다.
③ 연령대가 높을수록 안전속도 5030 정책에 대한 인지도가 높다.
④ 안전속도 5030 정책에 대한 연령대별 인식률의 평균은 68.1%이다.
⑤ 안전속도 5030 정책이 시행되면 주택가에서의 주행속도는 시속 30km 이하로 제한된다.

**08** 화물 운송 트럭 A ~ C는 하루 2회 운행하며 192톤을 옮겨야 한다. A트럭만 운행하였을 때, 12일이 걸렸고, A트럭과 B트럭을 동시에 운행하였을 때 8일이 걸렸으며, B트럭과 C트럭을 동시에 운행하였을 때 16일이 걸렸다. 이때, C트럭의 적재량은 얼마인가?(단, 트럭의 적재용량을 최대한 이용한다)

① 1톤  ② 2톤
③ 3톤  ④ 4톤
⑤ 5톤

**09** 고객 만족도 점수에서 고객이 만족하면 +3, 불만족하면 −4점이 적용된다. 100명의 고객에게 만족도를 조사했을 때, 80점 이상을 받으려면 최대 몇 명의 불만족 고객이 허용되는가?

① 17명  
② 20명  
③ 31명  
④ 32명  
⑤ 55명  

**10** 다음은 각 행과 열의 합을 나타낸 표이다. A+B+C+D의 값으로 옳은 것은?

| 구분 | 34 | 34 | 44 |
|------|----|----|----|
| 32 | A | C | C |
| 36 | A | D | D |
| 44 | B | A | B |

① 48  
② 50  
③ 52  
④ 54  
⑤ 56  

**11** 다음 숫자배열에서 빈칸에 들어갈 숫자는?

| 6 | 7 | 8 | 6 | 9 | 5 | 7 | 8 |
|---|---|---|---|---|---|---|---|
|   | 3 |   | 4 |   | 6 |   | ( ) |
| 3 | 5 | 2 | 4 | 4 | 6 | 6 | 4 |

① 2  
② 4  
③ 6  
④ 7  
⑤ 8

**12** 방역당국은 코로나19 확진 판정을 받은 확진자의 동선을 파악하기 위해 역학조사를 실시하였다. 역학조사 결과 확진자의 지인 A~F 6명에 대하여 〈보기〉와 같은 정보를 확인하였다. 다음 중 항상 참이 되는 것은?

> **보기**
>
> ㄱ. C나 D를 만났으면 A와 B를 만났다.
> ㄴ. B나 E를 만났으면 F를 만났다.
> ㄷ. C와 E 중 한 명만 만났다.

① 확진자는 A를 만났다.
② 확진자는 B를 만났다.
③ 확진자는 C를 만났다.
④ 확진자는 E를 만났다.
⑤ 확진자는 F를 만났다.

**13** 비상대책위원회 위원장은 A~F의원 중 제1차 위원회에서 발언할 위원을 결정하려 한다. 다음 〈조건〉에 따라 발언자를 결정한다고 할 때, 항상 참이 되는 것은?

> **조건**
>
> • A위원이 발언하면 B위원이 발언하고, C위원이 발언하면 E위원이 발언한다.
> • A위원 또는 B위원은 발언하지 않는다.
> • D위원이 발언하면 F위원이 발언하고, B위원이 발언하면 C위원이 발언한다.
> • D위원이 발언하고 E위원도 발언한다.

① A위원이 발언한다.
② B위원이 발언한다.
③ C위원이 발언한다.
④ F위원이 발언한다.
⑤ 모든 위원이 발언한다.

**14** 다음 중 거가대교 건설에 사용된 공법으로 옳은 것은?

① NATM 공법　　　　　　② TBM 공법
③ 실드 공법　　　　　　　④ 케이슨 공법
⑤ 침매 공법

| 01 | 사무영업직

▌의사소통능력

**01** 다음은 교통안전사업에 대한 논문이다. 이를 주요 단어로 요약한다고 할 때, 적절하지 않은 것은?

> 국내 교통사고는 매년 35만 건 이상이 발생하여 그 어떤 재난과 비교할 수 없을 만큼 심각한 인명 및 재산 손실을 초래하고 있다. 국가는 국민의 생명과 안전을 지키기 위해 다양한 교통안전사업을 시행하고 있지만 여전히 선진국 수준에는 미치지 못해 보다 적극적인 노력이 필요하다.
> 교통안전사업의 평가체계는 다음과 같은 두 가지 문제점을 지니고 있다. 첫 번째는 교통안전사업의 성과분석 및 평가가 사망자 수 감소에 집중되어 있다는 점이다. 두 번째는 교통안전사업 평가에 투자예산이 비용으로 처리된다는 점이다. 교통안전사업이 잘 운영되려면 교통안전사업의 정확한 평가를 통한 불요불급한 예산방지 및 예산효율의 극대화가 무엇보다 중요하다. 교통안전사업 시행에 따른 사회적 비용 감소 효과를 명확하게 분석할 수 있다면 명확한 원칙과 기준을 제시할 수 있을 뿐만 아니라, 교통안전사업의 효과를 높일 수 있어 교통사고 비용 감소에 크게 기여할 수 있을 것이다.
> 본 연구에서는 교통안전사업을 시설개선·교통 단속 및 교육홍보연구라는 3가지 범주로 나누고, 사업별 예산투자에 따른 사상종별 비용 감소 효과를 분석하였다. 도로교통공단 연구자료인 '도로교통 사고비용의 추계와 평가'에 제시된 추계방법을 활용하여 2007년부터 2014년까지 8개년간 각 지자체의 교통안전사업 투자예산을 계산하였다.
> 이를 바탕으로 교통안전사업 투자예산과 사고비용 감소와의 상관관계를 분석하였다. 과거 연구모형을 수정하여 사업 투자금액을 자산으로 분류하였다. 연구결과 사망자 사고비용 감소를 위해 가장 유효한 사업은 교통 단속으로 나타났으며, 중상자 및 경상자 사고비용 감소를 위해 가장 유효한 사업은 안전한 보행환경 조성 사업으로 나타났다.
> 비용으로 분류되던 교통안전사업의 결과를 자산으로 처리하고, 종속변수를 교통사고 비용으로 하여 기존 연구와 차별점을 두었다. 사상종별로 효과가 있는 사업이 차이가 있음을 확인하였으며, 교통사고 현황 분석을 통해 주로 발생하는 사고 유형을 확인하고 맞춤형 교통안전사업을 전개한다면 보다 효과적이고 수용성 높은 방향으로 사업이 시행될 것으로 판단된다.

① 교통 단속
② 사회적 비용
③ 보행환경 조성
④ 교통안전사업
⑤ 비용 감소 효과

**02** 다음은 '겨울철 블랙아이스 교통사고 특성과 대책'에 대한 글이다. 이 내용으로 적절하지 않은 것은?

> 최근 5년(2014년 1월 ~ 2018년 12월) 동안 경찰에 신고된 겨울철 빙판길 사고와 기상관측자료를 분석한 결과, 최저기온이 0도 이하이면서 일교차가 9도를 초과하는 일수가 1일 증가할 때마다 하루 평균 약 59건의 사고가 증가했다.
>
> 지역별 결빙교통사고율은 강원(3.9%), 충남(3.8%) 순서로 높았다. 치사율(전체사고 대비 결빙사고 사망자 비율)은 충북(7.0%), 강원(5.3%) 등 중부 내륙지역이 높은 것으로 분석됐다. K교통안전문화 연구소는 이러한 내용을 중심으로 한 '겨울철 블랙 아이스 교통사고 특성과 대책' 결과를 발표했다.
>
> 경찰에 신고된 도로결빙·서리로 발생한 교통사고 건수 및 사망자 수는 최근 5년간 각각 6,548건(연평균 1,310건) 및 199명(연평균 40명)이며, 사고 100건당 사망자 수는 전체 교통사고 평균보다 1.6배 높아 큰 사고가 많은 것으로 나타났다. 또한 연도별 사고 건수는 2014년 1,826건, 2015년 859건, 2018년 1,358건으로 해에 따라 최대 2배 이상 차이가 나는 것으로 분석됐다.
>
> '최저기온 0도 이하, 일교차 9도 초과' 관측일을 기준으로 최근 5년간 발생한 결빙교통사고율은 전체 교통사고의 2.4%였다. 지역별로는 통과 교통량이 많고 통행속도가 높은 강원(3.9%), 충남(3.8%), 충북(3.7%)의 결빙교통사고율이 다른 지자체 평균보다 2.6배 높았다. 특별·광역시의 경우 인천광역시(3.1%)가 평균보다 높은 것으로 나타났다.
>
> 사고 심도를 나타내는 치사율(전체사고 대비 결빙사고 사망률)은 '최저기온 0도 이하, 일교차 9도 초과' 관측일에서 평균 3.2%였다. 특히 충북(7.0%), 강원(5.3%), 전북(4.3%), 경북(3.8%)은 전국 평균보다 1.4 ~ 2.2배 높았다.
>
> 블랙아이스는 온도가 급격히 떨어질 때 노면 습기가 얼어붙어 생성되기 때문에 기상 변화와 함께 주변 환경(바닷가, 저수지 등), 도로 환경(교량, 고가로, 터널 입구 등)을 고려한 맞춤형 관리를 해야 하는 것으로 분석됐다. 결빙교통사고는 노면 상태를 운전자가 맨눈으로 확인하지 못하거나 과속하는 경우에 발생하기 때문에 결빙교통사고 위험구간지정 확대 및 도로 순찰 강화 등의 대책이 요구된다. 또 결빙구간을 조기에 발견해 운전자에게 정보를 제공해줄 수 있는 시스템(내비게이션, 도로 전광판) 확대도 시급하다.
>
> K교통안전문화연구소 수석연구원은 "겨울철 급격한 일교차 변화에 따른 노면 결빙(블랙아이스)은 도로 환경, 지역 및 입지 여건 등에 따라 대형사고로 이어질 위험성이 크다."며 "이에 지역별로 사고 위험이 높은 지역에 적극적인 제설 활동, 자동염수분사장치 및 도로열선 설치 확대, 가변속도표지 설치, 구간속도단속 등의 조치가 필요하다."고 강조했다. 아울러 "운전자들도 블랙아이스 사고가 많은 겨울철 새벽에는 노면 결빙에 주의해 안전운전해야 한다."고 덧붙였다.

① 교통사고 사망자 수는 인천광역시 지역이 가장 높다.
② 최근 5년간 결빙교통사고로 인한 사망자 수는 사고 100건당 1.99명이다.
③ 블랙아이스 사고가 많은 겨울철 새벽에는 운전을 삼가야 한다.
④ 통과 교통량이 많은 충남 지역의 전체사고 대비 결빙사고 사망자 비율이 가장 높다.
⑤ 블랙아이스 교통사고는 기온과 관련이 있다.

**03** 다음 중 밑줄 친 단어의 맞춤법이 바르게 짝지어진 것은?

> 오늘은 <u>웬지</u> 아침부터 기분이 좋지 않았다. 회사에 가기 싫은 마음을 다독이며 출근 준비를 하였다. 회사에 겨우 도착하여 업무용 컴퓨터를 켰지만, 모니터 화면에는 아무것도 보이지 않았다. 심각한 바이러스에 노출된 컴퓨터를 힘들게 복구했지만, <u>며칠</u> 동안 힘들게 작성했던 문서가 <u>훼손</u>되었다. 당장 오늘까지 제출해야 하는 문서인데, 이 문제를 <u>어떻게</u> 해결해야 할지 걱정이 된다. 문서를 다시 <u>작성하든지</u>, 팀장님께 사정을 <u>말씀드리던지</u> 해결책을 찾아야만 한다. 현재 나의 간절한 <u>바램</u>은 이 문제가 무사히 해결되는 것이다.

① 웬지, 며칠, 훼손
② 며칠, 어떻게, 바램
③ 며칠, 훼손, 작성하든지
④ 며칠, 말씀드리던지, 바램
⑤ 어떻게, 말씀드리던지, 바램

**04** 다음 표준 발음법에 따른 단어의 표준 발음으로 적절하지 않은 것은?

> 〈표준 발음법〉
>
> 제5항 'ㅑ, ㅒ, ㅕ, ㅖ, ㅘ, ㅙ, ㅛ, ㅝ, ㅞ, ㅠ, ㅢ'는 이중 모음으로 발음한다.
> 다만 1. 용언의 활용형에 나타나는 '져, 쪄, 쳐'는 [저, 쩌, 처]로 발음한다.
>     예 가지어 → 가져[가저]          다치어 → 다쳐[다처]
> 다만 2. '예, 례' 이외의 'ㅖ'는 [ㅔ]로도 발음한다.
>     예 계별[계별 / 게별](袂別)      개폐[개폐 / 개페](開閉)
>         혜택[혜택 / 헤택](惠澤)      지혜[지혜 / 지헤](智慧)
> 다만 3. 자음을 첫소리로 가지고 있는 음절의 'ㅢ'는 [ㅣ]로 발음한다.
>     예 늴리리               닁큼
>       무늬                띄어쓰기
>       씌어                틔어
>       희어                희떱다
>       희망                유희
> 다만 4. 단어의 첫음절 이외의 '의'는 [ㅣ]로, 조사 '의'는 [ㅔ]로 발음함도 허용한다.

① '떡을 쪄 먹다'의 '쪄'는 표준 발음법 제5항 다만 1에 따라 [쩌]로 발음한다.
② '오골계'의 '계'는 표준 발음법 제5항 다만 2에 따라 [계] 또는 [게]로 발음한다.
③ '가정의 행복'의 '의'는 표준 발음법 제5항 다만 4에 따라 [이]로 발음한다.
④ '민주주의'의 '의'는 표준 발음법 제5항 다만 4에 따라 [이]로 발음한다.
⑤ '강의를 듣다'의 '의'는 표준 발음법 제5항에 [의]로 발음한다.

※ 다음은 공공기관 사회적 가치 포럼에 대한 기사이다. 이어지는 질문에 답하시오. [5~6]

지난 7월에 열린 '공공기관 사회적 가치 포럼'은 사회적 가치 실현과 확산을 위한 과제 및 실행방안에 대해 주요 공공기관 관계자, 관련 연구자 등 전문가들이 모여 활발하게 이야기를 나눈 자리였다. 현 정부 핵심 과제 중 하나인 사회적 가치에 대해 국민들의 관심과 기대가 높아지는 가운데, 주요 추진 주체인 공공기관들 이 느끼는 다양한 고민을 허심탄회하게 주고받았다.

포럼의 첫 포문은 LAB2050 대표가 열었다. 그는 '공공기관의 사회적 가치와 국민 인식'이라는 주제를 통해 지난 5월 국민 1,027명을 대상으로 실시한 '국민 인식조사' 결과를 공개했다. '국민들은 공공기관이 앞장서 서 사회적 가치를 실현해야 하지만, 현재는 미흡한 상황으로 인식한다.'는 것이 중심 내용이었다.

두 번째 발제자로 나선 한국가스공사 상생협력부장은 '공공기관 사회적 가치 실현의 어려움과 극복방안'이라 는 주제로 업무 담당자로서 현장에서 느낀 현실적인 고민들을 언급했다. 재직 기간의 절반을 사회적 가치업 무에 몸담은 그는 먼저 사회적 가치 개념이 아직 정립되지 않은 데서 느끼는 어려움을 토로했다. 하지만 그 는 곧바로 "사회적 가치는 시대 흐름인 만큼, 구체적인 개념은 개별 공공기관의 설립 목적에서 찾아야 한다." 며 스스로 해답을 내놓았다.

세 번째 '공공기관 사회적 가치 실현 사례와 유형'을 주제로 발제에 나선 한겨레경제사회연구원 시민경제센 터장은 주요 공공기관에서 진행된 실제 사례를 예로 들며 참석자들의 이해를 도왔다. 그는 연구를 통해 최근 정리한 공공기관의 사회적 가치 실현 방법을 소개했다. '기관 설립 목적 및 고유사업 정비(타입 1)', '조직 운영상 사회적 책임 이행(타입 2)', '가치사슬(Value Chain)상 사회적 가치 이행 및 확산(타입 3)'의 세 가지 였다. 발제 후 이어진 토론에서는 공공기관 사회적 가치 업무 담당자들의 공감의 발언들이 쏟아졌다. 한국수 자원공사 사회가치창출부장은 "공공기관은 수익성을 놓지 않은 채 사회적 가치를 실현할 방법을 고민하고 있다."며 "기관 전체 차원에서 사업추진 프로세스와 관점의 변화가 필요하다."고 강조했다. 코레일 윤리경영 부장도 "사회적 가치를 추구하더라도 공공성과 효율성을 어떻게 조화시킬 것인가 하는 고민은 계속될 것"이 라고 전했다.

공공기관 구성원들에 대한 당부도 나왔다. 전국 사회연대경제 지방정부협의회 사무국장은 "사회적 가치 실 현을 위해 외부 기관의 진단이나 평가 등을 제도화하는 것도 중요하다."면서도 "다만 구성원들이 사회적 가 치를 제대로 이해하고 성찰하는 계기를 마련하는 작업이 우선"이라고 말했다.

공공기관 담당부서 관계자, 관련 연구자 등 100여 명이 넘는 참석자들이 자리를 가득 메운 채, 약 2시간 동안 진행된 이날 포럼은 '사회적 가치를 공공기관 경영의 중심에 놓아야 한다.'는 깊은 공감대 속에서 활발 하게 진행됐다. 사회적 가치의 개념과 추진 방법에 대한 현장의 혼란을 고스란히 듣고, 수익성과 공공성 사 이에서 적절한 지점을 찾는 과정이 필요하다는 점 등 향후 과제를 짚어본 점 역시 큰 수확이었다. 때문에 앞으로 공공기관과 공공부문을 중심으로 추진될 사회적 가치 실현 작업에 대한 기대도 커졌다. 나아가 민간 기업, 그리고 사회 전반으로 확산되는 그림도 어렴풋이 그려졌다.

**05** 다음 중 공공기관 사회적 가치 포럼의 세 번째 발제자 한겨레경제사회연구원 시민경제센터장이
제시한 공공기관의 사회적 가치 실현 방법의 세 가지 타입에 해당하는 사례가 바르게 연결된 것은?

> (가) 한국토지주택공사는 '하도급 건설노동자 적정임금제 시범사업'을 시행하고 있다. 적정임금제
> 란 건설근로자 임금이 다단계 하도급을 거치면서 삭감되지 않도록 발주자가 정한 금액 이상의
> 임금을 지급할 것을 의무화한 제도이다.
>
> (나) 한국수자원공사는 '계량기를 이용한 어르신 고독사 예방 사업'을 시행하고 있다. 공사의 일상
> 업무인 수도 검침 작업을 통해 지역사회 복지 사각지대를 발굴, 행정과 연계하는 서비스로 지
> 난해 총 34명이 긴급생계비 지원을 받았다.
>
> (다) 코레일은 산간벽지 주민을 위한 '공공택시 철도연계서비스'를 시행하고 있다. 철도공사와 지자
> 체 간 협력을 통해 평소 이동에 불편이 큰 주민들이 지역 택시를 타고 기차역으로 쉽게 이동할
> 수 있도록 한 서비스로 현재 전국 100개 시·군에서 추진 중이다. '철도운영의 전문성과 효율
> 성을 높여 철도산업과 국민경제에 이바지한다.'는 기존 한국철도공사법 제1조(목적)에 '국민들
> 에게 편리하고 안전하고 보편적인 철도서비스를 제공하며, 저탄소 교통체계를 확산한다.'는 문
> 구를 추가해 기관의 사회적 가치 실현을 도모한다.

| | 기관 설립 목적 및<br>고유사업 정리(타입 1) | 조직 운영상 사회적<br>책임 이행(타입 2) | 가치사슬상 사회적 가치<br>이행 및 확산(타입 3) |
|---|---|---|---|
| ① | (가) | (나) | (다) |
| ② | (나) | (가) | (다) |
| ③ | (다) | (나) | (가) |
| ④ | (다) | (가) | (나) |
| ⑤ | (나) | (다) | (가) |

**06** 다음 중 윗글의 내용으로 적절하지 않은 것은?

① 공공기관의 사회적 가치 실현에 대해 국민들은 부족하다고 인식한다.

② 공공기관이 사회적 가치를 실현하기 위해서는 공공성과 효율성을 고려해야 한다.

③ 공공기관이 사회적 가치를 실현하기 위해서는 평가 등의 제도적 방안이 필요하다.

④ 공공기관이 사회적 가치를 실현하기 위해서는 다섯 가지 원칙을 지켜야 한다.

⑤ 공공기관이 사회적 가치를 실현하기 위해서는 기관 전체적 관점의 변화가 필요하다.

**07** 다음 글의 내용으로 가장 적절한 것은?

---

복사 냉난방 시스템은 실내 공간과 그 공간에 설치되어 있는 말단 기기 사이에 열교환이 있을 때 그 열교환량 중 50% 이상이 복사 열전달에 의해서 이루어지는 시스템을 말한다. 우리나라 주거 건물의 난방방식으로 100% 가까이 이용되고 있는 온수온돌은 복사 냉난방 시스템 중 하나이며, 창 아래에 설치되어 복사 열교환으로 실내를 냉난방하는 라디에이터 역시 복사 냉난방 시스템이다. 다양한 복사 냉난방 시스템 중에서도 최근 친환경 냉난방 설비에 대한 관심이 급증하면서 복사 냉난방 패널 시스템이 주목받고 있다. 복사 냉난방 패널 시스템이란 열매체로서 특정 온도의 물을 순환시킬 수 있는 회로를 바닥, 벽, 천장에 매립하거나 부착하여 그 표면온도를 조절함으로써 실내를 냉난방하는 시스템으로 열원, 분배기, 패널, 제어기로 구성된다.

열원은 실내에 난방 시 열을 공급하고, 냉방 시 열을 제거하는 열매체를 생산해내는 기기로, 보일러와 냉동기가 있다. 열원에서 생산되어 세대에 공급되는 냉온수는 냉난방에 필요한 적정 온도와 유량을 유지할 수 있어야 한다.

분배기는 열원에서 만들어진 냉온수를 압력 손실 없이 실별로 분배한 뒤 환수하는 장치로, 집중화된 온도와 유량을 조절하고 냉온수 공급 상태를 확인하며, 냉온수가 순환되는 성능을 개선하는 일을 수행할 수 있어야 한다. 우리나라의 경우는 난방용 온수 분배기가 주로 이용되어 왔으나, 냉방기에도 이용이 가능하다.

패널은 각 실의 바닥, 벽, 천장 표면에 설치되며, 열매체를 순환시킬 수 있는 배관 회로를 포함한다. 분배기를 통해 배관 회로로 냉온수가 공급되면 패널의 표면 온도가 조절되면서 냉난방 부하가 제어되어 실내 공간을 쾌적한 상태로 유지할 수 있게 된다. 이처럼 패널은 거주자가 머무는 실내 공간과 직접적으로 열을 교환하는 냉난방의 핵심 역할을 담당하고 있으므로 열교환이 필요한 시점에 효율적으로 이루어질 수 있도록 설계, 시공되는 것이 중요하다.

제어기는 냉난방 필요 여부를 판단하여 해당 실의 온도 조절 밸브를 구동하고, 열원의 동작을 제어함으로써 냉난방이 이루어지게 된다.

복사 냉난방 패널 시스템은 다른 냉난방 설비에 비하여 낮은 온도의 열매체로 난방이 가능하여 에너지 절약 성능이 우수할 뿐만 아니라 쾌적한 실내 온열 환경 조성에도 탁월한 기능을 발휘한다.

※ 복사 : 물체로부터 열이나 전자기파가 사방으로 방출됨

※ 열매체 : '열(따뜻한 기운)'과 '냉(차가운 기운)'을 전달하는 물질

---

① 열원은 냉온수를 압력 손실 없이 실별로 분배한 뒤 환수한다.

② 패널은 난방 시 열을 공급하고 냉방 시 열을 제거하는 열매체를 생산한다.

③ 제어기는 각 실의 바닥, 벽, 천장 표면에 설치되어 열매체를 순환시킨다.

④ 복사 냉난방 패널 시스템은 열매체의 온도가 높아 난방 시 에너지 절약 성능이 뛰어나다.

⑤ 분배기는 냉방기에도 이용이 가능하다.

**08** K공사에서 새로운 역을 만드려고 한다. 출발역과 도착역의 거리는 1,120km이며, 출발역, 350km, 840km에 역을 만들고, 도착역에도 역을 만들었다. 모든 역 사이의 구간마다 일정한 간격으로 새로 역을 만들 때, 역은 최소 몇 개인가?

① 16개                               ② 17개

③ 20개                               ④ 23개

⑤ 28개

**09** 다음 두 수열에서 빈칸에 공통으로 들어갈 수는 무엇인가?

| 수열 1 | | 2 | 5 | ( ) | -2 | -5 | -3 | 2 |
|---|---|---|---|---|---|---|---|---|
| 수열 2 | | 27 | 81 | 9 | 243 | ( ) | 729 | 1 |

① 1                               ② 2

③ 3                               ④ 5

⑤ 9

**10** 다음은 K전자 주식에 1월 2일에 100,000원을 투자한 후 매일 주가 등락률을 정리한 자료이다. 이를 참고하여 주식을 모두 매도했을 때, 이에 대한 내용으로 옳은 것은?

〈전일 대비 주가 등락률〉

| 구분 | 1월 3일 | 1월 4일 | 1월 5일 | 1월 6일 | 1월 7일 |
|---|---|---|---|---|---|
| 등락률 | 10% 상승 | 20% 상승 | 10% 하락 | 20% 하락 | 10% 상승 |

① 1월 5일에 매도할 경우 5,320원 이익이다.

② 1월 6일에 매도할 경우 이익률은 -6.9%이다.

③ 1월 4일은 매도할 경우 이익률은 30%이다.

④ 1월 6일에 매도할 경우 4,450원 손실이다.

⑤ 1월 7일에 매도할 경우 주식 가격은 104,544원이다.

**11** 동양역과 서양역은 100km 거리에 있으며, 편도로 1시간이 걸린다고 한다. 동양역의 경우 20분마다, 서양역은 15분마다 기차가 출발한다. 동양역과 서양역에서 서로의 역을 향하여 10시에 첫 기차가 출발할 때, 두 번째로 50km인 지점에서 만나는 시각은 몇 시인가?(단, 모든 기차의 속력은 같다)

① 10시 30분          ② 11시 00분

③ 11시 30분          ④ 12시 00분

⑤ 12시 30분

**12** 김대리는 대전으로, 이대리는 부산으로 출장을 간다. 출장에서의 업무가 끝난 후 김대리와 이대리는 K지점에서 만나기로 하였다. 다음 〈조건〉을 참고하여 김대리와 이대리가 같은 시간에 K지점으로 출발했을 때, 이대리는 시속 몇 km로 이동했는가?

> **조건**
> • 대전과 부산의 거리는 500km이다.
> • 김대리는 시속 80km로 이동했다.
> • 대전에서 200km 떨어진 지점인 K지점에서 만나기로 하였다.
> • 이대리 속력은 김대리보다 빠르다.
> • 이대리는 김대리보다 4시간 30분 늦게 K지점에 도착했다.
> • 대전, K지점, 부산은 일직선상에 있다.

① 80km          ② 90km

③ 100km          ④ 110km

⑤ 120km

**13** K회사의 가 ~ 바 지사장은 각각 여섯 개의 지사로 발령받았다. 다음 〈조건〉을 보고, A ~ F지사로 발령된 지사장의 순서를 바르게 나열한 것은?

> **조건**
> • 본사 – A – B – C – D – E – F 순서로 일직선에 위치하고 있다.
> • 다 지사장은 마 지사장 바로 옆 지사에 근무하지 않으며, 나 지사장과 나란히 근무한다.
> • 라 지사장은 가 지사장보다 본사에 가깝게 근무한다.
> • 마 지사장은 D지사에 근무한다.
> • 바 지사장이 근무하는 지사보다 본사에 가까운 지사는 1개이다.

① 바 – 가 – 나 – 마 – 다 – 라
② 라 – 바 – 가 – 마 – 나 – 다
③ 가 – 바 – 나 – 마 – 라 – 다
④ 나 – 다 – 라 – 마 – 가 – 바
⑤ 다 – 나 – 바 – 마 – 가 – 라

**14** 경력직 채용공고를 통해 서류를 통과한 지원자 은지, 지현, 영희는 임원면접을 진행하고 있다. 4명의 임원은 지원자에게 각각 '상, 중, 하' 중 하나의 점수를 줄 수 있으며, 2인 이상에게 '상'을 받은 지원자는 최종 합격, 3인 이상에게 '하'를 받은 지원자는 탈락한다고 한다. 다음 〈조건〉에 따라 항상 옳은 것은?

> **조건**
> • 임원들은 3명에게 각각 '상, 중, 하'를 하나씩 주었다.
> • 사장은 은지에게 '상'을 주고, 다른 한 명에게는 회장보다 낮은 점수를, 다른 한 명에게는 회장과 같은 점수를 주었다.
> • 이사는 지원자에게 사장과 같은 점수를 주었다.
> • 인사팀장은 한 명에게 '상'을 주었으며, 영희에게는 사장이 준 점수보다 낮은 점수를 주었다.

① 회장이 은지에게 '하'를 주었다면, 은지는 탈락한다.
② 회장이 영희에게 '상'을 주었다면, 영희가 최종 합격한다.
③ 인사팀장이 지현이에게 '중'을 주었다면, 지현이는 탈락한다.
④ 인사팀장이 지현이에게 '상'을 주었다면, 지현이는 탈락하지 않는다.
⑤ 인사팀장이 은지에게 '상'을 주었다면, 은지가 최종 합격한다.

※ 다음 글을 읽고 이어지는 질문에 답하시오. [1~2]

바퀴가 탄생한 세 지역에는 각각 바퀴에 대한 서로 다른 생각이 있었다. 카르파티아 산맥에서 일하던 광부들은 석조 터널을 따라서 사륜광차를 운행했다. 바퀴는 차축과 함께 회전했는데, 유럽에서는 철도시대가 열리기 전까지 약 5천 년 동안이나 윤축이 달린 광차가 생산되었다. 다음으로 흑해 평야 지역의 유목민은 소가 이끄는 사륜 수레에 주거지를 싣고 스텝 지역을 횡단했다. 수레의 바퀴는 속이 꽉 차고, 두꺼운 바퀴통이 있으며, 차축의 양 끝에서 회전했다. 마지막으로 수메르에서는 신자들이 소가 끌고 가는 썰매를 이용했는데, 썰매에는 바퀴가 있기도 하고 없기도 했다. 지배층 전사들은 전투용 사륜 수레에 탑승해 행진했고, 사막을 위험하게 질주하며 완전히 길들지 않은 야생 당나귀와 씨름했다. 리처드 불리엣은 바퀴 발명의 요인 사회·경제적 요인뿐만 아니라 심리적 요인 등 다각적인 원인을 제시했는데, 보통 천재적인 선각자가 이전에 없던 창조물을 만들면, 그보다는 못해도 똑똑한 수재들이 선각자의 창조물을 조금씩 개량하면서 과학기술이 발전하며 여기에 전쟁을 치르면 발전 속도가 비약적으로 빨라지고, 바퀴도 그랬다.

처음 등장한 바퀴는 매우 편리했지만, 통나무 원판이 쉽게 부서지는 문제가 생겼다. 나무에는 결이 있는데 결에 따라 강도가 달라 굴리다 보면 약한 부분부터 망가지기 시작하기 때문이다. 그로 인해 강도를 높이기 위해 널빤지 여러 장을 겹쳐 붙인 합판 바퀴가 나왔다. 또 땅에 닿는 바퀴 부분에 가죽을 입혀 충격을 줄였다. 기원전 2000년에 히타이트족이 처음으로 바퀴살이 있는 바퀴를 발명해 전차에 쓰기 시작했다. 바퀴살을 쓰면 바퀴의 무게가 가벼워져 더 빨리 달릴 수 있다. 히타이트족의 전차에는 3명의 병사가 함께 탔는데 당나귀나 노새 대신 말을 사용했다. 단순히 무게를 줄인 것뿐 아니라 빠르게 달려도 부서지지 않을 만큼 튼튼하게 만들 수 있는 기술이 있었기 때문이다. 하지만 목재 바퀴와 바퀴살의 특성상 강한 충격이나 바퀴살의 파손에 의해 전차의 하중을 이기지 못하고 무너져버릴 수 있다는 약점은 여전히 존재했다.

이후 그리스 로마 시대에 금속 재질의 바퀴를 쓴 전차가 등장했다. 이와 함께 바퀴의 다른 구성 요소인 축도 발전했는데, 나무 대신 금속을 쓰며 더 튼튼해졌다. 또 축과 수레가 닿는 부분의 마찰을 줄이기 위해 기름을 발랐다. 전쟁은 바퀴의 성능을 계속 발전시켰다.

그 뒤로 오랫동안 바퀴에는 큰 변화가 없다가 산업혁명 시대를 지나며 다시 변신에 성공한다. 바로 고무 타이어의 발명이다. 고대에도 금속으로 테두리를 두르는 등 타이어는 있었지만, 바퀴의 강도를 높이는 데 도움을 주었을 뿐, 바퀴의 성능에는 큰 영향을 주지 못했다. 또 딱딱한 바퀴는 지면의 충격을 고스란히 운전자에게 전달해 승차감이 매우 나빴다.

1848년 스코틀랜드의 톰슨은 생고무를 금속 바퀴 테에 둘러 특허를 냈다. 금속이나 나무 바퀴는 지면에 미끄러지지만, 고무는 지면을 움켜쥐므로 힘을 더 잘 전달할 수 있다. 현재 가장 많이 쓰이는 공기압 방식의 타이어는 1887년 아일랜드의 던롭이 고안했다. 던롭은 어린 아들이 자전거를 탈 때마다 두통을 일으키는 것을 보다 못해 공기쿠션이 들어간 타이어를 발명했다고 한다. 종종 사랑은 발명을 낳는다.

공기압 타이어를 자동차용으로 완성한 것은 프랑스의 미쉐린 형제. 미쉐린이 발명한 타이어를 끼운 자동차는 자동차경주에서 놀라운 성능을 선보였고, 그 뒤로 다른 자동차 회사들이 공기압 타이어를 앞다퉈 채택하기 시작했다. 1931년 미국 듀퐁사가 합성 고무를 만들면서 타이어 기술은 비약적으로 발전해 바퀴의 성능을 돕고 있다.

처음 발명됐을 때의 모습에서 바퀴는 거의 변하지 않았다. 재료가 달라지고, 세부적인 요소가 추가됐을 뿐이다. 하지만 바퀴가 없던 시절의 생활상이 어떠하였는지는 굳이 확인해 보지 않아도 알 정도로, 바퀴가 발명된 이후의 역사에서 인간이 이룩한 모든 것이 바퀴를 빼고는 생각할 수 없다. 인간의 역사가 이어지는 한, 바퀴는 계속 함께할 것이다.

**01** 윗글의 주제로 가장 적절한 것은?

① 바퀴의 종류와 특징

② 바퀴의 등장과 전차의 변천사

③ 바퀴에 숨어 있는 과학

④ 전장에서 전차의 활약

⑤ 인류의 역사를 바꾸는 바퀴

**02** 윗글을 읽고 다음 제시된 영화 '벤허'의 상황에서 전차가 넘어진 이유로 가장 적절한 것은?

> 메살라는 바퀴에 칼날이 달린 전차를 탑승하고 전차 경주에 참가하여 고의적으로 상대 전차의 목재 바퀴를 공격하였다. 공격을 당한 전차는 균형을 잃고 넘어져 탑승자는 심한 부상을 입거나 사망하였다.

① 바퀴살이 무너져 전차의 하중을 견디지 못했기 때문이다.

② 경기장의 고르지 못한 노면 때문이다.

③ 말이 공격당했기 때문이다.

④ 상대 전차 바퀴의 모양을 변형시켰기 때문이다.

⑤ 기수의 조종 실력이 부족했기 때문이다.

# 03 다음 글을 읽고 글쓴이가 글을 쓰기 전 계획했을 내용으로 적절하지 않은 것은?

하수도의 종류는 하수의 수집과 이송 방법에 따라 '분류식 하수도'와 '합류식 하수도'로 나누어진다. '분류식 하수도'는 오염 물질이 일정하게 소량 발생되면서 오염 물질의 농도가 높은 생활 오수나 공장 폐수를, 발생량의 변동 폭이 크고 오염 물질의 농도가 낮은 빗물과 구분하여 각각 별도의 관으로 수집하는 방식이다. 이 방식은 생활 오수와 공장 폐수만을 하수 처리장에서 정화하여 항상 일정한 양을 효율적으로 관리할 수 있으므로 수자원 보호 차원에서 유리한 장점이 있다.

반면 '합류식 하수도'는 생활 오수와 공장 폐수를 빗물과 분리하지 않고 하나의 관을 통하여 하수 처리장으로 이송하는 방식이다. 하지만 일정량 이상의 비가 오면 생활 오수와 공장 폐수를 정상적으로 처리할 수 없어 오염 물질이 그대로 하천이나 연안 해역에 방류될 수 있다. 따라서 최근에 건설되는 신도시에서는 '분류식 하수도'를 채용하고 있으며, 다른 지역에서도 '합류식 하수도'를 '분류식 하수도'로 전환하는 추세이다.

하수 처리는 그 처리 방식에 따라 1차 처리, 2차 처리, 3차 처리로 나누어진다. 1차 처리 시설은 물리적인 힘을 이용하여 오폐수 중에 존재하는 오염 물질을 제거하는 시설을 말한다. 예를 들면 스크린을 통하여 물 위에 떠 있는 종이나 깡통과 같은 큰 부유물을 침전시켜 제거하는 시설 등이 있는데, 이러한 기능을 가진 구조물을 '침전지'라고 한다. 2차 처리 시설은 생물학적인 힘을 이용하여 1차 처리 시설을 거친 하수를 정화하는 시설로써, '활성 슬러지'라고 하는 미생물에 의해 유기물의 분해가 일어나는 구조물로 구성된다. 이 구조물을 '포기조'라고 하며, 그 후단에는 '침전조'가 뒤따른다. 또한, 미생물이 유기물을 분해하는 과정에는 산소가 지속적으로 소모되므로, 2차 처리 시설에는 인위적으로 산소를 공급하는 설비가 부설된다. 2차 처리 과정의 활성 슬러지를 포함한 하수는 최종 침전조에 침전되고 윗부분의 맑은 물은 소독 처리된 후에 다시 방류된다. 1차 처리와 2차 처리를 거친 하수에는 많은 물질들이 용해되어 있다. 인공적인 화학 공정에 크게 의존하는 3차 처리에서는 이러한 물질을 제거하여 자연계로 방출하거나, 공업 용도로 사용할 수 있을 정도의 안전한 물을 만들기 위해 설계된 고도 처리 시설이 이용된다. 고도 처리 시설을 통해 하수에 함유된 질소와 같은 영양 염류를 제거하여 하천과 연안 해역의 부영양화와 적조 발생 방지에도 기여하고 있다. 고도 처리에 대한 공법은 국내·외에서 활발하게 연구가 진행되고 있으며, 시설의 종류도 다양하게 개발되고 있다.

한편 하수 처리 과정에서 침전물이 가라앉아 생긴 오니는 농축조로 보내지게 된다. 농축조에서 오니는 중력 침전되어 부피가 감소하고 농도가 높아진다. 이어서 소화조로 보내진 오니들은 밀폐된 탱크속에서 유기물이 분해되어 부산물과 메탄가스를 생성한다. 소화 처리된 오니는 탈수조에 들어가 탈수 작업을 거치는데, 이 과정을 통해 오니는 부피와 무게가 감소하여 운반과 처분이 쉬운 상태로 바뀌게 된다. 이렇게 만들어진 오니는 소각 또는 매립 처분되거나, 비료와 토양 개량재로 사용되거나, 벽돌과 타일의 재료로 재이용되기도 한다.

지금까지의 하수도 시설은 단순히 수집한 하수를 처리한 뒤에 도시로부터 배출하는 것에 초점이 맞추어졌지만, 앞으로는 하수의 고도 처리와 함께 물을 재이용하는 시스템으로 전환되어야 할 것이다.

※ 슬러지 / 오니 : 하수처리 또는 정수 과정에서 생긴 침전물로, 하수오니는 약 50%의 유기질을 함유하고 있으며, 함수율은 최초 침전오니 $96 \sim 98\%$, 활성오니 $99 \sim 99.5\%$로 높기 때문에 처리하기 어렵다.

① 하수 처리 과정을 단계별로 나누어 알기 쉽게 설명해야겠어.

② 생소한 단어는 글의 말미에 별도로 설명해 줘야겠어.

③ 현재 사용하고 있는 하수 처리 과정에 대해서만 설명을 해 주면 되겠어.

④ 하수 처리 과정의 이해를 돕기 위해 하수도의 종류에 대해 먼저 설명할 필요가 있겠어.

⑤ 하수 처리의 각 과정을 통해 얻을 수 있는 내용을 함께 설명해야겠어.

**04**  **다음 대화에 대한 설명으로 적절하지 않은 것은?**

> ㉠ 철수 : 철수야 오랜만이야, 너 아직 그 동네에 살고 있니?
>   영희 : 응, 영희야. 난 서울시 마포구 큰우물로15, A아파트 105동 101호에 그대로 살고 있어.
> ㉡ 소희 : 오늘 오후에 어디 갔다 왔니?
>   미진 : 수영하고 왔어, 몸이 너무 상쾌해서 날아갈 것 같아.
> ㉢ 김부장 : 이대리, 오주임은 아직 출근 안 했나?
>   이대리 : 전화해 보겠습니다.
> ㉣ 갑돌 : 을돌아, 넌 한 달에 핸드폰 요금이 얼마나 나오니?
>   을돌 : 글쎄, 쓴 만큼 나오더라고.

① ㉠은 필요 이상의 정보를 제공하지 말라는 양의 격률에 위배되었다.

② ㉡은 진실되지 않은 것은 말하지 말라는 질의 격률에 위배되었다.

③ ㉢은 전후 맥락에 맞춰 대화를 이어나가야 한다는 관계의 격률에 위배되었다.

④ ㉣은 표현의 모호성을 피하라는 태도의 격률에 위배되었다.

⑤ ㉠~㉣은 직접적 표현을 피하고 함축적인 의미를 가진 표현을 사용하였다.

※ 다음 글을 읽고 이어지는 질문에 답하시오. [5~6]

꼭두각시놀음은 우리나라 전래의 민속인형극으로, 현재까지 전래되는 유일한 민속인형극이다. 주인공들의 이름에서 유래된 일명 '박첨지(朴僉知)놀음', '홍동지(洪同知)놀음'이라고도 불렸으며, 인형의 목덜미를 잡고 논다는 뜻에서 '덜미'라고도 하였다. 꼭두각시놀음은 과거 봉건시대부터 개화기까지 떠돌아다니던 직업적 유랑예인집단인 남사당패에 의해 연희되었으며, 그 유래에 대해서는 삼국시대에 대륙으로부터 전래되었을 것이라는 주장과 농경의식의 하나인 농악굿 놀이에서 시작되었을 것이라는 주장이 있다. 또한 무대의 구조나 연출방식, 인형조종법, 명칭 등이 중국과 일본의 민속인형극과 많이 흡사하여 세 나라의 인형극이 동일계통임을 나타내는 것이라 볼 수 있다.

꼭두각시놀음은 남사당패가 행하는 6종목(풍물, 버나, 살판, 얼음, 덧뵈기, 덜미)의 놀이 중 마지막으로, 포장 안에서 직접 인형을 조종하는 '대잡이'를 비롯하여 그를 곁에서 보좌하는 좌우의 '대잡이손', 이들과 대화하는 '산받이' 등의 연희조종자들로 구성된다. 대잡이는 포장 무대 한가운데서 인형을 조종하는 주조종자로, 인형 조종술뿐 아니라 재담, 노래, 대사 전달까지 담당한다. 놀이판의 상황을 폭넓게 완벽히 파악하여 공연을 이끌어가는 역할을 하므로, 주로 기능이 우수하고 경험이 풍부한 사람이 맡는다. 대잡이손은 그런 대잡이를 좌우에서 도와주는 역할을 하는 보조 조종자로, 인형의 조종과 등장 및 퇴장을 돕는 역할을 한다. 산받이는 등장하는 인형들과 포장 밖에서 대화를 하면서 전체 극을 이끌어 가는 역할을 하는데, 반주를 맡고 있는 악사들 중 한 명이 이를 맡게 된다. 주로 박첨지와 대화를 하면서 극을 이끌어가며, 경우에 따라 관객의 입장에서 극적 진행에 중요한 역할을 하여 무대와 관중 사이의 거리를 좁혀 준다. 이를 통해 산받이는 대잡이와 관객의 중간 위치에서 놀이판의 상황을 파악하고, 효과적으로 극을 전개시키는 역할을 한다는 것을 알 수 있으며, 등장인물에게 질문을 던지거나 행동을 촉구하여 사건의 전개나 의미 해명이 이루어질 수 있도록 하면서, 분리된 장면들을 중개하고 무대 면에 나타나지 않는 사실들을 보완하는 등 공연의 완성도에도 중요한 영향을 미친다.

전체적인 구성은 모두 8막으로 이루어져 있으며, 전체가 하나의 통일성을 이루는 구성이기보다는 박첨지의 탈선, 피조리들의 파계, 부인과 첩 사이의 갈등, 사람을 해치는 이심이의 퇴치, 평안 감사의 횡포와 부도덕, 절 짓기를 통한 평화와 행운의 기원 등 각각의 이야기 중심으로 전개된다. 다양한 등장인물 간의 갈등과 상관관계를 얼마나 능숙하고 빈틈없이 진행하는냐에 따라 극의 긴장감과 흥미를 자아낼 수 있는 것이다.

오늘날 꼭두각시놀음은 동양 목조 인형의 특징을 거의 그대로 계승한, 현재 중요무형문화제 제3호로 지정된 유일하게 남은 전통인형극이다. 따라서 우리 민속극의 다양한 양상을 이해하는 귀중한 자료이자 한국 인형극의 전통을 보여주는 희귀한 문화유산이라 할 수 있다. 또한 여러 시대를 지나오는 동안 점차 내용이 덧붙여지면서 그 내용을 하나 둘씩 막으로 추가시키며 발전해 왔기에, 각 시대의 뚜렷한 사회상을 풍자적으로 표현·반영해 오고 있다. 이러한 이유에서 꼭두각시놀음이 대다수 민중의 지지를 받아오면서 지금까지 이어져 내려오고 있는 것이다.

**| 의사소통능력**

**05** 윗글의 내용으로 가장 적절한 것은?

① 중국과 일본, 우리나라의 전통인형극은 유사한 면도 있지만, 각 나라만의 차별되는 특징을 가진다.

② 꼭두각시놀음은 남사당패에서 행하는 놀이 종목 중 가장 큰 비중을 차지한다.

③ 대잡이는 직접 인형을 조종하는 역할을 하며, 대사의 전달은 무대 밖의 다른 놀이꾼이 전담한다.

④ 산받이는 주로 박첨지와 대화를 하며, 놀이 전체의 해설자 역할을 한다.

⑤ 꼭두각시놀음은 여러 시대를 지나오는 동안 그 내용이 꾸준히 보존되어 왔다.

**06** 윗글의 주제로 가장 적절한 것은?

① 꼭두각시놀음의 기원 및 의미

② 꼭두각시놀음과 남사당패

③ 꼭두각시놀음의 구성 및 특징

④ 꼭두각시놀음의 등장인물 및 역할 분석

⑤ 꼭두각시놀음의 지역별 사례

**07** 다음 중 밑줄 친 ㉠ ~ ㉣에 제시된 단어 중 옳은 것을 순서대로 바르게 나열한 것은?

- 대한민국은 전 세계에서 ㉠ 유례 / 유래를 찾아볼 수 없는 초고속 발전을 이루었다.
- 현재 사용하는 민간요법의 상당수는 옛 한의학에서 ㉡ 유례 / 유래한 것이다.
- A후보는 이번 선거에서 중산층 강화를 위한 입법을 ㉢ 공약 / 공략으로 내걸었다.
- A기업은 국내 시장을 넘어 세계 시장을 ㉣ 공약 / 공략하고자 한다.

|     | ㉠  | ㉡  | ㉢  | ㉣  |
| --- | --- | --- | --- | --- |
| ①   | 유례 | 유래 | 공약 | 공략 |
| ②   | 유래 | 유례 | 공략 | 공약 |
| ③   | 유례 | 유래 | 공략 | 공략 |
| ④   | 유래 | 유례 | 공약 | 공략 |
| ⑤   | 유례 | 유래 | 공략 | 공략 |

## 08 다음 글의 내용으로 가장 적절한 것은?

『대학』은 본래 『예기(禮記)』의 편명(篇名) 중 하나에 해당하였는데, 남송의 주희(朱熹)가 번성하던 불교와 도교에 맞서 유학의 새로운 체계를 집대성하면서 『대학』의 장구(章句)와 주석을 낸 뒤, 『대학』이 사서(四書)의 하나로 격상되면서 삼강령·팔조목이 사용되기 시작했다.

삼강령·팔조목은 『대학』, 즉 큰 학문을 이루어가는 과정으로 횡적으로는 삼강령과 팔조목이 서로 독립된 항목이지만, 종적으로는 서로 밀접한 관계를 형성하고 있어 한 항목이라도 없으면 과정에 차질이 생기게 된다.

그러나 『대학』은 처음부터 삼강령·팔조목으로 설정하여 엮은 것이 아니다. 다만 후학들의 이해에 도움이 되게 하기 위하여 편의상 분류한 것이기 때문에 입장에 따라 얼마든지 다르게 볼 수 있다. 삼강령 중 명명덕과 신민은 본말(本末)의 관계에 있으며, 지어지선은 명명덕과 친민이 지향하는 표적(標的)이다. 또한, 팔조목 가운데 격물·치지·성의·정심·수신, 이 다섯 조목은 명덕을 밝히는 것들이고, 제가·치국·평천하는 백성의 명덕을 밝혀 백성과 한마음이 되는 것이다. 또한, 격물·치지를 함으로써 지선의 소재를 인식하게 되고, 성의·정심·수신·제가·치국·평천하를 함으로써 지선을 얻어 머무르게 된다.

삼강령·팔조목의 각각에 대한 내용을 보자면, 『대학』의 근본사상을 구체적으로 표현한 세 가지 커다란 줄기라는 뜻의 삼강령 중 그 첫 번째는 명명덕(明明德)이다. 명명덕은 천하에 명덕을 밝힌다는 의미로, 명덕이란 본래부터 타고난 선한 본성을 말한다. 두 번째는 신민(親民)으로, 백성을 새롭게 한다는 의미이다. 사람들을 나누면 먼저 깨닫고 아는 사람과 나중에 깨달아 아는 사람이 있으므로, 먼저 깨달은 사람이 그것을 다른 사람에게 베풀어 그들도 함께 태어나도록 인도해야 할 의무를 가리킨다. 그리고 세 번째 지어지선(止於至善)은 지선(지극히 선한 곳, 인간이 추구하는 가장 이상적인 세계)에 도달하는 것을 목표로 삼는다는 의미이다. 이 삼강령을 완성하게 되면 도덕성 각성과 실천으로 충만하게 된다.

또한, 이를 실천하기 위한 여덟 가지 항목인 팔조목은 앎의 단계인 격물, 치지를 거쳐, 실천의 단계인 성의, 정심, 수신을 거친다. 그리고 마지막으로 백성을 다스리는 단계인 제가, 치국, 평천하를 거치게 된다. 우선 첫 번째로 격물(格物)은 천하 사물의 이치를 깊이 파고들어 모든 것에 이르지 않는 데가 없게 하는 것이다. 그리고 두 번째인 치지(致知)는 앎을 완성한다는 뜻으로 사물의 이치를 인식하는 마음이 있고, 사물에는 객관적 이치가 있기에 격물치지(格物致知)가 가능해진다. 세 번째 성의(誠意)는 선을 따르는 각 개인의 마음과 뜻을 성실히 유지하는 것이며, 네 번째 정심(正心)은 마음을 올바르게 하는 것으로, 마음을 바로잡아야 몸도 바로 설 수 있기에 마음을 바로 해야 바른 인식과 행동이 가능해진다. 다섯 번째 수신(修身)은 몸을 바르게 닦는 일로, 자신의 단점을 알고 보완하는 인격 수양을 뜻하며, 여섯 번째 제가(齊家)는 집안의 질서를 바로잡는 것으로 인간의 개인 윤리가 사회윤리로 전환하는 단계이다. 그리고 일곱 번째 치국(治國)은 나라를 바르게 다스리는 것으로, 집안을 잘 다스리는 것은 나라를 잘 다스리는 것과 같으며, 마지막인 평천하(平天下)는 온 세상을 평안하게 다스리면 나라가 평안해 지는 것을 말한다. 이는 반드시 순서에 따라 이루어지는 것은 아니며, 서로 유기적으로 연관되어 있는 것이므로 함께 또는 동시에 갖추어야 할 실천 항목이라 볼 수 있다.

① 삼강령과 팔조목은 『대학』이 『예기』에 속해있을 때부터 사용되기 시작하였다.

② 삼강령과 팔조목은 서로 밀접한 관계를 형성하고 있기에, 각각을 분리한다면 그 이치를 바로 볼 수 없다.

③ 삼강령은 대학의 근본사상을, 팔조목은 이를 실천하기 위한 항목을 나타낸 것이다.

④ 격물과 치지를 함으로써 백성의 명덕을 밝혀 백성과 한마음이 될 수 있다.

⑤ 팔조목은 서로 유기적으로 연관되어 있으므로 반드시 순서에 따라 이루어져야 삼강령을 실천할 수 있다.

PART 1

코레일 7개년 기출복원문제

**| 수리능력**

**09** 집에서 도서관을 거쳐 영화관에 갔다가 되돌아오려고 한다. 집에서 도서관에 가는 길은 3가지이고, 도서관에서 영화관에 가는 길은 4가지일 때, 다음 〈조건〉을 만족하는 모든 경우의 수는?

> **조건**
> • 도서관에서 영화관을 다녀올 때 같은 길을 이용한다면, 집과 도서관 사이에는 다른 길을 이용해야 한다.
> • 도서관에서 영화관을 다녀올 때 다른 길을 이용한다면, 집과 도서관 사이에는 같은 길을 이용해야 한다.

① 12가지　　　　　　　　　　　② 48가지

③ 60가지　　　　　　　　　　　④ 128가지

⑤ 144가지

**10** K대리는 2019년 교통사고 발생 현황 자료를 정리하여 보고서를 작성하려고 한다. 다음 K대리가 작성한 보고서의 밑줄 친 ㉠~㉣ 중 옳지 않은 것을 모두 고르면?

### 〈2019년 월별 전체 교통사고 발생 현황〉

| 구분 | 1월 | 2월 | 3월 | 4월 | 5월 | 6월 | 7월 | 8월 | 9월 | 10월 | 11월 | 12월 |
|---|---|---|---|---|---|---|---|---|---|---|---|---|
| 발생건수 | 100,132 | 87,308 | 99,598 | 106,064 | 111,774 | 101,112 | 106,358 | 112,777 | 109,540 | 121,461 | 123,366 | 113,374 |
| 사망 | 296 | 203 | 252 | 286 | 305 | 279 | 241 | 253 | 287 | 337 | 297 | 313 |
| 부상 | 155,811 | 144,198 | 157,731 | 166,231 | 177,394 | 159,268 | 167,460 | 186,674 | 175,881 | 192,058 | 193,540 | 177,725 |

### 〈2019년 가해차량 주요 법규위반별 교통사고 발생현황〉

### 〈2019년 월별 어린이 교통사고 발생 현황〉

| 구분 | 1월 | 2월 | 3월 | 4월 | 5월 | 6월 | 7월 | 8월 | 9월 | 10월 | 11월 | 12월 |
|---|---|---|---|---|---|---|---|---|---|---|---|---|
| 발생건수 | 5,705 | 6,172 | 6,143 | 6,178 | 7,431 | 6,886 | 7,058 | 8,603 | 7,399 | 7,606 | 7,438 | 6,529 |
| 사망 | 1 | 1 | 5 | 1 | 4 | 4 | 1 | 3 | 3 | 3 | 1 | 1 |
| 부상 | 8,050 | 8,894 | 8,490 | 8,522 | 10,304 | 9,357 | 9,663 | 12,247 | 10,420 | 10,500 | 10,272 | 9,114 |
| 중상 | 132 | 107 | 156 | 177 | 201 | 227 | 199 | 177 | 163 | 182 | 175 | 108 |
| 경상 | 1,808 | 2,139 | 1,955 | 2,074 | 2,440 | 2,271 | 2,351 | 2,933 | 2,527 | 2,528 | 2,525 | 2,128 |
| 부상신고 | 6,110 | 6,648 | 6,379 | 6,271 | 7,663 | 6,859 | 7,113 | 9,137 | 7,730 | 7,790 | 7,572 | 6,878 |

〈2019년 월별 노인 교통사고 발생 현황〉

| 구분 | 1월 | 2월 | 3월 | 4월 | 5월 | 6월 | 7월 | 8월 | 9월 | 10월 | 11월 | 12월 |
|---|---|---|---|---|---|---|---|---|---|---|---|---|
| 발생 건수 | 12,287 | 10,550 | 12,207 | 13,213 | 14,358 | 12,422 | 12,853 | 14,203 | 13,873 | 15,834 | 15,651 | 13,790 |
| 사망 | 141 | 97 | 105 | 133 | 138 | 124 | 109 | 112 | 129 | 157 | 149 | 129 |
| 부상 | 13,672 | 11,889 | 13,865 | 15,205 | 16,285 | 14,133 | 14,474 | 16,217 | 15,739 | 18,038 | 17,768 | 15,537 |
| 중상 | 1,831 | 1,481 | 1,846 | 1,953 | 2,134 | 1,854 | 1,755 | 1,911 | 1,861 | 2,318 | 2,125 | 1,846 |
| 경상 | 4,763 | 4,139 | 4,885 | 5,362 | 5,840 | 5,041 | 5,202 | 5,724 | 5,498 | 6,388 | 6,310 | 5,289 |
| 부상 신고 | 7,078 | 6,269 | 7,134 | 7,890 | 8,311 | 7,238 | 7,517 | 8,582 | 8,380 | 9,332 | 9,333 | 8,402 |

〈보고서〉

㉠ 전체 교통사고 발생 건수는 2월에 최소치를, 11월에 최대치를 기록하였으며, ㉡ 2월부터 증가하기 시작하여 6월까지 지속적으로 증가하는 경향을 보이고 있습니다. 다음으로 가해차량의 주요 법규 위반별 교통사고 발생현황을 보면 흔히 생각하는 것과는 반대로 ㉢ 과속이 원인이 되는 경우는 그 비중이 매우 낮은 것으로 드러났습니다. 교통사고 사망자는 ㉣ 어린이의 경우 전체 교통사고 사망자 대비 2% 미만을 차지하는 반면, 노인의 경우 전체 교통사고 사망자의 과반을 차지하고 있습니다.

① ㉠, ㉡

② ㉠, ㉢

③ ㉠, ㉣

④ ㉡, ㉢

⑤ ㉡, ㉣

**11** 손 세정제를 판매하는 K기업 마케팅부의 오차장은 세정제의 가격 인상을 고려하고 있다. 세정제의 현재 가격 및 판매량과 가격 인상에 따른 판매량 변화가 다음과 같을 때, 매출액을 최대로 늘릴 수 있는 가격은 얼마인가?

〈손 세정제〉

• 현재 가격 : 2,000원
• 현재 판매량 : 6,000개

〈가격 변화에 따른 영향〉

가격을 $2x$원 인상하였을 때, 판매량은 $3x$개 감소한다.

① 4,000원

② 3,500원

③ 3,000원

④ 2,500원

⑤ 2,000원

**12** 경영지원부의 김부장은 사내 소프트볼 대회에 앞서 소프트볼 구장의 잔디 정리를 하려고 한다. 소프트볼 구장에 대한 정보가 다음과 같을 때, 잔디 정리를 해야 할 면적은 얼마인가?

---

〈잔디 정리 면적〉

다음 그림의 색칠된 부분의 잔디를 정리하여야 한다.

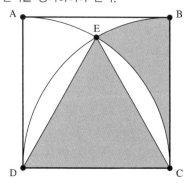

〈소프트볼 구장〉

• 소프트볼 구장은 가로, 세로가 각각 12인 정사각형 모양이다.
• 점 E는 각각 점 C, D에서 부채꼴 모양을 그린 뒤 두 호가 만나는 지점이다.

---

① $72\sqrt{3} - 12\pi$      ② $72\sqrt{3} - 11\pi$

③ $36\sqrt{3} - 12\pi$      ④ $36\sqrt{3} - 11\pi$

⑤ $36\sqrt{3} - 10\pi$

# | 03 |  차량 · 운전직

┃ 의사소통능력

**01**   다음 중 단어의 발음이 바르게 표기된 것은?

① 공권력[공꿘녁]
② 입원료[입원뇨]
③ 물난리[물난리]
④ 광한루[광 : 한누]
⑤ 이원론[이 : 월론]

┃ 의사소통능력

**02**   다음 중 밑줄에 들어갈 표현이 적절하지 않은 것은?

① 부장님께 결재를 받아 협력업체에서 결제를 해 주었다.
② 첫 출근에 다른 부서와 사무실이 비슷해서 혼돈했다. 혼동의 날이었다.
③ 업무가 익숙하지 않아 한나절 걸렸었는데 이제는 반나절이면 충분하다.
④ 비효율적인 업무 방법을 지양하고 효율적인 방법을 지향하라고 하셨다.
⑤ 팀원들과 협의를 통해 최종 결정을 합의했다.

┃ 수리능력

**03**   K공사가 공사 내 공원에 다음 그림과 같이 산책로를 조성하려고 할 때, 산책로의 폭 길이로 옳은 것은?

- 공원의 넓이는 가로 18m, 세로 10m이다.
- 산책로가 아닌 면적의 넓이는 153m²이다.
- 산책로의 폭 길이는 일정하다.

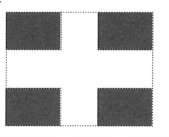

① 1m
② 2m
③ 3m
④ 4m
⑤ 5m

**04** 다음은 한국의 최근 20년간 수출입 동향을 나타낸 자료이다. 〈보기〉 중 옳지 않은 것을 모두 고르면?

### 〈20년간 수출입 동향〉

(단위 : 천 달러, %)

| 연도 | 수출 | | 수입 | | 수지 |
|---|---|---|---|---|---|
| | 금액 | 증감률 | 금액 | 증감률 | |
| 2019년 | 542,232,610 | −10.4 | 503,342,947 | −6.0 | 38,889,663 |
| 2018년 | 604,859,657 | 5.4 | 535,202,428 | 11.9 | 69,657,229 |
| 2017년 | 573,694,421 | 15.8 | 478,478,296 | 17.8 | 95,216,125 |
| 2016년 | 495,425,940 | −5.9 | 406,192,887 | −6.9 | 89,233,053 |
| 2015년 | 526,756,503 | −8.0 | 436,498,973 | −16.9 | 90,257,530 |
| 2014년 | 572,664,607 | 2.3 | 525,514,506 | 1.9 | 47,150,101 |
| 2013년 | 559,632,434 | 2.1 | 515,585,515 | −0.8 | 44,046,919 |
| 2012년 | 547,869,792 | −1.3 | 519,584,473 | −0.9 | 28,285,319 |
| 2011년 | 555,213,656 | 19.0 | 524,413,090 | 23.3 | 30,800,566 |
| 2010년 | 466,383,762 | 28.3 | 425,212,160 | 31.6 | 41,171,602 |
| 2009년 | 363,533,561 | −13.9 | 323,084,521 | −25.8 | 40,449,040 |
| 2008년 | 422,007,328 | 13.6 | 435,274,737 | 22.0 | −13,267,409 |
| 2007년 | 371,489,086 | 14.1 | 356,845,733 | 15.3 | 14,643,353 |
| 2006년 | 325,464,848 | 14.4 | 309,382,632 | 18.4 | 16,082,216 |
| 2005년 | 284,418,743 | 12.0 | 261,238,264 | 16.4 | 23,180,479 |
| 2004년 | 253,844,672 | 31.0 | 224,462,687 | 25.5 | 29,381,985 |
| 2003년 | 193,817,443 | 19.3 | 178,826,657 | 17.6 | 14,990,786 |
| 2002년 | 162,470,528 | 8.0 | 152,126,153 | 7.8 | 10,344,375 |
| 2001년 | 150,439,144 | −12.7 | 141,097,821 | −12.1 | 9,341,323 |
| 2000년 | 172,267,510 | 19.9 | 160,481,018 | 34.0 | 11,786,492 |
| 1999년 | 143,685,459 | 8.6 | 119,752,282 | 28.4 | 23,933,177 |

**보기**

ㄱ. 수출입 금액이 1조 이상이면 가입할 수 있는 '1조 달러 클럽'에 가입 가능한 연도는 7번이다.

ㄴ. 무역수지가 적자였던 해는 2008년뿐이다.

ㄷ. 수출 증감률이 전년 대비 가장 높은 해는 수입 증감률도 가장 높다.

ㄹ. 2002년부터 2008년까지 수출 금액과 수입 금액은 지속적으로 증가했다.

ㅁ. 1999년에 비해 2019년 수출 금액은 4배 이상 증가했다.

① ㄱ, ㄴ
② ㄴ, ㄷ
③ ㄴ, ㄹ
④ ㄷ, ㄹ
⑤ ㄷ, ㅁ

**05** K기업이 100억 원으로 예금과 채권에 분산 투자하려고 할 때, 1년에 10억 원의 이익을 얻으려면 채권에 얼마를 투자해야 하는가?(단, 이익은 세금을 제한 금액이다)

> • 100억 원을 모두 투자해야 한다.
> • 예금 이익은 연 10%, 채권 이익은 연 14%이다.
> • 예금과 채권 이익의 20%는 세금이다.

① 45억 5천만 원  
③ 50억 원  
⑤ 65억 원  

② 47억 5천만 원  
④ 62억 5천만 원  

**06** A ~ E 다섯 명이 기말고사를 봤는데, 이 중 2명은 부정행위를 하였다. 부정행위를 한 2명은 거짓을 말하고 부정행위를 하지 않은 3명은 진실을 말할 때, 다음 진술을 통해 부정행위를 한 사람끼리 짝지은 것은?

> A : D는 거짓말을 하고 있어.  
> B : A는 부정행위를 하지 않았어.  
> C : B가 부정행위를 했어.  
> D : 나는 부정행위를 하지 않았어.  
> E : C가 거짓말을 하고 있어.  

① A, B  
③ C, D  
⑤ D, E  

② B, C  
④ C, E

**07** 철수, 영희, 상수는 재충전 횟수에 따른 업체들의 견적을 비교하여 리튬이온배터리를 구매하려고한다. 다음 〈조건〉에 따라 옳지 않은 것은?

| 재충전 ＼ 누적방수액 | 유 | 무 |
|---|---|---|
| 0회 이상 100회 미만 | 5,000원 | 5,000원 |
| 100회 이상 300회 미만 | 10,000원 | 5,000원 |
| 300회 이상 500회 미만 | 20,000원 | 10,000원 |
| 500회 이상 1000회 미만 | 30,000원 | 15,000원 |
| 12,000회 이상 | 50,000원 | 20,000원 |

**조건**

- 철수 : 재충전이 12,000회 이상은 되어야 해.
- 영희 : 나는 그렇게 많이는 필요하지 않고, 200회면 충분해.
- 상수 : 나는 무조건 누적방수액을 발라야 해.

① 철수, 영희, 상수가 리튬이온배터리를 가장 저렴하게 구매하는 가격은 30,000원이다.

② 철수, 영희, 상수가 리튬이온배터리를 가장 비싸게 구매하는 가격은 110,000원이다.

③ 영희가 리튬이온배터리를 가장 저렴하게 구매하는 가격은 10,000원이다.

④ 영희가 가장 비싸게 구매하는 가격과 상수가 가장 비싸게 구매하는 가격의 차이는 30,000원 이상이다.

⑤ 상수가 구매하는 리튬이온배터리의 가장 저렴한 가격과 가장 비싼 가격의 차이는 45,000원이다.

정답 및 해설 p.071

┃의사소통능력

**01** 다음 밑줄 친 단어와 바꿔 사용할 수 있는 것은?

> 국가대표팀을 이끌었던 감독은 경기를 마친 뒤 선수들을 향한 애정을 드러내 눈길을 끌었다. 감독은 결승 경기 이후 진행된 인터뷰에서 "선수들이 여기까지 올라온 건 충분히 자긍심을 가질 만한 결과이다."라고 이야기했다. 이어 감독은 동고동락한 선수들과의 일을 <u>떠올리다</u> 감정이 벅차 말을 잇지 못하기도 했다. 한편 경기에서 최선을 다한 선수들을 향한 뜨거운 응원은 계속 이어지고 있다.

① 회상하다            ② 연상하다

③ 상상하다            ④ 남고하다

⑤ 예상하다

┃의사소통능력

**02** 다음 중 빈칸 ㉠ ~ ㉢에 들어갈 단어를 순서대로 바르게 나열한 것은?

> • 그는 부인에게 자신의 친구를 ㉠ 소개시켰다 / 소개했다.
> • 이 소설은 실제 있었던 일을 바탕으로 ㉡ 쓰인 / 쓰여진 것이다.
> • 자전거가 마주 오던 자동차와 ㉢ 부딪혔다 / 부딪쳤다.

| | ㉠ | ㉡ | ㉢ |
|---|---|---|---|
| ① | 소개시켰다 | 쓰인 | 부딪혔다 |
| ② | 소개시켰다 | 쓰인 | 부딪쳤다 |
| ③ | 소개했다 | 쓰인 | 부딪혔다 |
| ④ | 소개했다 | 쓰인 | 부딪쳤다 |
| ⑤ | 소개했다 | 쓰여진 | 부딪쳤다 |

※ 다음 글을 읽고 이어지는 질문에 답하시오. [3~4]

(가) 과학과 종교의 관계를 들여다보면 과학의 이름으로 종교를 비판하는 과학자들이 있는가 하면, 신의 뜻을 알기 위해 혹은 신의 세계를 이해하기 위해 연구를 하는 과학자들이 있다. 왜 종교라는 하나의 대상을 가지고 이렇게 나뉘는 것일까?

(나) 영적 측면은 종교와 과학이 통할 수 있는 부분이자 종교의 진정한 가치를 유지할 수 있는 부분이다. 보통 수많은 과학자가 발견을 할 때 '영감(Inspiration)'이라는 표현을 종종 하는 것을 생각해보면 이해할 수 있다. 예술에서 '영감'을 받았다는 부분과 과학에서 말하는 '영감'을 받았다고 표현하는 것은 같은 것이라고 할 수 있다. 이는 곧 종교에서 말하는 '영감'과도 다르지 않다. '영감'은 '믿음'과 관련 있다. "이렇게 행동하면 어떤 결과가 나올까?"에 대한 질문에 "이렇게 되어야 한다."라는 예상이 곧 '믿음'에 해당된다.

(다) 실험이라는 것은 증명되지 않은 것을 밝히기 위한 과정이다. 자신이 세운 가설이 맞는지 확인하는 과정이라고 할 수 있다. 예상된 결과가 나올 것이라는 '믿음' 때문에 실험을 하는 것이라고 할 수 있다. 실험이 실패해도 계속 실험을 하는 것은 바로 '믿음' 때문이다. 이 '믿음'이 새로운 실험을 하게 하는 원동력이자 과학을 발전시키는 또 다른 힘이라고 할 수 있다. 물론 종교적 '믿음'과 과학적 '믿음'은 다르다. 과학자의 믿음은 자연의 법칙이나 우주의 원리를 알아내겠다는 '믿음'인 반면, 종교인들의 믿음은 신이라는 존재에 대한 '믿음'으로 믿음의 대상이 다르다고 할 수 있다. 그러나 '믿음'이라는 말 외에는 그 어떤 단어로도 대체하기 어려운 것이 사실이다.

(라) 아인슈타인이 종교성을 말한 것도 이런 맥락이라고 할 수 있다. 과학자들이 말하는 '우주에 대한 이해 가능성'은 증명되고 실험된 것은 아니다. 단지 이해 가능할 것이라는 '믿음'과 '영감' 때문에 연구를 하고 있는 것이다. 그래서 아인슈타인은 "과학은 종교에 의존하여 우주를 이해할 수 있는 '믿음'을 소유하고 종교는 과학에 의존하여 경이로운 우주의 질서를 발견한다."라고 주장을 했다.

(마) 그렇다면 두 영역이 서로 상생하기 위해서는 어떻게 해야 하는 것일까. 우선 편견으로부터 자유로워지는 것이 중요하다. 편견에서 벗어나야만 종교인 본연의 자세, 과학자 본래의 마음으로 돌아갈 수 있기 때문이다. 편견에서 자유로워지기 위해 과학자에게는 지성의 겸허함, 종교인에게는 영혼의 겸허함이 필요하고, 문제를 해결하기까지의 인내도 있어야 한다. 이 두 가지만 있다면 우리가 지동설을 인정하는 것 같이 진화론의 문제도 해결될 것이고, 다른 기타의 것들도 원만하게 풀어나갈 수 있을 것이다. 하지만 '겸허함과 인내'를 가지기 위해서는 무엇보다 _____이/가 우선시되어야 한다. 그래야만 함부로 서로 영역을 침범하면서 비난하는 일이 생겨나지 않을 수 있기 때문이다.

**03** 다음 중 (가) ~ (마) 문단의 핵심 화제로 적절하지 않은 것은?

① (가) : 종교에 대한 과학자의 상반된 입장
② (나) : 종교와 과학에서의 영감
③ (다) : 종교적 믿음과 과학적 믿음의 공통점
④ (라) : 종교에 대한 아인슈타인의 주장
⑤ (마) : 종교와 과학의 상생 조건

**04** 윗글의 빈칸에 들어갈 내용으로 가장 적절한 것은?

① 두 영역의 상생 가능성에 대한 이해

② 서로의 영역에 대한 날카로운 평가

③ 전체의 관점에서 각 영역을 파악하려는 노력

④ 두 영역을 하나로 통합하려는 노력

⑤ 서로의 영역을 인정해주려는 노력

**05** 다음 중 밑줄 친 단어와 유사한 의미로 쓰인 것은?

> 정부가 고강도의 부동산 대책을 발표하자 일부 매도자와 매수자는 정부가 규제를 풀 때까지 부동산 거래를 하지 않겠다고 이야기했다.

① 내가 이렇게까지 사과했으면 너도 이제 그만 화를 풀 때가 되지 않았니?

② 연장 승부 끝에 우승을 차지한 선수는 마침내 무관의 한을 풀었다.

③ 비트코인은 이용자들이 컴퓨터에서 복잡한 암호를 풀 때 그 대가로 주는 가상화폐이다.

④ 지난 말 일반 소비자들의 LPG 차량 구매 제한을 풀면서 LPG 신차 판매 수요가 빠르게 증가하였다.

⑤ 오랜만에 모인 친구들은 서로 소소한 기억과 추억이 담긴 보따리를 풀어 놓았다.

**06** 다음 빈칸에 들어갈 말을 순서대로 바르게 나열한 것은?

> _____은 '심한 모욕 또는 참기 힘든 일'을 의미하고, _____은 '곤란한 일을 당하여 어찌할 바를 모름'을 의미한다. 친구들 앞에서 선생님께 꾸중을 들어 얼굴을 붉혔다면 이러한 상황은 _____을 치르는 것이고, 수업 시간에 선생님께 예기치 못한 질문을 받아 당황했다면 이러한 상황은 _____스러운 것이다.

① 곤욕 – 곤혹 – 곤혹 – 곤욕

② 곤욕 – 곤혹 – 곤욕 – 곤혹

③ 곤혹 – 곤욕 – 곤혹 – 곤욕

④ 곤혹 – 곤욕 – 곤욕 – 곤혹

⑤ 곤혹 – 곤욕 – 곤욕 – 곤욕

**07** 다음은 K학교의 교실 천장 교체공사와 관련된 수의계약 공고문이다. 입찰에 참가하고자 하는 회사의 회의 내용으로 적절하지 않은 것을 모두 고르면?

---

⟨K학교 교실 천장 교체공사 수의계약 안내 공고⟩

다음과 같이 시설공사 수의 견적서 제출 안내 공고합니다.

1. 견적에 부치는 사항
   가. 공사명 : K학교 교실 천장 교체공사
   나. 공사기간 : 착공일로부터 28일간
   다. 공사내용 : 본관 교실 7실 및 복도(1, 2층)

2. 견적 제출 및 계약방식
   가. 국가종합전자조달시스템을 이용하여 2인 이상으로부터 견적서를 제출받는 소액수의계약 및 전자입찰 방식으로 제출하여야 합니다.
   나. 안전 입찰서비스를 이용하여 입찰서를 제출하여야 합니다.

3. 견적서 제출기간
   가. 견적서 제출기간 : 2019. 06. 01(목) 09:00 ~ 2019. 06. 14(수) 10:00
   나. 견적서 제출확인은 국가종합전자조달 전자입찰시스템의 웹 송신함에서 확인하시기 바라며, 마감 시간이 임박하여 견적 제출 시 입력 도중 중단되는 경우가 있으니 10분 전까지 입력을 완료하시기 바랍니다.
   다. 전자입찰은 반드시 안전 입찰서비스를 이용하여 입찰서를 제출하여야 합니다(자세한 사항은 안전 입찰서비스 유의사항 안내 참고).

4. 개찰일시 및 장소
   가. 개찰일시 : 2019. 06. 14(수) 11:00
   나. 개찰장소 : K시 교육청 입찰집행관 PC(전산 장애 발생 시 개찰 시간이 다소 늦어지거나 연기될 수 있습니다)

5. 견적 제출 참가 자격
   가. 수의 견적 제출 안내 공고일 전일부터 계약체결일까지 해당 지역에 법인등기부상 본점 소재지를 둔 업체이어야 하며, 그러하지 않을 경우 낙찰자 결정을 취소합니다(이외 지역 업체는 견적 제출에 참가할 수 없으며, 제출 시 무효 처리됩니다).
   나. 본 입찰은 「지문인식 신원확인 입찰」이 적용되므로 개인인증서를 보유한 대표자 또는 입찰 대리인은 미리 지문정보를 등록하여야 전자입찰서 제출이 가능합니다. 다만, 지문인식 신원확인 입찰이 곤란한 자는 예외적으로 개인인증서에 의한 전자입찰서 제출이 가능합니다.
   다. 기타 자세한 사항은 K시 교육청 재정지원팀으로 문의하시기 바랍니다.

2019. 05. 29.

---

---

〈입찰 공고에 대한 회의 발언〉

ㄱ. 김대리님, 법인등기부에 우리 회사 본점 소재지가 K시로 변경된 점 확인하셨나요? 이미 완료되어 있어야만 견적서를 제출할 수 있어요.

ㄴ. 네, 지난주에 이미 확인했습니다. 이대리님은 국가종합전자조달시스템을 이용해본 적 있으신가요? 견적서 제출은 이 시스템을 통해서만 가능하다고 하네요.

ㄷ. 네, 경쟁사들이 이번 입찰에 어느 정도 참여하는지 확인해 보고 마감 시간 5분 전에 작성하여 제출하려고 합니다.

ㄹ. 아! 그리고 이번 입찰에서 입찰대리인은 신원확인이 필요하다고 하네요. 지문이나 개인인증서로 신원을 확인할 수 있다고 하니 둘 중 하나를 선택하면 되겠어요.

---

① ㄱ, ㄴ        ② ㄱ, ㄷ

③ ㄴ, ㄷ        ④ ㄴ, ㄹ

⑤ ㄷ, ㄹ

---

**| 의사소통능력**

**08** 다음 중 A의 주장에 대해 반박할 수 있는 내용으로 가장 적절한 것은?

> A : 우리나라의 장기 기증률은 선진국에 비해 너무 낮아. 이게 다 부모로부터 받은 신체를 함부로 훼손해서는 안 된다는 전통적 유교 사상 때문이야.
>
> B : 맞아. 그런데 장기기증 희망자로 등록이 돼 있어도 유족들이 장기 기증을 반대하여 기증이 이뤄지지 않는 경우도 많아.
>
> A : 유족들도 결국 유교 사상으로 인해 신체 일부를 다른 사람에게 준다는 방식을 잘 이해하지 못하는 거야.
>
> B : 글쎄, 유족들이 동의해서 기증이 이뤄지더라도 보상금을 받고 '장기를 팔았다.'는 죄책감을 느끼는 유족들도 있다고 들었어. 또 아직은 장기 기증에 대한 생소함 때문일 수도 있어.

① 캠페인을 통해 장기 기증에 대한 사람들의 인식을 변화시켜야 한다.

② 유족에게 지급하는 보상금 액수가 증가하면 장기 기증률도 높아질 것이다.

③ 장기기증 희망자는 반드시 가족들의 동의를 미리 받아야 한다.

④ 장기 기증률이 낮은 이유에는 유교 사상 외에도 여러 가지 원인이 있을 수 있다.

⑤ 제도 변화만으로는 장기 기증률을 높이기 어렵다.

※ 다음 중 밑줄 친 단어로 바꾸어 사용할 수 없는 것을 고르시오. [9~10]

**09**

- 그가 하는 이야기는 ⊙ 당착이 심하여 도무지 이해할 수가 없었다.
- 용하다고 소문난 점쟁이는 눈빛부터 ⓒ 용인과 달랐다.
- 마산만은 숱한 ⓒ 매립으로 인해 대부분의 해변이 사라졌다.
- 앞으로 국내에 6개월 이상 ⓔ 체류하는 외국인은 건강보험에 가입해야 한다.
- 공정경제 문화 정착을 위해 공공기관부터 공정경제의 ⓜ 모범이 되어야 한다.

① ⊙ 모순　　　　　　　　　② ⓒ 범인
③ ⓒ 굴착　　　　　　　　　④ ⓔ 체재
⑤ ⓜ 귀감

**10**

- 이번에는 후보자 간 ⊙ 경선이 치열할 것으로 예상된다.
- ⓒ 현재 지방자치제도는 지역사회의 다양한 요구를 수용하는 데 한계가 있다.
- 도로 ⓒ 개선 공사가 끝나면 교통이 원활해질 것으로 보인다.
- 문제를 해결할 구체적인 ⓔ 방책이 보이지 않는다.
- 이번 회의에는 임원과 함께 ⓜ 주무 부서장이 참여하였다.

① ⊙ 경쟁　　　　　　　　　② ⓒ 현행
③ ⓒ 개수　　　　　　　　　④ ⓔ 방안
⑤ ⓜ 직학

**11** 다음 대화에서 나타난 오류로 가장 적절한 것은?

의사 : 음주와 흡연은 고혈압과 당뇨를 유발할 수 있으니 조절하십시오.
환자 : 에이, 의사선생님도 술, 담배 하시잖아요.

① 성급한 일반화의 오류　　　② 피장파장의 오류
③ 군중에 호소하는 오류　　　④ 인신공격의 오류
⑤ 흑백사고의 오류

**12** P연구원과 K연구원은 공동으로 연구를 끝내고 보고서를 제출하려 한다. 이 연구를 혼자 할 경우 P연구원은 8일이 걸리고, K연구원은 14일이 걸린다. 처음 이틀은 같이 연구하고, 이후엔 K연구원 혼자 연구를 하다가 보고서 제출 이틀 전부터 같이 연구하였다. 보고서를 제출할 때까지 총 며칠이 걸렸는가?

① 6일

② 7일

③ 8일

④ 9일

⑤ 10일

**13** A ~ C 세 사람은 주기적으로 집안 청소를 한다. A는 6일마다, B는 8일마다, C는 9일마다 청소를 할 때, 세 명이 9월 10일에 모두 같이 청소를 했다면, 다음에 같은 날 청소하는 날은 언제인가?

① 11월 5일

② 11월 12일

③ 11월 16일

④ 11월 21일

⑤ 11월 29일

**14** 새로 입사한 사원의 현황이 다음 〈조건〉과 같다. 신입사원 중 여자 한 명을 뽑았을 때, 경력자가 뽑힐 확률은?

> **조건**
> • 신입사원의 60%는 여성이다.
> • 신입사원의 20%는 여성 경력직이다.
> • 신입사원의 80%는 여성이거나 경력직이다.

① $\dfrac{1}{3}$

② $\dfrac{2}{3}$

③ $\dfrac{1}{5}$

④ $\dfrac{3}{5}$

⑤ $\dfrac{1}{2}$

**15** 다음은 자동차 판매현황이다. 표를 보고 〈보기〉에서 옳은 것을 모두 고르면?

〈자동차 판매현황〉

(단위 : 천 대)

| 구분 | 2016년 | 2017년 | 2018년 |
|------|--------|--------|--------|
| 소형 | 27.8 | 32.4 | 30.2 |
| 준중형 | 181.3 | 179.2 | 180.4 |
| 중형 | 209.3 | 202.5 | 205.7 |
| 대형 | 186.1 | 185.0 | 177.6 |
| SUV | 452.2 | 455.7 | 450.8 |

보기

ㄱ. 2016 ~ 2018년 동안 판매량이 감소하는 차종은 2종류이다.

ㄴ. 2017년 대형 자동차 판매량은 전년 대비 2% 미만 감소했다.

ㄷ. SUV 자동차의 3년 동안 총 판매량은 대형 자동차 총 판매량의 2.5배 이하이다.

ㄹ. 2017년 대비 2018년 판매량 증가율이 가장 높은 차종은 준중형이다.

① ㄱ, ㄷ
② ㄴ, ㄷ
③ ㄱ, ㄴ, ㄹ
④ ㄴ, ㄹ
⑤ ㄱ, ㄷ, ㄹ

**16** 다음은 연도별 국내 은행대출 현황을 나타낸 자료이다. 이에 대한 설명으로 옳은 것은?

〈연도별 국내 은행대출 현황〉

(단위 : 조 원)

| 구분 | 2010년 | 2011년 | 2012년 | 2013년 | 2014년 | 2015년 | 2016년 | 2017년 | 2018년 |
|------|--------|--------|--------|--------|--------|--------|--------|--------|--------|
| 가계대출 | 403.5 | 427.1 | 437.5 | 450.0 | 486.4 | 530.0 | 583.6 | 621.8 | 640.6 |
| 주택담보대출 | 266.8 | 289.7 | 298.9 | 309.3 | 344.7 | 380.6 | 421.5 | 444.2 | 455.0 |
| 기업대출 | 404.5 | 432.7 | 447.2 | 468.0 | 493.3 | 527.6 | 539.4 | 569.4 | 584.3 |
| 부동산담보대출 | 136.3 | 153.7 | 168.9 | 185.7 | 205.7 | 232.8 | 255.4 | 284.4 | 302.4 |

※ (은행대출)=(가계대출)+(기업대출)

① 2012 ~ 2017년 주택담보대출의 전년 대비 증가액은 부동산담보대출보다 매년 높다.

② 2011 ~ 2018년 동안 전년 대비 가계대출이 가장 많이 증가한 해는 2016년이다.

③ 부동산담보대출이 세 번째로 많은 연도의 주택담보대출은 가계대출의 70% 미만이다.

④ 2016년 대비 2018년 주택담보대출 증가율은 기업대출 증가율보다 높다.

⑤ 2015년 은행대출은 2010년에 비해 40% 이상 증가했다.

**17** 다음 〈조건〉을 보고 5시간 동안 만들 수 있는 완제품의 개수는 몇 개인가?

> **조건**
> - 바퀴는 10초에 $\dfrac{\pi}{6}$ 라디안만큼 회전한다.
> - 바퀴가 4바퀴 회전하면 1개의 제품이 완성된다.
> - $\pi$ 라디안은 $180°$이다.

① 35개      ② 36개

③ 37개      ④ 38개

⑤ 39개

**18** 코레일에서 하계체육대회를 하기 위해 버스를 타고 이동하고 있다. 다음 〈조건〉으로 이동했을 경우, 45인승 버스는 몇 대를 이용하였는가?

> **조건**
> - 임직원은 총 268명이 이동한다.
> - 버스는 45인승, 25인승이 있다.
> - 버스 45인승, 25인승은 운전기사까지 포함된 인원이다.
> - 버스 이용금액은 45인승은 45만 원, 25인승은 30만 원이다.
> - 총 버스이용대금으로 지불한 금액은 285만 원이다.

① 2대      ② 3대

③ 4대      ④ 5대

⑤ 6대

**19** 다음 방정식에서 미지수 $a$의 수로 옳지 않은 것은?

> (세트 당 $a$회 스쿼트)$\times$($b$세트)$=$(총 $60$회 스쿼트)

① 6      ② 9

③ 10      ④ 12

⑤ 15

**20** A사원은 출근하는 도중 중요한 서류를 못 챙긴 것을 알게 되었다. A사원은 집으로 시속 5km로 걸어서 서류를 가지러 가고, 회사로 다시 출근할 때 자전거를 타고 시속 15km로 달렸다. 집에서 회사까지 거리는 5km이고, 2.5km 지점에서 서류를 가지러 집으로 출발할 때 시간은 오전 7시 10분이었다. 이때, 회사에 도착한 시각은 몇 시인가?(단, 집에서 회사까지는 직선거리이며 다른 요인으로 인한 소요시간은 없다)

① 오전 7시 50분
② 오전 8시
③ 오전 8시 10분
④ 오전 8시 20분
⑤ 오전 8시 30분

**21** K회사는 해외지사와 화상 회의 1시간을 갖기로 하였다. 모든 지사의 업무시간은 오전 9시부터 오후 6시까지이며, 점심시간은 낮 12시부터 오후 1시까지이다. 〈조건〉이 다음과 같을 때, 회의가 가능한 시간은 언제인가?(단, 회의가 가능한 시간은 서울 기준이다)

> **조건**
> • 헝가리는 서울보다 7시간 느리고, 현지시간으로 오전 10시부터 2시간 외부출장이 있다.
> • 호주는 서울보다 1시간 빠르고, 현지시간으로 오후 2시부터 3시간 동안 회의가 있다.
> • 베이징은 서울보다 1시간 느리다.
> • 헝가리와 호주는 서머타임 +1시간을 적용한다.

① 오전 10시 ~ 오전 11시
② 오전 11시 ~ 낮 12시
③ 오후 1시 ~ 오후 2시
④ 오후 2시 ~ 오후 3시
⑤ 오후 3시 ~ 오후 4시

**22** K회사는 면접시험을 통해 신입사원을 채용했다. 〈조건〉이 다음과 같을 때, 1차 면접시험에 합격한 사람은 몇 명인가?

> **조건**
> • 2차 면접시험 응시자는 1차 면접시험 응시자의 60%이다.
> • 1차 면접시험 합격자는 1차 면접시험 응시자의 90%이다.
> • 2차 면접시험 합격자는 2차 면접시험 응시자의 40%이다.
> • 2차 면접시험 불합격자 중 남녀 성비는 7 : 5이다.
> • 2차 면접시험에서 남성 불합격자는 63명이다.

① 240명
② 250명
③ 260명
④ 270명
⑤ 280명

**23** K사원이 9월 중 이틀 동안 추가 근무를 해야 한다. 다음 〈조건〉을 참고하여 적어도 하루는 특근할 확률을 $\frac{p}{q}$로 표현할 때, $p+q$의 값은?(단, $p$와 $q$는 서로소인 자연수이다)

> **조건**
> • 9월 12 ~ 14일은 추석으로 회사는 쉰다.
> • 9월 1일은 일요일이다.
> • 토요일과 일요일에 회사는 쉰다.
> • 토요일과 일요일에 추가 근무를 하는 경우 특근으로 처리한다.
> • 추석 연휴기간에는 특근을 할 수 없다.

① 59

② 113

③ 174

④ 225

⑤ 270

**24** 최씨 남매와 김씨 남매, 박씨 남매 6명은 야구 경기를 관람하기 위해 함께 야구장에 갔다. 다음 〈조건〉을 참고할 때, 항상 옳은 것은?

> **조건**
> • 양 끝 자리는 같은 성별이 앉지 않는다.
> • 박씨 여성은 왼쪽에서 세 번째 자리에 앉는다.
> • 김씨 남매는 서로 인접하여 앉지 않는다.
> • 박씨와 김씨는 인접하여 앉지 않는다.
> • 김씨 남성은 맨 오른쪽 끝자리에 앉는다.

| [야구장 관람석] | | | | | |
|---|---|---|---|---|---|
| | | | | | |

① 최씨 남매는 왼쪽에서 첫 번째 자리에 앉을 수 없다.

② 최씨 남매는 서로 인접하여 앉는다.

③ 박씨 남매는 서로 인접하여 앉지 않는다.

④ 최씨 남성은 박씨 여성과 인접하여 앉는다.

⑤ 김씨 여성은 최씨 여성과 인접하여 앉지 않는다.

**25** K고등학교는 부정행위 방지를 위해 1∼3학년이 한 교실에서 같이 시험을 본다. 다음 〈조건〉을 참고할 때, 항상 거짓인 것은?

> **조건**
> • 교실에는 책상이 여섯 줄로 되어있다.
> • 같은 학년은 바로 옆줄에 앉지 못한다.
> • 첫 번째 줄과 다섯 번째 줄에는 3학년이 앉는다.
> • 3학년이 앉은 줄의 수는 1학년과 2학년이 앉은 줄의 합과 같다.

① 2학년은 두 번째 줄에 앉는다.
② 첫 번째 줄과 세 번째 줄의 책상 수는 같다.
③ 3학년의 학생 수가 1학년의 학생 수보다 많다.
④ 여섯 번째 줄에는 1학년이 앉는다.
⑤ 1학년이 두 번째 줄에 앉으면 2학년은 세 번째 줄에 앉는다.

**26** 코레일에 근무하는 A∼C 세 명은 협력업체를 방문하기 위해 택시를 타고 가고 있다. 다음 〈조건〉을 참고할 때, 항상 옳은 것은?

> **조건**
> • 세 명의 직급은 각각 과장, 대리, 사원이다.
> • 세 명은 각각 검은색, 회색, 갈색 코트를 입었다.
> • 세 명은 기획팀, 연구팀, 디자인팀이다.
> • 택시 조수석에는 회색 코트를 입은 과장이 앉아있다.
> • 갈색 코트를 입은 연구팀 직원은 택시 뒷좌석에 앉아있다.
> • 셋 중 가장 낮은 직급의 C는 기획팀이다.

① A – 대리, 갈색 코트, 연구팀
② A – 과장, 회색 코트, 디자인팀
③ B – 대리, 갈색 코트, 연구팀
④ B – 과장, 회색 코트, 디자인팀
⑤ C – 사원, 검은색 코트, 기획팀

**27** A ~ E 다섯 명의 사원이 강남, 여의도, 상암, 잠실, 광화문 다섯 지역에 각각 출장을 간다. 다음 대화에서 A ~ E 중 한 명은 거짓말을 하고 나머지 네 명은 진실을 말하고 있을 때, 항상 거짓인 것은?

> A : B는 상암으로 출장을 가지 않는다.
> B : D는 강남으로 출장을 간다.
> C : B는 진실을 말하고 있다.
> D : C는 거짓말을 하고 있다.
> E : C는 여의도, A는 잠실로 출장을 간다.

① A는 광화문으로 출장을 가지 않는다.
② B는 여의도로 출장을 가지 않는다.
③ C는 강남으로 출장을 가지 않는다.
④ D는 잠실로 출장을 가지 않는다.
⑤ E는 상암으로 출장을 가지 않는다.

**28** 코레일에서 근무하는 A ~ C 세 명은 이번 신입사원 교육에서 각각 인사, 사업, 영업 교육을 맡게 되었다. 다음 〈조건〉을 참고할 때, 바르게 연결된 것은?

> **조건**
> • 교육은 각각 2시간, 1시간 30분, 1시간 동안 진행된다.
> • A, B, C 중 2명은 과장이며, 나머지 한 명은 부장이다.
> • 부장은 B보다 짧게 교육을 진행한다.
> • A가 가장 오랜 시간 동안 사업 교육을 진행한다.
> • 교육 시간은 인사 교육이 가장 짧다.

| 직원 | 담당 교육 | 교육 시간 |
|---|---|---|
| ① B과장 | 인사 교육 | 1시간 |
| ② B부장 | 영업 교육 | 1시간 |
| ③ C부장 | 인사 교육 | 1시간 |
| ④ C부장 | 인사 교육 | 1시간 30분 |
| ⑤ C과장 | 영업 교육 | 1시간 30분 |

정답 및 해설 p.076

| 의사소통능력

**01** 다음 중 밑줄 친 단어와 유사한 의미로 쓰인 것은?

> 과열된 분위기를 <u>띠다</u>.

① 미소를 <u>띠다</u>.        ② 전문성을 <u>띠다</u>.

③ 임무를 <u>띠다</u>.        ④ 홍조를 <u>띠다</u>.

⑤ 허리에 띠를 <u>띠다</u>.

| 의사소통능력

**02** 다음 밑줄 친 어휘의 관계와 같은 것은?

> 민주주의의 핵심인 선거에서 사람의 신원을 확인하지 않는 것이 가능한가? 그 나라 국민들이 직접 대표를 뽑는 것이 선거의 <u>맹점</u>인데, 신원 확인을 하지 않고서 <u>무결</u>한 선거가 가능하다는 말인가?

① 기계를 다루기 전에는 반드시 사용상의 <u>유의</u> 사항을 확인하고, 항상 안전 수칙을 <u>유념</u>해야 합니다.

② 불공정한 계약 내용을 수정하지 않을 경우 법적 <u>조치</u>를 취할 예정이라고 하니, 이에 대한 <u>대처</u> 방안을 마련해야 합니다.

③ 얼마 전 미인대회에서 여러 후보를 제치고 <u>선발</u>된 그녀는 이번에 새로 출시된 화장품의 광고 모델로 <u>발탁</u>되었다.

④ 이번 출장지는 홍콩으로 <u>기정</u>되었으며, 자세한 일정은 <u>미정</u>이므로 추후 안내하겠습니다.

⑤ 지난달 과소비로 인해 당분간 <u>긴축</u> 생활을 해야 할 필요가 있으므로 불필요한 돈부터 <u>절약</u>해 보자.

※ 다음 글을 읽고 이어지는 질문에 답하시오. [3~4]

카셰어링이란 차를 빌려 쓰는 방법의 하나로 기존의 방식과는 다르게 시간 또는 분 단위로 필요한 만큼만 자동차를 빌려 사용할 수 있다. 이러한 카셰어링은 비용 절감 효과와 더불어 환경적·사회적 측면에서 현재 세계적으로 주목받고 있는 사업 모델이다.

호주 멜버른시의 조사 자료에 따르면, 카셰어링 차 한 대당 도로상의 개인 소유 차량 9대를 줄이는 효과가 있으며, 실제 카셰어링을 이용하는 사람은 해당 서비스 가입 이후 자동차 사용을 50%까지 줄였다고 한다. 또한 자동차 이용량이 줄어들면 주차 문제를 해결할 수 있으며, 카셰어링 업체에서 제공하는 친환경 차량을 통해 온실가스의 배출을 감소시키는 효과도 기대할 수 있다. 호주 카셰어링 업체 차량의 60% 정도는 경차 또는 하이브리드 차량인 것으로 조사되었다.

호주의 카셰어링 시장규모는 8,360만 호주 달러로 지난 5년간 연평균 21.7%의 급격한 성장률을 보이고 있다. 전문가들은 호주 카셰어링 시장이 앞으로도 가파르게 성장해 5년 후에는 현재보다 약 2.5배 증가한 2억 1,920만 호주 달러에 이를 것이며, 이용자 수도 10년 안에 150만 명까지 폭발적으로 늘어날 것이라고 예측한다. 이처럼 호주에서 카셰어링 서비스가 많은 회원을 확보하며 급격한 성장세를 나타내는 데는 비용 측면의 이유가 가장 크다고 볼 수 있다. 호주에서 차량을 소유할 경우 주유비, 서비스비, 보험료, 주차비 등의 부담이 크기 때문이다. 발표 자료에 의하면 차량 2대를 소유한 가족이 구매 금액을 비롯하여 차량 유지비에만 쓰는 비용은 연간 12,000호주 달러에서 18,000호주 달러에 이른다고 한다.

호주 자동차 산업에서 경제적·환경적·사회적인 변화에 따라 호주 카셰어링 시장이 폭발적인 성장세를 보이는 것에 주목할 필요가 있다. 전문가들은 카셰어링으로 인해 자동차 산업에 나타나는 변화의 정도를 '위험한 속도'로까지 비유하기도 한다. 카셰어링 차량의 주차공간을 마련하기 위해서 정부의 역할이 매우 중요한 만큼 호주는 정부 차원에서도 카셰어링 서비스를 지원하는 데 적극적으로 움직이고 있다. 호주는 카셰어링 서비스가 발달한 미국, 캐나다, 유럽 대도시에 비하면 아직 뒤처져 있지만, 성장 가능성이 높아 국내기업에서도 차별화된 서비스와 플랫폼을 개발한다면 진출을 시도해 볼 수 있다.

| 의사소통능력

**03** 윗글의 제목으로 가장 적절한 것은?

① 호주의 카셰어링 성장배경과 전망
② 호주 카셰어링 서비스의 장·단점
③ 카셰어링 사업의 세계적 성장 가능성
④ 카셰어링 사업의 성공을 위한 호주 정부의 노력
⑤ 호주에서 카셰어링 서비스가 성공하기 어려운 이유

| 의사소통능력

**04** 윗글의 내용으로 적절하지 않은 것은?

① 호주에서 카셰어링 서비스를 이용하는 사람의 경우 가입 이후 자동차 사용률이 50% 감소하였다.
② 호주의 카셰어링 업체가 소유한 차량의 약 60%는 경차 또는 하이브리드 자동차이다.
③ 호주의 카셰어링 시장은 지난 5년간 급격하게 성장하여 현재 8,360만 호주 달러의 규모를 이루고 있다.
④ 호주의 한 가족이 1년간 카셰어링 서비스를 이용할 경우 최대 18,000호주 달러가 사용된다.
⑤ 미국, 캐나다, 유럽 대도시에는 이미 카셰어링 서비스가 발달해 있다.

※ 다음 글을 읽고 이어지는 질문에 답하시오. [5~6]

세계 표준시가 정해지기 전 사람들은 태양이 가장 높게 뜬 시간을 정오로 정하고, 이를 해당 지역의 기준 시간으로 삼았다. 그러다 보니 수많은 태양 정오 시간(자오시간)이 생겨 시간의 통일성을 가질 수 없었으나 당시 사람들은 다른 지역과 시간을 통일해야 한다는 필요성도 느끼지 못했다. 그러나 이 세계관은 철도의 출현으로 인해 무너졌다.

1969년 미국 최초의 대륙 횡단 철도가 개통되었다. 당시 미 대륙 철도역에서 누군가가 현재 시각을 물으면 대답하는 사람은 한참 망설여야 했다. 각기 다른 여러 시간이 공존했기 때문이다. 시간의 혼란은 철도망이 확장될수록 점점 더 심각해졌다. 이에 따라 캐나다 태평양 철도 건설을 진두지휘한 샌퍼드 플레밍은 자신의 고국인 영국에서 철도 시간 때문에 겪었던 불합리한 경험을 토대로 세계 표준시를 정하는 데 온 힘을 쏟았다. 지구를 경도에 따라 15도씩 나눠 15도마다 1시간씩 시간 간격을 두고, 이를 24개 시차 구역으로 구별한 플레밍의 제안은 1884년 미국 전역에 도입되었다. 이는 다시 1884년 10월 워싱턴에서 열린 '국제자오선 회의'로 이어졌고, 각국이 영국 그리니치 천문대를 통과하는 자오선을 본초자오선으로 지정하는 데 동의했다. 워싱턴에서 열린 회의의 주제는 본초자오선, 즉 전 세계 정오의 기준선이 되는 자오선을 어디로 설정해야 하는가에 대한 것이었다. 3주간의 일정으로 시작된 본초자오선 회의는 영국과 프랑스의 대결이었다. 어떻게 든 그리니치가 세계 표준시의 기준으로 채택되는 것을 관철하려는 영국, 그리고 이를 막고 파리 본초자오선 을 세계기준으로 삼으려는 프랑스의 외교 전쟁이 불꽃을 튀겼다. 마침내 지루한 회의와 협상 끝에 1884년 10월 13일 그리니치가 세계 표준시로 채택됐다. 지구상의 경도마다 창궐했던 각각의 지역 표준시들이 사라지고 하나의 시간 틀에 인류가 속하게 된 것이다.

우리나라는 대한제국 때인 1908년 세계 표준시를 도입했다. 한반도 중심인 동경 127.5도 기준으로, 세계 표준시의 기준인 영국보다 8시간 30분 빨랐다. 하지만 일제강점기인 1912년, 일본의 총독부는 우리의 표준시를 동경 135도를 기준으로 하는 일본 표준시로 변경하였다. 광복 후 1954년에는 주권 회복 차원에서 127.5도로 환원했다가 1961년 박정희 정부 때 다시 국제 교역 문제로 인해 135도로 변경되었다.

**┃ 의사소통능력**

**05** 윗글의 서술상 특징으로 가장 적절한 것은?

① 구체적인 사례를 들어 세계 표준시에 대한 이해를 돕고 있다.
② 세계 표준시에 대한 여러 가지 견해를 소개하고 이를 비교, 평가하고 있다.
③ 세계 표준시가 등장하게 된 배경을 구체적으로 소개하고 있다.
④ 세계 표준시의 변화 과정과 그것의 문제점을 언급하고 있다.
⑤ 권위 있는 학자의 견해를 들어 세계 표준시의 정당성을 입증하고 있다.

**┃ 의사소통능력**

**06** 윗글의 내용으로 적절하지 않은 것은?

① 표준시가 정해지기 전에는 수많은 시간이 존재하였다.
② 철도의 발달이 세계 표준시 정립에 결정적인 역할을 하였다.
③ 영국과 프랑스는 본초자오선 설정을 두고 치열하게 대립했다.
④ 현재 우리나라의 시간은 대한제국 때 지정한 시각보다 30분 느리다.
⑤ 우리나라의 표준시는 도입 이후 총 3번의 변화를 겪었다.

**07** 다음 글을 읽고 추론한 내용으로 적절하지 않은 것은?

세계적으로 저명한 미국의 신경과학자들은 '의식에 대한 케임브리지 선언'을 통해 동물에게도 의식이 있다고 선언했다. 이들은 포유류와 조류 그리고 문어를 포함한 다른 많은 생물도 인간처럼 의식을 생성하는 신경학적 기질을 갖고 있다고 주장하였다. 즉, 동물도 인간과 같이 의식이 있는 만큼 합당한 대우를 받아야 한다는 이야기이다. 그러나 이들과 달리 아직도 동물에게 의식이 있다는 데 회의적인 과학자가 많다.

인간의 동물관은 고대부터 두 가지로 나뉘어 왔다. 그리스의 철학자 피타고라스는 윤회설에 입각하여 동물에게 경의를 표해야 한다는 것을 주장했으나, 아리스토텔레스는 '동물에게는 이성이 없으므로 동물은 인간의 이익을 위해서만 존재한다.'고 주장했다. 이러한 동물관의 대립은 근세에도 이어졌다. 17세기 철학자 데카르트는 '동물은 정신을 갖고 있지 않으며, 고통을 느끼지 못하므로 심한 취급을 해도 좋다.'라고 주장한 반면, 18세기 계몽철학자 루소는 『인간불평등 기원론』을 통해 인간과 동물은 동등한 자연의 일부라는 주장을 처음으로 제기했다.

그러나 인간은 오랫동안 동물의 본성이나 동물답게 살 권리를 무시한 채로 소와 돼지, 닭 등을 사육해 왔다. 오로지 더 많은 고기와 달걀을 얻기 위해 '공장식 축산' 방식을 도입한 것이다. 공장식 축산이란 가축 사육 과정이 공장에서 규격화된 제품을 생산하는 것과 같은 방식으로 이루어지는 것을 말하며, 이러한 환경에서는 소와 돼지, 닭 등이 몸조차 자유롭게 움직일 수 없는 좁은 공간에 갇혀 자라게 된다. 가축은 스트레스를 받아 면역력이 떨어지게 되고, 이는 결국 항생제 대량 투입으로 이어질 수밖에 없다. 우리는 그렇게 생산된 고기와 달걀을 맛있다고 먹고 있는 것이다.

이와 같은 공장식 축산의 문제를 인식하고, 이를 개선하려는 동물 복지 운동은 1960년대 영국을 중심으로 유럽에서 처음 시작되었다. 인간이 가축의 고기 등을 먹더라도 최소한의 배려를 함으로써 항생제 사용을 줄이고, 고품질의 고기와 달걀을 생산하자는 것이다. 한국도 올해부터 먼저 산란계를 시작으로 '동물 복지 축산농장 인증제'를 시행하고 있다. 배고픔·영양 불량·갈증으로부터의 자유, 두려움·고통으로부터의 자유 등의 5대 자유를 보장하는 농장만이 동물 복지 축산농장 인증을 받을 수 있다.

동물 복지는 가축뿐만이 아니라 인간의 건강을 위한 것이기도 하다. 따라서 정부와 소비자 모두 동물 복지에 좀 더 많은 관심을 가져야 한다.

① 피타고라스는 동물에게도 의식이 있다고 생각했군.
② 아리스토텔레스와 데카르트의 동물관에는 일맥상통하는 점이 있어.
③ 좁은 공간에 갇혀 자란 돼지는 그렇지 않은 돼지에 비해 면역력이 낮겠네.
④ 공장식 축산에서의 항생제 대량 사용은 결국 인간에게 안 좋은 영향을 미치겠군.
⑤ 동물 복지 축산농장 인증제는 1960년대 영국에서 처음 시행되었어.

**08** 다음 글을 어법에 따라 수정할 때 적절하지 않은 것은?

나는 내가 <u>시작된</u> 일은 반드시 내가 마무리 지어야 한다는 사명감을 가지고 있었다. 그래서 이번 문제 역시 다른 사람의 도움 없이 스스로 해결해야겠다고 다짐했었다. 그러나 일은 생각만큼 쉽게 풀리지 <u>못했다.</u> 이번에 새로 올린 기획안이 사장님의 <u>제가</u>를 받기 어려울 것이라는 이야기가 들렸다. 같은 팀의 박대리는 내게 사사로운 감정을 기획안에 <u>투영하지</u> 말라는 충고를 전하면서 커피를 건넸고, 화가 난 나는 뜨거운 커피를 그대로 마시다가 하얀 셔츠에 모두 쏟고 말았다. 오늘 회사 내에서 만나는 사람마다 모두 커피를 쏟은 내 셔츠의 사정에 대해 물었고, 그들에 의해 나는 오늘 온종일 <u>칠칠한</u> 사람이 되어야만 했다.

① 시작된 → 시작한
② 못했다 → 않았다
③ 제가 → 재가
④ 투영하지 → 투영시키지
⑤ 칠칠한 → 칠칠맞지 못한

**09** 다음 중 빈칸 ㉠ ~ ㉢에 들어갈 말을 순서대로 바르게 나열한 것은?

• 다문화 사회란 한 사회 안에 여러 민족이나 여러 국가의 문화가 ___㉠___ 하는 것을 의미한다.
• 부(富)가 일부 계층에만 ___㉡___ 되어 있는 불평등한 자본주의 사회에서는 이에 따른 많은 문제가 발생한다.
• 민법, 형법 등에 ___㉢___ 하고 있는 공통 조항들을 하나로 통일하여 제정할 필요가 있다.

|  | ㉠ | ㉡ | ㉢ |
|---|---|---|---|
| ① | 산재 | 편재 | 혼재 |
| ② | 산재 | 혼재 | 편재 |
| ③ | 혼재 | 편재 | 산재 |
| ④ | 혼재 | 편재 | 잔재 |
| ⑤ | 편재 | 잔재 | 혼재 |

**10** K공사의 사원 월급과 사원수를 알아보기 위해 다음과 같은 정보를 얻었다. 이를 참고하여 구한 K공사의 사원수와 사원 월급 총액으로 바르게 짝지어진 것은?(단, 월급 총액은 K공사가 사원 모두에게 주는 한 달 월급의 합을 말한다)

〈정보〉

• 사원은 모두 동일한 월급을 받는다.
• 사원이 10명 더 늘어나면, 기존 월급보다 100만 원 적어지고, 월급 총액은 기존의 80%이다.
• 사원이 20명 줄어들면, 월급은 기존과 동일하고, 월급 총액은 기존의 60%가 된다.

|  | 사원수 | 월급 총액 |
|---|---|---|
| ① | 45명 | 1억 원 |
| ② | 45명 | 1억 2천만 원 |
| ③ | 50명 | 1억 2천만 원 |
| ④ | 50명 | 1억 5천만 원 |
| ⑤ | 55명 | 1억 5천만 원 |

**11** 다음은 연도별 아르바이트 소득에 대한 자료이다. 이에 대한 설명으로 옳은 것은?

〈아르바이트 월 소득 및 시급〉

(단위 : 원, 시간)

| 구분 | 2014년 | 2015년 | 2016년 | 2017년 | 2018년 |
|---|---|---|---|---|---|
| 월 평균 소득 | 641,000 | 682,000 | 727,000 | 761,000 | 788,000 |
| 평균 시급 | 6,200 | 6,900 | 7,200 | 7,400 | 7,900 |
| 주간 평균 근로시간 | 24 | 23.5 | 22 | 23 | 23.4 |

① 2015 ~ 2018년 동안 전년 대비 월 평균 소득의 증가율이 가장 높은 해는 2018년이다.
② 주간 평균 근로시간이 많을수록 평균 시급이 낮다.
③ 전년 대비 2016년 평균 시급 증가액은 전년 대비 2018년 증가액보다 100원 적다.
④ 2014년 월 평균 소득은 2018년 월 평균 소득의 70% 이하이다.
⑤ 평균 시급에 대한 월 평균 소득의 비율이 가장 적은 해는 2015년이다.

※ 다음은 우리나라 일부 업종에서 일하는 근로자 수 및 고령 근로자 비율과 국가별 65세 이상 경제활동
참가율 현황에 대한 자료이다. 이어지는 질문에 답하시오. [12~13]

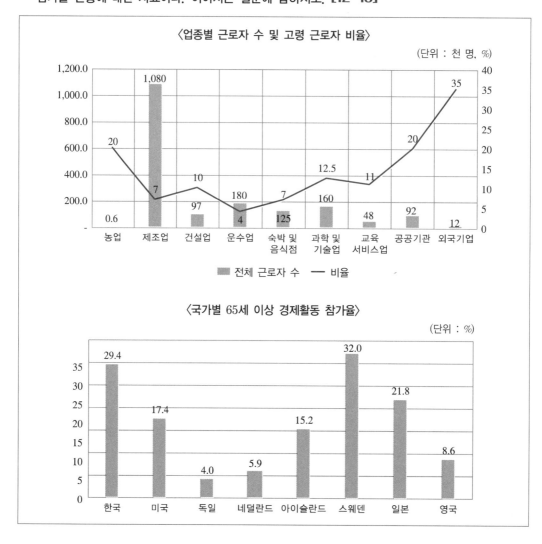

〈업종별 근로자 수 및 고령 근로자 비율〉

〈국가별 65세 이상 경제활동 참가율〉

| 수리능력

**12** 다음 중 우리나라 고령 근로자 현황과 국가별 경제활동 참가율에 대한 설명으로 옳은 것은?

① 건설업에 종사하는 고령 근로자는 외국기업에 종사하는 고령 근로자 수의 3배 이상이다.

② 국가별 65세 이상 경제활동 조사 인구가 같을 경우 미국의 고령 근로자 수는 영국 고령 근로자
수보다 2배 미만이다.

③ 모든 업종의 전체 근로자 수에서 제조업에 종사하는 전체 근로자 비율은 80% 이상이다.

④ 농업과 교육 서비스업, 공공기관에 종사하는 총 고령 근로자 수는 과학 및 기술업에 종사하는
고령 근로자 수보다 많다.

⑤ 독일, 네덜란드와 아이슬란드의 65세 이상 경제활동 참가율의 합은 한국의 65세 이상 경제활동
참가율의 90% 이상을 차지한다.

**13** 국가별 65세 이상 경제활동 참가조사 인구가 다음과 같을 때, 빈칸 (A), (B)에 들어갈 수로 옳은 것은?

〈국가별 65세 이상 경제활동 참가조사 인구〉

(단위 : 만 명)

| 구분 | 한국 | 미국 | 독일 | 네덜란드 | 아이슬란드 | 스웨덴 | 일본 | 영국 |
|------|------|------|------|----------|------------|--------|------|------|
| 조사 인구 | 750 | 14,200 | 2,800 | 3,510 | 3,560 | 5,600 | 15,200 | 13,800 |
| 고령 근로자 | (A) | 2,470.8 | 112 | 207.09 | 541.12 | (B) | 3,313.6 | 1,186.8 |

|     | (A)       | (B)        |
|-----|-----------|------------|
| ①   | 220.5만 명 | 1,682만 명 |
| ②   | 220.5만 명 | 1,792만 명 |
| ③   | 230.5만 명 | 1,792만 명 |
| ④   | 230.5만 명 | 1,682만 명 |
| ⑤   | 300.5만 명 | 1,984만 명 |

**14** K회사의 마케팅부, 영업부, 영업지원부에서 2명씩 대표로 회의에 참석하기로 하였다. 자리배치는 원탁 테이블에 같은 부서 사람이 옆자리로 앉는다고 할 때, 6명이 앉을 수 있는 경우의 수는 몇 가지인가?

① 15가지      ② 16가지

③ 17가지      ④ 18가지

⑤ 19가지

**15** K공사에서 2박 3일로 신입사원 OT 행사를 하기로 하였다. 김대리는 신입사원에게 할당된 방에 신입사원을 배정하는 업무를 맡았다. 다음 결과를 참고할 때 신입사원에게 주어진 방은 몇 개인가?

- 4명씩 방을 배정하면 12명이 방 배정을 못 받는다.
- 6명씩 방을 배정하면 방이 2개가 남는다.

① 12개      ② 14개

③ 16개      ④ 24개

⑤ 26개

※ 다음은 우리나라 전국 및 시도별 이동인구 및 이동률을 나타낸 자료이다. 이어지는 질문에 답하시오.
　[16~17]

### 〈전국 이동인구 및 이동률〉

(단위 : 천 명, %, %p)

| 구분 | | 이동인구 | | | | 이동률 | | | |
|---|---|---|---|---|---|---|---|---|---|
| | | 총 이동 | 전년<br>(동월)비 | 시도 내 | 시도 간 | 총 이동 | 전년<br>(동월)차 | 시도 내 | 시도 간 |
| 2017년 | 1월 | 577 | −3.0 | 369 | 208 | 13.3 | −0.5 | 8.5 | 4.8 |
| | 2월 | 749 | 5.6 | 469 | 280 | 19.1 | 1.5 | 11.9 | 7.1 |
| | 3월 | 673 | −1.9 | 432 | 241 | 15.5 | −0.4 | 9.9 | 5.5 |
| | 4월 | 532 | −5.7 | 354 | 178 | 12.6 | −0.8 | 8.4 | 4.2 |
| | 5월 | 578 | −1.9 | 388 | 190 | 13.3 | −0.3 | 8.9 | 4.4 |
| | 6월 | 541 | −4.6 | 362 | 179 | 12.8 | −0.7 | 8.6 | 4.2 |
| | 7월 | 543 | −0.3 | 366 | 178 | 12.5 | −0.1 | 8.4 | 4.1 |
| | 8월 | 628 | −2.1 | 418 | 210 | 14.4 | −0.4 | 9.6 | 4.8 |
| | 9월 | 591 | 8.3 | 405 | 186 | 14.0 | 1.0 | 9.6 | 4.4 |
| | 10월 | 529 | −14.2 | 365 | 164 | 12.1 | −2.1 | 8.4 | 3.8 |
| | 11월 | 597 | −7.4 | 410 | 187 | 14.2 | −1.2 | 9.7 | 4.4 |
| | 12월 | 615 | −8.6 | 405 | 210 | 14.1 | −1.4 | 9.3 | 4.8 |
| 2018년 | 1월 | 662 | 14.8 | 425 | 237 | 15.2 | 1.9 | 9.8 | 5.5 |
| | 2월 | 698 | −6.8 | 444 | 254 | 17.7 | −1.3 | 11.3 | 6.4 |
| | 3월 | 708 | 5.1 | 464 | 244 | 16.3 | 0.8 | 10.7 | 5.6 |
| | 4월 | 594 | 11.6 | 399 | 194 | 14.1 | 1.4 | 9.5 | 4.6 |
| | 5월 | 600 | 3.7 | 410 | 189 | 13.8 | 0.5 | 9.4 | 4.4 |
| | 6월 | 544 | 0.5 | 370 | 174 | 12.9 | 0.0 | 8.8 | 4.1 |
| | 7월 | 569 | 4.7 | 381 | 188 | 13.0 | 0.6 | 8.7 | 4.3 |
| | 8월 | 592 | −5.7 | 390 | 202 | 13.6 | −0.8 | 9.0 | 4.6 |
| | 9월 | 462 | −21.8 | 311 | 151 | 11.0 | −3.1 | 7.4 | 3.6 |
| | 10월 | 637 | 20.5 | 439 | 198 | 14.6 | 2.5 | 10.1 | 4.5 |
| | 11월 | 615 | 2.9 | 425 | 190 | 14.6 | 0.4 | 10.1 | 4.5 |
| | 12월 | 617 | 0.3 | 409 | 208 | 14.2 | 0.0 | 9.4 | 4.8 |

※ [전년 (동월)비(%)]=$\dfrac{(당월\ 이동자)-(전년\ 동월\ 이동자)}{(전년\ 동월\ 이동자)} \times 100$

※ 월별 이동률은 연간 수준으로 환산한 수치이다.

### 〈시도별 이동인구 추이〉

(단위 : 천 명)

| 구분 | 2017년 | | | 2018년 | | |
|---|---|---|---|---|---|---|
| | 순 이동 | 총 전입 | 총 전출 | 순 이동 | 총 전입 | 총 전출 |
| 서울 | −99 | 1,472 | 1,571 | −113 | 1,438 | 1,551 |
| 부산 | −27 | 440 | 467 | −24 | 418 | 442 |
| 대구 | −11 | 322 | 333 | −15 | 320 | 335 |
| 인천 | 0 | 410 | 410 | −2 | 433 | 435 |

| | | | | | | |
|---|---|---|---|---|---|---|
| 광주 | −9 | 208 | 217 | −5 | 219 | 224 |
| 대전 | −17 | 211 | 228 | −16 | 212 | 228 |
| 울산 | −12 | 135 | 147 | −12 | 128 | 140 |
| 세종 | 32 | 81 | 49 | 31 | 85 | 54 |
| 경기 | 117 | 1,889 | 1,772 | 170 | 2,042 | 1,872 |
| 강원 | 1 | 211 | 210 | −5 | 217 | 222 |
| 충북 | 3 | 197 | 194 | 6 | 219 | 213 |
| 충남 | 18 | 288 | 270 | 10 | 293 | 283 |
| 전북 | −7 | 232 | 239 | −14 | 242 | 256 |
| 전남 | −5 | 226 | 231 | −10 | 225 | 235 |
| 경북 | −6 | 310 | 316 | −10 | 309 | 319 |
| 경남 | 5 | 413 | 408 | −6 | 388 | 394 |
| 제주 | 12 | 104 | 92 | 12 | 104 | 92 |

※ (순 이동)=(총 전입)−(총 전출)

**16** 다음 중 전국 및 시도별 이동인구 추이에 대한 설명으로 옳지 않은 것은?

① 2017년과 2018년에 전국 총 이동률이 가장 높은 달은 같다.

② 2018년 전년 대비 시도별 총 전입자 수가 증가한 지역은 9곳이다.

③ 2월부터 6월까지 전월 대비 전국 총 이동률 증감 추이는 2017년과 2018년이 같다.

④ 2017년 전국 시도 내와 시도 간 이동률 차이는 매월 3%p 이상이다.

⑤ 2017∼2018년 동안 매년 시도별 총 전출자 수가 많은 지역 수가 총 전입자 수가 많은 지역보다 많다.

**17** 다음 중 시도별 이동인구 추이에서 2017년 순 이동인구 절댓값이 세 번째로 많은 지역의 전년 대비 2018년 총 전입자와 총 전출자 증감률은 얼마인가?(단, 증감률은 소수점 둘째 자리에서 반올림한다)

| | 총 전입자 증감률 | 총 전출자 증감률 |
|---|---|---|
| ① | 4.9% | 10.2% |
| ② | 5.0% | 10.0% |
| ③ | 5.0% | 10.2% |
| ④ | 4.9% | 10.0% |
| ⑤ | 5.2% | 10.0% |

**18** 다음은 2018년 공항철도를 이용한 월별 여객 수송실적이다. 빈칸 (A) ~ (C)에 들어갈 수를 순서대로 바르게 나열한 것은?

〈공항철도 이용 여객 현황〉

(단위 : 명)

| 구분 | 수송인원 | 승차인원 | 유입인원 |
|------|---------|---------|---------|
| 1월 | 209,807 | 114,522 | 95,285 |
| 2월 | 208,645 | 117,450 | (A) |
| 3월 | 225,956 | 133,980 | 91,976 |
| 4월 | 257,988 | 152,370 | 105,618 |
| 5월 | 266,300 | 187,329 | 78,971 |
| 6월 | (B) | 189,243 | 89,721 |
| 7월 | 328,450 | 214,761 | 113,689 |
| 8월 | 327,020 | 209,875 | 117,145 |
| 9월 | 338,115 | (C) | 89,209 |
| 10월 | 326,307 | 219,077 | 107,230 |

※ 유입인원은 환승한 인원이다.
※ (수송인원)＝(승차인원)＋(유입인원)

|  | (A) | (B) | (C) |
|--|-----|-----|-----|
| ① | 101,195 | 278,884 | 243,909 |
| ② | 101,195 | 268,785 | 243,909 |
| ③ | 91,195 | 268,785 | 248,906 |
| ④ | 91,195 | 278,964 | 248,906 |
| ⑤ | 90,095 | 278,964 | 249,902 |

**19** K전자회사는 LED를 생산할 수 있는 A ~ C 세 개의 기계를 가지고 있다. 기계에 따른 불량률이 다음과 같을 때, 3대를 하루 동안 가동할 경우 전체 불량률은 얼마인가?(단, 소수점 셋째 자리에서 버림한다)

〈기계별 하루 생산량 및 불량률〉

| 구분 | 하루 생산량(개) | 불량률(%) |
|------|---------------|----------|
| A기계 | 5,000 | 0.7 |
| B기계 | A기계보다 10% 더 생산 | 1.0 |
| C기계 | B기계보다 500개 더 생산 | 0.3 |

① 0.78%  ② 0.75%

③ 0.71%  ④ 0.65%

⑤ 0.62%

**20** 희재는 수국, 작약, 장미, 카라 4종류의 꽃을 총 12송이 가지고 있다. 이 꽃들을 12명의 사람에게 한 송이씩 주려고 한다. 주어진 정보가 모두 참일 때, 〈보기〉에서 옳은 것을 모두 고르면?

---

〈정보〉

- 꽃 12송이는 수국, 작약, 장미, 카라 4종류가 모두 1송이 이상씩 있다.
- 작약을 받은 사람은 카라를 받은 사람보다 적다.
- 수국을 받은 사람은 작약을 받은 사람보다 적다.
- 장미를 받은 사람은 수국을 받은 사람보다 많고, 작약을 받은 사람보다 적다.

---

보기

ㄱ. 카라를 받은 사람이 4명이면, 수국을 받은 사람은 1명이다.
ㄴ. 카라와 작약을 받은 사람이 각각 5명, 4명이면, 장미를 받은 사람은 2명이다.
ㄷ. 수국을 받은 사람이 2명이면, 작약을 받은 사람이 수국을 받은 사람보다 2명 많다.

① ㄱ                              ② ㄴ
③ ㄱ, ㄴ                          ④ ㄷ
⑤ ㄴ, ㄷ

**21** 귀하는 사내 워크숍 준비를 위해 A ~ E 직원의 참석 여부를 조사하고 있다. C가 워크숍에 참석한다고 할 때, 〈조건〉에 따라 워크숍에 참석하는 직원을 바르게 추론한 것은?

> **조건**
> • B가 워크숍에 참석하면 E는 참석하지 않는다.
> • D는 B와 E가 워크숍에 참석하지 않을 때 참석한다.
> • A가 워크숍에 참석하면 B 또는 D 중 한 명이 함께 참석한다.
> • C가 워크숍에 참석하면 D는 참석하지 않는다.
> • C가 워크숍에 참석하면 A도 참석한다.

① A, B, C        ② A, C, D

③ A, C, D, E        ④ A, B, C, D

⑤ A, B, C, E

**22** K회사에 입사한 A ~ E 다섯 명의 신입사원은 각각 2개 항목의 물품을 신청하였다. 5명의 신입사원 중 2명의 진술이 거짓일 때, 신청 사원과 신청 물품이 바르게 연결된 것은?

> 신입사원이 신청한 항목은 4개이며, 항목별 신청 사원의 수는 다음과 같다.
> • 필기구 : 2명        • 의자 : 3명
> • 복사용지 : 2명        • 사무용 전자제품 : 3명

> A : 나는 필기구를 신청하였고, E는 거짓말을 하고 있다.
> B : 나는 의자를 신청하지 않았고, D는 진실을 말하고 있다.
> C : 나는 의자를 신청하지 않았고, E는 진실을 말하고 있다.
> D : 나는 필기구와 사무용 전자제품을 신청하였다.
> E : 나는 복사용지를 신청하였고, B와 D는 거짓말을 하고 있다.

① A – 복사용지        ② A – 의자

③ C – 필기구        ④ C – 사무용 전자제품

⑤ E – 필기구

**23** K병원에는 현재 A~E 5명의 심리상담사가 근무 중이다. 얼마 전 시행한 감사 결과 이들 중 1명이 근무시간에 자리를 비운 것이 확인되었다. 5명의 심리상담사 중 3명이 진실을 말하고 2명이 거짓을 말한다고 할 때, 거짓을 말하고 있는 심리상담사를 모두 고르면?

> A : B는 진실을 말하고 있어요.
> B : 제가 근무시간에 C를 찾아갔을 때, C는 자리에 없었어요.
> C : 근무시간에 자리를 비운 사람은 A입니다.
> D : 저는 C가 근무시간에 밖으로 나가는 것을 봤어요.
> E : D는 어제도 근무시간에 자리를 비웠어요.

① A, B  
③ B, C  
⑤ C, E  
② A, D  
④ B, D

**| 의사소통능력**

**01** 다음 글을 읽고 이해한 내용으로 적절하지 않은 것은?

> 녹차와 홍차는 모두 카멜리아 시넨시스(Camellia Sinensis)라는 식물에서 나오는 찻잎으로 만든다. 공정과정에 따라 녹차와 홍차로 나뉘며, 재배지 품종에 따라서도 종류가 달라진다. 이처럼 같은 잎에서 만든 차일지라도 녹차와 홍차가 가지고 있는 특성에는 차이가 있다.
>
> 녹차와 홍차는 발효방법에 따라 구분된다. 녹차는 발효과정을 거치지 않은 것이며, 반쯤 발효시킨 것은 우롱차, 완전히 발효시킨 것은 홍차가 된다. 녹차는 찻잎을 따서 바로 솥에 넣거나 증기로 쪄서 만드는 반면, 홍차는 찻잎을 먼저 햇볕이나 그늘에서 시들게 한 후 천천히 발효시켜 만든다. 녹차가 녹색을 유지하는 반면에 홍차가 붉은색을 띠는 것은 녹차와 달리 높은 발효과정을 거치기 때문이다. 이러한 녹차와 홍차에는 긴장감을 풀어주고 마음을 진정시키는 L-테아닌(L-theanine)이라는 아미노산이 들어있는데, 이는 커피에 들어있지 않은 성분으로 진정효과와 더불어 가슴 두근거림 등의 카페인(Caffeine) 각성 증상을 완화하는 역할을 한다. 또한 항산화 효과가 강력한 폴리페놀(Polyphenol)이 들어있어 심장 질환 위험을 줄일 수 있다는 장점도 있다. 한 연구에 따르면, 녹차는 콜레스테롤 수치를 낮춰 심장병과 뇌졸중으로 사망할 위험을 줄이는 것으로 나타났다. 홍차 역시 연구 결과, 하루 두 잔 이상 마실 경우 심장발작 위험을 44% 정도 낮추는 효과를 보였다.
>
> 한편, 홍차와 녹차 모두에 폴리페놀 성분이 들어있지만 그 종류는 다르다. 녹차는 카테킨(Catechin)이 많이 들어있는 것으로 유명하지만 홍차는 발효과정에서 카테킨의 함량이 어느 정도 감소한다. 이 카테킨에는 EGCG(Epigallo-catechin-3-gallate)가 많이 들어있어 혈중 콜레스테롤 수치를 낮춰 동맥경화 예방을 돕고, 신진대사의 활성화와 지방 배출에 효과적이다. 홍차는 발효과정에서 생성된 테아플라빈(Theaflavins)을 가지고 있는데, 이 역시 혈관 기능을 개선하며, 혈당 수치를 감소시키는 것으로 알려져 있다. 연구에 따르면 홍차에 든 테아플라빈 성분이 인슐린과 유사작용을 보여 당뇨병을 예방하는 효과를 보이는 것으로 나타났다.
>
> 만약 카페인에 민감한 경우라면 홍차보다 녹차를 선택하는 것이 좋다. 카페인의 각성효과를 완화해주는 L-테아닌이 녹차에 더 많기 때문이다. 녹차에도 카페인이 들어있지만, 커피와 달리 심신의 안정 효과와 스트레스 해소에 도움을 줄 수 있는 것은 이 때문이다. 또한 녹차의 떫은맛을 내는 카테킨 성분은 카페인을 해독하고 흡수량을 억제하기 때문에 실제 카페인의 섭취량보다 흡수되는 양이 적다.

① 카멜리아 시넨시스의 잎을 천천히 발효시키면 붉은색을 띠겠구나.

② 녹차를 마셨을 때 가슴이 두근거리는 현상이 커피를 마셨을 때보다 적게 나타나는 이유는 L-테아닌 때문이야.

③ 녹차와 홍차에 들어 있는 폴리페놀이 심장 질환 위험을 줄이는 데 도움을 줘.

④ 녹차에 들어 있는 테아플라빈이 혈중 콜레스테롤 수치를 낮추는 역할을 하는구나.

⑤ 녹차가 떫은맛이 나는 이유는 카테킨이 들어있기 때문이야.

**02** 다음 글의 빈칸에 들어갈 내용으로 가장 적절한 것은?

스마트팩토리는 인공지능(AI), 사물인터넷(IoT) 등 다양한 기술이 융합된 자율화 공장으로, 제품 설계와 제조, 유통, 물류 등의 산업 현장에서 생산성 향상에 초점을 맞췄다. 이곳에서는 기계, 로봇, 부품 등의 상호 간 정보 교환을 통해 제조 활동을 하고, 모든 공정 이력이 기록되며, 빅데이터 분석으로 사고나 불량을 예측할 수 있다.

스마트팩토리에서는 컨베이어 생산 활동으로 대표되는 산업 현장의 모듈형 생산이 컨베이어를 대체하고 IoT가 신경망 역할을 한다. 센서와 기기 간 다양한 데이터를 수집하고, 이를 서버에 전송하면 서버는 데이터를 분석해 결과를 도출한다. 서버는 AI 기계학습 기술이 적용돼 빅데이터를 분석하고 생산성 향상을 위한 최적의 방법을 제시한다.

스마트팩토리의 대표 사례로는 고도화된 시뮬레이션 '디지털 트윈'을 들 수 있다. 이는 데이터를 기반으로 가상공간에서 미리 시뮬레이션하는 기술이다. 시뮬레이션을 위해 빅데이터를 수집하고 분석과 예측을 위한 통신·분석 기술에 가상현실(VR), 증강현실(AR)과 같은 기술을 얹는다. 이를 통해 산업 현장에서 작업 프로세스를 미리 시뮬레이션하고, VR·AR로 검증함으로써 실제 시행에 따른 손실을 줄이고, 작업 효율성을 높일 수 있다.

한편 '에지 컴퓨팅'도 스마트팩토리의 주요 기술 중 하나이다. 에지 컴퓨팅은 산업 현장에서 발생하는 방대한 데이터를 클라우드로 한 번에 전송하지 않고, 에지에서 사전 처리한 후 데이터를 선별해서 전송한다. 서버와 에지가 연동해 데이터 분석 및 실시간 제어를 수행하여 산업 현장에서 생산되는 데이터가 기하급수로 늘어도 서버에 부하를 주지 않는다. 현재 클라우드 컴퓨팅이 중앙 데이터센터와 직접 소통하는 방식이라면 에지 컴퓨팅은 기기 가까이에 위치한 일명 '에지 데이터 센터'와 소통하며, 저장을 중앙 클라우드에 맡기는 형식이다. 이를 통해 데이터 처리 지연 시간을 줄이고 즉각적인 현장 대처를 가능하게 한다.

이러한 스마트팩토리의 발전은 _____ 최근 선진국에서 나타나는 주요 현상 중의 하나는 바로 '리쇼어링'의 가속화이다. 리쇼어링이란 인건비 등 각종 비용 절감을 이유로 해외에 나간 자국 기업들이 다시 본국으로 돌아오는 현상을 의미하는 용어이다. 2000년대 초반까지는 국가적 차원에서 세제 혜택 등의 회유책을 통해 추진되어왔지만, 스마트팩토리의 등장으로 인해 자국 내 스마트팩토리에서의 제조 비용과 중국이나 멕시코와 같은 제3국에서 제조 후 수출하는 비용에 큰 차이가 없어 리쇼어링 현상은 더욱 가속화되고 있다.

① 공장의 제조 비용을 절감시키고 있다.
② 공장의 세제 혜택을 사라지게 하고 있다.
③ 공장의 위치를 변화시키고 있다.
④ 수출 비용을 줄이는 데 도움이 된다.
⑤ 공장의 생산성을 높이고 있다.

**03** 다음은 코레일의 최근 3년간 주요 경영 실적에 대한 보고서이다. 이를 이해한 내용으로 적절하지 않은 것은?

---

- 세계 최고수준의 안전성 유지
  - 안전데이터 전수관리를 통한 시스템적 위험분석 체계 구축
  - ICT, 드론, 기관사 지원 내비게이션 등 첨단 과학 기술을 접목한 안전시스템 강화
    ※ 철도사고 예방률은 0.022건/백만km으로 유럽연합철도 비교 시 1위 수준(2014년 스위스 0.032건/백만km)
- 고객만족도 향상
  - 광역급행열차 확대, 환승동선 개선, KTX셔틀버스, 마일리지 도입 등 고객편익 증대
  - 코레일톡, 무료 Wi-Fi 확대 등 IT기반 첨단 서비스 확대
- 수송 수요 확대 노력
  - 광명역 KTX셔틀버스 운행, 다양한 특가상품 도입, 픽업존 서비스 등 신규 수송 수요 창출 노력
  - 다각적 노력에도 불구하고 고속철도 분리 운영으로 인해 여객 수송량 및 영업수익은 감소
    ※ 경쟁노선 수송량은 일 30천 명 감소, 비경쟁노선은 일 15천 명 증가
- 민간부문 일자리 창출
  - 취업 취약 계층에 대한 사회적 일자리 지원, 중소기업 성장 지원을 위한 제도개선
  - 철도차량 구매 확대 등 연관 산업 활성화, 지역 연계 관광 상품 개발 등 지역 경제 활성화

---

① 코레일은 지역과 연계한 관광 상품을 개발하여 해당 지역 경제 활성화에 도움을 주고 있다.

② 코레일은 민간부문의 일자리 창출을 위해 취업이 어려운 계층을 대상으로 일자리를 지원하고 있다.

③ 코레일은 KTX셔틀버스를 도입하고, 무료 Wi-Fi를 확대하는 등 고객만족도 향상에 힘쓰고 있다.

④ 코레일의 철도사고 예방률은 유럽연합철도와 비교하였을 때 1위 수준으로, 세계 최고수준의 안정성을 유지하고 있다.

⑤ 코레일은 수송수요를 확대하기 위해 고속철도를 분리 운영하여 여객 수송량과 영업수익을 증가시키고 있다.

**04** 다음 (가) ~ (라) 문단을 논리적 순서대로 바르게 나열한 것은?

> (가) 초연결사회란 사람, 사물, 공간 등 모든 것들이 인터넷으로 서로 연결돼, 모든 것에 대한 정보가 생성 및 수집되고 공유·활용되는 것을 말한다. 즉, 모든 사물과 공간에 새로운 생명이 부여되고 이들의 소통으로 새로운 사회가 열리고 있는 것이다.
>
> (나) 최근 '초연결사회(Hyper Connected Society)'란 말을 주위에서 심심치 않게 들을 수 있다. 인터넷을 통해 사람 간의 연결은 물론 사람과 사물, 심지어 사물 간의 연결 등 말 그대로 '연결의 영역 초월'이 이뤄지고 있다.
>
> (다) 나아가 초연결사회는 단지 기존의 인터넷과 모바일 발전의 맥락이 아닌 우리가 살아가는 방식 전체, 즉 사회의 관점에서 미래사회의 새로운 패러다임으로 큰 변화를 가져올 전망이다.
>
> (라) 초연결사회에서는 인간 대 인간은 물론, 기기와 사물 같은 무생물 객체끼리도 네트워크를 바탕으로 상호 유기적인 소통이 가능해진다. 컴퓨터, 스마트폰으로 소통하던 과거와 달리 초연결 네트워크로 긴밀히 연결되어 오프라인과 온라인이 융합되고, 이를 통해 새로운 성장과 가치 창출의 기회가 증가할 것이다.

① (가) – (나) – (다) – (라)  
② (가) – (나) – (라) – (다)  
③ (나) – (가) – (다) – (라)  
④ (나) – (가) – (라) – (다)  
⑤ (다) – (나) – (가) – (라)

**05** 다음 중 A의 주장에 효과적으로 반박할 수 있는 진술은?

> A : 우리나라는 경제 성장과 국민 소득의 증가로 매년 전력소비가 증가하고 있습니다. 이런 와중에 환경문제를 이유로 발전소를 없앤다는 것은 말도 안 되는 소리입니다. 반드시 발전소를 증설하여 경제 성장을 촉진해야 합니다.
>
> B : 하지만 최근 경제 성장 속도보다 전력소비량의 증가가 둔화하고 있는 것도 사실입니다. 더구나 전력소비에 대한 시민의식도 점차 바뀌고 있으므로 전력소비량 관련 캠페인을 실시하여 소비량을 줄인다면 발전소를 증설하지 않아도 됩니다.
>
> A : 의식의 문제는 결국 개인에게 기대하는 것이고, 희망적인 결과만을 생각한 것입니다. 확실한 것은 앞으로 우리나라 경제 성장에 있어 더욱더 많은 전력이 필요할 것이라는 겁니다.

① 친환경 발전으로 환경과 경제 문제를 동시에 해결할 수 있다.  
② 경제 성장을 하면서도 전력소비량이 감소한 선진국의 사례도 있다.  
③ 최근 국제 유가의 하락으로 발전비용이 저렴해졌다.  
④ 발전소의 증설이 건설경제의 선순환 구조를 이룩할 수 있는 것이 아니다.  
⑤ 우리나라 시민들의 전기소비량에 대해 인식조사를 해야 한다.

※ K씨는 콘퍼런스 참여를 위해 제주도에 출장을 가게 되었다. 이어지는 질문에 답하시오. **[6~7]**

### 〈K씨 출장 일정〉

| 출장지 | 일정 | 도착시각 | 출발시각 |
|---|---|---|---|
| 제주도 | 8월 9 ~ 10일 | 8월 9일 11:10 | 8월 10일 16:30 |

※ 제주공항에 도착 후 수하물을 찾는 데 10분이 소요되며, 서울로 출발 시 수속을 위해 1시간 전에 도착하여야 한다.

### 〈렌터카 회사별 요금〉

(단위 : 원)

| 구분 | 종류 | 24시간 기본 요금 | 추가 요금 | | |
|---|---|---|---|---|---|
| | | | 3시간 미만 | 3시간 이상 6시간 미만 | 6시간 이상 12시간 미만 |
| A렌터카 | 휘발유 | 60,000 | 27,000 | 32,000 | 38,000 |
| B렌터카 | 휘발유 | 65,000 | 30,000 | 35,000 | 40,000 |
| C렌터카 | 경유 | 65,000 | 29,000 | 35,000 | 41,000 |
| D렌터카 | 경유 | 67,000 | 25,000 | 30,000 | 35,000 |
| E렌터카 | 경유 | 68,000 | 25,000 | 30,000 | 36,000 |

※ 제주공항에서 모든 렌터카 회사까지의 이동 시간은 10분이다.
※ 12시간 초과 시 24시간 요금을 부여한다.

### 〈유류비〉

| 휘발유 | 1,650원/L | 경유 | 1,350원/L |
|---|---|---|---|

**06** K씨가 출장기간 동안 B렌터카를 사용하였을 때, 예상되는 대여비는 얼마인가?

① 81,400원
② 90,600원
③ 100,000원
④ 108,000원
⑤ 110,000원

**07** K씨가 출장기간 동안 260km를 이동한다고 할 때, 대여비와 유류비가 가장 저렴한 렌터카는?(단, 요금은 소수점 첫째 자리에서 반올림한다)

〈연비〉

| 구분 | 연비 |
|------|------|
| A렌터카 | 12.5km/L |
| B렌터카 | 12km/L |
| C렌터카 | 16km/L |
| D렌터카 | 12km/L |
| E렌터카 | 10km/L |

① A렌터카                  ② B렌터카
③ C렌터카                  ④ D렌터카
⑤ E렌터카

**08** 다음은 2014년부터 2018년까지 생활 폐기물 처리 현황에 대한 자료이다. 이에 대한 설명으로 옳지 않은 것은?(단, 비율은 소수점 둘째 자리에서 반올림한다)

〈생활 폐기물 처리 현황〉

(단위 : 톤)

| 처리방법 | 2014년 | 2015년 | 2016년 | 2017년 | 2018년 |
|---------|--------|--------|--------|--------|--------|
| 매립 | 9,471 | 8,797 | 8,391 | 7,613 | 7,813 |
| 소각 | 10,309 | 10,609 | 11,604 | 12,331 | 12,648 |
| 재활용 | 31,126 | 29,753 | 28,939 | 29,784 | 30,454 |
| 합계 | 50,906 | 49,159 | 48,934 | 49,728 | 50,915 |

① 매년 생활 폐기물 처리량 중 재활용 비율이 가장 높다.
② 전년 대비 소각 증가율은 2016년이 2017년의 2배 이상이다.
③ 2014 ~ 2018년의 소각량 대비 매립량은 60% 이상이다.
④ 생활 폐기물 처리 방법 중 매립은 2014년부터 2017년까지 계속 감소하고 있다.
⑤ 생활 폐기물 처리 현황에서 2018년 재활용 비율은 2014년 소각량 비율의 3배보다 작다.

**09** 다음은 A ~ F 여섯 인턴사원의 최종 평가 점수를 나타낸 자료일 때, 최종 평가 점수의 중앙값과 최빈값은 얼마인가?

〈최종 평가 점수〉

(단위 : 점)

| 구분 | A | B | C | D | E | F |
|------|-----|-----|-----|-----|-----|-----|
| 점수 | 12 | 17 | 15 | 13 | 20 | 17 |

|  | 중앙값 | 최빈값 |  |  | 중앙값 | 최빈값 |
|---|--------|--------|---|---|--------|--------|
| ① | 14점 | 13점 | | ② | 15점 | 15점 |
| ③ | 15점 | 17점 | | ④ | 16점 | 17점 |
| ⑤ | 16점 | 20점 | | | | |

**10** 다음은 1인 1일 이메일과 휴대전화 스팸 수신량을 나타낸 그래프이다. 이에 대한 설명으로 옳은 것은?(단, 감소율은 소수점 둘째 자리에서 반올림한다)

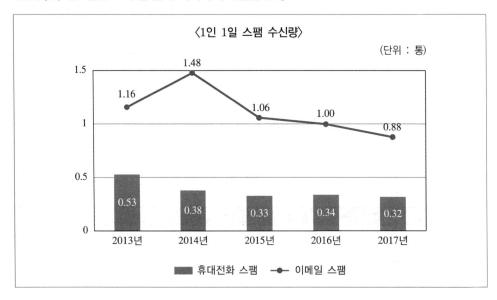

① 2015년부터 2017년까지 휴대전화 스팸 수신량과 이메일 스팸 수신량 증감 추이는 같다.

② 전년 대비 2016년 휴대전화 스팸 증가량과 2015년 대비 2017년 휴대전화 스팸 감소량은 같다.

③ 전년 대비 2015년 이메일 스팸 감소율은 전년 대비 2016년 감소율의 4배 이하이다.

④ 이메일 스팸 수신량이 가장 많은 해는 2014년이고, 휴대전화 스팸 수신량이 가장 적은 해는 2016년이다.

⑤ 이메일 스팸 수신량은 같은 해의 휴대전화 스팸 수신량보다 항상 2.5배 이상이다.

**11** 올해 K회사의 신입사원 수는 작년보다 남자 신입사원은 8%, 여자 신입사원은 12% 증가하였고, 증가한 총인원은 32명이다. 작년 신입사원이 325명일 때, 올해 남자 신입사원은 몇 명인가?

① 150명　　　　　　　　　　　　② 175명

③ 189명　　　　　　　　　　　　④ 196명

⑤ 204명

**12** K사원은 신제품 홍보물 제작을 위해 A3용지 8,500장을 구매하려고 하며, 용지는 A ~ E 다섯 개의 쇼핑몰 중에서 구매할 생각이다. 용지 가격 및 배송비가 다음과 같을 때, 가장 저렴하게 살 수 있는 쇼핑몰은?

| 구분 | 용지 가격 및 배송비용 |
| --- | --- |
| A쇼핑몰 | 1묶음(200장)에 5,000원이며, 배송비는 수량과 관계없이 5,000원이다. |
| B쇼핑몰 | 1묶음(2,500장)에 47,000원이며, 배송비는 무료이다. |
| C쇼핑몰 | 1묶음(1,000장)에 18,500원이며, 배송비는 수량과 관계없이 6,000원이다. |
| D쇼핑몰 | 장당 20원이며, 배송비는 무료이다. |
| E쇼핑몰 | 1묶음(500장)에 9,000원이며, 배송비는 전체 주문금액의 10%이다. |

① A쇼핑몰　　　　　　　　　　　② B쇼핑몰

③ C쇼핑몰　　　　　　　　　　　④ D쇼핑몰

⑤ E쇼핑몰

**13** K회사는 한 제품을 생산하는 데 원료 분류, 제품 성형, 제품 색칠, 포장의 단계를 거친다. 어느 날 제품에 하자가 발생해 직원들을 불러 책임을 물었다. 직원 중 한 사람은 거짓을 말하고 세 사람은 참을 말할 때, 거짓을 말한 직원과 실수가 발생한 단계를 바르게 짝지은 것은?(단, A는 원료 분류, B는 제품 성형, C는 제품 색칠, D는 포장 단계에서 일하며, 실수는 한 곳에서만 발생했다)

> A직원 : 나는 실수하지 않았다.
> B직원 : 포장 단계에서 실수가 일어났다.
> C직원 : 제품 색칠에선 절대로 실수가 일어날 수 없다.
> D직원 : 원료 분류 과정에서 실수가 있었다.

① A, 원료 분류　　　　　　　　　② A, 포장

③ B, 포장　　　　　　　　　　　④ D, 원료 분류

⑤ D, 포장

※ K기업은 새로 출시할 화장품과 관련하여 회의를 하였다. 이어지는 질문에 답하시오. [14~15]

〈신제품 홍보 콘셉트 기획 1차 미팅〉

| 참여자 | • 제품 개발팀 : A과장, B대리 |  |  |
|---|---|---|---|
|  | • 기획팀 : C과장, D대리, E사원 |  |  |
|  | • 온라인 홍보팀 : F대리, G사원 |  |  |
| 회의 목적 | • 신제품 홍보 방안 수립, 제품명 개발 | 회의 날짜 | 2018. 5. 1(화) |

〈제품 특성〉

• 여드름 치료에 적합한 화장품
• 성분이 순하고, 향이 없음
• 이용하기 좋은 튜브형 용기로 제작
• 타사 여드름 관련 화장품보다 가격이 저렴함

〈회의 결과〉

• 제품 개발팀 : 제품의 특성을 분석
• 기획팀 : 특성에 맞고 소비자의 흥미를 유발하는 제품명 개발
• 온라인 홍보팀 : 현재 출시된 타사 제품에 대한 소비자 반응 확인, 온라인 설문조사 실시

Ⅰ 문제해결능력

**14** 다음 회의까지 해야 할 일에 대한 발언으로 적절하지 않은 것은?

① B대리 : 우리 제품이 피부자극이 적은 성분을 사용했다는 것을 성분표로 작성해 확인해 봐야 겠어.

② C과장 : 여드름 치료 화장품이니 주로 청소년층이 우리 제품을 구매할 가능성이 커. 그러니 청소 년층에게 흥미를 일으킬 수 있는 이름을 고려해야겠어.

③ D대리 : 현재 판매되고 있는 타사 여드름 제품들의 특성을 조사해야지.

④ F대리 : 화장품과 관련된 커뮤니티에서 타사의 여드름 제품에 대한 반응을 확인해야겠다.

⑤ G사원 : 여드름이 고민인 사람들이 많이 모인 커뮤니티에서 온라인 설문조사를 할 수 있는지 살펴봐야겠어.

Ⅰ 문제해결능력

**15** 온라인 홍보팀 G사원은 온라인에서 타사의 여드름 화장품에 대한 소비자의 반응을 조사해 추후 회의에 가져갈 생각이다. 다음 중 회의에 가져갈 반응으로 적절하지 않은 것은?

① A응답자 : 여드름용 화장품에 들어간 알코올 성분 때문에 얼굴이 화끈거리고 따가워요.

② B응답자 : 화장품이 유리용기에 담겨있어 쓰기에 불편해요.

③ C응답자 : 향이 강한 제품이 많아 거부감이 들어요.

④ D응답자 : 여드름 화장품을 사용하는데 가격이 비싸 부담돼요.

⑤ E응답자 : 여드름용 화장품을 판매하는 매장이 적어 구매하기가 불편해요.

**16** K기업은 봉사 프로젝트를 위해 회의를 준비 중이다. 다음 명제들이 모두 참이라고 할 때, 항상 참인 것은?

> • 회의장을 세팅하는 사람은 회의록을 작성하지 않는다.
> • 회의에 쓰일 자료를 복사하는 사람은 자료 준비를 한다.
> • 자료 준비를 하는 사람은 회의장 세팅을 하지 않는다.
> • 자료 준비를 하는 사람은 회의 중 회의록을 작성한다.

① A사원이 회의록을 작성하면 회의 자료를 준비한다.

② B사원이 회의록을 작성하지 않으면 회의장 세팅을 한다.

③ C사원이 회의에 쓰일 자료를 복사하면 회의록을 작성하지 않는다.

④ D사원이 회의장을 세팅하면 회의 자료를 복사한다.

⑤ E사원이 회의록을 작성하지 않으면 회의 자료를 복사하지 않는다.

정답 및 해설 p.084

※ 다음은 항공마일리지 관리지침에 대한 글이다. 이어지는 질문에 답하시오. [1~3]

**목적(제1조)**

이 지침은 임직원이 회사의 용무로 항공을 이용하여 국내 및 국외에 출장할 때 발생하는 항공마일리지에 대한 사항에 대하여 정함을 목적으로 한다.

**적용범위(제2조)**

이 지침은 임직원(이하 "직원"이라 한다)이 회사의 용무로 항공을 이용하여 국내 및 국외 출장(이하 "출장"이라 한다)의 경우 발생하는 항공마일리지에 대하여 적용한다. 단, 이 지침의 시행 이전에 발생한 항공마일리지에 대해서는 그러하지 아니하다.

**항공마일리지의 정의(제3조)**

항공마일리지라 함은 항공사가 항공기 이용 실적에 따라 이용자에게 부여하는 점수를 말하며, 직원이 출장을 통해 적립한 항공마일리지는 공무 항공마일리지라 한다.

**항공마일리지의 적립 및 신고(제4조)**

① 출장자는 항공을 교통수단으로 하는 출장의 시작 전에 항공사의 항공마일리지 회원에 개인명의로 가입하여 개인별로 항공마일리지를 적립하고, 항공사에 적립한 항공마일리지에 대하여 회사에서 지정한 업무시스템에 공무 항공마일리지로 적립하여야 한다.

② 공무 항공마일리지는 출장 비용의 지급 주체와 관계없이 적립하여야 한다.

**항공마일리지의 사용(제5조)**

> (가) 적립된 공무 항공마일리지는 보너스 항공권 확보에 우선 사용한다. 이때 확보하는 항공권 좌석 등급은 여비규정 별표 3 국외 항공운임 정액표에 따른 출장자의 항공권 좌석 등급에 따른다.
>
> (나) 적립된 공무 항공마일리지는 직원이 항공을 교통수단으로 하는 출장 시 사용하여야 하며, 사적으로 사용할 수 없다. 또한, 공무 항공마일리지 사용으로 인한 운임 등의 절감된 비용은 출장비 지급 시 제외한다. 다만 보너스 항공권 확보 또는 좌석 승급으로 절감된 비용에 따른 일비의 추가지급은 여비규정에 따른다.
>
> (다) 제2항에도 불구하고 보너스 항공권 확보가 어려운 경우에는 좌석 승급(업그레이드)에 사용할 수 있다. 이때, 좌석 승급의 활용기준은 여비규정에 따른 출장자의 항공권 좌석 등급의 아래 등급에 해당하는 운임을 지급받고, 공무 항공마일리지를 활용하여 한 등급 위의 좌석으로 조정하는 것으로 한다.

④ 제2항 및 제3항에도 불구하고 출장자의 항공 좌석 등급이 여비규정에 따른 Economy Class의 항공 좌석 등급일 경우, 다음 각호에 한하여 공무 항공마일리지를 사용하여 Business Class의 보너스 항공권을 확보하거나, Business Class로 좌석 승급(업그레이드)할 수 있다.

1. 출장자가 우리나라 또는 우리 회사를 대표하여 국제회의 등에 참석하는 경우(단, 단순 현지조사나 세미나 참석 등은 제외)
2. 비행 소요시간이 편도 8시간 이상인 경우
⑤ 공무 항공마일리지로 보너스 항공좌석 및 좌석 승급 이외에 항공마일리지를 사용하는 항공사의 초과수하물, 리무진버스, 렌터카 등의 부가서비스를 이용할 수 있다. 단, 부가서비스 이용은 명백히 출장과 관련된 사항으로 제한하며, 이용에 대한 명령권자의 승인을 받고, 이용내역에 대한 증거서류를 제출해야 한다.

**항공마일리지의 관리(제6조)**
① 본사 각 처(실) 주무부서 및 사업소 출장담당부서는 직원의 개인별 공무 항공마일리지가 효율적으로 관리 및 활용될 수 있도록 노력하여야 한다.
② 적립한 공무 항공마일리지의 관리기간은 마일리지를 부여받은 날로부터 10년으로 하고, 직원이 퇴직 시에는 그 퇴직일까지로 한다.
③ 퇴직 후 직원으로 다시 채용하는 인력에 대해서는 재직 시 적립한 공무 항공마일리지를 재채용 후 14일 이내에 회사 시스템에 입력하고, 그 관리기간은 제2항에 따른다.

┃ 의사소통능력

**01** 다음 중 운영지침을 이해한 내용으로 가장 적절한 것은?

① 지침의 목적은 임직원의 국외 공무여행에서 발생하는 마일리지를 관리하는 것이다.
② 공무 항공마일리지는 비용지급 주체에 따라 적립하여야 한다.
③ 퇴직 후 재채용한 직원의 경우 이미 적립된 마일리지는 사용이 불가하다.
④ 마일리지는 공무여행에 필요한 용도에만 활용할 수 있다.
⑤ 좌석 승급이 불가능할 경우 마일리지를 보너스 항공권 확보에 활용할 수 있다.

┃ 의사소통능력

**02** 다음 중 문단 (가) ~ (다)를 논리적 순서대로 바르게 나열한 것은?

① (가) - (나) - (다)
② (가) - (다) - (나)
③ (나) - (가) - (다)
④ (나) - (다) - (가)
⑤ (다) - (나) - (가)

┃ 의사소통능력

**03** 다음 중 A씨가 관리지침에 따라 실행한 내용으로 적절하지 않은 것은?

A씨는 ① 출장 전 항공사의 마일리지 회원에 개인명의로 가입하였으며, 공무 항공마일리지로 적립하여 왔다. A씨는 제주도에서 열리는 세미나 참석에 마일리지를 사용하고자 ② 우선 보너스 항공권을 받을 수 있는지 알아보았다. 항공편 사정상 보너스 항공권 확보가 어렵다는 답변을 들은 A씨는 ③ 대신 좌석 승급에 마일리지를 사용하였다. A씨는 세미나를 마친 후 제주도에 사는 오랜 친구를 만나기 위해 ④ 남은 마일리지에서 차감하여 렌터카 대여를 신청하였다. 세미나에서 돌아온 A씨는 여비규정에 따라 ⑤ 승급된 좌석 아래 등급에 해당하는 운임을 지급받았다.

보통 지명이 우리의 생활과 동떨어져 있다고 생각하기 쉽다. 그러나 우리는 일상 속에서 늘 지명을 이야기하고, 지명에 해당하는 장소를 찾아다닌다. 예를 들어 누군가 우리에게 사는 곳을 물었을 때 우리는 지명으로 대답한다. 친구랑 여행 장소를 정하거나 시내로 쇼핑을 하러 갈 때도 지명을 말한다. 또한, 우리의 이름 속에도 지명이 숨겨져 있다. 우리의 성명은 성씨(姓氏)와 이름으로 구성되어 있는데, 모든 성씨에는 본관(本貫)이 있다. 본관은 조상의 고향이거나 혹은 경제적 근거지였던 곳인 경우가 많다. 즉, 어떤 사람이 전주(全州) ○씨라 한다면, 이는 ○씨의 조상이 고향 혹은 경제적 근거지가 전주였다는 것을 의미한다. 따라서 모든 한국 사람의 성씨에는 지명이 숨어 있는 것이다.

우리나라의 지명은 역사적으로 많은 우여곡절을 겪으면서 변천해왔다. 그러나 자세히 관찰하면 우리나라 지명만이 갖는 특징이 있는데, 이는 우리 지명의 대부분이 지형, 기후, 정치, 군사 등에서 유래되었다는 점이다. 우리나라의 지명에는 山(산), 谷(곡), 峴(현), 川(천), 新(신), 大(대), 松(송) 등의 한자가 들어있는 것이 많다. 이 중 山, 谷, 峴, 川 등은 산악 지형이 대부분인 한반도의 산과 골짜기를 넘는 고개, 그 사이를 굽이치는 하천을 반영한 것이다. 그런가 하면 新, 大 등은 인구 증가와 개척·간척에 따라 형성된 새로운 마을과 관련되는 지명이며, 松은 어딜 가나 흔한 나무가 소나무였으므로 이를 반영한 것이다. 그다음으로 上(상), 內(내), 南(남), 東(동), 下(하) 등의 한자와 石(석), 岩(암), 水(수), 浦(포), 井(정), 村(촌), 長(장), 龍(용), 月(월) 등의 한자가 지명에 많이 들어있다. 이러한 한자들은 마을의 위치나 방위를 뜻하는 것으로서, 우리 민족이 전통적으로 남(南), 동(東) 방향을 선호했다는 증거이다. 또한, 큰 바위(石, 岩)가 이정표 역할을 했으며, 물(水, 井)을 중심으로 생활했다는 것을 반영하고 있다. 한편, 평지나 큰 들이 있는 곳에는 坪(평), 平(평), 野(야), 原(원) 등의 한자가 많이 쓰였는데, 가평, 청평, 양평, 부평, 수원, 철원, 남원 등이 그 예이다. ㉠ 한자로 된 지명은 보통 우리말 지명의 차음(借音)과 차훈(借訓)을 따랐기 때문에 어느 정도는 원래의 뜻을 유추할 수 있다. 그런데 우리말 지명을 한자어로 바꿀 때 잘못 바꾸면 그 의미가 매우 동떨어지게 된다. 특히 일제 강점기 때는 우리말 지명의 뜻을 제대로 몰랐던 일제에 의해 잘못 바뀐 지명이 많다. 그 사례를 들어 보면, 경기도 안산시의 고잔동은 원래 우리말로 '곶 안'이라는 뜻이었다. 우리말 의미를 제대로 살렸다면 한자 지명이 곶내(串內)나 갑내(岬內)가 되었어야 하나, 일제에 의해 고잔(古棧)으로 바뀌었다. 한편 서울의 삼각지도 이와 같은 사례에 해당한다. 이곳의 원래 지명은 새벌(억새 벌판)인데, 경기 방언으로 새뿔이라고 불렸다. 이를 새(세)를 삼(三)으로, 뿔(벌)을 각(角)으로 해석하여 삼각지로 바꾼 것이다. 이렇게 잘못 바뀐 지명은 전국에 분포되어 있다. 현재 우리가 이 '고잔(古棧)'과 '삼각지(三角地)'에서 원래의 의미를 찾아내기란 결코 쉽지 않다.

우리는 지명을 통해 판교(板橋)는 다리가 있었던 곳이고, 충무(忠武)는 이순신과 관련이 깊은 곳이며, 잠실(蠶室)은 누에를 치던 곳이었음을 알 수 있다. 이렇듯 각각의 지명에는 그 지명의 유래가 되는 역사적 사건, 인물, 전설 등이 담겨 있다.

조선시대에는 촌락의 특수한 기능이 지명에 반영되는 경우가 많았는데, 특히 교통 및 방어와 관련된 촌락이 그러하였다. 하천 교통이 발달한 곳에는 도진취락(渡津聚落)이 발달했는데, 이러한 촌락의 지명에는 ~도(渡), ~진(津), ~포(浦) 등의 한자가 들어간다. 한편, 주요 역로를 따라서는 역원취락(驛院聚落)이 발달했다. 역은 공문서의 전달과 관리의 내왕(來往), 관물(官物)의 수송 등을 주로 담당했고, 원은 관리나 일반 여행자에게 숙박 편의를 제공했다. 따라서 역(驛)~, ~원(院) 등의 한자가 들어가는 지명은 과거에 육상 교통이 발달했던 곳이다.

해방 후 국토 공간의 변화에 따라 지명에도 큰 변화가 있었다. 국토 개발에 따라 새로운 지명이 생겨났는가 하면, 고유의 지명이 소멸하거나 변질되기도 했다. 서울의 경우 인구 증가로 인해 새로운 동(洞)이 만들어지면서 공항동, 본동과 같은 낯선 지명이 생겨났다. 반면에 굴레방다리, 말죽거리, 장승배기, 모래내, 뚝섬과 같은 고유 지명은 행정구역 명칭으로 채택되지 않은 채 잊혀져 가고 있다. 또한, 그 지역의 고유 지명을 외면한 행정편의적 발상에 의해 무미건조한 숫자로 된 지명이 많아지고 있는데, 신림동의 경우 신림1동, 2, 3동 ~ 13동까지 있다. 한편 방향 착오를 일으키는 지명도 많다. 인천의 각 구의 명칭을 보면, 동구의 동쪽에 서구가 있으며 북구와 서구는 같은 위치에 있다.

지금까지 살펴보았듯이 지명에는 각 지역의 자연 환경·역사·풍속 등이 반영되어 있다. 따라서 지명 연구는 곧 우리의 숨겨진 지리·역사·풍속을 발견하는 것이다.

▌의사소통능력

**04** 윗글을 읽고 이해한 내용으로 적절하지 않은 것은?

① 지명으로 그 마을의 지리적 특성을 알 수 있다.
② 우리나라는 대체로 남·동방향을 선호하였다.
③ 지명은 시간의 흐름에 따라 변형·변질되기도 한다.
④ 마을의 특수한 기능이 지명에 반영되기도 한다.
⑤ 현재 고유 지명과 행정구역 지명이 일치하는 경우가 많다.

▌의사소통능력

**05** 다음 중 밑줄 친 ㉠에 해당하지 않는 것은?

① 밤섬 → 율도(栗島)　　　　② 곰내 → 웅천동(熊川洞)
③ 가재울 → 가좌동(佳佐洞)　　④ 대숲말 → 죽림리(竹林里)
⑤ 홀뫼 → 독산(獨山)

▌의사소통능력

**06** 다음 중 밑줄 친 부분이 맞춤법에 맞지 않은 것은?

① 헛기침이 <u>간간히</u> 섞여 나왔다.
② 그 이야기를 듣자 <u>왠지</u> 불길한 예감이 들었다.
③ 그 남자의 굳은살 <u>박인</u> 발을 봐.
④ 집에 <u>가든지</u> 학교에 가든지 해라.
⑤ 소파에 <u>깊숙이</u> 기대어 앉았다.

※ 다음 글을 읽고 이어지는 질문에 답하시오. [7~8]

대부분은 수컷이 암컷을 꼬드기기 위해 노래를 부르지만, 반딧불이는 수컷과 암컷 모두 사랑을 나누기 위해 밤을 밝힌다. 하지만 수컷이 단순히 암컷을 유인하기 위해서만 빛을 밝히는 것은 아니다. 정확히 말하면 자신의 신호에 화답하는 암컷의 신호를 이끌어내기 위한 것으로 자신의 청혼에 동의하는 암컷의 신호를 보고 그 암컷을 찾아가게 된다. 반딧불이의 섬광은 매우 복잡한 의미를 띠는데 사랑과 관련하여 여러 가지 형태의 신호가 있다. 또한, 반딧불이는 빛 색깔의 다양성, 밝기, 빛을 내는 빈도, 빛의 지속성 등에서 자신만의 특징을 가지고 있다. 예를 들어 황혼 무렵에 사랑을 나누고 싶어 하는 반딧불이는 오렌지 색깔을 선호하며 그래도 역시 사랑엔 깊은 밤이 최고라는 반딧불이는 초록계열의 색을 선호한다. 또 발광하는 장소도 땅이나 땅 위, 공중, 식물 등으로 그 선호도가 다양하다. 결국 이런 모든 요소가 다양하게 결합하여 다양한 반딧불이의 모습을 보여주게 되는데 이런 다양성이 조화를 이루거나 또는 동시에 이루어지게 되면 말 그대로 장관을 이루게 된다.

먼저 땅에 사는 반딧불이 한 마리가 60마리 정도 되는 다른 반딧불이와 함께 일렬로 빛을 내뿜기 시작하는 경우가 있다. 기차처럼 한 줄을 지어서 마치 리더의 지시에 따르듯이 한 반딧불이의 섬광을 따라 불빛을 내는데 그 모습은 마치 작은 번개처럼 보이기도 한다. 이렇게 반딧불이는 집단으로 멋진 작품을 연출해 내는데 그중 가장 유명한 것은 동남아시아에서 서식하는 반딧불이일 것이다. 이들은 공동으로 동시에 그리고 완벽하게 발광하는데 마치 크리스마스트리에서 반짝거리는 불빛을 연상시킨다. 그러다가 암컷을 발견하면 무리에서 빠져나와 그 암컷을 향해 직접 불을 번쩍거린다.

반딧불이 중에는 이처럼 혼자 행동하기를 좋아하는 놈들이 있어 빛을 번쩍거리면서 서식지를 쭉 돌아보기도 한다. 뉴기니에도 이런 종이 있는데 이 반딧불이는 짝을 찾아 좁은 해안선과 근처 숲 사이를 반복적으로 왔다 갔다 한다. 반딧불이 역시 달이 빛나는 해변과 철썩이는 파도야말로 사랑을 나누기에 최적인 로맨틱한 장소로 여기는 것일까?

대부분 반딧불이가 불빛을 사랑의 도구로 쓰는 반면에 어떤 반딧불이는 번식 목적이 아닌 적대적 목적으로 사용한다. 포투루스(Photurus)라는 반딧불이 암컷이 바로 그러한 종인데 상대방을 잡아먹는 것을 아무렇지도 않게 여긴다. 이 무시무시한 작업을 벌이기 위해 암컷 포투루스는 포티너스(Photinus) 암컷의 불빛을 흉내 낸다. 한 치의 의심도 없이 이를 자신과 같은 종으로 생각한 수컷 포티너스는 사랑이 가득 찬 마음으로 암컷 포투루스에게 달려들지만 정체를 알았을 때는 이미 너무 늦었다는 것을 알게 된다. 한편, 암컷 포투루스는 수컷 포투루스가 인식할 수 있도록 발광 패턴을 바꿈으로써, 수컷 포투루스를 유혹한다.

이렇게 다른 종의 불빛을 흉내 내는 반딧불이는 북아메리카에서 흔히 찾아볼 수 있다. 그러므로 황혼이 찾아드는 하늘은 짝을 찾아 헤매는 수컷 반딧불이에겐 유혹의 무대인 동시에 위험한 장소이기도 하다. 성욕을 채우려 연인을 찾다 그만 식욕만 왕성한 암컷을 만나게 되는 비운을 맞을 수 있기 때문이다.

**07** 윗글의 내용으로 적절하지 않은 것은?

① 반딧불이마다 자신만의 특징을 가진 빛을 발산한다.

② 다른 종 암컷의 불빛을 흉내 내는 종도 있다.

③ 구애가 아닌 다른 목적으로 불빛을 내는 경우도 있다.

④ 반딧불이는 목적에 따라 다른 형태의 불빛을 내기도 한다.

⑤ 암컷과 수컷 반딧불이는 서로 다른 패턴의 불빛을 낸다.

**08** 윗글에 제시된 리더를 따라 동시에 발광하는 ㉠ 반딧불이와 다른 종의 불빛을 흉내내는 ㉡ 반딧불이의 서식지를 순서대로 바르게 나열한 것은?

|  | ㉠ | ㉡ |
|---|---|---|
| ① | 중앙아시아 | 동남아시아 |
| ② | 동남아시아 | 북아메리카 |
| ③ | 동남아시아 | 남아메리카 |
| ④ | 북아메리카 | 중앙아시아 |
| ⑤ | 중앙아시아 | 북아메리카 |

**09** 다음 중 빈칸 ㉠ ~ ㉤에 들어갈 단어를 순서대로 바르게 나열한 것은?

- 요즘 옷은 남녀의 ___㉠___ 이 없는 경우가 많다.
- 많은 생산품 중에서 최상의 것만을 ___㉡___ 해서 시장에 내놓았다.
- 아버지는 송이가 큰 것들을 ___㉢___ 하여 따로 포장하셨다.
- 필적을 ___㉣___ 한 결과 본인의 것이 아님이 판명되었다.
- 노동의 가치를 ___㉤___ 하다.

|  | ㉠ | ㉡ | ㉢ | ㉣ | ㉤ |
|---|---|---|---|---|---|
| ① | 구별 | 선별 | 감별 | 차별 | 변별 |
| ② | 감별 | 구별 | 선별 | 변별 | 차별 |
| ③ | 차별 | 변별 | 감별 | 구별 | 선별 |
| ④ | 차별 | 감별 | 구별 | 선별 | 변별 |
| ⑤ | 구별 | 변별 | 선별 | 감별 | 차별 |

**10** 다음 중 밑줄 친 단어와 유사한 의미로 쓰인 것은?

> 인재를 적재적소에 <u>배치</u>하다.

① 도서관에 서가를 <u>배치</u>하다.
② 그는 용의자의 주변에 감시 요원을 <u>배치</u>했다.
③ 상위법에 <u>배치</u>하는 법을 만들면 안 된다.
④ 서로가 <u>배치</u>하는 주장만 내세우고 있다.
⑤ 진열대에 상품을 보기 좋게 <u>배치</u>하였다.

※ 다음 중 빈칸에 들어갈 단어를 바르게 나열한 것을 고르시오. [11~12]

**11**

- A씨는 작년에 이어 올해에도 사장직을 ___㉠___ 하였다.
- 수입품에 대한 고율의 관세를 ___㉡___ 할 방침이다.
- 은행 돈을 빌려 사무실을 ___㉢___ 하였다.

| | ㉠ | ㉡ | ㉢ |
|---|---|---|---|
| ① | 역임 | 부여 | 임대 |
| ② | 역임 | 부과 | 임차 |
| ③ | 연임 | 부과 | 임차 |
| ④ | 역임 | 부여 | 임차 |
| ⑤ | 연임 | 부과 | 임대 |

**12**

- 그 분교의 학생은 다섯 명에 ㉠ <u>불과 / 불가</u>했다.
- 이 나라는 선진국 대열에 ㉡ <u>진척 / 진입</u>했다.
- 교육 문제를 경제 문제에 ㉢ <u>연관 / 간구</u>해서 생각해야 한다.

| | ㉠ | ㉡ | ㉢ |
|---|---|---|---|
| ① | 불가 | 진입 | 연관 |
| ② | 불과 | 진입 | 연관 |
| ③ | 불가 | 진척 | 연관 |
| ④ | 불가 | 진척 | 간구 |
| ⑤ | 불과 | 진입 | 간구 |

**13** 전자제품을 판매하는 K대리점에서는 노트북 한 종류를 2주 동안 정가의 20% 할인 판매하는 행사를 하고 있다. 이 기간 중 원가의 8% 이익이 남았다면, 정가는 원가에 몇 % 이익을 붙여야 하는가?

① 25%                                              ② 30%

③ 35%                                              ④ 40%

⑤ 45%

**14** 컴퓨터 정보지수는 컴퓨터 이용지수, 컴퓨터 활용지수, 컴퓨터 접근지수의 합으로 구할 수 있다. 컴퓨터 정보지수는 500점 만점이고 하위 항목의 구성이 〈조건〉과 같을 때, 컴퓨터 정보지수 중 정보수집률은 몇 점인가?

> **조건**
>
> • (컴퓨터 정보지수)=[컴퓨터 이용지수(40%)]+[컴퓨터 활용지수(20%)]+[컴퓨터 접근지수(40%)]
> • (컴퓨터 이용지수)=[이용도(50%)]+[접근가능성(50%)]
> • (컴퓨터 활용지수)=[컴퓨터활용능력(40%)]+[정보수집률(20%)]+[정보처리력(40%)]
> • (컴퓨터 접근지수)=[기기보급률(50%)]+[기회제공률(50%)]

① 5점                                              ② 10점

③ 15점                                             ④ 20점

⑤ 25점

**15** 어떤 컴퓨터로 600KB의 자료를 다운받는 데 1초가 걸린다. A씨가 이 컴퓨터를 이용하여 B사이트에 접속해 자료를 다운받는 데까지 1분 15초가 걸렸다. 자료를 다운받을 때 걸리는 시간이 사이트에 접속할 때 걸리는 시간의 4배일 때, A씨가 다운받은 자료의 용량은?

① 18,000KB                                        ② 24,000KB

③ 28,000KB                                        ④ 34,000KB

⑤ 36,000KB

※ 다음은 궁능원 관람객 수에 대한 자료이다. 이어지는 질문에 답하시오. **[16~17]**

### 〈2010 ~ 2017년 궁능원 관람객 수〉

(단위 : 천 명)

| 구분 | 2010년 | 2011년 | 2012년 | 2013년 | 2014년 | 2015년 | 2016년 | 2017년 |
|---|---|---|---|---|---|---|---|---|
| 유료관람객 수 | 6,688 | 6,805 | 6,738 | 6,580 | 7,566 | 6,118 | 7,456 | 5,187 |
| 무료관람객 수 | 3,355 | 3,619 | 4,146 | 4,379 | 5,539 | 6,199 | 6,259 | 7,511 |
| 외국인 | 1,877 | 2,198 | 2,526 | 2,222 | 2,690 | 2,411 | 3,849 | 2,089 |

### 〈2013 ~ 2017년 궁능원 관람객 수〉

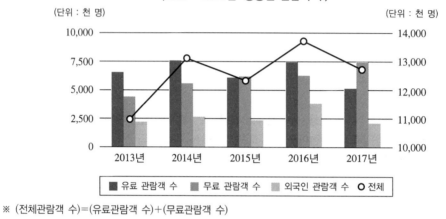

※ (전체관람객 수)=(유료관람객 수)+(무료관람객 수)

## 16 다음 자료에 대한 〈보기〉 중 옳지 않은 것을 모두 고르면?

**보기**

ㄱ. 2015년 전체관람객 수는 전년보다 감소하였으나 무료관람객 수는 전년보다 증가하였다.
ㄴ. 2017년 외국인관람객 수는 전년 대비 43% 미만 감소하였다.
ㄷ. 2014 ~ 2017년의 전체관람객 수와 유료관람객 수의 증감 추이는 같다.
ㄹ. 2011 ~ 2017년 중 전체관람객 수가 전년 대비 가장 많이 증가한 해는 2012년이다.

① ㄱ, ㄴ
② ㄱ, ㄷ
③ ㄴ, ㄷ
④ ㄴ, ㄹ
⑤ ㄷ, ㄹ

**17** 2018년 궁능원 관람객 수 예측 자료를 참고하여 2018년 예상 전체관람객 수와 예상 외국인관람객 수를 바르게 구한 것은?(단, 소수점 첫째 자리에서 버린다)

- 고궁 야간관람 및 '문화가 있는 날' 행사 확대 운영으로 유료관람객 수는 2017년 대비 24% 정도 증가할 전망이다.
- 적극적인 무료관람 콘텐츠 개발로 무료관람객 수는 2010년 무료관람객 수의 2.4배 수준일 것으로 예측된다.
- 외국인을 위한 문화재 안내판, 해설 등 서비스의 품질 향상 노력과 각종 편의시설 개선 노력으로 외국인관람객 수는 2017년 보다 약 35,000명 정도 증가할 전망이다.

|  | 예상 전체관람객 수 | 예상 외국인관람객 수 |
|---|---|---|
| ① | 13,765천 명 | 1,973천 명 |
| ② | 13,765천 명 | 2,124천 명 |
| ③ | 14,483천 명 | 1,973천 명 |
| ④ | 14,483천 명 | 2,124천 명 |
| ⑤ | 15,121천 명 | 1,973천 명 |

**18** 다음은 K중학교 한 학급의 수학성적을 조사한 자료이다. 이 학급 수학 성적의 평균과 표준편차를 순서대로 바르게 나열한 것은?

| 수학 성적 | 도수 |
|---|---|
| 45점 이상 55점 미만 | 2명 |
| 55점 이상 65점 미만 | 9명 |
| 65점 이상 75점 미만 | 27명 |
| 75점 이상 85점 미만 | 11명 |
| 85점 이상 95점 미만 | 1명 |

|  | 평균 | 표준편차 |
|---|---|---|
| ① | 60 | 6 |
| ② | 60 | 8 |
| ③ | 70 | 6 |
| ④ | 70 | 8 |
| ⑤ | 70 | 10 |

**19** 톱니의 수가 12개인 A톱니바퀴와 20개인 B톱니바퀴가 서로 맞물려 있다. 각각의 톱니에 1 ~ 12, 1 ~ 20까지의 숫자가 적힌 스티커를 붙여두었다. B톱니바퀴가 10바퀴를 회전하는 동안 같은 번호는 총 몇 번 마주보는가?

① 24번

② 36번

③ 48번

④ 60번

⑤ 72번

**20** 세계 표준시는 본초 자오선인 0°를 기준으로 동서로 각각 180°, 360°로 나누어져 있으며 경도 15°마다 1시간의 시차가 생긴다. 동경 135°인 우리나라가 3월 14일 현재 오후 2시일 때, 동경 120°인 중국은 같은 날 오후 1시이고, 서경 75°인 뉴욕은 같은 날 자정이다. 이를 바탕으로 우리나라가 4월 14일 오전 6시일 때, 서경 120°인 LA의 시각으로 옳은 것은?

① 4월 13일 오후 1시

② 4월 13일 오후 5시

③ 4월 13일 오후 9시

④ 4월 14일 오전 3시

⑤ 4월 14일 오전 5시

**21** 그림과 같은 모양의 직각삼각형 ABC가 있다. $\overline{AB}$의 길이는 18cm이고 직각삼각형의 둘레가 72cm일 때, 직각삼각형 ABC의 넓이는?

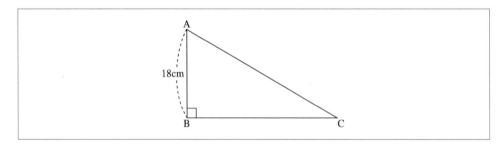

① $182\text{cm}^2$

② $186\text{cm}^2$

③ $192\text{cm}^2$

④ $210\text{cm}^2$

⑤ $216\text{cm}^2$

정답 및 해설 p.087

| 의사소통능력

**01** 다음 중 밑줄 친 ㉠의 예로 가장 적절한 것은?

> 우리말에서 의미를 강조하기 위해 정도부사를 이용하는 경우가 있다. 정도부사란 용언 또는 용언형이나 다른 부사의 정도를 한정하는 부사로 예를 들어 '철수는 키가 매우 크다.'에서 '매우', '정상은 너무 멀다.'의 '너무' 따위이다. 이를 통해 ㉠ 언어의 정도성을 나타낼 수 있다.

① 과반수 이상이 찬성하였으므로 의결되었습니다.

② 너 혼자 독차지하는 이런 경우가 어디 있니?

③ 그녀는 그를 보자 곧바로 직행했다.

④ 나는 너를 정말 정말 좋아해.

⑤ 추운 겨울 이웃을 향한 따뜻한 온정의 손길이 이어졌다.

| 의사소통능력

**02** 다음 중 밑줄 친 단어와 유사한 의미로 쓰인 것은?

> 자기의 재주를 인정해 주지 않을 때면 공연이 계속되는 중이라도 그는 마술 도구가 든 가방 하나를 들고 거칠 것 없이 단체를 떠났다.

① 고등학교를 거쳐 대학을 간다.

② 칡덩굴이 밭에 거친다.

③ 기숙사 학생들의 편지는 사감 선생님의 손을 거쳐야 했다.

④ 가장 어려운 문제를 해결했으니 특별히 거칠 문제는 없다.

⑤ 대구를 거쳐 부산으로 간다.

**03** 다음은 '부정청탁 및 금품 등 수수의 금지에 관한 법률(김영란법)'에 대한 글이다. 이에 대한 사례로 적절하지 않은 것은?

'부정청탁 및 금품 등 수수의 금지에 관한 법률'은 공직자와 언론사 · 사립학교 · 사립유치원 임직원, 사학재단 이사진 등이 부정한 청탁을 받고도 신고하지 않거나, 직무 관련성이나 대가성에 상관없이 1회 100만 원(연간 300만 원)이 넘는 금품이나 향응을 받으면 형사처벌하도록 하는 법률이다.

우선 공직자를 비롯해 언론인 · 사립학교 교직원 등 법안 대상자들이 직무 관련성이나 대가성에 상관없이 1회 100만 원(연간 300만 원)을 초과하는 금품을 수수하면 형사처벌(3년 이하의 징역 또는 3,000만 원 이하의 벌금)을 받도록 규정했다. 또 직무 관련자에게 1회 100만 원(연간 300만 원) 이하의 금품을 받았다면 대가성이 입증되지 않더라도 수수금액의 2 ~ 5배를 과태료로 물도록 했다. 다만, 원활한 직무 수행, 사교 · 의례 · 부조 등의 목적으로 공직자에게 제공되는 금품의 상한액을 설정했다.

또 법안 시행 초기에는 식사 · 다과 · 주류 · 음료 등 음식물은 3만 원, 금전 및 음식물을 제외한 선물은 5만 원, 축의금 · 조의금 등 부조금과 화환 · 조화를 포함한 경조사비는 10만 원을 기준으로 했다. 그러나 국민권익위원회는 2017년 12월 선물 상한액은 농수축산물에 한해 10만 원으로 오르고 경조사비는 5만 원으로 낮아지는 내용의 개정안을 의결해 입법예고했다.

이에 따르면 선물비의 경우 상한액을 5만 원으로 유지하되 농축수산물(화훼 포함)에 한해 5만 원에서 10만 원으로 상향한다. 여기에는 농수축산물 원재료가 50% 이상인 가공품도 함께 해당한다. 경조사비는 기존 10만 원에서 5만 원으로 상한액이 낮아지는데 현금 5만 원과 함께 5만 원짜리 화환은 제공할 수 있다. 만약 현금 없이 경조사 화환만 제공할 경우에는 10만 원까지 인정된다. 다만 음식물은 유일하게 현행 상한액(3만 원)이 유지된다.

외부 강사의 경우 사례금 상한액은 장관급 이상은 시간당 50만 원, 차관급과 공직유관단체 기관장은 40만 원, 4급 이상 공무원과 공직유관단체 임원은 30만 원, 5급 이하와 공직유관단체 직원은 20만 원으로 제한했다. 사립학교 교직원, 학교법인 임직원, 언론사 임직원의 외부강의 사례금 상한액은 시간당 100만 원이다.

① 논문심사 중인 대학교수가 심사대상 대학원생에게 1만 원 이하의 도시락 세트를 받은 것은 김영란법에 위배되는 행위이다.

② 직무 관련자들과 1인당 5만 원 가량의 식사를 하고 각자 식사비를 지불한 것은 김영란법에 위배되는 행위이다.

③ 퇴직 예정자가 부하 직원들이 갹출한 50만 원 상당의 선물을 받는 것은 김영란법에 위배되는 행위이다.

④ 졸업한 학생선수가 학교운동부지도자에게 3만 원 상당의 선물을 제공하는 것은 김영란법에 위배되지 않는다.

⑤ A신문사 사장이 B대학에서 1시간 강의 후 그 대가로 90만 원을 지급받은 것은 김영란법에 위배되지 않는다.

**04** 다음 중 어문규범에 맞는 것은?

① 각 분야에서 <u>내로라하는</u> 사람들이 모였다.

② <u>생각컨대</u> 그가 거짓말을 하는 것이 분명했다.

③ 철수야, 친구를 괴롭히면 <u>안 되요</u>.

④ 그를 <u>만난지</u> 한 달이 지났다.

⑤ 그녀는 일을 하는 <u>틈틈히</u> 공부를 했다.

**05** 서울에 사는 A씨는 결혼기념일을 맞이하여 가족과 함께 KTX를 타고 부산으로 여행을 다녀왔다. A씨의 가족이 이번 여행에서 지불한 교통비는 모두 얼마인가?

- A씨 부부에게는 만 6세인 아들, 만 3세인 딸이 있다.
- 갈 때는 딸을 무릎에 앉혀 갔고, 돌아올 때는 좌석을 구매했다.
- A씨의 가족은 일반석을 이용하였다.

〈KTX 좌석별 요금〉

| 구분 | 일반석 | 특실 |
|---|---|---|
| 가격 | 59,800원 | 87,500원 |

※ 만 4세 이상 13세 미만 어린이는 운임의 50%를 할인합니다.

※ 만 4세 미만의 유아는 보호자 1명당 2명까지 운임의 75%를 할인합니다. 단, 유아의 좌석을 지정하지 않을 시 보호자 1명당 유아 1명의 운임을 받지 않습니다.

① 299,000원    ② 301,050원

③ 307,000원    ④ 313,850원

⑤ 313,950원

**06** C씨는 올해 총 6번의 토익시험에 응시하였다. 2회 차 시험점수가 620점 이상 700점 이하였고 토익 평균점수가 750점이었을 때, 빈칸 ⓛ에 들어갈 수 있는 최소 점수는?

| 1회 | 2회 | 3회 | 4회 | 5회 | 6회 |
|---|---|---|---|---|---|
| 620점 | ㉠ | 720점 | 840점 | ⓛ | 880점 |

① 720점    ② 740점

③ 760점    ④ 780점

⑤ 800점

**07** A ∼ C 세 팀은 한 세트당 여섯 발씩, 총 6세트로 진행되는 양궁대회 단체전에 참가했다. 1세트 경기결과와 세 팀이 쏜 결과를 점수별로 다음과 같이 정리했을 때, 1세트에서 8점을 연달아 쏜 팀이 얻은 최대 점수와 5점을 연달아 쏜 팀의 최대 점수를 바르게 나열한 것은?

〈1세트 경기결과〉

- 세 팀 모두 1점을 한 번씩 쏘았다.
- 각 팀은 여섯 발 중 홀수 점수를 세 번, 짝수 점수를 세 번 쏘았다.
- 세 팀 모두 여섯 발 중 두 발을 연달아 같은 점수에 쏘았다.
- A, B, C팀이 첫 번째 사격에서 얻은 점수는 각각 7점, 4점, 3점이고 마지막 사격에서 얻은 점수는 각각 9점, 5점, 1점이다.
- 세 팀이 1세트에서 얻은 총점은 모두 33점으로 동점이었다.

| 점수 | 1점 | 2점 | 3점 | 4점 | 5점 | 6점 | 7점 | 8점 | 9점 | 10점 |
|---|---|---|---|---|---|---|---|---|---|---|
| 발수 | 3 | – | 1 | 2 | 2 | 3 | 2 | 3 | 1 | 1 |

① 7점, 9점      ② 8점, 9점

③ 9점, 8점      ④ 10점, 8점

⑤ 8점, 10점

**08** K회사는 일정한 규칙에 따라 만든 암호를 팀별 보안키로 활용한다. 이때 $x$와 $y$의 합은?

| A팀 | B팀 | C팀 | D팀 | E팀 | F팀 |
|---|---|---|---|---|---|
| 1938 | 2649 | 3576 | 6537 | 9642 | 2766 |

| G팀 | H팀 | I팀 | J팀 | K팀 | L팀 |
|---|---|---|---|---|---|
| 19344 | 21864 | 53193 | 84522 | $9023x$ | $7y352$ |

① 11      ② 13

③ 15      ④ 17

⑤ 19

**09** 다음 〈조건〉이 참일 때, 항상 옳은 것은?

> **조건**
> • A사와 B사는 동일 제품을 동일 가격에 판다.
> • 어제는 A사와 B사의 판매수량 비가 4 : 3이었다.
> • 오늘은 A사는 동일 가격에 판매하고 B사는 20%를 할인해서 팔았다.
> • 오늘 A사는 어제와 같은 수량을 팔았고, B사는 어제보다 150개를 더 팔았다.
> • 오늘 A사와 B사의 전체 판매액은 동일하다.

① A사는 어제, 오늘 2천 원에 팔았다.

② 오늘 A사는 어제 B사보다 80개 더 팔았다.

③ B사는 오늘 375개를 팔았다.

④ 오늘 A사와 B사의 판매수량 비는 동일하다.

⑤ 오늘 B사는 600원을 할인했다.

**10** K회사는 사무실 리모델링을 하면서 국내영업 1 ~ 3팀과 해외영업 1 ~ 2팀, 홍보팀, 보안팀, 행정팀의 재실 위치를 변경하였다. 다음 〈조건〉을 적용했을 때, 변경된 재실 위치에 대한 설명으로 옳은 것은?

| 1실 | 2실 | 3실 | 4실 |
| --- | --- | --- | --- |
| 복도 | | | |
| 5실 | 6실 | 7실 | 8실 |

> **조건**
> • 국내영업 1팀과 해외영업 2팀은 홀수실이며 복도를 사이에 두고 마주보고 있다.
> • 홍보팀은 5실이다.
> • 해외영업 2팀과 행정팀은 나란히 있다.
> • 보안팀은 홀수실이며 맞은편 대각선으로 가장 먼 곳에는 행정팀이 있다.
> • 국내영업 3팀과 2팀은 한 실을 건너 나란히 있고 2팀이 3팀보다 실 번호가 높다.

① 행정팀은 6실에 위치한다.

② 해외영업 2팀과 국내영업 3팀은 같은 라인에 위치한다.

③ 국내영업 1팀은 국내영업 3팀과 국내영업 2팀 사이에 위치한다.

④ 해외영업 1팀은 7실에 위치한다.

⑤ 홍보팀이 있는 라인에서 가장 높은 번호의 재실에 위치한 팀은 보안팀이다.

※ K회사는 직원들의 자기계발과 업무능력 증진을 위해 아래와 같이 다양한 사내교육을 제공하고 있다. 이어지는 질문에 답하시오. [11~12]

<2017년 사내교육 일정표>

| 구분 | 일정 | 가격 |
| --- | --- | --- |
| 신입사원 사규 교육 | 2·3월 첫째 주 목요일 | 10만 원 |
| 비즈니스 리더십 | 짝수달 셋째 주 월요일 | 20만 원 |
| Excel 쉽게 활용하기 | 홀수달 셋째, 넷째 주 목요일 | 20만 원 |
| One Page 보고서 작성법 | 매월 첫째 주 목요일 | 23만 원 |
| 프레젠테이션 코칭 | 3·7·9월 둘째 주 수요일 | 18만 원 |
| 생활 속 재테크 | 4·8월 셋째 주 월요일 | 20만 원 |
| 마케팅 성공 전략 | 5·11월 둘째 주 금요일 | 23만 원 |
| 성희롱 예방교육 | 짝수달 첫째 주 금요일 | 15만 원 |
| MBA | 짝수달 둘째 주 화요일 | 40만 원 |

※ 사내교육은 1년에 2번 이수해야 한다.
※ 회사 지원금(40만 원)을 초과하는 경우 추가 금액은 개인이 부담한다.
※ 교육을 신청할 때는 팀장의 승인을 받는다.
※ 3월 1일은 월요일이다.
※ 교육은 모두 오후 7시에 시작하여 9시에 종료한다.

┃ 문제해결능력

**11** 다영이는 올해 3월 24일에 입사를 했다. 지원금액 안에서 가장 빠르게 교육을 받으려고 할 때, 다영이가 신청할 수 있는 교육으로 옳은 것은?

① 비즈니스 리더십, 생활 속 재테크
② 생활 속 재테크, 마케팅 성공 전략
③ 비즈니스 리더십, 프레젠테이션 코칭
④ Excel 쉽게 활용하기, 성희롱 예방교육
⑤ Excel 쉽게 활용하기, One Page 보고서 작성법

**12** 동수는 다영이의 입사동기이다. 동수가 사내교육을 신청하기 위해 결재를 올렸으나 팀장이 다음과 같은 이유로 반려하였다. 동수가 신청하려고 했던 교육은 무엇인가?

| **보낸 사람** 기획팀 – 팀장 – 김미나 |
|---|
| **받는 사람** 기획팀 – 사원 – 이동수 |
| 동수씨, 자기계발을 위해 적극적으로 노력하는 모습이 아주 보기 좋습니다.<br>하지만 같은 주에 두 개를 한꺼번에 듣는 것은 무리인 듯 보입니다.<br>다음 차수에 들을 수 있도록 계획을 조정하십시오. |

① 신입사원 사규 교육, One Page 보고서 작성법
② One Page 보고서 작성법, 성희롱 예방교육
③ MBA, 프레젠테이션 코칭
④ Excel 쉽게 활용하기, 마케팅 성공 전략
⑤ 생활 속 재테크, 비즈니스 리더십

**13** 다음 글을 읽고 ㉠의 사례로 적절하지 않은 것은?

> ㉠ <u>닻 내림 효과</u>란 닻을 내린 배가 크게 움직이지 않듯 처음 접한 정보가 기준점이 돼 판단에 영향을 미치는 일종의 편향(왜곡) 현상을 말한다. 즉, 사람들이 어떤 판단을 하게 될 때 초기에 접한 정보에 집착해, 합리적 판단을 내리지 못하는 현상을 일컫는 행동경제학 용어이다. 대부분의 사람은 제시된 기준을 그대로 받아들이지 않고, 기준점을 토대로 약간의 조정과정을 거치기는 하나, 그런 조정과정이 불완전하므로 최초 기준점에 영향을 받는 경우가 많다.

① 연봉 협상 시 본인의 적정 기준보다 더 높은 금액을 제시한다.
② 원래 1만 원이던 상품에 2만 원의 가격표를 붙이고 50% 할인한 가격에 판매한다.
③ 명품업체가 매장에서 최고가 상품들의 가격표를 보이게 진열하여 다른 상품들이 그다지 비싸지 않은 것처럼 느끼게 만든다.
④ 홈쇼핑에서 '이번 시즌 마지막 세일', '오늘 방송만을 위한 한정 구성', '매진 임박' 등의 표현을 사용하여 판매한다.
⑤ '온라인 정기구독 연간 25$'와 '온라인 및 오프라인 정기구독 연간 125$' 사이에 '오프라인 정기구독 연간 125$'의 항목을 넣어 판촉한다.

PART 1
코레일 7개년 기출복원문제

**14** 자동차회사에 다니는 A ~ C 세 사람은 각각 대전지점, 강릉지점, 군산지점으로 출장을 다녀왔다. 이들의 출장지는 서로 다르며 세 사람 중 한 사람만 참을 말할 때, 세 사람이 다녀온 출장지를 순서대로 나열한 것은?

> A : 나는 대전지점에 가지 않았다.
> B : 나는 강릉지점에 가지 않았다.
> C : 나는 대전지점에 갔다.

| | 대전지점 | 강릉지점 | 군산지점 |
|---|---|---|---|
| ① | A | B | C |
| ② | A | C | B |
| ③ | B | A | C |
| ④ | B | C | A |
| ⑤ | C | A | B |

**15** A ~ C 세 사람은 각각 킥보드, 자전거, 오토바이 중에 한 대를 가지고 있고, 그 이름을 쌩쌩이, 날쌘이, 힘찬이로 지었다. 다음 〈조건〉을 보고 기구를 가진 사람과 기구의 이름, 기구의 종류를 순서대로 바르게 나열한 것은?

> **조건**
> • A가 가진 것은 힘찬이와 부딪힌 적이 있다.
> • B가 가진 자전거는 쌩쌩이와 색깔이 같지 않고, 날쌘이와 색깔이 같다.
> • C의 날쌘이는 오토바이보다 작다.

① A – 날쌘이 – 오토바이  ② A – 쌩쌩이 – 킥보드

③ B – 날쌘이 – 자전거  ④ C – 힘찬이 – 자전거

⑤ C – 날쌘이 – 킥보드

정답 및 해설 p.090

※ 다음 자료를 보고 이어지는 질문에 답하시오. [1~2]

| 계절 | 월 | 주제 | 세부내용 |
|---|---|---|---|
| 봄 | 3 | 시작 | 세계 꽃 박람회, 벚꽃 축제 |
| | 4 | 오감 | 세계 음식 축제, 딸기 디저트 시식회 |
| | 5 | 청춘 | 어린이날 행사 |
| 여름 | 6 | 음악 | 통기타 연주회, 추억의 7080 댄스메들리 |
| | 7 | 환희 | 국제 불빛 축제, 서머 페스티벌, 반딧불 축제 |
| | 8 | 열정 | 락 페스티벌, 독립 민주 축제 |
| 가을 | 9 | 풍요 | 한방 약초 축제, 쌀문화 전시회, 세계 커피 시음회 |
| | 10 | 협동 | 남사당 바우덕이, 지구촌 축제 |
| | 11 | 낭만 | 클래식 연주회, 가면무도회, 갈대 축제 |
| 겨울 | 12 | 결실 | 얼음꽃 축제, 빙어 축제 |
| | 1 | 시작 | 해맞이 신년 기획 행사 |
| | 2 | 온정 | 사랑나눔 행사, 행복 도시락 배달 |

▮ 의사소통능력

**01** 다음 자료의 제목으로 가장 적절한 것은?

① 월별 세부업무 계획

② 계절별 프로젝트 분담표

③ 월별 이벤트 진행현황

④ 연중 이벤트 계획표

⑤ 연중 이벤트 기획서

▮ 의사소통능력

**02** 다음 중 자료를 수정한 내용으로 적절하지 않은 것은?

① 5월 이벤트 계획은 좀 부실한 것 같으니 다른 행사를 기획해 추가해야겠어.

② 6월 이벤트 중에 통기타 연주회는 주제와 어울리지 않으니 수정해야겠어.

③ 겹치는 주제가 두 개가 있으니 하나는 다른 주제로 변경해야겠어.

④ 12월은 주제와 세부내용이 맞지 않으니 알맞은 세부내용을 기획해야겠어.

⑤ 4월에 진행하는 행사는 먹을 것으로만 구성되어 있으니 다른 종류의 이벤트를 추가 계획해야 겠어.

**03** 다음 중 밑줄 친 단어와 유사한 의미로 쓰인 것은?

> K공사에서 근무하는 김과장은 올해 60세가 되어 정년퇴직을 준비하고 있다. 김과장은 인생의 전환점을 <u>맞이하여</u> 은퇴 후에 아내와 함께 귀농할 수 있도록 농사와 관련된 전문 서적을 찾아 읽거나 귀농인들을 위한 사이트에 가입하여 여러 정보를 모으고 있다.

① 그들은 우리를 반갑게 <u>맞아</u> 주었다.
② 그들은 자신의 목숨이 다하도록 적군을 <u>맞아</u> 싸웠다.
③ 그 신문은 창간 7주년을 <u>맞아</u> 푸짐한 사은품을 준비했다.
④ 이번 학기에도 학사 경고를 <u>맞으면</u> 퇴학이다.
⑤ 갑자기 쏟아진 우박을 <u>맞아</u> 배추들이 모조리 주저앉아 있었다.

**04** 다음 중 빈칸 ㉠~㉢에 들어갈 단어를 순서대로 바르게 나열한 것은?

> • 풍경화, 인물화, 정물화라는 __㉠__ 이/가 이 전시회의 형식이나 내용으로 판별되던 때는 이미 지났다.
> • 소유와 경영은 __㉡__ 되어야 한다.
> • 서정시와 서사시의 __㉢__ 은/는 상대적일 뿐이다.

|  | ㉠ | ㉡ | ㉢ |  | ㉠ | ㉡ | ㉢ |
|---|---|---|---|---|---|---|---|
| ① | 분류 | 구분 | 분리 | ② | 분별 | 분리 | 구분 |
| ③ | 분류 | 분리 | 구분 | ④ | 분리 | 분별 | 분류 |
| ⑤ | 구분 | 분리 | 분별 |  |  |  |  |

**05** 다음 중 밑줄 친 단어와 유사한 의미로 쓰인 것은?

> 그는 오랜만에 만난 그녀가 괜한 고집을 부리고 있다는 생각이 <u>들었다</u>. 하지만 10년만의 재회에 그는 그녀의 비위를 거스를 필요를 느끼지 못했다. 그냥 웃을 뿐이었다.

① 그는 선잠이 <u>들었다가</u> 이상한 소리에 잠이 깼다.
② 아이가 감기가 <u>들어</u> 요즘 병원에 다닌다.
③ 이 일을 시작했을 때 우리는 불길한 예감이 <u>들었다</u>.
④ 좋은 생활 습관이 <u>들면</u> 자기 발전에 도움이 된다.
⑤ 며느리가 아이가 많이 <u>들어서</u> 거동이 불편하다.

**06** 다음 중 A ~ E 다섯 사원의 일일 업무량의 총합은?

- A사원의 일일 업무량은 B사원의 일일 업무량보다 5만큼 적다.
- B사원의 일일 업무량은 D사원 일일 업무량의 $\frac{1}{4}$ 수준이다.
- D사원과 E사원의 일일 업무량을 합친 것은 C사원의 업무량에 258을 더한 것과 같다.
- C사원이 이틀 동안 일한 업무량과 D사원이 8일 동안 일한 업무량의 합은 996이다.
- E사원이 30일 동안 진행한 업무량은 5,280이다.

① 262        ② 291

③ 359        ④ 373

⑤ 379

**07** K공사에 근무하는 김대리는 사내시험에서 2점짜리 문제를 8개, 3점짜리 문제를 10개, 5점짜리 문제를 6개를 맞혀 총 76점을 맞았다. 〈조건〉과 상황에 근거하여 최대리가 맞힌 문제 개수의 총합으로 옳은 것은?

> **조건**
> - 사내시험은 총 43문항이다.
> - 만점은 130점이다.
> - 2점짜리 문항 수는 3점짜리 문항 수보다 12문제 적다.
> - 5점짜리 문항 수는 3점짜리 문항 수의 절반이다.

> **〈상황〉**
> - 최대리가 맞힌 2점짜리 문제의 개수는 김대리와 동일하다.
> - 최대리의 점수는 38점이다.

① 14개        ② 15개

③ 16개        ④ 17개

⑤ 18개

**08** 갑은 효율적인 월급 관리를 위해 펀드에 가입하고자 한다. A ~ D 네 개의 펀드 중에 하나를 골라 가입하려고 하는데, 안정적이고 우수한 펀드에 가입하기 위해 〈조건〉에 따라 비교를 하여 다음과 같은 결과를 얻었다. 〈보기〉에서 옳은 것을 모두 고르면?

**조건**

- 둘을 비교하여 우열을 가릴 수 있으면 우수한 쪽에는 5점, 아닌 쪽에는 2점을 부여한다.
- 둘을 비교하여 어느 한쪽이 우수하다고 말할 수 없는 경우에는 둘 다 0점을 부여한다.
- 각 펀드는 다른 펀드 중 두 개를 골라 총 4번의 비교를 했다.
- 총합의 점수로는 우열을 가릴 수 없으며 각 펀드와의 비교를 통해서만 우열을 가릴 수 있다.

〈결과〉

| A펀드 | B펀드 | C펀드 | D펀드 |
|-------|-------|-------|-------|
| 7점 | 7점 | 4점 | 10점 |

**보기**

ㄱ. D펀드는 C펀드보다 우수하다.
ㄴ. B펀드가 D펀드보다 우수하다고 말할 수 없다.
ㄷ. A펀드와 B펀드의 우열을 가릴 수 있으면 A ~ D까지의 순위를 매길 수 있다.

① ㄱ
② ㄱ, ㄴ
③ ㄱ, ㄷ
④ ㄴ, ㄷ
⑤ ㄱ, ㄴ, ㄷ

**09** A ~ C 세 개의 상자에 금화 13개가 들어 있다. 금화는 상자 A에 가장 적게 있고, 상자 C에 가장 많이 있다. 각 상자에는 금화가 하나 이상 있으며, 개수는 서로 다르다. 이 사실을 알고 있는 갑 ~ 병이 아래와 같은 순서로 각 상자를 열어본 후 말했다. 이들의 말이 모두 참일 때, 상자 B 안에 들어있는 금화의 개수는?

> 갑이 A상자를 열어본 후 말했다.
> "B와 C에 금화가 각각 몇 개 있는지 알 수 없어."
> 을은 갑의 말을 듣고 C상자를 열어본 후 말했다.
> "A와 B에 금화가 각각 몇 개 있는지 알 수 없어."
> 병은 갑과 을의 말을 듣고 B상자를 열어본 후 말했다.
> "A와 C에 금화가 각각 몇 개 있는지 알 수 없어."

① 3개
② 4개
③ 5개
④ 6개
⑤ 7개

**10** K기업에서는 4월 1일 월요일부터 한 달 동안 임직원을 대상으로 금연교육 4회, 금주교육 3회, 성교육 2회를 실시하려고 한다. 다음 〈조건〉을 근거로 판단할 때 옳은 것은?

> **조건**
> • 금연교육은 정해진 같은 요일에만 주 1회 실시하고, 화·수·목요일 중에 해야 한다.
> • 금주교육은 월요일과 금요일을 제외한 다른 요일에 시행하며, 주 2회 이상은 실시하지 않는다.
> • 성교육은 4월 10일 이전, 같은 주에 이틀 연속으로 실시한다.
> • 4월 22일부터 26일까지 워크숍 기간이고, 이 기간에는 어떠한 교육도 실시할 수 없다.
> • 교육은 하루에 하나만 실시할 수 있고, 토요일과 일요일에는 교육을 실시할 수 없다.
> • 계획한 모든 교육을 반드시 4월 안에 완료하여야 한다.

① 금연교육이 가능한 날은 화요일과 수요일이다.
② 금주교육은 같은 날에 실시되어야 한다.
③ 금주교육은 4월 마지막 주에도 실시된다.
④ 4월 30일에도 교육이 있다.
⑤ 성교육이 가능한 일정 조합은 두 가지 이상이다.

**11** K공사 인사팀에는 팀장 1명, 과장 2명과 A대리가 있다. 팀장과 과장이 없을 때는 A대리가 그 업무를 대행해야 한다. 팀장과 과장 2명은 4월 안에 휴가를 다녀와야 하고 A대리는 5일 동안 진행되는 연수에 참여해야 한다. 연수는 주말 없이 진행되며, 연속으로 수강해야 한다면 〈조건〉을 토대로 A대리의 연수 마지막 날짜는?

> **조건**
> • 4월 1일은 월요일이며 K공사는 주5일제이다.
> • 마지막 주 금요일에는 중요한 세미나가 있어 그 주에는 모든 팀원이 자리를 비울 수 없다.
> • 팀장은 첫째 주 화요일부터 3일 동안 휴가를 신청했다.
> • B과장은 둘째 주 수요일부터 5일 동안 휴가를 신청했다.
> • C과장은 2일간의 휴가를 마치고 셋째 주 금요일부터 출근할 것이다.

① 8일                          ② 9일
③ 23일                         ④ 24일
⑤ 30일

**12** K공사에 근무하는 3명의 사원은 윤, 오, 박씨 성을 가졌다. 이 사원들은 A ~ C 세 부서에 소속되어 근무 중이며, 각 부서 팀장의 성도 윤, 오, 박씨이다. 같은 성씨를 가진 사원과 팀장은 같은 부서에서 근무하지 않는다고 할 때, 다음 〈조건〉을 보고 같은 부서에 소속된 사원과 팀장의 성씨가 바르게 짝지어진 것은?

> **조건**
> • A부서의 팀장은 C부서 사원의 성씨와 같다.
> • B부서의 사원은 윤씨가 아니며 팀장의 성씨가 윤씨인 부서에 배치되지 않았다.
> • C부서의 사원은 오씨가 아니며 팀장의 성씨도 오씨가 아니다.

| | 부서 | 사원 | 팀장 |
|---|---|---|---|
| ① | A | 오씨 | 윤씨 |
| ② | A | 박씨 | 윤씨 |
| ③ | A | 오씨 | 박씨 |
| ④ | B | 오씨 | 박씨 |
| ⑤ | C | 박씨 | 윤씨 |

# PART

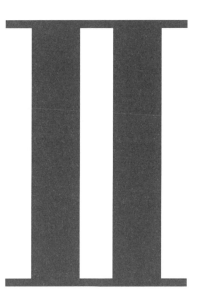

## 주요 공기업 기출복원문제

정답 및 해설 p.094

※ 다음은 노인맞춤돌봄서비스 홍보를 위한 안내문이다. 이를 읽고 이어지는 질문에 답하시오. **[1~2]**

---

〈노인맞춤돌봄서비스 지금 신청하세요!〉

• 노인맞춤돌봄서비스 소개
  일상생활 영위가 어려운 취약노인에게 적절한 돌봄서비스를 제공하여 안정적인 노후생활 보장 및 노인의 기능, 건강 유지를 통해 기능 약화를 예방하는 서비스

• 서비스 내용
  − 안전지원서비스 : 이용자의 전반적인 삶의 안전 여부를 전화, ICT 기기를 통해 확인하는 서비스
  − 사회참여서비스 : 집단프로그램 등을 통해 사회적 참여의 기회를 지원하는 서비스
  − 생활교육서비스 : 다양한 프로그램으로 신체적, 정신적 기능을 유지・강화하는 서비스
  − 일상생활지원서비스 : 이동 동행, 식사준비, 청소 등 일상생활을 지원하는 서비스
  − 연계서비스 : 민간 후원, 자원봉사 등을 이용자에게 연계하는 서비스
  − 특화서비스 : 은둔형・우울형 집단을 분리하여 상담 및 진료를 지원하는 서비스

• 선정 기준
  만 65세 이상 국민기초생활수급자, 차상위계층, 또는 기초연금수급자로서 유사 중복사업 자격에 해당하지 않는 자
  ※ 유사 중복사업
    1. 노인장기요양보험 등급자
    2. 가사 간병방문 지원 사업 대상자
    3. 국가보훈처 보훈재가복지서비스 이용자
    4. 장애인 활동지원 사업 이용자
    5. 기타 지방자치단체에서 시행하는 서비스 중 노인맞춤돌봄서비스와 유사한 재가서비스

• 특화서비스 선정 기준
  − 은둔형 집단 : 가족, 이웃 등과 관계가 단절된 노인으로서 민・관의 복지지원 및 사회안전망과 연결되지 않은 노인
  − 우울형 집단 : 정신건강 문제로 인해 일상생활 수행의 어려움을 겪거나 가족・이웃 등과의 관계 축소 등으로 자살, 고독사 위험이 높은 노인
    ※ 고독사 및 자살 위험이 높다고 판단되는 경우 만 60세 이상으로 하향 조정 가능

---

**01** 다음 중 윗글에 대한 설명으로 적절하지 않은 것은?

① 노인맞춤돌봄서비스를 받기 위해서는 만 65세 이상의 노인이어야 한다.

② 노인맞춤돌봄서비스는 노인의 정신적 기능 계발을 위한 서비스를 제공한다.

③ 은둔형 집단, 우울형 집단의 노인은 특화서비스를 통해 상담 및 진료를 받을 수 있다.

④ 노인맞춤돌봄서비스를 통해 노인의 현재 안전상황을 모니터링할 수 있다.

**02** 다음은 K동 독거노인의 방문조사 결과이다. 조사한 인원 중 노인맞춤돌봄서비스 신청이 불가능한 사람은 모두 몇 명인가?

〈K동 독거노인 방문조사 결과〉

| 이름 | 성별 | 나이 | 소득수준 | 행정서비스 현황 | 특이사항 |
|------|------|------|----------|----------------|----------|
| A | 여 | 만 62세 | 차상위계층 | – | 우울형 집단 |
| B | 남 | 만 78세 | 기초생활수급자 | 국가유공자 | – |
| C | 남 | 만 81세 | 차상위계층 | – | – |
| D | 여 | 만 76세 | 기초연금수급자 | – | – |
| E | 여 | 만 68세 | 기초연금수급자 | 장애인 활동지원 | – |
| F | 여 | 만 69세 | – | – | – |
| G | 남 | 만 75세 | 기초연금수급자 | 가사 간병방문 | – |
| H | 여 | 만 84세 | – | – | – |
| I | 여 | 만 63세 | 차상위계층 | – | 우울형 집단 |
| J | 남 | 만 64세 | 차상위계층 | – | – |
| K | 여 | 만 84세 | 기초연금수급자 | 보훈재가복지 | – |

① 4명  ② 5명

③ 6명  ④ 7명

**03** 지난 5년간 소득액수가 동일한 A씨의 2023년 장기요양보험료가 2만 원일 때, 2021년의 장기요양 보험료는?(단, 모든 계산은 소수점 첫째 자리에서 반올림한다)

〈2023년도 장기요양보험료율 결정〉

2023년도 소득 대비 장기요양보험료율은 2022년 0.86% 대비 0.05%p 인상된 0.91%로 결정되었다. 장기요양보험료는 건강보험료에 장기요양보험료율을 곱하여 산정되는데, 건강보험료 대비 장기요양보험료율은 2023년 12.81%로 2022년 12.27% 대비 4.40%가 인상된다.

이번 장기요양보험료율은 초고령사회를 대비하여 장기요양보험의 수입과 지출의 균형 원칙을 지키면서 국민들의 부담 최소화와 제도의 안정적 운영 측면을 함께 고려하여 논의·결정하였다.

특히, 빠른 고령화에 따라 장기요양 인정자 수의 증가로 지출 소요가 늘어나는 상황이나, 어려운 경제여건을 고려하여 2018년도 이후 최저 수준으로 보험료율이 결정되었다.

\* 장기요양보험료율(소득 대비) 추이 : (2018) 0.46% → (2019) 0.55% → (2020) 0.68% → (2021) 0.79% → (2022) 0.86% → (2023) 0.91%

① 16,972원

② 17,121원

③ 17,363원

④ 18,112원

**04** 다음은 국민건강보험법의 일부이다. 이에 대한 설명으로 적절하지 않은 것은?

---

**급여의 제한(제53조)**

① 공단은 보험급여를 받을 수 있는 사람이 다음 각 호의 어느 하나에 해당하면 보험급여를 하지 아니한다.

   1. 고의 또는 중대한 과실로 인한 범죄행위에 그 원인이 있거나 고의로 사고를 일으킨 경우

   2. 고의 또는 중대한 과실로 공단이나 요양기관의 요양에 관한 지시에 따르지 아니한 경우

   3. 고의 또는 중대한 과실로 제55조에 따른 문서와 그 밖의 물건의 제출을 거부하거나 질문 또는 진단을 기피한 경우

   4. 업무 또는 공무로 생긴 질병·부상·재해로 다른 법령에 따른 보험급여나 보상(報償) 또는 보상(補償)을 받게 되는 경우

② 공단은 보험급여를 받을 수 있는 사람이 다른 법령에 따라 국가나 지방자치단체로부터 보험급여에 상당하는 급여를 받거나 보험급여에 상당하는 비용을 지급받게 되는 경우에는 그 한도에서 보험급여를 하지 아니한다.

③ 공단은 가입자가 대통령령으로 정하는 기간 이상 다음 각 호의 보험료를 체납한 경우 그 체납한 보험료를 완납할 때까지 그 가입자 및 피부양자에 대하여 보험급여를 실시하지 아니할 수 있다. 다만, 월별 보험료의 총체납횟수(이미 납부된 체납보험료는 총체납횟수에서 제외하며, 보험료의 체납기간은 고려하지 아니한다)가 대통령령으로 정하는 횟수 미만이거나 가입자 및 피부양자의 소득·재산 등이 대통령령으로 정하는 기준 미만인 경우에는 그러하지 아니하다.

   1. 제69조 제4항 제2호에 따른 소득월액보험료

   2. 제69조 제5항에 따른 세대단위의 보험료

④ 공단은 제77조 제1항 제1호에 따라 납부의무를 부담하는 사용자가 제69조 제4항 제1호에 따른 보수월액보험료를 체납한 경우에는 그 체납에 대하여 직장가입자 본인에게 귀책사유가 있는 경우에 한하여 제3항의 규정을 적용한다. 이 경우 해당 직장가입자의 피부양자에게도 제3항의 규정을 적용한다.

⑤ 제3항 및 제4항에도 불구하고 제82조에 따라 공단으로부터 분할납부 승인을 받고 그 승인된 보험료를 1회 이상 낸 경우에는 보험급여를 할 수 있다. 다만, 제82조에 따른 분할납부 승인을 받은 사람이 정당한 사유 없이 5회(같은 조 제1항에 따라 승인받은 분할납부 횟수가 5회 미만인 경우에는 해당 분할납부 횟수를 말한다) 이상 그 승인된 보험료를 내지 아니한 경우에는 그러하지 아니하다.

---

① 공단의 요양에 관한 지시를 고의로 따르지 아니할 경우 보험급여가 제한된다.

② 지방자치단체로부터 보험급여에 해당하는 급여를 받으면 그 한도에서 보험급여를 하지 않는다.

③ 관련 법조항에 따라 분할납부가 승인되면 분할납부가 완료될 때까지 보험급여가 제한될 수 있다.

④ 승인받은 분할납부 횟수가 4회일 경우 정당한 사유 없이 4회 이상 보험료를 내지 않으면 보험급여가 제한된다.

※ 다음 기사를 읽고 이어지는 질문에 답하시오. [5~6]

보건복지부는 독거노인·장애인 응급안전안심서비스 3차 장비 확산에 맞춰 2월 21일부터 3월 10일까지 대상자 10만 가구 발굴을 위한 집중신청기간을 운영한다고 밝혔다. 독거노인·장애인 응급안전안심서비스는 독거노인과 장애인 가정에 정보통신기술(ICT) 기반의 장비를 설치해 화재, 낙상 등의 응급상황 발생 시 119에 신속한 연결을 도와 구급·구조를 지원하는 사업이다. 그간 1·2차 장비 설치로 2022년 말 기준 서비스 대상자는 전국 약 20만 가구이며, 올해 10만 가구분의 3차 장비를 추가 설치해 총 30만 가구까지 서비스 대상을 확대할 예정이다.

응급안전안심서비스를 이용하는 경우 가정 내 화재, 화장실 내 실신 또는 침대에서 낙상 등의 응급상황을 화재·활동량 감지기가 자동으로 119와 응급관리요원에 알리거나, 응급호출기로 간편하게 119에 신고할 수 있다. 해당 서비스를 통해 2022년 한 해 동안 독거노인과 장애인 가정에서 발생한 총 2만 4천여 건의 응급상황을 119와 응급관리요원이 신속하게 파악하여 추가 피해를 최소화할 수 있었다.

이번 독거노인·장애인 응급안전안심서비스 집중신청기간 동안 독거노인·장애인 등 서비스 대상자나 그 보호자는 행정복지센터(동사무소)나 시·군·구 지역 센터(노인복지관, 사회복지관 등)에 방문하거나 전화 등으로 서비스를 신청할 수 있다. 만 65세 이상이면서 혼자 생활하는 기초생활수급자·차상위계층·기초연금수급자 또는 기초지자체장이 생활 여건 및 건강 상태 등을 고려해 상시 보호가 필요하다고 인정하는 노인은 응급안전안심서비스를 신청·이용할 수 있으며, 장애인 중 활동지원등급 13구간 이상이면서 독거 또는 취약가구이거나 그렇지 않더라도 기초지자체장이 생활여건 등을 고려해 상시 보호가 필요하다고 인정하는 경우 응급안전안심서비스를 신청하여 이용할 수 있다.

보건복지부 이윤신 노인정책과장은 "독거노인·장애인 응급안전안심서비스는 정보통신기술(ICT)을 이용해 지역사회 내 안전한 생활을 효율적이며 실시간으로 지원하고 있다."라며 "집중신청기간을 통해 상시 보호가 필요한 많은 분이 신청하도록 관계기관의 적극적인 안내를 부탁드리며, 집중신청기간 이후에도 계속해서 신청 창구는 열려 있으니 많은 신청을 바란다."라고 말했다.

**| 국민건강보험공단 / 의사소통능력**

**05** 다음 중 위 기사의 주제로 가장 적절한 것은?

① 독거노인·장애인 응급안전안심서비스 성과 보고

② 독거노인·장애인 응급안전안심서비스 정책과 집중신청기간 안내

③ 응급안전안심서비스 신청 시 지원되는 장비 목록

④ 보건복지부의 응급안전안심서비스 대상자 현장조사

**| 국민건강보험공단 / 의사소통능력**

**06** 다음 중 위 기사의 내용으로 적절하지 않은 것은?

① 독거노인이나 장애인이 아니더라도 응급안전안심서비스를 신청하여 이용할 수 있다.

② 서비스 이용을 통해 가정 내 응급상황을 빠르게 파악하여 대처할 수 있다.

③ 독거노인·장애인 응급안전안심서비스는 3월 10일 이후로는 신청할 수 없다.

④ 집중신청기간 동안 서비스 신청은 관련 기관에 방문 및 전화로 할 수 있다.

**07** 다음은 2022년 시도별 공공의료기관 인력 현황에 대한 자료이다. 전문의 의료 인력 대비 간호사 인력 비율이 가장 높은 지역은?

〈시도별 공공의료기관 인력 현황〉

(단위 : 명)

| 시·도 | 일반의 | 전문의 | 레지던트 | 간호사 |
|---|---|---|---|---|
| 서울 | 35 | 1,905 | 872 | 8,286 |
| 부산 | 5 | 508 | 208 | 2,755 |
| 대구 | 7 | 546 | 229 | 2,602 |
| 인천 | 4 | 112 | 0 | 679 |
| 광주 | 4 | 371 | 182 | 2,007 |
| 대전 | 3 | 399 | 163 | 2,052 |
| 울산 | 0 | 2 | 0 | 8 |
| 세종 | 0 | 118 | 0 | 594 |
| 경기 | 14 | 1,516 | 275 | 6,706 |
| 강원 | 4 | 424 | 67 | 1,779 |
| 충북 | 5 | 308 | 89 | 1,496 |
| 충남 | 2 | 151 | 8 | 955 |
| 전북 | 2 | 358 | 137 | 1,963 |
| 전남 | 9 | 296 | 80 | 1,460 |
| 경북 | 7 | 235 | 0 | 1,158 |
| 경남 | 9 | 783 | 224 | 4,004 |
| 제주 | 0 | 229 | 51 | 1,212 |

① 서울      ② 울산

③ 경기      ④ 충남

**08** 다음은 시도별 지역사회 정신건강 예산에 대한 자료이다. 2021년 대비 2022년 정신건강 예산의 증가액이 가장 큰 지역부터 순서대로 바르게 나열한 것은?

〈시도별 1인당 지역사회 정신건강 예산〉

| 시·도 | 2022년 | | 2021년 | |
|---|---|---|---|---|
| | 정신건강 예산(천 원) | 인구 1인당 지역사회 정신건강 예산(원) | 정신건강 예산(천 원) | 인구 1인당 지역사회 정신건강 예산(원) |
| 서울 | 58,981,416 | 6,208 | 53,647,039 | 5,587 |
| 부산 | 24,205,167 | 7,275 | 21,308,849 | 6,373 |
| 대구 | 12,256,595 | 5,133 | 10,602,255 | 4,382 |
| 인천 | 17,599,138 | 5,984 | 12,662,483 | 4,291 |
| 광주 | 13,479,092 | 9,397 | 12,369,203 | 8,314 |
| 대전 | 14,142,584 | 9,563 | 12,740,140 | 8,492 |
| 울산 | 6,497,177 | 5,782 | 5,321,968 | 4,669 |
| 세종 | 1,515,042 | 4,129 | 1,237,124 | 3,546 |
| 제주 | 5,600,120 | 8,319 | 4,062,551 | 6,062 |

① 서울 – 세종 – 인천 – 대구 – 제주 – 대전 – 울산 – 광주 – 부산
② 서울 – 인천 – 부산 – 대구 – 제주 – 대전 – 울산 – 광주 – 세종
③ 서울 – 대구 – 인천 – 대전 – 부산 – 세종 – 울산 – 광주 – 제주
④ 서울 – 인천 – 부산 – 세종 – 제주 – 대전 – 울산 – 광주 – 대구

**09** 어느 날 민수가 사탕 바구니에 있는 사탕의 $\frac{1}{3}$을 먹었다. 그다음 날 남은 사탕의 $\frac{1}{2}$을 먹고 또 그다음 날 남은 사탕의 $\frac{1}{4}$을 먹었다. 남은 사탕의 개수가 18개일 때, 처음 사탕 바구니에 들어있던 사탕의 개수는?

① 48개
② 60개
③ 72개
④ 84개
⑤ 96개

**10** 다음은 S중학교 재학생의 2013년과 2023년의 평균 신장 변화에 대한 자료이다. 2013년 대비 2023년 신장 증가율이 큰 순서대로 바르게 나열한 것은?(단, 소수점 셋째 자리에서 반올림한다)

<S중학교 재학생 평균 신장 변화>

(단위 : cm)

| 구분 | 2013년 | 2023년 |
| --- | --- | --- |
| 1학년 | 160.2 | 162.5 |
| 2학년 | 163.5 | 168.7 |
| 3학년 | 168.7 | 171.5 |

① 1학년 – 2학년 – 3학년

② 1학년 – 3학년 – 2학년

③ 2학년 – 1학년 – 3학년

④ 2학년 – 3학년 – 1학년

⑤ 3학년 – 2학년 – 1학년

**11** 다음 양수 9개에 대한 중앙값은?

| 7 13 8 8 7 1 6 3 13 |
| --- |

① 3          ② 6

③ 7          ④ 8

⑤ 13

**12** A는 S공사 사내 여행 동아리의 회원으로 이번 주말에 가는 여행에 반드시 참가할 계획이다. 다음 <조건>에 따라 여행에 참가한다고 할 때, 여행에 참석하는 사람을 모두 고르면?

조건
- C가 여행에 참가하지 않으면, A도 여행에 참가하지 않는다.
- E가 여행에 참가하지 않으면, B는 여행에 참가한다.
- D가 여행에 참가하지 않으면, B도 여행에 참가하지 않는다.
- E가 여행에 참가하면, C는 여행에 참가하지 않는다.

① A, B          ② A, B, C

③ A, B, D          ④ A, B, C, D

⑤ A, C, D, E

PART 2

주요 공기업 기출복원문제

※ 다음 글을 읽고 이어지는 질문에 답하시오. [13~15]

> 보건복지부와 건강보험심사평가원은 일차의료 방문진료 수가 시범사업(의과, 한의)에 참여할 의료기관을 4월 24일부터 5월 12일까지 추가 공모한다. 일차의료 방문진료 수가 시범사업(의과, 한의)은 거동이 불편하여 의료기관에 내원하기 어려운 환자를 대상으로 의원 또는 한의원에 소속된 의사 및 한의사가 직접 환자의 가정을 방문해 의료서비스를 제공하는 사업이다.
>
> 먼저 시작한 '의과 방문진료'의 경우 일차의료 방문진료 수가 시범사업 효과평가 및 개선방안(2022년) 연구 결과를 바탕으로 지난해 12월 수가모형을 개선해 2025년 12월까지 시범사업 기간을 연장하여 운영 중이며, 2021년 8월 확대한 '한의 방문진료'는 추가공모 및 방문진료 참여 활성화를 통해 2024년 일차의료 한의 방문진료 수가 시범사업 효과평가 연구 예정에 있다.
>
> 이번 공모에 참여할 수 있는 의료기관은 방문진료 의사 또는 한의사가 1인 이상 있는 의원 및 한의원을 대상으로 한다(단, 방문진료 의사 또는 한의사는 의료기관 내 업무를 병행하여 수행 가능). 참여 의료기관은 질병·부상 및 출산 등으로 진료를 받아야 할 필요성이 있으나, 보행이 곤란·불가능한 환자 및 보호자가 방문진료를 요청해 시행한 경우 시범수가를 산정할 수 있다(단, ㉠ 촉탁의 또는 협약의료기관 의사 또는 한의사가 진료하는 사회복지시설에는 시범수가 산정 불가).
>
> 참여를 희망하는 기관은 5월 12일 18:00까지 요양기관 업무포털을 통해 신청할 수 있으며, 5월 19일 보건복지부 누리집을 통해 선정결과를 발표할 예정이다. 선정된 기관은 준비 과정을 거쳐 6월 1일부터 시범사업에 참여할 수 있다.
>
> 건강보험심사평가원 의료수가실 김상지 실장은 "재가 환자의 다양한 의료적 욕구에 지역 의사가 가정에 방문하여 적정 의료서비스를 제공할 수 있기를 기대하며, 많은 의료기관이 참여해 주기를 바란다."고 밝혔다.

**▮ 건강보험심사평가원 / 의사소통능력**

**13** 다음 중 윗글의 주제로 가장 적절한 것은?

① 일차의료 방문진료 수가 시범사업 제한 사항
② 일차의료 방문진료 수가 시범사업 추가 공모
③ 일차의료 방문진료 수가 시범사업 자격 심사
④ 일차의료 방문진료 수가 시범사업 공개 협상
⑤ 일차의료 방문진료 수가 시범사업 산정 방법

**▮ 건강보험심사평가원 / 의사소통능력**

**14** 다음 중 윗글의 내용으로 적절하지 않은 것은?

① 일차의료 방문진료 수가 시범사업은 온라인 신청을 통해서만 가능하다.
② 일차의료 방문진료 수가 시범사업은 독거노인, 장애인 등 거동 불편자를 위한 사업이다.
③ 현재 한의 방문진료는 효과평가 연구를 바탕으로 수가모형을 개선하여 시행 중이다.
④ 사회복지시설 환자에 대한 방문 진료는 시범수가 산정이 불가능하다.
⑤ 공모에 참여한 의사는 방문진료를 수행하고 시범수가를 산정할 수 있다.

**15** 다음 중 밑줄 친 ㉠의 의미와 가장 비슷한 단어는?

① 기술
② 협약
③ 전공
④ 촉진
⑤ 위탁

**16** 다음은 S중학교 2학년 1반 국어, 수학, 영어, 사회, 과학에 대한 학생 9명의 성적표이다. 학생들의 평균 점수를 가장 높은 순서대로 구하고자 할 때, [H2] 셀에 들어갈 함수로 옳은 것은?(단, G열의 평균 점수는 구한 것으로 가정한다)

〈2학년 1반 성적표〉

|    | A | B | C | D | E | F | G | H |
|----|-----|------|------|------|------|------|----------|--------------|
| 1  |     | 국어 | 수학 | 영어 | 사회 | 과학 | 평균 점수 | 평균 점수 순위 |
| 2  | 강○○ | 80 | 77 | 92 | 81 | 75 |  |  |
| 3  | 권○○ | 70 | 80 | 87 | 65 | 88 |  |  |
| 4  | 김○○ | 90 | 88 | 76 | 86 | 87 |  |  |
| 5  | 김△△ | 60 | 38 | 66 | 40 | 44 |  |  |
| 6  | 신○○ | 88 | 66 | 70 | 58 | 60 |  |  |
| 7  | 장○○ | 95 | 98 | 77 | 70 | 90 |  |  |
| 8  | 전○○ | 76 | 75 | 73 | 72 | 80 |  |  |
| 9  | 현○○ | 30 | 60 | 50 | 44 | 27 |  |  |
| 10 | 황○○ | 76 | 85 | 88 | 87 | 92 |  |  |

① =RANK(G2,G$2:G$10,0)
② =RANK(G2,$G2$:G10,0)
③ =RANK(G2,$B2$:G10,0)
④ =RANK(G2,$B$2:$G$10,0)
⑤ =RANK(G2,$B$2$:$F$F10,0)

**17** S유통사는 창고 내 자재의 보안 강화와 원활한 관리를 위해 국가별, 제품별로 분류하여 9자리 상품
코드 및 바코드를 제작하였다. 상품코드 및 바코드 규칙이 다음과 같을 때 8자리 상품코드와 수입
국가, 전체 9자리 바코드가 바르게 연결된 것은?

<S유통사 상품코드 및 바코드 규칙>

1. 상품코드의 첫 세 자릿수는 수입한 국가를 나타낸다.

| 첫 세 자리 | 000~099 | 100~249 | 250~399 | 400~549 | 550~699 | 700~849 | 850~899 | 900~999 |
| --- | --- | --- | --- | --- | --- | --- | --- | --- |
| 국가 | 한국 | 독일 | 일본 | 미국 | 캐나다 | 호주 | 중국 | 기타 국가 |

2. 상품코드의 아홉 번째 수는 바코드의 진위 여부를 판단하는 수로, 앞선 여덟 자릿수를 다음 규칙
에 따라 계산하여 생성한다.
① 홀수 번째 수에는 2를, 짝수 번째 수에는 5를 곱한 다음 여덟 자릿수를 모두 합한다.
② 모두 합한 값을 10으로 나누었을 때, 그 나머지 수가 아홉 번째 수가 된다.

3. 바코드는 각 자리의 숫자에 대응시켜 생성한다.

| | 8자리 상품코드 | 수입 국가 | 9자리 바코드 |
|---|---|---|---|
| ① | 07538627 | 한국 | |
| ② | 23978527 | 일본 | |
| ③ | 51227532 | 미국 | |
| ④ | 73524612 | 호주 | |
| ⑤ | 93754161 | 기타 국가 | |

코로나19는 2019년 중국 우한에서 처음 발생한 감염병으로, 전 세계적으로 확산되어 대규모의 유행을 일으켰다. 코로나19는 주로 호흡기를 통해 전파되며 기침, 인후통, 발열 등의 경미한 증상에서 심각한 호흡곤란 같이 치명적인 증상을 일으키기도 한다.

코로나19의 유행은 공공의료체계에 큰 영향을 주었다. 대부분의 국가는 코로나19 감염환자의 대량 입원으로 병상부족 문제를 겪었으며 의료진의 업무부담 또한 매우 증가되었다. 또한 예방을 위한 검사 및 검체 채취, 밀접 접촉자 추적, 격리 및 치료 등의 과정에서 많은 인력과 시간이 ___⏀___ 되었다.

국가 및 지역 사회에서 모든 사람들에게 평등하고 접근 가능한 의료 서비스를 제공하기 위한 공공의료는 전염병의 대유행 상황에서 매우 중요한 역할을 담당한다. 공공의료는 환자의 치료와 예방, 감염병 관리에서 필수적인 역할을 수행하며, 코로나19 대유행 당시 검사, 진단, 치료, 백신 접종 등 다양한 서비스를 국민에게 제공하여 사회 전체의 건강보호를 담당하였다.

공공의료는 국가와 지역 단위에서의 재난 대응 체계와 밀접하게 연계되어 있다. 정부는 공공의료 시스템을 효과적으로 운영하여 감염병의 확산을 억제하고, 병원 부족 문제를 해결하며, 의료진의 안전과 보호를 보장해야 한다. 이를 위해 예방 접종 캠페인, 감염병 관리 및 예방 교육, 의료 인력과 시설의 지원 등 다양한 조치를 취하고 있다.

코로나19 대유행은 공공의료의 중요성과 필요성을 다시 한 번 강조하였다. 강력한 공공의료 체계는 전염병과의 싸움에서 핵심적인 역할을 수행하며, 국가와 지역 사회의 건강을 보호하는 데 필수적이다. 이를 위해서는 지속적인 투자와 개선이 이루어져야 하며, 협력과 혁신을 통해 미래의 감염병에 대비할 수 있는 강력한 공공의료 시스템을 구축해야 한다.

**▌ 건강보험심사평가원 / 의사소통능력**

**18** 다음 중 윗글의 주제로 가장 적절한 것은?

① 코로나19 유행과 지역사회 전파 방지를 위한 노력

② 감염병과 백신의 중요성

③ 코로나19의 격리 과정

④ 코로나19 유행과 공공의료의 중요성

⑤ 코로나19의 대표적 증상

**▌ 건강보험심사평가원 / 의사소통능력**

**19** 다음 중 밑줄 친 ⏀에 들어갈 단어로 가장 적절한 것은?

① 대비                    ② 대체

③ 제공                    ④ 초과

⑤ 소요

**20** 다음 중 $1^2 - 2^2 + 3^2 - 4^2 + \cdots + 199^2$의 값은?

① 17,500            ② 19,900

③ 21,300            ④ 23,400

⑤ 25,700

**21** 어떤 학급에서 이어달리기 대회 대표로 A~E 다섯 명의 학생 중 3명을 순서와 상관없이 뽑을 수 있는 경우의 수는?

① 5가지            ② 10가지

③ 20가지            ④ 60가지

⑤ 120가지

**22** 커피 X 300g은 A원두와 B원두의 양을 1:2 비율로 배합하여 만들고, 커피 Y 300g은 A원두와 B원두의 양을 2:1 비율로 배합하여 만든다. 커피 X, Y 300g의 판매 가격이 각각 3,000원, 2,850원일 때, B원두의 100g당 원가는?(단, 판매가격은 원가의 합의 1.5배이다)

① 500원            ② 600원

③ 700원            ④ 800원

⑤ 1,000원

**23** 다음 〈보기〉의 단어들의 관계를 토대로 빈칸 ㉠에 들어갈 단어로 옳은 것은?

> **보기**
>
> • 치르다 – 지불하다        • 연약 – 나약
>
> • 가쁘다 – 벅차다         • 가뭄 – ___㉠___

① 갈근            ② 해수

③ 한발            ④ 안건

※ 다음은 보조배터리를 생산하는 K사의 시리얼 넘버에 대한 자료이다. 이어지는 질문에 답하시오.
**[24~25]**

〈시리얼 넘버 부여 방식〉

시리얼 넘버는 [제품 분류] – [배터리 형태][배터리 용량][최대 출력] – [고속충전 규격] – [생산날짜] 순서로
부여한다.

〈시리얼 넘버 세부사항〉

| 제품 분류 | 배터리 형태 | 배터리 용량 | 최대 출력 |
|---|---|---|---|
| NBP : 일반형 보조배터리<br>CBP : 케이스 보조배터리<br>PBP : 설치형 보조배터리 | LC : 유선 분리형<br>LO : 유선 일체형<br>DK : 도킹형<br>WL : 무선형<br>LW : 유선+무선 | 4 : 40,000mAH 이상<br>3 : 30,000mAH 이상<br>2 : 20,000mAH 이상<br>1 : 10,000mAH 이상 | A : 100W 이상<br>B : 60W 이상<br>C : 30W 이상<br>D : 20W 이상<br>E : 10W 이상 |
| 고속충전 규격 | 생산날짜 | | |
| P31 : USB-PD3.1<br>P30 : USB-PD3.0<br>P20 : USB-PD2.0 | B3 : 2023년<br>B2 : 2022년<br>…<br>A1 : 2011년 | 1 : 1월<br>2 : 2월<br>…<br>0 : 10월<br>A : 11월<br>B : 12월 | 01 : 1일<br>02 : 2일<br>…<br>30 : 30일<br>31 : 31일 |

| K-water 한국수자원공사 / 문제해결능력

**24** 다음 〈보기〉 중 시리얼 넘버가 잘못 부여된 제품은 모두 몇 개인가?

> **보기**
>
> - NBP – LC4A – P20 – B2102
> - CBP – WK4A – P31 – B0803
> - NBP – LC3B – P31 – B3230
> - CNP – LW4E – P20 – A7A29
> - PBP – WL3D – P31 – B0515
> - CBP – LO3E – P30 – A9002
> - PBP – DK1E – P21 – A8B12
> - PBP – DK2D – P30 – B0331
> - NBP – LO3B – P31 – B2203
> - CBP – LC4A – P31 – B3104

① 2개      ② 3개
③ 4개      ④ 5개

**25** K사 고객지원팀에 재직 중인 S주임은 보조배터리를 구매한 고객으로부터 다음과 같은 전화를 받았다. 해당 제품을 회사 데이터베이스에서 검색하기 위해 시리얼 넘버를 입력할 때, 고객이 보유 중인 제품의 시리얼 넘버로 가장 적절한 것은?

> S주임 : 안녕하세요. K사 고객지원팀 S입니다. 무엇을 도와드릴까요?
> 고객 : 안녕하세요. 지난번에 구매한 보조배터리가 작동을 하지 않아서요.
> S주임 : 네, 고객님. 해당 제품 확인을 위해 시리얼 넘버를 알려 주시기 바랍니다.
> 고객 : 제품을 들고 다니면서 시리얼 넘버가 적혀 있는 부분이 지워졌네요. 어떻게 하면 되죠?
> S주임 : 고객님, 혹시 구매하셨을 때 동봉된 제품설명서를 가지고 계실까요?
> 고객 : 네, 가지고 있어요.
> S주임 : 제품설명서 맨 뒤에 제품 정보가 적혀 있는데요. 순서대로 불러 주시기 바랍니다.
> 고객 : 설치형 보조배터리에 70W, 24,000mAH의 도킹형 배터리이고, 규격은 USB-PD3.0이고, 생산날짜는 2022년 10월 12일이네요.
> S주임 : 확인 감사합니다. 잠시만 기다려 주세요.

① PBP - DK2B - P30 - B1012
② PBP - DK2B - P30 - B2012
③ PBP - DK3B - P30 - B1012
④ PBP - DK3B - P30 - B2012

**26** 다음 〈보기〉의 전제 1에서 항상 참인 결론을 이끌어 내기 위한 전제 2로 옳은 것은?

> **보기**
> • 전제 1 : 흰색 공을 가지고 있는 사람은 모두 검은색 공을 가지고 있지 않다.
> • 전제 2 : _____
> • 결론 : 흰색 공을 가지고 있는 사람은 모두 파란색 공을 가지고 있다.

① 검은색 공을 가지고 있는 사람은 모두 파란색 공을 가지고 있다.
② 파란색 공을 가지고 있지 않은 사람은 모두 검은색 공도 가지고 있지 않다.
③ 파란색 공을 가지고 있지 않은 사람은 모두 검은색 공을 가지고 있다.
④ 파란색 공을 가지고 있는 사람은 모두 검은색 공을 가지고 있다.

(가) 경영학 측면에서도 메기 효과는 한국, 중국 등 고도 경쟁사회인 동아시아 지역에서만 제한적으로 사용 되며 영미권에서는 거의 사용되지 않는다. 기획재정부의 조사에 따르면 메기에 해당하는 해외 대형 가 구업체인 이케아(IKEA)가 국내에 들어오면서 청어에 해당하는 중소 가구업체의 입지가 더욱 좁아졌다 고 한다. 이처럼 경영학 측면에서도 메기 효과는 과학적으로 검증되지 않은 가설이다.

(나) 결국 메기 효과는 과학적으로 증명되진 않았지만 '경쟁'의 양면성을 보여주는 가설이다. 기업의 경영에 서 위협이 발생하였을 때, 위기감에 의한 성장 동력을 발현시킬 수는 있을 것이다. 그러나 무한 경쟁사 회에서 규제 등의 방법으로 적정 수준을 유지하지 못한다면 거미의 등장으로 인해 폐사한 메뚜기와 토 양처럼 거대한 위협이 기업과 사회를 항상 좋은 방향으로 이끌어나가지는 않을 것이다.

(다) 그러나 메기 효과가 전혀 시사점이 없는 것은 아니다. 이케아가 국내에 들어오면서 도산할 것으로 예상 되었던 일부 국내 가구 업체들이 오히려 성장하는 현상 또한 관찰되고 있다. 강자의 등장으로 약자의 성장 동력이 어느 정도는 발현되었다는 것을 보여주는 사례라고 할 수 있다.

(라) 그러나 최근에는 메기 효과가 검증되지 않고 과장되어 사용되거나 심지어 거짓이라고 주장하는 사람들 이 있다. 먼저 메기 효과의 기원부터 의문점이 있다. 메기는 민물고기로 바닷물고기인 청어는 메기와 연관점이 없으며, 실제로 북유럽의 어부들이 수조에 메기를 넣어 효과가 있었는지 검증되지 않았다. 실제로 2012년 『사이언스』에서 제한된 공간에 메뚜기와 거미를 두었을 때 메뚜기들은 포식자인 거미 로 인해 스트레스의 수치가 증가하고 체내 질소 함량이 줄어들었고, 죽은 메뚜기에 포함된 질소 함량이 줄어들면서 토양 미생물이 줄어들고 황폐화되었다.

(마) 우리나라에서 '경쟁'과 관련된 이론 중 가장 유명한 것은 영국의 역사가 아널드 토인비가 주장했다고 하는 '메기 효과(Catfish Effect)'이다. 메기 효과란 냉장시설이 없었던 과거에 북유럽의 어부들이 잡은 청어를 싱싱하게 운반하기 위하여 수조 속에 천적인 메기를 넣어 끊임없이 움직이게 했다는 것이다. 이 가설은 경영학계에서 비유적으로 사용되며, 기업의 경쟁력을 키우기 위해서는 적절한 위협과 자극이 필요하다고 주장하고 있다.

**| K-water 한국수자원공사 / 의사소통능력**

**27** 다음 중 윗글의 문단을 논리적 순서대로 바르게 나열한 것은?

① (가) – (라) – (나) – (다) – (마)       ② (다) – (마) – (가) – (나) – (라)

③ (마) – (가) – (라) – (다) – (나)       ④ (마) – (라) – (가) – (다) – (나)

**| K-water 한국수자원공사 / 의사소통능력**

**28** 다음 중 윗글을 이해한 내용으로 적절하지 않은 것은?

① 거대 기업의 출현은 해당 시장의 생태계를 파괴할 수도 있다.

② 메기 효과는 과학적으로 검증되지 않았으므로 낭설에 불과하다.

③ 발전을 위해서는 기업 간 경쟁을 적정 수준으로 유지해야 한다.

④ 메기 효과는 경쟁을 장려하는 사회에서 널리 사용되고 있다.

**29** K공사에 입사하는 사원수를 조사하니 올해 남자 사원수는 작년에 비하여 8% 증가하고 여자 사원수는 10% 감소했다. 작년의 전체 사원은 820명이고, 올해는 작년에 비하여 10명이 감소하였다고 할 때, 올해의 여자 사원수는?

① 378명                      ② 379명
③ 380명                      ④ 381명

**30** 철호는 50만 원으로 K가구점에서 식탁 1개와 의자 2개를 사고, 남은 돈은 모두 장미꽃을 구매하는 데 쓰려고 한다. 판매하는 가구의 가격이 다음과 같을 때, 구매할 수 있는 장미꽃의 수는?(단, 장미꽃은 한 송이당 6,500원이다)

〈K가구점 가격표〉

| 종류 | 책상 | 식탁 | 침대 | 의자 | 옷장 |
|------|------|------|------|------|------|
| 가격 | 25만 원 | 20만 원 | 30만 원 | 10만 원 | 40만 원 |

※ 30만 원 이상 구매 시 10% 할인

① 20송이                      ② 21송이
③ 22송이                      ④ 23송이

**31** K하수처리장은 오수 1탱크를 정수로 정화하는 데 A ~ E 5가지 공정을 거친다고 한다. 공정당 소요시간이 다음과 같을 때, 30탱크 분량의 오수를 정화하는 데 걸린 최소 시간은?(단, 공정별 소요시간에는 정비시간이 포함되어 있다)

〈K하수처리장 공정별 소요시간〉

| 공정 | A | B | C | D | E |
|------|-----|-----|-----|-----|-----|
| 소요시간 | 4시간 | 6시간 | 5시간 | 4시간 | 6시간 |

① 181시간                    ② 187시간
③ 193시간                    ④ 199시간

**32** 다음은 S헬스 클럽의 회원들이 하루 동안 운동하는 시간을 조사하여 나타낸 도수분포표이다. 하루 동안 운동하는 시간이 80분 미만인 회원이 전체의 80%일 때, $A - B$의 값은?

〈S헬스 클럽 회원 운동시간 도수분포표〉

| 시간(분) | 회원 수(명) |
|---|---|
| 0 이상 20 미만 | 1 |
| 20 이상 40 미만 | 3 |
| 40 이상 60 미만 | 8 |
| 60 이상 80 미만 | $A$ |
| 80 이상 100 미만 | $B$ |
| 합계 | 30 |

① 2
② 4
③ 6
④ 8
⑤ 10

**33** A가게와 B가게에서의 연필 1자루당 가격과 배송비가 다음과 같을 때, 연필을 몇 자루 이상 구매해야 B가게에서 주문하는 것이 유리한가?

〈구매정보〉

| 구분 | 연필 가격 | 배송비 |
|---|---|---|
| A가게 | 500원/자루 | 무료 |
| B가게 | 420원/자루 | 2,500원/건 |

① 30자루
② 32자루
③ 34자루
④ 36자루
⑤ 38자루

**34** S마스크 회사에서는 지난 달에 제품 A, B를 합하여 총 6,000개를 생산하였다. 이번 달에 생산한 양은 지난 달에 비하여 제품 A는 6% 증가하고, 제품 B는 4% 감소하여 전체 생산량은 2% 증가하였다고 한다. 이번 달 두 제품 A, B의 생산량의 차는 얼마인가?

① 1,500개
② 1,512개
③ 1,524개
④ 1,536개
⑤ 1,548개

**35** 다음은 1g당 80원인 A회사 우유와 1g당 50원인 B회사 우유를 각각 100g씩 섭취했을 때 얻을 수 있는 열량과 단백질의 양을 나타낸 표이다. 우유 A, B를 합하여 300g을 만들어 열량 490kcal 이상과 단백질 29g 이상을 얻으면서 가장 저렴하게 구입하였을 때, 그 가격은 얼마인가?

〈A, B회사 우유의 100g당 열량과 단백질의 양〉

| 식품＼성분 | 열량(kcal) | 단백질(g) |
| --- | --- | --- |
| A회사 우유 | 150 | 12 |
| B회사 우유 | 200 | 5 |

① 20,000원  ② 21,000원

③ 22,000원  ④ 23,000원

⑤ 24,000원

**36** 다음 〈보기〉 중 기계적 조직의 특징으로 적절한 것을 모두 고르면?

보기

ⓐ 변화에 맞춰 쉽게 변할 수 있다.
ⓑ 상하 간 의사소통이 공식적인 경로를 통해 이루어진다.
ⓒ 대표적으로 사내벤처팀, 프로젝트팀이 있다.
ⓓ 구성원의 업무가 분명하게 규정되어 있다.
ⓔ 많은 규칙과 규제가 있다.

① ㉠, ㉡, ㉢  ② ㉠, ㉣, ㉤

③ ㉡, ㉢, ㉣  ④ ㉡, ㉣, ㉤

⑤ ㉢, ㉣, ㉤

**37** 다음 중 글로벌화에 대한 설명으로 적절하지 않은 것은?

① 범지구적 시스템과 네트워크 안에서 기업 활동이 이루어지는 국제경영이 중요시된다.

② 글로벌화가 이루어지면 시장이 확대되어 상대적으로 기업 경쟁이 완화된다.

③ 경제나 산업에서 벗어나 문화, 정치 등 다른 영역까지 확대되고 있다.

④ 활동 범위가 세계로 확대되는 것을 의미한다.

⑤ 다국적 기업의 증가에 따라 국가 간 경제통합이 강화되었다.

**38** 다음은 협상과정 단계별 세부 수행 내용이다. 협상과정의 단계를 순서대로 바르게 나열한 것은?

> ㉠ 겉으로 주장하는 것과 실제로 원하는 것을 구분하여 실제로 원하는 것을 찾아낸다.
> ㉡ 합의문을 작성하고 이에 서명한다.
> ㉢ 갈등문제의 진행상황과 현재의 상황을 점검한다.
> ㉣ 상대방의 협상의지를 확인한다.
> ㉤ 대안 이행을 위한 실행계획을 수립한다.

① ㉠ - ㉢ - ㉤ - ㉣ - ㉡        ② ㉠ - ㉤ - ㉢ - ㉣ - ㉡
③ ㉢ - ㉠ - ㉤ - ㉣ - ㉡        ④ ㉣ - ㉠ - ㉢ - ㉤ - ㉡
⑤ ㉣ - ㉢ - ㉠ - ㉤ - ㉡

**39** 다음 중 Win – Win 전략에 의거한 갈등 해결 단계에 포함되지 않는 것은?

① 비판적인 패러다임을 전환하는 등 사전 준비를 충실히 한다.
② 갈등 당사자의 입장을 명확히 한다.
③ 서로가 받아들일 수 있도록 중간지점에서 타협적으로 주고받아 해결점을 찾는다.
④ 서로의 입장을 명확히 한다.
⑤ 상호 간에 중요한 기준을 명확히 말한다.

**40** 다음 중 직업이 갖추어야 할 속성과 그 의미가 적절하지 않은 것은?

① 계속성 : 주기적으로 일을 하거나 계절 또는 명확한 주기가 없어도 계속 행해지며, 현재 하고 있는 일을 계속할 의지와 가능성이 있어야 한다.
② 경제성 : 직업은 경제적 거래 관계가 성립되는 활동이어야 한다.
③ 윤리성 : 노력이 전제되지 않는 자연적인 이득 활동은 직업으로 볼 수 없다.
④ 사회성 : 모든 직업 활동이 사회 공동체적 맥락에서 의미 있는 활동이어야 한다.
⑤ 자발성 : 속박된 상태에서의 제반 활동은 직업으로 볼 수 없다.

**41** 다음 〈보기〉 중 근로윤리의 판단 기준으로 적절한 것을 〈보기〉에서 모두 고르면?

> **보기**
>
> ㉠ 예절 ㉡ 준법
> ㉢ 정직한 행동 ㉣ 봉사와 책임
> ㉤ 근면한 자세 ㉥ 성실한 태도

① ㉠, ㉡, ㉢ ② ㉠, ㉡, ㉣
③ ㉡, ㉢, ㉤ ④ ㉢, ㉤, ㉥
⑤ ㉣, ㉤, ㉥

**42** 개발팀 사원 4명의 평균 나이는 32세이다. 올해 신입사원 1명이 들어와서 다시 평균 나이를 계산해 보니 31세가 되었다. 신입사원의 나이를 구하면?

① 24세 ② 25세
③ 26세 ④ 27세

**43** 다음 중 스마트 팩토리(Smart Factory)에 대한 설명으로 옳지 않은 것은?

① 공장 내 설비에 사물인터넷(IoT)을 적용한다.
② 기획 및 설계는 사람이 하고, 이를 바탕으로 인공지능(AI)이 전반적인 공정을 진행한다.
③ 정부에서는 4차 산업혁명의 시대에 맞추어 제조업 전반의 혁신 및 발전을 위해 꾸준히 지원하고 있다.
④ 국가별 제조업 특성 및 강점, 산업 구조 등에 따라 구체적인 전략은 다양한 형태를 갖춘다.

**44** 다음 중 그래핀과 탄소 나노 튜브를 비교한 내용으로 옳은 것은?

① 그래핀과 탄소 나노 튜브 모두 2차원 평면 구조를 가지고 있다.
② 그래핀과 탄소 나노 튜브 모두 탄소로 이루어져 있으므로 인장강도는 약하다.
③ 그래핀과 탄소 나노 튜브 모두 격자 형태로 불규칙적이다.
④ 그래핀과 탄소 나노 튜브 모두 그 두께가 $1\mu$m보다 얇다.

※ 다음은 M공사 정보보안팀에서 배포한 사내 메신저 계정의 비밀번호 설정 규칙이다. 이어지는 질문에 답하시오. [45~46]

<비밀번호 설정 규칙>

• 오름차순 또는 내림차순으로 3회 이상 연이은 숫자, 알파벳은 사용할 수 없다.
 (예 123, 876, abc, jih, …)
• 쿼터 키보드에서 자판이 3개 이상 나열된 문자는 사용할 수 없다.
• 특수문자를 반드시 포함하되 같은 특수문자를 연속하여 2회 이상 사용할 수 없다.
• 숫자, 특수문자, 알파벳 소문자와 대문자를 구별하여 8자 이상으로 설정한다.
 (단, 대문자는 반드시 1개 이상 넣는다)
• 3자 이상 알파벳을 연이어 사용할 경우 단어가 만들어지면 안 된다.
 (단, 이니셜 및 약어까지는 허용한다)

<불가능한 비밀번호 예시>

• 3756#DefG99
• xcv@cL779
• UnfkCKdR$$7576
• eXtra2@CL377
• ksn3567#38cA
  ⋮

| 한국마사회 / 정보능력

**45** M공사에 근무하는 B사원은 비밀번호 설정 규칙에 따라 사내 메신저 계정 비밀번호를 새로 설정하였으나 규칙에 어긋난다고 하였다. 재설정한 비밀번호가 다음과 같을 때, 어떤 규칙에 위배되었는가?

qdfk#9685@21ck

① 숫자가 내림차순으로 3회 연달아 배치되어서는 안 된다.
② 같은 특수문자가 2회 이상 연속되어서는 안 된다.
③ 알파벳 대문자가 1개 이상 들어가야 한다.
④ 특정 영단어가 형성되어서는 안 된다.

| 한국마사회 / 정보능력

**46** B사원이 비밀번호 설정 규칙에 따라 사내 메신저 계정 비밀번호를 다시 설정할 때, 옳은 것은?

① Im#S367
② asDf#3689!
③ C8&hOUse100%ck
④ 735%#Kmpkd2R6

※ 다음은 2019년부터 2022년까지의 K농장의 귤 매출액의 증감률에 대한 자료이다. 이어지는 질문에 답하시오. **[47~48]**

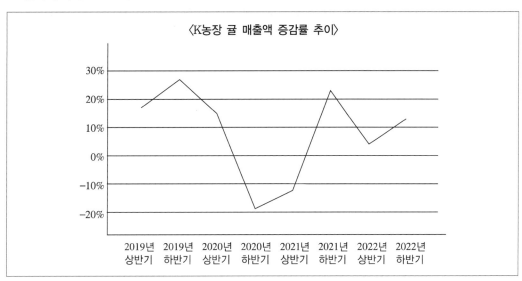

〈K농장 귤 매출액 증감률 추이〉

┃ 한국관광공사 / 수리능력

**47** 다음 중 자료에 대한 설명으로 옳지 않은 것은?

① 매출액은 2021년 하반기부터 꾸준히 증가하였다.

② 2019년 하반기의 매출 성장 폭이 가장 크다.

③ 2020년 하반기 매출액은 2018년 하반기 매출액보다 적다.

④ 2019년 상반기부터 2022년 하반기까지 매출액이 가장 적은 때는 2021년 상반기이다.

┃ 한국관광공사 / 수리능력

**48** 다음은 신문에 실린 어떤 기사의 일부이다. 이 기사의 작성 시기로 옳은 것은?

> … (중략) …
> 이 병해충에 감염되면 식물의 엽록소가 파괴되어 잎에 반점이 생기고 광합성 능력이 저하되며 결국 고사(枯死)하게 된다. 피해 지역 농민들은 감염된 농작물을 전량 땅에 묻으며 생계에 대한 걱정에 눈물을 보이고 있다. 실제로 병충해로 인해 피해 농가의 매출액이 감염 전에 비해 큰 폭으로 떨어지고 있다. 현재 피해 지역이 전국적으로 확산되고 있으며 수확을 앞둔 다른 농가에서도 이 병해충에 대한 걱정에 잠을 못 이루고 있다.
> … (후략) …

① 2019년 상반기 ~ 2019년 하반기

② 2020년 하반기 ~ 2021년 상반기

③ 2021년 하반기 ~ 2022년 상반기

④ 2022년 상반기 ~ 2022년 하반기

**49** K빌딩 시설관리팀에서 건물 화단 보수를 위해 두 팀으로 나누었다. 한 팀은 작업 하나를 마치는 데 15분이 걸리지만 작업을 마치면 도구 교체를 위해 5분이 걸리고, 다른 한 팀은 작업 하나를 마치는 데 30분이 걸리지만 한 작업을 마치면 도구 교체 없이 바로 다른 작업을 시작한다고 한다. 오후 1시부터 두 팀이 쉬지 않고 작업한다고 할 때, 두 팀이 세 번째로 동시에 작업을 시작하는 시각은?

① 오후 3시 30분　　　　　　　　　② 오후 4시
③ 오후 4시 30분　　　　　　　　　④ 오후 5시

**50** 연도별 1분기 K국립공원 방문객 수가 다음과 같을 때, 2022년 1분기 K국립공원 방문객 수와 방문객 수의 비율을 바르게 나열한 것은?(단, 방문객 수는 천의 자리에서 반올림하고, 방문객 수의 비율은 소수점 아래는 버리며, 증감률은 소수점 둘째 자리에서 반올림한다)

〈연도별 1분기 K국립공원 방문객 수〉

| 구분 | 방문객 수(명) | 방문객 수 비율(%) | 증감률 |
|---|---|---|---|
| 2018년 | 1,580,000 | 90 | – |
| 2019년 | 1,680,000 | 96 | 6.3% |
| 2020년 | 1,750,000 | 100 | 4.2% |
| 2021년 | 1,810,000 | 103 | 3.4% |
| 2022년 |  |  | -2.8% |

※ 방문객 수 비율은 2020년을 100으로 한다.

　　　방문객 수　　　방문객 수 비율
① 1,760,000　　　　103
② 1,760,000　　　　100
③ 1,780,000　　　　101
④ 1,780,000　　　　100

정답 및 해설 p.102

## | 01 | 경영학

**01** 다음 중 BCG 매트릭스에 대한 설명으로 옳은 것은?

① 횡축은 시장성장률, 종축은 상대적 시장점유율이다.
② 물음표 영역은 시장성장률이 높고, 상대적 시장점유율은 낮아 계속적인 투자가 필요하다.
③ 별 영역은 시장성장률이 낮고, 상대적 시장점유율은 높아 현상유지를 해야 한다.
④ 자금젖소 영역은 현금창출이 많지만, 상대적 시장점유율이 낮아 많은 투자가 필요하다.
⑤ 개 영역은 시장지배적인 위치를 구축하여 성숙기에 접어든 경우이다.

**02** 다음 〈보기〉 중 가격책정 방법에 대한 설명으로 옳은 것을 모두 고르면?

> **보기**
>
> ㉠ 준거가격이란 구매자가 어떤 상품에 대해 지불할 용의가 있는 최고가격을 의미한다.
> ㉡ 명성가격이란 가격 – 품질 연상관계를 이용한 가격책정 방법이다.
> ㉢ 단수가격이란 판매가격을 단수로 표시하여 가격이 저렴한 인상을 소비자에게 심어주어 판매를 증대시키는 방법이다.
> ㉣ 최저수용가격이란 심리적으로 적당하다고 생각하는 가격 수준을 의미한다.

① ㉠, ㉡
② ㉠, ㉢
③ ㉡, ㉢
④ ㉡, ㉣
⑤ ㉢, ㉣

**03** 다음 중 STP 전략의 목표시장선정(Targeting) 단계에서 집중화 전략에 대한 설명으로 옳지 않은 것은?

① 단일제품으로 단일화된 세부시장을 공략하여 니치마켓에서 경쟁력을 가질 수 있는 창업 기업에 적합한 전략이다.

② 자원이 한정되어 있을 때 자원을 집중화하고, 시장 안에서의 강력한 위치를 점유할 수 있다.

③ 대기업 경쟁사의 진입이 쉬우며, 위험이 분산되지 않을 경우 시장의 불확실성으로 높은 위험을 감수해야 한다.

④ 세분시장 내 소비자욕구의 변화에 민감하게 반응하여야 위험부담을 줄일 수 있다.

⑤ 대량생산 및 대량유통, 대량광고 등을 통해 규모의 경제로 비용을 최소화할 수 있다.

**04** 다음 중 재무제표에 대한 설명으로 옳지 않은 것은?

① 재무제표는 재무상태표, 포괄손익계산서, 자본변동표, 현금흐름표, 그리고 주석으로 구성된다.

② 재무제표는 적어도 1년에 한 번은 작성한다.

③ 현금흐름에 대한 정보를 제외하고는 발생기준의 가정하에 작성한다.

④ 기업이 경영활동을 청산 또는 중단할 의도가 있더라도, 재무제표는 계속기업의 가정하에 작성한다.

**05** 민츠버그(Mintzberg)는 조직의 구조가 조직의 전략 수행, 조직 주변의 환경, 조직의 구조 그 자체의 역할에 의해 좌우된다는 조직구성론을 제시하였다. 다음 중 다섯 가지 조직형태에 해당하지 않는 것은?

① 단순구조 조직
② 기계적 관료제 조직
③ 전문적 관료제 조직
④ 매트릭스 조직

**06** 다음 중 테일러(Taylor)의 과학적 관리법(Scientific Management)에 대한 설명으로 옳지 않은 것은?

① 테일러리즘(Taylorism)이라고도 불리며, 20세기 초부터 주목받은 과업수행의 분석과 혼합에 대한 관리 이론이다.

② 이론의 핵심 목표는 경제적 효율성, 특히 노동생산성 증진에 있다.

③ 이론의 목적은 모든 관계자에게 과학적인 경영 활동의 조직적 협력에 의한 생산성을 높여 높은 임금을 실현할 수 있다는 인식을 갖게 하는 데 있다.

④ 전문적인 지식과 역량이 요구되는 일에 적합하며, 노동자들의 자율성과 창의성을 고려하며 생산성을 높인다는 장점이 있다.

**07** 다음 중 기업이 해외에 진출하려고 할 때, 계약에 의한 진출 방식으로 볼 수 없는 것은?

① 프랜차이즈

② 라이센스

③ M&A

④ 턴키

**08** 다음 중 인지부조화에 따른 행동 사례로 볼 수 없는 것은?

① A는 흡연자지만 동료가 담배를 필 때마다 담배를 끊을 것을 권유한다.

② B는 다이어트를 결심하고 저녁을 먹지 않을 것이라 했지만 저녁 대신 빵을 먹었다.

③ C는 E정당의 정책방향을 지지하지만 선거에서는 F정당의 후보에게 투표하였다.

④ D는 중간고사 시험을 망쳤지만 시험 난이도가 너무 어려워 당연한 결과라고 생각하였다.

**09** 다음 중 매슬로(Maslow)의 욕구체계 이론과 앨더퍼(Alderfer)의 ERG 이론의 차이점으로 옳지 않은 것은?

① 욕구체계 이론은 추구하는 욕구가 얼마나 절실하며 기초적인가에 따라 구분하였지만, ERG 이론은 욕구충족을 위한 행동의 추상성에 따라 분류하였다.

② 욕구체계 이론은 가장 우세한 하나의 욕구에 의해 하나의 행동이 유발된다고 보았지만, ERG 이론은 두 가지 이상의 욕구가 복합적으로 작용하여 행동을 유발한다고 보았다.

③ 욕구체계 이론은 인간의 욕구를 동기부여 요인으로 보고 대상으로 삼아왔지만, ERG 이론은 인간의 욕구를 동기부여 대상으로 생각하지 않고 다양한 요인을 동시에 고려한다.

④ 욕구체계 이론은 인간이 처한 상태에 따라 단 하나의 욕구를 추구하는 것으로 보는 것과 달리, ERG 이론은 어떤 시점에 있어서나 한 가지 이상의 욕구가 작동한다는 사실을 주장하고 있다.

**10** 다음 중 직무분석에 대한 설명으로 옳은 것은?

① 연공급 제도를 실시하기 위해서는 직무분석이 선행되어야 한다.

② 직무기술서와 직무명세서는 직무분석의 2차적 결과물이다.

③ 직무명세서에는 직무의 명칭, 책임과 권한, 요구되는 육체적 능력이 기술되어 있다.

④ 직무명세서란 직무분석의 결과로 얻어진 직무정보를 정리한 문서이다.

**11** 다음 중 자기자본비용에 대한 설명으로 옳은 것은?

① 자기자본비용은 기업이 조달한 자기자본의 가치를 유지하기 위해 최대한 벌어들어야 하는 수익률이다.

② 새로운 투자안의 선택에 있어서도 투자수익률이 자기자본비용을 넘어서는 안 된다.

③ 기업이 주식 발생을 통해 자금을 조달할 경우 자본이용의 대가로 얼마의 이용 지급료를 산정해야 하는지는 명확하다.

④ 위험프리미엄을 포함한 자기자본비용 계산 시 보통 자본자산가격결정모형(CAPM)을 이용한다.

**12** A회사는 B회사를 합병하고 합병대가로 30,000,000원의 현금을 지급하였다. 합병 시점 B회사의 재무상태표상 자산총액은 20,000,000원이고, 부채총액은 11,000,000원이다. B회사의 재무상태표상 장부금액은 토지를 제외하고는 공정가치와 같다. 토지는 장부상 10,000,000원으로 기록되어 있으나, 합병 시점에 공정가치는 18,000,000원인 것으로 평가되었다. 이 합병으로 A회사가 인식할 영업권은?

① 9,000,000원  ② 10,000,000원

③ 13,000,000원  ④ 21,000,000원

**13** 다음 중 맥그리거의 XY이론을 나눈 기준에 해당되는 것은?

① 조직구조  ② 조직문화

③ 조직규모  ④ 인간관

⑤ 리더십

**14** 다음은 K기업의 균형성과평가제도를 적용한 평가기준표이다. 빈칸 (A) ~ (D)에 들어갈 용어를 순서대로 바르게 나열한 것은?

| 구분 | 전략목표 | 주요 성공요인 | 주요 평가지표 | 목표 | 실행계획 |
|---|---|---|---|---|---|
| (A)<br>관점 | 매출 확대 | 경쟁사 대비 가격 및 납기우위 | 평균 분기별 총매출,<br>전년 대비 총매출 | 평균 분기<br>10억 원 이상,<br>전년 대비 20% 이상 | 영업 인원 증원 |
| (B)<br>관점 | 부담 없는 가격,<br>충실한 A/S | 생산성 향상,<br>높은 서비스 품질 | 전년 대비<br>재구매 비율,<br>고객 만족도 | 전년 대비<br>10포인트 향상,<br>만족도 80% 이상 | 작업 순서 준수,<br>서비스 품질 향상 |
| (C)<br>관점 | 작업 순서 표준화<br>개선 제안 및 실행 | 매뉴얼 작성 및<br>준수 | 매뉴얼 체크 회수<br>개선 제안 수 및<br>실행횟수 | 1일 1회<br>연 100개 이상 | 매뉴얼 교육<br>강좌개선,<br>보고회의 실시 |
| (D)<br>관점 | 경험이 부족한<br>사원 교육 | 실천적 교육<br>커리큘럼 충실 | 사내 스터디<br>실시 횟수,<br>스터디 참여율 | 연 30회,<br>80% 이상 | 스터디 모임의<br>중요성 및 참여 촉진 |

|   | (A) | (B) | (C) | (D) |
|---|---|---|---|---|
| ① | 고객 | 업무 프로세스 | 학습 및 성장 | 재무 |
| ② | 고객 | 학습 및 성장 | 업무 프로세스 | 재무 |
| ③ | 재무 | 고객 | 업무 프로세스 | 학습 및 성장 |
| ④ | 학습 및 성장 | 고객 | 재무 | 업무 프로세스 |
| ⑤ | 업무 프로세스 | 재무 | 고객 | 학습 및 성장 |

**15** 다음 중 대기업과 중소기업을 나누는 기준에 해당하지 않는 것은?

① 중소기업기본법에서 규정하는 중소기업보다 규모가 큰 기업

② 중견기업 성장 촉진에 관한 법률에 해당하지 않는 기업

③ 일정 규모 이상의 공기업

④ 자산규모 10조 원 이상의 공정위 지정 상호출자제한기업집단

⑤ 금융, 보험, 보험 서비스업을 영위하며, 중소기업기본법에서 규정하는 중소기업보다 규모가 큰 기업

▎한국서부발전

**01** 다음 중 DAD 해석에 관계되는 요소가 바르게 짝지어진 것은?

① 강우량, 유수단면적, 최대수심

② 적설량, 분포면적, 적설일수

③ 강우깊이, 유역면적, 최대수심

④ 강우깊이, 유역면적, 지속기간

▎한국서부발전

**02** 단면적이 같은 정사각형과 원의 단면계수비는?(단, 정사각형 단면의 일변은 $h$이고, 단면의 지름은 $D$이다)

① 1 : 0.46

② 1 : 0.85

③ 1 : 1.18

④ 1 : 2.24

▎한국서부발전

**03** 펌프는 흡입실양정 및 토출량을 고려하여 전양정에 따라 선정하여야 한다. 전양정이 5m 이하일 때 표준이며 비교회전도($N_s$)가 $1,100 \sim 2,000$ 정도인 펌프 형식은?

① 축류펌프

② 사류펌프

③ 원심사류펌프

④ 원심펌프

▎한국서부발전

**04** 구경이 400mm인 모터의 직결펌프에서 양수량은 $10\text{m}^3/\text{min}$, 전양정은 50m, 회전수는 1,100rpm일 때 비교회전도($N_s$)는 얼마인가?

① 약 148

② 약 168

③ 약 185

④ 약 194

**05** 엘리데이드 고저측량에서 수평거리는 34m, 분획차는 8.4, 측표의 높이는 2.0m, 시준공까지의 높이는 1.2m일 때 두 점 간의 고저차는?

① 1.856m

② 1.956m

③ 2.056m

④ 2.156m

**06** 다음 중 사진측량의 특징에 대한 설명으로 옳지 않은 것은?

① 측량의 정확도가 균일하다.

② 정성적 관측이 가능하다.

③ 정량적 관측이 가능하다.

④ 기상의 제약 없이 측량이 가능하다.

**07** 그림과 같이 어떤 유체가 원형 직관을 통하여 정상 상태로 흐를 때, 관의 축소부로 인한 수두 손실은?(단, $V_1 = 0.5$m/s, $D_1 = 0.2$m, $D_2 = 0.1$m, $f_c = 0.36$이다)

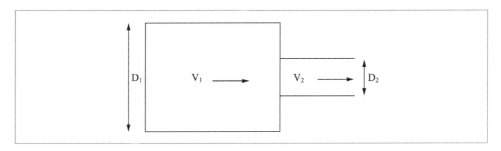

① 약 0.92cm

② 약 3.65cm

③ 약 5.6cm

④ 약 7.3cm

**08** 그림과 같이 $x$, $y$축에 대칭인 단면에 비틀림응력이 550kN · m가 작용할 때, 최대전단응력은?

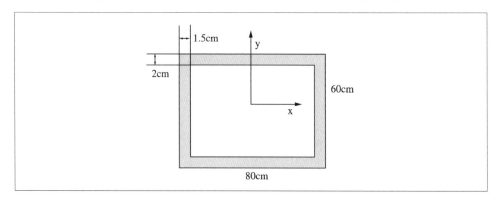

① 약 30.2MPa        ② 약 40.27MPa

③ 약 60.4MPa        ④ 약 80.53MPa

**09** 장애물이 없고 비교적 좁은 구역을 측량할 때, 사용하는 평판측량 방법은 무엇인가?

① 전방교회법

② 후방교회법

③ 측방교회법

④ 방사법

**10** 다음 중 강도설계법에서 강도감소계수를 사용하는 목적으로 옳지 않은 것은?

① 하중조건에 대한 부재의 연성도 및 소요신뢰도를 반영하기 위해서

② 복잡한 수치를 단순화하여 구조해석을 단순화하기 위해서

③ 재료 강도 및 치수 변동에 의한 부재의 강도 저하에 대비하기 위해서

④ 부정확한 설계방정식에 대비하기 위해서

**11** 다음 그림과 같이 지표면에서 4m 부근이 지하수위이고 $e=0.5$, $G_s=2.8$이고 지표면까지 모세관 현상에 의하여 100% 포화되었을 때, A점에서 작용하는 유효응력의 크기는?

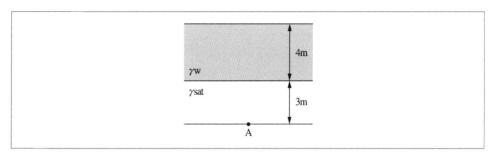

① $12.4\text{t/m}^2$

② $15.2\text{t/m}^2$

③ $18\text{t/m}^2$

④ $20.8\text{t/m}^2$

**12** 다음 그림과 같은 도형에서 A–A′축에 대한 단면 2차 모멘트는?

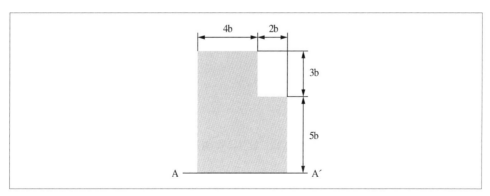

① $832b^4$

② $810b^4$

③ $788b^4$

④ $766b^4$

**13** 다음 중 불도저의 종류가 아닌 것은?

① 틸트 ② 앵글
③ 스트레이트 ④ 트렌처

**14** 다음 중 수문곡선에 대한 설명으로 옳지 않은 것은?

① 하천유로상의 임의의 한 점에서 수문량의 시간에 대한 유량의 관계곡선이다.
② 초기에는 지하수에 의한 기저유출만이 하천에 존재한다.
③ 시간이 경과함에 따라 지수분포형의 감수곡선이 된다.
④ 표면유출은 점차적으로 수문곡선을 하강시키게 된다.

**15** 지름이 30cm이고 길이가 1m인 관의 손실수두가 30cm일 때, 관 벽면에 작용하는 마찰력 $\tau_0$는?

① $150\text{N/m}^2$ ② $175\text{N/m}^2$
③ $200\text{N/m}^2$ ④ $225\text{N/m}^2$

**16** 다음 중 에너지 보정계수($\alpha$)와 운동량 보정계수($\beta$)에 대한 설명으로 옳지 않은 것은?

① $\alpha$는 속도수두를 보정하기 위한 무차원 상수이다.
② $\beta$는 운동량을 보정하기 위한 무차원 상수이다.
③ $\alpha$, $\beta$값은 흐름이 난류일 때보다 층류일 때가 크다.
④ 실제유체 흐름에서는 $\beta > \alpha > 1$이다.

**17** 다음 중 잔골재와 굵은 골재에 대한 설명으로 옳지 않은 것은?

① 잔골재는 0.074mm 이상이고 굵은 골재는 4.76mm 이상인 것을 말한다.
② 잔골재의 비중은 $2.50 \sim 2.65$이고 굵은 골재의 비중은 $2.55 \sim 2.70$의 값을 표준으로 하고 있다.
③ 잔골재는 입도가 클수록 단위무게가 크다.
④ 콘크리트용 골재의 조립율은 잔골재에서 $6.0 \sim 8.0$이고 굵은 골재에서 $2.3 \sim 3.1$ 정도가 적당하다.

**18** 현장에서 다짐된 사질토의 상대다짐도가 95%이고 최대 및 최소 건조단위중량이 각각 $1.76\text{t/m}^3$, $1.5\text{t/m}^3$일 때, 현장시료의 상대밀도는?

① 약 59%

② 약 64%

③ 약 69%

④ 약 74%

**19** 다음 중 보강토 공법의 특징으로 옳지 않은 것은?

① 시공이 신속하다.

② 지진피해에 약하다.

③ 시공관리에 용이하며 건설공해가 적다.

④ 부등침하에 어느 정도 유연하게 대처 가능하다.

**20** 하천에 오수가 유입될 때, 하천의 자정작용 중 최초의 분해지대에서 BOD가 증가하는 주요 원인은 무엇인가?

① 온도의 변화

② 탁도의 감소

③ 미생물의 번식

④ 유기물의 침전

**21** 지름이 2m이고 영향권의 반지름이 1,000m이며, 원지하수의 수위 $H = 7\text{m}$, 집수정의 수위 $h_0 = 5\text{m}$인 심정에서의 양수량은?(단, $K = 0.0038\text{m/s}$이고, $\ln 10 = 2.3$이다)

① 약 $0.0415\text{m}^3/\text{s}$

② 약 $0.0461\text{m}^3/\text{s}$

③ 약 $0.083\text{m}^3/\text{s}$

④ 약 $0.145\text{m}^3/\text{s}$

**22** 유수는 원활하지만 관거의 매설 깊이가 증가하여 보공비가 많이 들고, 펌프 배수 시 펌프양정을 증가시키는 단점이 있는 하수관거의 접합 방법은?

① 수면접합

② 관중심접합

③ 관저접합

④ 관정접합

# | 03 | 기계

▮ 한국중부발전

**01** 다음 중 단면 1차 모멘트에 대한 설명으로 옳지 않은 것은?

① 단면 1차 모멘트의 차원은 $L^3$이다.
② 임의 형상에 대한 단면 1차 모멘트는 미소 면적에 대한 단면 1차 모멘트를 전체 면적에 대해 적분하여 구한다.
③ 중공형 단면의 1차 모멘트는 전체 형상의 단면 1차 모멘트에서 뚫린 형상의 단면 1차 모멘트를 제하여 구한다.
④ 단면 1차 모멘트의 값은 항상 양수이다.

▮ 한국중부발전

**02** 다음 중 알루미늄 호일을 뭉치면 물에 가라앉지만 같은 양의 호일로 배 형상을 만들면 물에 뜨는 이유로 옳은 것은?

① 부력은 물체의 밀도와 관련이 있다.
② 부력은 유체에 잠기는 영역의 부피와 관련이 있다.
③ 부력은 중력과 관련이 있다.
④ 부력은 유체와 물체 간 마찰력과 관련이 있다.

▮ 한국중부발전

**03** 백주철을 열처리한 것으로서 강도, 인성, 내식성 등이 우수하여 유니버설 조인트 등에 사용되는 주철은?

① 회주철
② 가단주철
③ 칠드주철
④ 구상흑연주철

**04** 다음 화학식을 참고할 때, 탄소 6kg 연소 시 필요한 공기의 양은?(단, 공기 내 산소는 20%이다)

$$C + O_2 = CO_2$$

① 30kg  ② 45kg
③ 60kg  ④ 80kg

**05** 다음 중 하중의 종류와 그 하중이 적용하는 방식에 대한 설명으로 옳지 않은 것은?

① 압축하중의 하중 방향은 축 방향과 평행으로 작용한다.
② 인장하중의 하중 방향은 축 방향과 평행으로 작용한다.
③ 전단하중의 하중 방향은 축 방향과 수직으로 작용한다.
④ 교번하중은 일정한 크기와 일정한 방향을 가진 하중이 반복적으로 작용하는 하중이다.

**06** 단면이 원이고 탄성계수가 250,000Mpa인 철강 3m가 있다. 이 철강에 100kN의 인장하중이 작용하여 1.5mm가 늘어날 때, 이 철강의 직경은?

① 약 2.3cm  ② 약 3.2cm
③ 약 4.5cm  ④ 약 4.8cm

**07** 단면이 직사각형인 단순보에 다음과 같은 등분포하중이 작용할 때, 최대 처짐량은 얼마인가?(단, E $C + O_2 = CO_2$ 240Gpa이다)

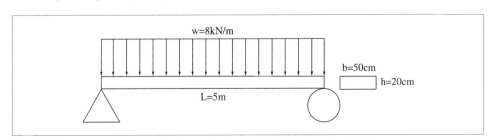

① 약 0.13mm  ② 약 0.32mm
③ 약 0.65mm  ④ 약 0.81mm

**08** 다음과 같은 외팔보에 등분포하중이 작용할 때, 처짐각은?(단, $EI = 10,000 \text{kN} \cdot \text{m}^2$ 이다)

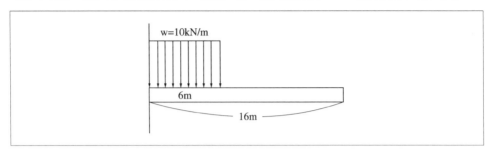

① $0.9 \times 10^{-2} \text{rad}$

② $1.8 \times 10^{-2} \text{rad}$

③ $2.7 \times 10^{-2} \text{rad}$

④ $3.6 \times 10^{-2} \text{rad}$

**09** 다음 중 프루드($Fr$) 수에 대한 정의로 옳은 것은?

① 관성력과 점성력의 비를 나타낸다.

② 관성력과 탄성력의 비를 나타낸다.

③ 중력과 점성력의 비를 나타낸다.

④ 관성력과 중력의 비를 나타낸다.

**10** 다음 〈보기〉의 원소들을 체심입방격자와 면심입방격자로 바르게 구분한 것은?

> **보기**
>
> ㄱ. Al                           ㄴ. Cr
>
> ㄷ. Mo                          ㄹ. Cu
>
> ㅁ. V                            ㅂ. Ag

|     | 체심입방격자 | 면심입방격자 |
| --- | --- | --- |
| ① | ㄱ, ㄷ, ㄹ | ㄴ, ㅁ, ㅂ |
| ② | ㄱ, ㄹ, ㅂ | ㄴ, ㄷ, ㅁ |
| ③ | ㄴ, ㄷ, ㄹ | ㄱ, ㅁ, ㅂ |
| ④ | ㄴ, ㄷ, ㅁ | ㄱ, ㄹ, ㅂ |

**11** $G=80\times10^3\,\mathrm{N/mm^2}$이고 유효권수가 100인 스프링에 300N의 외력을 가하였더니 길이가 30cm 변하였다. 이 스프링의 평균 반지름의 길이는?(단, 스프링지수는 10이다)

① 80mm

② 90mm

③ 100mm

④ 110mm

**12** 다음은 어떤 냉동사이클의 T–S 선도이다. 이 냉동사이클의 성능계수는?

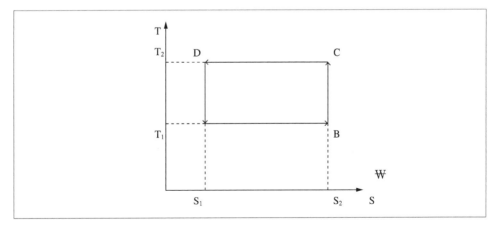

① $\dfrac{T_2-T_1}{T_1}$

② $\dfrac{T_1}{T_2-T_1}$

③ $\dfrac{S_2-S_1}{S_1}$

④ $\dfrac{S_1}{S_2-S_1}$

**13** 다음 중 열 교환기의 사용 목적으로 옳지 않은 것은?

① 유체 가열

② 증기 응축

③ 유체 증발

④ 유체 응고

**14** 다음 중 주철과 강재의 비교에 대한 내용으로 옳지 않은 것은?

① 주철은 강재에 비해 융점이 낮다.

② 주철은 강재에 비해 내부식성이 강하다.

③ 주철은 강재에 비해 단단하고 잘 부서지지 않는다.

④ 주철은 강재에 비해 연신율이 떨어진다.

**15** 다음 중 소성가공에 대한 설명으로 옳은 것은?

① 제품에 손상이 가지 않도록 탄성한도보다 작은 외력을 가해야 한다.

② 소성가공 완류 후 잔류응력은 자연스럽게 제거된다.

③ 주물에 비해 치수가 부정확하다.

④ 절삭가공에 비해 낭비되는 재료가 적다.

## | 04 | 전기

┃ 한국마사회

**01** 다음 중 애자가 갖춰야 할 조건으로 옳지 않은 것은?

① 상규 송전전압에서 코로나 방전이 발생하지 않을 것

② 외력에 대비하여 기계적 강도를 충분히 확보할 것

③ 이상전압 발생 시 즉시 파괴될 것

④ 경제적일 것

┃ 한국마사회

**02** 다음 중 이상적인 연산증폭기 모델에 대한 설명으로 옳지 않은 것은?

① 개루프 전압이득은 무한대(∞)이다.

② 입력 임피던스는 0이다.

③ 출력 전압 범위는 무한대(∞)이다.

④ 주파수 범위 폭의 제한이 없다.

┃ 한국마사회

**03** 다음 그림과 같은 회로에서 저항 $R_a$에 흐르는 전류의 세기가 0일 때, 저항 $R_x$의 크기는?

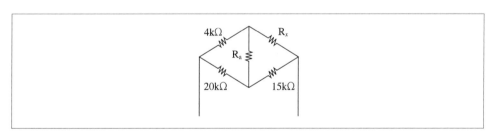

① 3k$\Omega$

② 5k$\Omega$

③ 6k$\Omega$

④ 10k$\Omega$

┃ 한국마사회

**04** 다음 중 엔진 내부를 진공상태로 만들어 공기의 유입을 통해 터빈을 작동시켜 전기를 생산하는 발전기는?

① 공기식 발전기

② 풍력 발전기

③ 조력 발전기

④ 수소 발전기

**05** 다음 중 발전기의 형식 중 하나인 회전계자형에 대한 설명으로 옳지 않은 것은?

① 자석이 회전하여 전기에너지를 생산하는 방식이다.

② 회전전기자형에 비해 절연에 유리하다.

③ 브러시 사용량이 감소한다.

④ 권선의 배열 및 결선에 불리하다.

**06** 다음 중 발전기에서 생산된 교류 전원을 직류 전원으로 바꿔주는 것은?

① 슬립링      ② 브러시

③ 전기자      ④ 정류자

**07** 자극당 유효자속이 0.8Wb인 4극 중권 직류 전동기가 1,800rpm의 속도로 회전할 때, 전기자 도체 1개에 유도되는 기전력의 크기는?

① 24V      ② 48V

③ 240V      ④ 480V

**08** 다음 그림과 같은 블록선도에서의 전달함수는?

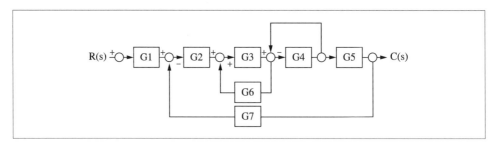

① $\dfrac{G_1 G_2 G_3 G_4 G_5}{1 - G_2 G_3 G_4 G_5 G_7 + G_3 G_6 - G_4}$      ② $\dfrac{G_1 G_2 G_3 G_4 G_5}{1 + G_2 G_3 G_4 G_5 G_7 - G_3 G_6 + G_4}$

③ $\dfrac{G_2 G_3 G_4 G_5}{1 - G_2 G_3 G_4 G_5 G_7 + G_3 G_{6_4}}$      ④ $\dfrac{G_2 G_3 G_4 G_5}{1 + G_2 G_3 G_4 G_5 G_7 - G_3 G_6}$

**09** 다음 그림과 같은 회로의 전달함수는?

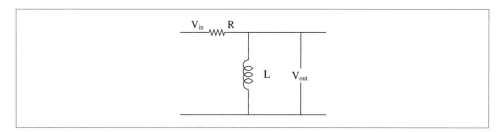

① $\dfrac{1}{R+sL}$

② $\dfrac{sL}{R+sL}$

③ $\dfrac{1}{sLR+1}$

④ $\dfrac{R}{sLR+1}$

**10** 다음 중 농형 유도 전동기와 권선형 유도 전동기의 특징에 대한 설명으로 옳지 않은 것은?

① 권선형 유도 전동기는 농형 유도 전동기보다 구조가 복잡하다.
② 권선형 유도 전동기는 농형 유도 전동기보다 용량이 크다.
③ 권선형 유도 전동기는 농형 유도 전동기보다 기동 토크가 크다.
④ 권선형 유도 전동기는 농형 유도 전동기보다 기동 전류가 크다.

**11** 다음 중 함수 $f(t)$와 라플라스 변환한 $\mathcal{L}(f)$의 값이 바르게 짝지어지지 않은 것은?

|  | $f(t)$ | $\mathcal{L}(f)$ |
|---|---|---|
| ① | $4\cos wt - 3\sin wt$ | $\dfrac{4s-3w}{s^2+w^2}$ |
| ② | $3t^2-4t+1$ | $\dfrac{18}{s^3}-\dfrac{8}{s^2}+\dfrac{1}{s}$ |
| ③ | $e^{2t}+5e^t-6$ | $\dfrac{1}{s-2}+\dfrac{5}{s-1}-\dfrac{6}{s}$ |
| ④ | $\cosh 5t$ | $\dfrac{s}{s^2-25}$ |

홀륭한 가정만한 학교가 없고, 덕이 있는 부모만한 스승은 없다.

− 마하트마 간디 −

# Add+

코레일 출제유형 파헤치기
## 정답 및 해설

## | 01 |  2023년 상반기

| 01 | 02 | 03 | 04 | 05 | 06 | | | | |
|----|----|----|----|----|----|--|--|--|--|
| ② | ④ | ③ | ③ | ⑤ | ④ | | | | |

### 01  정답  ②

개정된 윤리헌장으로 '윤리실천다짐' 결의를 갖는다고 하였고, 전문 강사의 특강은 기업윤리 실천 방안을 주제로 진행하므로 특강의 주제가 개정된 윤리헌장은 아니다.

**오답분석**

① 윤리실천주간은 5월 30일부터 6월 5일까지 1주일 동안 진행된다.
③ 세 번째 문단에서 한국철도공사 사장은 '이해충돌방지법 시행으로 공공기관의 사회적 책임과 공직자 윤리가 더욱 중요해졌다.'라고 강조하고 있으므로 적절한 내용이다.
④ 두 번째 문단에서 한국철도공사 윤리실천주간에 진행하는 7가지 프로그램을 상세히 설명하고 있다. 마지막 부분에 의하면 '공사 내 준법·윤리경영 체계를 세우고 인권경영 지원을 위한 정책 공유와 토론의 시간을 갖는 사내 워크숍도 진행한다.'라고 하였으므로 적절한 내용이다.
⑤ 세 번째 문단 마지막에서 한국철도공사가 지난해 12월에 ○○부 산하 공공기관 최초로 준법경영시스템 국제인증을 획득하였다고 밝히고 있다.

### 02  정답  ④

한국철도공사의 윤리실천주간 동안 진행되는 프로그램은 '직원 윤리의식 진단', '윤리 골든벨', 'CEO의 윤리편지', '윤리실천다짐', '윤리특강', '인권존중 대국민 캠페인', '윤리·인권경영 사내 워크숍' 총 7가지이다. ㉣의 반부패 청렴문화 확산을 위한 대국민 슬로건 공모전은 윤리실천주간에 진행되는 프로그램에 해당하지 않으므로 적절하지 않다.

**오답분석**

① 윤리실천주간의 목적을 밝히고 있으므로 적절한 내용이다.
② 윤리실천주간의 2번째 프로그램인 윤리 골든벨에 대한 상세 내용이므로 적절하다.
③ 윤리실천주간의 6번째 프로그램인 인권존중 대국민 캠페인에 대한 상세 내용이므로 적절하다.

⑤ 앞의 내용이 한국철도공사의 윤리적인 조직문화를 위해 노력하겠다는 다짐이고, 뒤이어 이를 위한 노력에 대해 소개하고 있으므로 적절하다.

### 03  정답  ③

폐수처리량이 가장 적었던 연도는 $204,000\text{m}^3$를 기록한 2021년이다. 그러나 오수처리량이 가장 적은 연도는 $27,000\text{m}^3$를 기록한 2022년이므로 적절하지 않다.

**오답분석**

① $2,900 \div 3,100 \times 100 \fallingdotseq 94\%$
② 온실가스 배출량은 2020년 $1,604,000\text{tCO}_2\text{eq}$에서 2022년 $1,542,000\text{tCO}_2\text{eq}$까지 매년 감소하고 있다.
④ (1,700백만+2,900백만+2,400백만)÷3≒2,333백만 원이므로 평균은 약 23억 3,300만 원이다.
⑤ 에너지 사용량의 전년 대비 증감률을 구하면 다음과 같다.
  • 2021년 : $\dfrac{29,000-30,000}{30,000} \times 100 \fallingdotseq -3.33\%$
  • 2022년 : $\dfrac{30,000-29,000}{29,000} \times 100 \fallingdotseq 3.45\%$

따라서 전년 대비 증감률의 절댓값은 2021년보다 2022년이 더 크다.

### 04  정답  ③

연도별 환경지표점수를 산출하면 다음과 같다.

(단위 : 점)

| 연도 | 녹색제품<br>구매액 | 에너지<br>사용량 | 폐수처리량 | 합계 |
|------|----------|----------|----------|------|
| 2020년 | 5 | 5 | 5 | 15 |
| 2021년 | 10 | 10 | 10 | 30 |
| 2022년 | 10 | 5 | 5 | 20 |

따라서 환경지표점수가 가장 높은 연도는 2021년이고, 그 점수는 30점이다.

## 05 정답 ⑤

철도차량 운행상태를 수집하여 3차원 디지털 정보로 시각화하는 것은 디지털 트윈 기술이다.

**오답분석**

① 중정비 정의 및 개요의 4번째 항목에서 중정비 기간 중 차량 운행은 불가능하다고 되어 있으므로 적절하다.
② 시험 검사 및 측정에서 고저온 시험기와 열화상 카메라는 온도를 사용하는 기기이므로 적절하다.
③ 절차를 확인하면 중정비는 총 7단계로 구성되며, 기능시험 및 출장검사는 3단계이므로 적절하다.
④ 중정비 정의 및 개요의 1번째 항목에서 철도차량 전반의 주요 시스템과 부품을 차량으로부터 분리해 점검한다고 했으므로 적절하다.

> **RAMS**
> Reliability(신뢰성), Availability(가용성), Maintainability(보수성), Safety(안전성) 향상을 지원·입증하기 위한 기술로, 철도 차량의 부품 및 설비를 제작 – 유지보수 – 개량 – 폐기까지 각 지표에 대한 정보를 통합적으로 분석하여 철도차량의 안전관리 및 유지보수 등 전반적인 시스템 엔지니어링 방법론이다.

## 06 정답 ④

중정기 정기 점검 기준에 의하면 운행 연차가 3년 이상 5년 이하의 경우 (열차 등급별 정기 점검 산정 횟수)×3회의 점검을 받아야 한다. C등급의 열차 등급별 정기 점검 산정 횟수는 연간 3회이므로 4년째 운행 중인 C등급 열차의 정기 점검 산정 횟수는 $3×3=9$회이다.

# | 02 | 2022년

| 01 | 02 | 03 | 04 | 05 | 06 | 07 | 08 | 09 | 10 |
| --- | --- | --- | --- | --- | --- | --- | --- | --- | --- |
| ③ | ⑤ | ③ | ② | ② | ③ | ① | ⑤ | ⑤ | ④ |

## 01 정답 ③

2020년 대구의 낮 시간대 소음도는 2019년 대비 2dB 감소하였으며, 2021년 대비 2dB 감소하였다.

**오답분석**

① 2017 ~ 2021년 광주와 대전의 낮 시간대 소음도는 모두 65dB 이하이므로 매해 소음환경기준을 만족했다.
② 2020년 밤 시간대 소음환경기준인 55dB 이하인 곳은 대전(54dB)뿐이다.
④ 2018년의 밤 시간대 주요 대도시 평균 소음도는 61dB로 가장 높으며, 밤 시간대 소음환경기준 55dB보다 6dB 더 높다.
⑤ 서울의 낮 시간대 평균 소음도는 68.2dB로 가장 높으며, 밤 시간대 평균 소음도는 65.8dB로, 낮 시간대 소음환경기준인 65dB 이상의 소음이 발생했다.

## 02 정답 ⑤

• 한 면의 유리창에 3종의 커튼을 다는 경우의 수 : 3가지
• 세 면의 콘크리트 벽에 7종의 그림을 거는 경우의 수
  : $_7P_3=7×6×5=210$가지
따라서 가능한 인테리어의 경우의 수는 $3×210=630$가지이다.

## 03 정답 ③

빈칸의 뒤에서 '하지만'이라는 조사로 분위기가 반전되며, 일제강점기에 서울의 옛길이 사라졌다는 내용이 등장한다. 따라서 빈칸에는 '어떤 상태나 상황을 그대로 보존하거나 변함없이 계속하여 지탱하였음'을 뜻하는 '유지(維持)'가 들어가는 것이 가장 적절하다.

**오답분석**

① 유래(由來) : 사물이나 일이 생겨남. 또는 그 사물이나 일이 생겨난 바
② 전파(傳播) : 전하여 널리 퍼뜨림
④ 전래(傳播) : 예로부터 전하여 내려옴
⑤ 답지(遝至) : 한군데로 몰려들거나 몰려옴

## 04 정답 ②

첫 번째 문단에서 프레이와 오스본은 '인공 지능의 발전으로 대부분의 비정형화된 업무도 컴퓨터로 대체될 수 있다.'고 보았다. 그러나 모든 비정형화된 업무가 컴퓨터로 대체될 수 있다고 보았던 것은 아니므로 적절하지 않다.

### 오답분석
① 제시문의 첫 문장에서 확인할 수 있다.
③ 두 번째 문단에서 확인할 수 있다.
④ 세 번째 문단에서 확인할 수 있다.
⑤ 마지막 문단에서 확인할 수 있다.

## 05 정답 ②

- 첫 번째 조건에 의해 메디컬빌딩 5층 건물 중 1층에는 약국과 편의점만 있다.
- 여섯 번째 조건에 의해 산부인과는 약국 바로 위층인 2층에 있고, 내과는 바로 위층인 3층에 있다.
- 일곱 번째 조건에 의해 산부인과는 2층 1개의 층을 모두 사용하고 있다.
- 네 번째와 일곱 번째 조건에 의해 정형외과는 4층 또는 5층에 있게 되는데, 5층에 있을 경우 마지막 조건에 위배되므로 정형외과는 4층에 있으며, 1개의 층을 모두 사용하고 있다.
- 네 번째 조건에 의해 소아과와 피부과는 정형외과 바로 아래층인 3층에 있다.
- 마지막 조건에 의해 안과와 치과는 피부과보다 높은 층인 5층에 있다.
- 다섯 번째 조건에 의해 이비인후과가 있는 층에는 진료 과가 2개 더 있어야 하므로 이비인후과는 5층에 있다.

이를 표로 정리하면 다음과 같다.

| 구분 | 건물 내부 | | |
|---|---|---|---|
| 5층 | 안과 | 치과 | 이비인후과 |
| 4층 | 정형외과 | | |
| 3층 | 내과 | 소아과 | 피부과 |
| 2층 | 산부인과 | | |
| 1층 | 약국 | 편의점 | |

따라서 안과와 이비인후과는 같은 층에 있음을 알 수 있다.

### 오답분석
① 산부인과는 2층에 있다.
③ 피부과가 있는 층은 진료 과가 3개이다.
④ 이비인후과는 정형외과 바로 위층에 있다.
⑤ K씨는 이비인후과와 치과를 가야 하므로 진료를 위해 찾아야 하는 곳은 5층이다.

## 06 정답 ③

제시된 조건을 표로 나타내면 다음과 같다.

| 구분 | 신도림점 | 영등포점 | 여의도점 |
|---|---|---|---|
| ㄱ(A) | × | | |
| ㄴ(B) | ○ | ○ | ○ |
| ㄷ(C) | | × | × |
| ㄹ(D) | ○ | | ○ |

따라서 ㄴ, ㄷ의 경우만 고려한다면, 이날 수리할 수 있었던 지점은 신도림점뿐임을 알 수 있다.

### 오답분석
① ㄱ, ㄴ의 경우만 고려한다면, 이날 수리할 수 있었던 지점은 영등포점 또는 여의도점이다.
② ㄱ, ㄹ의 경우만 고려한다면, 이날 영등포점의 수리 가능 여부는 알 수 없다.
④ ㄴ, ㄹ의 경우만 고려한다면, 이날 영등포점의 수리 가능 여부는 알 수 없다.
⑤ ㄷ, ㄹ의 경우만 고려한다면, 이날 수리할 수 있었던 지점은 신도림점뿐이다.

## 07 정답 ①

제시문은 과학과 종교가 대립한다는 주장을 다양한 근거를 들어 반박하고 있다. 따라서 궁극적으로 전달하고자 하는 바는 '과학이 종교와 양립할 수 없다는 의견은 타당하지 않다.'이다.

### 오답분석
② 과학이 종교와 양립할 수 없다는 의견이 타당하지 않다는 주장에 대한 논거이다.
③ 네 번째 문단에서 리처드 그레고리의 말이 인용되어 과학이 모든 것에 질문을 던진다는 것이 언급되기는 하지만, 근본적인 주제라고 볼 수는 없다.
④ 신학은 신에 대한 증거들을 의심하는 것이 아니라, 지속적으로 회의하고 재해석하는 학문이다.
⑤ 신학 또한 신의 존재를 입증하기 위해 과학적 증거를 찾으려 할 수 있다.

## 08 정답 ⑤

'준용'은 '표준으로 삼아 적용함'을 뜻하기 때문에 맥락상 쓰임이 적절하지 않다. '허용해야 한다.'라고 쓰는 것이 적절하다.

## 09 정답 ⑤

A씨는 60km/h의 버스로 15분간 이동하였으므로 버스로 이동한 거리는 $60 \times \dfrac{1}{4} = 15$km이고, 집에서 회사까지 거리는 30km가 된다. 이후 8시 20분에 75km/h의 택시를 타고 15km를 이동하였으므로 A씨가 집에 다시 도착하기까지 걸

은 $\frac{15}{75} = \frac{1}{5}$ 시간(=12분)이며, 집에 도착한 시각은 8시 32분이다. 서류를 챙겨 승용차에 타기까지 3분이 걸렸으므로 A씨는 8시 35분에 회사로 다시 출발하였다. 따라서 회사에 9시까지 도착하기 위해서는 30km의 거리를 25분 만에 도착해야 하므로 최소 $\frac{30}{25} \times 60 = 72$km/h로 운전해야 한다.

## 10 정답 ④

직원 9명의 지원 현황은 다음과 같이 총 6가지 경우가 나온다.

| 구분 | 1지망 | 2지망 | 3지망 |
|------|-------|-------|-------|
| 경우 1 | 기획조정부 | 홍보부 | 인사부 |
| 경우 2 | 기획조정부 | 인사부 | 홍보부 |
| 경우 3 | 홍보부 | 기획조정부 | 인사부 |
| 경우 4 | 홍보부 | 인사부 | 기획조정부 |
| 경우 5 | 인사부 | 기획조정부 | 홍보부 |
| 경우 6 | 인사부 | 홍보부 | 기획조정부 |

첫 번째 조건에 의하면 인사부를 3지망으로 지원한 직원은 없으므로 경우 1과 경우 3은 0명이다. 두 번째 조건에 의하면 경우 4는 2명, 네 번째 조건에 의하면 경우 2는 3명이다. 세 번째 조건에 의하여 경우 6을 $x$명, 경우 5를 $(x+2)$명이라고 할 때, 총 직원은 9명이므로 $0+3+0+2+(x+2)+x=9$가 된다. 따라서 $x=1$이다.

이를 다시 정리하면 다음과 같다.

| 구분 | 1지망 | 2지망 | 3지망 | 인원 |
|------|-------|-------|-------|------|
| 경우 1 | 기획조정부 | 홍보부 | 인사부 | 0명 |
| 경우 2 | 기획조정부 | 인사부 | 홍보부 | 3명 |
| 경우 3 | 홍보부 | 기획조정부 | 인사부 | 0명 |
| 경우 4 | 홍보부 | 인사부 | 기획조정부 | 2명 |
| 경우 5 | 인사부 | 기획조정부 | 홍보부 | 3명 |
| 경우 6 | 인사부 | 홍보부 | 기획조정부 | 1명 |

이를 다시 표로 정리하면 다음과 같다.

| 구분 | 1지망 | 2지망 | 3지망 |
|------|-------|-------|-------|
| 기획조정부 | 3명 | 3명 | 3명 |
| 홍보부 | 2명 | 1명 | 6명 |
| 인사부 | 4명 | 5명 | 0명 |

따라서 기획조정부를 3지망으로 지원한 직원은 3명이다.

## | 03 | 2021년

| 01 | 02 | 03 | 04 | 05 | 06 | 07 | 08 | 09 | 10 |
|----|----|----|----|----|----|----|----|----|----|
| ⑤ | ② | ① | ③ | ④ | ③ | ② | ⑤ | ② | ④ |
| 11 | | | | | | | | | |
| ④ | | | | | | | | | |

## 01 정답 ⑤

제시문에서는 표준시가 도입된 원인인 필요성(지역에 따른 시간 차이에 따른 문제)의 배경과 도입과정을 통해 표준시를 설명하고, 그에 따른 의의도 함께 설명하고 있다.

오답분석

① 장점과 단점에 대해 언급하지 않았다.
② 과학적 원리에 대한 내용은 없다.
③ 도입 이후의 문제점과 대안에 대해 나오지 않는다.
④ 한국에 적용된 시기는 나와 있지만 다른 나라들의 사례와 비교하고 있지 않다.

## 02 정답 ②

㉠ 편재(偏在) : 어느 한 곳에만 치우쳐 있음
㉡ 산재(散在) : 여기저기 흩어져 있음
㉢ 혼재(混在) : 뒤섞이어 있음

오답분석

• 잔재(殘在) : 남아 있음

## 03 정답 ①

• 20대 총점 : $8.2 \times 20 = 164$점
• 30대 총점 : $7.6 \times 32 = 243.2$점
• 40대 총점 : $7 \times 30 = 210$점
• 20 ~ 40대 총점 : $164 + 243.2 + 210 = 617.2$점
• 20 ~ 40대 평균 : $617.2 \div (20 + 32 + 30) ≒ 7.5$점

## 04 정답 ③

2월의 유입인원은 $5,520 - 2,703 = 2,817$천 명으로 1월보다 $2,979 - 2,817 = 16$만 2천 명 감소하였다.

오답분석

① 수송인원은 증가와 감소가 반복되고 있다.
② 8월의 수송인원은 $3,103 + 3,617 = 6,720$천 명이므로, 3분기 수송인원은 $6,431 + 6,720 + 6,333 = 19,484$천 명이다. 따라서 1,950만 명보다 적다.
④ 11월의 승차인원은 $6,717 - 3,794 = 2,923$천 명으로, 6월보다 $3,102 - 2,923 = 179$천 명 더 적다.

⑤ 8월의 수송인원은 6,720천 명이므로, 12월의 6,910천 명
보다 19만 명 더 적다.

## 05  정답 ④

주어진 조건을 정리하면 두 가지 경우로 구분되며, 표로 정리
하면 다음과 같다.
경우 1)

| 첫 번째 공휴일 | 두 번째 공휴일 | 세 번째 공휴일 | 네 번째 공휴일 | 다섯 번째 공휴일 |
|---|---|---|---|---|
| A약국 | D약국 | A약국 | B약국 | B약국 |
| D약국 | E약국 | C약국 | C약국 | E약국 |

경우 2)

| 첫 번째 공휴일 | 두 번째 공휴일 | 세 번째 공휴일 | 네 번째 공휴일 | 다섯 번째 공휴일 |
|---|---|---|---|---|
| D약국 | A약국 | A약국 | B약국 | B약국 |
| E약국 | D약국 | C약국 | C약국 | E약국 |

따라서 네 번째 공휴일에 영업하는 약국은 B와 C이다.

**오답분석**
① A약국은 이번 달 공휴일에 연달아 영업할 수도, 하지 않
을 수도 있다.
② 다섯 번째 공휴일에 B약국과 E약국이 같이 영업한다.
③ B약국은 네 번째, 다섯 번째 공휴일에 영업을 한다.
⑤ E약국은 두 번째, 다섯 번째 공휴일에 영업을 할 수 있다.

## 06  정답 ③

첫 번째 문단에서 기존의 인터넷과 사물인터넷을 대조(ⓓ)하
여 설명하였고, 세 번째 문단에서 사물인터넷이 침대와 실내
등에 연결되는 것 등의 예시(ⓒ)를 들어 설명하였다.

**오답분석**
㉠ 인용 : 남의 말이나 글을 자신의 말이나 글 속에 끌어 씀
ⓛ 구분 : 일정한 기준에 따라 전체를 몇 개로 갈라 나눔
ⓔ 역설 : 어떤 주의나 주장에 반대되는 이론이나 말

## 07  정답 ②

제시문에서 기존의 문학 연구의 여러 방법들이 문학 작품 자
체만을 관찰하는 '작품 내재적인 형식 – 심미적 관찰방법'과
작품과 관련된 주변 세계도 함께 관찰하는 '작품 외재적인 역
사 – 사회적 관찰방법'으로 크게 구별된다고 주장하였기 때문
에 기존의 문학 연구가 사회적 관찰방법을 도외시한다는 것은
옳지 않은 설명이다.

**오답분석**
① 수용미학은 1960년 말 서독 문예학계에서 시작된 문학 연
구의 한 방법론이다.

③ 수용미학은 '작품이란 그 생성과 수용방식과는 무관하게
영향을 미치고 작용한다.'는 전제하에, 문학 텍스트의 자
율성만을 중시한 고전미학의 작품 해석 태도를 비판한다.
④ 수용자를 통해 탄생된 '작품'은 작가의 생산물인 '텍스트'
이상의 것으로, 곧 텍스트가 '독자의 의식 속에서 재정비
되어 다시 구성된 것'을 의미한다.
⑤ 수용미학은 텍스트의 구조와 독서 구조가 수용자의 심미
적 경험에서 얽혀 짜이는 가운데 심미적으로 구체화되는
과정에 해석의 초점을 둔다.

## 08  정답 ⑤

• A : 2019년 한국 금융소득 상위 1% 인원은 354천 명,
2010년 한국 금융소득 상위 1% 인원은 160천 명이므로
$\frac{354}{160} ≒ 2.2$배이다.

• B : 2019년 한국 가계 전체 금융자산은 $\frac{2,100}{0.58} ≒ 3,620.7$
조 원, 2010년 한국 가계 전체 금융자산은 $\frac{1,100}{0.53} ≒ 2,075.5$
조 원이므로 $\frac{3,620.7}{2,075.5} ≒ 1.7$배이다.

• C : 2019년 한국 금융자산 상위 1%는 2,100조 원, 2010년
한국 금융자산 상위 1%는 1,100조 원이므로 $\frac{2,100}{1,100} ≒ 1.9$
배이다. 따라서 1.7배(B 수치)보다 크므로 한국 금융소득
상위 1%의 금융자산은 가계 전체 금융자산에 비해 더 많은
비율로 증가하였다.

## 09  정답 ②

A의 총점은 81점이므로 총 19점이 감점되었으며, 5점짜리는
1개 이상 틀렸기 때문에 5점짜리는 최소 1개에서 최대 3개를
틀렸다.
• 5점짜리를 1개 틀렸을 경우 : 남은 감점 점수는 14점, 틀린
문제 개수는 7개이다. 그러므로 2점짜리 7개를 틀렸다.
• 5점짜리를 2개 틀렸을 경우 : 남은 감점 점수는 9점, 틀린
문제 개수는 6개이다. 이때 2점짜리와 3점짜리 6문제로 9
점을 만들 수 없기 때문에 성립하지 않는다.
• 5점짜리를 3개 틀렸을 경우 : 남은 감점 점수는 4점, 틀린
문제 개수는 5개이다. 이때 2점짜리와 3점짜리 5문제로 4
점을 만들 수 없기 때문에 성립하지 않는다.
따라서 수험자 A는 5점 9개, 3점 10개, 2점 3개를 맞혔다.

## 10  정답 ④

주어진 조건을 정리하면 다음과 같다.

| 구분 | 영어<br>(3명) | 중국어<br>(2명) | 일본어<br>(1명) | 프랑스어<br>(1명) | 독일어<br>(1명) |
|---|---|---|---|---|---|
| A | ○ | × | × | × | ○ |
| B | ○ | ○ | × | | × |
| C | × | ○ | ○ | × | × |
| D | ○ | × | × | × | × |

B 또는 D 둘 중 한 명이 프랑스어에 능통한데, 둘 중 누구인지는 알 수 없으므로 D가 어느 국가로 파견 근무를 떠나는지는 알 수 없다.

**오답분석**

① A는 영어와 독일어 두 개의 외국어를 능통하게 할 수 있다.
② B가 두 개의 외국어를 능통하게 하는지, 세 개의 외국어를 능통하게 하는지는 알 수 없다.
③ C는 일본어를 능통하게 하므로 일본으로 파견 근무를 떠난다.
⑤ A는 영어와 독일어를 능통하게 하고, C는 중국어와 일본어를 능통하게 하기 때문에 동일하게 능통하게 하는 외국어는 없다.

## 11  정답 ④

오늘이 9월 2일 월요일 오전 9시라는 점에 유의하며 문제를 푼다.

• D고객 : 9월 4일 수요일 오후에 배송을 하면, 수요일 오후나 목요일 오전에 사이에 도착하므로 희망 배송시기보다 빨리 배송하게 된다.
• E고객 : I동은 장거리 배송으로 1일이 추가되기 때문에 9월 4일 수요일 오후에 배송을 하면 목요일 오후나 금요일 오전에 배송된다. 따라서 희망 배송시기보다 늦게 배송될 수 있다.

**오답분석**

① 금일(월요일) 오전에 배송을 하면 금일(월요일) 오후에 배송되므로 희망 배송시기인 월요일 오후에 배송이 가능하다.
② 배송 물품 집하장은 지하 1층 고객만족센터 우측 보관소이므로 적절하다.
③ 9월 3일 화요일 오후에 배송하면 화요일 오후에서 수요일 오전에 배송되므로 수요일 오전 배송을 희망하는 C고객을 위한 것이다.
⑤ 9월 3일 화요일 오후에 배송을 희망하는 고객이 없으므로 오전에는 배송을 준비할 필요가 없다.

## | 04 |  2020년

| 01 | 02 | 03 | 04 | 05 | 06 | 07 | 08 | 09 | |
|---|---|---|---|---|---|---|---|---|---|
| ④ | ② | ③ | ① | ③ | ① | ⑤ | ① | ④ | |

## 01  정답 ④

(가)는 구매품의서, (나)는 지출결의서이다. 지출결의서 작성의 전 단계인 구매품의서는 어떠한 물품을 구매하거나 지출해도 좋은지 승낙을 받는 문서이고, 지출결의서는 구매품의서에 의하여 승낙받은 물품대금을 지급하겠다는 문서이다. 각각의 서식은 회사마다 규정이 다르기 때문에 다소 차이가 있으나, 구매품의서는 사전 승인을 받는 것이고, 지출결의서는 자금의 집행의 결과 및 회계 처리를 나타내는 것이다.

## 02  정답 ②

제시문의 마지막 문단에서는 '국가 미래교통 전략 2050' 보고서를 통해 산업혁명의 진행과 신 교통기술의 출현에 대비하는 전략을 마련할 것임을 이야기하고 있으나 세부전략에 대한 정보는 파악할 수 없다.

**오답분석**

① 마지막 문단을 통해 국가 차원의 미래전략을 수립하는 목적은 4차 산업혁명의 진행과 신 교통기술의 출현을 도전의 기회로 삼고, 4차 교통혁명시대를 선도하기 위함임을 알 수 있다.
③ 네 번째 문단을 통해 1차 산업혁명과 4차 산업혁명 모두 교통부문과 관련이 있다는 유사점을 확인할 수 있다.
④ 첫 번째 문단을 통해 4차 산업혁명으로 인한 위력적인 변화 사례인 '알파고 쇼크'를 확인할 수 있다.
⑤ 마지막 문단을 통해 글로벌 차원에서의 메가트렌드 분석, 미래의 교통물류 미래상과 그 영향, 미래변화에 대비한 정책방향, 추진과제 등 '국가 미래교통 전략 2050' 보고서의 작성 방향을 확인할 수 있다.

## 03  정답 ③

• 안전기준 1 : 운전전환 작동 전에는 반드시 운전자 착석 여부 등을 감지하여 운전 가능 여부가 확인되어야 함을 설명하므로 '다. 운전전환 작동 전 준수사항'이 이에 해당한다.
• 안전기준 2 : 최대속도 및 속도에 따른 앞 차량과의 최소안전거리를 제시하여야 안전한 자율주행이 가능함을 설명하므로 '마. 자율주행 시 안전 확보가 필요한 경우'가 이에 해당한다.
• 안전기준 3 : 운전전환이 요구되는 상황에 따라 다른 경고 방법을 설명하므로 '나. 운전전환 요구 시 경고방법'이 이에 해당한다.

- 안전기준 4 : 충돌이 임박한 상황에서 운전전환 요구에 대응할 수 있는 시간이 충분하지 않은 경우의 대응 방안을 설명하므로 '가. 긴급한 비상상황의 경우'가 이에 해당한다.
- 안전기준 5 : 운전전환 요구에도 불구하고 운전자의 대응이 없는 경우의 시행 방안을 설명하므로 '바. 운전자 대응이 필요한 상황에서 반응이 없는 경우'가 이에 해당한다.
- 안전기준 6 : 자율주행시스템에 고장이 발생하더라도 위험을 끼치지 않도록 설계해야 함을 설명하므로 '라. 시스템 고장에 대비하기 위한 방안'이 이에 해당한다.

## 04  정답  ①

(다)에 따라 나머지 짝수 번호인 2번, 4번 학생은 2번 또는 4번의 의자에만 앉을 수 있다. 2번, 4번 학생이 자기의 번호가 아닌 4번, 2번 의자에 각각 앉을 경우 (가)에 따라 홀수 번호 학생 1명만 다른 번호의 의자에 앉아야 한다. 그러나 홀수 번호의 학생 3명 중 1명만 다른 번호의 의자에 앉는 것은 불가능하므로 2번, 4번 학생은 자기의 번호와 일치하는 번호의 의자에 앉아야 한다. 그러므로 1번, 3번, 5번은 모두 자기의 번호와 일치하지 않는 번호의 의자에 앉아야 하므로 1번 의자에 5번 학생이 앉는 경우와 1번 의자에 3번 학생이 앉는 경우로 나누어 볼 수 있다.

| 구분 | 1번<br>의자 | 2번<br>의자 | 3번<br>의자 | 4번<br>의자 | 5번<br>의자 |
|---|---|---|---|---|---|
| 경우 1 | 5번<br>학생 | 2번<br>학생 | 1번<br>학생 | 4번<br>학생 | 3번<br>학생 |
| 경우 2 | 3번<br>학생 | 2번<br>학생 | 5번<br>학생 | 4번<br>학생 | 1번<br>학생 |

이때, (나)에 따라 2명의 학생은 자기의 번호보다 작은 번호의 의자에 앉아야 하므로 경우 1은 제외된다.
따라서 1번부터 5번까지의 학생들은 다음과 같이 의자에 앉아 있음을 알 수 있다.

| 1<br>3번<br>학생 | 2<br>2번<br>학생 | 3<br>5번<br>학생 | 4<br>4번<br>학생 | 5<br>1번<br>학생 |
|---|---|---|---|---|

## 05  정답  ③

첫 번째 조건에 따라 A, B, C, D는 모두 같은 직업을 갖거나 두 명씩 서로 다른 직업을 가져야 한다. 이때 네 번째 조건에 따라 A와 D의 직업은 서로 같아야 하므로 A, B, C, D의 직업이 모두 같은 경우와 (A, D)와 (B, C)의 직업이 서로 다른 경우로 나누어 볼 수 있다.
1) A, B, C, D의 직업이 모두 같은 경우
세 번째 조건에 따라 C가 경찰관인 경우 D와 직업이 같을 수 없으므로 C는 경찰관이 될 수 없다. 따라서 A, B, C, D는 모두 소방관이다.

2) (A, D)와 (B, C)의 직업이 서로 다른 경우
- A, D가 소방관인 경우
두 번째 조건에 따라 A가 소방관이면 B가 소방관이거나 C는 경찰관이다. 이때, A와 B의 직업이 서로 다르므로 B는 소방관이 될 수 없으며 C가 경찰관이 된다. C가 경찰관이면 세 번째 조건에 따라 D는 소방관이 된다. 따라서 A, D는 소방관이며, B, C는 경찰관이다.
- A, D가 경찰관인 경우
세 번째 조건의 대우 'D가 소방관이 아니면 C는 경찰관이 아니다.'가 성립하므로 D가 경찰관이면 C는 소방관이 된다. 따라서 A, D는 경찰관이며, B, C는 소방관이다.

| 구분 | A | B | C | D |
|---|---|---|---|---|
| 경우 1 | 소방관 | | | |
| 경우 2 | 소방관 | 경찰관 | 경찰관 | 소방관 |
| 경우 3 | 경찰관 | 소방관 | 소방관 | 경찰관 |

따라서 B, C의 직업은 항상 같다.

## 06  정답  ①

길이가 6km인 터널을 150m 길이의 A열차와 200m 길이의 B열차가 완전히 빠져나올 때까지 움직이는 거리는 열차의 길이까지 합하여 각각 6,150m, 6,200m이다. B열차가 완전히 빠져나오는 시간을 $x$초, 속력을 $b$m/s라고 가정하면 A열차는 B열차보다 10초 늦게 빠져나오므로 $(x+10)$초, 속력은 B열차보다 분당 3km 더 느리므로 $(b-50)$m/s이다($\because$ 3km/분 $= \dfrac{3,000\text{m}}{60\text{s}} = 50$m/s). 이를 바탕으로 A열차와 B열차가 움직인 거리에 대한 방정식을 각각 세우면 다음과 같다.

$(b-50) \times (x+10) = 6,150$
$\to bx + 10b - 50x - 500 = 6,150 \cdots \bigcirc$
$bx = 6,200 \to x = \dfrac{6,200}{b} \cdots \bigcirc$

ⓛ을 ㉠에 대입하여 B열차의 속력 $b$를 구하면 다음과 같다.
$bx + 10b - 50x - 500 = 6,150$
$\to \left(b \times \dfrac{6,200}{b}\right) + 10b - \left(50 \times \dfrac{6,200}{b}\right) - 500 = 6,150$
$\to 6,200 + 10b - \dfrac{50 \times 6,200}{b} - 500 = 6,150$
$\to 10b - \dfrac{50 \times 6,200}{b} - 450 = 0$
$\to 10b^2 - 450b - (50 \times 6,200) = 0$
$\to b^2 - 45b - (5 \times 6,200) = 0$
$\to (b-200)(b+155) = 0$

속력 $b$는 음수가 아닌 양수인 200이므로 B열차의 속력은 200m/s이다. 구하고자 하는 값은 터널 안에서 A열차가 B열차를 마주친 순간부터 B열차를 완전히 지나가는 데 필요한 시간이고, 두 열차가 반대 방향으로 터널을 지나가고 있기 때문에 A열차가 B열차를 지나가는 속력은 두 열차의 속력의 합과 같고 거리도 두 열차의 길이 합과 같다.

따라서 필요한 시간 $\left[=\dfrac{(거리)}{(속력)}\right]$ 은

$$\frac{150+200}{b+b-50}=\frac{350}{2b-50}=\frac{350}{2\times200-50}=1초이다.$$

## 07  정답  ⑤

저울추 A ~ F의 질량을 해당되는 알파벳으로 가정하고 결과를 질량에 대한 방정식으로 만들면 다음과 같다.

(가) A+C=E

(나) B+F=C+E

(다) C+D=A+F

(라) B+C+E=D+F

(마) A+D=B+C

E+F의 질량과 같은 저울추들을 고르기 위해 F를 제외한 E가 있는 방정식 (가)와 E를 제외한 F가 있는 방정식 (다)를 더한다.

$$\begin{array}{r} A+C=E \\ +)\ C+D=A+F \\ \hline 2C+D=E+F \cdots \text{⊙} \end{array}$$

C와 같은 다른 저울추를 구하기 위해 E와 F가 있는 방정식 (나)에서 방정식 (라)를 빼준다.

$$\begin{array}{r} C+E=B+F \\ -)\ B+C+E=D+F \\ \hline D=2B \cdots \text{ⓛ} \end{array}$$

ⓛ을 방정식 (마)에 대입하면 A+D=B+C → A+2B−B=C → A+B=C이다. 따라서 C=A+B이므로 A+B+C+D=E+F이다.

## 08  정답  ①

투자안마다 투자금액에 대한 연수익은 다음과 같다.

• A : 1,600×0.11=176원

• B : 1,400×0.1=140원

• C : 1,200×0.09=108원

• D : 800×0.07=56원

• E : 600×0.05=30원

투자방법에 따라 남는 금액의 수익은 없고 투자금액에 대한 수익을 계산하면 구하면 다음과 같다.

① A=176원

② B+E=140+30=170원

③ C+D=108+56=164원

④ C+E=108+30=138원

⑤ D+E=56+30=86원

따라서 A만 투자했을 경우 176원으로 가장 수익이 높다.

## 09  정답  ④

소비자물가지수는 상품의 가격 변동을 수치화한 것으로 각 상품의 가격은 알 수 없다.

오답분석

① 그래프를 보면 세 품목이 모두 2015년도에 물가지수 100을 나타낸다. 따라서 제시한 모든 품목의 소비자 물가지수는 2015년 물가를 100으로 하여 등락률을 산정했다.

② 2019년 자장면 물가지수의 2015년 대비 증가지수는 115−100=15로 가장 많이 오른 음식이다.

③ 설렁탕은 2010년에 물가지수가 가장 낮은 품목이며, 2015년의 세 품목의 물가지수는 100으로 동일하다. 따라서 설렁탕이 2010년부터 2015년까지 가장 많이 오른 음식이다.

⑤ 세 품목의 2015년 물가지수 100이 기준이기 때문에 2019년에 물가지수가 높은 순서대로 가격 증가액이 높다. 따라서 2015년 대비 2019년은 '자장면, 설렁탕, 커피' 순서로 가격이 올랐다.

# | 05 |  2019년

| 01 | 02 | 03 | 04 | 05 | 06 | 07 | 08 | 09 |
|----|----|----|----|----|----|----|----|----|
| ④ | ① | ① | ⑤ | ③ | ① | ⑤ | ① | ① |

## 01  정답  ④

C, D, F지점의 사례만 고려하면 F지점에서 마카롱과 쿠키를 함께 먹었을 때, 알레르기가 발생하지 않았으므로 마카롱은 알레르기 발생 원인이 될 수 없으며, 빵 또는 케이크가 알레르기 발생 원인이 될 수 있다. 따라서 ④는 반드시 거짓이 된다.

오답분석

① A, B, D지점의 사례만 고려한 경우 : 빵과 마카롱을 함께 먹은 경우에는 알레르기가 발생하지 않았으므로, 케이크가 알레르기 발생 원인이 된다.

② A, C, E지점의 사례만 고려한 경우 : 케이크와 쿠키를 함께 먹은 경우에는 알레르기가 발생하지 않았으므로, 빵이 알레르기 발생 원인이 된다.

③ B, D, F지점의 사례만 고려한 경우 : 빵과 마카롱 또는 마카롱과 쿠키를 함께 먹은 경우에 알레르기가 발생하지 않았으므로, 케이크가 알레르기 발생 원인이 된다.

⑤ D, E, F지점의 사례만 고려한 경우 : 케이크와 마카롱을 함께 먹은 경우에 알레르기가 발생하였으므로, 쿠키는 알레르기 발생 원인이 아니다.

## 02 정답 ①

각 지점에는 한 번에 한 명의 신입사원만 근무할 수 있으므로 주어진 조건에 따라 지점별 순환근무표를 정리하면 다음과 같다.

| 구분 | 강남 | 구로 | 마포 | 잠실 | 종로 |
|------|------|------|------|------|------|
| 1 | A | B | C | D | E |
| 2 | B | C | D | E | A |
| 3(현재) | C | D | E | A | B |
| 4 | D | E | A | B | C |
| 5 | E | A | B | C | D |

따라서 E는 네 번째 순환근무 기간에 구로에서 근무할 예정이므로 반드시 참인 것은 ①이다.

② C는 이미 첫 번째 순환근무 기간에 마포에서 근무하였다.
③ 다음 순환근무 기간인 네 번째 기간에 잠실에서 근무할 사람은 B이다.
④ 세 번째 순환근무 기간을 포함하여 지금까지 강남에서 근무한 사람은 A, B, C이다.
⑤ 강남에서 가장 먼저 근무한 사람은 A이다.

## 03 정답 ①

제시문에 따르면 복지국가 담론에 대한 회의 혹은 자본주의 시장 실패에 대한 대안이나 보완책으로 '사회적 경제'가 거론된다. 따라서 기존의 복지국가 담론은 사회적 경제가 등장하게 된 배경으로 볼 수 있으며, 이는 사회적 경제의 개념과 거리가 멀다.

## 04 정답 ⑤

제시문과 ⑤의 '던지다'는 '재물이나 목숨을 아낌없이 내놓다.'의 의미이다.

① 어떤 행동을 상대편에게 하다.
② 바둑이나 장기에서, 도중에 진 것을 인정하고 끝내다.
③ 손에 든 물건을 다른 곳에 떨어지게 팔과 손목을 움직여 공중으로 내보내다.
④ 그림자를 나타내다.

## 05 정답 ③

첫 번째 문단의 '동일곡이지만 템포의 기준을 어떻게 잡아서 재현해 내느냐에 따라서 그 음악의 악상은 달라진다.'라는 문장을 통해 템포의 완급에 따라 악상이 변화하는 것을 알 수 있다.

① 서양 음악과 한국 전통 음악의 차이는 심장의 고동을 중시하는 서양의 민족의식과 호흡을 중시하는 우리 민족의식에 따른 차이에서 발생한다는 글 전체의 내용을 통해 확인할 수 있다.
②·⑤ 다섯 번째 문단에서 확인할 수 있다.
④ 두 번째 문단에서 확인할 수 있다.

## 06 정답 ①

두 번째 조건에서 경유지는 서울보다 +1시간, 출장지는 경유지보다 −2시간이므로 서울과 −1시간 차이다.
김대리가 서울에서 경유지를 거쳐 출장지까지 가는 과정을 서울 시각 기준으로 정리하면 서울 5일 오후 1시 35분 출발 → 오후 1시 35분+3시간 45분=오후 5시 20분 경유지 도착 → 오후 5시 20분+3시간 50분(대기시간)=오후 9시 10분 경유지에서 출발 → 오후 9시 10분+9시간 25분=6일 오전 6시 35분 출장지 도착이다.
따라서 출장지에 도착했을 때 현지 시각은 서울보다 1시간 느리므로 오전 5시 35분이다.

## 07 정답 ⑤

A팀은 C팀의 평균보다 3초 짧고, B팀은 D팀의 평균보다 2초 길다. 각 팀의 평균을 구하면 다음과 같다.

| 구분 | 평균 |
|------|------|
| A팀 | $45-3=42$초 |
| B팀 | $44+2=46$초 |
| C팀 | $\dfrac{51+30+46+45+53}{5}=45$초 |
| D팀 | $\dfrac{36+50+40+52+42}{5}=44$초 |

A팀의 4번 선수의 기록을 $a$초, B팀의 2번 선수의 기록을 $b$초로 가정한다.

A팀의 4번 선수의 기록 $\dfrac{32+46+42+a+42}{5}=42$
→ $a+162=210$ → $a=48$이고,

B팀의 2번 선수의 기록은 $\dfrac{48+b+36+53+55}{5}=46$
→ $b+192=230$ → $b=38$이다.

따라서 두 선수의 평균 기록은 $\dfrac{48+38}{2}=43$초이다.

## 08 정답 ①

2016년 50대, 60대, 70세 이상 연령의 전체 흡연율 합은 22.7+14.6+9.1=46.4%로, 2016년 연도별 19세 이상 성인의 전체 흡연율 22.6%보다 높으므로 옳지 않은 설명이다.

**오답분석**

② 2016년 연령대별 흡연율과 고위험 음주율 표 자료에서 여자의 고위험 음주율은 연령대가 높아질수록 낮아짐을 알 수 있다.

③ 2016년 연령대별 고위험 음주율에서 남자는 50대 26%이고 여자는 19 ～ 29세 9.6%로 가장 높았다.

④ 우리나라 19세 이상 성인의 전체 흡연율 및 고위험 음주율은 2011년에 각각 26.3%, 13.6%이고 2016년에는 22.6%, 13.2%로 감소하였다.

⑤ 조사기간 중 19세 이상 성인의 흡연율은 남자는 2011년 도에 46.8%이고 여자는 2012년도에 7.4%로 가장 높다.

## 09 정답 ①

물품별 1회 구매수량 및 신청 부서 수를 정리하면 다음과 같다.

| 구분 | A물품 | B물품 | C물품 | D물품 | E물품 |
|---|---|---|---|---|---|
| 1회 구매수량 | 2묶음 | 3묶음 | 2묶음 | 2묶음 | 2묶음 |
| 신청 부서 수 | 3부서 | 2부서 | 5부서 | 3부서 | 4부서 |

다섯 업체 중 조건에 부합하지 않은 업체를 먼저 고르는 것이 풀이 시간을 절약할 수 있다.

각 물품은 제한된 가격 내에서 구매해야 하므로 다 업체의 C 물품 2묶음 가격은 $2,550 \times 2 = 5,100$원으로 구매 제한가격인 5,000원을 초과하고, 마 업체의 B물품 또한 $1,700 \times 3 = 5,100$원으로 구매 제한가격인 5,000원을 초과한다.

이들을 제외한 가, 나, 라 업체의 전체 물품 가격을 비교하면 다음과 같다.

| 구분 | 총금액 |
|---|---|
| 가 업체 | $(12,400 \times 2 \times 3) + (1,600 \times 3 \times 2) + (2,400 \times 2 \times 5) + (1,400 \times 2 \times 3) + (11,000 \times 2 \times 4) = 204,400$원 |
| 나 업체 | $(12,200 \times 2 \times 3) + (1,600 \times 3 \times 2) + (2,450 \times 2 \times 5) + (1,400 \times 2 \times 3) + (11,200 \times 2 \times 4) = 205,300$원 |
| 라 업체 | $(12,500 \times 2 \times 3) + (1,500 \times 3 \times 2) + (2,400 \times 2 \times 5) + (1,300 \times 2 \times 3) + (11,300 \times 2 \times 4) = 206,200$원 |

따라서 가 업체에서 소모품을 가장 저렴하게 구입할 수 있다.

배우고 때로 익히면,
또한 기쁘지 아니한가.

- 공자 -

# PART

# I

## 코레일 7개년 기출복원문제
## 정답 및 해설

## | 01 | 사무영업직

| 01 | 02 | 03 | 04 | 05 | 06 | 07 | 08 | 09 | 10 |
|----|----|----|----|----|----|----|----|----|----|
| ④ | ② | ⑤ | ⑤ | ⑤ | ④ | ① | ② | ④ | ① |
| 11 | 12 | 13 | 14 | 15 | 16 | 17 | 18 | 19 | 20 |
| ② | ⑤ | ⑤ | ④ | ② | ① | ④ | ③ | ④ | ③ |
| 21 | 22 | 23 | 24 | 25 | 26 | 27 | 28 | 29 | 30 |
| ② | ① | ③ | ③ | ⑤ | ① | ① | ④ | ③ | ② |

## 01 정답 ④

제시문의 두 번째 문단에 따르면 CCTV는 열차 종류에 따라 네트워크 방식과 개별 독립 방식으로 설치된다고 하였다. 따라서 개별 독립 방식으로 설치된 일부 열차에서는 각 객실의 상황을 실시간으로 파악하지 못할 수 있다.

오답분석
① 첫 번째 문단에서 현재 운행하고 있는 열차의 모든 객실에 CCTV를 설치하겠다는 내용으로 보아, 현재 모든 열차의 모든 객실에 CCTV가 설치되지 않았음을 유추할 수 있다.
② 첫 번째 문단에 따르면 모든 열차 승무원에게 바디 캠을 지급하겠다고 하였다. 이에 따라 승객이 승무원을 폭행하는 등의 범죄 발생 시 해당 상황을 녹화한 바디 캠 영상이 있어 수사의 증거자료로 사용할 수 있게 되었다.
③ 두 번째 문단에 따르면 CCTV는 사각지대 없이 설치되며 일부는 휴대 물품 보관대 주변에도 설치된다고 하였다. 따라서 인적 피해와 물적 피해 모두 파악할 수 있게 되었다.
⑤ 세 번째 문단에 따르면 CCTV 품평회와 시험을 통해 제품의 형태와 색상, 재질, 진동과 충격 등에 대한 적합성을 고려한다고 하였다.

## 02 정답 ②

• (가)를 기준으로 앞의 문장과 뒤의 문장이 서로 일치하지 않는 상반되는 내용을 담고 있으므로 가장 적절한 접속사는 '하지만'이다.
• (나)를 기준으로 앞의 문장은 기차의 냉난방시설을, 뒤의 문장은 지하철의 냉난방시설을 다루고 있으므로 가장 적절한 접속사는 '반면'이다.

• (다)의 앞뒤 내용을 살펴보면, 앞선 내용의 과정들이 끝나고 이후의 내용이 이어지므로, 이를 이어주는 접속사인 '마침내'가 들어가는 것이 가장 적절하다.

## 03 정답 ⑤

제시문의 문단에 따르면 스마트글라스 내부 센서를 통해 충격과 기울기를 감지할 수 있어 위험한 상황이 발생할 경우 통보 시스템을 통해 바로 파악할 수 있게 되었음을 알 수 있다.

오답분석
① 첫 번째 문단을 통해 스마트글라스를 통한 작업자의 음성 인식만으로 철도시설물 점검이 가능해졌음을 알 수 있지만, 마지막 문단에 따르면 아직 철도시설물 보수 작업은 가능하지 않음을 알 수 있다.
② 첫 번째 문단에 따르면 스마트글라스의 도입 이후에도 사람의 작업이 필요함을 알 수 있다.
③ 세 번째 문단에 따르면 스마트글라스의 도입으로 추락 사고나 그 밖의 위험한 상황을 미리 예측할 수 있어 이를 방지할 수 있게 되었음을 알 수 있지만, 실제로 안전사고 발생 횟수가 감소하였는지는 알 수 없다.
④ 두 번째 문단에 따르면 여러 단계를 거치던 기존 작업 방식에서 스마트글라스의 도입으로 작업을 한 번에 처리할 수 있게 된 것을 통해 작업 시간이 단축되었음을 알 수 있지만, 필요한 작업 인력의 감소 여부는 알 수 없다.

## 04 정답 ⑤

마지막 문단에 따르면 인공지능 등의 스마트 기술 도입으로 까치집 검출 정확도는 95%까지 상승하였으므로, 까치집 제거율 또한 상승할 것임을 예측할 수 있으나, 근본적인 까치집 생성의 감소를 기대할 수는 없다.

오답분석
① 두 번째와 세 번째 문단에 따르면 정확도가 65%에 불과했던 인공지능의 까치집 식별 능력이 딥러닝 방식의 도입으로 95%까지 상승했음을 알 수 있다.
② 세 번째 문단에서 시속 150km로 빠르게 달리는 열차에서의 까치집 식별 정확도는 65%에 불과하다는 내용으로 보아, 빠른 속도에서 인공지능의 사물 식별 정확도는 낮음을 알 수 있다.

③ 마지막 문단에 따르면 작업자의 접근이 어려운 곳에는 드론을 띄워 까치집을 발견 및 제거하는 기술도 시범 운영하고 있다고 하였다.
④ 실시간 까치집 자동 검출 시스템 개발로 실시간으로 위험 요인의 위치와 이미지를 작업자에게 전달할 수 있게 되었다.

## 05 정답 ⑤

한국조폐공사를 통한 예약 접수는 온라인 쇼핑몰 홈페이지를 통해 가능하며, 오프라인(방문) 접수는 우리·농협은행의 창구를 통해서만 이루어진다.

**오답분석**
① 구매자를 대한민국 국적자로 제한한다는 내용은 없다.
② 단품으로 구매 시 화종별 최대 3장으로 총 9장, 세트로 구매할 때도 최대 3세트로 총 9장까지 신청이 가능하고, 세트와 단품은 중복 신청이 가능하므로 가능한 최대 개수는 18장이다.
③ 우리·농협은행의 계좌가 없다면, 한국조폐공사 온라인 쇼핑몰을 이용하거나, 우리·농협은행에 직접 방문하여 구입할 수 있다.
④ 총 발행량은 예약 주문 이전부터 화종별 10,000장으로 미리 정해져 있다.

## 06 정답 ④

우리·농협은행 계좌 미보유자가 예약 신청을 할 수 있는 경로는 두 가지이다. 하나는 신분증을 지참하고 우리·농협은행의 지점을 방문하여 신청하는 것이고, 다른 하나는 한국조폐공사 온라인 쇼핑몰에서 가상계좌 방식으로 신청하는 것이다.

**오답분석**
① A씨는 외국인이므로 창구 접수 시 지참해야 하는 신분증은 외국인등록증이다.
② 한국조폐공사 온라인 쇼핑몰에서는 가상계좌 방식을 통해서만 예약 신청이 가능하다.
③ 홈페이지를 통한 신청이 가능한 은행은 우리은행과 농협은행뿐이다.
⑤ 우리·농협은행의 홈페이지를 통해 예약 접수를 하려면 해당 은행에 미리 계좌가 개설되어 있어야 한다.

## 07 정답 ①

3종 세트는 186,000원, 단품은 각각 63,000원이므로 5명의 구매 금액을 각각 계산하면 다음과 같다.
• A : $(186,000 \times 2) + 63,000 = 435,000$원
• B : $63,000 \times 8 = 504,000$원
• C : $(186,000 \times 2) + (63,000 \times 2) = 498,000$원
• D : $186,000 \times 3 = 558,000$원
• E : $186,000 + (63,000 \times 4) = 438,000$원
따라서 가장 많은 금액을 지불한 사람은 D이며, 구매 금액은 558,000원이다.

## 08 정답 ②

마일리지 적립 규정에는 회원 등급에 관련된 내용이 없으며, 마일리지 적립은 지불한 운임의 액수, 더블적립 열차 탑승 여부, 선불형 교통카드 Rail+ 사용 여부에 따라서만 결정된다.

**오답분석**
① KTX 마일리지는 KTX 열차 이용 시에만 적립된다.
③ 비즈니스 등급은 기업회원 여부와 관계없이 최근 1년간의 활동내역을 기준으로 부여된다.
④ 추석 및 설 명절 특별수송 기간 탑승 건을 제외하고 4만 점을 적립해야 VIP 등급을 부여받는다.
⑤ VVIP 등급과 VIP 등급 고객은 한정된 횟수 내에서 KTX 특실을 KTX 일반실 가격에 구매할 수 있다(무료 업그레이드).

## 09 정답 ④

4월 회원의 남녀의 비가 $2:3$이므로 각각 $2a$명, $3a$명이라 하고, 5월에 더 가입한 남녀 회원의 수를 각각 $x$명, $2x$명으로 놓으면
$$\begin{cases} 2a + 3a < 260 \\ (2a + x) + (3a + 2x) = 5a + 3x > 320 \end{cases}$$
5월에 남녀의 비가 $5:8$이므로
$$(2a + x) : (3a + 2x) = 5 : 8 \rightarrow a = 2x$$
이를 연립방정식에 대입하여 정리하면
$$\begin{cases} 4x + 6x < 260 \\ 10x + 3x > 320 \end{cases} \rightarrow \begin{cases} 10x < 260 \\ 13x > 320 \end{cases}$$
공통 부분을 구하면 $24.6\cdots < x < 26$이며
$x$는 자연수이므로 25이다.
따라서 5월 전체 회원의 수는 $5a + 3x = 13x = 325$명이다.

## 10 정답 ①

A씨는 장애의 정도가 심하지 않으므로 KTX 이용 시 평일 이용에 대해서만 30% 할인을 받으며, 동반 보호자에 대한 할인은 적용되지 않는다. 따라서 3월 11일(토) 서울 → 부산 구간의 이용에는 할인이 적용되지 않고, 3월 13일(월) 부산 → 서울 구간 이용 시 총운임의 15%만 할인받는다. 따라서 두 사람의 왕복 운임을 기준으로 7.5% 할인받았음을 알 수 있다.

## 11 정답 ②

㉠ 연간 수요는 일정하게 발생하고, 주문량에 따라 재고 유지비도 선형적으로 증가한다.
㉢ 각 주문은 끊임없이 공급되어 품절 등이 발생하지 않는다.

**오답분석**

㉡ 주문량은 전량 일시에 입고된다.
㉣ 단위당 구매비, 생산비 등이 일정하며, 할인은 적용하지 않는다.

## 12 정답 ⑤

광고는 단기적인 매출 향상을 목표로 진행하는 경우가 많으며, PR은 이미지 제고 등을 목표로 장기간 진행하는 경우가 많다.

**오답분석**

② PR은 정보 전달뿐만 아니라 소비자의 피드백도 중요하게 고려한다.
③ 광고는 매출 향상 등 이익 창출을 주목표로 하며, PR은 공익, 기업 이미지 제고 등 이해 창출을 주목표로 한다.
④ 광고는 TV, 라디오, 잡지, 인터넷 등 다양한 매체를 활용하여 진행하는 경우가 많으며, PR은 사회적 이슈나 기업의 특성 등을 부각할 수 있는 이벤트 등을 주로 활용한다.

## 13 정답 ⑤

페이욜은 기업활동을 기술활동, 영업활동, 재무활동, 회계활동, 관리활동, 보전활동 6가지 분야로 구분하였다.

**오답분석**

② 차별 성과급제, 기능식 직장제도, 과업관리, 계획부 제도, 작업지도표 제도 등은 테일러의 과학적 관리법을 기본이론으로 한다.
③ 포드의 컨베이어 벨트 시스템은 생산원가를 절감하기 위해 표준 제품을 정하고 대량 생산하는 방식을 정립한 것이다.
④ 베버의 관료제 조직은 계층에 의한 관리, 분업화, 문서화, 능력주의, 사람과 직위의 분리, 비개인성의 6가지 특징을 가지며, 이를 통해 조직을 가장 합리적이고 효율적으로 운영할 수 있다고 주장한다.

## 14 정답 ④

㉡ 자동화 기계 도입에 따른 다기능공 활용이 늘어나면, 작업자는 여러 기능을 숙달해야 하는 부담이 증가한다.
㉣ 혼류 생산을 통해 공간 및 설비 이용률을 향상시킨다.

**오답분석**

㉠ 현장 낭비 제거를 통해 원가를 낮추고 생산성을 향상시킨다.
㉢ 소 LOT 생산을 통해 재고율을 감소시켜 재고비용, 공간 등을 줄일 수 있다.

## 15 정답 ②

논리적인 자료 제시를 통해 높은 이해도를 이끌어 내는 것은 이성적 소구에 해당된다.

**오답분석**

① 감성적 소구는 감정전이형 광고라고도 하며, 브랜드 이미지 제고, 호의적 태도 등을 목표로 한다.
③ 감성적 소구 방법으로 유머소구, 공포소구, 성적소구 등이 해당된다.
④ 이성적 소구는 자사 제품이 선택되어야만 하는 이유 또는 객관적 근거를 제시하고자 하는 방법이다.
⑤ 이성적 소구는 제품은 위험성이 있거나 새로운 기술이 적용된 제품 등의 지식과 정보를 제공함으로써 표적소비자들이 제품을 선택할 수 있게 한다.

## 16 정답 ①

가치사슬은 미시경제학 또는 산업조직론을 기반으로 하는 분석 도구이다.

**오답분석**

② 가치사슬은 기업의 경쟁우위를 강화하기 위한 기본적 분석 도구로 기업이 수행하는 활동을 개별적으로 나누어 분석한다.
③ 구매, 제조, 물류, 판매, 서비스 등을 기업의 본원적 활동으로 정의한다.
④ 인적자원 관리, 인프라, 기술개발, 조달활동 등은 기업의 지원적 활동으로 정의한다.
⑤ 각 가치사슬의 이윤은 전체 수입에서 가치창출을 위해 발생한 모든 비용을 제외한 값이다.

## 17 정답 ④

주식회사 발기인의 인원수는 별도의 제한이 없다.

**오답분석**

① 주식회사의 법인격에 대한 설명이다.
② 출자자의 유한책임에 대한 설명이다(상법 제331조).
③ 주식은 자유롭게 양도할 수 있는 것이 원칙이다.
⑤ 주식회사는 사원(주주)의 수가 다수인 경우가 많기 때문에 사원이 직접 경영에 참여하는 것이 적절하지 않아 이사회로 경영권을 위임한다.

## 18 정답 ③

직무급은 임금수준 설정에 직무평가라는 객관적인 근거를 부여할 수 있다는 장점이 있다.

**오답분석**

①·⑤ 직무에 따라 급여율을 결정하고, 학벌, 성별에 따라 초임금을 결정하며 근속연수, 연령에 따라 급여가 올라가

는 연공서열제(호봉제)와 반대되는 개념이다.
② 하나의 직무만 오래 수행할 경우, 해당 직무에 정형화되어 인력배치에 문제가 발생할 수 있다.
④ 학벌, 근속연수, 연령 등을 고려하지 않기 때문에 인력배치 시 반발에 부딪힐 수 있다.

## 19  정답  ④

기능식 조직은 환경변화에 대한 적응력이 낮아 혁신이 느린 반면, 사업부 조직은 불안정한 환경에서 신속한 대응 및 조정이 가능하다.

**오답분석**

① 기능식 조직은 업무활동을 기능별로 분화하여 조직화하며, 사업부 조직은 외부환경에 맞춰 최고경영자의 전략적 의사결정 및 산출물이 나올 수 있도록 부서를 조직한다.
② 기능식 조직은 구성원들이 동일 부서에 배치되고 생산설비 등을 공동 사용하므로 규모의 경제 효과를 누릴 수 있으나, 사업부 조직은 모든 제품마다 생산설비 등을 갖춰야 하는 등 자원이 비효율적으로 사용될 수 있다.
③ 기능식 조직은 구성원들이 소속부서에서 단시간 내 기술개발을 통한 전문화가 유리하나, 사업부 조직은 여러 사업부로 기술이 분산됨에 따라 기술 전문화가 어렵다.
⑤ 기능식 조직은 조직 전반의 통합적인 관리업무를 배울 수 있는 기회가 적은 반면, 사업부 조직은 포괄적인 업무수행으로 최고경영자 양성에 적합하다.

## 20  정답  ③

단수가격은 심리학적인 가격 결정으로 1,000원, 10,000원 단위로 가격을 결정하지 않고, 900원, 990원, 9,900원 등 단수로 가격을 결정하여 상대적으로 저렴하게 보이게 한다.

**오답분석**

① 명성가격 : 판매자의 명성이나 지위를 나타내는 제품을 수요가 증가함에 따라 높게 설정하는 가격이다.
② 준거가격 : 소비자가 상품가격을 평가할 때 자신의 기준이나 경험을 토대로 생각하는 가격이다.
④ 관습가격 : 소비자들이 오랜 기간 동안 일정금액으로 구매해온 상품의 특정 가격이다.
⑤ 유인가격 : 잘 알려진 제품을 저렴하게 판매하여 소비자들을 유인하기 위한 가격이다.

## 21  정답  ②

프로그램의 최고 단계 훈련을 마치고, 프로젝트 팀 지도를 전담하는 직원은 블랙벨트이다. 마스터블랙벨트는 식스 시그마의 최고과정에 이른 사람으로, 블랙벨트가 수행하는 프로젝트를 전문적으로 관리한다.

## 22  정답  ①

**오답분석**

② 준거가격 : 소비자가 과거의 경험이나 기억, 정보 등으로 제품의 구매를 결정할 때 기준이 되는 가격이다.
③ 명성가격 : 소비자가 가격에 의하여 품질을 평가하는 경향이 강할 경우 비교적 고급품질이 선호되는 상품에 설정되는 가격이다.
④ 관습가격 : 일용품의 경우처럼 장기간에 걸친 소비자의 수요로 인해 관습적으로 형성되는 가격이다.
⑤ 기점가격 : 제품을 생산하는 공장의 입지 조건 등을 막론하고 특정 기점에서 공장까지의 운임을 일률적으로 원가에 더하여 형성되는 가격이다.

## 23  정답  ③

미시적 마케팅은 선행적 마케팅과 후행적 마케팅으로 구분되며, 선행적 마케팅은 생산이 이루어지기 전의 마케팅을, 후행적 마케팅은 생산이 이루어진 이후의 마케팅 활동을 의미한다. 후행적 마케팅의 대표적인 활동으로 경로, 가격, 판촉 등이 있다.

## 24  정답  ③

수요예측기법은 수치를 이용한 계산방법 적용 여부에 따라 정성적 기법과 정량적 기법으로 구분할 수 있다. 정성적 기법은 개인의 주관이나 판단 또는 여러 사람의 의견에 의하여 수요를 예측하는 방법으로, 델파이 기법, 역사적 유추법, 시장조사법, 라이프사이클 유추법 등이 있다. 정량적 기법은 수치로 측정된 통계자료에 기초하여 계량적으로 예측하는 방법으로, 사건에 대하여 시간의 흐름에 따라 기록한 시계열 데이터를 바탕으로 분석하는 시계열 분석 방법이 이에 해당한다.

**오답분석**

① 델파이 기법 : 여러 전문가의 의견을 되풀이해 모으고 교환하고 발전시켜 미래를 예측하는 방법이다.
② 역사적 유추법 : 수요 변화에 관한 과거 유사한 제품의 패턴을 바탕으로 유추하는 방법이다.
④ 시장조사법 : 시장에 대해 조사하려는 내용의 가설을 세운 뒤 소비자 의견을 조사하여 가설을 검증하는 방법이다.
⑤ 라이프 사이클 유추법 : 제품의 라이프 사이클을 분석하여 수요를 예측하는 방법이다.

## 25  정답  ⑤

재고 부족현상이 발생하게 되면 EOQ 모형을 적용하기 어렵다. 하지만 실제 상황에서는 갑작스러운 수요 상승으로 인한 재고부족이 나타날 수 있고, 이러한 단점으로 인해 실제로는 추가적으로 여러 가지 요소들을 함께 고려해야 EOQ 모형을 적절하게 사용할 수 있다. 따라서 EOQ 모형을 사용하기 위해서는 재고 부족현상은 발생하지 않고, 주문 시 정확한 리드타임이 적용된다는 것을 가정으로 계산한다.

## 26　정답　①

**적시생산시스템(JIT; Just In Time)**
JIT 시스템은 무재고 생산방식 또는 도요타 생산방식이라고 하며, 필요한 것을 필요한 양만큼 필요한 때에 만드는 생산방식으로 설명된다. 재고가 생산의 비능률을 유발하는 원인이기 때문에 이를 없애야 한다는 사고방식에 의해 생겨난 기법이다. 고품질, 저원가, 다양화를 목표로 한 철저한 낭비제거 사상을 수주부터 생산, 납품에 이르기까지 적용하는 것으로 풀(Pull) 시스템을 도입하고 있다.

## 27　정답　①

자존적 편견이란 자신의 성공에 대해서는 능력이나 성격 등과 같은 내적인 요소에 귀인하고, 자신의 실패에 대해서는 상황이나 외적인 요소에 귀인하는 것을 말한다.

**오답분석**
② 후광 효과 : 한 사람의 두드러진 특성이 그 사람의 다른 특성을 평가하는 데 영향을 미치는 것을 말한다.
③ 투사 : 자신의 불만이나 불안을 해소하기 위해 그 원인을 다른 사람에게 뒤집어씌우는 심리적 현상이다.
④ 통제의 환상 : 사람들이 그들 자신을 통제할 수 있는 경향이거나, 혹은 외부환경을 자신이 원하는 방향으로 이끌어 갈 수 있다고 믿는 심리적 상태를 말한다.
⑤ 대비 효과 : 대상을 객관적으로 보지 않고 다른 대상과의 비교를 통해 평가하는 것을 말한다.

## 28　정답　④

시장세분화는 수요층별로 시장을 분할해 각 층에 대해 집중적인 마케팅 전략을 펴는 것을 말한다.

**오답분석**
① 프로모션(Promotion) : 제품 판매를 위한 선전이나 판촉 활동이다.
② 타깃팅(Targeting) : 전체 시장을 세분화한 후, 하나 혹은 복수의 소비자 집단을 목표시장으로 선정하는 마케팅 전략이다.
③ 포지셔닝(Positioning) : 소비자의 마음속에 자사제품이나 기업을 가장 유리한 포지션에 있도록 노력하는 과정이다.
⑤ 이벤트(Event) : 기업에서 신제품 출시나 제품 홍보를 위해 개최하는 행사이다.

## 29　정답　③

소유경영자는 주인의식을 바탕으로 기업가 정신에 따라 많은 노력을 기울일 수 있다.

**오답분석**
①・② 전문경영자는 검증된 경영능력으로 전문성을 발휘할 수 있고, 다양한 의견을 수렴하여 유연한 의사결정이 가능하며, 주주중시 및 기업 투명성 강화 정책을 추진하는 데 유리하다.
④・⑤ 소유경영자는 신속하고 빠른 의사결정과 장기적인 관점에서 사업을 추진하는 데 유리하다.

## 30　정답　②

커뮤니케이션 네트워크 유형 중 수레바퀴형(Wheel)에 대한 설명이다.

**오답분석**
① 구성원들 간 의사소통이 연결되지 않은 유형으로, 단계적으로 최종인물에게 정보가 전달되는 수직적 구조와 전달 방향에 따라 중간인물에게 정보가 전달되는 수평적 구조로 나눌 수 있다.
③ 뚜렷한 중심인물 또는 리더는 없으나 대다수의 구성원을 대표하는 중심인물이 나타난다.
④ 구성원 간 서열이나 신분 관계가 뚜렷하지 않은 경우에 나타나고, 중심인물이 없는 상태에서 정보가 전달된다.
⑤ 가장 이상적인 유형으로 구성원들 간 정보전달이 완전히 이루어지는 유형이다.

# | 02 | 차량·운전직

| 01 | 02 | 03 | 04 | 05 | 06 | 07 | 08 | 09 | 10 |
|----|----|----|----|----|----|----|----|----|----|
| ② | ④ | ④ | ① | ③ | ① | ③ | ⑤ | ③ | ② |
| 11 | 12 | 13 | 14 | 15 | 16 | 17 | 18 | 19 | 20 |
| ② | ④ | ④ | ③ | ② | ④ | ① | ① | ③ | ② |
| 21 | 22 | 23 | 24 | 25 | | | | | |
| ① | ③ | ③ | ② | ⑤ | | | | | |

## 01　정답　②

**오답분석**
① 세라다이징 : 아연(Zn) 분말 속에 재료를 묻고 $300 \sim 400℃$로 $1 \sim 5$시간 가열하는 표면처리 방법이다.
③ 칼로라이징 : 알루미늄(Al) 분말 속에 재료를 가열하여 알루미늄이 표면에 확산되도록 하는 표면처리 방법이다.

④ 브로나이징 : 붕산(B)을 침투 및 확산시켜 경도와 내식성을 향상시키는 표면처리 방법이다.
⑤ 크로나이징 : 크롬(Cr)을 1,000 ~ 1,400℃인 환경에서 침투 및 확산시키는 표면처리 방법이다.

## 02 정답 ④

피로시험(ㄴ), 충격시험(ㄹ), 마멸시험(ㅁ)은 기계재료의 동적시험 방법에 속한다.

## 03 정답 ④

Tr 20×4 나사는 미터계가 30도인 사다리꼴 나사 중 하나로, 피치는 4mm이다. 또한 바깥지름은 20mm이고, 안지름은 20−4=16mm이며, 접촉 높이는 (피치)÷2=2mm이다.

## 04 정답 ①

A지점을 기준으로 모멘트의 합을 구하면
$\sum M_A = (6 \times 20) + (6+2) \times P = 0 \rightarrow P = -15\text{kN}$
따라서 A지점에 작용하는 반력 $R_A = -5\text{kN}$이다.
A지점에서 시작하여 $0 \leq x \leq 6$, $6 \leq x \leq 8$ 두 구간으로 나누어 반력을 구하면
• $0 \leq x \leq 6$
  $-5 - \text{V}(x) = 0 \rightarrow \text{V}(x) = -5\text{kN}$
• $6 \leq x \leq 8$
  $-5 + 20 - \text{V}(x)0 \rightarrow \text{V}(x) = 15\text{kN}$
A지점에서 시작하여 $0 \leq x \leq 6$, $6 \leq x \leq 8$ 두 구간으로 나누어 굽힘 모멘트를 구하면
• $0 \leq x \leq 6$
  $M(x) = -x\text{V}(x) = -5x$
• $6 \leq x \leq 8$
  $M(x) = 15x - 120$
따라서 굽힘 모멘트의 값이 가장 큰 지점은 A로부터 6m 떨어진 곳이며, 그 크기는 $5 \times 6 = 30\text{N} \cdot \text{m}$이다.

## 05 정답 ③

**구름 베어링과 미끄럼 베어링의 비교**

| 구분 | 구름 베어링 | 미끄럼 베어링 |
| --- | --- | --- |
| 고속회전 | 부적합하다. | 적당하다. |
| 강성 | 크다. | 작다. |
| 수명 | 박리에 의해 제한되어 있다. | 유체 마찰만 유지한다면 반영구적이다. |
| 소음 | 시끄럽다. | 조용하다. |

| | | |
| --- | --- | --- |
| 규격화 | 규격화가 되어 있어 간편하게 사용할 수 있다. | 규격화가 안 되어 있어 제작 시 별도의 검토가 필요하다. |
| 윤활 | 윤활 장치가 필요 없다. | 별도의 윤활 장치가 필요하다. |
| 기동 토크 | 적게 발생한다. | 유막 형성 지연 시 크게 발생한다. |
| 충격 흡수 | 감쇠력이 작아 충격 흡수력이 작다. | 감쇠력이 커 충격 흡수력이 뛰어나다. |
| 가격 | 비싸다. | 저렴하다. |

## 06 정답 ①

1kcal은 대기압에서 순수한 물 1kg의 온도를 1℃ 올릴 때 필요한 열량이다. 따라서 대기압이 작용하는 물 3,000kg의 수온을 10℃ 올릴 때 필요한 열량은 $3,000 \times 10 = 30,000\text{kcal}$이다. 1kcal=4.2kJ이므로 30,000kcal을 kJ로 변환하면 $30,000 \times 4.2 = 126,000\text{kJ}$이다.

## 07 정답 ③

**오답분석**

ㄱ・ㄹ. 동력을 간접적으로 전달하는 기계요소이다.

## 08 정답 ⑤

slug는 질량의 단위 중 하나이다.

**오답분석**

① 1kcal은 표준대기압에서 1kg의 물을 1℃ 올리는 데 필요한 열량이다.
② 1BTU는 표준대기압에서 1lb(pound)의 물을 1℉ 올리는 데 필요한 열량이다.
③ 1CHU는 표준대기압에서 1lb(pound)의 물을 1℃ 올리는 데 필요한 열량이다.
④ 1kcal=4.2kJ이다.

## 09 정답 ③

$Re = \dfrac{VD}{\nu}$ 이고, $Q = AV = \dfrac{\pi d^2}{4} V$이다.
따라서 이 유체의 레이놀즈 수는
$\dfrac{4Q}{\pi \nu d^2} = \dfrac{4 \times 30}{\pi \times 0.804 \times 10^{-4} \times 5^2} ≒ 19,000$이다.

## 10  정답 ②

$$\epsilon = \frac{\delta}{L} = \frac{P}{AE} = \frac{30 \times 10^3}{\frac{\pi \times 3^2}{4} \times 10^{-6} \times 350 \times 10^9} \fallingdotseq 0.012$$

**변형량($\delta$) 구하기**

$$\delta = \frac{PL}{AE}$$

$P$ : 작용한 하중(N)

$L$ : 재료의 길이(mm)

$A$ : 단면적($\text{mm}^2$)

$E$ : 세로탄성계수($\text{N/mm}^2$)

## 11  정답 ②

단상 유도 전동기를 기동토크가 큰 순서대로 나열하면 반발 기동형 – 반발 유도형 – 콘덴서 기동형 – 분상 기동형 – 셰이딩 코일형이다.

**단상 유도 전동기의 특징**

• 교번자계가 발생한다.
• 기동토크가 없으므로 기동 시 기동장치가 필요하다.
• 슬립이 0이 되기 전에 토크는 미리 0이 된다.
• 2차 저항값이 일정값 이상이 되면 토크는 부(−)가 된다.

## 12  정답 ④

[3상 전압강하($e$)]$= V_s - V_r = \sqrt{3}\,I(R\cos\theta + X\sin\theta)$

[송전단 전압($V_s$)]$= V_r + \sqrt{3}\,I(R\cos\theta + X\sin\theta)$

$$= 6,000 + \sqrt{3} \times \frac{300 \times 10^3}{\sqrt{3} \times 6,000 \times 0.8}$$

$$\times [(5 \times 0.8) + (4 \times 0.6)]$$

$$= 6,400\text{V}$$

## 13  정답 ④

$$L = \frac{N^2}{R_m} = \frac{N^2}{\frac{l}{\mu S}} = \frac{\mu_0 \mu_s S N^2}{l}$$

$$= \frac{4\pi \times 10^{-7} \times 600 \times 4 \times 10^{-4} \times 1,000^2}{4\pi \times 10^{-2}} = 2.4\text{H}$$

## 14  정답 ③

$$J = \frac{m}{S} = \frac{m}{\pi r^2}\,\text{Wb}/m^2 \text{에서 } m = J \times \pi r^2$$

$$= 300 \times \pi \times (10 \times 10^{-2})^2 = 3\pi\text{Wb}$$

## 15  정답 ②

$$Z = \sqrt{R^2 + X^2} = \sqrt{3^2 + 4^2} = 5\,\Omega$$

$$I = \frac{V}{Z} = \frac{50}{5} = 10\text{A}$$

## 16  정답 ④

$$P_r = I^2 X = \left(\frac{V}{\sqrt{R^2 + X^2}}\right)^2 X = \frac{V^2 X}{R^2 + X^2} = \frac{10^2 \times 4}{3^2 + 4^2}$$

$$= 16\text{Var}$$

**직렬회로의 단상류 전력**

• 피상전력

$$P_a = I^2 Z = \frac{V^2}{Z} = \frac{Z}{R^2 + X^2}\,V^2$$

• 유효전력

$$P = I^2 R = \left(\frac{V}{\sqrt{R^2 + X^2}}\right)^2 R = \frac{R}{R^2 + X^2}\,V^2$$

• 무효전력

$$P_r = I^2 X = \left(\frac{V}{\sqrt{R^2 + X^2}}\right)^2 X = \frac{X}{R^2 + X^2}\,V^2$$

$$P_a^2 = P^2 + P_r^2,\ Z = \sqrt{R^2 + X^2}$$

## 17  정답 ①

연가란 전선로 각 상의 선로정수를 평형(㉠)이 되도록 선로 전체의 길이를 3등분(㉡)하여 각 상의 위치를 개폐소나 연가 철탑을 통하여 바꾸어주는 것이다. 3상 3선식 송전선을 연가 할 경우 일반적으로 3배수의 구간으로 등분하여 연가한다.

## 18  정답 ①

$$\epsilon = p\cos\theta + q\sin\theta = (3.8 \times 0.8) + (4.9 \times 0.6) = 5.98\%$$

**변압기의 전압변동률**

• 지상
$$\epsilon = p\cos\theta + q\sin\theta$$
• 진상
$$\epsilon = p\cos\theta - q\sin\theta$$

## 19  정답 ③

ㄱ・ㄹ. 임펄스 함수는 하중 함수와 같은 함수이다.

## 20 정답 ②

비정현파는 파형이 상당이 일그러져 규칙적으로 반복하는 교류 파형이며 정현파가 아닌 파형을 통틀어 부른다. 비정현파는 직류분, 기본파, 고조파로 구성되어 있다.

## 21 정답 ①

$$[\text{전선의 수평장력}(T)] = \frac{(\text{인장하중})}{(\text{안전율})} = \frac{50,000}{2.5} = 20,000\text{N}$$

$$[\text{이도}(D)] = \frac{WS^2}{8T} = \frac{20 \times 200^2}{8 \times 20,000} = 5\text{m}$$

## 22 정답 ③

환상 솔레노이드의 자기인덕턴스는 권선수의 제곱에 비례하므로($L \propto N^2$) 권선수를 4배 하면 자기인덕턴스의 크기는 16배가 된다.

## 23 정답 ③

오답분석

ㄴ. 선로정수의 평형은 연가의 사용 목적이다.

가공지선의 설치 목적
• 직격뢰로부터의 차폐
• 유도뢰로부터의 차폐
• 통신선유도장애 경감

## 24 정답 ②

$$\frac{(\text{합성최대수용전력})}{(\text{역률}) \times (\text{부등률})} = \frac{(\text{설비용량}) \times (\text{수용률})}{(\text{역률}) \times (\text{부등률})}$$

$$= \frac{500 \times 0.6}{1.2 \times 0.9} = 278\text{kVA}$$

## 25 정답 ⑤

보기 모두 직류 직권 전동기에 대한 설명으로 옳다.

## | 03 | 토목직

| 01 | 02 | 03 | 04 | 05 | 06 | 07 | 08 | 09 | 10 |
|----|----|----|----|----|----|----|----|----|----|
| ⑤ | ① | ② | ④ | ④ | ⑤ | ① | ② | ② | ⑤ |
| 11 | 12 | | | | | | | | |
| ② | ② | | | | | | | | |

## 01 정답 ⑤

• $[\text{건조단위중량}(\gamma_d)] = \dfrac{\gamma}{1 + \dfrac{w}{100}} = \dfrac{2}{1 + \dfrac{20}{100}} \fallingdotseq 1.67\text{t/m}^3$

• $[\text{간극비}(e)] = \dfrac{G_s \times \gamma_w}{\gamma_d} - 1 = \dfrac{2.6 \times 1}{1.667} - 1 \fallingdotseq 0.56$

• $[\text{포화도}(S)] = \dfrac{w}{e} \times G_s = \dfrac{20}{0.56} \times 2.6 \fallingdotseq 92.85\%$

## 02 정답 ①

반지름이 $r$인 원형 단면이므로 핵거리 $e$는 기준 축에 관계없이 같은 값을 갖는다.

$$e = \frac{Z}{A} = \frac{\dfrac{\pi D^3}{32}}{\dfrac{\pi D^2}{4}} = \frac{D}{8} = \frac{2 \times 25}{8} = 6.25\text{cm}$$

따라서 핵의 면적은 $A_{core} = \pi e^2 = \pi \times 6.25^2 \fallingdotseq 122.7\text{cm}^2$이다.

단주의 핵(Core)
$$e = \frac{Z}{A}$$

## 03 정답 ②

삼변측량은 삼각형의 세 변의 길이를 직접 측정하는 편리한 방법이나, 관측한 값의 수에 비하여 조건식이 적어 정확도가 낮은 단점이 있다.

## 04 정답 ④

틸트 도저란 토공판을 좌우로 기울일 수 있는 도저로 딱딱한 흙의 굴착과 얕은 홈의 굴착에 적합하다.

오답분석

① 레이크 도저 : 블레이드가 포크 형식으로 구성되어 있어 나무뿌리 등 작업 시 불순물들을 골라낼 수 있도록 한 도저이다.

② 스트레이트 도저 : 블레이드가 지표면과 수평으로 되어 있는 도저이다.
③ 앵글 도저 : 블레이드의 좌우를 20 ~ 30도 기울일 수 있어 토사를 한쪽으로 밀어낼 수 있는 도저이다.
⑤ 습지 도저 : 지반이 약한 지역에서 작업할 수 있는 도저이다.

## 05 　정답　 ④

① 콘크리트의 건조수축 발생 시 표면에는 인장응력이 발생하고 내부에는 압축응력이 발생한다.
② 건조수축의 진행속도는 외부 환경의 상대습도와 밀접한 관련이 있다.
③ 물과 시멘트의 비율이 높을수록 크리프는 크게 발생한다.
⑤ 흡수율이 낮은 골재를 사용해야 건조수축을 억제할 수 있다.

## 06 　정답　 ⑤

A지점에 작용하는 모멘트의 크기가 0이므로
$$\sum M_A = (-4 \times 15) + (10 \times R_B) = 0 \rightarrow R_B = 6t$$
C지점에서 작용하는 모멘트의 크기가 0이므로
$$\sum M_C = (1 \times 15) + (5 \times 6) + 5 \times H_B = 0 \rightarrow H_B = 15t$$
따라서 C지점에서의 수평반력의 크기는 15t이다.

## 07 　정답　 ①

$\tau_{\max} = \dfrac{T}{Z_P}$ 이고 $Z_P = \dfrac{I_P}{e}$ 이다.

[정삼각형의 도심에 대한 최외각거리($e$)]
$$= \frac{2}{3} h = \frac{2}{3} \times \frac{\sqrt{3}}{2} b = \frac{\sqrt{3}}{3} b$$ 이고

[정삼각형의 도심에 대한 단면이차모멘트($I_P$)]
$$= \frac{bh}{36} (b^2 + h^2) = \frac{\sqrt{3} b^2}{72} \left( b^2 + \frac{3}{4} b^2 \right) = \frac{7\sqrt{3} b^4}{288}$$ 이므로,

$Z_P = \dfrac{21b^3}{288}$ 이다.

따라서 전단응력의 크기는 $\tau = \dfrac{288T}{21b^3}$ 이다.

## 08 　정답　 ②

10m 길이의 자를 36번 사용해야 360m를 측정할 수 있으므로, 누적오차는 $36 \times 0.01 = 0.36$m이고, 우연오차는 $0.075 \times \sqrt{36} = 0.45$m이다.
따라서 측정한 도로의 정확한 길이의 범위는 $360 + 0.36 \pm 0.45 = 360.36 \pm 0.45$m이다.

## 09 　정답　 ②

ㄴ. GIS는 2차원 지도를 넘어 3차원 이상의 동적인 지리정보를 알 수 있다.
ㄷ. GPS에서 사용자의 위치를 정확하게 파악하기 위해선 적어도 3개의 GPS위성이 필요하다.
ㄹ. GPS위성은 많을수록 거리오차가 줄어들어 더욱 정확한 위치파악이 가능하다.

## 10 　정답　 ⑤

물은 냉각되지 않도록 저장하는 것이 중요하고 필요 시 5℃ 이하로 가열한다.

## 11 　정답　 ②

① 사질토에서는 처음에 함수비가 증가하여도 건조단위중량이 감소한다.
③ 점토에서는 함수비가 증가할수록 건조단위중량도 증가하다가 감소한다.
④ 최적함수비보다 작은 건조측에서 다짐을 하는 것이 강도 증가 목적에 부합한다.
⑤ 최적함수비보다 큰 습윤측에서 다짐을 하는 것이 차수 목적에 부합한다.

## 12 　정답　 ②

$f_{ck} = 23$MPa $\leq 40$Mpa이므로
$\varepsilon_{cu} = 0.0033$, $\eta = 1$, $\beta_1 = 0.8$이다.

또한 $f_y = 350$MPa이므로 $\varepsilon_{t,\min} = 0.004$, $\varepsilon_c = \dfrac{400}{200,000} = 0.002$이다.

따라서 균형철근비는 $\rho_b = \beta_1 \dfrac{\eta(0.85 f_{ck})}{f_y} \times \dfrac{\varepsilon_{cu}}{\varepsilon_{cu} + \varepsilon_c} = 0.8$
$\times \dfrac{1 \times 0.85 \times 23}{350} \times \dfrac{0.0033}{0.0033 + 0.002} \fallingdotseq 0.023$이다.

## | 01 | 사무영업직

| 01 | 02 | 03 | 04 | 05 | | | | | |
|----|----|----|----|----|---|---|---|---|---|
| ③ | ⑤ | ④ | ① | ④ | | | | | |

### 01 　정답　③

제시문의 중심 내용은 나이 계산법 방식이 세 가지로 혼재되어 있어 '나이 불일치'로 인한 행정서비스 및 계약상의 혼선과 법적 다툼이 발생해 이를 해소하고자 나이 방식을 하나로 통합하자는 것이다. 이에 덧붙여 나이 방식이 통합되어도 일상에는 변화가 없으며 일부 법에 대해서는 기존 방식이 유지될 수 있다고 하였다. 따라서 제시문의 주제로 가장 적절한 것은 ③이다.

　오답분석　

① 마지막 문단의 '연 나이를 채택해 또래 집단과 동일한 기준을 적용하는 것이 오히려 혼선을 막을 수 있고 법 집행의 효율성이 담보'라는 내용에서 일부 법령에 대해서는 연 나이 계산법을 유지한다는 것을 알 수 있으나, 해당 내용이 전체 글을 다루고 있다고 보기는 어렵다.
② 세 번째 문단에 따르면 나이 불일치가 야기한 혼선과 법적 다툼은 우리나라 나이 계산법으로 인한 문제가 아니라 나이 계산법 방식이 세 가지로 혼재되어 있어 발생하는 문제라고 하였다.
④ 제시문은 나이 계산법 혼용에 따른 분쟁 해결 방안을 다루기보다는 이러한 분쟁이 발생하지 않도록 나이 계산법을 하나로 통일하자는 내용을 다루고 있다.
⑤ 다섯 번째 문단의 '법적·사회적 분쟁이 크게 줄어들 것으로 기대하고 있지만, 국민 전체가 일상적으로 체감하는 변화는 크지 않을 것'이라는 내용으로 보아 나이 계산법의 변화로 달라지는 행정서비스는 크게 없을 것으로 보이며, 글의 전체적인 주제로 보기에도 적절하지 않다.

### 02 　정답　⑤

마지막 문단의 '정부도 규제와 의무보다는 사업자의 자율적인 부분을 인정해주고 사업자 노력을 드라이브 걸 수 있는 지원책을 마련하여야 한다.'라는 내용을 통해 정부는 OTT 플랫폼에 장애인 편의 기능과 관련한 규제와 의무를 줬지만, 이에 대한 지원책은 부족했음을 유추할 수 있다.

　오답분석　

① 세 번째 문단의 '재생 버튼에 대한 설명이 제공되는 넷플릭스도 영상 재생 시점을 10초 앞으로 또는 뒤로 이동하는 버튼은 이용하기 어렵다.'라는 내용을 통해 국내 OTT 플랫폼보다는 장애인을 위한 서비스 기능이 더 제공되고 있지만, 여전히 충분히 제공되고 있지 않음을 알 수 있다.
② 세 번째 문단을 통해 장애인들의 국내 OTT 플랫폼의 이용이 어려움을 짐작할 수는 있지만, 서비스를 제공하는지의 유무는 확인하기 어렵다.
③ 외국 OTT 플랫폼은 국내 OTT 플랫폼보다 상대적으로 장애인 편의 기능을 더 제공하고 있는 것으로 보아 장애인을 수동적인 시혜자가 아닌 능동적인 소비자로 보고 있음을 알 수 있다.
④ 제시문에서는 우리나라 장애인이 외국 장애인보다 OTT 플랫폼의 이용이 어렵다기보다는 우리나라 OTT 플랫폼이 외국 OTT 플랫폼보다 장애인이 이용하기 어렵다고 말하고 있다.

### 03 　정답　④

빈칸 앞의 '기증 전 단계의 고민은 물론이고 막상 기증한 뒤에'라는 내용을 통해 이는 공여자의 고민에 해당함을 알 수 있다. 따라서 빈칸 ㉣은 공여자가 기증 후 공여를 받는 사람, 즉 수혜자와의 관계에 대한 우려를 다루고 있다.

　오답분석　

① ㉠ : 생체 – 두 번째 문단에서 '신장이나 간을 기증한 공여자에게서 만성 신·간 부전의 위험이 확인됐다.'고 하였다. 따라서 제시문은 살아있는 상태에서 기증한 생체 기증자에 대해 다루고 있음을 알 수 있다.
② ㉡ : 상한액 – 빈칸은 앞서 말한 '진료비를 지원하는 제도'을 이용하는 데 제한을 다루고 있음을 짐작할 수 있다. 따라서 하한액보다는 상한액이 들어가는 것이 문맥상 적절하다.
③ ㉢ : 불특정인 – 빈칸 앞의 '아무 조건 없이'라는 말로 볼 때, 문맥상 특정인보다는 불특정인이 들어가는 것이 적절하다.
⑤ ㉤ : 수요 – 빈칸 앞 문장의 '해마다 늘어가는 장기 이식 대기 문제'라는 내용을 통해 공급이 아닌 수요를 감당하기 어려운 상황임을 알 수 있다. 따라서 빈칸에 들어갈 내용으로 적절한 것은 공급이 아닌 수요이다.

## 04 　정답　①

체지방량을 $x\,\mathrm{kg}$, 근육량을 $y\,\mathrm{kg}$이라 하자.

$x+y=65 \cdots \bigcirc$

$-0.2x+0.25y=-4 \cdots \bigcirc$

$\bigcirc \times 20$을 하면 $-4x+5y=-80 \cdots \bigcirc$

$(\bigcirc \times 4)+\bigcirc$을 풀면 $9y=180$, $y=20$이고, 이 값을 $\bigcirc$에 대입하면 $x=45$이다.

따라서 운동을 한 후 체지방량은 운동 전에 비해 20%인 9kg이 줄어 36kg이고, 근육량은 운동 전에 비해 25%인 5kg이 늘어 25kg이다.

## 05 　정답　④

둘레에 심는 꽃의 수가 최소가 되려면 꽃 사이의 간격이 최대가 되어야 하므로 꽃 사이의 간격은 $140=2^2 \times 5 \times 7$, $100=2^2 \times 5^2$의 최대공약수인 $2^2 \times 5=20$m가 된다. 따라서 이때 심어야 하는 꽃은 $2 \times [(140+100) \div 20]=24$송이다.

## | 02 |  토목직

| 01 | 02 | 03 | | | | | | |
|----|----|----|--|--|--|--|--|--|
| ④ | ⑤ | ④ | | | | | | |

## 01 　정답　④

다섯 번째 문단의 '특히 임신과 출산을 경험하는 경우 따가운 시선을 감수해야 한다.'라는 내용으로 볼 때, 임신으로 인한 공백 문제 등이 발생하지 않도록 법적으로 공백 기간을 규제하는 것이 아닌 적절한 공백 기간을 제공하는 것은 물론 임신과 출산으로 인해 퇴직하는 등 경력이 단절되지 않도록 규제하여야 한다.

#### 오답분석
① 세 번째 문단의 '결혼과 출산, 임신을 한 여성 노동자는 조직 전체에 부정적인 영향을 준다고 인식하는 경향이 강한데'라는 내용으로 볼 때 결혼과 출산, 임신과 같은 가족 계획을 지지하는 환경으로 만들어 여성 노동자에 대한 인식을 개선하여야 한다.
② 네 번째 문단의 '여성 노동자가 많이 근무하는 서비스업 등의 직업군의 경우 임금 자체가 상당히 낮게 책정되어 있어 남성에 비하여 많은 임금을 받지 못하는 구조'라는 내용으로 볼 때, 여성 노동자가 주로 종사하는 직종의 임금 체계를 합리적으로 변화시켜야 한다.
③ 네 번째 문단의 '여성 노동자를 차별한 결과 여성들은 남성 노동자들보다 저임금을 받아야 하고 비교적 질이 좋지 않은 일자리에서 일해야 하며 고위직으로 올라가는 것 역시 힘들고 임금 차별이 나타나게 된다.'라는 내용으로 볼

때, 여성들 또한 남성과 마찬가지의 권리를 가질 수 있도록 양질의 정규직 일자리를 만들어야 한다.
⑤ 다섯 번째 문단의 '여성 노동자들을 노동자 그 자체로 보기보다는 여성으로 바라보는 남성들의 잘못된 시선으로 인해 여성 노동자는 신성한 노동의 현장에서 성희롱을 당하고 있으며'라는 내용으로 볼 때, 남성이 여성을 대하는 인식을 개선해야 한다.

## 02 　정답　⑤

제품 50개 중 1개가 불량품일 확률은 $\dfrac{1}{50}$이다.

따라서 제품 2개를 고를 때 2개 모두 불량품일 확률은

$\dfrac{1}{50} \times \dfrac{1}{50}=\dfrac{1}{2,500}$이다.

## 03 　정답　④

처음 A비커에 들어 있는 소금의 양은 $\dfrac{6}{100} \times 300=18$g이고,

처음 B비커에 들어 있는 소금의 양은 $\dfrac{8}{100} \times 300=24$g이다.

A비커에서 소금물 100g을 퍼서 B비커에 옮겨 담았으므로 옮겨진 소금의 양은 $\dfrac{6}{100} \times 100=6$g이므로 A비커에 남아 있는 소금의 양은 12g이다. 따라서 B비커에 들어 있는 소금물은 400g이고, 소금의 양은 $24+6=30$g이다.

다시 B비커에서 소금물 80g을 퍼서 A비커에 옮겨 담았으므로 옮겨진 소금의 양은 $30 \times \dfrac{1}{5}=6$g이다. 따라서 A비커의 소금물은 280g이 되고, 소금의 양은 $12+6=18$g이 되므로 농도는 $\dfrac{18}{280} \times 100 \fallingdotseq 6.4\%$가 된다.

## | 03 |  전기통신직

| 01 | 02 | | | | | | | |
|----|----|--|--|--|--|--|--|--|
| ⑤ | ② | | | | | | | |

## 01 　정답　⑤

1, 2, 3, 4, 5가 각각 적힌 카드에서 3장을 뽑아 만들 수 있는 세 자리 정수는 $5 \times 4 \times 3=60$가지이다.

이 중에서 216 이하의 정수는 백의 자리가 1일 때 $4 \times 3=12$가지, 백의 자리가 2일 때 213, 214, 215, 216 4가지이다.

따라서 216보다 큰 정수는 $60-(12+4)=44$가지이다.

## 02  정답 ②

제품 20개 중 3개를 꺼낼 때 불량품이 1개도 나오지 않는 확률은 $\dfrac{_{18}C_3}{_{20}C_3} = \dfrac{816}{1,140} = \dfrac{68}{95}$ 이다. 따라서 제품 3개를 꺼낼 때 적어도 1개가 불량품일 확률은 $1 - \dfrac{68}{95} = \dfrac{27}{95}$ 이 된다.

# | 04 |  건축직

| 01 | 02 | 03 | 04 | 05 | 06 | | | | |
|----|----|----|----|----|----|---|---|---|---|
| ⑤ | ① | ① | ② | ③ | ③ | | | | |

## 01  정답 ⑤

먼저 서두에는 흥미를 유도하거나 환기시킬 수 있는 내용이 오는 것이 적절하다. 따라서 영국의 보고서 내용인 (나) 또는 OECD 조사 내용인 (다)가 서두에 오는 것이 적절하다. 하지만 (나)의 경우 첫 문장에서의 '또한'이라는 접속사를 통해 앞선 글이 있었음을 알 수 있어 서두에 오는 것이 가장 적절한 문단은 (다)이고 이어서는 (나)가 오는 것이 적절하다. 그리고 다음으로 앞선 문단에서 다룬 성별 간 임금 격차의 이유에 해당하는 (라)가 이어지고 이에 대한 구체적 내용인 (가)가 오는 것이 가장 적절하다.

## 02  정답 ①

첫 번째 문단의 '특히 해당 건물은 조립식 샌드위치 패널로 지어져 있어 이번 화재는 자칫 대형 산불로 이어져'라는 내용과 빈칸 앞뒤의 '빠르게 진화되었지만', '불이 삽시간에 번져'라는 내용을 미루어 볼 때, 해당 건물의 화재가 빠르게 진화되었음에도 사상자가 발생한 것은 조립식 샌드위치 패널로 이루어진 화재에 취약한 구조이기 때문으로 볼 수 있다. 따라서 빈칸에 들어갈 내용으로 가장 적절한 것은 ①이다.

#### 오답분석
② 건조한 기후와 관련한 내용은 제시문에서 찾을 수 없다.
③ 해당 건물이 불법 가건물에 해당되지만, 해당 건물의 안정성과 관련한 내용은 제시문에서 찾을 수 없다.
④ 소방시설과 관련한 내용은 제시문에서 찾을 수 없으며, 두 번째 문단의 '화재는 30여 분 만에 빠르게 진화되었지만'이라는 내용으로 보아 소방 대처가 화재에 영향을 줬다고 보기는 어렵다.
⑤ 인적이 드문 지역에 있어 해당 건물의 존재를 파악하기는 어려웠지만, 화재로 인한 피해를 더 크게 했다고 보기에도 어렵다.

## 03  정답 ①

극장은 모듈 시스템의 적용보다는 가시선, 음향계획 등이 더욱 우선시된다.

> **극장 건축의 특징**
> • 객석 배열은 무대의 중심 또는 스크린을 중심으로 한 원호의 배열이 이상적이다.
> • 세로통로는 무대를 중심으로 하는 방사선상이 좋다.
> • 관객의 수용과 함께 쾌적한 감상을 위한 가시한계를 고려한다.
> • 음이 확산작용을 하도록 평면형은 부채꼴형 등이 가장 적합하다.

## 04  정답 ②

멤브레인방수는 연속적인 방수막을 형성하는 공법으로 아스팔트 방수층, 개량아스팔트시트 방수층 등을 총칭한다.

**방수공사의 분류**

| 멤브레인 | • 연속적인 방수막을 형성하는 공법이다.<br>• 아스팔트방수, 시트방수, 도막방수, 개량아스팔트시트방수, 합성고분자시트방수, 시트도막복합방수 등이 있다. |
|---|---|
| 시멘트<br>모르타르계 | • 방수성이 높은 모르타르를 이용해 방수층을 형성하는 공법이다.<br>• 시멘트액체방수 등이 있다. |
| 기타 | • 콘크리트구체방수, 침투방수, 실링방수 등이 있다. |

## 05  정답 ③

$$l_{hb} = \frac{0.24 \times 1 \times 15.9 \times 400}{1 \times \sqrt{30}} \fallingdotseq 278.68\text{mm}$$

> **표준갈고리를 갖는 인장 이형철근의 정착 길이**
> • 정착 길이($l_{dh}$)는 [기본 정착 길이($l_{hb}$)]×[적용 가능한 모든 보정계수]이며, 항상 150mm 이상이어야 한다.
> • $l_{hb} = \dfrac{0.24 \times \beta \times d_b \times f_y}{\lambda \sqrt{f_{ck}}}$

## 06  정답  ③

피난안전구역은 건축물의 피난·안전을 위하여 건축물 중간층에 설치하는 대피공간이다. 건축물의 내부에서 피난안전구역으로 통하는 계단은 특별피난계단의 구조로 설치하여야 한다.

**피난안전구역의 구조**

| 높이 | • 2.1m 이상일 것 |
|---|---|
| 마감 | • 내부 마감재료는 불연재료로 설치할 것 |
| 계단 | • 건축물 내부에서 피난안전구역으로 통하는 계단은 특별피난계단의 구조로 설치할 것<br>• 피난안전구역에 연결되는 특별피난계단은 피난안전구역을 거쳐서 상·하층으로 갈 수 있는 구조로 설치할 것 |

## | 01 | 사무영업직

| 01 | 02 | 03 | 04 | 05 | 06 | 07 | 08 | 09 | 10 |
|----|----|----|----|----|----|----|----|----|----|
| ③ | ③ | ③ | ② | ③ | ⑤ | ④ | ④ | ③ | ④ |

### 01 정답 ③

문장의 형태소 중에서 조사나 선어말어미, 어말어미 등으로 쓰인 문법적 형태소의 개수를 파악해야 한다.

이, 니, 과, 에, 이, 었, 다 → 총 7개

**오답분석**

① 이, 을, 었, 다 → 총 4개
② 는, 가, 았, 다 → 총 4개
④ 는, 에서, 과, 를, 았, 다 → 총 6개
⑤ 에, 이, 었, 다 → 총 4개

### 02 정답 ③

'피상적(皮相的)'은 '사물의 판단이나 파악 등이 본질에 이르지 못하고 겉으로 나타나 보이는 현상에만 관계하는 것'을 의미한다. 제시된 문장에서는 '표면적(表面的)'과 반대되는 뜻의 단어를 써야 하므로 '본질적(本質的)'이 적절하다.

**오답분석**

① 정례화(定例化) : 어떤 일이 일정하게 정하여진 규칙이나 관례에 따르도록 하게 하는 것
② 중장기적(中長期的) : 길지도 짧지도 않은 중간쯤 되는 기간에 걸치거나 오랜 기간에 걸치는 긴 것
④ 친환경(親環境) : 자연환경을 오염하지 않고 자연 그대로의 환경과 잘 어울리는 일. 또는 그런 행위나 철학
⑤ 숙려(熟慮) : 곰곰이 잘 생각하는 것

### 03 정답 ③

'서슴다'는 '행동이 선뜻 결정되지 않고 머뭇대며 망설이다. 또는 선뜻 결정하지 못하고 머뭇대다.'는 뜻으로, '서슴치 않다'가 아닌 '서슴지 않다'가 어법상 옳다.

**오답분석**

① '잠거라'가 아닌 '잠가라'가 되어야 어법상 옳은 문장이다.
② '담궈'가 아니라 '담가'가 되어야 어법상 옳은 문장이다.

④ '염치 불구하고'가 아니라 '염치 불고하고'가 되어야 어법상 옳은 문장이다.
⑤ '뒷뜰'이 아니라 '뒤뜰'이 되어야 어법상 옳은 문장이다.

### 04 정답 ②

제시문의 시작은 '2022 K - 농산어촌 한마당'에 대해 처음 언급하며 화두를 던지는 (가)가 적절하다. 이후 K - 농산어촌 한마당 행사에 대해 자세히 설명하는 (다)가 오고, 행사에서 소개된 천일염과 관련 있는 음식인 김치에 대해 언급하는 (나)가 오는 것이 자연스럽다.

### 05 정답 ③

보기의 정부 관계자들은 향후 청년의 공급이 줄어들게 되는 인구구조의 변화가 문제해결에 유리한 조건을 형성한다고 말하였다. 그러나 기사에 따르면 이러한 인구구조의 변화가 곧 문제해결이나 완화로 이어지지 않는다고 설명하고 있으므로, 정부 관계자의 태도로 ③이 가장 적절하다.

**오답분석**

①・② 올해부터 3 ~ 4년간 인구 문제가 부정적으로 작용할 것이라고 말하였으나, 올해가 가장 좋지 않다거나 현재 문제가 해결 중에 있다는 언급은 없다.
④ 에코세대의 노동시장 진입으로 인한 청년 공급 증가에 대응해야 함을 인식하고 있다.
⑤ 일본의 상황을 참고하여 한국도 점차 좋아질 것이라고 예측하고 있을 뿐, 한국의 상황이 일본보다 낫다고 평가하는지는 알 수 없다.

### 06 정답 ⑤

제시문에서 지하철역 주변, 대학교, 공원 등을 이용한 현장 홍보와 방송, SNS 등을 이용한 온라인 홍보를 진행한다고 하였으며, 이러한 홍보 방식은 특정한 계층군이 아닌 일반인들을 대상으로 하는 홍보 방식이다.

**오답분석**

① 제시문에 등장하는 협의체에는 산업부가 포함되어 있지 않다. 포함된 기관은 국무조정실, 국토부, 행안부, 교육부, 경찰청이다.

② 전동킥보드인지 여부에 관계없이 안전기준을 충족한 개인형 이동장치여야 자전거도로 운행이 허용된다.
③ 개인형 이동장치로 인한 사망사고는 최근 3년간 지속적으로 증가하였다.
④ 13세 이상인 사람 중 원동기 면허 이상의 운전면허를 소지한 사람에 한해 개인형 이동장치 운전이 허가된다.

## 07 정답 ④

실험실의 수를 $x$개라 하면, 학생의 수는 $(20x+30)$명이다. 실험실 한 곳에 25명씩 입실시킬 경우 $(x-3)$개의 실험실은 모두 채워지고 2개의 실험실에는 아무도 들어가지 않는다. 그리고 나머지 실험실 한 곳에는 최소 1명에서 최대 25명이 들어간다. 이를 표현하면 다음과 같다.
$25(x-3)+1 \leq 20x+30 \leq 25(x-2) \rightarrow 16 \leq x \leq 20.8$
위의 식을 만족하는 범위 내에서 가장 작은 홀수는 17이므로 최소한의 실험실은 17개이다.

## 08 정답 ④

기존 사원증은 가로와 세로의 길이 비율이 1 : 2이므로 가로 길이를 $x$cm, 세로 길이를 $2x$cm라 하자. 기존 사원증 대비 새 사원증의 가로 길이 증가폭은 $(6-x)$cm, 세로 길이 증가폭은 $(9-2x)$cm이다. 문제에 주어진 디자인 변경 비용을 적용하여 식으로 정리하면 다음과 같다.
$2,800+(6-x) \times 12 \div 0.1$cm$+(9-2x) \times 22 \div 0.1$cm$=2,420$원
$2,800+720-120x+1,980-440x=2,420$원
$560x$원$=3,080$원 $\rightarrow x=5.5$
따라서 기존 사원증의 가로 길이는 5.5cm이고 세로 길이는 11cm이며, 둘레는 $(5.5 \times 2)+(11 \times 2)=33$cm이다.

## 09 정답 ③

A공장에서 45시간 동안 생산된 제품은 총 45,000개이고, B공장에서 20시간 동안 생산된 제품은 총 30,000개로 두 공장에서 생산된 제품은 총 75,000개이다. 또한, 두 공장에서 생산된 불량품은 총 $(45+20) \times 45=2,925$개이다. 따라서 생산된 제품 중 불량품의 비율은 $2,925 \div 75,000 \times 100=3.9$%이다.

## 10 정답 ④

연속교육은 하루 안에 진행되어야 하므로 4시간 연속교육으로 진행되어야 하는 문제해결능력 수업은 하루 전체를 사용해야 한다. 따라서 5일 중 1일은 문제해결능력 수업만 진행되며, 나머지 4일에 걸쳐 나머지 3과목의 수업을 진행한다. 수리능력 수업은 3시간 연속교육, 자원관리능력 수업은 2시간 연속교육이며, 하루 수업은 총 4교시로 구성되므로 수리능력

수업과 자원관리능력 수업은 같은 날 진행되지 않는다. 수리능력 수업의 총 교육시간은 9시간으로, 최소 3일이 필요하므로 자원관리능력 수업은 하루에 몰아서 진행해야 한다. 그러므로 문제해결능력 수업과 수리능력 수업을 배정하는 경우의 수는 $5 \times 4=20$가지이다. 문제해결능력 수업과 자원관리능력 수업이 진행되는 이틀을 제외한 나머지 3일간은 매일 수리능력 수업 3시간과 의사소통능력 수업 1시간이 진행되며, 수리능력 수업 후에 의사소통능력 수업을 진행하는 경우와 의사소통능력 수업을 먼저 진행하고 수리능력 수업을 진행하는 경우로 나뉜다. 따라서 이에 대한 경우의 수는 $2^3=8$가지이다. 그러므로 주어진 규칙을 만족하는 경우의 수는 모두 $5 \times 4 \times 2^3=160$가지이다.

## | 02 | 토목직

| 01 | 02 | 03 | 04 | 05 | 06 | 07 | | | |
|----|----|----|----|----|----|----|---|---|---|
| ② | ④ | ① | ③ | ② | ② | ④ | | | |

## 01 정답 ②

제시된 공연장의 주말 매표 가격은 평일 매표 가격의 1.5배로 책정되므로, 지난주 1층 평일 매표 가격은 $6 \div 1.5=4$만 원이 된다. 따라서 지난주 1층 매표 수익은 $(4 \times 200 \times 5)+(6 \times 200 \times 2)=6,400$만 원이고, 2층 매표 수익은 $8,800-6,400=2,400$만 원이다. 이때, 2층 평일 매표 가격을 $x$원이라고 한다면, 2층 주말 매표 가격은 $1.5x$원이 되므로 다음이 성립한다.
$(x \times 5)+(1.5x \times 2)=2,400$
위 식을 정리하면 $x=3$이므로, 이 공연장의 평일 매표 가격은 3만 원이 된다.

## 02 정답 ④

첫 번째 조건에서 전체 지원자 120명 중 신입직은 경력직의 2배이므로, 신입직 지원자는 80명, 경력직 지원자는 40명이다. 이에 두 번째 조건에서 신입직 중 기획부서에 지원한 사람이 30%라고 했으므로 $80 \times 0.3=24$명이 되므로 신입직 중 영업부서와 회계부서에 지원한 사람은 $80-24=56$명이 된다. 또한 세 번째 조건에서 신입직 중 영업부서와 회계부서에 지원한 사람의 비율이 3 : 1이므로, 영업부서에 지원한 신입직은 $56 \times \dfrac{3}{3+1}=42$명, 회계부서에 지원한 신입직은 $56 \times \dfrac{1}{3+1}=14$명이 된다. 다음 네 번째 조건에 따라 기획부서에 지원한 경력직 지원자는 $120 \times 0.05=6$명이다. 마지막 다섯 번째 조건에 따라 전체 지원자 120명 중 50%에 해당하는 60명이 영업부서에 지원했다고 했으므로, 영업부서 지원자 중

경력직 지원자는 세 번째 조건에서 구한 신입직 지원자 42명을 제외한 $60-42=16$명이 되고, 회계부서에 지원한 경력직 지원자는 전체 경력직 지원자 중 기획부서와 영업부서의 지원자를 제외한 $40-(6+18)=16$명이 된다. 따라서 전체 회계부서 지원자는 $14+16=30$명이다.

## 03  정답 ①

조건에 따르면 A팀의 남자 직원이 여자 직원의 두 배라고 했으므로, 남자 지원은 6명, 여자 직원은 3명이 된다. 이에 동일한 성별의 2명을 뽑는 경우의 수는 다음과 같다.

• 남자 직원 2명을 뽑을 경우 : $_6C_2=\dfrac{6\times5}{2\times1}=15$가지

• 여자 직원 2명을 뽑을 경우 : $_3C_2\ \dfrac{3\times2}{2\times1}=3$가지

따라서 가능한 전체 경우의 수는 18가지이다.

## 04  정답 ③

먼저 장마전선이 강원도에서 인천으로 이동하기까지 소요된 시간을 구하면 (시간)$=\dfrac{(거리)}{(속도)}=\dfrac{304}{32}=9.5$시간, 즉 9시간 30분에 해당한다. 따라서 강원도에서 장마전선이 시작된 시간은 인천에 도달한 시간인 오후 9시 5분에서 9시간 30분을 거슬러 올라간 오전 11시 35분이다.

## 05  정답 ②

기계 A와 기계 B의 생산량 비율이 2:3이므로, 총 생산량인 1,000개 중 기계 A가 $1,000\times\dfrac{2}{2+3}=400$개, 기계 B가 $1,000\times\dfrac{3}{2+3}=600$개를 생산하였다. 이때 기계 A의 불량률이 3%이므로 기계 A로 인해 발생한 불량품의 개수는 $400\times0.03=12$개이다. 따라서 기계 B로 인해 발생한 불량품의 개수는 $39-12=27$개이므로, 기계 B의 불량률은 $\dfrac{27}{600}\times100=4.5$%이다.

## 06  정답 ②

의자의 개수를 $x$개, 10인용 의자에서 비어있는 의자 2개를 제외한 가장 적은 인원이 앉아있는 의자의 인원을 $y$명이라고 할 때, 다음의 등식이 성립한다(단, $0<y<10$).
$(7\times x)+4=[10\times(x-3)]+y$
위 식을 정리하면 다음과 같다.
$7x+4=10x-30+y$
$3x+y=34$
따라서 가능한 $x$, $y$의 값과 전체 인원은 다음과 같다.

1) $x=9$, $y=7$ → (전체 인원)$=7x+4=67$명
2) $x=10$, $y=4$ → (전체 인원)$=74$명
3) $x=11$, $y=1$ → (전체 인원)$=81$명
따라서 가능한 최대 인원과 최소 인원의 차이는 $81-67=14$명이다.

## 07  정답 ④

먼저 가장 많은 수업 시간을 할애하는 고등학생의 배치 가능한 경우는 다른 학생의 배치 시간과 첫 번째 조건 첫 수업의 시작시간을 고려하여 1~4시, 3~6시의 2가지 경우만 가능하다. 따라서 고등학생의 수업 배치 경우의 수를 구하면 다음과 같다.
$2\times2\times_4P_2=48$가지
다음으로 중학생의 배치 가능한 경우는 고등학생이 배치된 요일을 제외한 두 요일 중 첫 번째 조건 첫 수업의 시작시간과 네 번째 조건의 휴게시간을 고려하여 하루는 2명이 각각 1~3시와 4~6시, 다른 하루는 남은 한 명이 1~3시 또는 3~5시 중에 배치될 수 있다. 따라서 중학생의 수업 배치 경우의 수를 구하면 다음과 같다.
• 경우 1
  A요일에 1~3시, 4~6시, B요일에 1~3시 배치
  : $3!=3\times2\times1=6$가지
• 경우 2
  A요일에 1~3시, 4~6시, B요일에 4~6시 배치
  : $3!=3\times2\times1=6$가지
마지막으로 초등학생의 배치 가능한 경우는 고등학생이 배치된 요일인 이틀과 중학생이 한 명만 배치된 요일에 진행된다. 따라서 가능한 경우의 수를 구하면 다음과 같다.
$3!=3\times2\times1=6$가지
그러므로 가능한 총 경우의 수는 모두 $48\times6\times6\times2=3,456$가지이다.

| 01 | 02 | 03 | 04 | 05 | 06 | 07 | 08 | | |
|---|---|---|---|---|---|---|---|---|---|
| ③ | ① | ② | ① | ① | ⑤ | ② | ④ | | |

## 01 정답 ③

복도체를 사용하게 되면 선로의 허용전류 및 송전용량이 증가한다.

### 복도체의 특징
- 코로나 방지에 가장 효과적인 방법이다.
- 전선표면의 전위경도가 감소한다.
- 선로의 허용전류 및 송전용량이 증가한다.
- 코로나 임계전압이 증가한다.
- 인덕턴스는 감소하고 정전용량은 증가한다.

## 02 정답 ①

지선에 연선을 사용할 경우에는 소선 3가닥 이상의 연선이어야 한다.

### 오답분석
② 지선의 안전율은 2.5 이상일 것
③ 지중 부분 및 지표상 30cm까지의 부분은 내식성 또는 아연도금 철봉을 사용할 것
④ 지선의 허용 인장하중의 최저는 4.31kN일 것
⑤ 도로를 횡단하여 시설하는 지선의 높이는 지표상 5m 이상으로 할 것

### 지선의 시설
- 지선의 안전율은 2.5 이상일 것(허용 인장하중의 최저는 4.31kN)
- 연선을 사용할 경우 소선수 3가닥 이상일 것
- 연선을 사용할 경우 소선의 지름이 2.6mm 이상의 금속선을 사용한 것일 것
- 지중 부분 및 지표상 30cm까지의 부분은 내식성 또는 아연도금 철봉을 사용하고 쉽게 부식되지 아니하는 근가에 견고하게 붙일 것. 다만, 목주에 시설하는 지선에 대해서는 그러하지 아니하다.
- 도로를 횡단하는 지선의 높이는 지표상 5m 이상으로 한다. 다만, 기술상 부득이한 경우로서 교통에 지장을 초래할 우려가 없는 경우에는 지표상 4.5m 이상, 보도의 경우에는 2.5m 이상으로 할 수 있다.

## 03 정답 ②

교류기 철심재료는 잔류 자속 밀도 및 보자력이 작아서 히스테리시스손이 작아야 좋지만, 영구자석 재료는 보자력 및 잔류 자속 밀도가 모두 커야 한다.

## 04 정답 ①

무한장 직선전류에 의한 자계의 세기 $H = \dfrac{I}{2\pi r}$ AT/m이므로 거리에 대하여 반비례하므로 쌍곡선의 형태로 감소한다.

## 05 정답 ①

$$(\text{이도 } D) = \frac{WS^2}{8T} = \frac{2 \times 200^2}{8 \times \dfrac{5{,}000}{2}} = 4\text{m}$$

## 06 정답 ⑤

주자속 분포를 찌그러뜨려 중성 축을 이동시킨다.

### 전기자 반작용의 영향
- 코일이 자극의 중심축에 있을 때도 브러시 사이에 전압을 유기시켜 불꽃을 발생시킨다.
- 직류 전압이 감소한다.
- 자기저항을 크게 한다.
- 주자속을 감속시켜 유도 전압을 감소시킨다.
- 주자속 분포를 찌그러뜨려 중성 축을 이동시킨다.

## 07 정답 ②

### 전력용 콘덴서의 용량
$$Q_C = P(\tan\theta_1 - \tan\theta_2)$$
$$= P\left( \frac{\sqrt{1 - \cos\theta LSUP2_1}}{\cos\theta_1} - \frac{\sqrt{1 - \cos\theta LSUP2_2}}{\cos\theta_2} \right)$$
$$= 3000 \times \left( \frac{\sqrt{1 - 0.75^2}}{0.75} - \frac{\sqrt{1 - 0.93^2}}{0.93} \right) = 1{,}460\text{kVA}$$

## 08 정답 ④

무한장 직선 도체에 의한 자계의 세기 $H = \dfrac{I}{2\pi r}$ AT/m이고 자계는 $H \propto \dfrac{1}{r}$ 이므로 $H_1 = 150$, $r_1 = 0.1$일 때, $r_2 = 0.3$에 대한 $H_2 = \dfrac{r_1}{r_2} H_1 = \dfrac{0.1}{0.3} \times 150 = 50$AT/m이다.

## | 04 | 전기통신직

| 01 | 02 | 03 | 04 | 05 | 06 | 07 | 08 | 09 | 10 |
|----|----|----|----|----|----|----|----|----|----|
| ④ | ⑤ | ③ | ① | ② | ① | ④ | ③ | ① | ⑤ |
| 11 | 12 | 13 | 14 | 15 | | | | | |
| ② | ④ | ④ | ① | ③ | | | | | |

### 01 정답 ④

두 입력 전압이 같을 때, 출력 전압이 0이다.

> **이상적인 연산증폭기의 특징**
> • 전압이득은 무한대이다.
> • 대역폭이 무한대이다.
> • 개방상태에서 입력 임피던스가 무한대이다.
> • 출력 임피던스가 0이다.
> • 두 입력 전압이 같을 때, 출력 전압이 0이다.

### 02 정답 ⑤

$$f(s) = \frac{2s+3}{s^2+3s+2} = \frac{2s+3}{(s+2)(s+1)} = \frac{A}{s+1} + \frac{B}{s+2}$$

$$A = f(s)(s+1) \mid_{s=-1} = \frac{2s+3}{s+2} \mid_{s=-1} = 1$$

$$B = f(s)(s+2) \mid_{s=-2} = \frac{2s+3}{s+1} \mid_{s=-2} = 1$$

$$\therefore f(t) = e^{-t} + e^{-2t}$$

### 03 정답 ③

**전력용 콘덴서의 용량**

$$Q_C = P(\tan\theta_1 - \tan\theta_2)$$

$$= P_a\cos\theta_1\left(\frac{\sqrt{1-\cos\theta LSUP2_1}}{\cos\theta_1} - \frac{\sqrt{1-\cos\theta LSUP2_2}}{\cos\theta_2}\right)$$

$$= 200 \times 0.8\left(\frac{\sqrt{1-0.8^2}}{0.8} - \frac{\sqrt{1-0.95^2}}{0.95}\right) = 67.41\text{KVA}$$

### 04 정답 ①

물질(매질)의 종류와 관계없이 전하량만큼만 발생한다.

> **전속 및 전속밀도**
> 전기력선의 묶음을 말하며 전하의 존재를 흐르는 선속으로 표시한 가상적인 선으로 Q[C]에서는 Q개의 전속선이 발생하고 1C에서는 1개의 전속선이 발생하며 항상 전하와 같은 양의 전속이 발생한다.
>
> $$\Psi = \int Dds = Q$$

### 05 정답 ②

역률이 개선되면 변압기 및 배전선의 여유분이 증가한다.

> **역률 개선 효과**
> • 선로 및 변압기의 부하손실을 줄일 수 있다.
> • 전압강하를 개선한다.
> • 전력요금 경감으로 전기요금이 인하된다.
> • 계통 고조파 흡수 효과가 높다.
> • 피상전류 감소로 변압기 및 선로의 여유분이 증가한다.
> • 설비용량에 여유가 생겨 투자비를 낮출 수 있다.
> • 전압이 안정되므로 생산성이 증가한다.

### 06 정답 ①

AWGN(Additive White Gaussian Noise)은 평균값이 0인 비주기 신호이다.

> **AWGN(Additive White Gaussian Noise)의 특징**
> • 평균값이 0이고 비주기 신호이다.
> • 전 주파수 대역에 걸쳐 전력 스펙트럼 밀도가 일정하다.
> • 통계적 성질이 시간에 따라 변하지 않는다.
> • 백색잡음에 가장 근접한 잡음으로 열잡음이 있다.
> • 가우시안 분포를 형성한다.

### 07 정답 ④

이상적인 상호인덕턴스는 결합계수 k가 1일 때이며, 이처럼 손실이 0일 경우의 변압기를 이상변압기라 한다.

상호인덕턴스 $M = k\sqrt{L_1L_2}$, 결합계수 $k = \frac{M}{\sqrt{L_1L_2}}$

## 08 정답 ③

$g_{FM}(t) = A_c \cos(2\pi f_c t + \theta(t))$

$s(t) = 20\cos(800\pi t + 10\pi \cos 7t)$

$\phi(t) = 2\pi f_c t + \theta(t) = 800\pi t + 10\pi \cos 7t$

순시 주파수는 $f_i(t) = \dfrac{1}{2\pi} \times \dfrac{d\phi(t)}{dt} = f_c + \dfrac{1}{2\pi} \times \dfrac{d\theta(t)}{dt}$,

$f_i(t) = \dfrac{1}{2\pi} \times \dfrac{d\theta(t)}{dt} = 400 - \dfrac{70\pi}{2\pi} \sin 7t = 400 - 35\sin 7t$

## 09 정답 ①

CPFSK는 주파수 변환점에서 불연속한 변조된 신호의 위상을 연속하게 한 FSK이며, 이때 변조지수 h=0.5일 때를 MSK라 한다.

> **반송대역 전송**
> - PSK : 정현파의 위상에 정보를 싣는 방식으로 2, 4, 8 위상 편이 방식이 있다.
> - FSKCF : 정현파의 주파수에 정보를 싣는 방식으로 2가지(고, 저주파) 주파수를 이용한다.
> - QAM : APK이라고도 하며, 반송파의 진폭과 위상을 동시에 변조하는 방식이다.
> - ASK : 정현파의 진폭에 정보를 싣는 방식으로 반송파의 유/무로 표현된다.

## 10 정답 ⑤

전송 부호는 직류 성분이 포함되지 않아야 한다.

> **기저대역 전송의 조건**
> - 전송에 필요로 하는 전송 대역폭이 적어야 한다.
> - 타이밍 정보가 충분히 포함되어야 한다.
> - 저주파 및 고주파 성분이 제한되어야 한다.
> - 전송로 상에서 발생한 에러 검출 및 정정이 가능해야 한다.
> - 전송 부호는 직류 성분이 포함되지 않아야 한다.

## 11 정답 ②

전류 $I = \dfrac{V}{R}$ 이므로, 기존 저항 $R_1 = \dfrac{V}{I}$ 이라 할 때, 전류 증가

후 저항 $R_2 = \dfrac{V}{1.25 \times I} = \dfrac{V}{I} \times \dfrac{1}{1.25} = 0.8 \times \dfrac{V}{I} = 0.8R$

## 12 정답 ④

자유공간에서의 전하의 속도는 진공 상태의 빛의 속도와 같다 (빛의 속도 : $3 \times 10^8$ m/s).

## 13 정답 ④

**단상교류전력**

$e = 10\sin\left(100\pi t + \dfrac{\pi}{6}\right)$ 이고,

$i = 10\cos\left(100\pi t - \dfrac{\pi}{3}\right) = 10\sin\left(100\pi t - \dfrac{\pi}{3} + \dfrac{\pi}{2}\right)$ 일 때,

유효전력 P는 $VI\cos\theta = \dfrac{10}{\sqrt{2}} \times \dfrac{10}{\sqrt{2}} \cos 0° = 50$W이다.

## 14 정답 ①

**전력용 콘덴서의 용량**

$Q_C = P(\tan\theta_1 - \tan\theta_2)$

$= P_a \cos\theta_1 \left( \dfrac{\sqrt{1 - \cos\theta LSUP2_1}}{\cos\theta_1} \right)$

$\quad - \dfrac{\sqrt{1 - \cos\theta LSUP2_2}}{\cos\theta_2} \Bigg)$

$= 1000 \times \left( \dfrac{\sqrt{1 - 0.51^2}}{0.51} - \dfrac{\sqrt{1 - 0.72^2}}{0.72} \right)$

$= 1000 \times \left( \dfrac{0.86}{0.51} - \dfrac{0.69}{0.72} \right) = 727.94 \fallingdotseq 728$KVA

## 15 정답 ③

위상수와 진폭수의 곱은 $8 \times 2 = 16$진수(M=16)이다.

데이터율 $\log_2 M \times \text{baud} = \log_2 16 \times 1,200 = 4 \times 1,200 = 4,800$bps이다.

# 04 2021년 10월 시행 기출문제

## |01| 사무영업직

| 01 | 02 | 03 | 04 | 05 | 06 | 07 | 08 | 09 | 10 |
|----|----|----|----|----|----|----|----|----|----|
| ④ | ① | ④ | ③ | ⑤ | ④ | ④ | ⑤ | ③ | ③ |
| 11 | 12 | 13 | 14 | 15 | 16 | 17 | 18 | 19 | 20 |
| ① | ④ | ⑤ | ⑤ | ⑤ | ⑤ | ④ | ⑤ | ① | ② |
| 21 | 22 | 23 | 24 | 25 | 26 | 27 | 28 | 29 | 30 |
| ① | ④ | ⑤ | ① | ⑤ | ② | ② | ④ | ③ | ④ |
| 31 | 32 | 33 | 34 | 35 | 36 | 37 | 38 | 39 | 40 |
| ④ | ⑤ | ④ | ⑤ | ③ | ⑤ | ⑤ | ② | ⑤ | ③ |

### 01  정답 ④

제시문의 두 번째 문단에서 전기자동차 산업이 확충되고 있음을 언급하면서 구리가 전기자동차의 배터리를 만드는 데 핵심 재료임을 언급하고 있기 때문에 전기자동차 확충에 따른 구리 수요의 증가 상황이 핵심 내용으로 적절하다.

**오답분석**
①·⑤ 제시문에서 언급하고 있는 내용이나 핵심 내용으로 보기는 어렵다.
② 제시문에서 '그린 열풍'을 언급하고 있으나 그 이유는 제시되어 있지 않다.
③ 제시문에서 산업금속 공급난이 우려된다고 언급하고 있으나, 그로 인한 문제가 제시되어 있지는 않다.

### 02  정답 ①

제시문에서는 천재가 선천적인 재능뿐만 아니라 후천적인 노력에 의해서 만들어지는 존재라는 주장을 하고 있기 때문에 ①은 옳지 않다.

**오답분석**
②·③·④ 제시문에서 언급된 절충적 천재(선천적 재능과 후천적 노력이 결합한 천재)에 대한 내용이다.
⑤ 영감을 가져다주는 것은 신적인 힘보다도 연습이라는 논지이므로 제시문과 같은 입장이다.

### 03  정답 ④

(라)의 빈칸에는 글의 내용상 보편화된 언어 사용은 적절하지 않다.

**오답분석**
① 표준어를 사용하는 이유에 대한 상세한 설명이 들어가야 하므로 적절하다.
②·③ 제시문에서 개정안에 대한 부정적인 입장을 취하고 있으므로 적절하다.
⑤ '다만' 이후로 언론이 지양해야 할 방향을 제시하는 것이 자연스러우므로 적절하다.

### 04  정답 ③

치안 불안 해소를 위해 CCTV를 설치하는 것은 정부가 사회간접자본인 치안 서비스를 제공하는 것이지, 공공재·공공자원 실패의 해결책이라고 보기는 어렵다.

**오답분석**
①·② 공공재·공공자원 실패의 해결책 중에서 사용 할당을 위한 정책이라고 볼 수 있다.
④·⑤ 공공재·공공자원 실패의 해결책 중에서 사용 제한을 위한 정책이라고 볼 수 있다.

### 05  정답 ⑤

(마) 문단에서 ASMR 콘텐츠들은 공감각적인 콘텐츠로 대체될 것이라는 내용을 담고 있다.

**오답분석**
① 자주 접하는 사람들에 대한 내용을 찾을 수 없다.
② 트리거로 작용하는 소리는 사람에 따라 다를 수 있다.
③ 청각적 혹은 인지적 자극에 반응한 뇌가 신체 뒷부분에 분포하는 자율 신경계에 신경 전달 물질을 촉진하며 심리적 안정감을 느끼게 된다.
④ 연예인이 일반인보다 ASMR을 많이 하는지는 제시문에서 알 수 없다.

### 06  정답 ④

장피에르 교수 외 고대 그리스 수학자들의 학문에 대한 공통적 입장은 새로운 진리를 찾는 기쁨이라는 것이다.

| 방송사 | H | I | J | K | L | 기타 |
|--------|-----|-----|-----|-----|-----|------|
| N스크린영향력 | 0.8 | 0.7 | 1.7 | 1.6 | 4.3 | 1.8 |
| 구분 | 나 | 나 | 라 | 라 | 마 | 라 |

## 07 정답 ④

박쥐가 많은 바이러스를 보유하고 있는 것은 밀도 높은 군집 생활을 하기 때문이다. 박쥐는 많은 바이러스를 보유하여 그에 대항하는 면역도 갖추었기 때문에 긴 수명을 가질 수 있었다.

**오답분석**

① 박쥐의 수명이 대다수의 포유동물보다 길다는 것은 맞지만, 평균적인 포유류 수명보다는 짧은지는 알 수 없다.
② 박쥐는 뛰어난 비행 능력으로 긴 거리를 비행해 다닐 수 있다.
③ 박쥐는 현재 강력한 바이러스 대항 능력을 갖추었다.
⑤ 박쥐의 면역력을 연구하여 치료제를 개발할 수 있다.

## 08 정답 ①

고대 그리스, 헬레니즘, 로마 시대를 순서대로 나열하여 역사적 순서대로 주제의 변천에 대해 서술하고 있다.

## 09 정답 ③

오전 9시에 B과 진료를 본다면 10시에 진료가 끝나고, 셔틀을 타고 이동하면 10시 30분이 된다. 이후 C과 진료를 이어 보면 12시 30분이 되고, 점심시간 이후 바로 A과 진료를 본다면 오후 2시에 진료를 다 받을 수 있다. 따라서 가장 빠른 경로는 B − C − A 순서이다.

## 10 정답 ⑤

기타를 제외한 통합시청점유율과 기존시청점유율의 차이는 C방송사가 20.5%로 가장 크다. A방송사는 17%이다.

**오답분석**

① B는 2위, J는 10위, K는 11위로 순위가 같다.
② 기존시청점유율은 D가 20%로 가장 높다.
③ F의 기존시청점유율은 10.5%로 다섯 번째로 높다.
④ G의 차이는 6%로 기타를 제외하면 차이가 가장 작다.

## 11 정답 ③

N스크린 영향력은 다음과 같으므로 ③이 옳다.

| 방송사 | A | B | C | D | E | F | G |
|--------|-----|-----|-----|-----|-----|-----|-----|
| N스크린영향력 | 1.1 | 0.9 | 2.7 | 0.4 | 1.6 | 1.2 | 0.4 |
| 구분 | 다 | 나 | 마 | 가 | 라 | 다 | 가 |

## 12 정답 ⑤

경영활동을 기술활동, 상업활동, 재무활동, 회계활동, 관리활동, 보호활동으로 구분한 것은 패욜의 관리이론이다.

## 13 정답 ④

이슈 트리는 팀원과 문제해결을 위한 팀 내 공통된 이해관계를 구축할 수 있으며, 주요 용어에 대한 공통된 개념 정리를 가능하게 하여 조직의 업무처리 효율을 증가시킨다. 따라서 조직 전체의 업무효율이 증가하는 것은 맞으나, 개인과 이해관계자의 서로 다른 차별화된 개념 정리가 아닌 공통된 이해관계를 구축한다고 보는 것이 옳다.

## 14 정답 ⑤

MECE(Mutually Exclusive Collectively Exhaustive)는 다양한 항목들이 서로 겹치지 않으면서 그 항목들의 모음이 전체가 되는 것을 의미한다. 창의적인 문제해결이 필요한 경우에는 MECE가 한계점에 도달한다. MECE는 전체집합 U의 범위 내에서 문제가 다루어짐을 전제로 한다. 따라서 문제 해결의 방법이 전체집합 U 바깥에 있을 경우, MECE는 무용지물이 되고 만다.

## 15 정답 ⑤

부가가치 노동생산성은 국내에서 생산된 부가가치의 총합인 국내총생산(GDP)을 전체 고용자수로 나눠 산출한다. 단순화하면 노동자 한 명이 얼마를 버느냐를 확인하는 척도다. 이 때문에 노동자의 능력과 관계없이 해당 노동에 대한 대가가 낮게 책정돼 있다면 노동생산성은 떨어질 수밖에 없다.

$$(노동생산성) = \frac{GDP}{(노동인구수) \times (평균노동시간)}$$

$$\rightarrow (K국가\ 노동생산성) = \frac{3,200}{40 \times 0.5} \rightarrow \frac{3,200}{20} = 160$$

따라서 K국가의 노동생산성은 시간당 160달러로 고임금 노동자가 많은 국가로 볼 수 있다.

## 16 정답 ⑤

테일러의 과학적 관리법은 전문적인 지식과 역량이 요구되는 일에는 부적합하며, 노동자들의 자율성과 창의성은 무시한 채 효율성의 논리만을 강조했다는 비판을 받았다. 따라서 테일러의 과학적 관리법은 단순노동과 공정식 노동에 적합하다.

**17** 정답 ⑤

포드 시스템은 설비에 대한 투자비가 높아 손익분기점까지 걸리는 시간이 장기화될 가능성이 높아 사업진입장벽을 형성하며, 조업도가 낮아지면 제조원가가 증가한다는 단점이 존재한다.

**18** 정답 ④

기존의 방식에서는 조직의 모든 구성원들의 동일한 차원으로 리더십 반응을 한다고 했다. 반면에 리더 – 구성원 교환 이론(LMX; Leader Member eXchange theory)은 조직의 세부 특성이 다르고 개별 리더 – 구성원 간의 관계에 따라 리더십 결과가 다르다고 보았다.

**19** 정답 ⑤

최소납기일우선법은 주문받은 작업 가운데서 납기일이 가장 빠른 작업을 최우선 순서로 정하는 방법으로, 단순하지만 주문의 긴급도, 작업지연을 고려하지 않기 때문에 합리성이 부족한 방법이다. 따라서 최우선적으로 시작할 작업은 납기일이 가장 빠른 E이다.

**20** 정답 ①

인적평가센터법은 관리자들의 선발(Selection), 개발(Development), 적성·능력 등의 진단(Inventory)을 위하여 실시된 평가방법 중 하나이다. 일반적으로 2~3일 동안 외부와 차단된 별도의 교육장소에서 다수의 평가자(인사 분야 전문가, 교수, 실무 담당자 등)가 일정한 기준을 가지고 평가를 실시한다. 또한, 평가를 실행함에 있어 시간과 비용이 크기 때문에 한 번에 다수의 대상자들이 참여하고 다수의 평가자들이 평가한다.

**21** 정답 ④

비구조화 면접은 구조화 면접과는 달리 면접 결과를 정리하고 분류하여 부호화하는 데 어려움이 따를 뿐 아니라 많은 시간과 비용이 소요된다는 단점이 있다. 따라서 면접 진행 후 자료의 수량적 표준화와 통계처리가 용이한 것은 구조화 면접에 해당한다.

**22** 정답 ②

제시된 자료는 자재소요계획, 즉 MRP에 대한 설명이다.

**오답분석**

① DRP(Distribution Resource Planning) : 생산이 완성된 제품에 대한 '판매관리시스템'으로 고객의 수요에 대한 정보를 생산계획의 수립에 빠르게 반영한다. 즉, 제조업체 이후의 유통망 상의 재고를 줄이는 것으로, 고객과 가장 가까운 곳에서 수요를 예측하여 이를 생산계획의 수립에 빠르게 반영하는 것을 목적으로 한다.

③ Postponement : 고객의 욕구가 정확히 알려질 때까지는 되도록 생산을 연기하다가 욕구가 확실해졌을 때 생산하는 것으로, 제품의 설계부터 고객에 인도되기까지의 총비용을 최소화시키는 것을 의미한다.

④ JIT(Just In Time) : 생산부문의 공정별로 작업량을 조정함으로써 중간 재고를 최소한으로 줄이는 관리체계이다.

⑤ SCM(Supply Chain Management) : 공급망 관리는 부품 제공업자로부터 생산자, 배포자, 고객에 이르는 물류의 흐름을 하나의 가치사슬 관점에서 파악하고 정보가 원활히 흐르도록 지원하는 시스템을 말한다.

**23** 정답 ①

㉠·㉡ 푸시 전략(Push Strategy)에 대한 설명이다.

**오답분석**

㉢·㉣ 풀 전략(Pull Strategy)에 대한 설명이다.

**24** 정답 ②

이론적인 작업장 수는 순과업시간을 목표주기시간으로 나누어 계산한 숫자를 정수단위로 올림하여 산출한다.

$$\therefore \frac{(순과업시간)}{(목표주기시간)} = \frac{300}{96} = 3.125 \rightarrow 4개(\because 정수 단위로 올림)$$

따라서 이론적인 최소 작업장 수는 4개이다.

**25** 정답 ⑤

카츠(L. Katz)는 경영자에게 필요한 능력으로 개념능력(Conceptual Skill), 인간능력(Human Skill), 기술능력(Technical Skill)을 제시하였다. 의사소통능력은 인간능력의 일부분으로 볼 수 있다.

**26** 정답 ①

자산규모가 2조 원 이상이고, 총수입액 중 자체수입액이 85% 이상인 공기업은 시장형 공기업에 해당한다.

**27** 정답 ⑤

민츠버그(H. Mintzberg)는 크게 대인적 직무, 의사결정 직무, 정보처리 직무로 경영자의 역할 10가지를 정리하였다. 대인적 직무에는 대표자 역할, 리더 역할, 연락자 역할이 해당한다. 의사결정 직무에는 기업가적 역할, 문제처리자 역할, 자원배분자 역할, 중재자적 역할이 해당한다. 그리고 정보처리 직무에는 정보수집자 역할, 정보보급자 역할, 대변자적 역할이 있다.

## 28  정답 ②

제시된 자료에서는 경쟁자나 남들보다 먼저 시작하기보다는 기존 제품, 시장에서의 지위는 유지하면서 방어형과 혁신형 전략의 중간 형태로 보면 되는 전략에 대하여 설명하고 있다. 따라서 이에 적합한 전략은 분석형 전략이다.

## 29  정답 ②

**오답분석**

- 진영 : 슈하트 관리도의 정규성 측면에서 가정으로 관리한계는 정규분포를 기초로 생성된다.
- 아현 : 관리도의 독립성 속성의 가정으로는 데이터들 사이는 서로 부분 집단적이 아닌 서로 독립적이여야 한다.

## 30  정답 ④

거래비용 이론에 따르면 거래의 당사자가 거래의 성립을 위해 지불해야 할 비용은 크게 세 가지 관점에서 발생한다. 그중 거래에 투자되는 거래 당사자들의 자산이 그 특정 거래에 국한될 경우, 즉 자산의 고정성(Asset Specificity)이 높을 경우 거래에 소요되는 비용이 상대적으로 증가한다는 것이다. 특히 자산의 고정성이 높을수록 이기적 행동성향과 정보 제약성의 문제는 상대적으로 더욱 증가할 것이며, 이 경우 조직 내부적으로 거래가 이루어지는 것이 상대적으로 효율적이고 결국 조직이 시장으로부터 생성된다는 것이다.

## 31  정답 ③

- ㄴ. 황금낙하산 : 적대적 M&A를 당해 기존 임원이 해임되는 경우 거액의 보상금을 지급하도록 미리 규정해 M&A를 저지하는 전략이다.
- ㄹ. 팩맨 : 적대적 M&A를 시도하는 공격 기업을 거꾸로 공격하는 방어 전략이다.
- ㅁ. 독약조항 : M&A 공격을 당했을 때 기존 주주들이 회사 주식을 저가에 매입할 수 있는 권리를 행사할 수 있도록 콜옵션을 부여해 공격측의 지분 확보를 어렵게 하는 방어법이다.

**오답분석**

- ㄱ. 그린메일 : 투기성 자본이 경영권이 취약한 기업의 지분을 사들인 뒤에 대주주에게 M&A 포기 대가로 보유지분을 되사줄 것을 요구하는 것이다.
- ㄷ. 곰의 포옹 : 사전에 예고 없이 경영진에 매수를 제의하고 신속한 의사결정을 하도록 요구하는 공개 매수 전략이다.

## 32  정답 ④

소비자들은 자신이 탐색한 정보를 평가하여 최종적인 상표를 선택함에 있어 보완적 방식과 비보완적 방식에 따라 접근한다. 피시바인의 다속성 태도 모형은 보완적 방식에 해당하며, 비보완적 방식에는 사전적 모형, 순차적 제거 모형, 결합적 모형, 분리적 모형 등이 있다.

**오답분석**

⑤ 다속성 태도 모형은 소비자의 태도와 행동을 동일시함으로 인해 소비자 행동의 설명력이 낮은 한계점이 있다. 이를 보완한 이론이 피시바인의 확장모델인 이성적 행동이론으로, 이성적 행동이론을 통해 구매행동에 대한 동기와 주관적 규범으로 소비자 행동을 설명한다.

## 33  정답 ④

카이제곱 검정은 크게 동질성 검정과 독립성 검정 두 가지 유형으로 구분 가능하다. 동질성 검정은 '변인의 분포가 이항분포나 정규분포와 동일하다.'라는 가설을 설정하며, 이는 어떠한 모집단의 표본이 그 모집단을 대표하고 있는지를 검증하는 데 사용한다. 또한 독립성 검정은 변인이 두 개 이상일 때 사용되며, '두 변인이 서로 상관이 없고 독립적'이라고 기대하는 기대빈도와 관찰빈도와의 차이를 통해 기대빈도의 진위여부를 밝힌다.

## 34  정답 ⑤

학습조직의 구축을 위한 구체적인 실행방안으로는 전략적 자각의식을 높이고 학습을 생활의 일부분으로 동기화시키는 것이다. 이는 일과 학습의 구분점을 없애고 개인, 팀, 전체 조직의 지속적인 학습을 촉진하는 역할을 수행하며, 일과 학습의 완전한 통합시스템 구축이 관건으로 존재한다. 또한, 자기조직화와 팀 학습을 향상시켜 보다 효과적인 학습조직을 만들어 나가야 한다.

## 35  정답 ⑤

ERG이론과 욕구체계이론은 인간의 욕구를 동기부여 요인의 대상으로 보고 있다. ERG이론은 욕구체계이론을 바탕으로 존재의 욕구, 관계적 욕구, 성장의 욕구를 기준으로 재정립하였다. 따라서 욕구를 동기부여 대상으로 생각하지 않는다는 것은 옳지 않다.

## 36  정답 ⑤

생산물의 흐름의 연속 여부에 따라 단속 생산과 연속 생산으로 구분이 가능하다.

**연속 생산과 단속 생산의 특징**

| 특징 | 연속 생산 | 단속 생산 |
|---|---|---|
| 생산방식 | 예측생산 | 주문생산 |
| 품종, 생산량 | 소품종다량생산 | 다품종소량생산 |
| 생산속도 | 빠르다 | 느리다 |
| 단위당 생산원가 | 낮다 | 높다 |
| 운반설비 | 고정경로형 | 자유경로형 |
| 기계설비 | 전용설비 | 범용설비 |
| 설비투자액 | 많다 | 적다 |
| 마케팅 활동 | 수요예측에 따라 전개 | 주문 위주로 전개 |

## 37   정답   ③

인지부조화 이론은 페스팅거에 의해 제시된 이론으로, 자신이 가진 내적 신념이나 태도가 일치하지 않을 때 긴장상태, 즉 불편한 상태가 발생한다는 것이다. 또한, 제품을 구매한 후 자신의 선택에서 느끼는 인지부조화를 구매 후 부조화라고 한다. 따라서 이러한 불편한 상태를 해소하기 위해 자신의 기대를 낮추거나 다른 정당성을 부여해야 한다. 이때 가격이 높은 제품일수록 구매 후 부조화는 더욱 커지게 된다.

## 38   정답   ⑤

동일한 세분시장 내에서는 소비자들의 동질성이 극대화되도록 하여야 마케팅 믹스를 개발할 수 있다.

## 39   정답   ⑤

재고 부족현상이 발생하게 되면 EOQ 모형을 적용하기 어렵다. 하지만 실제 상황에서는 갑작스러운 수요 상승으로 인한 재고 부족이 나타날 수 있고 이러한 단점으로 인해 실제로는 추가적으로 여러 가지 요소들을 함께 고려해야 EOQ 모형을 적절하게 사용할 수 있다. 따라서 EOQ 모형을 사용하기 위해서는 재고 부족현상은 발생하지 않고, 주문 시 정확한 리드타임이 적용된다는 것을 가정으로 계산한다.

## 40   정답   ③

경쟁 심화로 인한 과도한 가격 인하나 판매촉진 비용의 증대로 이윤이 감소하기도 하며, 경쟁에서 밀린 업체들은 시장을 떠나기도 한다는 것은 쉽게 쇠퇴기라고 생각할 수 있지만 이는 제품의 성숙기에 대한 내용이다.

**오답분석**

①·② 제품의 도입기에 해당한다.
④ 제품의 성장기에 접어들면 발생하는 현상이다.
⑤ 제품이 쇠퇴기에 접어들면 발생하는 현상이다.

# | 02 |  **토목직**

| 01 | 02 | 03 | 04 | 05 | 06 | 07 | 08 | 09 | 10 |
|---|---|---|---|---|---|---|---|---|---|
| ④ | ② | ④ | ③ | ② | ③ | ③ | ④ | ⑤ | ⑤ |
| 11 | 12 | 13 | 14 | 15 | 16 | 17 | 18 | 19 | 20 |
| ② | ⑤ | ④ | ③ | ② | ① | ④ | ④ | ④ | ⑤ |

## 01   정답   ④

ㄴ. A지역에 사는 차상위계층으로 출장 진료와 진료비를 지원받을 수 있다.
ㄹ. A지역에 사는 기초생활 수급자로 진료비를 지원받을 수 있다.

**오답분석**

ㄱ. 지원 사업은 A지역 대상만 해당되므로 B지역으로 거주지를 옮겨 지원을 받을 수 없다.
ㄷ. 지원내역 중 입원비는 제외되므로 지원받을 수 없다.

## 02   정답   ②

호실에 있는 환자를 정리하면 다음과 같다.

| 101호 A·F환자 | 102호 C환자 | 103호 E환자 | 104호 |
|---|---|---|---|
| 105호 | 106호 D환자 | 107호 B환자 | 108호 |

방 이동 시 소요되는 행동 수치가 가장 적은 순서는 '101호 - 102호 - 103호 - 107호 - 106호' 순서이다.
환자 회진 순서는 다음과 같다.
A(09:40 ~ 09:50) - F(09:50 ~ 10:00) - C(10:00 ~ 10:10) - E(10:30 ~ 10:40) - B(10:40 ~ 10:50) - D(11:00 ~ 11:10) 회진규칙에 따라 101호부터 회진을 시작하고, 같은 방에 있는 환자는 연속으로 회진하기 때문에 A환자와 F환자를 회진한다. 따라서 의사가 세 번째로 회진하는 환자는 C환자이다.

## 03   정답   ④

회진 순서는 A - F - C - E - B - D이므로 E환자의 회진 순서는 B환자보다 먼저이다.

**오답분석**

① 마지막 회진환자는 D이다.
② 네 번째 회진환자는 E이다.
③ 회진은 11시 10분에 마칠 수 있다.
⑤ 10시부터 회진을 하여도 마지막에 회진받는 환자는 바뀌지 않는다.

## 04 정답 ③

- (1일 평균임금)=(4～6월 임금총액)÷(근무일수) →

$$\frac{(160만+25만)+[(160만÷16)×6]+(160만+160만+25만)}{(22+6+22)}$$

$$=118,000원$$

- (총 근무일수)=31+28+31+22+6+22=140일

- (퇴직금)=$118,000×30×\frac{140}{360}≒1,376,667$

  → 1,376,000원($\because$ 1,000원 미만 절사)

따라서 A의 퇴직금은 1,376,000원이다.

## 05 정답 ②

TV의 화면 비율이 4：3일 때, 가로와 세로의 크기를 각각 $a$, $b$라고 하면 $a=4z$이고 $b=3z$이다($z$는 비례상수). 대각선의 길이를 $A$라고 하면 피타고라스 정리에 의해 $A^2=4^2z^2+3^2z^2$이다. 이를 정리하면 $z^2=\frac{A^2}{5^2}=\left(\frac{A}{5}\right)^2$, $z=\frac{A}{5}$이다. 이 때 대각선의 길이가 $40×2.5=100$cm이므로 $A=100$cm이다. 그러므로 $z=\frac{100}{5}=20$cm이며, $a$는 80cm, $b$는 60cm이다. 따라서 가로와 세로 길이의 차이는 $80-60=20$cm이다.

## 06 정답 ③

신입사원일 사건을 $A$, 남자일 사건을 $B$라고 하자.
$P(A)=0.80$,
$P(A\cap B)=0.8×0.4=0.32$이다.
$\therefore P(B|A)=\frac{P(A\cap B)}{P(A)}=\frac{0.32}{0.80}=0.4$
따라서 신입사원이면서 남자일 확률은 40%이다.

## 07 정답 ③

총 6시간 30분 중 30분은 정상에서 휴식을 취했으므로 오르막길과 내리막길의 실제 이동시간은 6시간이다. 총 14km의 길이 중 $a$는 오르막길에서 걸린 시간, $b$는 내리막길에서 걸린 시간이라고 하면 다음과 같은 식으로 나타낼 수 있다.
$a+b=6$ … ㉠
$1.5a+4b=14$ … ㉡
두 식을 연립하면 $a$는 4시간, $b$는 2시간이 소요된다.
따라서 오르막길 A의 거리는 $1.5×4=6$km이다.

## 08 정답 ④

K는 400mg의 카페인 중 200mg의 카페인을 이미 섭취했으므로 200mg의 카페인을 추가적으로 섭취가 가능하다. 200mg를 넘지 않은 선에서 최소한 한 가지 종류의 커피만을 마시는

경우를 포함한 각각의 경우의 수를 계산하면 다음과 같다.

| 인스턴트<br>커피 | 핸드드립<br>커피 | 총 카페인 |
|---|---|---|
| 4회 | 0회 | $(4×50)+(0×75)=200$mg |
| 3회 | 0회 | $(3×50)+(0×75)=150$mg |
| 2회 | 1회 | $(2×50)+(1×75)=175$mg |
| 2회 | 0회 | $(2×50)+(0×75)=100$mg |
| 1회 | 1회 | $(1×50)+(1×75)=125$mg |
| 1회 | 0회 | $(1×50)+(0×75)=50$mg |
| 0회 | 2회 | $(0×50)+(2×75)=150$mg |
| 0회 | 1회 | $(0×50)+(1×75)=75$mg |

따라서 K가 마실 수 있는 커피의 경우의 수는 8가지이다.

## 09 정답 ⑤

등고선의 수평거리를 구하기 위해, 삼각형의 비례공식을 사용한다.
$(178-116)$m : $(150-116)$m$=340$m : $x$m
$x=\frac{(150-116)×340}{(178-116)}=\frac{34×340}{62}≒186.45$m

## 10 정답 ⑤

(확폭량 $S$)=$\frac{L^2}{2R}$에서 노선의 반지름이 4배가 되므로, (확폭량 $S'$)=$\frac{1}{2×4}=\frac{1}{8}$로 감소한다.

## 11 정답 ②

(최소 두께)=$h_{\min}$
$h_{\min}=\frac{l}{8}\left(0.43+\frac{f_y}{700}\right)=\frac{(4×10^3)}{8}×\left(0.43+\frac{300}{700}\right)$
$≒429.29$mm

## 12 정답 ⑤

슬럼프 150mm 이하의 된비빔콘크리트에 내부 진동기를 사용하지만, 얇은 벽 내부 진동기의 사용이 곤란한 장소에는 거푸집 진동기를 사용한다.

## 13 정답 ④

옹벽의 전면벽은 3변 지지된 2방향 슬래브로 설계한다.

## 14 정답 ③

**부재축에 직각인 스터럽(수직스터럽)**

(1) RC 부재일 경우 : $\dfrac{d}{2}$ 이하

(2) PSC 부재일 경우 : $0.75h$ 이하

(3) 어느 경우이든 600mm 이하

위의 경우 중 (1)에 해당되기 때문에 간격은 $s=\dfrac{d}{2}=\dfrac{450}{2}=$ 225mm이다.

## 15 정답 ②

직사각형의 단면이고 양단힌지이기 때문에 좌굴의 강성도는

$n=\dfrac{1}{K^2}=1$, 좌굴길이는 $KL=1.0L$이다.

(세장비 $\lambda$) $=\dfrac{1.0\times8.0}{\sqrt{\left(\dfrac{0.25\times0.40^3}{12}\right)\div{0.25\times0.40}}}\fallingdotseq69.28$

## 16 정답 ①

(탄성계수 $E$) $=\dfrac{\sigma\times L}{\delta}=\dfrac{300\times(10\times10^3)}{15}=2.0\times10^5\,\text{MPa}$

## 17 정답 ④

**일단고정 일단힌지의 경우의 좌굴하중**

$P_{cr}=\dfrac{\pi^2 EI}{(KL)^2}=\dfrac{\pi^2\times20,000\times\left(\dfrac{150\times350^3}{12}\right)}{(0.7\times5000)^2}$

$\fallingdotseq8,635,903,851\text{N}\fallingdotseq863,590\text{kN}$

## 18 정답 ④

(한계동수경사 $i_c$) $=\dfrac{(1.88-1.0)}{1.0}=0.88$

## 19 정답 ④

압밀 진행 중인 흙의 성질은 변하지 않는다.

## 20 정답 ⑤

옹벽의 뒷면과 흙의 마찰각이 0인 경우는 '벽면마찰각을 무시한다.'라는 말과 동일하다.

벽면마찰각을 무시하는 경우 $P_{(Rankine)}=P_{(Coulomb)}$이다.

---

# | 03 | 차량 · 운전직

| 01 | 02 | 03 | 04 | 05 | 06 | 07 | 08 | 09 | 10 |
|----|----|----|----|----|----|----|----|----|----|
| ④ | ④ | ③ | ⑤ | ① | ① | ② | ④ | ② | ② |
| 11 | 12 | 13 | 14 | 15 | 16 | 17 | 18 | 19 | 20 |
| ① | ③ | ④ | ③ | ② | ② | ④ | ③ | ③ | ② |
| 21 | 22 | 23 | 24 | 25 | 26 | 27 | 28 | 29 | 30 |
| ⑤ | ② | ⑤ | ③ | ④ | ② | ④ | ② | ④ | ④ |
| 31 | 32 | 33 | 34 | 35 | 36 | 37 | 38 | 39 | 40 |
| ④ | ③ | ④ | ⑤ | ② | ② | ③ | ④ | ③ | ③ |
| 41 | 42 | 43 | 44 | 45 | 46 | 47 | 48 | | |
| ③ | ④ | ① | ③ | ④ | ② | ⑤ | ⑤ | | |

## 01 정답 ④

밑줄 친 '이런 미학'은 사진을 통해 인간의 눈으로는 확인할 수 없는 부분의 아름다움을 느끼는 것으로, 기존 예술의 틈으로 파고들어갈 것으로 주장하고 있다.

## 02 정답 ④

서양의 자연관은 인간이 자연보다 우월한 자연지배관이며, 동양의 자연관은 인간과 자연을 동일선상에 놓거나 조화를 중요시한다고 설명한다. 따라서 제시문의 중심 내용으로는 서양의 자연관과 동양의 자연관의 차이가 가장 적절하다.

## 03 정답 ③

PRT는 무인운전을 통해 운행되므로 인건비를 절감할 수 있지만, 무인 경량전철 역시 무인으로 운전되기 때문에 무인 경량전철 대비 PRT가 인건비를 절감할 수 있는지는 알 수 없다.

오답분석

① PRT는 원하는 장소까지 논스톱으로 주행한다.

② 설치비는 경량전철에 비하여 2분의 1에서 4분의 1가량으로 크게 낮은 수준이다.

④ PRT는 크기는 지하철 및 무인 경량전철보다 작으므로 복잡한 도심 속에서도 공간을 확보하기 쉽고, 저소음인 동시에 배기가스 배출이 없다.

⑤ PRT는 2층 높이이고, 경량전철은 3층 높이여서 탑승자의 접근성이 경량전철에 비해 용이하다.

## 04 정답 ⑤

민속문화는 특정 시기에 장소마다 다양하게 나타나는 경향이 있지만, 대중문화는 특정 장소에서 시기에 따라 달라지는 경향이 크다.

**오답분석**

① 민속문화는 고립된 촌락 지역에 거주하는 규모가 작고 동질적인 집단에 의해 전통적으로 공유된다.

② 대중문화는 대부분이 선진국, 특히 북아메리카, 서부 유럽, 일본의 산물이다.

③ 민속문화는 흔히 확인되지 않은 기원자를 통해서, 잘 알려지지 않은 시기에, 출처가 밝혀지지 않은 미상의 발상지로부터 발생한다.

④ 스포츠는 민속문화로 시작되었지만, 현대의 스포츠는 대중문화의 특징을 보여준다.

## 05 정답 ①

$$\mu = \frac{\epsilon'}{\epsilon} = \frac{\dfrac{\delta}{b}}{\dfrac{\sigma}{E}} = \frac{\delta E}{b\sigma}$$

$$\delta = \frac{\mu b \sigma}{E} = \frac{\mu b P}{E(bt)} = \frac{\mu P}{Et} = \frac{0.4 \times (13.5 \times 10^3)}{(230 \times 10^9) \times (30 \times 10^{-3})}$$

$$\fallingdotseq 0.000783 \times 10^{-3} \text{m} = 0.783 \times 10^{-3} \text{mm}$$

## 06 정답 ①

**집중 하중이 작용하는 외팔보의 처짐**

$\delta = \dfrac{Pl^3}{3EI}$ 에서 $I = \dfrac{bh^3}{12}$ 이다.

$$\therefore \ \delta = \frac{Pl^3}{3E\dfrac{bh^3}{12}} = \frac{4Pl^3}{Ebh^3} = \frac{4 \times 5,000 \times 2^3}{300 \times 10^9 \times 0.05 \times 0.1^3}$$

$$\fallingdotseq 10.7 \text{mm}$$

## 07 정답 ②

$$[\text{인장응력}(\sigma_t)] = \frac{Q}{A} = \frac{4Q}{\pi d^2}$$

$$[\text{전단응력}(\tau)] = \frac{Q}{A} = \frac{Q}{\pi d H}$$

문제에서 $\tau = 0.8\sigma_t$ 이므로 $\dfrac{Q}{\pi d H} = 0.8 \times \dfrac{4Q}{\pi d^2} = \dfrac{4}{5} \times \dfrac{4Q}{\pi d^2}$

$$H = \frac{Q}{\pi d} \times \frac{5\pi d^2}{16Q} = \frac{5}{16} d$$

$$\therefore \ d = \frac{16}{5} H$$

## 08 정답 ④

면적 모멘트로 구하면, 아래 BMD 선도에서 빗금친 면적

$$A_m = 6 \times 54,000 \times \frac{1}{2} = 162,000 \text{N} \cdot \text{m}^2 \text{이다.}$$

$\theta_A = \theta_C$ 이므로,

$$\theta_A = \frac{A_m}{EI} = \frac{162,000}{(200 \times 10^9) \times (250 \times 10^{-8})} = 0.324 \text{rad}$$

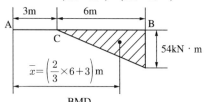

BMD

$$\delta_A = \frac{A_m}{EI} \times \overline{x} = \theta_A \times \overline{x} = 0.324 \times \left(\frac{2}{3} \times 6 + 3\right)$$

$$= 2.268 \text{m} \fallingdotseq 226.8 \text{cm}$$

## 09 정답 ②

내압을 받는 얇은 원통에서 원주(후프)응력 $\sigma_r = \dfrac{Pd}{2t}$, 축방향의 응력 $\sigma_s = \dfrac{Pd}{4t}$ 이므로

$$\sigma_r = \sigma_y = \frac{Pd}{2t} = \frac{860,000 \times 3}{2 \times 0.03}$$

$$= 43,000,000 N/m^2 = 43 \text{MPa}$$

$$\sigma_s = \sigma_x = \frac{Pd}{4t} = \frac{860,000 \times 3}{4 \times 0.03}$$

$$= 21,500,000 N/m^2 = 21.5 \text{MPa}$$

2축 응력에서 최대 전단응력은 $\theta = 45°$일 때,

$$\tau_{\max} = \frac{1}{2}(\sigma_x - \sigma_y) = \frac{1}{2}(21.5 - 43) = -10.75 \text{MPa}$$

## 10 정답 ②

$$(\text{압축비 } \epsilon) = \frac{\nu_1}{\nu_2} = \left(\frac{P_2}{P_1}\right)^{\frac{1}{k}} = \left(\frac{5,000}{200}\right)^{\frac{1}{1.5}} \fallingdotseq 8.55$$

$$(\text{단절비 } \sigma) = \frac{v_3}{v_2} = \frac{T_3}{T_2}$$

$$= \frac{T_3}{T_1 \cdot \epsilon^{k-1}} = \frac{7,000}{500 \times (8.55)^{1.5-1}} \fallingdotseq 4.79$$

$$\eta_d = 1 - \left(\frac{1}{\epsilon}\right)^{k-1} \times \frac{\sigma^k - 1}{k(\sigma - 1)}$$

$$= 1 - \left(\frac{1}{8.55}\right)^{1.5-1} \times \frac{4.79^{1.5} - 1}{1.5(4.79 - 1)} \fallingdotseq 0.430 \to 43\%$$

## 11　정답 ①

$$\epsilon_R = \frac{Q_2}{W_c} = \frac{Q_2}{Q_1 - Q_2} = \frac{T_2}{T_1 - T_2}$$

$$= \frac{(273 - 15)}{(273 + 50) - (273 - 15)} \fallingdotseq 3.97$$

$$\epsilon_H = \frac{Q_1}{W_c} = \frac{Q_1}{Q_1 - Q_2} = \frac{Q_1 - Q_2 + Q_2}{Q_1 - Q_2} = 1 + \frac{Q_2}{Q_1 - Q_2}$$

$$= 1 + \epsilon_R = 1 + 3.97 = 4.97$$

## 12　정답 ③

$T$ 작용점에서 좌·우 비틀림 각이 동일하므로 $\theta_1 = \theta_2$ 이다.

$$\frac{T_1 l_1}{GI_{p_1}} = \frac{T_2 l_2}{GI_{p_2}}$$

$$\therefore \frac{T_1}{T_2} = \frac{I_{p_1}}{I_{p_2}} \times \frac{l_2}{l_1} = \left(\frac{D_1}{D_2}\right)^4 \times \frac{l_2}{l_1} = \left(\frac{9}{3}\right)^4 \times \frac{20}{50} = 32.4$$

## 13　정답 ④

$1\text{atm} = 760\text{Torr} = 760\text{mmHg} = 29.92\text{inHg} = 10.33\text{mAq} = 1.033\text{kg/cm}^2 = 14.7\text{psi} = 1.01325\text{bar} = 101,325\text{Pa}$

## 14　정답 ③

$$[\text{비중량}(\gamma)] = \frac{W}{V} = \frac{50,000}{10} = 5,000\text{N/m}^3$$

$$[\text{밀도}(\rho)] = \frac{\gamma}{g} = \frac{5,000}{9.81} \fallingdotseq 509.7\text{N} \cdot \text{s}^2/\text{m}^4$$

$$[\text{비중}(S)] = \frac{\gamma}{\gamma_w} = \frac{5,000}{9,800} \fallingdotseq 0.5,$$

$$[\text{비중}(S)] = \frac{\rho}{\rho_w} = \frac{509.7}{1,000} \fallingdotseq 0.5$$

## 15　정답 ②

$CO_2$ 의 기체상수

$$R = \frac{8.314}{M} = \frac{8.314}{44} \fallingdotseq 0.189\text{kJ/kg} \cdot \text{K}$$

$$\gamma = \frac{P}{RT} = \frac{800}{0.189 \times (110 + 273)} \fallingdotseq 11.05\text{N/m}^3$$

## 16　정답 ②

$$[\text{압축률}(\beta)] = \frac{1}{[\text{체적탄성계수}(E)]} = \frac{1}{\text{N/m}^2} = \text{m}^2/\text{N}$$

$$\rightarrow L^2 F^{-1} = L^2 (MLT^{-2})^{-1}$$

$$= L^2 M^{-1} L^{-1} T^2 = M^{-1} L T^2$$

## 17　정답 ④

$$\rho = \rho_w S = 1,000 \times 0.7 = 700\text{kg/m}^3$$

$$\therefore v = \frac{1}{\rho} = \frac{1}{700} \fallingdotseq 1.43 \times 10^{-3}\text{m}^3/\text{kg}$$

## 18　정답 ③

레이놀즈수는 층류와 난류를 구분하는 척도로서 점성력과 관성력의 비이다. 즉, $Re = \frac{(\text{관성력})}{(\text{점성력})}$ 이고, 레이놀즈수가 작은 경우에는 점성력이 관성력에 비해 크게 영향을 미친다. 층류에서 난류로 변하는 레이놀즈수를 상임계 레이놀즈수라 하고, 난류에서 층류로 변하는 레이놀즈수를 하임계 레이놀즈수라고 한다. 유동단면의 형상이 변하면 임계 레이놀즈수도 변화한다.

## 19　정답 ③

전항력 300kg 중에서 항력은 70%이므로
$D = 300 \times 0.7 = 210\text{kg}$

$(\text{항력 } D) = C_D \frac{\rho A V^2}{2}$

$$210 = C_D \frac{\left(\frac{1.25}{9.81}\right) \times 4.8 \times \left(\frac{100}{3.6}\right)^2}{2}$$

$$\therefore C_D \fallingdotseq 0.89$$

## 20　정답 ②

ㄱ. $Ir(22.5) > Pb(11.36) > Cu(8.96)$

ㄷ. $Ir(22.5) > Fe(7.87) > Mg(1.74)$

**오답분석**

ㄴ. $Fe(7.87) > Ti(4.5) > Al(2.74)$

ㄹ. $Pt(21.45) > Ag(10.49) > Fe(7.87)$

## 21　정답 ⑤

- 경금속(비중이 5 이하인 금속) : Li(0.53), Mg(1.74), Al (2.74), Na(0.97), Mo(1.22), Ti(4.5)
- 중금속(비중이 5 이상인 금속) : Fe(7.87), Cu(8.96), Mn (7.43), Pb(11.36), Pt(21.45), W(19.3), Zn(7.13), Sn (7.29), Ag(10.49), Ir(22.5)

**22** **정답** ②

- 결합용 기계요소 : 나사, 볼트, 너트, 키, 핀, 코터, 리벳 등
- 동력 전달용 기계요소 : 축, 커플링, 클러치, 베어링, 마찰차, 벨트, 체인, 스프로킷 휠, 로프, 기어, 캠 등
- 동력 제어용 기계요소 : 클러치, 브레이크, 스프링 등

**23** **정답** ⑤

불변강의 종류는 인바(Invar), 초인바(Super Invar), 엘린바(Elinvar), 코엘린바(Coelinvar), 플래티나이트(Platinite), 퍼멀로이(Permalloy) 등이 있다.

**24** **정답** ③

미하나이트주철은 회주철에 강을 넣어 탄소량을 적게 하고 접종하여 미세 흑연을 균일하게 분포시킨다. 규소(Si), 칼슘(Ca) - 규소(Si) 분말을 첨가하여 흑연의 핵 형성을 촉진시켜 재질을 개선시킨 주철로, 기본조직은 펄라이트 조직이다.

**오답분석**

① 가단주철 : 보통 주철의 약한 인성을 개선하기 위하여 백주철을 장시간 열처리하여 인성과 연성을 증가시킨 주철이다.
② 합금주철 : 특수 원소(Ni, Cr, Cu 등)를 단독 또는 함께 함유시키거나 Si, Mn, P를 많이 넣어 강도, 내열성, 내부식성, 내마모성을 개조시킨 주철이다.
④ 구상흑연주철 : 용융 상태에서 Mg, Ce, Mg-Cu, Ca(Li, Ba, Sr) 등을 첨가하거나 그 밖의 특수한 용선처리를 하여 편상 흑연을 구상화한 주철이다.
⑤ 칠드주철 : 주조 시 규소(Si)가 적은 용선에 망간(Mn)을 첨가하고 용융 상태에서 철주형에 주입하여 접촉된 면이 급랭되어 아주 가벼운 백주철로 만든 주철이다.

**25** **정답** ④

니켈 - 크롬강의 경우 550 ~ 580℃에서 뜨임메짐이 발생하는데, 이를 방지하기 위해 Mo, V, W를 첨가한다. 이 중에서 몰리브덴(Mo)이 가장 적합한 원소이다.

**26** **정답** ④

㉠ 오스템퍼링 : 오스테나이트에서 베이나이트로 완전한 항온변태가 일어날 때까지 특정 온도로 유지 후 공기 중에서 냉각, 베이나이트 조직을 얻는다. 뜨임이 필요 없고, 담금 균열과 변형이 없다.
㉡ 오스포밍 : 과랭 오스테나이트 상태에서 소성 가공을 한 후 냉각 중에 마텐자이트화하는 항온 열처리 방법이다.

㉢ 마템퍼링 : Ms점과 Mf점 사이에서 항온처리하는 열처리 방법으로 마텐자이트와 베이나이트의 혼합 조직을 얻는다.

**27** **정답** ⑤

쇼어 경도 시험은 낙하시킨 추의 반발 높이를 이용하는 충격 경도 시험이다.

**오답분석**

① 피로 시험 : 반복되어 작용하는 하중 상태의 성질을 알아낸다.
② 브리넬 경도 시험 : 지름 $D$mm인 구형 누르개를 일정한 시험하중으로 시험편에 압입시켜 시험하며, 이때 생긴 압입 자국의 표면적을 시험편에 가한 하중으로 나눈 값이다.
③ 샤르피식 시험 : 금속의 인성과 메짐을 알아보는 충격시험의 일종으로 시험편의 양단을 지탱하고 해머로 중앙에 충격을 가해 1회로 시험편을 판단한다.
④ 로크웰 경도 시험 : 원추각이 120°, 끝단 반지름이 0.2mm인 원뿔형 다이아몬드를 누르는 방법(HRC)과 지름이 1.588mm인 강구를 누르는 방법(HRB) 두 가지가 있다.

**28** **정답** ②

- 체심입방격자(BCC) : 강도, 경도가 크고 용융점이 높은 반면 연성, 전성이 낮다.
  V, Ta, W, Rb, K, Li, Mo, $\alpha-Fe$, $\delta-Fe$, Cs, Cr, Ba, Na
- 면심입방격자(FCC) : 강도, 경도가 작고 연성, 전성이 좋다(가공성 우수).
  Ag, Cu, Au, Al, Ni, Pb, Pt, $\gamma-Fe$, Pd, Rh, Sr, Ge, Ca
- 조밀육방격자(HCP) : 연성, 전성이 낮고 취성이 있다.
  Mg, Zn, Ce, Zr, Ti, La, Y, Ru, Gd, Co

**29** **정답** ④

**핀의 종류**

- 테이퍼 핀 : $\frac{1}{50}$의 테이퍼가 있는 핀으로 구멍에 박아 부품을 고정시키는 데 사용된다.
- 평행 핀 : 테이퍼가 붙어 있지 않은 핀으로 빠질 염려가 없는 곳에 사용된다.
- 조인트 핀 : 2개 부품을 연결할 때 사용되고 조인트 핀을 축으로 회전한다.
- 분할 핀 : 한쪽 끝이 2가닥으로 갈라진 핀으로 축에 끼워진 부품이 빠지는 것을 방지한다.
- 스프링 핀 : 스프링 강대를 원통형으로 성형, 종방향으로 틈새를 부여한 핀으로 외경보다 약간 작은 구멍경에 삽입함으로써 핀의 이탈을 방지한다.

## 30 정답 ④

### 아크용접의 종류

- 피복아크 용접 : 피복제를 칠한 용접봉과 피용접물과의 사이에 발생한 아크의 열을 이용하는 용접이다.
- 불활성가스 아크용접 : 아르곤, 헬륨 등 불활성 가스 또는 여기에 소량의 활성 가스를 첨가한 가스 분위기 안에서 하는 아크용접이다.
- 탄산가스 아크용접 : 불활성 가스 아크 용접에서 사용되는 값비싼 아르곤이나 헬륨 대신에 탄산가스를 사용하는 용극식 용접 방법이다.
- 원자수소 용접 : 수소가스 중에서 2개의 금속 전극 간에 발생시킨 아크의 열을 사용하는 용접이다.
- 서브머지드 아크용접 : 두 모재의 접합부에 입상의 용제를 놓고 대기를 차단한 다음 그 속에서 용접봉과 모재 사이에 아크를 발생시켜 그 열로 용접하는 방법이다.

**오답분석**

가. 산소 – 아세틸렌 용접 : 가스용접의 일종으로 토치 끝부분에서 아세틸렌과 산소의 혼합물을 연소시켜 접합에 필요한 열을 제공하는 용접이다.

라. 프로젝션 용접 : 전기 저항 용접의 일종으로 금속 부재의 접합부에 만들어진 돌기부를 접촉시켜 압력을 가하고 여기에 전류를 통하여 저항열의 발생을 비교적 작은 특정 부분에 한정시켜 접합하는 용접이다.

## 31 정답 ④

$$\frac{dy}{dx} = \frac{-4y}{4x} = \frac{-4 \times 5}{4 \times 3} = -\frac{5}{3}$$

## 32 정답 ③

### 원통커플링의 종류

- 슬리브 커플링 : 주철제 원통 속에 키로 고정, 축지름이 작은 경우 및 인장 하중이 없을 때 사용한다.
- 반중첩 커플링 : 원통 속에 전달축보다 약간 크게 한 축 단면에 기울기를 주어 중첩시킨 후 공동의 키로 고정, 인장하중이 작용하는 축에 사용한다.
- 마찰원통 커플링 : 두 개로 분리된 원통의 바깥을 원추형으로 만들어 두 축을 끼우고, 그 바깥에 링을 끼워 고정한다. 축과 원통 사이의 마찰력에 의해 토크를 전달한다.
- 분할 원통 커플링 : 분할된 두 개의 반원통으로 두 축을 덮은 후 볼트와 너트로 고정, 토크가 작을 때 사용한다.
- 셀러 커플링 : 한 개의 외통과 두 개의 내통으로 외통 내부와 내통 외부에 테이퍼가 있어 내통 안에 축을 끼우고 3개의 볼트로 죄면 콜릿 역할을 한다.

**오답분석**

ㄴ. 플랜지 커플링 : 키를 사용하여 두 축의 양 끝에 플랜지를 각각 고정하고 맞대어 두 개의 플랜지를 연결한다.

ㅁ. 올덤 커플링 : 두 축이 평행하나 약간 어긋나는 경우에 사용하며 저속, 편심이 작을 때 사용한다.

## 33 정답 ③

$R_m = \frac{l}{\mu S} [\Omega]$, $l=$(자로의 길이[m]), $\mu=$(투자율[H/m]),

$S=$(철심의 단면적[$m^2$])이므로 자로의 길이를 4배로, 철심의 단면적을 2배가 되게 하면 자기저항이 2배가 된다.

**오답분석**

① 자기저항이 $\frac{1}{4}$ 배가 된다.

② 자기저항이 이전과 변함이 없다.

④ 자기저항이 8배가 된다.

⑤ 자기저항이 $\frac{1}{2}$ 배가 된다.

## 34 정답 ⑤

유전율 $\epsilon = \epsilon_0 \epsilon_s$ [F/m]

비유전율 $\epsilon_s$

공기・진공 중의 유전율

$\epsilon_0 = \frac{1}{4\pi} \times \left( \frac{1}{9 \times 10^9} \right) = \frac{1}{36\pi \times 10^9} = 8.855 \times 10^{-12}$ [F/m]

산화티탄 자기의 비유전율은 115 ~ 5,000, 유리의 비유전율은 5.4 ~ 9.9이다.

따라서 옳은 설명은 ㄱ, ㄷ, ㄹ, ㅁ 4개이다.

**오답분석**

ㄴ. 비유전율은 비율을 나타내기 때문에 단위는 없다.

ㅂ. 진공, 공기 중의 비유전율은 1이다.

ㅅ. 진공 중의 유전율은 $\frac{1}{36\pi} \times 10^{-9}$ [F/m]로 나타낼 수 있다.

## 35 정답 ②

겨울에 전선 위에 눈이 쌓이고 얼음이 되면 그 전선에 쌓인 무게로 인해 전선이 처지게 된다. 봄이 되어 눈이 녹고 얼음이 떨어지면 갑자기 잃어버린 하중으로 인해 전선은 위로 튀어 오르는데 이 현상을 '전선의 도약'이라고 하며, 이에 대한 방지책으로 철탑의 암의 길이를 다르게 하는 오프셋을 주는 방법이 있다.

**오답분석**

① 아킹혼 : 애자련을 보호하기 위해서 사용된다.

③ 댐퍼 : 송전선에 바람이 불어 전선이 상하로 진동하게 될 때, 진동을 방지하기 위해서 사용된다.

④ 가공지선 : 송전선의 뇌격에 대한 차폐용으로, 전선로를 보호하는 역할을 한다.

⑤ 매설지선 : 철탑의 접지저항을 낮추어 역섬락을 방지하는 역할을 한다.

## 36 정답 ②

가공지선을 설치하는 목적에는 직격뢰 차폐, 유도뢰 차폐, 통신선에 대한 전자유도장해 경감이 있다. 전압강하가 아닌 뇌해를 방지하기 위해서 사용된다.

① 개폐저항기는 개폐서지의 이상전압 발생을 억제하기 위해서 쓰인다.
③ 차폐각이란 가공지선과 전력선이 이루는 각으로 가공지선의 차폐각이 작을수록 차폐효과가 크다. 일반적으로 15 ~ 30°정도로 하고 있다.
④ 철탑의 탑각 접지저항이 커지면 철탑에서 송전선에 섬락을 일으키는 역섬락이 발생하게 된다. 이를 방지하기 위해서 매설지선을 설치한다.
⑤ 개폐 이상 전압은 일반적으로 투입 시보다 개방 시, 부하가 있는 회로보다 무부하인 회로를 개방할 때 더 크게 작용한다. 이상전압이 가장 큰 경우는 무부하 송전선로의 충전전류를 차단할 때이다.

## 37 정답 ③

일그너 방식은 전동기의 부하가 급변해도 공급전력의 변동이 적으므로 큰 압연기나 권상기처럼 부하변동이 심한 곳에 사용한다.

### 직류 전동기의 속도제어법
• 계자 제어 방식
  계자 권선에 접속된 저항을 조정해 계자 전류를 변화시켜 속도를 변화시키는 방식이다. 정출력 제어 특성을 가지고, 속도제어 범위가 좁다.
• 전압 제어 방식
  전동기의 공급전압을 조정하는 방법으로 워드 레오너드 방식과 일그너 방식이 있다. 정토크 제어 특성을 가지고, 제어범위가 넓으며 손실이 매우 적다.
• 직렬 저항 방식
  전기자 회로에 직렬저항을 넣어 속도를 조정하는 방식이다. 효율이 매우 나쁘다.

## 38 정답 ④

동기발전기에서 기전력의 파형을 좋게 하려면 분포권과 단절권을 사용해야 한다.
• 분포권 : 매극, 매상의 슬롯이 2개 이상이 되는 권선
  집중권 : 매극, 매상의 슬롯이 1개인 권선
  분포권을 채용하면 전기자 권선에 의한 열을 골고루 분포시켜 과열을 방지해 주며, 집중권에 비해서 파형을 좋게 한다.
• 단절권 : 코일 간격이 극 간격보다 작은 것
  전절권 : 코일 간격이 극 간격과 같은 것
  단절권을 채용하면 고조파를 제거하여 기전력의 파형을 좋게 한다.

① 공극의 길이를 크게 하면 공극의 자속분포가 커져 기전력의 파형이 개선된다.
② 전기자 권선을 성형결선으로 하면 제3고조파에 의한 순환전류가 흐르지 않아 기전력의 파형이 개선된다.
③ 매극 매상의 슬롯수를 크게 한다는 것은 분포권을 채용한다는 것과 같다.
⑤ 스큐슬롯은 전자의 축 방향과 평행하지 않고 비스듬한 형태를 갖는 슬롯으로 자극의 자속분포를 완화해 준다.

### 동기발전기의 기전력 파형 개선 방법
• 매극 매상의 슬롯수를 크게 한다.
• 단절권 및 분포권을 채용한다.
• 전기자 철심을 사구(Skewed Slot)로 한다.
• 공극의 길이를 크게 한다.

## 39 정답 ③

단상 직권 정류자 전동기는 직류와 교류를 모두 사용할 수 있는 만능 전동기(Universal Motor)이다. 직류와 교류전압을 가했을 때 회전 방향이 변하지 않는다. 기동 토크가 크고 회전수가 크기 때문에 전기 드릴, 전기 청소기, 전기 믹서 등의 소형 공구 및 가전제품에 사용되며, 보상권선 설치를 통해 전기자 반작용에 의한 역률저하를 방지하고 정류작용을 개선할 수 있다.

① 아트킨손형 전동기는 단상 반발 전동기의 일종이다.
② 부하에 관계없이 회전수가 일정한 전동기에는 타여자 전동기, 직류 분권전동기, 농형 유도전동기가 있다.
④ 교류 전압을 가하더라도 회전 방향은 변하지 않는다.
⑤ 직류 직권 전동기는 계자 권선과 전기자 권선이 직렬로 되어 있다.

### 직류 전동기의 속도제어법
• 계자 제어 방식
  계자 권선에 접속된 저항을 조정해 계자 전류를 변화시켜 속도를 변화시키는 방식이다. 정출력 제어 특성을 가지고, 속도제어 범위가 좁다.
• 전압 제어 방식
  전동기의 공급전압을 조정하는 방법으로 워드 레오너드 방식과 일그너 방식이 있다. 정토크 제어 특성을 가지고, 제어 범위가 넓으며 손실이 매우 적다.
• 직렬 저항 방식
  전기자 회로에 직렬 저항을 넣어 속도를 조정하는 방식으로 효율이 매우 나쁘다.

## 40 정답 ③

- 이상적인 전압원은 내부 저항이 0이고, 이상적인 전류원은 내부 저항이 ∞이다.
- 전압원과 전류원이 혼합된 회로망에서, 회로 내 어느 한 지로에 흐르는 전류는 각 전원이 단독으로 존재할 때의 전류를 각각 합하여 구하는 정리는 중첩의 정리라고 한다.
- 중첩의 정리에서 먼저, 한 개의 전원을 취하고 나머지 전원은 모두 없앤다. 이때 나머지 전압원은 단락, 전류원은 개방시킨다.

## 41 정답 ③

Carson의 법칙에서 대역폭 $BW=2(\Delta f+f_m)=2\Delta f$이다 ($\Delta f$는 최대 주파수 편이, $f_m$은 변조 신호 주파수).
(주파수 변조파의 대역폭)$=(2\times10)+(2\times\Delta f)=120$KHz이다. 따라서 $\Delta f=50$KHz이다.

## 42 정답 ④

**위상동기회로(PLL) 구성요소**

PLL(Phase Locked Loop)은 위상동기회로로 피드백 과정을 통해 위상 변동을 줄여가며, 평균적으로 입력 주파수 및 위상에 동기화시키는 회로이다.
위상 비교기에서 검출된 수정 발진기의 주파수와 주파수 분주기를 통해 피드백된 주파수의 위상차가 LPF를 거쳐 저주파 제어 전압으로 변환되어 VCO에 입력되고 낮은 주파수 성분만 통과시킨다. VCO에서는 그 위상차를 줄이려는 저주파 제어 전압이 입력되면서 커패시터(Capacitor) 용량이 변하면서 LC 공진회로에 의한 발진 주파수를 변화시키게 된다. 주파수 분주기를 통해 기존의 주파수와 비교가 가능하도록 주파수를 낮추어 준다. 결국 기존의 주파수와 비교하며 위상차를 점점 줄여나가 동기화시킬 수 있게 해 준다.

## 43 정답 ①

OFDM은 고속의 송신 신호를 수백 개 이상의 직교하는 협대역 부 반송파로 변조시켜 다중화하는 방식으로 변조신호는 PAPR(Peak to Average Power Ratio)이 상대적으로 크다.

---

### OFDM의 장점

- FFT를 이용하여 고속의 신호처리가 가능하다.
- 이동통신 셀 간 간섭이 없고, 사용자별 자원 할당이 용이하다.
- 복잡한 등화기가 필요 없고, 임펄스 잡음에 강하다.
- 협대역 간섭에 강하다.
- 다중경로 페이딩에 강하다.
- 주파수 효율성이 높다.

### OFDM의 단점

- 큰 PAPR 값을 갖는다.
- 위상잡음 및 송수신단간의 반송파 주파수 Offset에 민감하다.
- 프레임 동기와 심볼 동기에 민감하다.

## 44 정답 ③

자기 모멘트는 두 쌍극자가 상호작용할 때 그 힘의 크기를 나타낸다. 서로 다른 두 자극 $\pm m$이 미소거리 $l$만큼 떨어져 있을 때, 자기모멘트는 $M=ml[\text{Wb}\cdot\text{m}]$이다. 미소거리는 자기모멘트에 비례하므로 자기모멘트의 크기도 2배가 된다.

## 45 정답 ②

키르히호프 제1법칙에서 전하보존법칙에 의거해 전하는 접합점에서 생기거나 없어지지 않는다.

### 키르히호프의 제1법칙

- 회로 내의 임의의 점에서 들어오고 나가는 전류의 합은 0이다.
- 전로에서 들어오는 전류와 나가는 전류의 합이 같다.
- 전하가 접합점에서 저절로 생기거나 없어지지 않는다는 전하보존법칙에 의거한다.
- 전류원을 직렬연결하면 KCL을 어기게 된다.

### 키르히호프의 제2법칙

- 임의의 폐회로에서 회로 내의 모든 전위차의 합은 0이다.
- 임의의 폐회로를 따라 한 방향으로 일주할 때, 그 회로의 기전력의 총합은 각 저항에 의한 전압 강하의 총합과 같다.
- 직류와 교류 모두 적용할 수 있다.
- 에너지 보존법칙에 근거를 둔다.

## 46   정답 ②

수소 냉각 방식에는 수소가스 누설감지 장치가 있어야 한다.

**수소 냉각 방식의 장점**
- 수소의 비중은 공기의 것보다 작아서 풍손이 공기 냉각 방식에 비해 $\frac{1}{10}$ 정도 감소된다.
- 수소는 공기보다 열전도성이 7배가 좋아서 냉각 효과가 크고 용량을 증가시킬 수 있다.
- 권선의 수명이 증가한다.
- 공기 냉각 방식에 비해 소음이 적다.
- 전폐형이므로 이물질의 유입이 없어 코로나 발생이 어렵다.
- 출력이 25% 증가한다.

**수소 냉각 방식의 단점**
- 산소와 결합 시 폭발의 위험이 있다.
- 발전기의 점검과 보수가 어렵다.
- 수소가스 누설감지 장치가 필요하다.

## 47   정답 ⑤

비투자율과 저항률이 모두 커야 한다(저항률은 고유저항으로 전기저항의 크기에 비례한다).

**변압기 철심의 구비조건**
- 투자율이 커야 한다.
- 히스테리시스 손실이 작아야 한다(히스테리시스 계수가 작아야 한다).
- 와류손 경감을 위해 성층철심으로 해야 한다.
- 전기저항이 커야 한다.

## 48   정답 ⑤

단락비가 큰 기기는 퍼센트 임피던스가 작다. 이는 동기 임피던스가 작음을 의미한다. 동기임피던스가 작으면 전압강하와 전압변동률도 작아진다. 따라서 전압변동률이 작은 기기는 안정도가 좋기 때문에 단락비가 큰 기기를 채용해야 한다.

**오답분석**
① 중간 조상 방식을 채용하면 전압변동률을 작게 할 수 있다.
② 발전기와 변압기의 임피던스를 작게 하면 계통의 직렬 리액턴스를 감소시킬 수 있다.
③ 복도체 또는 다도체 방식을 사용하면 계통의 직렬 리액턴스를 감소시킬 수 있다.
④ 계통연계를 하면 전압변동률을 작게 할 수 있다.

**안정도 향상 대책**
- 직렬리액턴스를 작게 한다.
  - 발전기나 변압기의 리액턴스를 작게 한다.
  - 선로의 병행 회선수를 늘리거나 복도체 또는 다도체 방식을 사용한다.
  - 직렬 콘덴서를 삽입하여 선로의 리액턴스를 보상한다.
- 전압 변동을 작게 한다.
  - 속응 여자 방식을 채용한다.
  - 계통 연계를 한다.
- 중간 조상 방식을 채용한다.
- 고장 전류를 줄이고 고장 구간을 신속하게 차단한다.
  - 고속도 계전기, 고속도 차단기를 채용한다.
  - 고속도 재폐로 방식을 채용한다.
- 고장 시 발전기 입, 출력의 불평형을 작게 한다.
  - 조속기의 동작을 빠르게 한다.

# | 04 | 전기통신직

| 01 | 02 | 03 | 04 | 05 | 06 | 07 | 08 | 09 | 10 |
|----|----|----|----|----|----|----|----|----|----|
| ④ | ① | ④ | ⑤ | ③ | ① | ① | ③ | ① | ④ |
| 11 | 12 | 13 | | | | | | | |
| ⑤ | ② | ② | | | | | | | |

## 01 정답 ④

안정도를 향상시키기 위해서는 선로의 병행 회선수를 늘리거나 복도체 또는 다도체 방식을 사용해야 한다.

오답분석
① 직렬리액턴스를 작게 하는 방법 중 하나이다.
② 고장 구간을 신속하게 차단하는 방법 중 하나이다.
③ 고장 시 발전기 입·출력의 불평형을 작게 하는 방법 중 하나이다.
⑤ 고장 전류를 줄이고 고장 구간을 신속하게 차단하는 방법 중 하나이다.

안정도 향상 대책
• 직렬리액턴스를 작게 한다.
　- 발전기나 변압기의 리액턴스를 작게 한다.
　- 선로의 병행 회선수를 늘리거나 복도체 또는 다도체 방식을 사용한다.
　- 직렬 콘덴서를 삽입하여 선로의 리액턴스를 보상한다.
• 전압 변동을 작게 한다.
　- 속응 여자 방식을 채용한다.
　- 계통 연계를 한다.
• 중간 조상 방식을 채용한다.
• 고장 전류를 줄이고 고장 구간을 신속하게 차단한다.
　- 고속도 계전기, 고속도 차단기를 채용한다.
　- 고속도 재폐로 방식을 채용한다.
• 고장 시 발전기 입·출력의 불평형을 작게 한다.
　- 조속기의 동작을 빠르게 한다.

## 02 정답 ①

병렬회로에서의 공진 조건은 서셉턴스 $B$의 허수부가 0이 되는 것이다.

(서셉턴스 $B$) $= \dfrac{1}{R+jwL} + jwC = \dfrac{R-jwL}{R^2+w^2L^2} + jwC$

$\qquad\qquad\quad = \dfrac{R}{R^2+w^2L^2} + j\left(\dfrac{-wL}{R^2+w^2L^2} + wC\right)$

$\dfrac{wL}{R^2+w^2L^2} = wC$ 이고, $w^2 = \dfrac{1}{LC} - \dfrac{R^2}{L^2}$ 이다.

따라서 (공진 주파수 $f$) $= \dfrac{w}{2\pi} = \dfrac{1}{2\pi\sqrt{LC}}\sqrt{1 - \dfrac{R^2C}{L}}$

$\qquad\qquad\qquad = \dfrac{1}{2\pi}\sqrt{\dfrac{1}{LC} - \dfrac{R^2}{L^2}}$ 이다.

## 03 정답 ④

전하는 곡률 반경이 작은 곳에 모이고, 곡률 반경이 작을수록 전하 밀도가 높다. 따라서 도체 표면의 전하 밀도는 표면의 곡률이 클수록 크다.

도체의 성질과 전하분포
• 도체 표면과 내부의 전위는 동일하고, 표면은 등전위면이다.
• 도체 표면에서의 전하밀도는 곡률이 클수록 크다.
• 전하는 도체 표면에만 분포한다.
• 전기력선과 등전위면은 직교한다.
• 두 개의 서로 다른 등전위면은 교차하지 않는다.

## 04 정답 ⑤

$d[\mathrm{m}]$와 같은 깊이에 선 전하 밀도 $-\rho[\mathrm{C/m}]$인 영상 전하를 고려하여 $F = -\rho E = -\rho \times \dfrac{-\rho}{2\pi\epsilon(2d)} = \dfrac{\rho^2}{4\pi\epsilon d}$ 이다.

## 05 정답 ③

분극의 세기 $P = \epsilon_0(\epsilon_s - 1)E = 8.86 \times 10^{-12} \times 50 \times 10^2 = 4.43 \times 10^{-8}$ 이다.

## 06 정답 ①

테브난의 등가 회로를 그리면 다음과 같다.

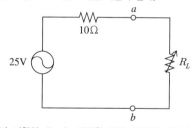

테브난 저항인 $R_{TH}$는 전압원 단락, 전류원 개방 시의 저항으로 $20 \parallel 20 = 10\,\Omega$ 이다. 테브난 등가전압은 부하 개방 시 $a$, $b$에 걸리는 전압으로 전압분배법칙에 의해 $V_{TH} = 50 \times \dfrac{10}{10+10} = 25\mathrm{V}$이다. 최대 전력 전송 조건에 의하면

$R_L = 10\,\Omega$ 이어야 하므로 최대 전력 $P_m = \dfrac{V^2}{4R} = \dfrac{25^2}{4 \times 10}$

$= 15.625\,\Omega$ 이다.

## 07 정답 ①

$s^2 + 2\zeta w_n s + w_n^2 = 0$ 에서 $w_n = 9$ 이고, $\zeta = 0.5$ 이다. 따라서 최대 오버슈트의 발생시간 $t_p = \dfrac{\pi}{w_n \sqrt{1-\zeta^2}} = \dfrac{\pi}{9\sqrt{1-0.25}}$

$\fallingdotseq 0.403\text{sec}$ 이다.

## 08 정답 ③

지락 과전압 계전기는 GPT와 함께 설치하여 영상전압을 검출한다.

오답분석

① 영상 변류기 : 지락 사고 시 지락 전류를 검출하는 것으로 지락 계전기와 조합하여 차단기를 차단시킨다.

② 비율차동 계전기 : 동작전류의 비율이 억제전류의 일정치 이상일 때 동작한다.

④ 선택 지락 계전기 : 병행 2회선 송전선로에서 한쪽의 1회선에 지락 사고가 일어났을 경우 이것을 검출하여 고장 회선만을 선택 차단할 수 있게끔 선택 단락 계전기의 동작전류를 특별히 작게 한 것이다.

⑤ 과전류 계전기 : 일정 값 이상의 전류가 흘렀을 때 동작한다.

## 09 정답 ①

**거리 계전기의 특징**

• 계전기 설치점에서 고장점까지의 임피던스로 고장여부를 판별한다.

• 송전 선로의 단락 보호에 적합하다.

• 방향성을 가지고 있지 않다.

• 발전기, 변압기의 후비보호를 위해서 사용된다.

• 기억작용을 한다.

오답분석

② 내부 단락사고를 검출하는 계전기에는 과전류 계전기, 방향 단락 계전기, 거리 계전기, 부족전압 계전기 등이 있다.

③ 선택 지락 계전기에 대한 설명이다.

④ 선택 접지 계전기에 대한 설명이다.

⑤ 거리 계전기는 방향성을 가지고 있지 않다.

## 10 정답 ④

동기 속도 $N_s = \dfrac{120f}{p} = \dfrac{120 \times 120}{24} = 600\text{rpm}$ 이다.

주변 속도 $v = \pi Dn = \pi D \times \dfrac{N_s}{60} = \pi \times 2 \times \dfrac{600}{60} \fallingdotseq 62.8\text{m/s}$ 이다.

## 11 정답 ⑤

**자동제어계 동작 분류**

• P동작은 비례 동작으로 정상오차를 수반하며 잔류편차 발생시킨다.

• I동작은 적분 동작으로 잔류편차(Offset)를 제거하며 지상을 보상한다.

• D동작은 미분 동작으로 오차가 커지는 것을 미리 방지하며 진상을 보상한다.

• PI동작은 비례 적분 동작으로 잔류편차를 제거한다.

• PD동작은 비례 미분 동작으로 응답 속응성을 개선한다.

• PID동작은 비례 적분 미분 동작으로 잔류편차를 제거하고 응답의 오버슈트를 감소시키며 응답 속응성을 개선한다. 정상특성을 개선하는 최상의 최적제어로 안정한 제어가 되도록 한다.

## 12 정답 ②

**최대 오버슈트가 발생하는 시간 공식**

$t_P = \dfrac{\pi}{w_n \sqrt{1-\delta^2}}$

## 13 정답 ②

전기력선은 자신만으로 폐곡선이 되는 일이 없다.

**전기력선의 성질**

• 전하가 없는 곳에서는 전기력선의 발생 및 소멸이 없다.

• 임의 점에서의 전계의 세기는 전기력선의 밀도와 같다 (가우스 법칙).

• 전기력선은 그 자신만으로 폐곡선을 이루지 않는다.

• 전기력선은 도체 표면과 외부에만 존재하며 수직으로 출입한다.

• 전하밀도는 곡률이 큰 곳 또는 곡률 반경이 작은 곳에 밀도를 이룬다.

• 도체 내부의 전위와 표면 전위는 같다.

## | 01 | 사무영업직

| 01 | 02 | 03 | 04 | 05 | 06 | 07 | 08 | 09 | 10 |
|----|----|----|----|----|----|----|----|----|----|
| ③ | ① | ⑤ | ③ | ③ | ④ | ④ | ② | ② | ③ |
| 11 | 12 | 13 | 14 | 15 | 16 | 17 | 18 | 19 | 20 |
| ⑤ | ④ | ③ | ② | ⑤ | ⑤ | ⑤ | ④ | ③ | ② |
| 21 | 22 | 23 | 24 | | | | | | |
| ② | ⑤ | ③ | ② | | | | | | |

### 01 정답 ③

올더스 헉슬리에 대한 내용이다. 올더스 헉슬리는 오히려 사람들이 너무 많은 정보를 접하는 상황에 대해 두려워했지만 조지 오웰은 정보가 통제당하는 상황을 두려워했다.

**오답분석**

① 조지 오웰은 서적이 금지당하고 정보가 통제 당하는 등 자유를 억압받는 상황을 두려워했다.
② 올더스 헉슬리는 스스로가 압제를 받아들인다고 생각했다.
④ 올더스 헉슬리는 즐길 거리 등을 통해 사람들을 통제할 수 있다고 보았다.
⑤ 조지 오웰은 우리가 증오하는 것이, 올더스 헉슬리는 우리가 좋아하는 것이 자신을 파멸시킬 상황을 두려워했다.

### 02 정답 ①

일반적인 의미와 다른 나라의 사례를 통해 대체의학의 정의를 설명하고, 또한 크게 세 가지 유형으로 대체의학의 종류를 설명하고 있기 때문에 대체의학의 의미와 종류가 제목으로 가장 적절하다.

**오답분석**

② 대체의학의 문제점은 언급되지 않았다.
③ 대체의학으로 인한 부작용 사례는 언급되지 않았다.
④ 대체의학이 무엇인지 설명하고 있지 개선방향에 대해 언급하지 않았다.
⑤ 대체의학의 종류에 대해 설명하고 있지만 연구 현황과 미래를 언급하지 않았다.

### 03 정답 ⑤

스마트 시티의 성공은 인공지능과의 접목을 통한 기술 향상이 아니라 시민이 행복을 느끼는 것이다.

**오답분석**

① 컨베이어 벨트 체계는 2차 산업혁명 시기부터 도입되었다.
② 과거에는 컴퓨터, 휴대전화만 연결 대상이었으나 현재 자동차, 세탁기로까지 확대되었다.
③ 정보 공유형은 3차 산업혁명 '유 시티'의 특성이다.
④ 빅데이터는 속도, 규모, 다양성으로 정의할 수 있다.

### 04 정답 ③

경덕왕 시기 통일된 석탑 양식은 지방으로까지 파급되지 못하고 경주에 밀집된 모습을 보였다.

**오답분석**

① 문화가 부흥할 수 있었던 배경에는 안정된 왕권과 정치제도가 바탕이 되었기 때문이다.
② 장항리 오층석탑 역시 통일 신라 경덕왕 시기 유행했던 통일된 석탑 양식으로 주조되었다.
④ 통일된 양식 이전에는 시원 양식과 전형기가 유행했다.
⑤ 1층의 탑신에 비해 2층과 3층을 낮게 만들어 체감율에 있어 안정감을 추구하였다.

### 05 정답 ③

선택에 따른 스트레스를 줄여주는 원산지 표시 제품의 경우 다른 제품들보다 10% 비싸지만 보통 판매량은 더 높은 것으로 집계된다.

**오답분석**

① 사람들마다 먹거리를 선택하는 기준도 다르고 같은 개인들이라도 처해있는 상황이 다르기 때문에 고려해야 될 요소가 복잡해진다.
② 최선의 선택을 할지라도 남아 있는 대안들에 대한 미련으로 후회감이 남게 된다.
④ 소비자들은 원산지 표시 제품을 구매함으로써 선택의 스트레스를 줄인다.
⑤ 원산지 표시제는 익명성을 탈피시켜 궁극적으로 사회적 태만을 줄일 수 있는 방안 중의 하나이다.

## 06 　정답　④

면 같은 천연섬유는 운동량이 약할 때에는 적합하지만, 운동량이 클 때는 폴리에스테르나 나일론 같은 합성섬유가 더 좋은데, 합성섬유는 면보다 흡습성이 낮지만 오히려 모세관 현상으로 운동할 때 생기는 땀이 쉽게 제거되기 때문이다.

### 오답분석

① 능직법으로 짠 천은 물에 젖더라도 면섬유들이 횡축 방향으로 팽윤해 천의 세공 크기를 줄여 물이 쉽게 투과하지 못해 방수력이 늘어나며, 이에 해당하는 직물로는 벤타일이 있다.
② 수지 코팅 천을 코팅하는 막은 미세 동공막 모양을 가지고 있는 소수성 수지나 동공막을 지니지 않는 친수성 막을 사용하여 미세 동공의 크기는 수증기 분자는 통과할 수 있지만, 아주 작은 물방울은 통과할 수 없을 정도로 조절한다.
③ 마이크로 세공막의 세공 크기는 작은 물방울 크기의 20,000분의 1 정도로 작아 물방울은 통과하지 못하지만, 수증기 분자는 쉽게 통과하며, 대표적인 천으로 고어 – 텍스가 있다.
⑤ 나일론을 기초 직물로 한 섬유는 폴리에스테르보다 수분에 더 빨리 젖지만, 극세사로 천을 짜면 공기 투과성이 낮아 체온보호 성능이 우수하다. 이런 이유 때문에 등산복보다는 수영복, 사이클링복에 많이 쓰인다.


## 07 　정답　④

원콜 서비스를 이용하기 위해서는 사전등록된 신용카드가 있어야 결제가 가능하다.

### 오답분석

① 상이등급이 있는 국가유공자만 이용가능하다.
② 원콜 서비스를 이용하면 전화로 맞춤형 우대예약 서비스를 이용할 수 있다.
③ 신분증 외 유공자증을 대신 지참하여도 신청이 가능하다.
⑤ 휴대폰을 이용한 승차권 발권을 원하지 않는 경우, 전화예약을 통해 역창구 발권을 받을 수 있으므로 선택권이 존재한다.


## 08 　정답　②

ㄱ. 전화를 통한 예약의 경우, 승차권 예약은 ARS가 아닌, 상담원을 통해 이루어진다.
ㄷ. 예약된 승차권은 본인 외 사용은 무임승차로 간주되며, 양도가 가능한지는 자료에서 확인할 수 없다.

### 오답분석

ㄴ. 경우에 따라 승차권 대용문자 혹은 승차권 대용문자＋스마트폰 티켓으로 복수의 방식으로 발급받을 수 있다.
ㄹ. 반기별 예약 부도 실적이 3회 이상인 경우 다음 산정일까지 우대서비스가 제한된다.


## 09 　정답　②

플라톤 시기에는 이제 막 알파벳이 보급되고, 문자문화가 전래의 구술적 신화문화를 대체하기 시작한 시기였다.

### 오답분석

① 타무스왕은 문자를 죽였다고 표현하며, 생동감 있고 살아 있는 기억력을 퇴보시킬 것이라 보았다.
③ 문자와 글쓰기는 콘텍스트를 떠나 비현실적이고 비자연적인 세계 속에서 수동적으로 이뤄진다고 보았다.
④ 물리적인 강제의 억압에 의해 말살되어질 위기에 처한 진리의 소리는 기념비적인 언술행위의 문자화를 통해서 저장되어야 한다고 보는 입장이 있으므로 적절하지 않다.
⑤ 문화적 기억력에 대한 성찰과 가치 판단이 부재하다면 새로운 매체는 단지 댓글 파노라마에 불과할 것이라고 보았다.


## 10 　정답　③

부모의 학력이 자녀의 소득에 영향을 미치는 것은 환경적 요인에 의한 결정이다. 이러한 현상이 심화될 경우 빈부격차의 대물림 현상이 심해질 것으로 바라보고 있다.

### 오답분석

① 개인의 학력과 능력은 노력뿐만 아니라 환경적 요인, 운 등 다양한 요소에 의해 결정된다.
② 분배정의론의 관점에서는 환경적 요인에 의해 나타난 불리함에 대해서 개인에게 책임을 묻는 것이 정당하지 않다고 주장하고 있다.
④ 사회민주주의 국가는 조세 정책을 통해 기회균등화 효과를 거두고 있다.
⑤ 세율을 보다 높이고 대신 이전 지출의 크기를 늘리는 것이 세율을 낮추고 이전 지출을 줄이는 것에 비해 재분배 효과가 더욱 있을 것으로 전망된다.


## 11 　정답　⑤

15일에는 준공식이 예정되어 있으나, 첫 운행이 언제부터인지에 대한 정보는 제시되고 있지 않다.

### 오답분석

① 코엑스 아셈볼룸에서 철도종합시험선로의 준공을 기념하는 국제 심포지엄이 열렸다.
② 시험용 철도선로가 아닌 영업선로를 사용했기 때문에 실제 운행 중인 열차와의 사고 위험성이 존재했다.
③ 세계 최초로 고속 · 일반철도 차량용 교류전력(AC)과 도시철도 전동차용 직류전력(DC)을 모두 공급할 수 있도록 설비했다.
④ 기존에는 해외 수출을 위해 성능시험을 현지에서 실시하곤 했다.

## 12  정답  ④

ㄴ. 2019년, 2020년 모두 30대 이상의 여성이 남성보다 비중이 더 높다.

ㄷ. 2020년 40대 남성의 비중은 22.1%로 다른 나이대보다 비중이 높다.

**오답분석**

ㄱ. 2019년에는 20대 남성이 30대 남성보다 1인 가구 비중이 더 높지만, 2020년에는 20대 남성이 30대 남성보다 1인 가구의 비중이 더 낮다. 따라서 20대 남성이 30대 남성보다 1인 가구의 비중이 더 높은지는 알 수 없다.

ㄹ. 2년 이내 1인 생활을 종료하는 1인 가구의 비중은 2019년에는 증가하였으나, 2020년에는 감소하였다.

## 13  정답  ③

ㄴ. 1대당 차의 가격은 $\dfrac{(수출액)}{(수출\ 대수)}$(단위 : 만 달러)로 계산할 수 있다.

- A사 : $\dfrac{1,630,000}{532} ≒ 3,064$만 달러
- B사 : $\dfrac{1,530,000}{904} ≒ 1,692$만 달러
- C사 : $\dfrac{3,220,000}{153} ≒ 21,046$만 달러
- D사 : $\dfrac{2,530,000}{963} ≒ 2,627$만 달러
- E사 : $\dfrac{2,620,000}{2,201} ≒ 1,190$만 달러

따라서 2020년 1분기에 가장 고가의 차를 수출한 회사는 C사이다.

ㄷ. C사의 자동차 수출 대수는 계속 감소하다가 2020년 3분기에 증가하였다.

**오답분석**

ㄱ. 2019년 3분기 전체 자동차 수출액은 1,200백만 달러로 2020년 3분기 전체 자동차 수출액인 1,335백만 달러보다 적다.

ㄹ. E사의 자동차 수출액은 2019년 3분기 이후 계속 증가하였다.

## 14  정답  ②

- ㉠ : $532+904+153+963+2,201=4,753$
- ㉡ : $2×(342+452)=1,588$
- ㉢ : $2,201+(2,365×2)+2,707=9,638$
- ㉠+㉡+㉢$=4,753+1,588+9,638=15,979$

## 15  정답  ⑤

ⅰ) 7명이 조건에 따라서 앉는 경우의 수
운전석에 앉을 수 있는 사람은 3명이고 조수석에는 부장님이 앉지 않으므로 $3×5×5!=1,800$가지이다.

ⅱ) K씨가 부장님 옆에 앉지 않을 경우의 수
전체 경우의 수에서 부장님과 옆에 앉는 경우를 빼면 A씨가 부장님 옆에 앉지 않는 경우가 되므로 K씨가 부장님 옆에 앉는 경우의 수를 구하면 다음과 같다.
K씨가 운전석에 앉거나 조수석에 앉으면 부장님은 운전을 하지 못하고 조수석에 앉지 않으므로 부장님 옆에 앉지 않는다. 즉, K씨가 부장님 옆에 앉을 수 있는 경우는 가운데 줄에서의 2가지 경우와 마지막 줄에서 1가지 경우가 있다. K씨가 부장님 옆에 앉는 경우는 총 3가지이고, 서로 자리를 바꿔서 앉는 경우까지 2×3가지이다. 운전석에는 K를 제외한 2명이 앉을 수 있고, 조수석을 포함한 나머지 4자리에 4명이 앉는 경우의 수는 4!가지이다. 그러므로 K씨가 부장님 옆에 앉는 경우의 수는 $2×3×2×4!=288$가지이다.

따라서 K씨가 부장님 옆에 앉지 않을 경우의 수는 $1,800-288=1,512$가지이므로 K씨가 부장님의 옆자리에 앉지 않을 확률은 $\dfrac{1,512}{1,800}=0.84$이다.

## 16  정답  ⑤

공적마스크를 구매할 수 있는 날은 7일마다 돌아온다. 이때, 36일은 $(7×5)+1$이므로 2차 마스크 구매 요일은 1차 마스크 구매 요일과 하루 차이임을 알 수 있다. 이때, 1차 마스크 구매는 평일에 이루어졌다고 하였으므로, A씨가 2차로 마스크를 구매한 요일은 토요일임을 알 수 있다. 따라서 1차로 구매한 요일은 금요일이고, 출생 연도 끝자리는 5이거나 0이다. 또한, A씨의 1차 마스크 구매 날짜는 3월 13일이며, 36일 이후는 4월 18일이다. 따라서 주말을 제외하고 공적마스크를 구매할 수 있는 날짜는 3/13, 3/20, 3/27, 4/3, 4/10, 4/17, 4/24, 5/1, 5/8, 5/15 … 이다.

## 17  정답 ⑤

주어진 조건에 따라 시간대별 고객 수의 변화 및 각 함께 온 일행들이 앉은 테이블을 정리하면 다음과 같다.

| 시간 | 새로운 고객 | 기존 고객 |
|---|---|---|
| 09:20 | 2(2인용) | 0 |
| 10:10 | 1(4인용) | 2(2인용) |
| 12:40 | 3(4인용) | 0 |
| 13:30 | 5(6인용) | 3(4인용) |
| 14:20 | 4(4인용) | 5(6인용) |
| 15:10 | 5(6인용) | 4(4인용) |
| 16:45 | 2(2인용) | 0 |
| 17:50 | 5(6인용) | 0 |
| 18:40 | 6(입장×) | 5(6인용) |
| 19:50 | 1(2인용) | 0 |

오후 3시 15분에는 오후 3시 10분에 입장하여 6인용 원탁에 앉은 5명의 고객과 오후 2시 20분에 입장하여 4인용 원탁에 앉은 4명의 고객까지 총 9명의 고객이 있을 것이다.

## 18  정답 ④

ㄴ. 오후 6시 40분에 입장한 일행은 6인용 원탁에만 앉을 수 있으나, 5시 50분에 입장한 일행이 사용 중이어서 입장이 불가하였다.

ㄹ. 오후 2시 정각에는 6인용 원탁에만 고객이 앉아 있었다.

**오답분석**

ㄱ. 오후 6시에는 오후 5시 50분에 입장한 고객 5명이 있다.

ㄷ. 오전 9시 20분에 2명, 오전 10시 10분에 1명, 총 3명이 방문하였다.

## 19  정답 ③

주어진 조건을 고려하면 1순위인 B를 하루 중 가장 이른 식후 시간대인 아침 식후에 복용해야 한다. 2순위이며 B와 혼용 불가능한 C는 점심 식전에 복용하며, 3순위인 A는 혼용 불가능 약을 피해 저녁 식후에 복용해야 한다. 4순위인 E는 남은 시간 중 가장 빠른 식후인 점심 식후에 복용을 시작하며, 5순위인 D는 가장 빠른 시간인 아침 식전에 복용한다.

| 식사 | 시간 | 1일 차 | 2일 차 | 3일 차 | 4일 차 | 5일 차 |
|---|---|---|---|---|---|---|
| 아침 | 식전 | D | D | D | D | D |
| | 식후 | B | B | B | B | |
| 점심 | 식전 | C | C | C | | |
| | 식후 | E | E | E | E | |
| 저녁 | 식전 | | | | | |
| | 식후 | A | A | A | A | |

따라서 모든 약의 복용이 완료되는 시점은 5일 차 아침이다.

## 20  정답 ②

ㄱ. 혼용이 불가능한 약들을 서로 피해 복용하더라도 하루에 A~E를 모두 복용할 수 있다.

ㄷ. 최단 시일 내에 모든 약을 복용하기 위해서는 A는 혼용이 불가능한 약들을 피해 저녁에만 복용하여야 한다.

**오답분석**

ㄴ. D는 아침에만 복용한다.

ㄹ. A와 C를 동시에 복용하는 날은 총 3일이다.

## 21  정답 ②

ㄱ. 특수택배를 먼저 배송한 후에 보통택배 배송을 시작할 수 있으므로 2개까지 가능하다.

ㄴ. 특수택배 상품 배송 시, 가 창고에 있는 특01을 배송하고, 나 창고에 있는 물품 특02, 특03을 한 번에 배송하면, 최소 10+10(휴식)+(15+10−5)=40분이 소요된다.

**오답분석**

ㄷ. 3개의 상품(보03, 보04, 보05)을 한 번에 배송하면, 총 시간에서 10분이 감소하므로 20+10+25−10=45분이 소요된다. 따라서 50분을 넘지 않아 가능하다.

## 22  정답 ⑤

주어진 조건에 따라 최소 배송 소요시간을 계산하면 특수택배 배송 완료까지 소요되는 최소 시간은 40분이다. 보통택배의 배송 소요시간을 최소화하기 위해서는, 같은 창고에 있는 택배를 최대한 한 번에 배송하여야 한다. 가 창고의 보통택배 배송 소요시간은 10+10−5=15분이고, 휴식 시간은 10분이다. 나 창고의 보통택배 배송 소요시간은 15분이며, 휴식 시간은 10분이다. 다 창고의 보통택배 배송 소요시간은 20+10+25−10=45분이다. 이를 모두 합치면 배송 소요시간이 최소가 되는 총 소요시간은 40+15+10+15+10+45=135분이다. 따라서 9시에 근무를 시작하므로, 11시 15분에 모든 택배의 배송이 완료된다.

## 23  정답 ③

ㄱ. • 인천에서 중국을 경유해서 베트남으로 가는 경우 : (210,000+310,000)×0.8=416,000원
   • 인천에서 싱가포르로 직항하는 경우 : 580,000원
   따라서 580,000−416,000=164,000원이 저렴하다.

ㄷ. 1) 갈 때
   • 인천−베트남 : 341,000원
   • 인천−중국−베트남 : (210,000+310,000)×0.8= 416,000원
   그러므로 직항으로 가는 것이 더 저렴하다.

2) 올 때
- 베트남 - 인천 : 195,000원
- 베트남 - 중국 - 인천 : $(211,000+222,000) \times 0.8 = 346,400$원

그러므로 직항으로 가는 것이 더 저렴하다.
따라서 왕복 항공편 최소비용은 $341,000+195,000 = 536,000$원으로 60만 원 미만이다.

**오답분석**

ㄴ. • 태국 : $298,000+203,000 = 501,000$원
- 싱가포르 : $580,000+304,000 = 884,000$원
- 베트남 : $341,000+195,000 = 536,000$원

따라서 가장 비용이 적게 드는 태국을 선택할 것이다.

## 24   정답 ②

직항이 중국을 경유하는 것보다 소요시간이 적으므로 직항 경로별 소요시간을 도출하면 다음과 같다.

| 여행지 | 경로 | 소요시간 |
|---|---|---|
| 베트남 | 인천 → 베트남(5시간 20분) 베트남 → 인천(2시간 50분) | 8시간 10분 |
| 태국 | 인천 → 태국(5시간) 태국 → 인천(3시간 10분) | 8시간 10분 |
| 싱가포르 | 인천 → 싱가포르(4시간 50분) 싱가포르 → 인천(3시간) | 7시간 50분 |

따라서 싱가포르로 여행을 갈 것이며, 7시간 50분이 소요될 것이다.

# |02| 차량 · 운전직

| 01 | 02 | 03 | 04 | 05 | 06 | 07 | 08 | 09 | 10 |
|---|---|---|---|---|---|---|---|---|---|
| ③ | ④ | ④ | ⑤ | ④ | ③ | ① | ④ | ④ | ⑤ |

| 11 | 12 | 13 | 14 | 15 | 16 | 17 | | | |
|---|---|---|---|---|---|---|---|---|---|
| ③ | ④ | ⑤ | ⑤ | ① | ③ | ① | | | |

## 01   정답 ③

올해는 보조금 지급 기준을 낮춘다고 한 내용으로 미루어 짐작할 수 있다.

**오답분석**

① 대상자 선정은 4월 중에 이루어진다.
② 우수물류기업의 경우 예산의 50% 내에서 이루어지며, 중소기업이 예산의 20% 내에서 우선 선정된다.
④ 전체가 아닌 증가 물량의 100%이다.

⑤ 2010년부터 시작된 사업으로 작년까지 감소한 탄소 배출량이 약 194만 톤이다.

## 02   정답 ④

외국인이 마스크를 구매할 경우 외국인등록증뿐만 아니라 건강보험증도 함께 보여줘야 한다.

**오답분석**

① 4월 27일부터 마스크를 3장까지 구매할 수 있게 된 건 맞지만, 지정된 날에만 구입이 가능하다.
② 만 10살 이하 동거인의 마스크를 구매하기 위해선 주민등록등본 혹은 가족관계증명서와 함께 대리 구매자의 신분증을 제시해야 한다.
③ 지정된 날에만 마스크 구매가 가능하며, 별도의 추가 구매는 불가능하다.
⑤ 대리 구매자의 신분증, 주민등록등본, 임신확인서 3개를 지참해야 대리 구매가 가능하다.

## 03   정답 ④

제시문에서 시골개, 떠돌이개 등이 지속적으로 유입되었다는 내용을 통해 짐작할 수 있는 사실이다.

**오답분석**

① 2018년 이후부터의 수치를 제시하고 있기 때문에 이전에도 그랬는지는 알 수가 없다.
② 지난해 경기 지역이 가장 많은 유기견 수를 기록했다는 내용만 알 수 있을 뿐, 항상 그랬는지는 알 수가 없다.
③ 2016년부터 2019년까지는 꾸준히 증가하는 추세였으나, 작년에는 12만 8,719마리로 감소했음을 알 수 있다.
⑤ 유기견 번식장에 대한 규제가 필요하다는 말을 미루어 봤을 때 적절한 규제가 이루어지지 않음을 짐작할 수 있다.

## 04   정답 ⑤

한국의 자동차 1대당 인구 수는 2.9로 러시아와 스페인 전체 인구에서의 자동차 1대당 인구 수인 2.8보다 많다.

**오답분석**

① 중국의 자동차 1대당 인구 수는 28.3으로 멕시코의 자동차 1대당 인구 수의 $\frac{28.3}{4.2} = 6.7$배이다.
② 폴란드의 자동차 1대당 인구 수는 20이다.
③ 러시아와 스페인 전체 인구에서의 자동차 1대당 인구 수는 $\frac{14,190+4,582}{3,835+2,864} = \frac{18,772}{6,699} = 2.8$이므로 폴란드의 자동차 1대당 인구 수인 2보다 많다.
④ 한국의 자동차 1대당 인구 수는 2.9로 미국과 일본의 자동차 1대당 인구 수 $1.2+1.7 = 2.9$ 합과 같다.

## 05  정답 ④

기타수입은 방송사 매출액의 $\dfrac{10,568}{942,790}\times100\fallingdotseq1.1\%$이다.

**오답분석**

① 방송사 매출액은 전체 매출액의 $\dfrac{942,790}{1,531,422}\times100\fallingdotseq61.6\%$
이다.

② 라이선스 수입은 전체 매출액의 $\dfrac{7,577}{1,531,422}\times100\fallingdotseq0.5\%$
이다.

③ 방송사 이외 매출액은 전체 매출액의 $\dfrac{588,632}{1,531,422}\times100\fallingdotseq$
38.4%이다.

⑤ 연도별 매출액 추이를 보면 2013년이 가장 낮다.


## 06  정답 ③

(가) ~ (마) 중 계산이 가능한 매출을 주어진 정보를 이용하여
구한다. 먼저 (가)는 2015년 총매출액으로 방송사 매출액과
방송사 이외 매출액을 더한 값인 1,143,498십억 원이다. (다)
는 방송사 매출액을 모두 더한 값으로 855,874십억 원임을
알 수 있으며, (나)는 2016년 총매출액으로 방송사 매출액과
방송사 이외 매출액을 더한 값인 1,428,813십억 원이 된다.
(마)는 방송사 이외 매출액의 소계 정보에서 판매수입을 제한
값인 212,341십억 원이다. 이때, 주어진 정보만으로는 (라)
의 매출액을 알 수 없다.

**오답분석**

① (가)는 1,143,498십억 원으로 (나) 1,428,813십억 원보
다 작다.

② (다)는 855,874십억 원으로 2015년 방송사 매출액과의
차이는 100,000십억 원 이상이다.

④ (마)는 212,341십억 원으로 2017년 방송사 이외 판매수입
보다 작다.

⑤ 2016년 방송사 매출액 판매수입은 819,351십억 원으로
212,341십억 원의 3배 이상이다.


## 07  정답 ①

A, B, C팀이 사원 수를 각각 $a$명, $b$명, $c$명으로 가정한다.
이때 A, B, C의 총 근무 만족도 점수는 각각 $80a$, $90b$, $40c$
이다. A팀과 B팀의 근무 만족도, B팀과 C팀의 근무 만족도에
대한 평균 점수가 제공되었고, 추가적으로 A팀과 B팀의 근무
만족도 평균은 88점인 것을 이용하면 아래의 식을 얻는다.

$$\frac{80a+90b}{a+b}=88 \rightarrow 80a+90b=88a+88b$$

$$\rightarrow 2b=8a \rightarrow b=4a$$

B팀과 C팀의 근무 만족도 평균은 70점인 것을 이용하면 아래
의 식을 얻는다.

$$\frac{90b+40c}{b+c}=70 \rightarrow 90b+40c=70b+70c$$

$$\rightarrow 20b=30c \rightarrow 2b=3c$$

따라서 $2b=3c$이므로 식을 만족하기 위해서 $c$는 짝수여야
한다.

**오답분석**

② 근무 만족도 평균이 가장 낮은 팀은 C팀이다.

③ B팀의 사원 수는 A팀의 사원 수의 4배이다.

④ C팀은 A팀 사원 수의 $\dfrac{8}{3}$배이다.

⑤ A, B, C팀의 근무 만족도 점수는 $80a+90b+40c$이며,
총 사원 수는 $a+b+c$이다. 이때, $b$와 $c$를 $a$로 정리하여
표현하면 세 팀의 총 근무 만족도 점수 평균은

$$\frac{80a+90b+40c}{a+b+c}=\frac{80a+360a+\dfrac{320}{3}a}{a+4a+\dfrac{8}{3}a}$$

$$=\frac{240a+1,080a+320a}{3a+12a+8a}=\frac{1,640a}{23a}\fallingdotseq71.3\text{이다.}$$


## 08  정답 ④

4×6 사이즈는 $x$개, 5×7 사이즈는 $y$개, 8×10 사이즈는 $z$개
를 인화했다고 하면 $150x+300y+1,000z=21,000$이다. 모
든 사이즈를 최소 1장씩은 인화하였으므로 $x+1=x'$, $y+1=$
$y'$, $z+1=z'$라고 하면 $150x'+300y'+1,000z'=19,550$원
이다. 십 원 단위는 300원과 1,000원으로 나올 수 없는 금액이
므로 4×6 사이즈 1장을 더 구매한 것으로 보고, 나머지 금액을
300원과 1,000원으로 구매할 수 있는지 확인한다. 19,400원
에서 백 원 단위는 1,000원으로 구매할 수 없으므로 300원으로
구매해야 한다. 5×7 사이즈인 $300\times8=2,400$원을 제외하면
$19,400-2,400=17,000$원이 남는데 나머지는 1,000원으로
구매할 수 있으나, 5×7 사이즈를 최대로 구매해야 하므로 300
의 배수인 $300\times50=15,000$원을 추가로 구매한다. 나머지
2,000원은 8×10 사이즈로 구매한다. 따라서 5×7 사이즈는
최대 $1+8+50=59$장을 구매할 수 있다.


## 09  정답 ④

오전 8시에 좌회전 신호가 켜졌으므로 다음 좌회전 신호가
켜질 때 까지 20초+100초+70초=190초가 걸린다. 1시간
후인 오전 9시 정각의 신호를 물었으므로 오전 8시부터 60×
60=3,600초 후이다.

3,600초=(190×18)+180이므로 좌회전, 직진, 정지 신호
가 순서대로 18번 반복되고 180초 후에는 정지 신호가 켜져
있을 것이다.

180초(남은 시간)−20초(좌회전 신호)−100(직진 신호)=
60초(정지 신호 70초 켜져 있는 중)

## 10 정답 ⑤

모두 최소 1개 이상의 알파벳, 숫자, 특수문자로 구성이 되었기 때문에 다른 조건인 비밀번호로 사용된 숫자들이 소수인지를 확인하여야 한다. ① ~ ⑤의 숫자는 2, 3, 5, 7, 17, 31, 41, 59, 73, 91이 있으며, 이 중 91은 7과 13으로 약분이 되어 소수가 아니다. 따라서 91이 들어있는 ⑤는 비밀번호로 사용될 수 없다.

## 11 정답 ③

**전단탄성계수($G$), 종탄성계수($E$), 체적탄성계수($K$), 푸아송 수($m$) 사이의 관계**

$$mE = 2G(m+1) = 3K(m-2)$$

$$G = \frac{mE}{2(m+1)} = \frac{E}{2(1+\nu)}$$

## 12 정답 ④

$$e = 1 - \frac{T_L}{T_H} = 1 - \frac{200}{1,000} = 0.8 \rightarrow 80\%$$

## 13 정답 ⑤

**암모니아의 단점**
• 인체에 독성이 있다.
• 가연성 및 폭발성이 있다.
• 동과 접촉 시 부식될 수 있다.

## 14 정답 ⑤

에릭슨 사이클은 2개의 등온과정과 2개의 정압과정으로 구성된 사이클로 등온 압축, 등온 연소 및 등온 팽창을 시킨다.

오답분석

① 스털링 사이클 : 2개의 정적과정과 2개의 등온과정이다.
② 디젤 사이클 : 각각 1개씩의 단열압축과정, 정압과정, 단열팽창과정, 정적과정이다.
③ 앳킨스 사이클 : 2개의 단열과정과 1개의 정적과정, 1개의 정압과정이다.
④ 사바테 사이클 : 2개의 단열과정과 2개의 정적과정이다.

## 15 정답 ①

$$(비눗방울의 \ 표면장력) = \frac{(압력차) \times [내경(m)]}{8}$$

$$\rightarrow \frac{40 \times 0.05}{8} = 0.25$$

## 16 정답 ③

냉매 순환경로는 압축 → 응축 → 팽창 → 증발로 이어진다.
• 압축기 : 압력이 낮고, 엔탈피가 높은 기체가 압축기로 이동한다.
• 응축기 : 냉매의 현열과 잠열을 없애는 장치로, 냉매는 응축과정에서 액체상태가 된다.
• 팽창밸브 : 압력이 낮아지며 증발될 수 있는 상태가 된다.
• 증발기 : 냉매는 증발기를 지나면서 주위의 열을 가져오며, 열을 빼앗긴 공기는 증발한다.

## 17 정답 ①

복조는 변조되어 전송되는 중에 손상된 파형을 원래 정보신호 파형으로 복원하는 것이고, 변조는 정보신호를 전송로에 가장 적합한 형태로 변환하는 것을 말한다.

**변조의 목적**
• 주파수 분할, 시분할 등 하나의 전송매체에 여러 정보를 동시에 전송이 가능하게 하기 위한 다중화
• 변조를 하지 않은 낮은 주파수를 직접 보내면 받는 쪽의 안테나는 커야 하기 때문에 안테나의 크기를 작게 하기 위해
• 잡음과 중간 간섭 등의 필요 없는 신호를 효과적으로 제거하기 위해
• 높은 주파수에서 대역폭을 효율적으로 사용이 가능하게 하기 위해

## | 03 | 전기통신직

| 01 | 02 |  |  |  |  |  |  |  |  |
|----|----|--|--|--|--|--|--|--|--|
| ④ | ② |  |  |  |  |  |  |  |  |

## 01 　정답　④

2번 이상 같은 지역을 신청할 수 없으므로, D는 1년 차와 2년 차 서울 지역에서 근무하였으므로 3년 차에는 지방으로 가야 한다. 따라서 신청지로 배정받지 못할 것이다.

**오답분석**

① B는 1년 차 근무를 마친 A가 신청한 종로를 제외한 어느 곳이나 갈 수 있으므로 신청지인 영등포로 이동하게 될 것이다.
② C보다 E가 전년도 평가가 높으므로 E는 여의도에, C는 지방으로 이동할 것이다.
③ 1년 차 신입은 전년도 평가 점수가 100점이므로 신청한 근무지에서 근무할 수 있다. 따라서 A는 입사 시 1년 차 근무지로 대구를 선택했음을 알 수 있다.
⑤ D는 규정에 부합하지 않게 신청했으므로 C가 제주로 이동한다면, 남은 지역인 광주나 대구로 이동하게 된다.

## 02 　정답　②

일반적으로 동기기(발전기)의 기전력은 유기 기전력, 변압기의 기전력은 유도 기전력이라 칭한다.

**오답분석**

① 동기기 구성에서 고정자코일은 전기자권선으로 유기 기전력을 발생시키는 부분이다.
③ 동기기의 회전자는 회전계자형과 회전전기자형으로 구분되며, 표준으로는 회전계자형을 사용한다.
④ 동기기의 안전도를 증진하는 방법으로는 단락비를 크게하고, 동기화 리액턴스를 작게 하는 것, 동기 탈조계전기를 사용하는 것, 동기기의 조속기 동작을 신속하게 하는 것, 회전자의 플라이휠 효과를 크게 하는 것 등이 있다.
⑤ 동기기 구성에서 여자장치(Exciter)는 전기를 공급하여 전자석을 만드는 부분이다.

## | 01 | 사무영업직

| 01 | 02 | 03 | 04 | 05 | 06 | 07 | 08 | 09 | 10 |
|----|----|----|----|----|----|----|----|----|----|
| ⑤ | ③ | ② | ③ | ⑤ | ③ | ⑤ | ③ | ① | ② |
| 11 | 12 | 13 | 14 | 15 | 16 | 17 | 18 | 19 | 20 |
| ② | ③ | ① | ① | ④ | ④ | ③ | ① | ⑤ | ④ |
| 21 | 22 | 23 | 24 | 25 | 26 | | | | |
| ④ | ③ | ① | ④ | ② | ① | | | | |

### 01 정답 ⑤

이곡의 차마설은 말을 빌려 탄 개인적인 경험을 통해 소유에 대한 보편적인 깨달음을 제시하고 올바른 삶의 태도를 촉구하는 교훈적 수필로, 개인적 일상의 경험을 먼저 제시하고 이에 대한 자신의 의견을 제시하고 있다.

오답분석

① 말을 빌려 탄 개인의 경험을 소유에 대한 욕망이라는 추상적 대상으로 확장하는 유추의 방법을 사용하고 있다.
② 말을 빌려 탄 개인적 경험의 예화를 통해 소유에 대한 반성의 교훈을 제시하는 2단 구성 방식을 취하고 있다.
③ 주관적인 개인적 경험을 통해 소유에 대한 보편적인 의견을 제시하고 있다.
④ 맹자의 말을 인용하여 사람들의 그릇된 소유 관념을 비판하고 있다.

### 02 정답 ③

신영복의 '당신이 나무를 더 사랑하는 까닭'은 글쓴이가 소나무 숲의 장엄한 모습을 보고 그에 대한 감상과 깨달음을 적은 수필이다. 글쓴이는 가상의 청자인 '당신'을 설정하여 엽서의 형식으로 서술하고 있으며, 이를 통해 독자들은 '당신'의 입장에서 글쓴이의 메시지를 전달받는 것 같은 효과와 친근감을 느낄 수 있다. 즉, '당신'은 소나무를 사랑하는 사람이자 나무의 가치를 이해할 수 있는 독자를 의미하며, 글쓴이는 그러한 '당신'과 뜻을 같이하고 있음을 알 수 있다. 따라서 소나무에 대한 독자의 의견을 비판한다는 ③은 옳지 않다.

오답분석

①·②·④·⑤ 이기적이고 소비적인 인간과 대조적인 존재로 소나무를 설정하여 무차별적인 소비와 무한 경쟁의 논리가 지배하는 현대 사회를 비판하고, 소나무처럼 살아가는 바람직한 삶의 태도를 제시한다.

### 03 정답 ②

제시문에 따르면 플레밍은 전구의 내부가 탄화되어 효율이 떨어지는 '에디슨 효과'의 해결책을 찾기 위해 연구를 진행하였고, 연구에서 발견한 원리를 바탕으로 2극 진공관을 발명하였다. 따라서 제시문을 통해 에디슨이 발명한 전구의 문제점은 알 수 있지만, 플레밍의 2극 진공관 발명 과정에서의 문제점은 알 수 없다.

오답분석

① 플레밍의 기초연구는 1889년에 이루어졌고, 2극 진공관은 1904에 발명되었다.
③ 플레밍이 발견한 전극과 전구의 필라멘트 사이에 전류가 항상 일정한 방향으로 흐른다는 원리를 통해 2극 진공관이 발명되었다.
④ 국가는 과학의 과학문화로서의 가치와 학생들의 창의적 교육을 위해 기초과학 연구를 지원해야 한다.
⑤ 기초과학과 기초연구는 창의적 기술, 문화, 교육의 토대가 되므로 중요하다.

### 04 정답 ③

제시문에 등장한 순환성의 원리에 따르면 화자와 청자의 역할은 원활하게 교대되어 정보가 순환될 수 있어야 한다. 그러나 대화의 상황에 맞게 원활한 교대가 이루어져야 하므로 대화의 흐름을 살펴 순서에 유의하여 말하는 것이 좋으며, 상대방의 말을 가로채는 것은 바람직하지 않다.

오답분석

① 공손성의 원리
② 적절성의 원리
④ 순환성의 원리
⑤ 관련성의 원리

## 05 정답 ⑤

제시문에 따르면 작업으로서의 일과 고역으로서의 일의 구별은 단순히 지적 노고와 육체적 노고의 차이에 의해 결정되지 않는다. 구별의 근본적 기준은 인간의 존엄성과 관련되므로 작업으로서의 일은 자의적·창조적 활동이 되며, 고역으로서의 일은 타의적·기계적 활동이 된다. 따라서 작업과 고역을 지적 노동과 육체적 노동으로 각각 구분한 ⑤는 옳지 않다.

### 오답분석
① 고역은 상품 생산만을 목적으로 하며, 작업은 상품 생산을 통한 작품 창작을 목적으로 한다. 즉, 작업과 고역 모두 생산 활동이라는 목적을 지닌다.
② 작업은 자의적인 활동이며, 고역은 타의에 의해 강요된 활동이다.
③ 작업은 창조적인 활동이며, 고역은 기계적인 활동이다.
④ 작업과 고역을 구별하는 근본적 기준은 그것이 인간의 존엄성을 높이는 것이냐, 아니면 타락시키는 것이냐에 있다.

## 06 정답 ③

조선시대의 미(未)시는 오후 1 ~ 3시를, 유(酉)시는 오후 5 ~ 7시를 나타낸다. 오후 2시부터 4시 30분까지 운동을 하였다면, 조선시대 시간으로 미(未)시 정(正)부터 신(申)시 정(正)까지 운동을 한 것이 되므로 옳지 않다.

### 오답분석
① 초등학교의 점심 시간이 오후 1시부터 2시까지라면, 조선시대 시간으로 미(未)시(1 ~ 3시)에 해당한다.
② 조선시대의 인(寅)시는 현대 시간으로 오전 3 ~ 5시를 나타낸다.
④ 축구 경기가 전반전 45분과 후반전 45분으로 총 90분 동안 진행되었으므로 조선시대 시간으로 한시진(2시간)이 되지 않는다.
⑤ 조선시대의 술(戌)시는 오후 7 ~ 9시를 나타내므로 오후 8시 30분은 술(戌)시에 해당한다.

## 07 정답 ⑤

'경위'를 A, '파출소장'을 B, '30대'를 C라고 하면, 첫 번째 명제와 마지막 명제는 다음과 같은 벤다이어그램으로 나타낼 수 있다.
1) 첫 번째 명제

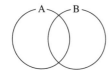

2) 마지막 명제

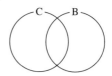

마지막 명제가 참이 되기 위해서는 B와 공통되는 부분의 A와 C가 연결되어야 하므로 A를 C에 모두 포함시켜야 한다. 즉, 다음과 같은 벤다이어그램이 성립할 때 마지막 명제가 참이 될 수 있으므로 빈칸에 들어갈 명제는 '모든 경위는 30대이다.'의 ⑤이다.

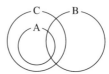

### 오답분석
①·② 다음과 같은 경우 성립하지 않는다.

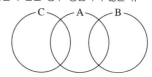

③ 다음과 같은 경우 성립하지 않는다.

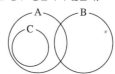

## 08 정답 ③

먼저 진구가 장학생으로 선정되지 않으면 광수가 장학생으로 선정된다는 전제(~진구 → 광수)에 따라 광수가 장학생으로 선정될 것이라고 하였으므로 '진구가 장학생으로 선정되지 않는다(~진구).'는 내용의 전제가 추가되어야 함을 알 수 있다. 따라서 보기 중 진구와 관련된 내용의 전제인 ㄴ이 반드시 추가되어야 한다. 이때, 지은이가 선정되면 진구는 선정되지 않는다고(지은 → ~진구) 하였으므로 지은이가 선정된다(지은)는 전제 ㄷ도 함께 필요한 것을 알 수 있다. 결국 ㄴ과 ㄷ이 전제로 추가되면, '지은이가 선정됨에 따라 진구는 선정되지 않으며, 진구가 선정되지 않으므로 광수가 선정된다(지은 → ~진구 → 광수).'가 성립한다.

## 09 정답 ①

경영학의 지도원리에는 수익성, 경제성, 생산성이 있다. 수익성은 기업이 시장에서 이윤을 획득할 수 있는 잠재적 능력을 나타내는 지표로, 투자자본에 대한 이익의 비율로 나타낸다.

②・③・④ 경제성

⑤ 생산성

## 10  정답  ②

포드시스템은 생산의 표준화와 이동조립법(Moving Assembly Line)을 통한 대량생산시스템으로, 차별적 성과급이 아닌 일급제 급여 방식을 채택하였다.

**테일러시스템과 포드시스템**

| 구분 | 테일러시스템 | 포드시스템 |
|---|---|---|
| 통칭 | 과업관리 | 동시관리 |
| 중점 | 개별 생산 | 계속 생산 |
| 경영이념 | 고임금・저노무비 | 고임금・저가격 |
| 방법 | 직능적 조직 차별적 성과급제 | 컨베이어 시스템 (이동조립법. 연속생산공정) 일급제 급여 |
| 표준 | 작업의 표준화 | 제품의 표준화 |

## 11  정답  ②

공기업은 국가에서 관리하며 규정이 정해져 있기 때문에 창의성 운영을 하기에 불리한 구조이다.

①・③・④ 공기업은 사기업과 달리 영리성을 목적으로 하지 않으며, 사회공공의 복리향상과 같은 공공성이 요구된다.

⑤ 독립채산제는 기업 내 경영단위가 자기의 수지에 의해 단독으로 사업을 성립시킬 수 있도록 하는 경영관리제도로, 국영 기업의 자립적 운영을 위하여 채택된 경영 방식이다.

## 12  정답  ③

카르텔에 참여하는 기업은 경제적・법률적으로 독립성을 유지하면서 결합관계를 갖는 수평적 결합이다.

① 카르텔은 동일 업종의 기업이 경쟁의 제한 또는 완화를 목적으로 가격, 생산량, 판로 등에 대해 협정을 맺는 것을 의미한다.

② 카르텔 협정을 통해 경쟁하지 않기 때문에 경쟁에 배타적이다.

④ 카르텔은 가격 유지 및 기업 안정을 목적으로 한다.

⑤ 카르텔은 독립성을 유지하는 수평적 결합이다.

## 13  정답  ①

카츠(R. L. Kartz)는 경영자에게 필요한 능력을 크게 인간적 자질, 전문적 자질, 개념적 자질 3가지로 구분하였다. 그중 인간적 자질은 구성원을 리드하여 갈등 등을 관리하고 다른 구성원들과 함께 일을 할 수 있게 하는 것으로, 경쟁수준이나 자질에 관계없이 모든 경영자가 갖추어야 하는 능력이다.

②・④ 전문적 자질(현장실무)

③・⑤ 개념적 자질(상황판단)

## 14  정답  ①

목표관리는 환경과 상황의 변동 요인을 제대로 반영하기 어렵기 때문에 외부환경 대응이 어렵다.

②・③ MBO는 효과적인 목표관리를 위해 SMART 원칙인 구체적인 목표(S), 측정 가능한 목표(M), 달성 가능한 목표(A), 결과지향적인 목표(R), 정해진 시간 내의 목표(T)를 고려한다.

④ MBO는 조직 내 상하의 조직원들이 함께 목표를 정하고 업무를 수행하기 때문에 동기가 부여되고 일체감을 높일 수 있다.

⑤ MBO는 피드백을 통한 관리계획의 개선을 추구한다.

## 15  정답  ④

리스트럭처링(Restructuring)이란 미래의 모습을 설정하고 그 계획을 실행하는 기업 혁신 방안으로, 기존의 사업 단위를 통・폐합하거나 축소 또는 폐지하여 신규 사업에 진출하기도 한다.

① 벤치마킹(Benchmarking) : 기업에서 경쟁력을 제고하기 위한 방법의 일환으로 타사에서 배워오는 혁신 기법이다.

② 학습조직(Learning Organization) : 조직의 지속적인 경쟁우위를 확보하기 위한 근본적이고 총체적이며 지속적인 경영 혁신 전략으로서 개인 학습이다.

⑤ 기업 아이덴티티(企業 Identity) : 기업이 다른 기업과의 차이를 나타내기 위하여 기업의 이미지를 통합하는 작업이다.

## 16  정답  ④

요소비교법은 직무의 공통된 조건을 비교・평가하여 직무의 중요성을 결정하는 직무평가 방식의 하나로, 기업 내 전체 직무 또는 내용이 유사한 직무들의 상대적 가치를 평가하는 데 용이하다.

① 관찰법 : 직무분석자가 직무수행자인 작업자 옆에서 직무 수행을 관찰하는 방법이다.
② 면접법 : 직무분석자가 직무수행자에게 면접을 실시하여 직접 정보를 얻는 방법이다.
③ 질문법 : 직무에 대한 설문지를 작성하고 작업자가 이에 응답하도록 하여 직무분석에 필요한 자료를 수집하는 방법이다.
⑤ 워크샘플링법 : 전체 작업 과정 동안 무작위적인 간격으로 관찰하여 직무행동에 대한 정보를 얻는 방법이다.

## 17    정답  ③

현대적 인사고과 시스템은 다면평가의 원칙으로 평가의 정확성과 공정성을 위해 다양하게 평가한다.

> **현대적 인사고과 시스템의 기본 원칙**
> • 다면평가의 원칙
> • 수용성의 원칙
> • 계층별·목적별 평가의 원칙
> • 종합관리의 원칙
> • 고객중시의 원칙
> • 계량화의 원칙
> • 경쟁과 협동의 원칙
> • 과업특성 고려의 원칙

## 18    정답  ①

유기적 구조는 적은 규칙과 규정, 분권화, 광범위한 직무, 넓은 통솔 범위, 높은 팀워크를 특징으로 하는 조직구조로, 많은 권한이 위양되고 융통성이 높고 절차와 규칙이 적은 편이다. 의사소통은 수평적 관계에 있으며, 팀 위주로 운영된다.

## 19    정답  ⑤

이론상으로 합리적이지만, 실질적이지 않다는 한계가 있는 것은 이론생계비이다.

① 생계비는 인간이 생활하기 위한 비용으로, 최저임금제나 최저생활비 수준을 결정하는 데 이용된다.
② 생계비에는 실제 조사 결과로 나타난 지출 비용을 나타내는 실태생계비와 이론적으로 산출한 최저생계비나 표준생계비인 이론생계비가 있다.
③·④ 생계비는 종업원의 라이프 사이클이나 가족의 생계 등 개인환경과 사회환경 등의 조건을 고려해야 한다.

## 20    정답  ④

총괄생산계획은 제품의 재고량, 생산 능력, 고용 인원 따위를 고려하여 전체적인 생산량과 품목, 일정을 계획하는 일로, 단기, 중기, 장기(대일정계획) 계획을 세우고 총괄생산계획을 주단위나 일단위로 운영할 수 있도록 한다. 예측하고 계획하는 것으로 수요 변동이 생긴다고 즉시 생산수준에 반영하지는 않는다.

## 21    정답  ④

고정주문기간 모형은 일정한 시점이 되면 정기적으로 필요한 만큼의 양을 주문하는 형태의 주문 시스템 모형으로, 주문량이 매번 달라질 수 있어 수요변동이 크지만, 주문 기간과 간격은 일정하다. 또한 재고의 수시파악이 어려운 다품종 저가 품목 용도로 사용된다.

① ABC 관리 : 재고 부품을 A, B, C의 세 종류로 분류하여 관리함으로써 재고 비용을 감소시키려는 재고 관리 방식이다.
② ERP(전사적 자원관리) : 기업의 경쟁력을 강화하기 위하여 경영 활동에 쓰이는 기업 내의 모든 자원을 효율적으로 관리하는 통합 정보 시스템이다.
③ MRP(자재소요량계획) : 컴퓨터를 이용하여 최종제품의 생산계획에 따라 그에 필요한 부품 소요량의 흐름을 종합적으로 관리하는 생산관리 시스템이다.
⑤ 고정주문량 모형 : 현재 재고수준이 미리 정한 재주문점(ROP)에 도달하면 미리 정해 놓은 주문량을 발주하는 시스템이다.

## 22    정답  ③

SWOT 분석은 기업을 Strength(강점), Weakness(약점), Opportunities(기회), Threats(위협) 등 4가지 요인으로 분석하여 마케팅 전략을 세우는 방법으로 ③은 Opportunities(외부환경에서 유리한 기회요인), Threats(외부환경에서 불리한 위협요인)에 해당된다.

①·②·④·⑤ Strength(경쟁기업과 비교하여 소비자로부터 강점으로 인식되는 것이 무엇인지)에 해당된다.

## 23    정답  ①

인지 부조화는 우리의 신념 간에 또는 신념과 실제로 보는 것 간에 불일치나 비일관성이 있을 때 생기는 것으로, 고관여, 고가의 상품, 상품의 차이가 작아 대체재가 많아질 때 인지 부조화가 커지면서 인지 부조화 감소행동도 커진다. 반대로 저관여이고 상품 차이가 클 때는 인지 부조화가 덜 발생한다.

## 24 　정답　④

종단조사는 동일한 대상을 일정 시간을 두고 반복적으로 측정하여 조사 대상의 변화를 정기적으로 측정하기 위한 조사로, 다시점 조사라고도 불린다.
패널조사는 종단적 조사방법의 하나로 조사 대상을 고정시키고, 동일한 조사 대상에 대하여 동일질문을 반복 실시하여 조사하는 방법으로, 복수의 시점에서 동일한 조사 대상을 조사한다.

**오답분석**

① FGI 설문법 : 표준화된 질문이나 설문지를 통한 조사가 아닌 질문방식, 응답 방법 등이 비교적 자유로운 질적 조사이다.
② 탐색조사 : 질문에 있어서 약간의 지식이 있을 때 본 조사에 앞서 수행하는 소규모의 조사이다.
③ 서베이법 : 다수의 조사자에게 직접 묻거나 설문지, 컴퓨터를 통해 자료를 조사하는 방법이다.
⑤ 횡단조사 : 특정 시점을 기준으로 여러 샘플을 조사함으로써 상이한 집단 간의 차이를 규명하고자 하는 조사 방법이다.

## 25 　정답　②

제품 계열은 동일한 욕구를 충족시키거나 기능·고객·유통경로·가격범위 등이 유사한 제품 품목을 말한다.

**오답분석**

① 소비재 : 인간이 욕망을 충족시키기 위하여 일상생활에서 직접 소비하는 재화이다.
③ 제품 믹스 : 한 기업이 생산·공급하는 모든 제품의 배합이다.
⑤ 브랜드 집단 : 동일 브랜드 제품이다.

## 26 　정답　①

침투가격전략은 기업이 신제품을 출시할 때 처음에는 경쟁제품보다 낮은 가격을 제시한 후 점차적으로 가격을 올리는 전략으로, 수요탄력성이 높을 때, 규모의 경제가 가능할 때, 원가 경쟁력이 있을 때, 가격 민감도가 높을 때, 낮은 가격으로 잠재 경쟁자들의 진입을 막거나 후발 주자가 저가 정책으로 기존 경쟁제품으로부터 고객을 가져오고 시장점유율을 확보할 수 있을 때 사용하는 것이 옳다.

# | 02 | 차량 · 운전직

| 01 | 02 | 03 | 04 | 05 | 06 | 07 | 08 | 09 | 10 |
|----|----|----|----|----|----|----|----|----|----|
| ⑤ | ⑤ | ③ | ④ | ⑤ | ③ | ③ | ④ | ② | ③ |
| 11 | 12 | 13 | | | | | | | |
| ③ | ④ | ① | | | | | | | |

## 01 　정답　⑤

유·무상 수리 기준에 따르면 K전자 서비스센터 외에서 수리한 후 고장이 발생한 경우 고객 부주의에 해당하므로 무상 수리를 받을 수 없다. 따라서 해당 고객이 수리를 요청할 경우 유상 수리 건으로 접수해야 한다.

## 02 　정답　⑤

서비스 요금 안내에 따르면 서비스 요금은 부품비, 수리비, 출장비의 합계액으로 구성된다. 전자레인지 부품 마그네트론의 가격은 20,000원이고, 출장비는 평일 18시 이전에 방문하였으므로 18,000원이 적용된다. 따라서 53,000−(20,000＋18,000)＝15,000원이다.

## 03 　정답　③

예외사항에 따르면 제품사용 빈도가 높은 기숙사 등에 설치하여 사용한 경우 제품의 보증기간이 $\frac{1}{2}$ 로 단축 적용된다. 따라서 기숙사 내 정수기의 보증기간은 6개월이므로 8개월 전 구매한 정수기는 무상 수리 서비스를 받을 수 없다.

**오답분석**

①·②·④ 보증기간인 6개월이 지나지 않았으므로 무상으로 수리가 가능하다.
⑤ 휴대폰 소모성 액세서리의 경우 유상 수리 후 2개월간 품질이 보증되므로 무상으로 수리가 가능하다.

## 04 　정답　④

'음악을 좋아하다.'를 $p$, '상상력이 풍부하다.'를 $q$, '노란색을 좋아하다.'를 $r$ 이라고 하면, 첫 번째 명제는 $p \rightarrow q$, 두 번째 명제는 $\sim p \rightarrow \sim r$ 이다. 이때, 두 번째 명제의 대우 $r \rightarrow p$ 에 따라 $r \rightarrow p \rightarrow q$ 가 성립한다. 따라서 $r \rightarrow q$ 이므로 '노란색을 좋아하는 사람은 상상력이 풍부하다.'는 결론을 도출할 수 있다.

## 05 정답 ⑤

먼저 첫 번째 조건에 따라 감염대책위원장과 백신수급위원장은 함께 뽑힐 수 없으므로 감염대책위원장이 뽑히는 경우와 백신수급위원장이 뽑히는 경우로 나누어 볼 수 있다.

1) 감염대책위원장이 뽑히는 경우
   첫 번째 조건에 따라 백신수급위원장은 뽑히지 않으며, 두 번째 조건에 따라 위생관리위원장 2명이 모두 뽑힌다. 이때, 위원회는 총 4명으로 구성되므로 나머지 후보 중 생활방역위원장 1명이 뽑힌다.

2) 백신수급위원장이 뽑히는 경우
   첫 번째 조건에 따라 감염대책위원장은 뽑히지 않으며, 세 번째 조건에 따라 생활방역위원장은 3명 이상이 뽑힐 수 없으므로 1명 또는 2명이 뽑힐 수 있다. 따라서 생활방역위원장 2명이 뽑히면 위생관리위원장은 1명이 뽑히고, 생활방역위원장 1명이 뽑히면 위생관리위원장은 2명이 뽑힌다.

이를 표로 정리하면 다음과 같다.

| 구분 | 감염병관리위원회 구성원 |
|------|------------------------|
| 경우 1 | 감염대책위원장 1명, 위생관리위원장 2명, 생활방역위원장 1명 |
| 경우 2 | 백신수급위원장 1명, 위생관리위원장 1명, 생활방역위원장 2명 |
| 경우 3 | 백신수급위원장 1명, 위생관리위원장 2명, 생활방역위원장 1명 |

따라서 항상 참이 되는 것은 '생활방역위원장이 뽑히면 위생관리위원장도 뽑힌다.'이다.

### 오답분석
① 경우 3에서는 위생관리위원장 2명이 뽑힌다.
② 경우 2에서는 생활방역위원장 2명이 뽑힌다.
③ 어떤 경우에도 감염대책위원장과 백신수급위원장은 함께 뽑히지 않는다.
④ 감염대책위원장이 뽑히면 생활방역위원장은 1명이 뽑힌다.


## 06 정답 ③

제시문에 따르면 철도는 여러 가지 측면에서 사회·경제적으로 많은 영향을 미쳤다. 그러나 해외 수출의 증가와 관련된 내용은 제시문에 나타나 있지 않다.

### 오답분석
① 지역 간 이동 속도, 국토 공간 구조의 변화 등 사회·경제적으로 많은 영향을 미쳤다.
② 철도망을 통한 도시 발전에 따라 상주와 김천 등의 도시 인구 수 변화에 많은 영향을 미쳤다.
④·⑤ 철도에 대한 다양한 학문적 연구가 진행됨에 따라 교통학, 역사학 등에 많은 영향을 미치고 있으며, 이와 관련한 도서가 출판되고 있다.


## 07 정답 ③

한글 맞춤법에 따르면 단어 첫머리의 '량'은 두음 법칙에 따라 '양'으로 표기하지만, 단어 첫머리 이외의 '량'은 '량'으로 표기한다. 그러나 고유어나 외래어 뒤에 결합한 한자어는 독립적인 한 단어로 인식되기 때문에 두음 법칙이 적용되어 '양'으로 표기해야 한다. 즉, '량'이 한자와 결합하면 '량'으로 표기하고, 고유어와 결합하면 '양'으로 표기한다. 따라서 '수송량'의 '수송(輸送)'은 한자어이므로 '수송량'이 옳은 표기이며, 이와 동일한 규칙이 적용된 단어는 '독서(讀書)-량'과 '강수(降水)-량'이다.

### 오답분석
'구름'은 고유어이므로 '구름양'이 옳은 표기이다.


## 08 정답 ④

각국의 철도박물관에 대한 내용은 제시문에 나타나 있지 않다.

### 오답분석
① 사회에 미친 로마 시대 도로의 영향과 고속철도의 영향을 비교하는 내용의 다섯 번째 문단을 뒷받침하는 자료로 적절하다.
② 서울 ~ 부산 간의 이동 시간과 노선을 철도 개통 이전과 개통 이후로 비교하는 내용의 여섯 ~ 일곱 번째 문단을 뒷받침하는 자료로 적절하다.
③ 경부선의 개통 전후 상주와 김천의 인구 수를 비교하는 내용의 여덟 번째 문단을 뒷받침하는 자료로 적절하다.
⑤ 철도(고속철도) 개통을 통해 철도와 관련된 다양한 책들이 출판되고 있다는 내용의 마지막 문단을 뒷받침하는 자료로 적절하다.


## 09 정답 ②

보행자의 시인성을 증진시키기 위한 보행 활성화를 통해 보행 사고를 감소시킬 수 있으나, 자동차 주행 경로 등에 보행자가 직접 노출되면 보행자 사고가 발생할 가능성이 커지므로 자동차 주행 경로에서의 보행 활성화 방안은 적절하지 않다.

### 오답분석
① 도로에서의 사람의 이동은 사회적·경제적·정치적으로 필수 불가결하지만, 이러한 이동은 교통사고로 이어질 수 있으므로 자동차에 노출되는 보행자를 감소시켜야 한다.
③ 기존의 차량 소통 위주의 도로 운영 전략과 달리 보행 안전 우선의 시설물 설치 전략 등을 제시한다고 하였으므로 기존의 도로 운영 전략에서는 원활한 차량의 소통을 강조하였음을 알 수 있다.
④ 차량의 속도는 보행사고의 심각도에 결정적인 역할을 하므로 차량 속도 저감 기법을 통해 보행사고의 심각도를 감소시킬 수 있다.
⑤ 운전자와 보행자 모두 법규를 지켰을 때 안전한 도로가 만들어질 수 있다.

## 10 정답 ③

Target의 발음은 [taːrgɪt]이므로 외래어 표기법에 따라 '타깃'이 올바른 표기이다. Collaboration[kəlaebəreɪʃn] 역시 발음에 따라 '컬래버레이션'으로 표기하며, Symbol[śɪmbl]과 Mania[méɪnɪə]는 각각 '심벌'과 '마니아'로 표기한다.

## 11 정답 ③

크기가 같고 부호가 반대인 두 전하가 일정 거리만큼 떨어져 있는 것을 전기 쌍극자라 부르고, 이 전기 쌍극자를 나타내는 물리량을 쌍극자 모멘트(쌍극자 능률)라 한다. 그 크기는 전하량과 거리의 곱이며, 방향은 음전하에 양전하로 향한다. 물리학에서 전하로 이루어진 계의 극성을 재는 척도 중 하나이며, 원자에 외부 전계가 작용하면 전자의 분포가 치우쳐 전기 쌍극자 모멘트가 유발된다.

## 12 정답 ④

전기 전도율이 높은 순서대로 금속을 나열하면 '은(Ag)>니켈(Ni)>철(Fe)>주석(Sn)>납(Pb)'이므로 은(Ag)의 전기 전도율이 가장 높다.

## 13 정답 ①

삼각나사는 체결용으로 가장 많이 사용하는 나사로, 미터나사(기계 조립 체결용), 유니파이나사(정밀 기계 조립 체결용), 관용나사(유체기기 결합 체결용) 등이 있다.

**오답분석**
② 사각나사 : 동력 전달용(운동용)
③ 사다리꼴나사 : 공작 기계의 이송용(운동용)
④ 톱니나사 : 힘의 전달(운동용)
⑤ 볼나사 : 정밀 공작 기계의 이송장치(운동용)

# |03| 토목직

| 01 | 02 | 03 | 04 | 05 | 06 | 07 | 08 | 09 | 10 |
|----|----|----|----|----|----|----|----|----|----|
| ④ | ④ | ② | ② | ⑤ | ④ | ④ | ② | ③ | ③ |
| 11 | 12 | 13 | 14 | | | | | | |
| ⑤ | ⑤ | ④ | ⑤ | | | | | | |

## 01 정답 ④

④는 지구력이 월등히 높은 1반 학생들과 그렇지 않은 2반 학생들을 비교하여 그들의 차이점인 달리기의 여부를 지구력 향상의 원인으로 추론하였으므로 차이법이 적용된 사례로 볼 수 있다.

**오답분석**
① 시력이 1.5 이상인 사람들의 공통점인 토마토의 잦은 섭취를 시력 증진의 원인으로 간주하였으므로 일치법이 적용되었다.
② 전염병에 감염된 사람들은 모두 돼지 농장에서 근무했었다는 점을 통해 돼지를 전염병의 원인으로 간주하였으므로 일치법이 적용되었다.
③ 사고 다발 구간에서 시속 40km/h 이하로 지나간 차량은 사고가 발생하지 않았다는 점을 통해 시속 40km/h 이하의 운행 속도를 교통사고 발생률 0의 원인으로 간주하였으므로 일치법이 적용되었다.
⑤ 손 씻기를 생활화한 아이들은 감기에 걸리지 않았다는 내용을 통해 손 씻기를 감기 예방의 원인으로 간주하였으므로 일치법이 적용되었다.

## 02 정답 ④

적용 대상의 범위인 외연의 관점에서 보면 상의어가 지시하는 부류는 하의어가 지시하는 부류를 포함하므로 상의어의 외연이 하의어보다 더 넓은 것을 알 수 있다. 그러나 내포의 관점에서는 하의어가 상의어를 포함하면서 더 많은 의미 자질을 가지므로 하의어의 내포가 상의어보다 더 넓은 것을 알 수 있다. 따라서 ②에는 '상의어는 의미의 외연이 넓고 내포가 좁은 반면, 하의어는 의미의 외연이 좁고 내포가 넓다.'는 내용의 문장이 들어가야 한다.

## 03 정답 ②

박완서의 「트럭 아저씨」는 채소 장사를 하는 트럭 아저씨를 소재로 삼아 사람과 자연에 대한 따뜻한 시선을 지닌 글쓴이의 인생관을 담고 있는 수필이다. 마당의 화초와 흙에 대한 내용으로 시작하여 (나) 문단에서는 야채와 과일을 파는 트럭 아저씨에 대한 이야기로 자연스럽게 연결되고 있다. (나) 문단의 글쓴이는 흙을 통해 과거의 시골 계집애부터 현재까지 이어지고 있는 자신의 정체성과 채소를 다듬으면서 느끼는 즐거움을 드러내고 있다.

## 04 　정답 ②

이범선의 「오발탄」은 한 가족의 불행한 삶을 통해 1950년대 전후 사회의 궁핍한 모습과 구조적 모순을 형상화한 전후 소설이다. 해방촌, 삼팔선, 6・25 사변 등을 통해 일제 강점기가 아닌 6・25 전쟁 직후의 해방촌을 배경으로 하고 있음을 알 수 있다.

## 05 　정답 ⑤

제시문에서는 다양한 비유적 표현을 통해 퇴고의 중요성과 그 방법에 대하여 이야기하고 있다. ⑩에서는 퇴고를 옷감에 바느질하는 일로 비유하였는데, 바느질 자국이 도드라지지 않게 하라는 것은 고쳐 썼다는 것이 드러나지 않을 정도로 자연스럽게 퇴고해야 한다는 것을 의미한다. 따라서 새로운 단어나 문장을 추가하지 않는다는 ⑤의 설명은 옳지 않다.

## 06 　정답 ④

제시문에 따르면 노엄 촘스키는 선험적인 지식의 역할을 강조하는 선험론자에 해당한다. 선험론자들은 아이들이 언어 구조적 지식을 선험적으로 가지고 태어나며, 이러한 선험적 지식을 통해 언어를 습득한다고 보았다.

**오답분석**
① ・ ② 경험론자인 레너드 블룸필드에 따르면 인간의 지식은 거의 모두 경험 자료에서 비롯되며, 아동은 언어를 습득하는 과정에서 어른의 말을 모방하거나 반복한다.
③ 선험론자인 노엄 촘스키에 따르면 인간은 체계적인 가르침을 받지 않고도 언어 규칙을 무의식적으로 내면화할 수 있는 능력을 갖고 있으므로 아이는 문법을 학습하지 않아도 자연스럽게 언어를 습득할 수 있다.
⑤ 빌헬름 폰 훔볼트에 따르면 개인의 사고방식이나 세계관은 언어 구조에 의해 결정되므로 아이가 언어를 습득하는 과정에서 언어를 통해 중재된 세계관을 함께 습득할 수 있다.

## 07 　정답 ④

안전속도 5030 정책에 대한 연령대별 인지도의 평균은
$\dfrac{59.7+66.6+70.2+72.1+77.3}{5}=69.18\%$이다.

**오답분석**
① 운전자를 대상으로 안전속도 5030 정책 인지도를 조사한 결과 68.1%의 운전자가 정책을 알고 있다고 하였으므로 10명 중 6명 이상은 정책을 알고 있다.
② 안전속도 5030 정책에 대한 20대 이하 운전자의 인지도는 59.7%로 가장 낮다.

③ 20대는 59.7%, 30대는 66.6%, 40대는 70.2%, 50대는 72.1%, 60대 이상은 77.8%로 연령대가 높을수록 정책에 대한 인지도가 높다.
⑤ 안전속도 5030 정책은 일반도로의 제한속도를 시속 50km로, 주택가 등의 이면도로는 시속 30km 이하로 하향 조정하는 정책이다.

## 08 　정답 ②

A트럭의 적재량을 $a$톤이라 하자. 하루에 두 번 옮기므로 $2a$톤씩 12일 동안 192톤을 옮긴다. 즉, A트럭의 적재량은 $2a$ $\times12=192 \to a=\dfrac{192}{24}=8$톤이 된다. A트럭과 B트럭이 동시에 운행했을 때는 8일이 걸렸으므로 A트럭이 옮긴 양은 8 $\times2\times8=128$톤이며, B트럭은 8일 동안 $192-128=64$톤을 옮기므로 B트럭의 적재량은 $\dfrac{64}{2\times8}=4$톤이다. B트럭과 C트럭을 같이 운행했을 때 16일 걸렸다면 B트럭이 옮긴 양은 16 $\times2\times4=128$톤이며, C트럭은 64톤을 옮겼다. 따라서 C트럭의 적재량은 $\dfrac{64}{2\times16}=2$톤이다.

## 09 　정답 ③

불만족을 선택한 고객을 $x$명, 만족을 선택한 고객은 $100-x$명이라 가정하자. 80점 이상을 받으려면 $x$의 최댓값은 $3\times$ $(100-x)-4x\geq80 \to 300-80\geq7x \to x\leq31.4$이므로 최대 31명까지 허용된다.

## 10 　정답 ③

세 번째 열에서 B+C+D=44이고, A의 값만 구한 첫 번째 열(㉠)과 세 번째 행(㉡)의 식을 연립한다.
2A+B=34 ⋯ ㉠
A+2B=44 ⋯ ㉡
(㉠×2)−㉡을 하면 3A=24 → A=8이 나오므로
A+B+C+D=8+44=52이다.

## 11 　정답 ⑤

첫 번째 숫자 묶음에서 가장자리의 4가지 숫자 중 가장 작은 수가 가운데 숫자가 되고, 두 번째 묶음에서는 두 번째로 작은 수, 세 번째 묶음에서는 세 번째로 작은 수가 가운데 숫자이다. 따라서 네 번째 묶음에서는 가장자리의 숫자 중 네 번째로 작은 수인 8이 빈칸에 들어간다.

## 12  정답 ⑤

ㄷ에 따라 확진자가 C를 만난 경우와 E를 만난 경우를 나누어 볼 수 있다.

ⅰ) C를 만난 경우
　　ㄱ에 따라 A와 B를 만났으며, ㄴ에 따라 F도 만났음을 알 수 있다.

ⅱ) E를 만난 경우
　　ㄴ에 따라 F를 만났음을 알 수 있다.

따라서 확진자는 두 경우 모두 F를 만났으므로 항상 참이 되는 것은 ⑤이다.


## 13  정답 ④

먼저 첫 번째 조건에 따라 A위원이 발언하면 B위원도 발언하므로 A위원 또는 B위원은 발언하지 않는다는 두 번째 조건이 성립하지 않는다. 따라서 A위원은 발언자에서 제외되는 것을 알 수 있다. 두 번째 조건에 따라 B위원이 발언하는 경우와 발언하지 않는 경우를 나누어 볼 수 있다.

ⅰ) B위원이 발언하는 경우
　　세 번째 조건에 따라 C위원이 발언하며, 네 번째 조건에 따라 D위원과 E위원이 발언한다. D위원이 발언하면 세 번째 조건에 따라 F위원도 발언한다. 결국 A위원을 제외한 나머지 위원 모두가 발언하는 것을 알 수 있다.

ⅱ) B위원이 발언하지 않는 경우
　　네 번째 조건에 따라 D위원과 E위원이 발언하고, 세 번째 조건에 따라 F위원도 발언한다. 그러나 주어진 조건만으로는 C위원의 발언 여부를 알 수 없다.

따라서 항상 참이 되는 것은 ④이다.

### 오답분석

① A위원은 항상 발언하지 않는다.
② B위원은 발언하거나 발언하지 않는다.
③ C위원은 ⅰ)의 경우 발언하지만, 2)의 경우 발언 여부를 알 수 없다.
⑤ A위원은 항상 발언하지 않는다.


## 14  정답 ⑤

침매 공법은 터널의 일부 또는 전부를 미리 제작하고, 이를 물에 띄워 인양한 후 계획위치에 가라앉혀 터널을 건설하는 공법으로, 비교적 얕은 해저 터널이나 지하수면 아래의 하저터널 시공에 적합하다. 우리나라는 2010년 거가대교 건설에 침매 공법을 사용하였다.

### 오답분석

① NATM 공법 : 굴착한 터널 안쪽 천장과 터널 벽면에 2~3m 길이의 고정봉을 일정 간격으로 박은 후 그 위에 콘크리트를 입히는 방식으로, 암반의 붕괴를 방지하면서 터널을 뚫어 나가는 굴착 공법이다.
② TBM 공법 : 터널 굴착기를 동원해 암반을 압쇄하거나 절삭해 굴착하는 기계식 굴착 공법이다.
③ 실드 공법 : 주로 연약지반이나 대수지반에서 터널을 만들 때 사용되며, 원통형의 실드를 수직구 안에 투입시켜 앞쪽에서는 굴착 작업을 하고 뒤쪽에서는 세그먼트를 반복해 설치하면서 터널을 만들어 나가는 굴착 공법이다.
④ 케이슨 공법 : 건축물의 지하실 전체 혹은 원통형의 콘크리트제 상자를 지상에서 만들고, 하부의 지반을 파서 지중에 침설(沈設)하는 기초 공법이다.

## | 01 | 사무영업직

| 01 | 02 | 03 | 04 | 05 | 06 | 07 | 08 | 09 | 10 |
| --- | --- | --- | --- | --- | --- | --- | --- | --- | --- |
| ② | ⑤ | ③ | ③ | ③ | ④ | ⑤ | ② | ③ | ⑤ |
| 11 | 12 | 13 | 14 | | | | | | |
| ③ | ③ | ② | ⑤ | | | | | | |

### 01　정답　②

제시된 논문에서는 교통안전사업을 시설개선, 교통 단속, 교육홍보연구라는 3가지 범주로 나누어 '비용 감소 효과'를 분석하였고, 그 결과 사망자 사고비용 감소를 위해 가장 유효한 사업은 '교통 단속'이며, 중상자 및 경상자 사고비용 감소를 위해 가장 유효한 사업은 '보행환경 조성'으로 나타났다고 이야기한다. 따라서 논문의 내용을 4개의 단어로 요약하였을 때 적절하지 않은 단어는 '사회적 비용'이다.

### 02　정답　⑤

최근 5년간 최저기온이 0℃ 이하이면서 일교차가 9℃를 초과하는 일수가 1일 증가할 때마다 하루 평균 59건의 사고가 증가하였다는 내용과 온도가 급격히 떨어질 때 블랙아이스가 생성된다는 내용을 통해 블랙아이스(결빙) 교통사고는 기온과 상관관계가 높은 것을 알 수 있다. 또한, 마지막 문단의 겨울철 급격한 일교차 변화에 따른 블랙아이스가 대형사고로 이어질 위험성이 크다는 수석연구원의 의견을 통해서도 이를 확인할 수 있다.

#### 오답분석

① 인천광역시의 결빙교통사고율이 평균보다 높다는 것은 알 수 있지만, 교통사고 사망자 수에 대한 정보는 알 수 없다.
② 최근 5년간 결빙으로 인한 교통사고 건수는 6,548건, 사망자 수는 199명이므로 사망자 수는 사고 100건당 $\frac{199}{6,548}$ ×100≒3.0명이다.
③ 블랙아이스 사고가 많은 겨울철 새벽에는 노면 결빙에 주의해 안전운전을 해야 한다.
④ 충남 지역의 경우 통과 교통량이 많은 편에 속하지만, 전체사고 대비 결빙사고 사망자 비율은 충북 지역이 7.0%로 가장 높다.

### 03　정답　③

#### 오답분석

• 웬지 → 왠지
• 어떡게 → 어떻게
• 말씀드리던지 → 말씀드리든지
• 바램 → 바람

### 04　정답　③

'가정의 행복'의 '의'는 조사이므로 표준 발음법 제5항에 따라 [의]로 발음하는 것이 원칙이지만, '다만 4'에 따라 [에]로도 발음할 수 있다. 따라서 '가정의'는 [가정의], [가정에]가 표준 발음에 해당한다.

### 05　정답　③

• (가) : 고용으로 얽혀 있는 건설사의 하도급 건설노동자가 적정한 임금을 받을 수 있도록 제도를 마련한 한국토지주택공사의 사례는 공공기관으로서 외부조직의 사회적 가치 실현을 위해 지원하는 가치사슬상 사회적 가치 이행 및 확산에 해당한다. → 타입 3
• (나) : 한국수자원공사의 기존 일상 업무였던 수도 검침 작업을 통해 사회적 가치를 실현한 사례이므로 조직 운영상 사회적 책임 이행에 해당한다. → 타입 2
• (다) : 한국철도공사법 제1조에 사회적 가치 실현을 위한 문구를 추가하여 코레일의 설립 목적을 정비한 사례이므로 기관 설립 목적 및 고유사업 정리에 해당한다. → 타입 1

### 06　정답　④

공공기관의 사회적 가치 실현과 관련된 다섯 가지 원칙에 대한 내용은 제시문에서 찾아볼 수 없다.

#### 오답분석

① 국민 인식조사 결과, 국민들은 공공기관의 사회적 가치 실현이 현재 미흡하다고 인식한다.
② 사회적 가치를 추구하는 과정에서 공공성과 효율성을 어떻게 조화시킬 것인가에 대한 고민이 계속될 것이라는 담당자의 발언을 통해 알 수 있다.

③ 기관의 사회적 가치 실현을 위해 외부 기관의 진단이나 평가 등을 제도화하는 것이 중요하다는 담당자의 당부 내용을 통해 알 수 있다.
⑤ 공공기관의 사회적 가치 실현을 위해 기관 전체 차원에서 관점의 변화가 필요하다는 담당자의 발언을 통해 알 수 있다.

## 07   정답   ⑤

제시문에 따르면 열원에서 만들어진 냉온수를 압력 손실 없이 실별로 분배한 뒤 환수하는 분배기는 주로 난방용으로 이용되어 왔으나, 냉방기에도 이용이 가능하다.

### 오답분석
① 분배기는 냉온수를 압력 손실 없이 실별로 분배한 뒤 환수한다.
② 열원은 난방 시 열을 공급하고 냉방 시 열을 제거하는 열매체를 생산한다.
③ 패널은 각 실의 바닥, 벽, 천장 표면에 설치되어 열매체를 순환시킨다.
④ 복사 냉난방 패널 시스템은 열매체의 온도가 낮아 난방 시 에너지 절약 성능이 뛰어나다.

## 08   정답   ②

K공사에서는 출발역과 350km, 840km, 도착역(1,120km)에 기본으로 4개 역을 새로 세우고, 모든 구간에 일정한 간격으로 역을 신설할 계획이다. 출발역을 제외한 350km, 840km, 1,120km 지점을 포함하는 일정한 간격인 거리를 구하기 위해 이 세 지점의 최대공약수를 구하면 $10 \times 7 = 70$임을 알 수 있다.

$$\begin{array}{r} 10\,)\ \underline{350\quad 840\quad 1,120} \\ 7\,)\ \underline{\phantom{0}35\quad\phantom{0}84\quad\phantom{0}112} \\ 5\qquad 12\qquad 16 \end{array}$$

따라서 출발역에서 70km 간격으로 역을 세우면 도착역까지 $\frac{1,120}{70} = 16$개이며, 출발역까지 합하면 역은 최소 17개가 된다.

## 09   정답   ③

수열 1은 '2, 5, 3'과 '−2, −5, −3'이 번갈아 나열되는 수열로 빈칸에 들어갈 수는 3이다. 수열 2는 홀수 번째 숫자는 ÷3, 짝수 번째 숫자는 ×3인 수열이다. 빈칸에 들어갈 수는 5번째 숫자로 9÷3=3이 된다. 따라서 두 수열의 빈칸에 공통으로 들어갈 수는 3이다.

## 10   정답   ⑤

등락률은 전일 대비 주식 가격에 대한 비율이다. 1월 7일의 1월 2일 가격 대비 증감율은 $1.1 \times 1.2 \times 0.9 \times 0.8 \times 1.1 = 1.04544$이므로 매도 시 주식가격은 $100,000 \times 1.04544 = 104,544$원이다.

### 오답분석
① 1월 2일 대비 1월 5일 주식가격 증감율은 $1.1 \times 1.2 \times 0.9 = 1.188$이며, 매도할 경우 $100,000 \times 1.188 = 118,800$원에 매도 가능하므로 18,800원 이익이다.
②·④ 1월 6일에 주식을 매도할 경우 등락률을 고려하여 가격을 구하면 $100,000 \times (1.1 \times 1.2 \times 0.9 \times 0.8) = 95,040$원이다. 따라서 $100,000 - 95,040 = 4,960$원 손실이며, 1월 2일 대비 주식가격 감소율(이익률)은 $\frac{100,000 - 95,040}{100,000} \times 100 = 4.96\%$이다.
③ 1월 4일에 주식을 매도할 경우 등락률을 고려하여 가격을 구하면 $100,000 \times (1.1 \times 1.2) = 132,000$원이다. 따라서 이익률은 $\frac{132,000 - 100,000}{100,000} \times 100 = 32\%$이다.

## 11   정답   ③

배차간격은 동양역에서 20분, 서양역에서 15분이며, 두 기차의 속력은 같다. 그러므로 배차시간의 최소공배수를 구하면 $5 \times 4 \times 3 = 60$으로 60분마다 같은 시간에 각각의 역에서 출발하여 10시 다음 출발시각은 11시가 된다. 동양역과 서양역의 편도 시간은 1시간이므로 50km 지점은 출발 후 30분에 도달한다. 따라서 두 번째로 50km 지점에서 두 기차가 만나는 시각은 11시 30분이다.

## 12   정답   ③

김대리는 시속 80km로 대전에서 200km 떨어진 K지점으로 이동했으므로 소요시간은 $\frac{200}{80} = 2.5$시간이다. 이때, K지점의 위치는 두 가지 경우로 나눌 수 있다.

1) K지점이 대전과 부산 사이에 있어 부산에서 300km 떨어진 지점인 경우
   이대리가 이동한 거리는 300km, 소요시간은 김대리보다 4시간 30분(=4.5시간) 늦게 도착하여 2.5+4.5=7시간이다. 이대리의 속력은 시속 $\frac{300}{7} \fallingdotseq 42.9$km로 김대리의 속력보다 느리므로 네 번째 조건과 맞지 않는다.

2) K지점이 대전에서 부산방향의 반대 방향으로 200km 떨어진 지점인 경우
   부산에서 K지점까지는 200+500=700km 거리이다. 따라서 이대리는 시속 $\frac{700}{7} = 100$km로 이동했다.

## 13 정답 ②

먼저, 네 번째 조건에 따라 마 지사장은 D지사에 근무하며 다섯 번째 조건에 따라 바 지사장은 본사와 두 번째로 가까운 B지사에 근무하는 것을 알 수 있다. 다 지사장은 D지사에 근무하는 마 지사장 바로 옆 지사에 근무하지 않는다는 두 번째 조건에 따라 C 또는 E지사에 근무할 수 없다. 이때, 다 지사장은 나 지사장과 나란히 근무해야 하므로 F지사에 다 지사장이, E지사에 나 지사장이 근무하는 것을 알 수 있다. 마지막으로 라 지사장이 가 지사장보다 본사에 가깝게 근무한다는 세 번째 조건에 따라 라 지사장이 A지사에, 가 지사장이 C지사에 근무하게 된다.

| 본사 | A | B | C | D | E | F |
| --- | --- | --- | --- | --- | --- | --- |
| | 라 | 바 | 가 | 마 | 나 | 다 |

따라서 A ~ F지사로 발령받은 지사장을 순서대로 나열하면 '라 – 바 – 가 – 마 – 나 – 다'이다.

## 14 정답 ⑤

먼저 두 번째 조건에 따라 사장은 은지에게 '상'을 주었으므로 나머지 지현과 영희에게 '중' 또는 '하'를 주었음을 알 수 있다. 이때, 인사팀장은 영희에게 사장이 준 점수보다 낮은 점수를 주었다는 네 번째 조건에 따라 사장은 영희에게 '중'을 주었음을 알 수 있다. 따라서 사장은 은지에게 '상', 영희에게 '중', 지현에게 '하'를 주었고, 세 번째 조건에 따라 이사 역시 같은 점수를 주었다. 한편, 사장이 영희 또는 지현에게 회장보다 낮거나 같은 점수를 주었다는 두 번째 조건에 따라 회장이 은지, 영희, 지현에게 줄 수 있는 경우는 다음과 같다.

| 구분 | 은지 | 지현 | 영희 |
| --- | --- | --- | --- |
| 경우 1 | 중 | 하 | 상 |
| 경우 2 | 하 | 상 | 중 |

또한 인사팀장은 '하'를 준 영희를 제외한 은지와 지현에게 '상' 또는 '중'을 줄 수 있다. 따라서 은지, 영희, 지현이 회장, 사장, 이사, 인사팀장에게 받을 수 있는 점수를 정리하면 다음과 같다.

| 구분 | 은지 | 지현 | 영희 |
| --- | --- | --- | --- |
| 회장 | 중 | 하 | 상 |
| | 하 | 상 | 중 |
| 사장 | 상 | 하 | 중 |
| 이사 | 상 | 하 | 중 |
| 인사팀장 | 상 | 중 | 하 |
| | 중 | 상 | 하 |

따라서 인사팀장이 은지에게 '상'을 주었다면, 은지는 사장, 이사, 인사팀장 3명에게 '상'을 받으므로 은지가 최종 합격하게 된다.

# |02| 토목직

| 01 | 02 | 03 | 04 | 05 | 06 | 07 | 08 | 09 | 10 |
| --- | --- | --- | --- | --- | --- | --- | --- | --- | --- |
| ⑤ | ① | ③ | ⑤ | ④ | ③ | ① | ③ | ③ | ⑤ |
| 11 | 12 | | | | | | | | |
| ③ | ① | | | | | | | | |

## 01 정답 ⑤

마지막 문단을 통해 바퀴가 인류의 생활상을 변화시켜왔음을 알 수 있다.

## 02 정답 ①

제시된 상황에서 메살라는 바퀴에 붙은 칼날을 이용하여 상대 전차의 바퀴를 공격하였다는 것을 알 수 있으며, 제시문의 세 번째 문단을 통해 공격받은 바퀴가 전차의 하중을 견디지 못해 넘어졌다는 것을 추론할 수 있다.

## 03 정답 ③

마지막 문단을 통해 앞으로 하수 처리 시스템이 나아가야 할 방향을 제시하고 있다.

## 04 정답 ⑤

ⓒ의 전화해 보겠다는 이대리의 대답에는 오주임이 출근하지 않았다는 사실이 함축적으로 담겨 있지만, ㉠·㉡·㉣의 대화에서는 함축적인 의미를 담은 표현이 사용되지 않았다.

## 05 정답 ④

두 번째 문단의 산받이에 대한 설명을 통해, 주로 박첨지와의 대화를 통해 극을 이끌어가며 사건을 해설해 주고, 무대에 드러나지 않은 사실들을 보완하는 등 놀이 전체의 해설자 역할을 하는 것을 알 수 있다.

### 오답분석

① 중국, 일본과 우리나라의 꼭두각시놀음은 무대의 구조나 연출방식, 인형조종법 등이 많이 흡사함을 알 수 있으나, 각각의 차별되는 특징에 대한 언급은 없다.
② 꼭두각시놀음이 남사당패가 행하는 6종목 중 하나의 놀이 임을 알 수 있으나, 비중이 어떤지는 알 수 없다.
③ 놀이 전체의 해설자 역할을 하는 대잡이는 재담과 노래, 대사 전달 등을 담당한다.
⑤ 꼭두각시놀음은 여러 시대를 지나오면서, 시대상을 반영하여 하나 둘씩 막이 추가되면서 변화되어 왔다.

## 06 정답 ③

제시문의 첫 번째 문단은 꼭두각시놀음의 정의 및 유래, 두 번째와 세 번째 문단은 꼭두각시놀음의 무대와 공연 구성, 네 번째 문단은 꼭두각시놀음의 특징과 의의로 전개되고 있다. 따라서 글의 주제로 가장 적절한 것은 ③이다.

## 07 정답 ①

㉠ 유례 : 같거나 비슷한 예
㉡ 유래 : 사물이나 일이 생겨남. 또는 그 사물이나 일이 생겨난 바
㉢ 공약 : 정부, 정당, 입후보자 등이 어떤 일에 대하여 국민에게 실행할 것을 약속함. 또는 그런 약속
㉣ 공략 : 적극적인 자세로 나서 어떤 영역 따위를 차지하거나 어떤 사람 등을 자기편으로 만듦을 비유적으로 이르는 말

## 08 정답 ③

오답분석
① 삼강령과 팔조목은 『대학』이 『예기』의 편명으로 있었을 때에는 사용되지 않았으나, 『대학』이 사서의 하나로 격상되면서부터 사용되기 시작했다고 하였다.
② 삼강령과 팔조목은 종적으로 서로 밀접한 관계를 형성하고 있어 한 항목이라도 없으면 과정에 차질이 생기는 것은 옳으나, 횡적으로는 서로 독립된 항목이라 보고 있다.
④ 백성의 명덕을 밝혀 백성과 한마음이 되는 것은 제가·치국·평천하이다.
⑤ 팔조목은 반드시 순서에 따라 이루어지는 것은 아니며, 서로 유기적으로 연관되어 있는 것이므로 함께 또는 동시에 갖추어야 할 실천 항목이라 볼 수 있다고 하였다.

## 09 정답 ③

ⅰ) 집 - 도서관 : $3 \times 2 = 6$가지
　 도서관 - 영화관 : $4 \times 1 = 4$가지
　 → $6 \times 4 = 24$가지
ⅱ) 집 - 도서관 : $3 \times 1 = 3$가지
　 도서관 - 영화관 : $4 \times 3 = 12$가지
　 → $3 \times 12 = 36$가지
∴ $24 + 36 = 60$가지

## 10 정답 ⑤

㉡ 전체 교통사고 발생 건수는 2월부터 5월까지 증가하다가 6월에 감소하였다.
㉣ 전체 교통사고 사망자 대비 교통사고 사망자는 어린이의 경우 2% 미만이고, 노인의 경우 11월을 제외하면 전체 교통사고 사망자 수의 50%에 미치지 못한다.

## 11 정답 ③

가격 변화에 따른 판매량 변화를 고려하여 매출액을 계산하면 다음과 같다.
① $4,000 \times 3,000 = 12,000,000$원
② $3,500 \times 3,750 = 13,125,000$원
③ $3,000 \times 4,500 = 13,500,000$원
④ $2,500 \times 5,250 = 13,125,000$원
⑤ $2,000 \times 6,000 = 12,000,000$원
따라서 가격을 3,000원으로 책정할 때 매출액이 가장 커진다.

## 12 정답 ①

색칠된 부분의 넓이를 구하기 위해서는 △CDE와 부채꼴 BCE의 넓이, 그리고 둘 사이의 색칠되지 않은 부분의 넓이를 알아야 한다.

• △CDE의 넓이 : $\frac{\sqrt{3}}{4} \times 12^2$ ($\because$ 정삼각형의 넓이 공식)
$= 36\sqrt{3}$

• 부채꼴 BCE의 넓이 : $12^2 \pi \times \frac{30°}{360°} = 12\pi$

• [색칠되지 않은 부분(EC)의 넓이]
$=$ (부채꼴CDE의 넓이)$-$(△CDE의 넓이) : $24\pi - 36\sqrt{3}$
∴ (색칠된 부분의 넓이)$= 36\sqrt{3} + 12\pi - (24\pi - 36\sqrt{3})$
$= 72\sqrt{3} - 12\pi$

# |03| 차량·운전직

| 01 | 02 | 03 | 04 | 05 | 06 | 07 | | | |
|----|----|----|----|----|----|----|----|----|----|
| ① | ② | ① | ⑤ | ④ | ③ | ③ | | | |

## 01 정답 ①

오답분석
② 입원료[이붠뇨]
③ 물난리[물랄리]
④ 광한루[광ː할루]
⑤ 이원론[이ː원논]

## 02 정답 ②

혼돈은 온갖 대상들이 마구 뒤섞여 어지럽고 복잡할 때 사용되며, 혼동은 어떤 대상과 다른 대상을 구별하지 못하고 헷갈리는 경우에 사용된다.
• 혼돈 : 마구 뒤섞여 있어 갈피를 잡을 수 없음. 또는 그런 상태
• 혼동 : 구별하지 못하고 뒤섞어서 생각함

## 03 　정답　①

산책로의 폭 길이는 일정하므로 $x$m라고 할 때, 전체 공원의 넓이 $18 \times 10 = 180$m$^2$에서 산책로가 아닌 면적의 넓이 $153$m$^2$를 뺀 값이 산책로의 넓이이므로 $x$의 값을 구하면 다음과 같다.

$180 - 153 = 10x + 18x - x^2 \rightarrow x^2 - 28x + 27 = 0$
$\rightarrow (x-1)(x-27) = 0$, $x = 1$이거나 $x = 27$이다.

이때, 산책로의 폭 길이는 공원의 가로, 세로의 길이보다 클 수 없으므로 $x$의 값은 1이다.

## 04 　정답　⑤

ㄷ. 자료에서 수출 증감률이 가장 높은 해는 2004년이고, 수입 증감률이 가장 높은 해는 2000년이라는 것을 알 수 있다.

ㅁ. 1999년의 수출 금액의 4배는 $143,685,459 \times 4 = 574,741,836$천 달러이고, 2019년 수출 금액은 $542,232,610$천 달러로, 4배 미만으로 증가한 것을 알 수 있다.

**오답분석**

ㄱ. 수출입 금액이 1조 이상이면 가입할 수 있는 '1조 달러 클럽'에 가입 가능한 연도는 2019년, 2018년, 2017년, 2014년, 2013년, 2012년, 2011년으로 총 7번이다.
- 2019년 수출입 금액 : $542,232,610 + 503,342,947$ $= 1,045,575,557$천 달러
- 2018년 수출입 금액 : $604,859,657 + 535,202,428$ $= 1,140,062,085$천 달러
- 2017년 수출입 금액 : $573,694,421 + 478,478,296$ $= 1,052,172,717$천 달러
- 2014년 수출입 금액 : $572,664,607 + 525,514,506$ $= 1,098,179,113$천 달러
- 2013년 수출입 금액 : $559,632,434 + 515,585,515$ $= 1,075,217,949$천 달러
- 2012년 수출입 금액 : $547,869,792 + 519,584,473$ $= 1,067,454,265$천 달러
- 2011년 수출입 금액 : $555,213,656 + 524,413,090$ $= 1,079,626,746$천 달러

ㄴ. 자료에서 무역수지가 음(−)의 값을 나타내는 해는 2008년 한 번이다.

ㄹ. 자료에서 2002 ~ 2008년 전년 대비 증감률은 양(+)의 값을 나타내는 것을 통해 2002년부터 2008년까지 수출 금액과 수입 금액은 매년 증가했다는 것을 알 수 있다.

## 05 　정답　④

채권에 투자하는 금액을 $x$억 원이라고 할 때, 예금에 투자하는 금액은 $(100 - x)$억 원이다.
- 예금 이익 : $(100 - x) \times 0.1 = 10 - 0.1x$
- 채권 이익 : $0.14x$

이때 예금과 채권 이익의 합은 $10 - 0.1x + 0.14x = 10 + 0.04x$이다. 세금으로 20%를 낸 후의 이익이 10억 원이므로 $(10 + 0.04x) \times 0.8 = 10 \rightarrow 0.032x = 2 \rightarrow x = 62.5$
따라서 채권에 투자하는 금액은 62억 5천만 원이다.

## 06 　정답　③

A와 D의 진술이 모순되므로, A의 진술이 참인 경우와 거짓인 경우를 구한다.

ⅰ) A의 진술이 참인 경우
A의 진술에 따라 D가 부정행위를 하였으며, 거짓을 말하고 있다. B는 A의 진술이 참이므로 B의 진술도 참이며, B의 진술이 참이므로 C의 진술은 거짓이 되고, E의 진술은 참이 된다. 따라서 부정행위를 한 사람은 C, D이다.

ⅱ) A의 진술이 거짓인 경우
A의 진술에 따라 D는 참을 말하고 있고, B는 A의 진술이 거짓이므로 B의 진술도 거짓이 된다. B의 진술이 거짓이므로 C의 진술은 참이 되고, E의 진술은 거짓이 된다. 부정행위를 한 사람은 A, B, E이지만 부정행위를 한 사람은 두 명이므로 모순이 된다.

## 07 　정답　③

영희는 누적방수액의 유무와 상관없이 재충전 횟수가 200회 이상이면 충분하다고 하였으므로 100회 이상 300회 미만으로 충전이 가능한 리튬이온배터리를 구매한다. 누적방수액을 바르지 않은 것이 더 저렴하므로 영희가 가장 저렴하게 구매하는 가격은 5,000원이다.

**오답분석**

① • 철수가 가장 저렴하게 구매하는 가격 : 20,000원
　• 영희가 가장 저렴하게 구매하는 가격 : 5,000원
　• 상수가 가장 저렴하게 구매하는 가격 : 5,000원
　따라서 철수, 영희, 상수가 리튬이온배터리를 가장 저렴하게 구매하는 가격은 $20,000 + 5,000 + 5,000 = 30,000$원이다.

② • 철수가 가장 비싸게 구매하는 가격 : 50,000원
　• 영희가 가장 비싸게 구매하는 가격 : 10,000원
　• 상수가 가장 비싸게 구매하는 가격 : 50,000원
　따라서 철수, 영희, 상수가 리튬이온배터리를 가장 비싸게 구매하는 가격은 $50,000 + 10,000 + 50,000 = 110,000$원이다.

④ 영희가 가장 비싸게 구매하는 가격은 10,000원, 상수가 가장 비싸게 구매하는 가격은 50,000원이다. 두 가격의 차이는 40,000원으로 30,000원 이상이다.

⑤ 상수가 가장 비싸게 구매하는 가격은 50,000원, 가장 저렴하게 구매하는 가격은 5,000원이므로 두 가격의 차이는 45,000원이다.

PART 1

코레일 7개년 기출복원문제 정답 및 해설

| 01 | 02 | 03 | 04 | 05 | 06 | 07 | 08 | 09 | 10 |
|---|---|---|---|---|---|---|---|---|---|
| ① | ④ | ③ | ⑤ | ④ | ② | ⑤ | ④ | ③ | ⑤ |
| 11 | 12 | 13 | 14 | 15 | 16 | 17 | 18 | 19 | 20 |
| ② | ② | ④ | ① | ② | ② | ③ | ④ | ② | ② |
| 21 | 22 | 23 | 24 | 25 | 26 | 27 | 28 | | |
| ⑤ | ④ | ① | ① | ⑤ | ⑤ | ⑤ | ③ | | |

## 01 정답 ①

• 떠올리다 : 기억을 되살려 내거나 잘 구상되지 않던 생각을 나게 하다.
• 회상하다 : 지난 일을 돌이켜 생각하다.

오답분석
② 연상하다 : 하나의 관념이 다른 관념을 불러 일으키다.
③ 상상하다 : 실제로 경험하지 않은 현상이나 사물에 대하여 마음속으로 그려 보다.
④ 남고하다 : 고적(古跡)을 찾아보고 당시의 일을 회상하다.
⑤ 예상하다 : 어떤 일을 직접 당하기 전에 미리 생각하여 두다.

## 02 정답 ④

• ㉠ : '소개하다'는 '서로 모르는 사람들 사이에서 양편이 알고 지내도록 관계를 맺어 주다.'의 의미로 단어 자체가 사동의 의미를 지니고 있으므로 '소개시켰다'가 아닌 '소개했다'가 올바른 표현이다.
• ㉡ : '쓰여지다'는 피동 접사 '-이-'와 '-어지다'가 결합한 이중 피동 표현이므로 '쓰여진'이 아닌 '쓰인'이 올바른 표현이다.
• ㉢ : '부딪치다'는 '무엇과 무엇이 힘 있게 마주 닿거나 마주 대다.'의 의미인 '부딪다'를 강조하여 이르는 말이고, '부딪히다'는 '부딪다'의 피동사이다. 따라서 ㉢에는 의미상 '부딪쳤다'가 들어가야 한다.

## 03 정답 ③

(다) 문단에서는 자연의 법칙이나 우주의 원리를 알아내겠다는 과학자의 '믿음'과 신이라는 존재에 대한 종교인의 '믿음'을 이야기하며 이들이 믿는 대상이 서로 다름을 설명하고 있다. 따라서 (다) 문단의 핵심 화제는 종교적 믿음과 과학적 믿음의 공통점이 아닌 차이점임을 알 수 있다.

## 04 정답 ⑤

빈칸 바로 뒤의 문장에서는 빈칸의 내용이 우선시되어야 서로의 영역을 침범하는 일이 생겨나지 않을 것이라고 이야기하고 있으므로 빈칸에는 서로의 영역을 인정한다는 내용의 ⑤가 가장 적절하다.

## 05 정답 ④

제시문과 ④의 '풀다'는 '금지되거나 제한된 것을 할 수 있도록 터놓다.'의 의미이다.

오답분석
① 일어난 감정 따위를 누그러뜨리다.
② 마음에 맺혀 있는 것을 해결하여 없애거나 품고 있는 것을 이루다.
③ 모르거나 복잡한 문제 따위를 알아내거나 해결하다.
⑤ 묶이거나 감기거나 얽히거나 합쳐진 것 따위를 그렇지 아니한 상태로 되게 하다.

## 06 정답 ②

'곤욕'은 주로 '곤욕을 치르다. 곤욕을 겪다. 곤욕을 당하다.'와 같이 쓰이지만, '곤혹'은 '곤혹을 느끼다. 곤혹스럽다.'와 같이 쓰인다.
• 곤욕(困辱) : 심한 모욕. 또는 참기 힘든 일
• 곤혹(困惑) : 곤란한 일을 당하여 어찌할 바를 모름

## 07 정답 ⑤

ㄷ. 견적서 제출기간에 따르면 마감 시간은 6월 14일 10시이나, 마감 시간이 임박하여 제출할 경우 입력 도중 중단되는 경우가 있으니 적어도 마감 시간 10분 전까지 입력을

완료해야 한다.

ㄹ. 견적 제출 참가 자격에 따르면 이번 입찰은 '지문인식 신원확인 입찰'이 적용되므로 입찰대리인은 미리 지문정보를 등록하여야 하나, 예외적으로 지문인식 신원확인이 곤란한 자에 한하여 개인인증서에 의한 제출이 가능하다. 따라서 둘 중 하나의 방법을 선택한다는 내용은 적절하지 않다.

**오답분석**

ㄱ. 견적 제출 참가 자격에 따르면 수의 견적 제출 안내 공고일 전일부터 계약체결일까지 해당 지역에 법인등기부상 본점 소재지를 둔 업체만 이번 견적 제출에 참가할 수 있다.

ㄴ. 견적 제출 및 계약방식에 따르면 국가종합전자조달시스템을 이용하여 견적서를 제출해야 한다.


## 08 정답 ④

우리나라의 낮은 장기 기증률은 전통적 유교 사상 때문이라고 주장하고 있는 A와 달리, B는 이에 대하여 다양한 원인을 제시하고 있다. 따라서 A의 주장에 대해 반박할 수 있는 내용으로 ④가 적절하다.


## 09 정답 ③

• 매립(埋立) : 우묵한 땅이나 하천, 바다 등을 돌이나 흙 따위로 채움
• 굴착(掘鑿) : 땅이나 암석 따위를 파고 뚫음

**오답분석**

① • 당착(撞着) : 말이나 행동 따위의 앞뒤가 맞지 않음
  • 모순(矛盾) : 어떤 사실의 앞뒤, 또는 두 사실이 이치상 어긋나서 서로 맞지 않음
② • 용인(庸人) : 평범한 사람
  • 범인(凡人) : 평범한 사람
④ • 체류(滯留) : 객지에 가서 머물러 있음
  • 체재(滯在) : 객지에 가서 머물러 있음
⑤ • 모범(模範) : 본받아 배울 만한 대상
  • 귀감(龜鑑) : 거울로 삼아 본받을 만한 모범


## 10 정답 ⑤

• 주무(主務) : 사무를 주장하여 맡음
• 직학(直學) : 1. 고려 시대에 둔, 국자감 · 국학 · 성균관의 종구품 벼슬
           2. 조선 전기에 둔, 성균관의 정구품 벼슬

**오답분석**

① • 경선(競選) : 둘 이상의 후보가 경쟁하는 선거
  • 경쟁(競爭) : 같은 목적에 대하여 이기거나 앞서려고 서로 겨룸

② • 현재(現在) : 지금의 시간
  • 현행(現行) : 현재 행하여지고 있음. 또는 행하고 있음
③ • 개선(改善) : 잘못된 것이나 부족한 것, 나쁜 것 따위를 고쳐 더 좋게 만듦
  • 개수(改修) : 고쳐서 바로잡거나 다시 만듦
④ • 방책(方策) : 방법과 꾀를 아울러 이르는 말
  • 방안(方案) : 일을 처리하거나 해결하여 나갈 방법이나 계획


## 11 정답 ②

피장파장의 오류는 상대방의 잘못을 들추어 서로 낫고 못함이 없다고 주장하여 자신의 잘못을 정당화하는 오류이다.

**오답분석**

① 성급한 일반화의 오류 : 제한된 증거를 기반으로 성급하게 어떤 결론을 도출하는 오류이다.
③ 군중에 호소하는 오류 : 군중 심리를 자극하여 논지를 받아들이게 하는 오류이다.
④ 인신공격의 오류 : 주장하는 사람의 인품 · 직업 · 과거 정황을 트집 잡아 비판하는 오류이다.
⑤ 흑백사고의 오류 : 세상의 모든 일을 흑 또는 백이라는 이분법적 사고로 바라보는 오류이다.


## 12 정답 ②

일의 양을 1이라고 가정하면, P연구원과 K연구원이 하루에 할 수 있는 일의 양은 각각 $\frac{1}{8}$, $\frac{1}{14}$이다. 처음 이틀과 보고서 제출 전 이틀 총 4일은 같이 연구하고, 나머지는 K연구원 혼자 연구하였다. K연구원 혼자 연구하는 기간을 $x$일이라 하고 방정식을 세우면 다음과 같다.

$$4 \times \left( \frac{1}{8} + \frac{1}{14} \right) + \frac{x}{14} = 1$$

$$\rightarrow \frac{1}{2} + \frac{2}{7} + \frac{x}{14} = 1$$

$$\rightarrow 7 + 4 + x = 14$$

$$\rightarrow x = 3$$

따라서 K연구원이 혼자 3일 동안 연구하므로 보고서를 제출할 때까지 총 3+4=7일이 걸렸다.


## 13 정답 ④

A, B, C에 해당되는 청소 주기 6, 8, 9일의 최소공배수는 2×3×4×3=72이다. 9월은 30일, 10월은 31일까지 있으므로 9월 10일에 청소를 하고 72일 이후인 11월 21일에 세 사람이 같이 청소하게 된다.

## 14 정답 ①

임의로 전체 신입사원을 100명이라 가정하고 성별과 경력 유무로 구분하여 표를 나타내면 다음과 같다.

(단위 : 명)

| 구분 | 여성 | 남성 | 합계 |
|------|------|------|------|
| 경력 없음 | $60-20=40$ | 20 | 60 |
| 경력 있음 | $100\times0.2=20$ | 20 | $100\times0.8-40=40$ |
| 합계 | $100\times0.6=60$ | 40 | 100 |

따라서 신입사원 중 여자 한 명을 뽑았을 때 경력자가 뽑힐 확률은 여자 60명 중 경력자는 20명이므로 $\frac{20}{60}=\frac{1}{3}$ 이다.

## 15 정답 ②

ㄴ. 전년 대비 2017년 대형 자동차 판매량 감소율을 구하면 $\frac{185.0-186.1}{186.1}\times100≒-0.6\%$ 이다.

ㄷ. SUV 자동차의 3년 동안 총 판매량은 $452.2+455.7+450.8=1,358.7$천 대이고, 대형 자동차 총 판매량은 $186.1+185+177.6=548.7$천 대이다. 이때, 대형 자동차 총 판매량의 2.5배는 $548.7\times2.5=1,371.75$이므로 SUV 자동차의 3년 동안 총 판매량의 2.5배보다 적다.

### 오답분석

ㄱ. 2016 ~ 2018년 동안 판매량이 감소하는 차종은 '대형' 1종류이다.

ㄹ. 2017년 대비 2018년 판매량이 증가한 차종은 '준중형'과 '중형'이다. 두 차종의 증가율을 비교하면 준중형은 $\frac{180.4-179.2}{179.2}\times100≒0.7\%$, 중형은 $\frac{205.7-202.5}{202.5}\times100≒1.6\%$로 중형이 가장 높은 증가율을 나타낸다.

## 16 정답 ②

2011 ~ 2018년 동안 전년 대비 가계대출이 가장 많이 증가한 해는 $583.6-530.0=53.6$조 원인 2016년이다.

(단위 : 조 원)

| 연도 | 가계대출 증가액 |
|------|------|
| 2011년 | $427.1-403.5=23.6$ |
| 2012년 | $437.5-427.1=10.4$ |
| 2013년 | $450-437.5=12.5$ |
| 2014년 | $486.4-450=36.4$ |
| 2015년 | $530-486.4=43.6$ |
| 2016년 | $583.6-530=53.6$ |
| 2017년 | $621.8-583.6=38.2$ |
| 2018년 | $640.6-621.8=18.8$ |

### 오답분석

① 2012 ~ 2017년 전년 대비 주택담보대출 증가액이 부동산담보대출 증가액보다 높지 않은 연도는 2012년, 2013년, 2017년이다.

③ 부동산담보대출이 세 번째로 많은 연도는 2016년이며, 이때의 주택담보대출은 가계대출의 $\frac{421.5}{583.6}\times100≒72.2\%$ 이다.

④ 2016년 대비 2018년 주택담보대출 증가율을 구하면 $\frac{455.0-421.5}{421.5}\times100≒7.9\%$이고, 기업대출 증가율을 구하면 $\frac{584.3-539.4}{539.4}\times100≒8.3\%$이므로 기업대출 증가율이 더 높다.

⑤ 2010년 대비 2015년 은행대출 증가율을 구하면 $\frac{(530+527.6)-(403.5+404.5)}{(403.5+404.5)}\times100$ $=\frac{1,057.6-808}{808}\times100≒30.9\%$ 이다.

## 17 정답 ③

$\frac{\pi}{6}$ 라디안은 $\frac{180°}{6}=30°$이기 때문에 한 바퀴(360°) 회전 시 $\frac{360}{30}=12 \rightarrow 12\times10=120$초가 걸린다. 두 번째 조건에서 4바퀴가 회전하면 제품 1개가 완성되므로 제품 1개당 $120\times4=480$초가 걸린다. 1시간은 3,600초, 5시간은 18,000초이므로 5시간 동안 만들 수 있는 완제품은 $\frac{18,000}{480}=37.5$개, 따라서 완제품 37개를 만들 수 있다.

## 18 정답 ④

45인승 버스 대수를 $x$대, 25인승 버스 대수를 $y$대라고 가정하고, 탑승 인원과 이용대금에 따른 방정식을 세우면 다음과 같다. 버스에 탑승한 인원은 운전기사를 제외한 인원으로 계산한다.

$44x+24y=268 \rightarrow 11x+6y=67 \cdots ㉠$
$45x+30y=285 \rightarrow 9x+6y=57 \cdots ㉡$

㉠과 ㉡을 연립하면 $x=5$, $y=2$이므로 45인승 버스는 5대 이용하였다.

## 19 정답 ②

미지수 $a$와 $b$에 가능한 수는 60의 약수이다. 따라서 $a$에 12개(1, 2, 3, 4, 5, 6, 10, 12, 15, 20, 30, 60)의 숫자가 가능하므로 이에 속하지 않은 ②가 정답이다.

## 20 　정답　②

집으로 다시 돌아갈 때 거리 2.5km를 시속 5km로 걸었기 때문에 이때 걸린 시간은 $\frac{2.5}{5}=0.5$시간(30분)이고, 회사로 자전거를 타고 출근하는 데 걸린 시간은 $\frac{5}{15}=\frac{20}{60}$시간(20분)이다. 따라서 총 50분이 소요되어 회사에 도착한 시각은 오전 7시 10분+50분=오전 8시이다.

## 21 　정답　⑤

서머타임을 적용하면 헝가리는 서울보다 −6시간, 호주는 +2시간이고, 베이징은 서머타임을 적용하지 않으므로 서울보다 −1시간이다. 헝가리의 업무시간 오전 9시일 때, 서울은 9+6=오후 3시이며, 호주는 15+2=오후 5시, 베이징은 15−1=오후 2시이다. 두 번째 조건에서 호주는 현지시간으로 오후 2시부터 오후 5시까지 회의가 있고, 첫 번째 조건에서 헝가리는 현지시간으로 오전 10시부터 낮 12시까지 외부출장이 있어 오전에 화상 회의를 하게 되면 오전 9시부터 1시간만 가능하다. 따라서 해외지사 모두 화상 회의가 가능한 시간은 서울 기준으로 오후 3시부터 4시까지이다.

## 22 　정답　④

1차 면접시험 응시자를 $x$명으로 가정하면, 2차 면접시험 응시자는 $0.6x$명이다. 2차 면접시험 남성 불합격자는 63명이며, 남녀 성비는 7 : 5이므로 여성 불합격자는 7 : 5=63 : $a$ → 5×63=7$a$ → $a$=45, 45명이다. 따라서 2차 면접시험 불합격자 총인원은 45+63=108명임을 알 수 있다. 세 번째 조건에서 2차 면접시험 불합격자는 2차 면접시험 응시자의 60%이므로 2차 면접시험 응시자는 $\frac{108}{0.6}=180$명이고, 1차 면접시험 응시자는 $x=\frac{180}{0.6}=300$명이 된다. 따라서 1차 면접시험 합격자는 응시자의 90%이므로 300×0.9=270명이다.

## 23 　정답　①

9월은 30일까지 있으며, 주말은 9일간, 추석은 3일이지만 추석연휴 중 하루는 토요일이므로 평일에 추가 근무를 할 수 있는 날은 30−(9+3−1)=19일이다. 또한, 특근하는 날까지 포함하면 추석 연휴기간을 제외한 27일 동안 추가 근무가 가능하다. 적어도 하루는 특근할 확률을 구하기 위해 전체에서 이틀 모두 평일에 추가 근무를 하는 확률을 빼면 빠르게 구할 수 있다. 따라서 하루 이상 특근할 확률은 $1-\frac{_{19}\mathrm{C}_2}{_{27}\mathrm{C}_2}=1-\frac{19}{39}=\frac{20}{39}$이며, 분자와 분모는 서로소이므로 $p+q=20+39=59$이다.

## 24 　정답　①

주어진 조건에 따르면 김씨는 남매끼리 서로 인접하여 앉을 수 없으며, 박씨와도 인접하여 앉을 수 없으므로 김씨 여성은 왼쪽에서 첫 번째 자리에만 앉을 수 있다. 또한, 박씨 남성 역시 김씨와 인접하여 앉을 수 없으므로 왼쪽에서 네 번째 자리에만 앉을 수 있다. 나머지 자리는 최씨 남매가 모두 앉을 수 있으므로 6명이 앉을 수 있는 경우는 다음과 같다.
1) 경우 1

| 김씨 여성 | 최씨 여성 | 박씨 여성 | 박씨 남성 | 최씨 남성 | 김씨 남성 |
|---|---|---|---|---|---|

2) 경우 2

| 김씨 여성 | 최씨 남성 | 박씨 여성 | 박씨 남성 | 최씨 여성 | 김씨 남성 |
|---|---|---|---|---|---|

경우 1과 경우 2 모두 최씨 남매는 왼쪽에서 첫 번째 자리에 앉을 수 없다.

## 25 　정답　⑤

두 번째 조건과 세 번째 조건에 따라 3학년이 앉은 첫 번째 줄과 다섯 번째 줄의 바로 옆줄인 두 번째 줄과 네 번째 줄, 여섯 번째 줄에는 3학년이 앉을 수 없다. 즉, 두 번째 줄, 네 번째 줄, 여섯 번째 줄에는 1학년 또는 2학년이 앉아야 한다. 이때 3학년이 앉은 줄의 수가 1학년과 2학년이 앉은 줄의 수와 같다는 네 번째 조건에 따라 남은 세 번째 줄은 반드시 3학년이 앉아야 한다. 따라서 ⑤는 항상 거짓이 된다.

　오답분석　
① 두 번째 줄에는 1학년 또는 2학년이 앉을 수 있으므로 알 수 없다.
② 책상 수가 몇 개인지는 알 수 없다.
③ 학생 수가 몇 명인지는 알 수 없다.
④ 여섯 번째 줄에는 1학년 또는 2학년이 앉을 수 있으므로 알 수 없다.

## 26 　정답　⑤

주어진 조건에 따르면 과장은 회색 코트를 입고, 연구팀 직원은 갈색 코트를 입었으므로 가장 낮은 직급인 기획팀의 C사원은 검은색 코트를 입었음을 알 수 있다. 이때, 과장이 속한 팀은 디자인팀이며, 연구팀 직원의 직급은 대리임을 알 수 있지만, 각각 디자인팀의 과장과 연구팀의 대리가 A, B 중 누구인지는 알 수 없다. 따라서 항상 옳은 것은 ⑤이다.

## 27  정답  ⑤

다섯 명 중 단 한 명만이 거짓말을 하고 있으므로 C와 D 중 한 명은 반드시 거짓을 말하고 있다.

1) C의 진술이 거짓일 경우
   B와 C의 말이 모두 거짓이 되므로 한 명만 거짓말을 하고 있다는 조건이 성립하지 않는다.

2) D의 진술이 거짓일 경우

| 구분 | A | B | C | D | E |
|------|-----|-----|------|------|-----|
| 출장지역 | 잠실 | | 여의도 | 강남 | |

이때, B는 상암으로 출장을 가지 않는다는 A의 진술에 따라 상암으로 출장을 가는 사람은 E임을 알 수 있다. 따라서 ⑤는 항상 거짓이 된다.

## 28  정답  ③

주어진 조건에 따르면 가장 오랜 시간 동안 사업 교육을 진행하는 A와 부장보다 짧게 교육을 진행하는 B는 부장이 될 수 없으므로 C가 부장임을 알 수 있다. 이때, 다섯 번째 조건에 따라 C부장은 교육 시간이 가장 짧은 인사 교육을 담당하는 것을 알 수 있다. 따라서 바르게 연결된 것은 ③이다.

# 09 2019년 2월 시행 기출문제

| 01 | 02 | 03 | 04 | 05 | 06 | 07 | 08 | 09 | 10 |
|----|----|----|----|----|----|----|----|----|----|
| ① | ④ | ① | ④ | ③ | ④ | ⑤ | ④ | ③ | ④ |
| 11 | 12 | 13 | 14 | 15 | 16 | 17 | 18 | 19 | 20 |
| ⑤ | ④ | ② | ② | ① | ③ | ① | ④ | ④ | ② |
| 21 | 22 | 23 | | | | | | | |
| ① | ② | ⑤ | | | | | | | |

## 01 　정답　 ①

제시문과 ①의 '띠다'는 '감정이나 기운 따위를 나타내다.'의 의미이다.

**오답분석**

② 어떤 성질을 가지다.
③ 용무나 직책, 사명 따위를 지니다.
④ 빛깔이나 색채 따위를 가지다.
⑤ 띠나 끈 따위를 두르다.

## 02 　정답　 ④

'맹점'과 '무결'은 반의 관계이다.
• 맹점(盲點) : 미처 생각이 미치지 못한, 모순되는 점이나 틈
• 무결(無缺) : '무결하다(결함이나 흠이 없다)'의 어근
이와 같은 반의 관계를 갖는 단어는 ④의 '기정'과 '미정'이다.
• 기정(旣定) : 이미 결정되어 있음
• 미정(未定) : 아직 정하지 못함

**오답분석**

①・②・③・⑤ 유의 관계이다.

## 03 　정답　 ①

제시문은 급격하게 성장하는 호주의 카셰어링 시장을 언급하면서 이러한 성장 원인에 대해 분석하고 있으며, 호주 카셰어링 시장의 성장 가능성과 이에 따른 전망을 이야기하고 있다. 따라서 글의 제목으로 ①이 가장 적절하다.

## 04 　정답　 ④

네 번째 문단에서 보면 호주에서 차량 2대를 소유한 가족의 경우 차량 구매 금액을 비롯하여 차량 유지비에 쓰는 비용이 최대 연간 18,000호주 달러에 이른다고 하였다. 이처럼 차량 유지비에 대한 부담이 크기 때문에 차량 유지비가 들지 않는 카셰어링 서비스를 이용하려는 사람이 늘어나고 있다.

## 05 　정답　 ③

제시문에서는 철도 발달로 인한 세계 표준시 정립의 필요성, 세계 표준시 정립에 기여한 샌퍼드 플레밍과 본초자오선 회의 등의 언급을 통해 세계 표준시가 등장하게 된 배경을 구체적으로 소개하고 있으므로 서술상의 특징으로 ③이 적절하다.

## 06 　정답　 ④

우리나라에 세계 표준시가 도입된 대한제국 때에는 동경 127.5도 기준으로 세계 표준시의 기준인 영국보다 8시간 30분(127.5÷15=8.5)이 빨랐다. 그러나 현재 우리나라의 표준시는 동경 135도 기준으로 변경되었기 때문에 영국보다 9시간(135÷15=9)이 빠르다. 따라서 현재 우리나라의 시간은 대한제국 때 지정한 시각보다 30분 빠르다.

## 07 　정답　 ⑤

네 번째 문단에 따르면 공장식 축산의 문제를 개선하기 위한 동물 복지 운동은 1960년대 영국을 중심으로 시작되었으며, 한국에서도 올해부터 '동물 복지 축산농장 인증제'를 시행하고 있다고 하였다. 즉, 동물 복지 축산농장 인증제는 영국이 아닌 한국에서 올해 시행하고 있는 제도이다.

## 08 　정답　 ④

'투영하다'는 '어떤 상황이나 자극에 대한 해석, 판단, 표현 따위에 심리 상태나 성격을 반영하다.'의 의미로 '투영하지'가 올바른 표기이다.

**오답분석**

① 문맥상 '(내가) 일을 시작하다.'의 관형절로 '시작한'으로 고쳐 써야 한다.

② '못' 부정문은 주체의 능력을 부정하는 데 사용된다. 문맥상 단순 부정의 '안' 부정문이 사용되어야 하므로 '않았다'로 고쳐 써야 한다.
③ '안건을 결재하여 허가함'의 의미를 지닌 '재가'로 고쳐 써야 한다.
⑤ '칠칠하다'는 '성질이나 일 처리가 반듯하고 야무지다.'는 의미를 가지므로 문맥상 '칠칠하다'의 부정적 표현인 '칠칠하지 못한'으로 고쳐 써야 한다.

## 09 　정답　③

㉠ 혼재 : 뒤섞여 있음
㉡ 편재 : 한곳에 치우쳐 있음
㉢ 산재 : 여기저기 흩어져 있음

　오답분석　

잔재 : 남아 있음

## 10 　정답　④

사원수를 $a$명, 사원 1명당 월급을 $b$만 원이라고 가정하면, 월급 총액은 $(a \times b)$가 된다. 두 번째 정보에서 사원수는 10명이 늘어났고, 월급은 100만 원 적어졌다. 또한 월급 총액은 기존의 80%로 줄었다고 하였으므로, 이에 따라 방정식을 세우면 다음과 같다.
$(a+10) \times (b-100) = (a \times b) \times 0.8 \cdots$ ㉠
세 번째 정보에서 사원은 20명이 줄었으며, 월급은 동일하고 월급 총액은 60%로 줄었다고 했으므로 사원 20명의 월급 총액은 기존 월급 총액의 40%임을 알 수 있다.
$20b = (a \times b) \times 0.4 \cdots$ ㉡
㉡에서 사원수 $a$를 구하면
$20b = (a \times b) \times 0.4$
→ $20 = a \times 0.4$
→ $a = \dfrac{20}{0.4} = 50$
㉠에 사원수 $a$를 대입하여 월급 $b$를 구하면
$(a+10) \times (b-100) = (a \times b) \times 0.8$
→ $60 \times (b-100) = 40b$
→ $20b = 6,000$
→ $b = 300$
따라서 사원수는 50명이며, 월급 총액은 $(a \times b$만$) = 50 \times 300$만 $= 1$억 5천만 원이다.

## 11 　정답　⑤

평균 시급 대비 월 평균 소득은 월 근로시간으로 나타낼 수 있다.

| 구분 | 월 근로시간 |
| --- | --- |
| 2014년 | $\dfrac{641,000}{6,200} \fallingdotseq 103$시간 |
| 2015년 | $\dfrac{682,000}{6,900} \fallingdotseq 99$시간 |
| 2016년 | $\dfrac{727,000}{7,200} \fallingdotseq 101$시간 |
| 2017년 | $\dfrac{761,000}{7,400} \fallingdotseq 103$시간 |
| 2018년 | $\dfrac{788,000}{7,900} \fallingdotseq 100$시간 |

따라서 월 근로시간이 가장 적은 해는 약 99시간인 2015년임을 알 수 있다.

　오답분석　

① 전년 대비 월 평균 소득 증가율은 다음과 같다.

| 구분 | 월 평균 소득 증가율 |
| --- | --- |
| 2015년 | $\dfrac{682,000-641,000}{641,000} \times 100 \fallingdotseq 6.40\%$ |
| 2016년 | $\dfrac{727,000-682,000}{682,000} \times 100 \fallingdotseq 6.60\%$ |
| 2017년 | $\dfrac{761,000-727,000}{727,000} \times 100 \fallingdotseq 4.68\%$ |
| 2018년 | $\dfrac{788,000-761,000}{761,000} \times 100 \fallingdotseq 3.55\%$ |

따라서 2018년의 증가율이 가장 낮고, 2016년이 가장 높다.
② 2016년은 2017년보다 주간 평균 근로시간은 1시간 적고, 평균 시급도 200원 낮다. 비례와 반비례 관계로 생각하여 비교하면 빠르다.
③ 전년 대비 2016년 평균 시급 증가액은 $7,200-6,900 = 300$원이며, 2018년에는 $7,900-7,400 = 500$원이다. 따라서 200원 차이가 난다.
④ 2018년 월 평균 소득 대비 2014년 월 평균 소득 비율은 $\dfrac{641,000}{788,000} \times 100 \fallingdotseq 81.35\%$로 70% 이상이다.

## 12 　정답　④

농업에 종사하는 고령 근로자 수는 $600 \times 0.2 = 120$명이고, 교육 서비스업은 $48,000 \times 0.11 = 5,280$명, 공공기관은 $92,000 \times 0.2 = 18,400$명이다. 따라서 총 $120 + 5,280 + 18,400 = 23,800$명으로, 과학 및 기술업에 종사하는 고령 근로자 수인 $160,000 \times 0.125 = 20,000$명보다 많다.

　오답분석　

① 건설업에 종사하는 고령 근로자 수는 $97,000 \times 0.1 = 9,700$명으로 외국기업에 종사하는 고령 근로자 수의 3배인 $12,000 \times 0.35 \times 3 = 12,600$명보다 적다.

② 국가별 65세 이상 경제활동 조사 인구가 같을 경우 그래프에 나와 있는 비율로 비교하면 된다. 따라서 미국의 고령 근로자 참가율 17.4%는 영국의 참가율의 2배인 8.6×2=17.2%보다 낮지 않다.

③ 모든 업종의 전체 근로자 수에서 제조업에 종사하는 전체 근로자 비율은

$$\frac{1,080}{(0.6+1,080+97+180+125+160+48+92+12)}$$
$$\times 100 = 60.2\%로 80\% 미만이다.$$

⑤ 독일, 네덜란드와 아이슬란드의 65세 이상 경제활동 참가율의 합은 4.0+5.9+15.2=25.1%이고, 한국은 29.4%이다. 세 국가의 참가율 합은 한국 참가율의 $\frac{25.1}{29.4}\times 100$

$= 85.4\%로 90\% 미만이다.$

## 13  정답 ②

자료의 두 번째 그래프에 나온 비율을 전체 조사 인구와 곱하여 고령 근로자 수를 구한다.
• 한국 경제활동 고령 근로자 수 : 750×0.294=220.5만 명
• 스웨덴 경제활동 고령 근로자 수 : 5,600×0.32=1,792만 명

## 14  정답 ②

2명씩 짝을 지어 한 그룹으로 보고 원탁에 앉는 방법은 원순열 공식 $(n-1)!$를 이용한다. 2명씩 3그룹이므로 $(3-1)!=2 \times 1=2$가지이다. 또한, 그룹 내에서 2명이 자리를 바꿔 앉을 수 있는 경우는 2가지씩이다. 따라서 6명이 원탁에 앉을 수 있는 방법은 $2\times 2\times 2\times 2=16$가지임을 알 수 있다.

## 15  정답 ①

배정하는 방 개수를 $x$개라 하고 신입사원 총인원에 대한 방정식을 세우면 $4x+12=6(x-2)$ → $2x=24$ → $x=12$이다. 따라서 신입사원들이 배정받는 방은 12개이고, 신입사원은 총 60명이다.

## 16  정답 ③

2017년과 2018년 2월부터 6월까지 전월 대비 전국 총 이동률 증감 추이는 다음과 같다.
• 2017년 : 증가 – 감소 – 감소 – 증가 – 감소
• 2018년 : 증가 – 감소 – 감소 – 감소 – 감소
전월 대비 5월의 총 이동률 증감 추이가 다르므로 옳지 않은 내용이다.

오답분석
① 전국 이동인구 및 이동률 표에서 총 이동률이 가장 높은 달은 2017년 2월(19.1%), 2018년 2월(17.7%)로 같다.
② 2018년에 전년 대비 시도별 총 전입자 수가 증가한 지역은 '인천, 광주, 대전, 세종, 경기, 강원, 충북, 충남, 전북'으로 총 9곳이다.
④ 2017년 전국 시도 내와 시도 간 이동률 차이는 다음과 같다.

(단위 : %p)

| 구분 | | 시도 내와 시도 간 이동률 차이 |
|---|---|---|
| 2017년 | 1월 | 8.5−4.8=3.7 |
| | 2월 | 11.9−7.1=4.8 |
| | 3월 | 9.9−5.5=4.4 |
| | 4월 | 8.4−4.2=4.2 |
| | 5월 | 8.9−4.4=4.5 |
| | 6월 | 8.6−4.2=4.4 |
| | 7월 | 8.4−4.1=4.3 |
| | 8월 | 9.6−4.8=4.8 |
| | 9월 | 9.6−4.4=5.2 |
| | 10월 | 8.4−3.8=4.6 |
| | 11월 | 9.7−4.4=5.3 |
| | 12월 | 9.3−4.8=4.5 |

따라서 2017년 전국 시도 내와 시도 간 이동률 차이는 매월 3%p 이상이다.
⑤ 지역별 순 이동인구의 부호를 보고 비교하면 된다. 양의 부호이면 총 전입자가 더 많은 것이고, 반대로 음의 부호이면 총 전출자가 많은 것이다. 순 이동인구가 (−)인 지역은 2017년에 9곳(서울, 부산, 대구, 광주, 대전, 울산, 전북, 전남, 경북)이며, 2018년은 12곳(2017년 9곳, 인천, 강원, 경남)이고, (+)인 지역은 2017년 7곳, 2018년 5곳으로 2017년과 2018년 모두 총 전출자 수가 많은 지역이 총 전입자 수가 많은 지역보다 많다.

## 17  정답 ①

2017년 순 이동인구 절댓값이 세 번째로 많은 지역은 경기, 서울 다음으로 세종이다. 세종의 전년 대비 2018년 총 전입자 증감률을 구하면 $\frac{85-81}{81}\times 100 = 4.9\%$, 총 전출자 증감

률을 구하면 $\frac{54-49}{49}\times 100 = 10.2\%$이다.

## 18 정답 ④

수송인원은 승차인원과 유입인원의 합이므로 빈칸을 모두 구하면 다음과 같다.

- (A) : $208,645 = 117,450 + A \rightarrow A = 91,195$
- (B) : $B = 189,243 + 89,721 \rightarrow B = 278,964$
- (C) : $338,115 = C + 89,209 \rightarrow C = 248,906$

따라서 옳은 것은 ④이다.

## 19 정답 ④

A~C기계를 하루 동안 가동시켰을 때 전체 불량률은 $\frac{(\text{전체 불량품})}{(\text{전체 생산량})}$ $\times 100$이다. 기계에 따른 생산량과 불량품 개수를 구하면 다음과 같다.

(단위 : 개)

| 구분 | 하루 생산량 | 불량품 |
|---|---|---|
| A기계 | 5,000 | $5,000 \times 0.007 = 35$ |
| B기계 | $5,000 \times 1.1 = 5,500$ | $5,500 \times 0.01 = 55$ |
| C기계 | $5,500 + 500 = 6,000$ | $6,000 \times 0.003 = 18$ |
| 합계 | 16,500 | 108 |

따라서 전체 불량률은 $\frac{108}{16,500} \times 100 ≒ 0.65\%$이다.

## 20 정답 ②

제시된 정보를 미지수로 나타내어 대소비교를 하면 다음과 같다.

- 작약($a$)을 받은 사람은 카라($b$)를 받은 사람보다 적다.
  $\rightarrow a < b$
- 수국($c$)을 받은 사람은 작약($a$)을 받은 사람보다 적다.
  $\rightarrow c < a$
- 장미($d$)를 받은 사람은 수국($c$)을 받은 사람보다 많고, 작약($a$)을 받은 사람보다 적다. $\rightarrow c < d < a$

따라서 개수의 대소는 $c < d < a < b \rightarrow$ 수국 < 장미 < 작약 < 카라이다.

$a + b + c + d = 12$를 만족하는 종류별 꽃의 개수는 두 가지이다.

(단위 : 송이)

| 구분 | 수국 | 장미 | 작약 | 카라 |
|---|---|---|---|---|
| 경우 1 | 1 | 2 | 4 | 5 |
| 경우 2 | 1 | 2 | 3 | 6 |

ㄴ. 사람들에게 한 송이씩 나눠줬다고 했으므로 꽃을 받은 인원이 그 꽃의 개수가 된다.

따라서 카라는 5송이, 작약이 4송이면, 전체 12송이 중에서 장미와 수국은 합해서 3송이가 되어야 한다. 또한, 꽃은 4종류 모두 한 송이 이상씩 있어야 하고, 장미는 수국보다 많다고 하였으므로 수국이 1송이, 장미가 2송이가 되어 옳은 내용이다.

ㄱ. 카라를 받은 사람이 4명이면, 카라가 4송이이고, 4종류의 꽃의 개수가 모두 달라야 대소관계가 성립하므로 작약은 3송이, 장미는 2송이, 수국은 1송이가 된다. 하지만 모두 합하면 10송이밖에 안 되므로 옳지 않은 설명이다.

ㄷ. 수국을 받은 사람이 2명이면, 최소로 해도 수국 2송이, 장미 3송이, 작약 4송이, 카라 5송이가 되는데, 이것은 총 14송이로 총 12송이보다 많다.

## 21 정답 ①

제시된 조건을 모두 기호로 표기하면 다음과 같다.

- $B \rightarrow \sim E$
- $\sim B \text{ and } \sim E \rightarrow D$
- $A \rightarrow B \text{ or } D$
- $C \rightarrow \sim D$
- $C \rightarrow A$

C가 워크숍에 참석하는 경우 D는 참석하지 않으며, A는 참석한다. A가 워크숍에 참석하면 B 또는 D 중 한 명이 함께 참석하므로 B가 A와 함께 참석한다. 또한 B가 워크숍에 참석하면 E는 참석하지 않으므로 결국 워크숍에 참석하는 직원은 A, B, C이다.

## 22 정답 ②

A~E의 진술에 따르면 B와 D의 진술은 반드시 동시에 참 또는 거짓이 되어야 하며, B와 E의 진술은 동시에 참이나 거짓이 될 수 없다.

1) B와 D의 진술이 거짓인 경우
   A와 C의 진술이 서로 모순되므로 성립하지 않는다.

2) A와 E의 진술이 거짓인 경우
   A의 진술에 따르면 E의 진술은 참이 되어, B와 D도 모두 거짓말을 하는 것이 성립하지 않는다.

3) C와 E의 진술이 거짓인 경우
   A~E의 진술에 따라 정리하면 다음과 같다.

| 항목 | 필기구 | 의자 | 복사용지 | 사무용 전자제품 |
|---|---|---|---|---|
| 신청 사원 | A, D | C | | D |

의자를 신청한 사원의 수는 3명이므로 필기구와 사무용 전자제품 2항목을 신청한 D와 의자를 신청하지 않은 B를 제외한 A, E가 의자를 신청했음을 알 수 있다. 또한, 복사용지를 신청하지 않았다는 E의 진술에 따라 E가 신청한 나머지 항목은 자연스럽게 사무용 전자제품이 된다. 이와 함께 남은 항목의 개수에 따라 신청 사원을 배치하면 다음과 같이 정리할 수 있다.

| 항목 | 필기구 | 의자 | 복사용지 | 사무용 전자제품 |
|---|---|---|---|---|
| 신청 사원 | A, D | A, C, E | B, C | B, D, E |

따라서 신청 사원과 신청 물품이 바르게 연결된 것은 ②이다.

## 23　정답 ⑤

A ~ E의 진술에 따르면 B와 D의 진술은 반드시 동시에 참이나 거짓이 되어야 하며, A와 B의 진술 역시 동시에 참이나 거짓이 되어야 한다. 이때 B의 진술이 거짓일 경우, A와 D의 진술 모두 거짓이 되므로 2명이 거짓을 말한다는 조건에 어긋난다. 따라서 진실을 말하고 있는 심리상담사는 A, B, D이며, 거짓을 말하고 있는 심리상담사는 C와 E가 된다. 이때, 진실을 말하고 있는 B와 D의 진술에 따라 근무시간에 자리를 비운 사람은 C가 된다.

| 01 | 02 | 03 | 04 | 05 | 06 | 07 | 08 | 09 | 10 |
|----|----|----|----|----|----|----|----|----|----|
| ④ | ③ | ⑤ | ④ | ② | ③ | ③ | ② | ④ | ② |
| 11 | 12 | 13 | 14 | 15 | 16 | | | | |
| ③ | ⑤ | ⑤ | ③ | ⑤ | ⑤ | | | | |

## 01  정답  ④

테아플라빈(Theaflavins)은 녹차가 아닌 홍차의 발효과정에서 생성된 것으로, 혈관기능을 개선하며 혈당 수치를 감소시키는 역할을 한다. 녹차의 경우 카테킨에 함유된 EGCG(Epigallocatechin − 3 − gallate)가 혈중 콜레스테롤 수치를 낮추는 역할을 한다.

## 02  정답  ③

빈칸의 뒷부분은 최근 선진국에서 스마트팩토리로 인해 해외로 나간 자국 기업들이 다시 본국으로 돌아오는 현상인 리쇼어링이 가속화되고 있다는 내용이다. 즉, 스마트팩토리의 발전이 공장의 위치를 해외에서 본국으로 변화시키고 있으므로 ③이 적절하다.

## 03  정답  ⑤

코레일은 광명역 KTX셔틀버스 운행, 다양한 특가상품 도입, 픽업존 서비스 등을 통해 신규 수송 수요를 창출하고자 노력하였으나, 이러한 노력에도 불구하고 고속철도 분리 운영으로 인해 경쟁노선 수송량이 일 30천 명 감소하는 등 여객 수송량 및 영업수익이 감소하였다.

## 04  정답  ④

최근 대두되고 있는 '초연결사회'에 대해 언급하는 (나) 문단이 가장 먼저 오는 것이 적절하며, 그다음으로는 초연결사회에 대해 설명하는 (가) 문단이 와야 한다. 그 뒤를 이어 초연결 네트워크를 통해 긴밀히 연결되는 초연결사회의 (라) 문단이, 마지막으로는 이러한 초연결사회가 가져올 변화에 대한 전망의 (다) 문단이 와야 한다.

## 05  정답  ②

A는 경제 성장에 많은 전력이 필요하다는 것을 전제로, 경제 성장을 위해서 발전소를 증설해야 한다고 주장한다. 이러한 A의 주장을 반박하기 위해서는 근거로 제시하고 있는 전제를 부정하는 것이 효과적이므로 경제 성장에 많은 전력이 필요하지 않음을 입증하는 ②를 통해 반박하는 것이 효과적이다.

## 06  정답  ③

K씨가 제주도에 도착하여 짐을 찾고 렌터카를 빌리기까지 시간은 20분이 걸린다. 그리고 다음 날 서울행 비행기 출발 시각 1시간 전인 15시 30분까지 도착해야 하므로 대여시간은 9일 11시 30분부터 10일 15시 20분까지다. 따라서 총 대여시간은 1일 3시간 50분이다. 그러므로 24시간의 기본 요금 65,000원과 초과 시간은 3시간 50분이므로 35,000원을 추가로 지불한다. 따라서 B렌터카의 대여비는 65,000+35,000= 100,000원이다.

## 07  정답  ③

렌터카들의 대여비와 유류비를 합한 비용은 다음과 같다.

- A렌터카 : $60,000+32,000+\left(1,650\times\dfrac{260}{12.5}\right)$

  $=126,320$원

- B렌터카 : $65,000+35,000+\left(1,650\times\dfrac{260}{12}\right)$

  $=135,750$원

- C렌터카 : $65,000+35,000+\left(1,350\times\dfrac{260}{16}\right)$

  $≒121,938$원

- D렌터카 : $67,000+30,000+\left(1,350\times\dfrac{260}{12}\right)$

  $=126,250$원

- E렌터카 : $68,000+30,000+\left(1,350\times\dfrac{260}{10}\right)$

  $=133,100$원

따라서 C렌터카가 가장 저렴하다.

## 08 정답 ②

전년 대비 소각 증가율은 다음과 같다.

- 2016년 : $\dfrac{11{,}604-10{,}609}{10{,}609}\times100 = 9.4\%$

- 2017년 : $\dfrac{12{,}331-11{,}604}{11{,}604}\times100 = 6.3\%$

전년 대비 2016년 소각 증가율은 2017년 소각 증가율의 2배인 약 12.6%보다 작으므로 옳지 않다.

**오답분석**

① 매년 재활용량은 전체 생활 폐기물 처리량 중 50% 이상을 차지한다.

③ 5년간 소각량 대비 매립량 비율은 다음과 같다.

- 2014년 : $\dfrac{9{,}471}{10{,}309}\times100 = 91.9\%$

- 2015년 : $\dfrac{8{,}797}{10{,}609}\times100 = 82.9\%$

- 2016년 : $\dfrac{8{,}391}{11{,}604}\times100 = 72.3\%$

- 2017년 : $\dfrac{7{,}613}{12{,}331}\times100 = 61.7\%$

- 2018년 : $\dfrac{7{,}813}{12{,}648}\times100 = 61.8\%$

따라서 매년 소각량 대비 매립량 비율은 60% 이상임을 알 수 있다.

④ 2014년부터 2017년까지 매립량은 감소하고 있다.

⑤ 2018년 재활용된 폐기물량 비율은 $\dfrac{30{,}454}{50{,}915}\times100 = 59.8\%$로, 2014년 소각량 비율 $\dfrac{10{,}309}{50{,}906}\times100 = 20.3\%$의 3배인 60.9%보다 작으므로 옳은 설명이다.

## 09 정답 ④

자료의 개수가 홀수일 때 중앙값은 가장 가운데 오는 수이지만, 자료의 개수가 짝수일 때, 중앙에 있는 2개 값의 평균이 중앙값이 된다. 자료값을 작은 수부터 나열하면 12, 13, 15, 17, 17, 20이며 중앙값은 15와 17의 평균인 16이다. 최빈값은 가장 많이 나온 17이 된다. 따라서 중앙값은 16점이며, 최빈값은 17점이다.

## 10 정답 ②

2016년 휴대전화 스팸 수신량은 2015년보다 0.34−0.33=0.01통 많으며, 2017년에는 2015년보다 0.33−0.32=0.01통이 적다. 따라서 증가량과 감소량이 0.01통으로 같음을 알 수 있다.

**오답분석**

① 2015년부터 2017년까지 휴대전화 스팸 수신량은 2016년에 증가하고 다음 해에 감소했으며, 이메일 스팸 수신량은 계속 감소했다.

③ 전년 대비 이메일 스팸 수신량 감소율은 다음과 같다.

- 2015년 : $\dfrac{1.06-1.48}{1.48}\times100 = -28.4\%$

- 2016년 : $\dfrac{1.00-1.06}{1.06}\times100 = -5.7\%$

따라서 2015년 감소율이 2016년의 약 5배이므로 옳지 않다.

④ 휴대전화 스팸 수신량이 가장 적은 해는 2017년이다.

⑤ 2013년의 이메일 스팸 수신량은 1.16통으로 휴대전화 스팸 수신량의 2.5배인 1.325통보다 적다.

## 11 정답 ③

작년 남자 신입사원 수를 $a$명이라 하면, 작년 여자 신입사원 수는 $(325-a)$명이 된다. 따라서 작년보다 증가한 올해 신입사원 수는 다음과 같다.

$(a\times0.08)+(325-a)\times0.12=32$

$\rightarrow 8a+(12\times325)-12a=3{,}200$

$\rightarrow 3{,}900-3{,}200=4a$

즉, 작년 남자 신입사원 수 $a=175$가 된다. 따라서 올해 남자 신입사원 수는 작년보다 8% 증가했으므로, $175\times1.08=189$명임을 알 수 있다.

## 12 정답 ⑤

용지가격과 배송비용에 따른 구매가격을 계산하면 다음과 같다.

- A쇼핑몰 : 200장당 5,000원이므로, 43묶음(8,600장)을 구매하면 $(43\times5{,}000)+5{,}000=220{,}000$원이다.
- B쇼핑몰 : 2,500장당 47,000원이므로, 4묶음(10,000장)을 구매하면 $4\times47{,}000=188{,}000$원이다.
- C쇼핑몰 : 1,000장당 18,500원이므로, 9묶음(9,000장)을 구매하면 $(9\times18{,}500)+6{,}000=172{,}500$원이다.
- D쇼핑몰 : 1장당 20원이므로, 8,500장을 구매하면 $8{,}500\times20=170{,}000$원이다.
- E쇼핑몰 : 500장당 9,000원이므로, 17묶음(8,500장)을 구매하면 $17\times9{,}000=153{,}000$원이고 배송비가 전체 주문금액의 10%이므로, $153{,}000\times1.1=168{,}300$원이다.

따라서 E쇼핑몰에서 구매하는 것이 가장 저렴하다.

## 13  정답 ⑤

1) A의 말이 거짓인 경우(성립되지 않음)
   A의 실수로 원료 분류 과정에서 잘못되었으므로, 포장 단계에서 실수가 일어났다는 B의 진술이 성립되지 않는다.
2) B의 말이 거짓인 경우(성립되지 않음)
   원료 분류 단계에서 실수하지 않았다는 A의 말이 진실이 되므로, 원료 분류 과정에서 실수가 있었다는 D의 진술이 성립되지 않는다.
3) C의 말이 거짓인 경우(성립되지 않음)
   제품 색칠 단계에서 실수가 발생하였으므로, 포장 단계와 원료 분류 과정에서 실수가 일어났다는 B와 D의 진술이 성립되지 않는다.
4) D의 말이 거짓인 경우(성립함)
   원료 분류 과정이 잘못되지 않았으므로 A의 진술은 성립되며, 진실인 B와 C의 말에 따르면 포장 단계에서 실수가 일어났다.
따라서 거짓을 말하는 직원은 D이며, 실수가 발생한 단계는 포장 단계이다.

## 14  정답 ③

회의 목적은 신제품 홍보 방안 수립 및 제품명 개발이며 회의 이후 이러한 목적을 달성할 수 있도록 업무를 진행해야 한다. 기획팀의 D대리는 신제품의 특성에 적합하고 소비자의 흥미를 유발하는 제품명을 개발해야 하는 업무를 맡고 있으므로, 자사의 제품과 관계없는 타사 제품들의 특성을 조사하는 것은 적절하지 않다.

## 15  정답 ⑤

⑤의 경우 오프라인에서의 제품 접근성에 대한 소비자의 반응으로, 온라인 홍보팀이 회의에 필요한 타사 제품에 대한 소비자 반응과 관련이 없다.

## 16  정답 ⑤

회의장 세팅을 ㄱ, 회의록 작성을 ㄴ, 회의 자료 복사를 ㄷ, 자료 준비를 ㄹ이라고 하면 ㄱ → ~ㄴ→ ~ㄹ → ~ㄷ이 성립한다. 따라서 항상 참이 되는 진술은 ⑤이다.

코레일 7개년 기출복원문제 정답 및 해설

CHAPTER 10 2018년 8월 시행 기출문제 • 83

# 11 2018년 4월 시행 기출문제

| 01 | 02 | 03 | 04 | 05 | 06 | 07 | 08 | 09 | 10 |
|----|----|----|----|----|----|----|----|----|----|
| ④ | ③ | ④ | ⑤ | ③ | ① | ⑤ | ② | ⑤ | ② |
| 11 | 12 | 13 | 14 | 15 | 16 | 17 | 18 | 19 | 20 |
| ③ | ② | ③ | ④ | ⑤ | ④ | ④ | ④ | ③ | ① |
| 21 |  |  |  |  |  |  |  |  |  |
| ⑤ |  |  |  |  |  |  |  |  |  |

## 01 　정답　④

제5조에 따라 공무 항공마일리지는 사적으로 사용할 수 없다.

### 오답분석

① 임직원의 국외뿐 아니라 국내 공무여행에 따라 발생하는 마일리지를 관리한다.
② 공무 항공마일리지는 출장 비용의 지급 주체와 관계없이 적립하여야 한다.
③ 퇴직 후 재채용한 직원의 경우, 재직 시 적립한 공무 항공마일리지를 재채용 후 14일 이내에 회사 시스템에 입력하면 그대로 사용할 수 있다.
⑤ 적립된 공무 항공마일리지는 보너스 항공권 확보에 우선 사용한다고 하였으므로 좌석 승급보다 보너스 항공권 확보가 먼저 되어야 한다.

## 02 　정답　③

(다)의 '제2항에도 불구하고'에 따라 (다)는 세 번째 순서임을 알 수 있으며, 제2항의 내용이 보너스 항공권 확보에 대한 내용임을 추측할 수 있다. 따라서 보너스 항공권 확보가 우선임을 말하는 (가)가 제2항이며, (나)는 제1항이다.

## 03 　정답　④

제5조 제5항에 따라 공무 항공마일리지를 초과수하물, 리무진 버스, 렌터카 등에 활용할 수 있으나 이는 출장과 관련된 것이어야 하며, 이용에 대해 명령권자의 승인을 받아야 한다. 따라서 개인적인 사용으로는 남은 마일리지를 사용할 수 없다.

## 04 　정답　⑤

제시문에서는 굴레방다리, 말죽거리, 장승배기, 모래내, 뚝섬과 같은 고유 지명이 행정구역 명칭으로 채택되지 못해 잊혀가고 있다고 하였으며, 이와 같은 사례가 적은지 많은지는 판단할 수 없다.

### 오답분석

① 지명에 들어간 한자를 보면 마을의 지리적 특성을 알 수 있다.
② 上(상), 内(내), 南(남), 東(동), 下(하) 등의 한자 사용으로 남·동방향을 선호하였음을 알 수 있다.
③ 일제 강점기 때 우리말 지명이 한자어로 바뀌면서 그 의미가 변형·변질되기도 하였다.
④ 도진취락과 역원취락이 발달한 곳의 지명엔 그 기능을 반영하는 한자어가 포함되어 있다.

## 05 　정답　③

가재울의 '가재'가 변음되어 '가좌(佳佐)'가 되었다.

## 06 　정답　①

'시간적인 사이를 두고서 가끔씩'이라는 의미의 어휘는 '간간이'이다.

### 오답분석

② 왠지 : 왜 그런지 모르게. 또는 뚜렷한 이유도 없이
③ 박이다 : 손바닥, 발바닥 따위에 굳은살이 생기다.
④ -든지 : 나열된 동작이나 상태, 대상 중에서 어느 것이든 선택될 수 있음을 나타내는 연결 어미
⑤ 깊숙이 : 위에서 밑바닥까지, 또는 겉에서 속까지의 거리가 멀고 으슥하게

## 07  정답 ⑤

제시문에서는 암컷 반딧불이와 수컷 반딧불이가 서로 다른 빛을 낸다는 근거를 찾을 수 없으므로 적절하지 않다.

**오답분석**
① 반딧불이는 빛 색깔의 다양성, 밝기, 빈도 등 자신만의 특징을 가지고 있다.
② 암컷 포투루스는 수컷 포티너스를 잡아먹기 위해 암컷 포티너스의 불빛을 흉내낸다.
③ 암컷 포투루스는 적대적 목적으로 불빛을 낸다.
④ 암컷 포투루스의 경우 구애의 목적과 적대적 목적으로 내는 불빛이 다르다.

## 08  정답 ②

리더의 지시에 따르듯이 한 반딧불이의 섬광을 따라 불빛을 내는 반딧불이 중 가장 유명한 것은 동남아시아에 서식하는 반딧불이라고 하였고, 다른 종의 불빛을 흉내내는 반딧불이는 북아메리카에서 흔히 찾아볼 수 있다고 하였다.

## 09  정답 ⑤

㉠ 구별 : 성질이나 종류에 따라 차이가 남. 또는 성질이나 종류에 따라 갈라놓음
㉡ 변별 : 사물의 옳고 그름이나 좋고 나쁨을 가림
㉢ 선별 : 가려서 따로 나눔
㉣ 감별 : 보고 식별함
㉤ 차별 : 둘 이상의 대상을 각각 등급이나 수준 따위의 차이를 두어서 구별함

## 10  정답 ②

제시문과 ②의 '배치'는 '사람이나 물자 따위를 일정한 자리에 알맞게 나누어 두다.'는 의미이다.

**오답분석**
①·⑤ 일정한 차례나 간격에 따라 벌여 놓다.
③·④ 서로 반대로 되어 어그러지거나 어긋나다.

## 11  정답 ③

㉠ 연임 : 원래 정해진 임기를 다 마친 뒤에 다시 계속하여 그 직위에 머무름
㉡ 부과 : 세금이나 부담금 따위를 매기어 부담하게 함
㉢ 임차 : 돈을 내고 남의 물건을 빌려 씀

**오답분석**
• 역임 : 여러 직위를 두루 거쳐 지냄
• 부여 : 사람에게 권리·명예·임무 따위를 지니도록 해 주거나, 사물이나 일에 가치·의의 따위를 붙임

• 임대 : 돈을 받고 자기의 물건을 남에게 빌려줌

## 12  정답 ②

㉠ 불과 : 그 수량에 지나지 아니한 상태
㉡ 진입 : 향하여 내처 들어감
㉢ 연관 : 사물이나 현상이 일정한 관계를 맺음

**오답분석**
• 불가 : 가능하지 아니함
• 진척 : 일을 목적한 방향대로 진행하여 감
• 간구 : 간절히 바람

## 13  정답 ③

노트북의 원가를 $x$원, 원가에 붙이는 이익률을 $a\%$라고 하면

• 정가 : $x\left(1+\dfrac{a}{100}\right)$원

• 판매가 : $x\left(1+\dfrac{a}{100}\right)(1-0.2)=0.8x\left(1+\dfrac{a}{100}\right)$원

노트북을 판매하고 원가의 8% 이익이 남았으므로

$0.8x\left(1+\dfrac{a}{100}\right)-x=0.08x \rightarrow 0.8\left(1+\dfrac{a}{100}\right)-1=0.08$

$\rightarrow 1+\dfrac{a}{100}=1.35 \rightarrow \dfrac{a}{100}=0.35$

$\therefore a=35$

따라서 원가에 35%의 이익을 붙여야 한다.

## 14  정답 ④

컴퓨터 정보지수(500점) 중 컴퓨터 활용지수(20%)의 정보수집률(20%)의 점수를 구해야 한다. (정보수집률)$=500\times\dfrac{20}{100}$

$\times\dfrac{20}{100}=20$으로 정보수집률은 20점이다.

## 15  정답 ⑤

자료를 다운받는 데 걸리는 시간을 $x$초라고 하면 자료를 다운받는 데 걸리는 시간이 사이트에 접속하는 데 걸리는 시간의 4배라고 하였으므로 사이트에 접속하는 데 걸리는 시간은 $\dfrac{1}{4}x$초이다.

$x+\dfrac{1}{4}x=75 \rightarrow 5x=300$

$\therefore x=60$

600KB의 자료를 다운받는 데 1초가 걸리므로 A씨가 다운받은 자료의 용량은 $600\times60=36,000$KB이다.

## 16　정답 ④

ㄴ. 2016년 대비 2017년 외국인 관람객 수의 감소율은
$\frac{3,849-2,089}{3,849}\times100\fallingdotseq45.73\%$이다. 따라서 2017년 외국인 관람객 수는 전년 대비 43% 이상 감소하였다.

ㄹ. 제시된 그래프를 보면 2015년과 2017년 전체관람객 수는 전년보다 감소했으며, 증가폭은 2014년이 2016년보다 크다. 그래프에 제시되지 않은 2011년, 2012년, 2013년의 전년 대비 전체관람객 수 증가폭과 2014년의 전년 대비 전체관람객 수 증가폭을 비교하면 다음과 같다.
- 2011년 : $(6,805+3,619)-(6,688+3,355)=381$천 명
- 2012년 : $(6,738+4,146)-(6,805+3,619)=460$천 명
- 2013년 : $(6,580+4,379)-(6,738+4,146)=75$천 명
- 2014년 : $(7,566+5,539)-(6,580+4,379)=2,146$ 천 명

따라서 전체관람객 수가 전년 대비 가장 많이 증가한 해는 2014년이다.

**오답분석**

ㄱ. 제시된 자료를 통해 확인할 수 있다.

ㄷ. 제시된 그래프를 보면 2014 ~ 2017년 전체관람객 수와 유료관람객 수는 증가 - 감소 - 증가 - 감소의 추이를 보인다.

## 17　정답 ④

- 2018년 예상 유료관람객 수 : $5,187\times1.24\fallingdotseq6,431$천 명
- 2018년 예상 무료관람객 수 : $3,355\times2.4=8,052$천 명
- 2018년 예상 전체관람객 수 : $6,431+8,052=14,483$천 명
- 2018년 예상 외국인관람객 수 : $2,089+35=2,124$천 명

## 18　정답 ④

우선, 도수의 총합을 구하면 $2+9+27+11+1=50$이다.
각 구간의 계급값을 이용하여 평균을 구하면
$$=\frac{(50\times2)+(60\times9)+(70\times27)+(80\times11)+(90\times1)}{50}$$
$=70$점이다.
(편차)=(계급값)-(평균)이므로 각 구간의 편차는 각각 $-20$, $-10$, $0$, $10$, $20$이다. 편차의 제곱을 이용하여 분산을 구하면
$$\frac{2\times(-20)^2+9\times(-10)^2+27\times0^2+11\times10^2+1\times20^2}{50}$$
$=64$이다.
따라서 표준편차는 $\sqrt{64}=8$이다.

## 19　정답 ③

두 개의 톱니바퀴가 처음으로 다시 같은 톱니에서 맞물릴 때까지 돌아간 톱니의 개수는 12와 20의 최소공배수이다.

```
2) 12  20
2)  6  10
    3   5
```

12와 20의 최소공배수는 $2\times2\times3\times5=60$이므로 두 톱니바퀴가 처음으로 다시 같은 톱니에서 맞물리는 것은 A톱니바퀴가 $60\div12=5$바퀴, B톱니바퀴가 $60\div20=3$바퀴 회전한 후이다. B톱니바퀴가 3바퀴 회전할 때마다 A톱니바퀴와 처음으로 다시 같은 톱니에서 맞물리므로 B톱니바퀴 기준으로 1바퀴, 4바퀴, 7바퀴, 10바퀴 회전할 때 A톱니바퀴와 처음으로 다시 같은 톱니에서 만나게 된다. 즉, 1 ~ 12 중 같은 숫자가 적힌 톱니가 서로 4번 맞물리게 되므로 같은 번호는 총 $12\times4=48$번 마주보게 된다.

## 20　정답 ①

- 경도를 이용한 시차 구하는 법
  - 같은 동경 혹은 서경에 위치했을 때 : [(큰 경도)-(작은 경도)]$\div15$
  - 동경과 서경에 각각 위치했을 때 : [(동경)+(서경)]$\div15$
동경이 서경보다 동쪽에 위치하므로 우리나라의 시간은 LA보다 빠르다. 이에 따라 우리나라와 LA의 시차는 $(135+120)\div15=17$시간이다. 한국이 4월 14일 오전 6시일 때 LA의 시각은 다음과 같다.

$$\begin{array}{r}4월\ 14일\ 오전\ 6시\\-\qquad\qquad17시간\\\hline4월\ 13일\ 오후\ 1시\end{array}$$

## 21　정답 ⑤

$\overline{BC}$를 $x$cm라 하고 $\overline{AC}$를 $y$cm라 할 때, 피타고라스 정리에 의해 다음과 같다.
$18^2+x^2=y^2 \to y^2-x^2=324$
$\to (y+x)(y-x)=324 \cdots$ ㉠
직각삼각형 $\triangle ABC$의 둘레의 길이가 72cm라 하였으므로
$x+y+18=72 \to x+y=54 \cdots$ ㉡
㉡을 ㉠에 대입하면 $54(y-x)=324 \to y-x=6 \cdots$ ㉢
㉡과 ㉢을 더하면 $2y=60$이므로 $y=30$이다. 이를 ㉢에 대입하면 $30-x=6$이므로 $x=24$이다.

따라서 직각삼각형 ABC의 넓이는 $24\times18\times\frac{1}{2}=216\text{cm}^2$이다.

# 12 2017년 8월 시행 기출문제

| 01 | 02 | 03 | 04 | 05 | 06 | 07 | 08 | 09 | 10 |
|----|----|----|----|----|----|----|----|----|----|
| ④ | ④ | ② | ① | ⑤ | ② | ⑤ | ① | ③ | ③ |
| 11 | 12 | 13 | 14 | 15 | | | | | |
| ④ | ② | ④ | ② | ⑤ | | | | | |

## 01 정답 ④

정도부사인 '정말'을 반복하여 사용함으로써 언어의 정도성을 나타냈다.

**오답분석**

①·②·③·⑤ '과반수 이상', '혼자 독차지', '곧바로 직행', '따뜻한 온정'과 같이 겹말을 쓴 경우이다.

## 02 정답 ④

제시문과 ④의 '거치다'는 '마음에 거리끼거나 꺼리다.'는 의미이다.

**오답분석**

① 어떤 과정이나 단계를 겪거나 밟다.
② 무엇에 걸리거나 막히다.
③ 검사하거나 살펴보다.
⑤ 오가는 도중에 어디를 지나거나 들르다.

## 03 정답 ②

자신의 식사비를 각자 낸다면 3만 원이 넘는 식사도 가능하다.

**오답분석**

① 심사대상자로부터 법정 심사료가 아닌 식사 등을 받는 것은 원활한 직무수행이나 사교·의례로 볼 수 없다.
③ 상급자에게 사교·의례의 목적으로 건네는 선물은 5만 원 까지이므로 50만 원 상당의 선물은 허용되지 않는다.
④ 졸업한 학생선수 및 그 학부모와 학교운동부지도자 간에 특별한 사정이 없는 한 직무 관련성이 인정되지 않으므로, 1회 100만 원 이하의 금품 등을 수수하는 것은 허용될 수 있다.
⑤ 언론사 임직원이 외부강의 후 사례금으로 90만 원을 받은 것은 외부강의 사례금 상한액 100만 원을 넘지 않았으므로 허용된다.

## 04 정답 ①

**오답분석**

② 생각컨대 → 생각건대
③ 안 되요 → 안 돼요
④ 만난지 → 만난 지
⑤ 틈틈히 → 틈틈이

## 05 정답 ⑤

- A씨 부부의 왕복 비용 : $(59,800×2)×2=239,200$원
- 만 6세 아들의 왕복 비용 : $(59,800×0.5)×2=59,800$원
- 만 3세 딸의 왕복 비용 : $59,800×0.25=14,950$원(∵ 갈 때는 좌석을 지정하지 않음)

따라서 A씨 가족이 지불한 교통비를 구하면 $239,200+59,800+14,950=313,950$원이다.

## 06 정답 ②

2회 차 토익 점수를 $x$점, 5회 차 토익 점수를 $y$점이라고 하면 평균점수가 750점이므로

$$\frac{620+x+720+840+y+880}{6}=750$$

→ $x+y=1,440$
→ $x=1,440-y$

$x$값의 범위가 $620 \leq x \leq 700$이므로

$620 \leq 1,440-y \leq 700$
→ $-820 \leq -y \leq -740$
→ $740 \leq y \leq 820$

따라서 ⓛ에 들어갈 수 있는 최소 점수는 740점이다.

## 07 정답 ⑤

제시된 자료에서 세 팀이 첫 번째와 마지막 사격에서 얻은 점수를 제외한 후 정리하면 다음과 같다.

| 점수 | 1점 | 2점 | 3점 | 4점 | 5점 |
|------|-----|-----|-----|-----|-----|
| 발수 | 2 | – | 0 | 1 | 1 |
| 점수 | 6점 | 7점 | 8점 | 9점 | 10점 |
| 발수 | 3 | 1 | 3 | 0 | 1 |

- A팀이 얻은 점수

  첫 번째 조건에 의하여 A팀은 두 번째에서 다섯 번째 사격 중 한 번은 1점을 쏘았다. 두 번째 조건에 의하여 나머지 세 번의 사격에서 얻은 점수는 모두 짝수이며, 점수의 합은 $33-(7+9+1)=16$점이다. 세 번째 조건에 의하여 A팀이 얻은 세 홀수 점수 중 같은 점수가 없으므로, 연달아 쏜 두 발의 점수는 짝수여야 한다. 이때 A팀이 얻을 수 있는 짝수 점수의 조합은 (8점, 8점, 0점) 또는 (6점, 6점, 4점)이다. 제시된 자료에서 세 팀이 점수별로 얻은 화살수를 모두 더하면 $3+0+1+2+2+3+2+3+1+1=18$발이다. 즉, 0점을 쏜 팀이 아무도 없으므로 (8점, 8점, 0점)의 경우 경기 결과에 모순된다. 따라서 A팀이 두 번째에서 다섯 번째에 얻은 점수는 1점, 6점, 6점, 4점이다(순서는 다를 수 있음).

- B팀이 얻은 점수

  A팀과 마찬가지로 두 번째에서 다섯 번째 사격 중 한 번은 1점을 쏘았고, 여섯 번째에서 5점을 쏘았다. 문제의 '5점을 연달아 쏜 팀'이라는 부분을 통해 B팀이 다섯 번째에 쏜 점수가 5점이라는 것을 유추할 수 있다. 즉, 나머지 두 발에서 얻은 점수는 서로 다른 짝수이며, 점수의 합은 $33-(4+1+5+5)=18$점이다. 이때 B팀이 얻을 수 있는 짝수 점수의 조합은 (8점, 10점)이다. 따라서 B팀이 2번째에서 5번째까지 얻은 점수는 1점, 8점, 10점, 5점이다(1점, 8점, 10점의 경우, 순서가 다를 수 있음).

- C팀이 얻은 점수

  앞서 A팀과 B팀이 구한 점수를 제외하면 (6점, 7점, 8점, 8점)이 남는다. 이때 C팀의 총점은 $3+6+7+8+8+1=33$점이고 나머지 조건을 모두 만족하므로 C팀이 두 번째에서 다섯 번째에 얻은 점수는 6점, 7점, 8점, 8점이다(순서는 다를 수 있음).

위의 결과를 토대로 세 팀이 얻은 점수를 정리하면 다음과 같다.

| 팀 | 1번째 | 2번째 | 3번째 | 4번째 | 5번째 | 6번째 |
|----|-------|-------|-------|-------|-------|-------|
| A | 7 | 1, 4, (6, 6) | | | | 9 |
| B | 4 | 1, 8, 10 | | | 5 | 5 |
| C | 3 | 6, 7, (8, 8) | | | | 1 |

따라서 8점을 연달아 쏜 팀의 최대 점수는 8점, 5점을 연달아 쏜 팀의 최대 점수는 10점이다.

## 08 정답 ①

모든 암호는 각 자릿수의 합이 21이 되도록 구성되어 있다.
- K팀 : $9+0+2+3+x=21 \rightarrow x=7$
- L팀 : $7+y+3+5+2=21 \rightarrow y=4$
- $\therefore x+y=7+4=11$

## 09 정답 ③

A사와 B사의 제품 판매단가를 $x$원(단, $x>0$)이라 하면 두 번째 조건에 따라 A사와 B사의 어제 판매수량의 비는 4 : 3이므로 A사와 B사의 판매수량은 각각 $4y$개, $3y$개이다. 세 번째 조건에 의하여 오늘 A사와 B사의 제품 판매가는 각각 $x$원, $0.8x$원이고, 네 번째 조건에 의하여 오늘 A사의 판매수량은 $4y$개, 오늘 B사의 판매수량은 $(3y+150)$개이다. 다섯 번째 조건에 의하여 두 회사의 오늘 전체 판매액은 동일하므로 $4xy=0.8x(3y+150) \rightarrow 4y=0.8(3y+150) \rightarrow y=75$ 따라서 오늘 B사의 판매수량은 $(3\times75)+150=375$개이다.

### 오답분석

① · ⑤ $300x=300x$이다. 즉, $x$에 어떤 수를 대입해도 식이 성립하므로 A사와 B사의 제품 판매 단가를 알 수 없다.

② · 오늘 A사의 판매수량 : $4\times75=300$개
   · 어제 B사의 판매수량 : $3\times75=225$개
   ∴ 오늘 A사의 판매수량과 어제 B사의 판매수량의 차
   : $300-225=75$개

④ 오늘 A사와 B사의 판매수량 비는 $300 : 375=4 : 5$이므로 동일하지 않다.

## 10 정답 ③

제시된 조건에 따라 배치하면 다음과 같다.

| 보안팀 | 국내영업 3팀 | 국내영업 1팀 | 국내영업 2팀 |
|--------|-------------|-------------|-------------|
| 복도 | | | |
| 홍보팀 | 해외영업 1팀 | 해외영업 2팀 | 행정팀 |

따라서 국내영업 1팀은 국내영업 3팀과 국내영업 2팀 사이에 위치한다.

## 11 정답 ④

다영이가 입사한 3월 24일은 넷째 주 수요일이므로 가장 빠르게 이수할 수 있는 교육은 홀수달 셋째, 넷째 주 목요일에 열리는 'Excel 쉽게 활용하기'이다. 이후에 가장 빠른 것은 매월 첫째 주 목요일에 열리는 'One Page 보고서 작성법'이지만 교육비가 각각 20만 원, 23만 원으로 지원금액인 40만 원을 초과하기 때문에 신청할 수 없다. 그다음으로 빠른 것은 짝수달 첫째 주 금요일에 열리는 '성희롱 예방교육'으로 교육비는 15만 원이다. 총 교육비는 35만 원으로 지원금액을 만족한다. 따라서 다영이가 지원금액 안에서 가장 빠르게 신청할 수 있는 강의는 ④이다.

## 12 정답 ②

일정표에 따라 겹치는 교육들을 정리해보면 먼저 '신입사원 사규 교육 – One Page 보고서 작성법'은 2·3월 첫째 주에 겹치지만 입사일이 3월 24일인 동수는 '신입사원 사규 교육'을 일정상 들을 수 없으므로 옳지 않다. '비즈니스 리더십 – 생활 속 재테크'의 경우엔 4·8월 셋째 주 월요일로 겹치지만 같은 월요일에 진행되므로 같은 주에 두 개를 듣는다는 조건에 부합하지 않아 옳지 않다. 'One Page 보고서 작성법'과 '성희롱 예방교육'은 2·4·6·8·10·12월 첫째 주라는 점이 겹치며, 'One Page 보고서 작성법'은 목요일, '성희롱 예방교육'은 금요일에 진행되므로 같은 주에 두 개를 듣는다는 조건에 부합한다. 따라서 동수가 신청하려고 했던 교육은 ②이다.

## 13 정답 ④

④는 밴드왜건 효과(편승효과)의 사례로, 밴드왜건 효과란 유행에 따라 상품을 구입하는 소비현상을 뜻하는 경제용어이다. 밴드왜건은 악대를 선두에 세우고 다니는 운송수단으로 요란한 음악을 연주하여 사람들을 모았으며, 금광이 발견되었다는 소식을 들으면 많은 사람을 이끌고 몰려 갔다. 이러한 현상을 기업에서는 충동구매를 유도하는 마케팅 활동으로 활용하고, 정치계에서는 특정 유력 후보를 위한 선전용으로 활용한다.

## 14 정답 ②

ⅰ) A의 진술이 참일 경우

| 구분 | 대전지점 | 강릉지점 | 군산지점 |
| --- | --- | --- | --- |
| A | | ○ | ○ |
| B | | ○ | |
| C | | ○ | ○ |

세 사람 중 누구도 대전지점에 가지 않았으므로 세 사람이 각각 다른 지점에 출장을 다녀왔다는 조건에 부합하지 않는다. 따라서 A의 진술은 거짓이다.

ⅱ) B의 진술이 참일 경우

| 구분 | 대전지점 | 강릉지점 | 군산지점 |
| --- | --- | --- | --- |
| A | ○ | | |
| B | | | ○ |
| C | | ○ | |

A는 대전지점에, B는 군산지점에, C는 강릉지점에 다녀온 것이 되므로 세 사람이 각각 다른 지점에 출장을 다녀왔다는 조건에 부합한다.

ⅲ) C의 진술이 참일 경우

| 구분 | 대전지점 | 강릉지점 | 군산지점 |
| --- | --- | --- | --- |
| A | ○ | | |
| B | | ○ | |
| C | ○ | | |

세 사람 중 누구도 군산지점에 가지 않았고 A와 C가 모두 대전지점에 갔으므로 세 사람이 각각 다른 지점에 출장을 다녀왔다는 조건에 부합하지 않는다. 따라서 C의 진술은 거짓이다.

따라서 B의 진술이 참이 되고 바르게 나열한 것은 ②이다.

## 15 정답 ⑤

두 번째 조건에 의해 B는 자전거를, 세 번째 조건에 의해 C는 킥보드를 가지고 있음을 알 수 있다. 그러므로 A는 오토바이를 가지고 있다.

B가 가진 자전거의 색깔은 쌩쌩이와 다르고, 날쌘이와 같다고 하였으므로 자전거의 이름은 '힘찬이'이다. 세 번째 조건에 의해 C의 킥보드의 이름은 '날쌘이'이므로 A의 오토바이 이름은 '쌩쌩이'가 된다.

이를 표로 정리하면 다음과 같다.

| 구분 | 킥보드 | 자전거 | 오토바이 |
| --- | --- | --- | --- |
| A | | | 쌩쌩이 |
| B | | 힘찬이 | |
| C | 날쌘이 | | |

따라서 이를 기구를 가진 사람과 기구의 이름, 기구의 종류를 순서대로 바르게 나열한 것은 ⑤이다.

| 01 | 02 | 03 | 04 | 05 | 06 | 07 | 08 | 09 | 10 |
|----|----|----|----|----|----|----|----|----|----|
| ④ | ② | ③ | ③ | ③ | ⑤ | ① | ⑤ | ② | ④ |
| 11 | 12 | | | | | | | | |
| ② | ① | | | | | | | | |

## 01 　정답　④

자료는 연중 계획된 이벤트를 표로 정리하여 보여주고 있다. 따라서 ④가 자료의 제목으로 적절하다.

## 02 　정답　②

6월의 주제는 '음악'이므로 통기타 연주회가 주제와 어울리지 않는다는 말은 적절하지 않다.

## 03 　정답　③

제시문과 ③의 '맞다'는 '시간이 흐름에 따라 오는 어떤 때를 대하다.'는 의미이다.

### 오답분석
① 오는 사람이나 물건을 예의로 받아들이다.
② 적이나 어떤 세력에 대항하다.
④ 점수를 받다.
⑤ 자연 현상에 따라 내리는 눈, 비 따위의 닿음을 받다.

## 04 　정답　③

㉠ 분류 : 종류에 따라서 가름
㉡ 분리 : 서로 나뉘어 떨어짐. 또는 그렇게 되게 함
㉢ 구분 : 일정한 기준에 따라 전체를 몇 개로 갈라 나눔

## 05 　정답　③

제시문과 ③의 '들다'는 '의식이 회복되거나 어떤 생각이나 느낌이 일다.'는 의미이다.

### 오답분석
① 잠이 생기어 몸과 의식에 작용하다.

② 몸에 병이나 증상이 생기다.
④ 버릇이나 습관이 몸에 배다.
⑤ 아이나 새끼를 가지다.

## 06 　정답　⑤

A ~ E사원의 일일 업무량을 $a$, $b$, $c$, $d$, $e$라고 하자. 먼저 E사원이 30일 동안 진행한 업무량은 $30e=5,280$이므로 $e=176$이다. D사원과 E사원의 일일 업무량의 총합은 C사원의 일일 업무량에 258을 더한 것과 같으므로 $d+e=c+258$이고 여기에 $e=176$을 대입하여 정리하면, $d-c=82$이다. ⋯ ㉠
C사원이 이틀 동안 일한 것과 D사원이 8일 동안 일한 업무량의 합은 996이라 하였으므로 $2c+8d=996$이다. ⋯ ㉡
㉠과 ㉡을 연립하여 계산하면, $d=116$, $c=34$이다.
B사원의 일일 업무량은 D사원 일일업무량의 $\frac{1}{4}$이므로 $b=\frac{1}{4}\times116=29$, A사원의 일일 업무량은 B사원의 일일 업무량보다 5만큼 적으므로 $a=29-5=24$이다. 따라서 A ~ E사원의 일일 업무량의 총합은 $24+29+34+116+176=3790$이다.

## 07 　정답　①

최대리는 2점짜리 문제를 김대리가 맞힌 개수만큼 맞았으므로 8개, 즉 16점을 획득했다. 최대리가 맞힌 3점짜리와 5점짜리 문제를 합하면 $38-16=22$점이 나와야 한다. 3점과 5점의 합으로 22점이 나오기 위해서는 3점짜리는 4문제, 5점짜리는 2문제를 맞혀야 한다. 따라서 최대리가 맞힌 문제 개수의 총합은 8개(2점)+4개(3점)+2개(5점)=14개이다.

## 08 　정답　⑤

각 펀드의 총점을 통해 비교 결과를 유추하면 다음과 같다.
• A펀드 : 한 번은 우수(5점), 한 번은 우수 아님(2점)
• B펀드 : 한 번은 우수(5점), 한 번은 우수 아님(2점)
• C펀드 : 두 번 모두 우수 아님(2점+2점)
• D펀드 : 두 번 모두 우수(5점+5점)
각 펀드의 비교 대상은 다른 펀드 중 두 개이며, 총 4번의 비교를 했다고 하였으므로 다음과 같은 경우를 고려할 수 있다.

i )

| | A | | B | | C | | D |
|---|---|---|---|---|---|---|---|
| B | D | A | C | B | D | A | C |
| 5 | 2 | 2 | 5 | 2 | 2 | 5 | 5 |

표의 결과를 정리하면 D>A>B, A>B>C, B·D>C, D>A·C이므로 D>A>B>C이다.

ii )

| | A | | B | | C | | D |
|---|---|---|---|---|---|---|---|
| B | C | A | D | A | D | C | B |
| 2 | 5 | 5 | 2 | 2 | 5 | 5 | 5 |

표의 결과를 정리하면 B>A>C, D>B>A, A·D>C, D>C·B이므로 D>B>A>C이다.

iii )

| | A | | B | | C | | D |
|---|---|---|---|---|---|---|---|
| D | C | C | D | A | B | A | B |
| 2 | 5 | 5 | 2 | 2 | 2 | 5 | 5 |

표의 결과를 정리하면 D>A>C, D>B>C, A·B>C, D>A·B이므로 D>A·B>C이다.

ㄱ. 세 가지 경우 모두 D펀드는 C펀드보다 우수하다.
ㄴ. 세 가지 경우 모두 B펀드보다 D펀드가 우수하다.
ㄷ. 마지막 경우에서 A펀드와 B펀드의 우열을 가릴 수 있으면 A~D까지 순위를 매길 수 있다.

## 09 정답 ②

금화가 총 13개가 있고 상자마다 가지고 있는 금화의 개수는 다르며 금화의 개수가 A<B<C라고 하였으므로 이를 표로 나타내면 다음과 같다.

| 경우 | 상자 A | 상자 B | 상자 C |
|---|---|---|---|
| (1) | | 2 | 10 |
| (2) | | 3 | 9 |
| (3) | 1 | 4 | 8 |
| (4) | | 5 | 7 |
| (5) | | 3 | 8 |
| (6) | 2 | 4 | 7 |
| (7) | | 5 | 6 |
| (8) | 3 | 4 | 6 |

갑이 A상자를 열어본 후 B와 C에 각각 몇 개가 들었는지 알 수 없다고 하였으므로, (8)은 제외한다. 을이 C상자를 열어본 후 A와 B에 각각 몇 개가 들었는지 알 수 없다고 하였으므로, (1), (2), (7)이 제외된다. 이는 C상자에 10개, 9개, 6개가 들어있는 경우 조건에 따라 A상자와 B상자의 금화의 개수를 계산할 수 있기 때문이다. 두 사람의 말을 듣고 병이 B상자를 열어본 후 A상자와 C상자에 각각 몇 개가 들었는지 알 수 없다고 하였으므로 (4)와 (5)가 제외된다. 따라서 성립할 수 있는 경우는 (3)과 (6)이고, 이 두 경우에 B상자에 들어있는 금화의 개수는 4개이다.

## 10 정답 ④

다음과 같이 달력을 통해서 확인해 보면 정확하게 파악할 수 있다.

| 일요일 | 월요일 | 화요일 | 수요일 | 목요일 | 금요일 | 토요일 |
|---|---|---|---|---|---|---|
| | 1 | 2 | 3 | 4 | 5 | 6 |
| 7 | 8 | 9 | 10 | 11 | 12 | 13 |
| 14 | 15 | 16 | 17 | 18 | 19 | 20 |
| 21 | 22 | 23 | 24 | 25 | 26 | 27 |
| 28 | 29 | 30 | | | | |

1) 금연교육은 매주 화요일(2, 9, 16, 30)에만 가능하다.
2) 성교육은 첫 주 4일과 5일에만 가능하다.
3) 금주교육은 위 일정을 제외한 3, (10, 11), (17, 18)일 중 3일을 선택한다.
따라서 4월 30일에는 금연교육이 있다.

**오답분석**

① 금연교육이 가능한 날은 화요일이다.
② 금주교육은 3, (10, 11), (17, 18)일 중 3일을 선택한다.
③ 금주교육은 4월 마지막 주에는 실시하지 않는다.
⑤ 성교육은 첫 주 4일과 5일에만 가능하다.

## 11 정답 ②

4월은 30일까지 있으므로 조건에 따라 달력에 표시를 해보면 다음과 같다.

| 월요일 | 화요일 | 수요일 | 목요일 | 금요일 | 토요일 | 일요일 |
|---|---|---|---|---|---|---|
| 1 | 2 팀장 | 3 팀장 | 4 팀장 | 5 | 6 | 7 |
| 8 | 9 | 10 B과장 | 11 B과장 | 12 B과장 | 13 | 14 |
| 15 B과장 | 16 B과장 | 17 C과장 | 18 C과장 | 19 | 20 | 21 |
| 22 | 23 | 24 | 25 | 26 세미나 | 27 | 28 |
| 29 | 30 | | | | | |

따라서 5일 동안 연속으로 참석할 수 있는 날은 4월 5일부터 9일까지이므로 A대리의 연수 마지막 날짜는 9일이다.

## 12 **정답** ①

주어진 조건에 근거하여 가능한 경우를 표로 정리하면 다음과 같다.

| 부서 | 사원 | 팀장 |
|------|------|------|
| A | ? | 윤 or 박 |
| B | 박 or 오 | 박 or 오 |
| C | 윤 or 박 | 윤 or 박 |

조건 중에 A부서 팀장의 성이 C부서의 사원과 같다고 하였으므로 두 가지 경우가 나올 수 있다.

ⅰ) C부서 사원의 성이 '박'씨인 경우

C부서 사원의 성이 '박'씨이므로 A부서의 팀장도 '박'씨이다. 같은 성씨인 사원과 팀장은 같은 부서에 근무하지 않으므로 C부서의 팀장은 '윤'씨가 된다. B부서의 사원 또는 B부서 팀장의 성은 '박'씨와 '오'씨 중에 하나가 되는데, '박'씨는 C부서의 사원과 A부서의 팀장의 성이므로 B부서의 사원과 B부서의 팀장은 '오'씨가 된다. 그러나 같은 성씨인 사원과 팀장은 같은 부서에서 근무할 수 없으므로 조건에 어긋나게 된다.

| 부서 | 사원 | 팀장 |
|------|------|------|
| A | 윤 | 박 |
| B | 오 | 오 |
| C | 박 | 윤 |

ⅱ) C부서 사원의 성이 '윤'씨인 경우

C부서 사원의 성이 '윤'씨이므로 A부서의 팀장도 '윤'씨이다. 같은 성씨인 사원과 팀장은 같은 부서에 근무하지 않으므로 C부서의 팀장은 '박'씨가 된다. 같은 조건에 따라 B부서의 팀장은 '오'씨이고 B부서의 사원은 '박'씨이다. A부서의 사원은 '오'씨 성을 가진 사원이다.

| 부서 | 사원 | 팀장 |
|------|------|------|
| A | 오 | 윤 |
| B | 박 | 오 |
| C | 윤 | 박 |

따라서 같은 부서에 소속된 사원과 팀장의 성씨가 바르게 짝지어진 것은 ①이다.

# PART

# II

## 주요 공기업 기출복원문제
## 정답 및 해설

| 01 | 02 | 03 | 04 | 05 | 06 | 07 | 08 | 09 | 10 |
|----|----|----|----|----|----|----|----|----|----|
| ① | ③ | ③ | ③ | ② | ③ | ④ | ② | ③ | ④ |
| 11 | 12 | 13 | 14 | 15 | 16 | 17 | 18 | 19 | 20 |
| ③ | ③ | ③ | ⑤ | ① | ③ | ④ | ④ | ⑤ | ② |
| 21 | 22 | 23 | 24 | 25 | 26 | 27 | 28 | 29 | 30 |
| ② | ③ | ③ | ② | ③ | ④ | ④ | ② | ① | ② |
| 31 | 32 | 33 | 34 | 35 | 36 | 37 | 38 | 39 | 40 |
| ④ | ③ | ② | ② | ② | ④ | ② | ⑤ | ③ | ③ |
| 41 | 42 | 43 | 44 | 45 | 46 | 47 | 48 | 49 | 50 |
| ④ | ④ | ④ | ② | ③ | ④ | ③ | ② | ② | ② |

## 01 　정답　①

고독사 및 자살 위험이 크다고 판단되는 경우 만 60세 이상으로 하향 조정이 가능하다.

**오답분석**

② 노인맞춤돌봄서비스 중 생활교육서비스에 해당한다.
③ 특화서비스는 가족, 이웃과 단절되거나 정신건강 등의 문제로 자살, 고독사 위험이 높은 취약 노인을 대상으로 상담 및 진료서비스를 제공한다.
④ 안전지원서비스를 통해 노인의 안전 여부를 확인할 수 있다.

## 02 　정답　③

노인맞춤돌봄서비스는 만 65세 이상의 기초생활수급자, 차상위계층, 기초연금수급자의 경우 신청이 가능하다. F와 H는 소득수준이 기준에 해당하지 않으므로 제외되며, J는 만 64세이므로 제외된다. 또한 E, G, K는 유사 중복사업의 지원을 받고 있으므로 제외된다. 따라서 E, F, G, H, J, K 6명은 노인맞춤돌봄서비스 신청이 불가능하다.

**오답분석**

A와 I의 경우 만 65세 이하이지만 자살, 고독사 위험이 높은 우울형 집단에 속하고, 만 60세 이상이므로 신청이 가능하다.

## 03 　정답　③

A씨의 2021년 장기요양보험료를 구하기 위해서는 A씨의 소득을 먼저 구해야 한다. 2023년 A씨가 낸 장기요양보험료는 20,000원이고, 보험료율이 0.91%이므로 A씨의 소득은 20,000÷0.0091≒2,197,802원이다. 따라서 A씨의 지난 5년간 소득은 2,197,802원으로 동일하므로 2021년 장기요양보험료는 2,197,802×0.0079≒17,363원이다.

## 04 　정답　③

제53조 제5항에서 공단으로부터 분할납부 승인을 받고 승인된 보험료를 1회 이상 낸 경우에는 보험급여를 할 수 있다고 하였으므로 분할납부가 완료될 때까지 보험급여가 제한되지 않는다.

**오답분석**

① 제53조 제1항 제2호에 따르면 고의 또는 중대한 과실로 공단 및 요양기관의 요양에 관한 지시를 따르지 아니한 경우 보험급여를 하지 않는다.
② 제53조 제2항에서 국가나 지방자치단체로부터 보험급여에 상당하는 급여를 받게 되는 경우에는 그 한도에서 보험급여를 하지 않는다고 하였다.
④ 승인받은 분할납부 횟수가 5회 미만인 경우이므로 해당 분할납부 횟수인 4회 이상 보험료를 내지 않으면 보험급여가 제한된다.

## 05 　정답　②

기사의 내용은 독거노인·장애인을 위한 응급안전안심서비스의 집중신청기간을 고지하고 참여를 위한 정책을 소개하는 것이다. 따라서 기사의 주제는 독거노인·장애인 응급안전안심서비스 정책과 집중신청기간 안내가 가장 적절하다.

**오답분석**

① 정책소개를 위해 2022년 한 해 동안의 성과를 소개하고 있지만 전체적인 기사의 주제는 아니다.
③ 독거노인·장애인 응급안전안심서비스는 가정에 ICT 기반의 장비를 설치하여 구급·구조를 돕는 서비스이지만 장비 목록 자체가 기사의 주제는 아니다.
④ 보건복지부는 응급안전안심서비스 집중신청기간 동안 신청자를 받고 있으며 따로 대상자를 현장조사를 하지는 않는다. 따라서 기사와는 관련 없는 주제이다.

## 06 정답 ③

마지막 문단에서 '집중신청기간 이후에도 계속해서 신청 창구는 열려 있으니 많은 신청을 바란다.'라고 하였으므로 집중신청기간이 지나도 계속해서 신청할 수 있다.

**오답분석**

① 세 번째 문단에서 기초지자체장이 생활여건 등을 고려해 상시 보호가 필요하다고 인정하는 경우 응급안전안심서비스를 신청하여 이용할 수 있다고 하였다.

② 두 번째 문단에서 응급안전안심서비스를 이용하는 경우 가정 내 화재, 화장실 내 실신 또는 침대에서 낙상 등의 응급상황을 화재·활동량 감지기가 자동으로 119와 응급관리요원에 알리거나, 응급호출기로 간편하게 119에 신고할 수 있다고 하였다.

④ 세 번째 문단에서 집중신청기간 동안 서비스 대상자나 그 보호자는 행정복지센터나 시·군·구 지역센터에 방문하거나 전화 등으로 서비스를 신청할 수 있다고 하였다.

## 07 정답 ④

2022년 시도별 전문의 의료 인력 대비 간호사 인력 비율은 다음과 같다. 실제 시험에서는 선택지에 제시된 지역만 구하여 시간을 절약하도록 한다.

• 서울 : $\frac{8,286}{1,905} \times 100 ≒ 435\%$

• 부산 : $\frac{2,755}{508} \times 100 ≒ 542.3\%$

• 대구 : $\frac{2,602}{546} \times 100 ≒ 476.6\%$

• 인천 : $\frac{679}{112} \times 100 ≒ 606.3\%$

• 광주 : $\frac{2,007}{371} \times 100 ≒ 541\%$

• 대전 : $\frac{2,052}{399} \times 100 ≒ 514.3\%$

• 울산 : $\frac{8}{2} \times 100 = 400\%$

• 세종 : $\frac{594}{118} \times 100 ≒ 503.4\%$

• 경기 : $\frac{6,706}{1,516} \times 100 ≒ 442.3\%$

• 강원 : $\frac{1,779}{424} \times 100 ≒ 419.6\%$

• 충북 : $\frac{1,496}{308} \times 100 ≒ 485.7\%$

• 충남 : $\frac{955}{151} \times 100 ≒ 632.5\%$

• 전북 : $\frac{1,963}{358} \times 100 ≒ 548.3\%$

• 전남 : $\frac{1,460}{296} \times 100 ≒ 493.2\%$

• 경북 : $\frac{1,158}{235} \times 100 ≒ 492.8\%$

• 경남 : $\frac{4,004}{783} \times 100 ≒ 511.4\%$

• 제주 : $\frac{1,212}{229} \times 100 ≒ 529.3\%$

따라서 전문의 의료 인력 대비 간호사 인력 비율이 가장 높은 지역은 충남이다.

## 08 정답 ②

시도별 2021년 대비 2022년 정신건강 예산의 증가폭은 다음과 같다.

• 서울 : 58,981,416천−53,647,039천=5,334,377천 원
• 부산 : 24,205,167천−21,308,849천=2,896,318천 원
• 대구 : 12,256,595천−10,602,255천=1,654,340천 원
• 인천 : 17,599,138천−12,662,483천=4,936,655천 원
• 광주 : 13,479,092천−12,369,203천=1,109,889천 원
• 대전 : 14,142,584천−12,740,140천=1,402,444천 원
• 울산 : 6,497,177천−5,321,968천=1,175,209천 원
• 세종 : 1,515,042천−1,237,124천=277,918천 원
• 제주 : 5,600,120천−4,062,551천=1,537,569천 원

따라서 증가폭이 가장 큰 지역은 서울 – 인천 – 부산 – 대구 – 제주 – 대전 – 울산 – 광주 – 세종 순서이다.

## 09 정답 ③

처음 사탕의 개수를 $x$개라 하면 처음으로 사탕을 먹고 남은 사탕의 개수는 $\left(1-\frac{1}{3}\right)x = \frac{2}{3}x$개이다.

그다음 날 사탕을 먹고 남은 사탕의 개수는 $\frac{2}{3}x \times \left(1-\frac{1}{2}\right) = \frac{1}{3}x$개이고, 또 그다음 날 사탕을 먹고 남은 사탕의 개수는 $\frac{1}{3}x \times \left(1-\frac{1}{4}\right) = \frac{1}{4}x$개이다.

따라서 처음 사탕 바구니에 들어 있던 사탕의 개수는 $\frac{1}{4}x = 18$이므로 $x=72$이다.

## 10 정답 ④

2013년 대비 2023년 각 학년의 평균 신장 증가율은 다음과 같다.

• 1학년 : $\frac{162.5-160.2}{160.2} \times 100 ≒ 1.43\%$

• 2학년 : $\frac{168.7-163.5}{163.5} \times 100 ≒ 3.18\%$

• 3학년 : $\frac{171.5-168.7}{168.7} \times 100 ≒ 1.66\%$

따라서 평균 신장 증가율이 큰 순서는 2학년 – 3학년 – 1학년 순서이다.

## 11 정답 ③

주어진 수를 크기 순서대로 나열하면 다음과 같다.

1  3  6  7  7  8  8  13  13

따라서 중앙값은 7이다.

## 12 정답 ④

제시된 조건을 식으로 표현하면 다음과 같다.
- 첫 번째 조건의 대우 : A → C
- 두 번째 조건 : ~E → B
- 세 번째 조건의 대우 : B → D
- 네 번째 조건의 대우 : C → ~E

위의 조건식을 정리하면 A → C → ~E → B → D이므로 주말 여행에 참가하는 사람은 A, B, C, D 4명이다.

## 13 정답 ②

제시문은 4월 24일부터 5월 12일까지 일차의료 방문진료 수가 시범사업에 참여할 의료기관을 추가 공모하는 글이다. 따라서 공모 기간, 참여 대상, 참여 방법 등을 소개하고, 의료기관들의 적극적 참여를 촉구하고 있다.

## 14 정답 ③

의과 방문진료의 경우 2022년 일차의료 방문진료 수가 시범사업 효과평가 및 개선방안의 연구결과를 바탕으로 수가모형이 개선되었다. 반면 한의 방문진료의 효과평가 연구는 2024년으로 예정되어 있다.

### 오답분석
① 일차의료 방문진료 수가 시범사업 신청은 요양기관 업무포털을 통해 신청할 수 있다.
② 일차의료 방문진료 수가 시범사업은 거동이 불편한 사람이 진료를 요청할 때 의사가 직접 가정에 방문하여 의료서비스를 제공하는 사업이다.
④ 촉탁의 또는 협약의료기관 의사 또는 한의사가 진료하는 사회복지시설에는 시범수가 산정이 불가능하다.
⑤ 참여 의료기관은 보행이 곤란·불가능한 환자 및 보호자가 방문진료를 요청해 시행한 경우 시범수가를 산정할 수 있다.

## 15 정답 ⑤

촉탁(囑託)은 일을 부탁하여 맡김을 뜻하고, 특히 정부 기관이나 공공 단체에서 어떠한 일을 임시로 맡아 진행하는 사람을 뜻한다. 따라서 ㉠과 가장 비슷한 의미의 단어는 위탁(委託)이다.

### 오답분석
① 사물을 잘 다룰 수 있는 방법이나 능력
② 협상에 의하여 조약을 맺는 것
③ 전문적으로 연구하는 과목
④ 체온, 맥박 등 환자의 몸을 손으로 만져서 진단하는 일

## 16 정답 ①

학생들의 평균 점수는 G열에 있고 가장 높은 순서대로 구해야 하므로 RANK 함수를 이용하여 오름차순으로 순위를 구하면 [H2]에 들어갈 식은 「=RANK(G2,$G$2:$G$10,0)」이다. 이때, 참조할 범위는 고정해야 하므로 행과 열 앞에 '$'를 붙여야 하는데, G열은 항상 고정이므로 행만 고정시켜도 된다. 그러므로 「=RANK(G2,G$2:G$10,0)」를 사용하여도 같은 결과가 나온다.

## 17 정답 ③

### 오답분석
① 다섯 번째 수인 '8'과 일곱 번째 수인 '2'의 코드가 잘못되었다.

② 첫 세 자리 '239'는 독일에서 온 제품이다.
④ 두 번째 수인 '3'과 다섯 번째 수인 '4'의 코드가 잘못되었다.

⑤ 아홉 번째 수는 (18+15+14+25+8+5+12+5)÷10 =10.2로, 바코드를 수정해야 한다.

## 18 정답 ④

제시문은 2019년 발생한 코로나19 대유행과 더불어 이에 따른 공공의료의 중요성과 필요성에 대해 강조하는 글이다.

## 19 정답 ⑤

예방을 위한 검사 및 검체 체취, 밀접 접촉자 추적, 격리 및 치료 등와 과정에서 필요한 인력과 시간이 요구되는 것이므로 ㉠에 들어갈 가장 적절한 단어는 소요(필요로 하거나 요구되는 바)이다.

① 앞으로 일어날지도 모르는 어떠한 일에 대응하기 위하여 미리 준비함
② 다른 것으로 대신함
③ 무엇을 내주거나 갖다 바침
④ 일정한 수나 한도 따위를 넘음

## 20 정답 ②

$1^2-2^2,\ 3^2-4^2,\ \cdots,\ (2n-1)^2-(2n)^2$의 수열의 합으로 생각한다.

$1^2-2^2+3^2-4^2+\cdots+199^2$
$=1^2-2^2+3^2-4^2+\cdots+199^2-200^2+200^2$
$=\left[\sum\limits_{n=1}^{100}\{(2n-1)^2-(2n)^2\}\right]+200^2$
$=\left[\sum\limits_{n=1}^{100}\{-4n+1\}\right]+200^2$
$=\left[-4\times\dfrac{100\times101}{2}+100\right]+40,000$
$=-20,200+100+40,000=19,900$

## 21 정답 ②

5명 중에서 3명을 순서와 상관없이 뽑을 수 있는 경우의 수는 $_5C_3=\dfrac{5\times4\times3}{3\times2\times1}=10$가지이다.

## 22 정답 ③

A원두의 100g당 원가를 $a$원, B커피의 100g당 원가를 $b$원이라고 하면

$\begin{cases}1.5(a+2b)=3,000\ \cdots\ \bigcirc\\1.5(2a+b)=2,850\ \cdots\ \bigcirc\end{cases}$

$\begin{cases}a+2b=2,000\ \cdots\ \bigcirc'\\2a+b=1,900\ \cdots\ \bigcirc'\end{cases}$

$3a+3b=3,900\ \rightarrow\ a+b=1,300$이므로 이를 $\bigcirc$과 연립하면 $b=700$이다.

## 23 정답 ③

제시된 보기의 단어들은 유의어 관계이다. 따라서 빈칸 $\bigcirc$에는 '가뭄'의 유의어는 심한 가뭄을 뜻하는 '한발(旱魃)'이 들어가야 한다.

① 갈근(葛根) : 칡뿌리
② 해수(海水) : 바다에 괴어 있는 짠물
④ 안건(案件) : 토의하거나 조사하여야 할 사실

## 24 정답 ③

• CBP-WK4A-P31-B0803 : 배터리 형태 중 WK는 없는 형태이다.
• PBP-DK1E-P21-A8B12 : 고속충전 규격 중 P21은 없는 규격이다.
• NBP-LC3B-P31-B3230 : 생산날짜의 2월에는 30일이 없다.
• CNP-LW4E-P20-A7A29 : 제품 분류 중 CNP는 없는 분류이다.

따라서 보기에서 시리얼 넘버가 잘못 부여된 제품은 모두 4개이다.

## 25 정답 ②

고객이 설명한 제품 정보를 정리하면 다음과 같다.
• 설치형 : PBP
• 도킹형 : DK
• 20,000mAH 이상 : 2
• 60W 이상 : B
• USB-PD3.0 : P30
• 2022년 10월 12일 : B2012

따라서 S주임이 데이터베이스에 검색할 시리얼 넘버는 PBP-DK2B-P30-B2012이다.

## 26 정답 ③

흰색 공을 A, 검은색 공을 B, 파란색 공을 C로 치환하면 다음과 같다.
• 전제 1 : A → ~B
• 전제 2 : _____
• 결론 : A → C

따라서 필요한 전제 2는 '~B → C' 또는 그 대우인 '~C → B'이므로 '파란색 공을 가지고 있지 않은 사람은 모두 검은색 공을 가지고 있다.'가 전제 2로 필요하다.

① B → C
② ~C → ~B
④ C → B

## 27 정답 ④

제시문은 메기 효과에 대한 글이므로 가장 먼저 메기 효과의 기원에 대해 설명한 (마) 문단으로 시작해야 하고, 다음으로 메기 효과의 기원에 대한 과학적인 검증 및 논란에 대한 (라) 문단이 오는 것이 적절하다. 이어서 경영학 측면에서의 메기 효과에 대한 내용이 와야 하는데, (다) 문단의 경우 앞의 내용과 뒤의 내용이 상반될 때 쓰는 접속 부사인 '그러나'로 시작하므로 (가) 문단이 먼저, 그다음에 (다) 문단이 이어지는 것

이 적절하다. 그리고 마지막으로 메기 효과에 대한 결론인 (나) 문단으로 끝내는 것이 가장 적절하다.


## 28  정답  ②

메기 효과는 과학적으로 검증되지 않았지만 적정 수준의 경쟁이 발전을 이룬다는 시사점을 가지고 있다고 하였으므로 낭설에 불과하다고 하는 것은 적절하지 않다.

**오답분석**

① (라) 문단의 거미와 메뚜기 실험에서 죽은 메뚜기로 인해 토양까지 황폐화되었음을 볼 때, 거대 기업의 출현은 해당 시장의 생태계까지 파괴할 수 있음을 알 수 있다.
③ (나) 문단에서 성장 동력을 발현시키기 위해서는 규제 등의 방법으로 적정 수준의 경쟁을 유지해야 한다고 서술하고 있다.
④ (가) 문단에서 메기 효과는 한국, 중국 등 고도 경쟁사회에서 널리 사용되고 있다고 서술하고 있다.


## 29  정답  ①

작년 여사원의 수를 $x$명이라 하면 남사원의 수는 $(820-x)$명이므로

$\dfrac{8}{100}(820-x)-\dfrac{10}{100}x=-10$

$x=420$

따라서 올해 여자 사원수는 $\dfrac{90}{100}\times420=378$명이다.


## 30  정답  ②

식탁 1개와 의자 2개의 합은 20만+(10만×2)=40만 원이고, 30만 원 이상 구매 시 10% 할인이므로 40만×0.9=36만 원이다. 가구를 구매하고 남은 돈은 50만−36만=14만 원이고, 장미 한 송이당 가격은 6,500원이므로 구매할 수 있는 장미는 14÷0.65≒21.53이다.
따라서 21송이를 살 수 있다.


## 31  정답  ④

처음으로 오수 1탱크를 정화하는 데 걸린 시간은 4+6+5+4+6=25시간이다.
그 후에는 A~E공정 중 가장 긴 공정 시간이 6시간이므로 남은 탱크는 6시간마다 1탱크씩 처리할 수 있다.
따라서 30탱크를 처리하는 데 걸린 시간은 25+[6×(30−1)]=199시간이다.


## 32  정답  ③

30명의 80%는 $30\times\dfrac{80}{100}=24$명이므로

$1+3+8+A=24 \rightarrow A=12$
$24+B=30 \rightarrow B=6$
따라서 $A-B=12-6=6$이다.


## 33  정답  ②

연필을 $x$자루 구매한다면 A가게에서 주문할 때 필요한 금액은 $500x$원이고, B가게에서 주문할 때 필요한 금액은 $(420x+2,500)$원이다.

$500x\geq420x+2,500$

$80x\geq2,500 \rightarrow x\geq\dfrac{125}{4}$ 이므로

32자루 이상 구매해야 B가게에서 주문하는 것이 유리하다.


## 34  정답  ②

지난 달 A, B의 생산량을 각각 $x$개, $y$개라 하면 지난 달에 두 제품 A, B를 합하여 6,000개를 생산하였으므로 총생산량은 $x+y=6,000$개이다.
이번 달에 생산한 제품 A의 양은 지난 달에 비하여 6% 증가하였으므로 증가한 생산량은 $0.06x$이고, 이번 달에 생산한 제품 B의 양은 지난 달에 비하여 4% 감소하였으므로 감소한 생산량은 $0.04y$이다.
전체 생산량은 2% 증가하였으므로 6,000×0.02=120개가 증가했음을 알 수 있다.
이를 식으로 정리하면 다음과 같다.

$\begin{cases} x+y=6,000 \\ 0.06x-0.04y=120 \end{cases}$

$x$, $y$의 값을 구하면 $x=3,600$, $y=2,400$이다.
따라서 지난 달 A의 생산량은 3,600개이고, B의 생산량은 2,400개이므로, 이번 달 A의 생산량은 6% 증가한 $3,600\times(1+1.06)=3,816$개이고, 이번 달 B의 생산량은 4% 감소한 $2,400\times(1-0.04)=2,304$개이다. 그러므로 두 제품의 생산량의 차를 구하면 3,816−2,304=1,512개이다.


## 35  정답  ②

A, B회사 우유의 1g당 열량과 단백질을 환산하면 다음과 같다.

| 식품 \ 성분 | 열량(kcal) | 단백질(g) |
| --- | --- | --- |
| A회사 우유 | 1.5 | 0.12 |
| B회사 우유 | 2 | 0.05 |

A, B회사의 우유를 각각 $x$g, $(300-x)$g을 구매했다면

$$\begin{cases} 1.5x + 2(300-x) \geq 490 \\ 0.12x + 0.05(300-x) \geq 29 \end{cases}$$

$$\begin{cases} 1.5x + 600 - 2x \geq 490 \\ 0.12x + 15 - 0.05x \geq 29 \end{cases}$$

$$\begin{cases} 0.5x \leq 110 \\ 0.07x \geq 14 \end{cases}$$

따라서 $200 \leq x \leq 220$이므로 A회사 우유를 200g, B회사 우유를 $300-200=100$g 구매하는 것이 가장 저렴하며, 그 가격은 $(80 \times 200) + (50 \times 100) = 21,000$원이다.

## 36 정답 ④

오답분석

㉠·㉢ 유기적 조직에 대한 설명이다.

**기계적 조직과 유기적 조직**
- 기계적 조직
  - 구성원의 업무가 분명하게 규정되어 있다.
  - 많은 규칙과 규제가 있다.
  - 상하 간 의사소통이 공식적인 경로를 통해 이루어진다.
  - 엄격한 위계질서가 존재한다.
  - 대표적으로 군대, 정부, 공공기관 등이 있다.
- 유기적 조직
  - 의사결정권한이 조직의 하부 구성원들에게 많이 위임되어 있다.
  - 업무가 고정되지 않아 업무 공유가 가능하다.
  - 비공식적인 상호 의사소통이 원활하게 이루어진다.
  - 규제나 통제의 정도가 낮아 변화에 맞춰 쉽게 변할 수 있다.
  - 대표적으로 권한위임을 받아 독자적으로 활동하는 사내벤처팀, 특정한 과제 수행을 위해 조직된 프로젝트팀이 있다.

## 37 정답 ②

글로벌화가 이루어지면 조직은 해외에 직접 투자할 수 있고, 원자재를 보다 싼 가격에 수입할 수 있으며, 수송비가 절감되고, 무역장벽이 낮아져 시장이 확대되는 경제적 이익을 얻을 수 있다. 반면 그만큼 경쟁이 세계적인 수준으로 치열해지기 때문에 국제적인 감각을 가지고 세계화 대응 전략을 마련해야 한다.

## 38 정답 ⑤

협상과정은 협상시작 → 상호이해 → 실질이해 → 해결대안 → 합의문서 5단계로 진행되며, 세부 수행 내용은 다음과 같다.

| 단계 | 세부 수행 내용 |
|---|---|
| 협상 시작 | • 협상당사자들 사이에 상호 친근감을 쌓는다.<br>• 간접적인 방법으로 협상의사를 전달한다.<br>• 상대방의 협상의지를 확인한다.<br>• 협상진행을 위한 체제를 짠다. |
| 상호 이해 | • 갈등문제의 진행상황과 현재의 상황을 점검한다.<br>• 적극적으로 경청하고 자기주장을 제시한다.<br>• 협상을 위한 협상대상 안건을 결정한다. |
| 실질 이해 | • 겉으로 주장하는 것과 실제로 원하는 것을 구분하여 실제로 원하는 것을 찾아낸다.<br>• 분할과 통합 기법을 활용하여 이해관계를 분석한다. |
| 해결 대안 | • 협상 안건마다 대안들을 평가한다.<br>• 개발한 대안들을 평가한다.<br>• 최선의 대안에 대해서 합의하고 선택한다.<br>• 대안 이행을 위한 실행계획을 수립한다. |
| 합의 문서 | • 합의문을 작성한다.<br>• 합의문 상의 합의내용, 용어 등을 재점검한다.<br>• 합의문에 서명한다. |

## 39 정답 ③

서로가 받아들일 수 있는 결정을 하기 위하여 중간지점에서 타협하여 주고받는 것은 타협형 갈등 해결방법이다. Win – Win 전략은 통합형(협력형) 갈등 해결방안으로, 모두의 목표를 달성할 수 있는 해법을 찾는 것이다.

**Win – Win 전략에 의거한 갈등 해결 단계**
1. 충실한 사전 준비하기
   - 비판적인 패러다임 전환하기
   - 자신의 위치와 관심사 확인하기
   - 상대방의 입장과 드러내지 않은 관심사 연구하기
2. 긍정적인 방식으로 접근하기
   - 상대방이 필요로 하는 것에 대해 생각해 보았다는 점을 인정하기
   - 자신의 Win – Win 의도 명시하기
   - Win – Win 절차, 즉 협동적인 절차에 임할 자세가 되어 있는지 알아보기
3. 서로의 입장 명확히 하기
   - 동의하는 부분 인정하기
   - 기본적으로 다른 부분 인정하기
   - 자신이 이해한 바 점검하기
4. Win – Win에 기초한 기준에 동의하기
   - 상대방에게 중요한 기준을 명확히 하기
   - 자신에게 어떠한 기준이 중요한지 말하기
5. 몇 가지 해결책을 생각해 내기
6. 몇 가지 해결책을 평가하기
7. 최종 해결책을 선택하고, 실행에 동의하기

## 40 정답 ③

윤리성은 비윤리적인 영리 행위나 반사회적인 활동을 통한 경제적 이윤추구는 직업 활동으로 인정되지 않음을 의미한다. 노력이 전제되지 않는 자연발생적인 이득의 수취나 우연하게 발생하는 경제적 과실에 전적으로 의존하는 활동을 직업으로 인정하지 않는 것은 경제성에 해당한다.

## 41 정답 ④

직업윤리는 근로윤리와 공동체윤리로 구분할 수 있으며, 근로윤리의 판단 기준으로는 정직한 행동(ⓒ), 근면한 자세(ⓓ), 성실한 태도(ⓗ) 등이 있다.

오답분석

㉠·㉡·㉣ 공동체윤리의 판단 기준이다.

## 42 정답 ④

사원 4명의 나이를 각각 $a$세, $b$세, $c$세, $d$세라고 할 때, 이들의 평균 나이는 $\frac{a+b+c+d}{4}=32$세이므로

사원 4명의 나이의 합은 $32\times4=128$세이다.

신입사원 1명의 나이를 $x$세라고 할 때,

사원 5명의 평균 나이는 $\frac{a+b+c+d+x}{5}=31$세이므로

$a+b+c+d+x=155$

$\rightarrow x=155-(a+b+c+d)=155-128=27$

따라서 신입사원의 나이는 27세이다.

## 43 정답 ②

스마트 팩토리(Smart Factory)는 제품의 기획 및 설계단계부터 판매까지 이루어지는 모든 공정의 일부 또는 전체에 사물인터넷(IoT), 인공지능(AI), 빅데이터 등과 같은 정보통신기술(ICT)을 적용하여 기업의 생산성과 제품의 품질 등을 높이는 지능형 공장을 의미한다.

## 44 정답 ④

그래핀의 두께는 $10^{-10}$m보다 얇고, 탄소 나노 튜브의 두께는 $10^{-9}$m 정도로 $1\mu$m보다 얇다.

오답분석

① 그래핀은 2차원 평면 구조를 띠고 있는 반면, 탄소 나노 튜브는 원기둥 모양의 나노 구조를 띠고 있다.

② 그래핀과 탄소 나노 튜브 모두 인장강도가 강철보다 수백 배 이상 강하다.

③ 그래핀과 탄소 나노 튜브 모두 육각형 격자의 규칙적인 배열로 이루어져 있다.

## 45 정답 ③

비밀번호 설정 규칙에 따르면 대문자 1개 이상을 반드시 넣어야 하는데 'qdfk#9685@21ck'에는 알파벳 대문자가 없다.

## 46 정답 ④

오답분석

① Im#S367 : 비밀번호가 7자이므로 8자 이상 설정하라는 규칙에 어긋난다.

② asDf#3689! : 'asDf'는 쿼터 키보드에서 연속된 배열로 규칙에 어긋난다.

③ C8&hOUse100%ck : 'hOUse'는 특정 단어가 성립되므로 규칙에 어긋난다.

## 47 정답 ③

2018년 하반기 매출액을 100이라 하면 2019년 상반기 매출액은 10% 이상 20% 미만 증가하였고, 2019년 하반기 매출액은 20% 이상 30% 미만 증가하였다. 또한 2020년 상반기 매출액은 10% 이상 20% 미만 증가하였고, 2020년 하반기 매출액은 10% 이상 20% 미만 감소하였다. 따라서 2020년 하반기 매출액은 분기별 매출 증가가 가장 적고 매출 감소가 큰 경우인 $100\times1.1\times1.2\times1.1\times0.8=116.16$보다는 클 것이다.

오답분석

① 2021년 하반기 이후 매출액의 증감률이 0보다 크므로 매출액은 꾸준히 증가하였다.

② 2019년 하반기 매출액의 증감률이 가장 크므로 이때의 성장 폭이 가장 크다.

④ 2020년 하반기와 2021년 상반기는 매출액이 연속해서 감소하였고 이후로는 꾸준히 증가하였으므로 2021년 상반기 매출액이 가장 적다.

## 48 정답 ②

기사에서 매출액이 크게 감소하였다 하였으므로 자료에서 매출액 증감률이 음수인 2020년 하반기에서 2021년 상반기 사이에 작성된 기사임을 유추할 수 있다.

## 49 정답 ②

한 팀은 15분 작업 후 도구 교체에 걸리는 시간이 5분이므로 작업을 새로 시작하는 데 걸리는 시간은 20분이다. 다른 한 팀은 30분 작업 후 바로 다른 작업을 시작하므로 작업을 새로 시작하는 데 걸리는 시간은 30분이다. 따라서 두 팀은 60분마다 작업을 동시에 시작하므로, 오후 1시에 작업을 시작해서 세 번째로 동시에 작업을 시작하는 시각은 3시간 후인 오후 4시이다.

## 50 　정답　②

2022년 1분기 방문객 수는 2021년 1분기 방문객 수 대비 2.8% 감소하였으므로 이때의 방문객 수는 $1,810,000 \times (1-0.028) = 1,759,320 ≒ 1,760,000$명이고, 2022년 방문객 수 비율은 2020년이 100이므로 $\dfrac{1,760,000}{1,750,000} \times 100 ≒ 100$이다.

CHAPTER

# 02

**2023년 상반기 주요 공기업**
# 전공 기출복원문제

## | 01 | 경영학

| 01 | 02 | 03 | 04 | 05 | 06 | 07 | 08 | 09 | 10 |
|----|----|----|----|----|----|----|----|----|----|
| ② | ③ | ⑤ | ④ | ④ | ④ | ③ | ④ | ③ | ③ |
| 11 | 12 | 13 | 14 | 15 | | | | | |
| ④ | ③ | ④ | ③ | ③ | | | | | |

### 01   정답  ②

**오답분석**
① 횡축은 상대적 시장점유율, 종축은 시장성장률이다.
③ 별 영역은 시장성장률이 높고, 상대적 시장점유율도 높다.
④ 자금젖소 영역은 시장점유율이 높아 자금투자보다 자금 산출이 많다.
⑤ 개 영역은 시장성장률과 상대적 시장점유율이 낮은 쇠퇴 기에 접어든 경우이다.

### 02   정답  ③

ⓒ 명성가격은 가격이 높으면 품질이 좋다고 판단하는 경향 으로 인해 설정되는 가격이다.
ⓒ 단수가격은 가격을 단수(홀수)로 적어 소비자에게 싸다는 인식을 주는 가격이다(예 9,900원).

**오답분석**
㉠ 구매자가 어떤 상품에 대해 지불할 용의가 있는 최고가격 은 유보가격이다.
㉣ 심리적으로 적당하다고 생각하는 가격 수준은 준거가격이 다. 최저수용가격이란 소비자들이 품질에 대해 의심 없이 구매할 수 있는 가장 낮은 가격을 의미한다.

### 03   정답  ⑤

대량생산·대량유통으로 규모의 경제를 실현하여 비용절감 을 하는 전략은 비차별화 전략으로, 단일제품으로 단일 세분 시장을 공략하는 집중화 전략과는 반대되는 전략이다.

### 04   정답  ④

계속기업의 가정이란 보고기업이 예측 가능한 미래에 영업을 계속하여 영위할 것이라는 가정이다. 기업이 경영활동을 청 산 또는 중단할 의도가 있다면, 계속기업의 가정이 아닌 청산 가치 등을 사용하여 재무제표를 작성한다.

**오답분석**
① 재무제표는 재무상태표, 포괄손익계산서, 자본변동표, 현 금흐름표, 그리고 주석으로 구성된다. 법에서 이익잉여금처 분계산서 등의 작성을 요구하는 경우, 주석으로 공시한다.
② 원칙적으로 최소 1년에 한 번씩은 작성해야 한다.
③ 현금흐름표 등 현금흐름에 관한 정보는 현금주의에 기반 한다.

### 05   정답  ④

민츠버그(Mintzberg)는 조직을 다음과 같은 다섯 가지 형태 로 구분하여 각 조직에서 표면적으로 관찰할 수 있는 유형이 그 조직이 처한 환경에 적합한지 판단하고 그렇지 않다면 해 당 조직에게 필요한 변화를 모색할 수 있는 도구를 제시한다.
1. 단순구조 조직(Simple Structure)
2. 기계적 관료제 조직(Machine Bureaucracy)
3. 전문적 관료제 조직(Professional Bureaucracy)
4. 사업부제 조직(Divisional Structure)
5. 애드호크라시 조직(Adhocracy)

### 06   정답  ④

테일러(Taylor)의 과학적 관리법은 전문적인 지식과 역량이 요구되는 일에는 부적합하며, 노동자들의 자율성과 창의성은 무시한 채 효율성의 논리만을 강조했다는 비판을 받았다. 이 러한 테일러의 과학적 관리법은 단순노동과 공정식 노동에 적 합하다.

### 07   정답  ③

M&A는 해외 직접투자에 해당하는 진출 방식이다.

**오답분석**
①·②·④ 프랜차이즈, 라이센스, 턴키, 현지 생산계약 등 은 계약에 의한 해외 진출 방식으로 볼 수 있다.

## 08  정답  ④

자기합리화의 사례로 시험을 망쳤음에도 불구하고 난이도를 이유로 괜찮다고 생각하는 합리화로 볼 수 있다.

**오답분석**

①·②·③ 인지부조화의 사례로서 개인이 가지고 있는 신념, 태도, 감정 등에 대해 일관성을 가지지 못하고 다르게 행동하는 것을 의미한다.

## 09  정답  ③

욕구체계 이론과 ERG 이론 모두 인간의 욕구를 동기부여 요인의 대상으로 보고 있으며, ERG 이론은 욕구체계 이론을 바탕으로 존재의 욕구, 관계적 욕구, 성장의 욕구를 기준으로 재정립하였다.

## 10  정답  ③

직무명세서는 특정 직무를 수행함에 있어서 갖추어야 할 직무 담당자의 자격요건을 정리한 문서로, 인적사항, 직무명세 정보 등이 기술되어 있다.

**오답분석**

① 직무급 제도의 기초 작업을 실시하기 위해서는 직무분석이 선행되어야 한다.
② 직무기술서와 직무명세서는 직무분석의 1차적 결과물이다.
④ 직무기술서는 직무분석의 결과로 얻어진 직무정보를 정리한 문서이다.

## 11  정답  ④

**오답분석**

① 기업이 조달한 자기자본의 가치를 유지하기 위해 최소한 벌어들어야 하는 수익률이다.
② 새로운 투자안의 선택에 있어서 투자수익률이 자기자본비용을 넘어야만 한다.
③ 기업이 주식 발생을 통해 자금을 조달할 경우 자본이용의 대가로 얼마의 이용 지급료를 산정해야 하는지는 명확하지가 않다.

## 12  정답  ③

(영업권)$=30,000,000-(9,000,000+8,000,000)=13,000,000$원

## 13  정답  ④

맥그리거(Mcgregor)는 두 가지의 상반된 인간관 모형을 제시하고, 이에 따라 조직관리 전략이 달라져야 한다고 주장하였다.

- X이론 : 소극적·부정적 인간관을 바탕으로 한 전략
  - 천성적 나태, 어리석은 존재, 타율적 관리, 변화에 저항적
- Y이론 : 적극적·긍정적 인간관을 특징으로 한 전략
  - 변화 지향적, 자율적 활동, 민주적 관리, 높은 책임감

## 14  정답  ③

(A) 재무 관점 : 순이익, 매출액 등
(B) 고객 관점 : 고객만족도, 충성도 등
(C) 업무 프로세스 관점 : 내부처리 방식 등
(D) 학습 및 성장 관점 : 구성원의 능력개발, 직무만족도 등

**균형성과표(Balanced Score Card)**
조직의 비전과 전략을 달성하기 위한 도구로써, 전통적인 재무적 성과지표뿐만 아니라 고객, 업무 프로세스, 학습 및 성장과 같은 비재무적 성과지표 또한 균형적으로 고려한다. 즉, BSC는 통합적 관점에서 미래지향적·전략적으로 성과를 관리하는 도구이다.

## 15  정답  ③

일정 규모 이상의 공기업도 대기업으로 분류하였으나, 2016년부터 제외되었다.

**오답분석**

①·②·④·⑤ 해당 기준에 해당하는 기업은 대기업으로 분류한다.

## | 02 | 토목

| 01 | 02 | 03 | 04 | 05 | 06 | 07 | 08 | 09 | 10 |
|----|----|----|----|----|----|----|----|----|----|
| ④ | ② | ① | ③ | ③ | ④ | ④ | ② | ④ | ② |
| 11 | 12 | 13 | 14 | 15 | 16 | 17 | 18 | 19 | 20 |
| ① | ④ | ④ | ④ | ④ | ④ | ④ | ③ | ② | ③ |
| 21 | 22 | | | | | | | | |
| ① | ④ | | | | | | | | |

### 01　정답　④

DAD(Depth – Area – Duration Analsis) 해석에는 강우깊이, 유역면적, 지속기간이 관련되어 있다.

### 02　정답　②

(정사각형의 면적)$=h^2$, (원의 면적)$=\dfrac{\pi D^2}{4}$

단면적이 같으므로 $h^2=\dfrac{\pi D^2}{4} \rightarrow h=\dfrac{\sqrt{\pi}\,D}{2}$

$\therefore Z_1=\dfrac{bh^2}{6}=\dfrac{h^3}{6}=\dfrac{(\frac{\sqrt{\pi}\,D}{2})^3}{6}=\dfrac{\pi\sqrt{\pi}\,D^3}{48}$,

$Z_2=\dfrac{\pi D^3}{32}$

$Z_1:Z_2=\dfrac{\pi\sqrt{\pi}\,D^3}{48}:\dfrac{\pi D^3}{32}=\dfrac{\sqrt{\pi}}{48}:\dfrac{1}{32}\fallingdotseq 1:0.85$

### 03　정답　①

**펌프의 비교회전도**

| 터빈펌프 | $100\sim 250$ |
|----------|---------------|
| 원심력펌프 | $100\sim 750$ |
| 사류펌프 | $700\sim 1,200$ |
| 축류펌프 | $1,100\sim 2,000$ |

### 04　정답　③

비교회전도란 임펠러가 유량 $1\text{m}^3/\text{min}$을 $1\text{m}$ 양수하는 데 필요한 회전수를 말한다.

$N_s=N\cdot\dfrac{Q^{\frac{1}{2}}}{H^{\frac{3}{4}}}=1,100\times\dfrac{10^{\frac{1}{2}}}{50^{\frac{3}{4}}}\fallingdotseq 185$

### 05　정답　③

엘리데이드를 이용한 간접 수준측량은 엘리데이드의 구조에 따라 $100:n=D:h$의 비례식에 의해 높이차를 구한 후 기계고와 타깃의 높이를 고려하는 것이다.

$H=i+\dfrac{n\cdot D}{100}-z=1.2+\dfrac{8.4\times 32}{100}-2=2.056\text{m}$

### 06　정답　④

**사진측량의 특징**

• 장점
　– 넓은 지역을 대상으로 하므로 대상지를 동일한 정확도로 해석이 가능하다.
　– 동체 측정이 가능하다.
　– 접근이 곤란한 대상물의 측량이 가능하다.
　– 축적 변경이 용이하다.
　– 작업이 분업화되어 있어 작업효율이 높다.
　– 종래의 측량 방법에 비해 경제적이다.

• 단점
　– 비용이 많이 든다.
　– 식별이 곤란한 경우에는 현지 측량이 요구된다.
　– 기상 조건, 태양 고도 등의 영향을 받는다.

### 07　정답　④

$Q=A_1V_1=A_2V_2$

$\dfrac{\pi D_1^2}{4}\times V_1=\dfrac{\pi\times D_2^2}{4}\times V_2$

$V_2=\left(\dfrac{D_1}{D_2}\right)^2 V_1=\left(\dfrac{0.2}{0.1}\right)^2\times 0.5=2\text{m/s}$

$\therefore h_c=f_c\cdot\dfrac{V^2}{2g}=0.36\times\dfrac{2^2}{2\times 9.8}\fallingdotseq 0.073\text{m}=7.3\text{cm}$

### 08　정답　②

[직사각형의 비틀림전단응력$(\tau)$]$=\dfrac{T}{2t_1A_m}$

$T=550\text{kN}\cdot\text{m}=550\text{N}\cdot\text{mm}$

$t_1=1.5\text{cm}=15\text{mm}$

$A_m=\left(800-15\times\dfrac{2}{2}\right)\times\left(600-20\times\dfrac{2}{2}\right)=455,300\text{mm}^2$

(두께가 얇은 관에 대한 비틀림전단 고려 시 A는 폐단면 두께의 중앙선 내부면적)

$\therefore \tau=\dfrac{550\times 10^6}{2\times 15\times 455,300}\fallingdotseq 40.27\text{N/mm}^2=40.27\text{MPa}$

## 09  정답  ④

① 전방교회법 : 측량구역이 넓고 장애물이 있어 측량이 곤란할 때 기지점에서 미지점의 위치를 결정하는 방법이다.
② 후방교회법 : 미지점에 평판을 세우고 기지점을 시준하여 그 방향선을 교차시켜 미지점의 위치를 구하는 방법으로 자침에 의한 방법이다.
③ 측방교회법 : 기지의 2점 중 한 점에 접근이 곤란한 경우 기지의 2점을 이용하여 미지의 한 점을 구하는 방법으로 전방교회법과 후방교회법을 겸한 방법이다.

## 10  정답  ②

**강도감소계수의 사용 목적**
• 부정확한 설계방정식에 대비한 여유를 반영하기 위함
• 구조물에 차지하는 각 부재들의 중요도를 반영하기 위함
• 재료들의 강도 및 치수 변동에 의한 부재의 강도 저하를 대비하기 위함
• 예상하지 못한 초과하중의 재하에 대비하기 위함

## 11  정답  ①

$$[\text{포화단위중량}(\gamma_{sat})] = \frac{G_s + e}{1+e} \times \gamma_w = \frac{2.8 + 0.5}{1+0.5} \times 1$$
$$= 2.2\text{t/m}^3$$
$$[\text{전응력}(\sigma)] = \gamma_{sat} \times h_w + \gamma_{sat} \times h = 2.2 \times 4 + 2.2 \times 3$$
$$= 15.4\text{t/m}^2$$
$$[\text{간극수압}(u)] = \gamma_w \times h = 1 \times 3 = 3\text{t/m}^2$$
$$[\text{유효응력}(\sigma')] = \sigma - u = 15.4 - 3 = 12.4\text{t/m}^2$$

## 12  정답  ④

$$I_1 = \frac{(4b) \times (3b+5b)^3}{3} = \frac{2,048b^4}{3}$$
$$I_2 = \frac{(2b) \times (5b)^3}{3} = \frac{250b^4}{3}$$
$$I = I_1 + I_2 = \frac{2,048b^4}{3} + \frac{250b^4}{3} = \frac{2,298b^4}{3} = 766b^4$$

따라서 A-A′축에 대한 단면 2차 모멘트는 $766b^4$ 이다.

## 13  정답  ④

트렌처는 일반적으로 크롤러 식 트랙터 등의 차체 위에 굴착장치를 설치하고 트랙터 엔진에 의해 구동되는 기기이다. 굴착장치는 벨트컨베이어로서 파낸 토사를 축 방향으로 방출하는 것으로 로더식과 휠식이 있으며 로더식이 기동성, 굴착 깊이 등에서 양호하다.

## 14  정답  ④

강우로 인한 표면유출은 수문곡선을 상승시키게 된다.

## 15  정답  ④

$$\tau = \gamma \cdot \frac{D}{4} \frac{h_L}{l} = 10 \times \frac{0.3}{4} \times \frac{0.3}{1} = 0.225\text{kN/m}^2$$
$$= 225\text{N/m}^2$$

## 16  정답  ④

에너지 보정계수($\alpha$)와 운동량 보정계수($\beta$)는 각각 운동 에너지(속도수두)와 운동량을 보정하기 위한 무차원 상수이다.

관수로 내에서 실제유체의 흐름이 층류일 때 $\alpha = 2$, $\beta = \frac{4}{3}$ 이고, 난류일 때 $\alpha = 1.01 \sim 1.05$, $\beta = 1 \sim 1.05$의 값을 가지며, 이상유체일 때 $\alpha = \beta = 1$이다.

## 17  정답  ④

콘크리트용 골재의 조립율은 잔골재에서 $2.3 \sim 3.1$이고 굵은 골재에서 $6.0 \sim 8.0$ 정도가 적당하다.

## 18  정답  ③

$$[\text{현장의 건조단위중량}(\gamma_d)]$$
$$= \frac{(\text{다짐도})}{100} \times \gamma_{dmax} = \frac{95}{100} \times 1.76 \fallingdotseq 1.67\text{t/m}^3$$
$$[\text{상대밀도}(D_r)]$$
$$= \frac{\gamma_{dmax}}{\gamma_d} \times \frac{\gamma_d - \gamma_{dmin}}{\gamma_{dmax} - \gamma_{dmin}} \times 100$$
$$= \frac{1.76}{1.67} \times \frac{1.67 - 1.5}{1.76 - 1.5} \times 100 \fallingdotseq 69\%$$

**상대밀도($D_r$) 구하는 식**
• 간극비 이용
$$D_r = \frac{e_{max} - e}{e_{max} - e_{min}} \times 100$$
• 건조단위중량 이용
$$D_r = \frac{\gamma_{dmax}}{\gamma_d} \times \frac{\gamma_d - \gamma_{dmin}}{\gamma_{dmax} - \gamma_{dmin}} \times 100$$

## 19   정답 ②

보강토 공법의 특징은 지진피해가 적고 지반이 연약해도 시공이 가능하다는 점이다.

## 20   정답 ③

BOD(Biochemical Oxygen Demand)란 물속에 있는 오염물질을 분해하기 위해 필요한 산소의 양이다. BOD 수치가 높다는 것은 필요한 산소량이 많다는 뜻이고, 이는 물속에 미생물이 많은 오염된 물이라는 의미이다.

## 21   정답 ①

$$Q = \frac{\pi K (H^2 - h_0^2)}{\ln(R/r_o)} \fallingdotseq \frac{3.14 \times 0.038 \times (7^2 - 5^2)}{\ln \frac{1{,}000}{1}}$$

$$= \frac{3.14 \times 0.038 \times (7^2 - 5^2)}{3\ln 10} = \frac{3.14 \times 0.038 \times (7^2 - 5^2)}{3 \times 2.3}$$

$$\fallingdotseq 0.0415 \text{m}^3/\text{s}$$

## 22   정답 ④

관정접합은 하수관거를 접합시키는 방법 중의 하나로 관거 내면 상부를 일치시켜 접합하는 방법이다. 하수의 흐름은 원활하지만, 굴착 깊이가 깊어 시공비가 비싸고 펌프 배수 시 양정이 증가하는 단점이 있다.

# | 03 | 기계

| 01 | 02 | 03 | 04 | 05 | 06 | 07 | 08 | 09 | 10 |
|----|----|----|----|----|----|----|----|----|----|
| ④ | ② | ② | ④ | ④ | ② | ④ | ④ | ④ | ④ |
| 11 | 12 | 13 | 14 | 15 | | | | | |
| ② | ② | ④ | ③ | ④ | | | | | |

## 01   정답 ④

단면 1차 모멘트는 구하고자 하는 위치에 따라 음수가 나올 수도 있고, 0이 나올 수도 있고, 양수가 나올 수도 있다.

## 02   정답 ②

물체의 밀도를 $\rho$, 물체의 부피를 $V$, 유체의 밀도를 $\rho'$, 유체에 물체를 둘 때 잠기는 영역의 부피를 $V'$라고 하자. $\rho g V = \rho' g V'$일 때 물체가 물에 뜨게 된다. 이때 $\rho' g V'$가 부력이며, 부력은 유체의 밀도와 유체에 잠기는 영역의 부피와 관련이 있다. 문제에 제시된 실험은 재질과 유체가 동일하고 형상이 다르므로 잠기는 영역의 부피가 변화한 것이다.

## 03   정답 ②

**오답분석**

① 회주철 : 가장 일반적인 주철이다.
③ 칠드주철 : 표면을 급랭시켜 경도를 증가시킨 주철이다.
④ 구상흑연주철 : Ni, Cr, Mo, Cu 등을 첨가하여 흑연을 구상화시켜 가공성, 내마모성, 연성 등을 향상시킨 주철이다.

## 04   정답 ④

탄소의 양과 탄소 연소 시 필요한 산소의 양의 비는 1:1이고 탄소의 원자량은 12, 산소의 원자량은 16이다.

따라서 $12 : 32 = 5 : x \rightarrow x = \frac{32 \times 6}{12} = 16 \text{kg}$이므로, 공기 내 산소의 비는 20%이고, 전체 공기의 양은 $\frac{16}{0.2} = 80 \text{kg}$이다.

## 05   정답 ④

교번하중은 크기와 방향이 지속적으로 변하는 하중이며, 일정한 크기와 방향을 가진 하중이 반복적으로 작용하는 하중은 반복하중이다.

## 06  정답 ②

$\delta = \dfrac{PL}{AE} = \dfrac{4PL}{\pi d^2 E}$ 이므로

$1.5 \times 10^{-3} = \dfrac{4 \times 100 \times 10^3 \times 3}{\pi \times d^2 \times 250 \times 10^9}$

$\rightarrow d = \sqrt{\dfrac{4 \times 100 \times 10^3 \times 3}{\pi \times 250 \times 10^9 \times 1.5 \times 10^{-3}}} \fallingdotseq 0.032\text{m} = 3.2\text{cm}$

## 07  정답 ④

단순보에서 등분포하중이 작용할 때, 최대 처짐량은

$\delta_{\max} = \delta_C = \dfrac{5wL^4}{384EI}$ 이므로

$\delta_{\max} = \dfrac{5 \times 8 \times 10^3 \times 5^4}{384 \times 240 \times 10^9 \times \dfrac{0.5 \times 0.2^3}{12}} \fallingdotseq 8.1 \times 10$

$\fallingdotseq 0.81\text{mm}$

## 08  정답 ④

외팔보에서 작용하는 등분포하중은 $\theta = \dfrac{wl^3}{6EI}$ 이므로

$\theta = \dfrac{10 \times 6^3}{6 \times 10,000} = 3.6 \times 10^{-2} \text{rad}$ 이다.

## 09  정답 ④

**오답분석**
① 레이놀즈($Re$) 수로써 유체의 흐름 상태를 층류와 난류로 파악할 수 있다.
② 마하($Ma$) 수로써 유체의 압축성을 파악할 수 있다.
③ 스토크($Stk$) 수로써 유체 입자가 흐름을 따르는 정도를 파악할 수 있다.

## 10  정답 ④

체심입방격자에 해당하는 원소는 Cr, Mo, Ni, Ta, V, W 등이 있고, 면심입방격자에 해당하는 원소는 Ag, Al, Au, Cu, Ni, Pt 등이 있다.

## 11  정답 ②

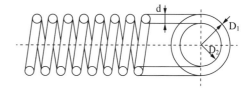

$\delta = \dfrac{8N_a D^3 P}{Gd^4}$ 이고 $c = \dfrac{D}{d}$ 이므로 $\delta = \dfrac{8N_a c^3 P}{Gd}$ 이다.

$300 = \dfrac{8 \times 100 \times 10^3 \times 300}{80 \times 10^3 \times d} \rightarrow d = \dfrac{8 \times 100 \times 10^3 \times 300}{80 \times 10^3 \times 300} = 10\text{mm}$

$10 = \dfrac{D}{10} \rightarrow D = 100\text{mm}$ 이므로 외경은 100mm이고 내경은 $100 - (10 \times 2) = 80\text{mm}$ 이다.

따라서 스프링의 평균 반지름의 길이는 $\dfrac{100 + 80}{2} = 90\text{mm}$ 이다.

## 12  정답 ②

[성능계수(COP)] $= \dfrac{Q_L}{W} = \dfrac{Q_L}{Q_H - Q_L} = \dfrac{T_L}{T_H - T_L}$

> **성능계수(COP; Coefficient Of Performance)**
> 냉각기, 열펌프 등의 냉각 효율을 나타내는 척도이다.

## 13  정답 ④

열 교환기(Heat Exchanger)는 기기의 운행에 필요한 유체의 상태를 만들기 위해 서로 다른 온도를 가진 2개의 유체가 열을 교환시켜 유체를 가열(또는 증발) 혹은 냉각(또는 응축)시키는 것이다.

## 14  정답 ③

주철은 강재에 비해 단단하지만 부서지기 쉽다.

## 15  정답 ④

**오답분석**
① 소성가공은 재료에 탄성한도보다 큰 외력을 가함으로써 발생하는 영구적으로 변형되는 성질인 소성을 이용한 가공이다.
② 잔류응력이 남아 있으면 제품이 변형될 수 있으므로 별도의 후처리를 통해 잔류응력을 제거하여야 한다.
③ 소성가공으로 제품 생산 시 주물에 비해 치수가 정확하다.

## | 04 | 전기

| 01 | 02 | 03 | 04 | 05 | 06 | 07 | 08 | 09 | 10 |
|----|----|----|----|----|----|----|----|----|----|
| ③ | ② | ① | ① | ④ | ④ | ① | ② | ② | ④ |
| 11 | | | | | | | | | |
| ② | | | | | | | | | |

### 01 정답 ③

**애자의 구비조건**
- 선로의 상규전압 및 내부 이상전압에 대한 절연내력이 클 것
- 우천 시 표면저항이 크고 누설전류가 작을 것
- 상규 송전전압에서 코로나 방전을 일으키지 않을 것
- 전선의 자중에 바람, 눈 비 등의 외력이 가해질 때 충분한 기계적 강도를 가질 것
- 내구성이 좋을 것
- 경제적일 것

### 02 정답 ②

**이상적인 연산증폭기 모델의 가정**
- 입력 임피던스는 무한대(∞)이고 출력 임피던스는 0일 것
- 입력 전압 및 출력 전압의 범위가 무한대(∞)일 것
- 주파수에 제한을 받지 않을 것
- 슬루율이 무한대(∞)일 것
- 개루프 전압이득이 무한대(∞)일 것
- 입력 전압과 출력 전압은 선형성을 갖출 것
- 오프셋 전압이 0일 것

### 03 정답 ①

$I_a = 0$이므로 $4 \times 15 = 20 \times R_x \rightarrow R_x = \dfrac{4 \times 15}{20} = 3\text{k}\Omega$이다.

### 04 정답 ①

공기식 발전기는 엔진 내부를 진공으로 만들면 그 진공을 채우기 위해 공기가 유입되고 유입된 공기가 터빈을 작동시키며 전기를 생산해내는 친환경 발전 기기이다.

### 05 정답 ④

회전계자형은 코일을 고정시키고 자석을 회전시킴으로써 전기를 얻는 발전 방식이다. 권선의 배열 및 결선이 회전전기자형보다 편리하고 절연 또한 유리하다. 이는 슬립링과 브러시의 사용량도 감소하여 대부분의 발전기에서 사용되는 방식이다.

### 06 정답 ④

정류자는 교류 전원을 직류로 변환하는 발전기 부품이다.

### 07 정답 ①

직류 전동기의 유도 기전력은 $E = \dfrac{PZ}{60a}\phi N$이다.

($P$ : 자극 수, $Z$ : 전기자 총 도체 수, $\phi$ : 극당 자속, $N$ : 분당 회전 수, $a$ : 병렬 회로 수)

따라서 전기자 도체 1개에 유도되는 기전력의 크기는 $\dfrac{E}{Z} = \dfrac{P\phi N}{60a}$이다. 이때 중권이므로 $a = P$이고 $\dfrac{0.8 \times 1,800}{60} = 24$V이다.

### 08 정답 ②

(전달함수)$= \dfrac{C(s)}{R(s)} = \dfrac{\sum(\text{직선경로})}{1 - \sum(\text{폐루프})}$이다.

$\sum(\text{직선경로}) = G_1 G_2 G_3 G_4 G_5$

$\sum(\text{폐루프}) = -G_2 G_3 G_4 G_5 G_7 + G_3 G_6 - G_4$이다.

따라서 (전달함수)$= \dfrac{G_1 G_2 G_3 G_4 G_5}{1 - (-G_2 G_3 G_4 G_5 G_7 + G_3 G_6 - G_4)}$

$= \dfrac{G_1 G_2 G_3 G_4 G_5}{1 + G_2 G_3 G_4 G_5 G_7 - G_3 G_6 + G_4}$이다.

### 09 정답 ②

$V_{in}(s) = R + sL$, $V_{out}(s) = sL$

따라서 전달함수는 $\dfrac{V_{out}}{V_{in}} = \dfrac{sL}{R + sL}$이다.

### 10 정답 ④

**권선형 유도 전동기와 농형 유도 전동기**

| 구분 | 권선형 유도 전동기 | 농형 유도 전동기 |
|------|------|------|
| 장점 | • 기동 전류가 작다.<br>• 기동 토크가 크다.<br>• 용량이 크다. | • 구조가 간단하다.<br>• 유지보수 및 수리가 간단하다.<br>• 상대적으로 저렴하다. |
| 단점 | • 구조가 복잡하다. | • 기동 전류가 크다.<br>• 기동 토크가 작다. |

## 11 정답 ②

$$\mathcal{L}(f) = \int_0^\infty (3t^2 - 4t + 1)dt$$

$$= 3\int_0^\infty t^2 \, dt - 4\int_0^\infty t \, dt + \int_0^\infty 1 \, dt$$

$$= 3 \times \frac{2!}{s^{2+1}} - 4 \times \frac{1}{s^2} + \frac{1}{s} = \frac{6}{s^3} - \frac{4}{s^2} + \frac{1}{s}$$

**오답분석**

① $\mathcal{L}(f) = \int_0^\infty e^{-st}(4\cos wt - 3\sin wt)dt$

$$= 4\int_0^\infty e^{-st}\cos wt \, dt - 3\int_0^\infty e^{-st}\sin wt \, dt$$

$$= 4 \times \frac{s}{s^2 + w^2} - 3 \times \frac{w}{s^2 + w^2}$$

$$= \frac{4s - 3w}{s^2 + w^2}$$

③ $\mathcal{L}(f) = \int_0^\infty (e^{2t} + 5e^t - 6)dt$

$$= \int_0^\infty e^{2t} \, dt + 5\int_0^\infty e^t \, dt - 6\int_0^\infty 1 \, dt$$

$$= \frac{1}{s-2} + \frac{5}{s-1} - \frac{6}{s}$$

④ $\mathcal{L}(f) = \int_0^\infty \cosh 5t \, dt = \frac{s}{s^2 - 5^2} = \frac{s}{s^2 - 25}$

---

### 라플라스 변환

t에 대한 함수 $f(t)$에 대하여 $\mathcal{L}(f) = \int_0^\infty e^{-st}f(t)\,dt$으로 정의한다.

| $f(t)$ | $\mathcal{L}(f)$ | $f(t)$ | $\mathcal{L}(f)$ |
|--------|------------------|--------|------------------|
| 1 | $\dfrac{1}{s}$ | $\cos wt$ | $\dfrac{s}{s^2 + w^2}$ |
| $t^n$ | $\dfrac{n!}{s^{n+1}}$ ($n$은 자연수) | $\sin wt$ | $\dfrac{w}{s^2 + w^2}$ |
| $e^{at}$ | $\dfrac{1}{s-a}$ | $\cosh wt$ | $\dfrac{s}{s^2 - w^2}$ |
| – | – | $\sinh wt$ | $\dfrac{w}{s^2 - w^2}$ |

이때 $\mathcal{L}(f)$는 다음 성질을 갖는다.

$\mathcal{L}(ax + by) = a\mathcal{L}(x) + b\mathcal{L}(y)$

(단, $a$, $b$는 상수이고 $x$, $y$는 함수이다)

무언가를 위해 목숨을 버릴 각오가 되어 있지 않는 한
그것이 삶의 목표라는 어떤 확신도 가질 수 없다.

− 체 게바라 −

## 2023 하반기 SD에듀 All-New 기출이 답이다! 코레일 한국철도공사 NCS&전공 7개년 기출 + 무료코레일특강

| | |
|---|---|
| 개정11판1쇄 발행 | 2023년 08월 30일 (인쇄 2023년 07월 18일) |
| 초 판 발 행 | 2018년 02월 20일 (인쇄 2018년 01월 30일) |
| 발 행 인 | 박영일 |
| 책 임 편 집 | 이해욱 |
| 편 저 | SDC(Sidae Data Center) |
| 편 집 진 행 | 김재희 · 유정화 |
| 표지디자인 | 조혜령 |
| 편집디자인 | 김경원 · 채현주 |
| 발 행 처 | (주)시대고시기획 |
| 출 판 등 록 | 제10-1521호 |
| 주 소 | 서울시 마포구 큰우물로 75 [도화동 538 성지 B/D] 9F |
| 전 화 | 1600-3600 |
| 팩 스 | 02-701-8823 |
| 홈 페 이 지 | www.sdedu.co.kr |
| I S B N | 979-11-383-5587-2 (13320) |
| 정 가 | 22,000원 |